In der Literatur über Mexiko tauchen immer wieder Verweise auf ein Standardwerk eines US-amerikanischen Anthropologen auf ... Niemand sollte sich von der Tatsache abschrecken lassen, daß das Buch bereits 1961 zum ersten Mal erschienen ist und als Standardwerk gilt. Es ist alles andere als eine trockene Analyse unter dem Staub der Jahre, sondern die überaus spannende Geschichte einer mexikanischen Familie aus den Armenvierteln von Mexiko-Stadt.

Lateinamerikanachrichten

Was ist das Aufregende an diesem Buch? *Die Kinder von Sánchez* sind das Selbstporträt einer Familie, die in Armut lebt, und es gewährt uns Einblick in die Mechanismen der Selbstverteidigung und auch Selbstzerstörung, zu denen die Opfer der Armut im Kampf ums Überleben Tag für Tag greifen. Die Familie Sánchez – so der Anspruch des Autors – steht für Millionen von Familien in Afrika, Asien und Lateinamerika, deren Mitglieder sich nur durch gelegentlich unmenschlich anmutenden Zwang zur Solidarität gegen Hunger und Krankheit, Willkür und Gewalt zur Wehr setzen können, sie steht für das, was Oscar Lewis »die Subkultur der Armut« genannt hat, eine Lebensweise, die, abseits der uns geläufigen Arbeits- und Konsumwelt, ihre eigenen Regeln und Gesetze hat.

Volker Lühr in: Das politische Buch

Oscar Lewis wurde 1914 in New York geboren und promovierte 1940 zum Doktor der Anthropologie. Forschungsreisen führten ihn zu den Schwarzfußindianern in Kanada, in die Dorfgemeinschaften Nordindiens, nach Kuba, Guadeloupe und Spanien. Seit seinem ersten Aufenthalt in Mexiko, im Jahre 1943, galt sein Hauptinteresse den Lebensbedingungen der mexikanischen Bauern und Städter. Seine Bücher wurden richtungweisend für die moderne anthropologische Forschung.

Die deutsche Ausgabe seines Werkes »Ein Tod in der Familie Sánchez« ist in Vorbereitung.

Oscar Lewis

Die Kinder von Sánchez

Selbstporträt
einer mexikanischen Familie

Aus dem Amerikanischen von
Margarete Bormann

Lamuv Taschenbuch 18

CIP-Kurztitelaufnahme der Deutschen Bibliothek

Lewis, Oscar: Die Kinder von Sánchez : Selbstporträt e. mexik.
Familie / Oscar Lewis. (Aus d. Amerikan. von Margarete Bormann). –
Lamuv Verlag, 1982.
    (Lamuv Taschenbuch ; 18)
    Einheitssacht.: The Children of Sánchez (dt.)
    ISBN 3-921521-62-9

NE: GT

**Bitte fordern Sie unser Gesamtverzeichnis an, das Ihnen zweimal
jährlich kostenlos zugeschickt wird.**

1. Auflage, 1.–5. Tausend, September 1982
2. Auflage, 6.–8. Tausend, Oktober 1984
© Copyright Oscar Lewis, 1961
© Copyright für die deutsche Ausgabe:
Lamuv Verlag GmbH, Martinstraße 7, 5303 Bornheim-Merten, 1982

Umschlagentwurf: Gerhard Steidl unter Verwendung eines Fotos von
Otto Göpfert
Gesamtherstellung: Steidl, Göttingen
ISBN 3-921521-62-9

Ich widme dieses Buch
in tiefer Verbundenheit und Dankbarkeit
der Familie Sánchez,
deren wirklicher Name hier nicht genannt werden kann.

Inhaltsverzeichnis

Vorbemerkung des Verfassers

Während ich an diesem Buch arbeitete, bat ich viele meiner Freunde und Kollegen, das Manuskript zu lesen und sich kritisch darüber zu äußern. Für die Durchsicht der endgültigen Fassung danke ich ganz besonders Professor Conrad Arensberg und Professor Frank Tannenbaum von der Columbia University, Professor William F. White von der Cornell University und Professor Sherman Paul von der University of Illinois. Außerdem möchte ich Margaret Shedd, Kay Barrington, Dr. Zelig Skolnik, Professor Zella Luria, Professor Charles Shattuck und Professor George Gerbner meinen verbindlichen Dank für die Durchsicht einer früheren Fassung der Geschichte Consuelos aussprechen, desgleichen Professor Richard Eells, der einen Teil der Geschichte Manuels, und Professor Ralph W. England, der die Geschichte Robertos durchsah. Für die kritische Lektüre der Einführung danke ich Professor Irving Goldman, Professor Joseph B. Casagrande, Professor Louis Schneider, Professor Joseph D. Phillips und meinem Sohn Gene L. Lewis.

Herrn Dr. Mark Letson und Frau Caroline Lujan aus Mexico-City habe ich für die Auswertung des Rorschach- und des Thematischen Apperzeptions-Tests zu danken, durch die sie mir zu wertvollen Einsichten in die Charakter-Struktur der einzelnen Mitglieder der Familie Sánchez verhalfen. Die Protokolle der Tests, die Analysen und mein Kommentar zu diesem Material werden später veröffentlicht werden. Gerald Markly bin ich für seine Mithilfe bei der Übersetzung einiger Passagen in der Geschichte Martas sehr verbunden und meiner Frau, Ruth M. Lewis, für die unschätzbare Mitarbeit, die sie bei der Gestaltung dieses Buches leistete.

Der Guggenheim-Stiftung danke ich für das Stipendium im Jahre 1956; der Wenner-Gren-Stiftung für anthropologische Forschung und dem Social Science Research Council für Beihilfen, die ich im Jahre 1958 erhielt; der National Science Foundation für eine Forschungsbeihilfe im Jahre 1959.

Schließlich möchte ich dem University Research Board der University of Illinois für die finanzielle Unterstützung, dem Center for Advanced Studies — ebenfalls an dieser Universität — für den vierzehnmonatigen Studienaufenthalt in Mexiko und dem Department of Anthropology für den Urlaub, der mir für den Forschungsauftrag gewährt wurde, meinen Dank aussprechen.

O. L.

Vorbemerkung des Übersetzers

Um die Ausdrucksweise der Erzähler in der deutschen Fassung möglichst getreu wiederzugeben, wurden teilweise grammatikalisch nicht ganz einwandfreie Formen — z. B. im Gebrauch des Konjunktivs — verwendet, wie sie in der Umgangssprache üblich sind.

Mit Genehmigung des Autors wurden Kürzungen an solchen Stellen vorgenommen, die Längen oder Wiederholungen enthielten, durch welche die Darstellung keine wesentlichen neuen Aspekte gewonnen hätte.

Ich danke Herrn und Frau Ulrich Lebsanft, Bad Godesberg, für ihre wertvolle, auf genaue Kenntnis der Lebensverhältnisse in Mexiko gestützte Beratung, die Durchsicht des Manuskripts und die Erklärung der mexikanischen Wörter im Anhang.

M. B.

Einführung

Dieses Buch berichtet von einer armen Familie, die in Mexico-City lebt, von dem Vater, dem fünfzigjährigen Jesús Sánchez und seinen vier Kindern: dem zweiunddreißigjährigen Manuel, dem neunundzwanzigjährigen Roberto, der siebenundzwanzigjährigen Consuelo und der fünfundzwanzigjährigen Marta. Dem Leser soll eine anschauliche und eindringliche Vorstellung von dem Familienleben in Mexiko vermittelt werden, und er soll erfahren, was es bedeutet, in einer Einzimmerwohnung aufzuwachsen, in einem Elendsviertel im Herzen einer großen lateinamerikanischen Stadt, in der sich ein rapider Prozeß sozialer und wirtschaftlicher Umwandlung vollzieht.

Seit Beginn meiner Forschungen in Mexiko, also seit 1943, versuchte ich, den Problemen des mexikanischen Familienlebens in einer Reihe von Arbeiten näherzukommen. In meinem Buch *Five Families* war es meine Absicht, dem Leser einige wesentliche Einblicke in das Alltagsleben von fünf mexikanischen Familien, an fünf völlig normal verlaufenden Tagen zu gewähren. Durch die in diesem Buch angewandte Technik des Erzählens gewinnt der Leser einen tieferen Einblick in das Leben einer dieser Familien. Ich lasse nämlich jedes einzelne Mitglied der Familie Sánchez mit eigenen Worten sein eigenes Leben erzählen. Auf diese Weise erhalten wir nicht nur ein vielfältig schillerndes und umfassendes Bild von jedem einzelnen Familienmitglied und von der Familie als Ganzem, sondern auch zahlreiche Einblicke in das Leben der unteren Bevölkerungsschichten Mexikos. Da die gleichen Ereignisse unabhängig voneinander dargestellt werden, lassen sich viele Aussagen auf ihre Gültigkeit und Verläßlichkeit nachprüfen; auch wird dadurch die jeder einzelnen Autobiographie zwangsläufig anhaftende Subjektivität wenigstens teilweise ausgeglichen. Es werden Widersprüche aufgezeigt, die in der Art und Weise, wie sich die einzelnen Mitglieder der Familie an bestimmte Erlebnisse erinnern, zutage treten.

Diese Methode der Nebeneinanderstellung verschiedener Autobiographien zielt auch darauf hin, die Person des Forschers, der die Fragen stellt, mehr oder weniger in den Hintergrund treten zu lassen, denn die Berichte wurden nicht aus der Sicht eines Vertreters der nordamerikanischen Mittelklasse, sondern mit den ursprünglichen Worten der Erzähler selbst wiedergegeben. Ich glaube dadurch jede übertriebene Sentimentalität und Brutalität — also die beiden Gefahren, die bei Studien

über die unteren Volksschichten am häufigsten drohen —
vermieden zu haben. Schließlich wage ich zu hoffen, daß der
Leser dank dieses Verfahrens die gleiche Anteilnahme emp-
findet, die der Anthropologe, der in unmittelbarem Kontakt
mit dem Gegenstand seiner Forschung arbeitet, stets erfährt.
Die trockene Fachsprache der üblichen anthropologischen Untersuchungen vermag ein so lebendiges Interesse nur selten
in uns zu wecken.

In den Entwicklungsländern, ja selbst in unserem eigenen
Land, gibt es nur wenige Studien, die sich in die Psychologie,
in das Seelenleben der unteren Volksschichten vertiefen. Weder Psychologen noch Psychiater haben sich bisher mit Menschen beschäftigt, die sich in einer ähnlichen wirtschaftlichen
Lage befinden, wie sie hier beschrieben wird: Es ist bei weitem
noch nicht die tiefste Stufe der Armut. Auch die Schriftsteller
haben es bisher versäumt, uns über das Innenleben der Armen in der heutigen Welt entsprechend zu informieren. Die
Elends- und Armenviertel haben nur sehr wenige bedeutende
Schriftsteller hervorgebracht; und sind sie erst einmal große
Schriftsteller geworden, dann sehen sie gewöhnlich mit den
Augen und mit der Einstellung der Mittelklasse auf ihr frühe-
res Leben zurück und bedienen sich in ihren Werken der üblichen, althergebrachten literarischen Formen. So kommt es,
daß das retrospektive Schaffen dieser Schriftsteller nicht mehr
die Unmittelbarkeit der ursprünglichen Erfahrung fühlen
läßt.

Das Tonbandgerät, das bei der Niederschrift dieser Lebensgeschichten verwendet wurde, ermöglicht eine neue Literatur des
sozialen Realismus. Mit Hilfe des Tonbandgeräts können
Menschen, die keinerlei Ausbildung genossen haben, ja sogar
Analphabeten, von sich selbst sprechen und ihre Beobachtun-
gen und Erfahrungen ungehemmt und ungezwungen wiedergeben. Die Lebensgeschichten Manuels, Robertos, Consuelos
und Martas sind in ihrer Darstellung einfach, aufrichtig und
lebendig wie das gesprochene im Gegensatz zum geschriebenen
Wort. Obwohl diese jungen Leute keinerlei systematische
Ausbildung erhielten, können sie sich bemerkenswert gut ausdrücken. Das gilt vor allem für Consuelo, die manchmal Ausdrücke von poetischer Schönheit findet. Bedrängt von den ver-
wirrenden und ungelösten Problemen ihres Alltags, waren
diese jungen Leute dennoch fähig, so viel über sich selbst aus-
zusagen, daß man einen Einblick in ihr Leben, ein Bild von
ihren Möglichkeiten und ihren sinnlos vergeudeten oder völlig
brach liegenden Fähigkeiten gewinnen konnte.

Das Leben der Armen ist keineswegs stumpf und leer. Die in
diesem Buch mitgeteilten Geschichten enthüllen uns eine Welt

der Gewalttätigkeit und des Todes, wir erfahren in ihnen von Leid und Entbehrungen, von Untreue und zerstörten Familien, von Kriminalität und Korruption, von der Brutalität der Polizei und der Grausamkeit der Armen gegen ihresgleichen. Sie zeugen aber auch von der Stärke und Wärme menschlicher Gefühle; von einem intensiven Streben nach individueller Geltung; von der Fähigkeit, sich zu freuen, und der Hoffnung auf ein besseres Leben; von dem Verlangen nach Liebe und nach gegenseitigem Verstehen und der Bereitwilligkeit, den geringen Besitz mit anderen zu teilen; von dem Mut und der Entschlossenheit, selbst angesichts der vielen ungelösten Probleme dennoch nicht aufzugeben.

Den Rahmen für diese Lebensgeschichten bildet die Casa Grande-*Vecindad*, eine große einstöckige Armensiedlung im Herzen von Mexico-City. Die Casa Grande ist eine von den hundert *vecindades*, geschlossenen Siedlungen, die kennenzulernen ich 1951 Gelegenheit hatte. Damals untersuchte ich die Verstädterung der Landbewohner, die aus dem Dorf Azteca nach Mexico-City gezogen waren. Die Studien in diesem Dorf hatte ich schon viele Jahre früher — 1943 — begonnen. Später konnte ich frühere Einwohner von Azteca in verschiedenen Teilen der Hauptstadt auffinden, so auch zwei Familien in der Casa Grande. Nachdem ich meine Aufzeichnungen über die aus Azteca Abgewanderten vervollständigt hatte, erweiterte ich meinen ursprünglichen Forschungsplan und begann eine bestimmte *vecindad*, unter Einschluß aller Bewohner, ohne Rücksicht auf ihren Ursprungsort, zu untersuchen.

Während meiner Arbeit in der Casa Grande, im Oktober 1956, traf ich mit Jesús Sánchez und seinen Kindern zusammen. Jesús wohnte damals bereits seit mehr als zwanzig Jahren dort, und obwohl seine Kinder während dieser Zeit hin und her gezogen waren, blieb dieses Einzimmer-Heim in der Casa Grande ein fester Mittelpunkt in ihrem Leben. Lenore, die Mutter der Kinder und die erste Frau von Jesús, war bereits 1936 gestorben, ein paar Jahre, bevor die Familie in die Casa Grande zog. Die sechzigjährige Guadalupe, Lenores ältere Schwester, wohnte in der kleineren Panaderos-*Vecindad* in der Bäcker-Straße einige Häuserblöcke weiter. Diese Tante Guadalupe vertrat bei allen vier Kindern Mutterstelle. Die Kinder besuchten sie regelmäßig. In Zeiten der Not war das Heim der Tante der Zufluchtsort der Kinder. Daher spielt sich die Handlung dieses Buches abwechselnd in der Casa Grande und in der Panaderos-*Vecindad* ab. Beide *vecindades* liegen in der Nähe des Stadtzentrums, nur zehn Minuten vom Hauptplatz, dem Zócalo, mit seiner großen Kathedrale und dem Palast des Präsidenten. Eine halbe Stunde weit entfernt ist das der Heiligen Jungfrau von Guadalupe, der

Schutzpatronin von Mexiko, geweihte Nationalheiligtum, wohin Pilger aus allen Schichten der Bevölkerung wallfahren. Die Casa Grande und die Panaderos befinden sich in Tepito, einem ärmlichen Stadtteil, wo einige wenige kleine Fabriken und Lagerhäuser, öffentliche Bäder, pausenlos spielende drittklassige Kinos, überfüllte Schulen, Kneipen, *pulquerías* (Tavernen, in denen *pulque,* ein billiges alkoholisches Getränk aus Agavensaft, ausgeschenkt wird) und viele kleine Läden anzutreffen sind. Tepito, der größte Trödelmarkt von Mexico-City, auch als der »Diebesmarkt« bekannt, liegt nur einige Häuserblöcke entfernt. La Merced und La Lagunilla, die beiden anderen großen Märkte von Mexico-City, sind gleichfalls schnell zu erreichen. In diesem Stadtteil sind Mord, Totschlag, Trunkenheit und andere Delikte an der Tagesordnung. Die Gegend ist dicht bevölkert. Sowohl während des Tages als auch nach Einbruch der Dunkelheit sind die Straßen und Torwege voll Menschen. Sie kommen und gehen oder drängen sich vor den Eingängen zu den Geschäften. Frauen verkaufen *tacos* oder Suppe in kleinen fliegenden Küchen am Straßenrand. Die Straßen und die Bürgersteige sind breit und gepflastert, aber Bäume, Grasflächen und Gärten gibt es nicht. Die meisten Menschen leben in Hinterhöfen, in Einzimmerwohnungen, deren lange Reihen an der Rückseite der Läden oder hinter *Vecindad*-Mauern liegen und von der Straße aus nicht zu sehen sind.

Die Casa Grande erstreckt sich zwischen der Bader-Straße und der Klempner-Straße. Sie umfaßt einen ganzen viereckigen Block, bietet siebenhundert Menschen Unterkunft und bildet eine kleine, abgeschlossene Welt für sich, die im Norden und Süden von hohen Mauern und an den beiden anderen Seiten von Läden begrenzt ist. Diese Geschäfte — Lebensmittelläden, eine chemische Reinigung, eine Glaserei, eine Tischlerei, ein Damenfriseur — versorgen, zusammen mit dem Markt und den öffentlichen Bädern in der Nähe, die Bewohner der *vecindad* mit allem, was sie brauchen. So kommt es, daß viele der dort Wohnenden nur selten die unmittelbare Nachbarschaft verlassen und die übrigen Stadtteile gar nicht kennen. In dieser Gegend hauste früher einmal die Unterwelt, und auch heute noch gibt es Menschen, die sich fürchten, dort bei Dunkelheit auf die Straße zu gehen. Die verbrecherischen Elemente sind jedoch inzwischen fast alle fortgezogen, und die Einwohner sind heute zum überwiegenden Teil kleine Kaufleute, Handwerker und Arbeiter.

Zwei schmale, unauffällige Eingänge mit hohen Toren, die tagsüber immer offenstehen, aber abends um zehn Uhr geschlossen werden, führen an der östlichen und an der westlichen Seite in das Innere der *vecindad*. Jeder, der nach der

Sperrstunde kommt oder geht, muß nach dem Pförtner läuten und eine Gebühr für das Öffnen des Tores bezahlen. Behütet wird die *vecindad* auch noch von ihren beiden Schutzheiligen, der Jungfrau von Guadalupe und der Jungfrau von Zapopan, deren Statuen zu beiden Seiten des Eingangstores in Glaskästen zu sehen sind. Blumen und Kerzen umrahmen die Statuen, deren Röcke mit hellglänzenden Münzen bedeckt sind. Jede einzelne von diesen Münzen zeugt von einem Wunder, das für irgendeinen Bewohner der *vecindad* vollbracht wurde. Wenige Leute gehen deshalb an den Statuen ohne eine Geste der Dankbarkeit vorbei, sei es auch nur ein flüchtiger Blick oder das Zeichen eines hastig angedeuteten Kreuzes.

Innerhalb der *vecindad* finden wir vier längliche, ungefähr 4,50 m breite *patios* oder betonierte Höfe. Den Höfen zu öffnen sich, in gleichmäßigem Abstand von je 3,60 m, einhundertsiebenundfünfzig fensterlose Einzimmerwohnungen mit einer knallrot gestrichenen Tür. Neben den meisten Türen stehen tagsüber rohgezimmerte Leitern, die zu den niedrigen, flachen Dächern oberhalb der Küche hinaufführen. Diese Dächer haben eine vielseitige Aufgabe. Gewöhnlich hängt dort Wäsche auf der Leine, und alles ist vollgestopft mit Hühnerkäfigen, Taubenschlägen, zum Kochen dienenden Gasflaschen, Blumentöpfen oder Kästen mit Heilpflanzen; gelegentlich sieht man sogar eine Fernsehantenne.

Am Tage wimmeln die Höfe von Menschen und Tieren, Hunden, Hühnern, Truthühnern und Schweinen. Auch die Kinder spielen hier, weil es sicherer ist als auf der Straße. Frauen stellen sich nach Wasser an oder schwatzen laut miteinander, während sie die Wäsche aufhängen. Von der Straße kommen Trödler und Hausierer, um ihre Ware feilzubieten. Jeden Morgen schiebt ein Mann einen Karren mit einer großen Tonne durch die Höfe, um den Müll abzuholen. Nachmittags kommt es oft vor, daß Gruppen von Jungen einen der Höfe mit Beschlag belegen, um dort ihre ein wenig rohen Fußballspiele zu veranstalten. Sonntags abends wird draußen im Hof gewöhnlich getanzt. Im westlichen Teil des Hofes finden wir das öffentliche Bad und eine kleine, von wenigen Bäumen umgebene Rasenfläche, die der Jugend als Treffpunkt dient, sowie eine ruhige Ecke, wo die älteren Leute gern sitzen, plaudern oder ihre Zeitung lesen. Hier steht auch eine kleine Holzbude mit einem Schild »Verwaltung«, wo eine Liste mit den Namen jener Familien aushängt, die mit der Zahlung ihrer Miete im Rückstand sind.

Die Bewohner der Casa Grande stammen aus vierundzwanzig der zweiunddreißig mexikanischen Staaten. Einige kommen aus dem fernen Süden, aus Oaxaca oder Yucatán, andere wieder aus dem Norden, aus Chihuahua und Sinaloa.

Die meisten Familien haben fünfzehn bis zwanzig Jahre lang, einige sogar dreißig Jahre lang in der *vecindad* gelebt. Mehr als ein Drittel der Familien haben Blutsverwandte innerhalb der *vecindad*, und ungefähr ein Viertel sind verschwägert und einander durch Patenschaft (*compadrazgo*) verbunden. Diese Bindungen tragen — zusammen mit den niedrigen Mieten und der Wohnungsnot in der Stadt — dazu bei, daß selten jemand aus der *vecindad* auszieht. Einige Familien, die über ein höheres Einkommen verfügen und ihre kleine Wohnung mit guten Möbeln überladen und mit elektrischen Geräten ausgestattet haben, warten zwar ungeduldig auf die Möglichkeit, bessere Quartiere beziehen zu können, aber die meisten sind nicht nur zufrieden mit ihrem Leben in der Casa Grande, sondern tatsächlich auch stolz darauf.

In der *vecindad* herrscht ein ziemlich ausgeprägter Gemeinschaftsgeist, besonders unter den jungen Leuten, die derselben Bande angehören, Freundschaften fürs Leben schließen, dieselben Schulen besuchen, sich bei denselben Tanzereien draußen im Hof treffen und häufig auch innerhalb der *vecindad* heiraten. Auch die Erwachsenen haben Freunde, die sie besuchen, mit denen sie ausgehen und von denen sie sich Geld leihen, wenn sie in Not sind. Bestimmte Gruppen von Nachbarn veranstalten Verlosungen und Liebhabervorstellungen (*tandas*), beteiligen sich gemeinsam an Wallfahrten und begehen gemeinsam die Feste der *Vecindad*-Schutzheiligen, wie sie auch die Vorweihnachtszeit (*posadas*) und andere kirchliche Feiertage zusammen feiern.

Doch kommen diese Gruppenunternehmungen nicht häufig vor, denn die Erwachsenen gehen meistens ihren eigenen Geschäften nach und bemühen sich, die private Sphäre ihrer Familie zu wahren. Die Türen der meisten Wohnungen sind geschlossen, und der Besucher klopft gewöhnlich an und wartet auf die Erlaubnis, eintreten zu dürfen. Es ist nicht üblich, Freunde zu sich zum Essen einzuladen. Eine Ausnahme bilden nur bestimmte Gelegenheiten, wie Geburtstagsfeiern und einige kirchliche Feiertage. Obwohl sich die Nachbarn, besonders in Zeiten akuter Not und Bedrängnis, gegenseitig helfen, ist man bestrebt, diese Hilfe nur auf diese Krisenzeiten zu beschränken. Streitigkeiten zwischen Familien über Kinderstreiche, Schlägereien zwischen verschiedenen Banden und Fehden zwischen jungen Leuten sind in der Casa Grande durchaus nicht selten.

Die hier lebenden Menschen verdienen ihr tägliches Brot mit verschiedenen Beschäftigungen; manche üben ihren Beruf in der *vecindad* selbst aus: Frauen übernehmen Wasch- und Näharbeiten, Männer betätigen sich als Schuhmacher, reinigen Hüte oder verkaufen Früchte und Süßwaren. Einige der Bewohner arbeiten in Fabriken oder Geschäften außerhalb der Casa Grande, andere als Fahrer oder als Kleinhändler. Der Lebensstandard ist zwar recht niedrig, aber bei weitem nicht der niedrigste in Mexico-City. Die Menschen in der Nachbarschaft sehen in der Casa Grande sogar einen vornehmen Ort.

Vergleichen wir einmal die Lebensweise der Armen in der Casa Grande und der Panaderos-*Vecindad*, so fallen uns scharfe Gegensätze auf. Die Panaderos ist eine kleine *vecindad*, die eine einzige Reihe von zwölf fensterlosen Einzimmerwohnungen in sich schließt. Von keiner Mauer umgeben, gewährt sie den Vorübergehenden freien Einblick. Ein Tor ist ebenfalls nicht vorhanden, nur ein ungepflasterter Hof. Im Gegensatz zur Casa Grande gibt es in diesen Wohnungen keine Toiletten und auch keine Wasserleitungen. Zwei Waschbecken im Freien und zwei längst baufällige Toiletten aus zerbröckelnden, luftgetrockneten Lehmziegeln, mit Vorhängen aus Fetzen von Sackleinwand, dienen den Bedürfnissen von achtundsechzig Einwohnern.

Im Vergleich zur Panaderos findet man in der Casa Grande mehr Betten und weniger Menschen, die auf dem Fußboden schlafen, mehr Familien, die mit Gas kochen und nicht nur auf Petroleum und Holzkohle angewiesen sind, sowie mehr Menschen, die regelmäßig dreimal am Tage essen und außer Löffeln und *tortillas* auch Messer und Gabel benützen, Bier statt *pulque* trinken und neue Möbel und Kleider kaufen statt alter und getragener. Sie feiern Allerseelen, indem sie zur Messe gehen und nicht mehr nach altem Brauch den Toten Kerzen, Weihrauch, Essen und Trinken in ihrer Wohnung darbringen. Anstatt mit Lehmziegeln wird hier mit Zement gebaut, Aluminiumschüsseln ersetzen die irdenen, man zieht Antibiotika den Heilpflanzen vor und vertraut sich lieber ausgebildeten Ärzten als Heilkundigen an.

Im Jahre 1956 besaßen 79% der Mieter der Casa Grande Radioapparate, 55% kochten mit Gas, 54% trugen Armbanduhren, 49% benützten Messer und Gabel, 46% hatten eine Nähmaschine, 41% kochten in Aluminiumtöpfen, 22% besaßen elektrische Mixgeräte und 21% Fernsehgeräte. In der Panaderos waren die eben aufgezählten »Luxusgegenstände« kaum anzutreffen. In einem einzigen Haushalt gab es einen Fernsehapparat, und insgesamt zwei Bewohner trugen Armbanduhren.

Das auf den Kopf berechnete Monatseinkommen betrug in der Casa Grande 23 bis 500 Pesos (entspricht bei dem damaligen Umrechnungskurs etwa 7,70 bis 166 DM). 68% der Einwohner hatten pro Kopf monatliche Einkommen von 200 Pesos (66 DM) oder weniger, bei 22% schwankte das monatliche

Einkommen zwischen 201 und 300 Pesos (100 DM) und bei 10% zwischen 301 und 500 Pesos. Demgegenüber betrug das durchschnittliche Monatseinkommen in der Panaderos bei 85% der Familien weniger als 200 Pesos. Keine einzige Familie verfügte über ein Monatseinkommen von mehr als 200 Pesos, und 41% verdienten monatlich weniger als 100 Pesos (33 DM).

Die monatliche Miete für eine Einzimmer-Wohnung betrug in der Casa Grande 30 bis 50 Pesos (10 - 16 DM), in der Panaderos hingegen nur 15 bis 30 Pesos (5 - 10 DM). Viele Familien, das heißt Mann, Frau und vier kleine Kinder, brachten es fertig, ihren täglichen Bedarf an Lebensmitteln mit 8 bis 10 Pesos zu bestreiten. Ihre Nahrung bestand aus schwarzem Kaffee, *tortillas*, braunen Bohnen und *chile*.

In der Casa Grande waren unter den Bewohnern die verschiedensten Bildungsgrade anzutreffen. Es gab dort zwölf Erwachsene, die niemals eine Schule besucht hatten, und eine Frau, die elf Jahre in die Schule gegangen war. Die durchschnittliche Schulzeit betrug 4,7 Jahre. Nur 8% der Mieter waren Analphabeten, und 20% der Ehen beruhten auf einer freien Bindung.

In der Panaderos betrug die durchschnittliche Schulzeit 2,1 Jahre. Kein einziger Bewohner hatte die Grundschule absolviert, 40% waren Analphabeten, und 46% der Ehen beruhten auf einer freien Bindung. In der Casa Grande waren nur ungefähr ein Drittel der Familien blutsverwandt und ungefähr ein Viertel verschwägert und einander durch *compadrazgo* verbunden. In der Panaderos waren 50% der Familien blutsverwandt und alle Familien durch *compadrazgo* verbunden.

Die Familie Sánchez war unter den einundsiebzig für die Zwecke der Untersuchung ausgewählten Familien in der Casa Grande ein aufs Geratewohl gewähltes Musterbeispiel. Jesús Sánchez gehörte in der *vecindad* der Gruppe an, die über ein mittleres Einkommen verfügte. Sein Arbeitslohn, den er sich als Lebensmitteleinkäufer im Restaurant La Gloria verdiente, betrug 12,50 Pesos, also etwa 4 DM pro Tag. Mit dieser Summe konnte er natürlich kaum sich selbst erhalten. Er ergänzte deshalb sein Einkommen durch verschiedene Nebenverdienste: Verkauf von Lotterielosen, Züchten und Verkaufen von Schweinen, Tauben, Hühnern und Singvögeln und sehr wahrscheinlich durch allerhand Provisionen, die er auf dem Markt erhielt.

Jesús tat sehr geheimnisvoll mit diesen besonderen Einnahmequellen, brachte es jedoch fertig, wenn auch sehr bescheiden, drei Familien, die in verschiedenen Teilen der Stadt wohnten, zu unterhalten. Zur Zeit meiner Untersuchungen lebte er mit seiner jüngsten Frau, Delila, die er sehr liebte, in einem

Zimmer der Straße des verlorenen Kindes. Hier sorgte er für die Frau, für die beiden Kinder, die sie ihm geschenkt hatte, für ihren Sohn aus erster Ehe, für ihre Mutter und die vier Kinder seines Sohnes Manuel. Lupita, die ältere Frau von Jesús Sánchez, ihre beiden Töchter und ihre beiden Enkelkinder, die er auch unterhielt, lebten in einem kleinen Haus, das er in der Siedlung El Dorado, an der Peripherie der Stadt, erbaut hatte. Außerdem sorgte Jesús für seine Tochter Marta und ihre Kinder, für seine Tochter Consuelo und für seinen Sohn Roberto, die alle in der Einzimmer-Wohnung in der Casa Grande untergebracht waren. Abgesehen von einem alten Radio gab es im Heim der Familie Sánchez nicht einen einzigen Luxusgegenstand. Zu essen hatten sie gewöhnlich genug, und die Familie konnte sich rühmen, einen höheren Bildungsgrad als die meisten Nachbarn aufzuweisen. Jesús selbst hatte zwar nur ein Jahr lang die Schule besucht, aber sein Sohn Manuel hatte alle sechs Klassen der Grundschule absolviert und seine Tochter Consuelo darüber hinaus auch noch zwei Klassen der Handelsschule. Roberto ging nach der dritten und Marta nach der vierten Klasse ab.

Die Familie Sánchez unterschied sich auch darin von einigen ihrer Nachbarn, daß sie eine Hilfe im Hause beschäftigte. Die Frau kam tagsüber, um die Wohnung in Ordnung zu bringen, die Wäsche zu waschen und zu kochen. Das geschah nach dem Tod von Lenore, der ersten Frau von Jesús, als die Kinder noch klein waren. Diese Hilfe war gewöhnlich eine Nachbarin oder jemand aus der Verwandtschaft, meist eine Witwe oder eine von ihrem Mann verlassene, alleinstehende Frau, die bereit war, für geringe Bezahlung die Arbeit zu verrichten. Obwohl das zum Ansehen der Familie beitrug, war es in der *vecindad* nichts Seltenes und keinesfalls ein Zeichen besonderen Wohlstands.

Einer meiner Freunde, der selbst in der *vecindad* wohnte, führte mich bei der Familie Sánchez ein. Bei meinem ersten Besuch war die Tür halb offen, und während ich wartete, daß jemand auf mein Klopfen antwortete, konnte ich in den Wohnraum blicken, der einen ziemlich düsteren, trostlosen Eindruck machte. Der kleine Vorraum, in dem sich die Küche und die Toilette befanden und der es längst nötig gehabt hätte, wieder einmal gestrichen zu werden, war recht dürftig mit einem zweiflammigen Petroleumkocher, einem Tisch und zwei Holzstühlen eingerichtet. Weder die Küche noch der größere Schlafraum auf der anderen Seite des Flurs deuteten auf einen Wohlstand hin, wie ich ihn in besser eingerichteten Räumen in der Casa Grande manchmal festgestellt hatte.

Consuelo kam an die Tür. Sie sah ein wenig blaß und mager aus, was sie damit erklärte, eben erst eine schwere Krankheit überstanden zu haben. Ihre jüngere Schwester Marta, die in ihrem großen Schal ein kleines Kind trug, stand hinter Consuelo, sagte aber kein Wort. Ich erklärte den Mädchen, daß ich ein nordamerikanischer Professor und Anthropologe sei und bereits einige Jahre in einem mexikanischen Dorf verbracht hätte, um die dortigen Sitten und Gebräuche zu studieren. Ich erzählte ihnen ferner, daß ich jetzt dabei sei, das Leben der *Vecindad*-Familien in der Stadt mit dem der Landbevölkerung zu vergleichen und Menschen in der Casa Grande suchen wollte, die bereit wären, mir bei dieser Arbeit zu helfen. Um einen Anfang zu machen, stellte ich den Mädchen die Frage, wer — nach ihrer Ansicht — besser daran sei: die Leute auf dem Lande oder die in der Stadt. Nach derartigen Fragen, die sich in meinen einleitenden Interviews bisher stets als nützlich erwiesen hatten, brachte ich das Gespräch bald auf die eigentlichen Punkte meines Fragebogens. Sie bezogen sich auf Geschlecht, Alter, Geburtsort, Schulbildung sowie jetzige und frühere Berufe der einzelnen Familienmitglieder.

Als ich schon fast alle meine Fragen gestellt hatte, trat der Vater, Jesús Sánchez, mit einem Sack Lebensmittel auf der Schulter, schroff und ganz unerwartet in das Zimmer. Er war ein untersetzter, stämmiger, energischer Mann, mit den Gesichtszügen eines Indianers. Bekleidet war er mit einem blauen Overall und einem Strohhut, glich also ebenso einem Fabrikarbeiter wie einem Bauern. Er überließ den Sack seiner Tochter Marta, begrüßte sie und Consuelo kurz, drehte sich dann mißtrauisch nach mir um und fragte, was ich wollte. Er beantwortete kurz und bündig meine Fragen und stellte fest, daß das Leben auf dem Lande dem in der Stadt weit vorzuziehen sei. Er begründete diese Ansicht damit, daß die Jugend in der Stadt der Sittenverderbnis ausgesetzt sei, und zwar vor allem deshalb, weil sie — die Jugend — nicht fähig sei, das ihr von der Stadt Gebotene nützlich zu verwerten. Dann gab er vor, in großer Eile zu sein, und verließ den Raum ebenso plötzlich, wie er ihn betreten hatte.

Bei meinem nächsten Gespräch in der Wohnung der Familie Sánchez traf ich mit dem jüngeren Sohn, Roberto, zusammen. Er war größer und eine Nuance dunkler als die übrigen Familienmitglieder und sah aus wie ein trainierter Athlet. Er war liebenswürdig, sprach leise und erweckte in mir den Eindruck eines ungewöhnlich höflichen und ehrerbietigen Menschen. Er benahm sich mir gegenüber stets zuvorkommend, selbst dann, wenn er zuviel getrunken hatte. Seinen älteren Bruder Manuel traf ich erst einige Monate später, da er zur Zeit meiner ersten Besuche in den Vereinigten Staaten war. In den folgenden Wochen und Monaten setzte ich meine Untersuchungen bei anderen Familien in der *vecindad* fort. Nach vier Gesprächen hatte ich alle Angaben beisammen, die ich von der Familie Sánchez benötigte, doch pflegte ich noch oft in ihrem Haus zu weilen und mit Consuelo, Marta oder Roberto zwanglos zu plaudern. Sie alle waren sehr freundlich und gaben mir bereitwillig Auskunft über das Leben in der *vecindad*. Als ich dann allmählich einiges über die Familienmitglieder selbst erfuhr, wurde es mir bewußt, daß diese Familie für sich allein ein anschauliches Beispiel für viele soziale und psychologische Probleme bot, die für das Leben der unteren Volksschichten in Mexiko kennzeichnend sind. An diesem Punkt angelangt, entschloß ich mich, meine Untersuchungen zu vertiefen. Auf meine Bitte willigten Consuelo, Roberto und Marta nacheinander ein, mir ihre Lebensgeschichten zu erzählen. Diese Geschichten wurden von mir, mit Wissen und Erlaubnis der Erzählenden, auf Tonband aufgenommen. Als Manuel einige Monate später zurückkam, schloß er sich seinen Geschwistern an. Meine Arbeit mit Jesús begann erst, nachdem ich sechs Monate lang mit seinen Kindern gearbeitet hatte. Es war schwer, sein Vertrauen zu gewinnen, doch als er mir endlich gestattete, seine Lebensgeschichte festzuhalten, förderte diese Erlaubnis auch meine weitere Zusammenarbeit mit den Kindern.

Da strenge Diskretion die Vorbedingung für die unabhängige Erzählung einer jeden Lebensgeschichte ist, wurden die Berichte zum größten Teil in meiner Wohnung und in meinem Büro auf Band genommen. Die meisten Berichte wurden einzeln aufgenommen, aber bei meinen späteren Besuchen in Mexiko — in den Jahren 1957, 1958 und 1959 — richtete ich es häufig so ein, daß ich auch Gruppengespräche gleichzeitig mit zwei oder drei Familienmitgliedern durchführen konnte. Gelegentlich erfolgten die Tonbandaufnahmen im Heim der Familie in der Casa Grande, doch machte ich die Erfahrung, daß sie alle freier und ungezwungener aussagten, wenn sie nicht in der Casa Grande waren. Ich stellte auch fest, daß es von Nutzen war, wenn die Erzählenden das Mikrofon nicht sehen konnten, und befestigte es deshalb an ihren Kleidern. Auf diese Weise unterhielten wir uns dann, als ob überhaupt kein Mikrofon vorhanden wäre.

Um die nötigen ausführlichen und oft recht vertraulichen Mitteilungen zu erhalten, bediente ich mich niemals eines geheimen Verfahrens und wendete keine sogenannten »Wahrheitspillen« oder therapeutischen Methoden an. Die wirksamsten Helfer und die besten Werkzeuge des Anthropologen sind nämlich Sympathie und Mitgefühl für die Menschen, die er studiert. Aus der ursprünglich rein wissenschaftlichen Zwecken dienenden Zusammenarbeit entwickelte sich mit der Zeit eine innige und dauernde Freundschaft. Ich wurde weitgehend in die Probleme der berichtenden Personen mit einbezogen und hatte später oft das Gefühl, nun für zwei Familien — für meine eigene und für die von Jesús Sánchez — sorgen zu müssen. Ich habe viele hundert Stunden im Kreise der Familie Sánchez verbracht. Ich habe bei ihnen zu Hause gegessen, an ihren Tanzereien und Festlichkeiten teilgenommen, sie an ihre Arbeitsstätten begleitet, ihre Freunde und Verwandten kennengelernt, mich ihren Wallfahrten angeschlossen und mit ihnen die Kirche, Kinos und Sportplätze besucht.

Die Sánchez' überzeugten sich mit der Zeit davon, daß sie mir glauben und vertrauen konnten. In Krisenzeiten wandten sie sich stets an mich und meine Frau, und wir halfen ihnen über alle Schwierigkeiten hinweg, die Krankheiten, Trunksucht, Scherereien mit der Polizei, Arbeitslosigkeit und Familienstreit mit sich brachten. Ich befolgte nicht die übliche Gepflogenheit der Anthropologen, die Auskunftgebenden zu bezahlen, und ich war ergriffen, als ich sah, daß in ihrem Verhalten mir gegenüber jedes materielle Interesse fehlte. Im Grunde genommen war es das Gefühl der Freundschaft, das sie zu mir führte und sie veranlaßte, mir ihre Lebensgeschichte zu erzählen. Der Leser darf nicht den Mut unterschätzen, den sie aufbrachten, als sie mir die vielen schmerzlichen Erinnerungen und Erfahrungen ihres Lebens anvertrauen. Diese Geständnisse übten bis zu einem gewissen Grad eine läuternde Wirkung auf sie aus, waren eine Art Katharsis, die sie von ihren Ängsten und Sorgen befreite. Sie waren gerührt von meinem anhaltenden Interesse für sie, und meine jährliche Rückkehr nach Mexiko war ein entscheidender Faktor, der ihr Vertrauen noch vertiefte. Ihre positive Vorstellung von den Vereinigten Staaten als einem »überlegenen« Land erhöhte zweifellos auch mein persönliches Ansehen. Man sah in mir eine von gutem Willen erfüllte Respektsperson und nicht jemanden, der sie richten wollte, wie sie es von ihrem Vater gewohnt waren. Sie identifizierten sich sozusagen mit meiner Arbeit, und das Gefühl, an einem wissenschaftlichen Forschungsprojekt beteiligt zu sein, gab ihnen, wenn sie auch die letzten Ziele meiner Arbeit kaum begreifen konnten, ein Gefühl der Genugtuung und der Wichtigkeit. Dieses Bewußtsein trug sie weit über den engen Horizont ihres Alltagslebens hinaus. Sie sagten mir oft, wenn ihre Geschichten den Menschen draußen in der Welt helfen würden, hätten sie das Gefühl, etwas geleistet zu haben.

Im Laufe unserer Gespräche stellte ich Manuel, Roberto, Consuelo, Marta und Jesús Sánchez viele hundert Fragen. Natürlich beeinflußten auch meine wissenschaftliche Ausbildung als Anthropologe, meine langjährige Vertrautheit mit der mexikanischen Kultur und mein persönliches Wesen das endgültige Ergebnis dieser Untersuchung. Zwar lenkte ich die Unterhaltung auf die entscheidenden Punkte hin, doch gleichzeitig ermutigte ich meine Partner zur freien Assoziation und war bestrebt, selbst ein guter Zuhörer zu sein. Ich versuchte, in systematischer Reihenfolge möglichst viele und verschiedene Themen zur Sprache zu bringen: ihre frühesten Erinnerungen, ihre Träume und Hoffnungen, ihre Sorgen und Ängste, ihre Freuden und Leiden, ihre Tätigkeit, ihr Verhältnis zu Freunden, Bekannten und Arbeitgebern, ihr sexuelles Leben, ihre Vorstellung von Gerechtigkeit, Religion und Politik, ihre Kenntnisse auf dem Gebiet der Geographie und der Geschichte. Kurz gesagt: Ich war bemüht, ihr ganzes Weltbild zu erfassen. Viele meiner Fragen regten sie an, sich über Themen zu äußern, an die sie sonst wohl nie gedacht oder die sie von selbst wahrscheinlich nie erwähnt hätten. Ihre Antworten haben sie jedoch immer selbständig formuliert.

Bei der Bearbeitung der Gespräche für die Buchveröffentlichung ließ ich im Text meine Fragen aus und formte aus dem Material durch entsprechende Auswahl und Anordnung zusammenhängende Lebensgeschichten.

Wenn man mit Henry James darin übereinstimmt, daß das Leben alles enthält und alles durcheinanderspielt, Kunst hingegen aus Unterscheidung und Selektion besteht, so findet man in diesen Lebensgeschichten beide Elemente, Kunst und Leben. Meiner Ansicht nach wird dadurch die Glaubwürdigkeit der Aussagen oder ihr Nutzen für die Wissenschaft in keiner Weise beeinträchtigt. Allen meinen Kollegen, die an dem ganzen unveränderten Textmaterial interessiert sind, stehen die auf Tonband fixierten Gespräche zur Verfügung.

Die Bearbeitung des Textes war in einigen Fällen umfangreicher als in anderen. So benötigten zum Beispiel die Berichte Manuels — er ist der bei weitem gewandteste und wirkungsvollste Erzähler der Familie — nur eine verhältnismäßig geringe redaktionelle Überarbeitung. Seine Geschichte bewahrt viel von ihrer ursprünglichen Struktur. Trotzdem verliert gerade die Geschichte Manuels — vielleicht mehr als die anderen — sehr viel durch die Niederschrift und die Übersetzung, weil er ein geborener Schauspieler ist, mit einer großen Begabung für Nuancen, Zeiteinteilung und Intonation. Eine einzige Frage konnte ihm häufig einen pausenlosen Monolog von vierzig Minuten entlocken. Roberto sprach mit natürlicher Leichtigkeit, doch anspruchslos und mit geringer dramatischer Wirkung von seinen Abenteuern, wurde jedoch ein wenig befangen und wortkarg, wenn es galt, sich über Gefühle und das sexuelle Leben zu äußern. Bei den Berichten von Consuelo war — wegen der Fülle des Materials — eine gründliche redaktionelle Arbeit nötig. Außer den auf Band genommenen Gesprächen schrieb sie mir nämlich oft und ausführlich über Ereignisse und Vorfälle, über die ich sie befragt hatte.

Marta zeigte die geringste Fähigkeit zu langen Monologen und zur sprachlichen Gestaltung ihrer Gedanken. Lange Zeit antwortete sie auf meine Fragen nur mit einem einzigen Satz oder mit wenigen Worten. Darin glich sie ihrem Vater. Mit der Zeit gewannen sie beide — Vater und Tochter — an Mut und Fertigkeit, redeten flüssiger und hatten sogar Momente, in denen sie sich gewandt ausdrückten.

Manuel scheute sich am wenigsten, den Slum-Jargon mit seinen drastischen Ausdrücken und oft recht derben sexuellen Metaphern zu verwenden. Roberto sprach gleichfalls ziemlich unverblümt, doch kleidete er einen rohen oder obszönen Ausdruck oft in eine höfliche Wendung wie »mit Verlaub, Herr Doktor«. Auch Marta bediente sich ihrer natürlichen Ausdrucksweise. Consuelo und ihr Vater sprachen am genauesten und am »korrektesten« und gebrauchten bei unseren Zusammenkünften nur selten vulgäre Ausdrücke.

Es war keine einfache Aufgabe, das von den unteren Volksschichten Mexikos gesprochene Spanisch zu übersetzen. Es boten sich hier, besonders bei dem Versuch, für bestimmte Kraftausdrücke des Slum-Jargons, idiomatische Wendungen und Scherzworte mit sexuellen Anspielungen englische Entsprechungen zu finden, schwierige und in mancher Hinsicht unlösbare Probleme. Ich war deshalb mehr bemüht, die wesentliche Bedeutung und die besondere Würze der Sprache wiederzugeben, als genau und wortgetreu zu übersetzen. Daß dabei etwas von dem Zauber und der Schönheit des Originals verlorenging, wie auch etwas vom persönlichen Stil der Erzählenden, war nicht zu vermeiden.

Die englische Übersetzung verleiht Menschen mit relativ geringer Bildung ein überraschend hohes sprachliches Niveau. Die Flüssigkeit der Rede und der reiche Wortschatz der Mexikaner — gleichgültig, ob es Bauern oder Bewohner der Armenviertel waren — haben mich stets sehr beeindruckt. Im ganzen klang die Sprache Manuels und Consuelos etwas reicher als die Robertos und Martas. Das ist vielleicht darauf zurückzuführen, daß Manuel und Consuelo eine längere Schulausbildung genossen hatten. Die von Manuel verwendeten, ein wenig hochgeschraubten Ausdrücke wie »Himmelskörper«, »Unterbewußtsein« und »unheilbringender Reichtum« können anfänglich überraschen, aber man muß bedenken, daß Manuel die spanische Ausgabe des *Reader's Digest* liest und sich gern gewählt ausdrücken möchte. Außerdem muß auch berücksichtigt werden, daß in unseren Tagen selbst in Slums lebende Analphabeten »fortschrittliche« Gedanken und ihre Terminologie in Fernsehsendungen, im Radio und im Kino hören und sich aneignen können.

Der Leser wird bald bemerken, daß zwischen Jesús Sánchez und seinen Kindern ein ausgeprägter Gegensatz besteht, ein Gegensatz, der nicht nur den Unterschied zwischen Stadt- und Landleben, sondern auch den zwischen dem Mexiko vor und dem nach der Revolution widerspiegelt. Jesús wurde im Jahre 1910 in einem kleinen Dorf im Staate Veracruz geboren, also in dem Jahr, als die mexikanische Revolution begann. Seine Kinder kamen zwischen 1928 und 1935 in Mexico-City zur Welt. Jesús war in eine Großstadt gekommen, in der es weder Autos noch Kinos, weder Rundfunk noch Fernsehen, freie Wahlen oder eine jedermann zugängliche allgemeine Schulbildung gab. Damals bestand auch keine Hoffnung auf eine Aufwärtsbewegung und keine Möglichkeit, seine Lage zu verbessern und reich zu werden. Jesús war in den Traditionen einer autoritären Weltanschauung aufgewachsen, in der jeder Mensch auf den ihm gebührenden Platz gewiesen, zu harter Arbeit und Selbstbeherrschung angehalten wurde. Die Kinder von Sánchez erfuhren, obwohl sie der Willkür und Autorität des Vaters unterworfen waren, schon die Auswirkungen der gesellschaftlichen Umstellung im Mexiko nach der Revolution. Zu den Folgeerscheinungen dieser Umwälzung gehörten vor allem ein zunehmender Individualismus und größere Möglichkeiten gesellschaftlichen Aufstiegs. Um so überraschender ist es deshalb, daß der Vater, der niemals Anspruch erhob, mehr zu sein als ein einfacher Arbeiter, es fertigbrachte, sich aus der Tiefe der Armut ein wenig zu erheben, während die Kinder auf dieser Stufe verharrten.

Im neunzehnten Jahrhundert, als die Gesellschaftswissenschaften gerade erst aufgekommen waren, blieb es Romanschriftstellern, Dramatikern, Journalisten und Sozialreformern überlassen, über die Auswirkungen des Industrialisierungs- und Verstädterungsprozesses auf das Leben des einzelnen und der Familie zu berichten. Gegenwärtig vollzieht sich eine ähnliche kulturelle Umschichtung bei den Völkern der Entwicklungsländer, aber sie findet ihren Niederschlag in keiner vergleichbaren umfassenden Literatur, die es uns ermöglichen würde, diesen Wandlungsprozeß und die von ihm Betroffenen besser zu verstehen. Dennoch ist ein besseres Verstehen wohl niemals so unerläßlich gewesen wie heute, da die Entwicklungsländer ein gewichtiger Faktor der Weltpolitik geworden sind.

Bei den neuen afrikanischen Nationen, die sich jetzt allmählich über das Niveau einer stammesgebundenen, schrifttumslosen Kulturtradition erheben, überrascht es nicht, wenn von einer bedeutenden eigenständigen Literatur, die sich mit dem

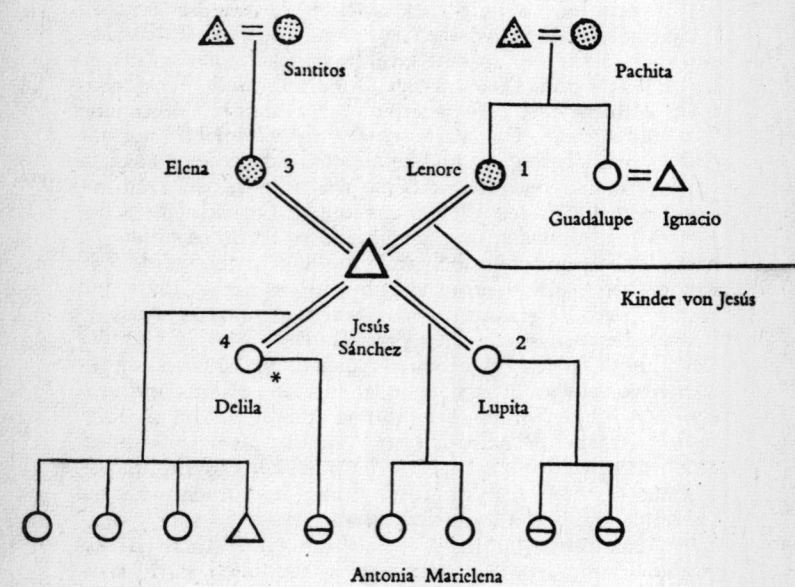

Santitos

Pachita

Elena 3

Lenore 1

Guadalupe Ignacio

Kinder von Jesús

Jesús
Sánchez

4
Delila
*

Lupita 2

Antonia Marielena

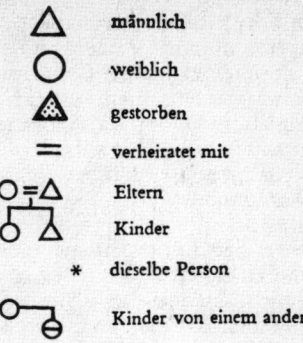

männlich

weiblich

gestorben

= verheiratet mit

Eltern

Kinder

* dieselbe Person

Kinder von einem anderen Mann

2 Reihenfolge der Ehen

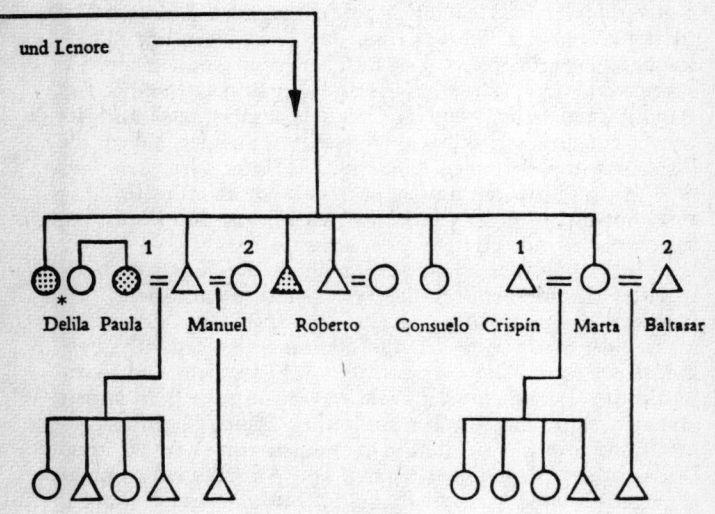

und Lenore

Delila Paula Manuel Roberto Consuelo Crispín Marta Baltasar

Leben der unteren Volksschichten beschäftigt, nur selten die Rede sein kann. In Mexiko und in anderen Ländern Lateinamerikas, wo es einen Mittelstand gegeben hat, dem die meisten Schriftsteller entstammen, war gerade diese Schicht nicht sehr umfangreich. Außerdem hat auch die hierarchische Struktur der mexikanischen Gesellschaft jede tiefer greifende Verbindung der einzelnen Volksschichten verhindert. Ein weiterer hemmender Faktor war, daß die Schriftsteller und Anthropologen in Mexiko sich vornehmlich mit der indianischen Frage beschäftigten und darüber die in den Städten lebenden Armen fast ganz außer acht ließen.

Dieser Stand der Dinge bietet den Soziologen und ganz besonders den Anthropologen eine einzigartige Gelegenheit, die Lücke zu füllen und eine eigene Literatur zu entwickeln. Soziologen, die einst als Bahnbrecher in der Erforschung der städtischen Armen- und Elendsviertel gegolten haben, konzentrieren jetzt ihre Aufmerksamkeit auf die Vorstädte, was mit einer gewissen Vernachlässigung der Probleme der Armut verbunden ist. Heutzutage sind die meisten Romanschriftsteller so sehr damit beschäftigt, das Seelenleben des Mittelstandes zu ergründen, daß sie darüber jeden Kontakt mit den Lebensverhältnissen der Armen und den Realitäten einer sich ständig wandelnden Welt verloren haben. Es ist tatsächlich so, wie C. P. Snow vor kurzem feststellte: »Leider haben die Menschen in den reichen Ländern ... so sehr vergessen, was es eigentlich bedeutet, arm zu sein, daß wir kaum mehr fähig sind, mit den weniger Glücklichen zu fühlen, mit ihnen zu sprechen. Das müssen wir wieder lernen.«

Die Anthropologen, schon aus Tradition die Fürsprecher der einfachen Leute überall in der Welt, sind es auch jetzt, die immer wieder ihre ganzen Kräfte im Interesse der großen Massen der Stadt- und Landbevölkerung der Entwicklungsländer einsetzen. Diese leben trotz des sozialen und wirtschaftlichen Fortschritts der Welt im vergangenen Jahrhundert immer noch in einem unbeschreiblichen Elend. Gegenüber einem durchschnittlichen Jahreseinkommen von mehr als 2000 Dollar in den Vereinigten Staaten von Amerika haben mehr als eine Milliarde Menschen, die in fünfundsiebzig Staaten Asiens, Afrikas, Lateinamerikas und des Nahen Ostens leben, pro Kopf ein durchschnittliches Jahreseinkommen von weniger als 200 Dollar. Der Anthropologe, der die Lebensformen und -möglichkeiten in diesen Ländern studiert, ist also nicht nur Erforscher, er wird gleichzeitig auch zum Künder dessen, was ich »Kultur der Armut« nenne.

Für jene, die der Ansicht sind, daß die Armen keine Kultur haben, wird die Vorstellung von einer Kultur der Armut einen Widerspruch in sich bedeuten. Meine Bezeichnung könnte den Eindruck erwecken, als wollte ich der Armut eine gewisse Würde, einen bestimmten Rang zusprechen. Das ist jedoch nicht meine Absicht. In der Anthropologie bedeutet der Ausdruck »Kultur« im wesentlichen eine Art Lebensplan, eine Lebensform, die eine Generation von der anderen übernimmt. Wenn ich nun diesen Begriff der Kultur auf die Lebensverhältnisse der Armen anwende, verfolge ich damit einen bestimmten Zweck: Ich möchte die Aufmerksamkeit auf die Tatsache lenken, daß Armut bei den Nationen von heute nicht nur ein Zustand wirtschaftlicher Not, der Zerrüttung und Auflösung ist, also nicht nur mit dem Fehlen bestimmter Faktoren erklärt werden kann. Armut bedeutet auch etwas Positives. Sie hat ihre eigene Struktur und eine bestimmte Seinsgrundlage und verfügt über gewisse Selbsterhaltungsmethoden, ohne die der Arme sonst kaum bestehen könnte. Die Armut ist also, um es kurz zu sagen, eine bemerkenswert stabile und beständige Lebensform, die sich in den Familien von Generation auf Generation vererbt. Die Kultur der Armut hat ihre eigenen Regeln und Modalitäten, ihre bestimmten sozialen und psychologischen Auswirkungen auf alle, die ihr angehören. Sie ist auch ein dynamischer Faktor, der die umfassendere Nationalkultur beeinflußt und eine Art eigenständiger »Unterkultur« darstellt.

Diese Kulturform ist bei den primitiven Völkern nicht vorhanden, deren Rückständigkeit von ihrer isolierten Lage und einer unterentwickelten Technik herrührt und deren Gesellschaft meist keine Klassenschichtung aufweist. Solche Völker haben eine verhältnismäßig einheitliche und sich selbst genügende Kultur. Die Kultur der Armut ist auch nicht gleichbedeutend mit der Arbeiterklasse, dem Proletariat oder dem Bauerntum, deren wirtschaftliche Stellung überall in der Welt beträchtliche Unterschiede zeigt. So lebt zum Beispiel die Arbeiterklasse in den Vereinigten Staaten wie eine Eliteschicht, wenn wir sie mit den niederen Volksschichten in den Entwicklungsländern vergleichen. Die Kultur der Armut findet sich nur bei solchen Menschen, die in der sozialen und wirtschaftlichen Rangordnung auf der untersten Stufe leben: bei den ärmsten Arbeitern und Bauern, den Plantagenarbeitern und jener großen heterogenen Masse von Kleingewerbetreibenden und Krämern, die man als »Lumpenproletariat« zu bezeichnen pflegt.

Die Kultur oder Unterkultur der Armut entsteht in den verschiedensten geschichtlichen Zusammenhängen. Am häufigsten tritt sie auf, wenn ein soziales oder wirtschaftliches System zusammenbricht oder durch ein anderes System ersetzt wird. Das konnte bei dem Übergang vom Feudalismus zum Kapitalismus beobachtet werden. Zuweilen wird sie auch dadurch hervorgerufen, daß ein Reich erobert und seine Bevölkerung vom Sieger unterdrückt, manchmal sogar viele Generationen hindurch in Knechtschaft gehalten wird. Sie kann sich aber auch in dem Prozeß der Auflösung der Stammesorganisation bilden, wie er gegenwärtig in den Entwicklungsländern Afrikas vor sich geht. Dort entwickeln, um ein Beispiel anzuführen, die von den Stämmen in die Städte Abgewanderten sogenannte »Hinterhof-Kulturen«, die eine bemerkenswerte Ähnlichkeit mit den *vecindades* in Mexico-City aufweisen. Wir sind geneigt, in solchen Erscheinungen Übergangs- oder eben zeitlich begrenzte Phasen einer drastischen Kulturumwälzung zu sehen. Das muß aber nicht unbedingt der Fall sein, denn die Kultur der Armut ist häufig — selbst in stabilen Gesellschaftssystemen — eine Dauerform. In Mexiko ist diese Kultur seit der spanischen Eroberung von 1519 zweifellos mehr oder weniger eine Dauererscheinung, denn im genannten Jahr — 1519 — begann der Auflösungsprozeß der Stammesorganisationen und damit auch die Abwanderung der Landbewohner in die Städte. Nur Größe, Lage und Zusammensetzung der Armenviertel haben ständig gewechselt. Meiner Ansicht nach finden ähnliche Vorgänge in vielen anderen Ländern der Erde statt.

Es scheint, daß die Kultur der Armut über regionale, ländlichstädtische, ja sogar über nationale Unterschiede hinweg einige allgemeine Grundzüge aufweist. Ich habe bereits in der 1959 erschienenen ersten Ausgabe der *Five Families* darauf hingewiesen, daß in den Siedlungen der untersten Volksschichten, gleichgültig ob in London, Glasgow, Paris, Harlem oder Mexico-City, bemerkenswerte Übereinstimmungen im Aufbau der Familie, in den Beziehungen von Mensch zu Mensch, in der Einteilung der Zeit, in den Wertbegriffen, in der Wahl der Vorbilder, in der Art und Weise des Geldausgebens und im Gemeinschaftssinn vorhanden sind. Hier ist zwar nicht der Ort für eine umfassende Vergleichsanalyse der Kultur der Armut, doch einige ihrer charakteristischen Züge möchte ich dennoch erörtern, um meinen Lesern — hauptsächlich auf meine mexikanischen Erfahrungen gestützt — wenigstens ein annäherndes Bild von dieser Kultur zu vermitteln.

In Mexiko umschließt die Kultur der Armut zumindest das untere Drittel der Stadt- und Landbevölkerung. Bezeichnend für diesen Teil der Bevölkerung sind: eine verhältnismäßig höhere Sterblichkeitsziffer, eine geringere Lebenserwartung und eine relativ größere Zahl junger Menschen; infolge von Kinder- und Frauenarbeit ist auch die Zahl derer, die im Arbeitsprozeß stehen, relativ größer als in anderen Schichten. Einige dieser Indexziffern sind in den Armenvierteln der Hauptstadt höher als in den ländlichen Teilen Mexikos. Die Kultur der Armut ist in diesem Land provinziell und örtlich orientiert. Die zu diesem Lebenskreis gehören, sind nur zum Teil in das Leben der Nation integriert und leben am Rande der Gesellschaft, auch wenn sie mitten in der Großstadt wohnen. In Mexico-City zum Beispiel haben die meisten Armen nur sehr wenig gelernt und können kaum lesen und schreiben. Sie sind weder in einer Gewerkschaft noch in einer politischen Partei. Der Leistungen der Sozialversicherung (*Seguro Social*) wie der Krankenhilfe, Wochenhilfe und Altersversorgung werden sie nicht teilhaftig, und Krankenhäuser nehmen sie kaum in Anspruch. Sie kaufen nicht in Warenhäusern, besuchen weder Museen und Kunstsammlungen noch benützen sie die Flughäfen.

Besonders charakteristisch sind die wirtschaftlichen Grundzüge der Kultur der Armut; dazu gehören: der ständige Kampf ums Dasein; Arbeitslosigkeit und Kurzarbeit; niedrige Löhne, eine Fülle ungelernter Berufe und Kinderarbeit; das Fehlen von Ersparnissen; dauernde Geldknappheit und das Fehlen von Lebensmittelvorräten — daher die Gewohnheit, täglich mehrmals kleine Mengen Lebensmittel einzukaufen, gerade soviel, wie man im Augenblick braucht; Verpfändung persönlicher Gegenstände; Anleihen zu Wucherzinsen bei irgenwelchen Geldverleihern und gegenseitiges Borgen von allem Möglichen unter Nachbarn; Verwendung von altem Hausrat und getragenen Sachen.

Mit diesen wirtschaftlichen Verhältnissen sind bestimmte soziale und psychologische Bedingungen verknüpft: Die Armen sind gezwungen, in überfüllten Elendsquartieren zu leben; auf jede Möglichkeit des Alleinseins zu verzichten; ein Herdendasein zu fristen; immer wieder beim Alkohol Zuflucht zu suchen und nicht nur beim Schlichten ihrer Streitigkeiten, sondern auch in der Erziehung ihrer Kinder häufig rohe Gewalt anzuwenden.

Kennzeichnend für die Lebensweise dieser Volksschichten ist ferner, daß die Frauen oft von ihren Männern geschlagen werden. Das Sexualleben beginnt früh; man heiratet aufgrund mündlicher Übereinkunft und lebt in freien Verbindungen; viele Männer verlassen Frau und Kind, daher gibt es unzählige Familien, deren Mittelpunkt die Mutter mit ihren Verwandten bildet; es besteht eine auffällige Neigung, sich um jeden Preis durchzusetzen, aber auch dem Stärkeren zu weichen; sehr betont wird die Solidarität der Familie — ein Ideal, das allerdings nur selten erreicht wird.

Außerdem sind mit der Kultur der Armut folgende psychologische Erscheinungen verbunden: eine starke, auf die unmittelbare Gegenwart gerichtete Orientierung mit nur geringer Bereitschaft, sich einen augenblicklichen Wunsch zu versagen und für die Zukunft zu planen; ein Gefühl der Resignation und des Fatalismus, das in der eigenen schweren Lebenslage seine Begründung hat; der Glaube an die männliche Überlegenheit, der sich bis zum Maskulinitätskult (*machismo*) steigert; ein diesem Glauben entsprechender Märtyrer-Komplex unter den Frauen und ein hoher Grad von Toleranz gegenüber allen Arten psychologischer Pathologie.

Einige der hier aufgezählten Erscheinungen sind in Mexiko nicht nur in der Kultur der Armut anzutreffen, sondern auch unter den Angehörigen des Mittelstandes und der Oberklasse, doch sind sie in der Kultur der Armut besonders ausgeprägt. So findet zum Beispiel der Maskulinitätskult bei den Männern des Mittelstandes in .dem Don-Juan-Komplex des sexuellen Abenteuers seinen Ausdruck, während er in den unteren Volksschichten in Form eines gewissen Heroismus, in einer physiologischen Furchtlosigkeit zutage tritt.

Ähnlich verhält es sich mit dem Trinken, das für den Mittelstand eine soziale Annehmlichkeit ist, während man in den unteren Volksschichten aus vielerlei anderen Gründen trinkt: um seine Sorgen zu vergessen, seine Trinkfestigkeit zu beweisen und sich den nötigen Mut anzutrinken, um Schwierigkeiten gegenüber nicht zu verzagen.

Viele von den Merkmalen der Unterkultur der Armut können als Versuche gewertet werden, selbst mit Nöten fertig zu werden, denen die bestehenden Institutionen und Behörden deshalb nicht abhelfen können, weil diese Menschen durch sie nicht ansprechbar sind, ihre Dienste nicht bezahlen können oder den Behörden nur Mißtrauen entgegenbringen. So können diese Leute — um ein Beispiel anzuführen — sich keinen Arzt leisten, und in ihrer Angst vor den Krankenhäusern, die »man nur aufsucht, um dort zu sterben«, verlassen sie sich auf Heilkräuter, auf »bewährte Hausmittel« und auf »Heilkünstler« und »weise Frauen« in ihrer Umgebung. Priestern gegenüber sind sie mißtrauisch, denn »die sind ja auch nur Menschen und Sünder wie wir alle«. Sie gehen daher selten zur Beichte oder zur Messe, sondern vertrauen auf die Kraft ihrer Gebete zu den Heiligenbildern in ihrem Heim und pilgern zu den volkstümlichen Wallfahrtsorten.

Eine kritische Haltung gegenüber Werten und Institutionen der herrschenden Klasse, Haß auf die Polizei, Mißtrauen gegen die Regierung und alle, die in hoher Stellung sind, und ein Zynismus, der sich auch auf die Kirche erstreckt, führen zu einer Anti-Einstellung, die aus der Kultur der Armut ein Potential für alle gegen die bestehende Gesellschaftsordnung gerichteten Bewegungen macht. Schließlich muß noch erwähnt werden, daß die Unterkultur der Armut über eine gewisse Kraftreserve in dem Sinne verfügt, daß alle, die ihr angehören, versuchen, die den verschiedensten Quellen entstammenden Reste an Glauben und Konvention zu verwerten und irgendwie in eine brauchbare Lebensform einzugliedern.

Es sei hier nochmals hervorgehoben, daß die Familie Sánchez keineswegs auf der untersten Stufe der Armut in Mexiko steht. Ungefähr anderthalb Millionen Menschen der annähernd vier Millionen zählenden Gesamtbevölkerung von Mexico-City leben unter ähnlichen oder noch schlechteren Bedingungen. Die Tatsache, daß fünfzig Jahre nach der großen mexikanischen Revolution in der größten Stadt des Landes die Armut beharrlich fortbesteht, läßt uns die ernste Frage stellen, inwieweit die Revolution ihre sozialen Ziele verwirklicht hat. Nach der Familie Sánchez, ihren Freunden, Nachbarn und Verwandten zu urteilen, muß das eigentliche Versprechen der Revolution noch erfüllt werden.

Meine obige Behauptung erfolgt in voller Kenntnis der eindrucksvollen und weitreichenden Veränderungen, die die mexikanische Revolution mit sich gebracht hat. Ich denke da vor allem an die Umbildung einer halbfeudalen Wirtschaft, an die Landverteilung unter die mexikanischen Bauern, an die Emanzipation der Indianer, an die Besserung der Lage der Arbeiterschaft, an die Ausbreitung des öffentlichen Unterrichts, an die Nationalisierung der Eisenbahnen und der Ölindustrie und an das Emporkommen eines neuen Mittelstandes. Seit 1940 hält die Wirtschaftsexpansion an, und das Land ist wirtschaftsbewußt. Die führenden Tageszeitungen melden in ihren Schlagzeilen immer wieder neue rekordbrechende Leistungen in Landwirtschaft und Industrie und berichten immer wieder voll Stolz von den großen nationalen Goldreserven. Alle sind von dem Geist der Hochkonjunktur erfüllt, die an den großen Wirtschaftsaufschwung in den Vereinigten Staaten um die Jahrhundertwende erinnert. Seit 1940 hat die Bevölkerung um 13 Millionen zugenommen und betrug 1960 ungefähr 34 Millionen. Der Aufstieg von Mexico-City darf wohl als einzigartig bezeichnet werden: Es ist heute mit vier Millionen Einwohnern die größte Stadt Lateinamerikas und steht unter den großen Städten des amerikanischen Kontinents an dritter oder vierter Stelle.

Zu den wichtigsten Erscheinungen seit 1940 gehört zweifellos der stark zunehmende Einfluß der Vereinigten Staaten. Niemals in der langen Geschichte der amerikanisch-mexikanischen Beziehungen gab es bisher eine solch vielseitige und intensive Wechselwirkung zwischen den beiden Ländern. Die enge Zusammenarbeit während des Zweiten Weltkriegs; das rapide Ansteigen der amerikanischen Investitionen in Mexiko (sie betrugen 1960 fast eine Milliarde Dollar); der große Strom von US-Touristen nach Mexiko und von mexikanischen Besuchern in die Vereinigten Staaten; die jährliche Wanderung von einigen hunderttausend mexikanischen Landarbeitern in die USA, der ständige Austausch von Studenten, Technikern und Professoren und die zunehmende Zahl von Mexikanern, die die amerikanische Staatsbürgerschaft erwerben, haben eine völlig neue Form der amerikanisch-mexikanischen Beziehungen entstehen lassen.

Die wichtigsten Programme der Fernsehstationen werden von großen Firmen, die mit ausländischem Kapital arbeiten — wie Nestle, General Motors, Ford, Procter & Gamble, Colgate —, weitgehend unterstützt und gefördert. Die Sendungen in Rundfunk und Fernsehen unterscheiden sich nur darin von den amerikanischen, daß man spanisch spricht und mexikanische Künstler zu Wort kommen läßt. Die Verkaufsmethoden der amerikanischen Warenhäuser sind durch Geschäfte wie Woolworth und Sears Roebuck und Co. in den meisten großen Städten Mexikos allgemein verbreitet. Supermärkte mit Selbstbedienung bieten dem unaufhörlich wachsenden Mittelstand viele amerikanische Lebensmittel, hauptsächlich Markenartikel, an. In den Schulen wird nicht mehr Französisch, sondern Englisch als erste Fremdsprache unterrichtet, und die Traditionen der französischen medizinischen Wissenschaften werden allmählich, aber stetig durch die Methoden der amerikanischen Heilkunde ersetzt.

Trotz der erhöhten Produktion und der offensichtlichen Prosperität läßt die ungleichmäßige Verteilung des sich ständig mehrenden Volkseinkommens den Unterschied zwischen reich und arm krasser hervortreten, als dies früher der Fall war. Obwohl im Lebensstandard der Bevölkerung im allgemeinen ein gewisser Aufstieg nicht zu leugnen ist, waren im Jahre 1956 mehr als 60% der Bevölkerung unterernährt, in unzulänglichen Wohnungen untergebracht und schlecht gekleidet. In demselben Jahr gab es noch 40% Analphabeten, und 46% aller Kinder besuchten keine Schule. Eine seit 1940 anhaltende chronische Inflation wirkt sich sehr ungünstig auf das Realeinkommen der Armen aus. Die Lebenshaltungskosten der Arbeiter haben sich in Mexico-City seit 1939 um mehr als das Fünffache erhöht. Nach den Angaben des im Jahre 1950 durchgeführten und 1955 veröffentlichten Census verdienen 89% aller mexikanischen Familien, die ihr Einkommen versteuern, weniger als 600 Pesos im Monat, das heißt 276 DM nach dem Umrechnungskurs von 1950 und 192 DM nach dem von 1960. Eine von Ifigenia M. de Navarette, einer maßgebenden mexikanischen Volkswirtschaftlerin, publizierte Abhandlung bewies, daß zwischen 1950 und 1960 nahezu das ganze untere Drittel der mexikanischen Bevölkerung eine Senkung seines Realeinkommens hinnehmen mußte.

Es ist allgemein bekannt, daß die mexikanische Wirtschaft nicht in der Lage ist, alle Menschen zu beschäftigen. Von 1942 bis 1955 sind deshalb ungefähr anderthalb Millionen Mexikaner als landwirtschaftliche Saisonarbeiter (*braceros*) nach den Vereinigten Staaten gegangen. In dieser Zahl sind die illegalen Einwanderer nicht einbegriffen. Wenn die Vereinigten Staaten diesen *braceros* plötzlich ihre Grenzen sperrten, dann würde das in Mexiko zu einer gefährlichen Krise führen. Im Interesse seiner Wirtschaft und um diese zu stabilisieren, ist Mexiko immer mehr auf den Touristenverkehr aus den USA angewiesen. Im Jahre 1957 kamen mehr als 700 000 amerikanische Touristen nach Mexiko und gaben hier fast 600 Millionen Dollar aus. So wurde der Fremdenverkehr zur größten und wichtigsten »Industrie« des Landes. Das Einkommen aus dieser Industrie hat ungefähr die gleiche Höhe wie das gesamte mexikanische Bundesbudget.

Ein Aspekt des Lebensstandards, der sich seit 1940 in nur sehr geringem Maße gebessert hat, ist das Wohnungswesen. Mit der rapiden Zunahme der Bevölkerung und der Verstädterung sind die in den Elendsvierteln herrschenden Zustände und die Überfüllung in den Städten tatsächlich noch schlimmer geworden. Von den 5,2 Millionen Wohnungen, die der mexikanische Census 1950 anführt, bestanden 60% aus nur einem Raum und 25% aus zwei Räumen. 70% aller Häuser waren aus luftgetrockneten Ziegeln, Holz, Pfählen und geflochtenen Zweigen erbaut und nicht mehr als 18% aus richtigen Mauern und Ziegelsteinen. Nur 17% der Häuser hatten eine eigene Wasserleitung.

In Mexico-City herrschen nicht viel bessere Zustände. Die Stadt wird für die Touristen aus den Vereinigten Staaten von Jahr zu Jahr verschönert: Neue Brunnen werden errichtet, Blumenbeete entlang den Hauptstraßen angelegt, neue, allen hygienischen Anforderungen entsprechende Markthallen geplant. Bettler und Hausierer sind auf den Straßen nicht mehr anzutreffen. Aber mehr als ein Drittel der Stadtbevölkerung lebt in Elendsquartieren, die unter der Bezeichnung *vecindades* bekannt sind. Hier leiden die Einwohner unter einem ständigen Wassermangel und entbehren selbst lebenswichtige sanitäre Einrichtungen. Gewöhnlich bestehen diese *vecindades* aus einer oder aus mehreren Reihen einstöckiger Wohnhäuser mit ein oder zwei auf den gemeinsamen Hof führenden Zimmern. Die Wohnhäuser sind aus Zement, Ziegelsteinen oder Lehm erbaut. Sie bilden eine gut übersichtliche Einheit und erinnern an ein kleines, abgeschlossenes Gemeinwesen. In Form und Größe sind die *vecindades* sehr verschieden. Manche bestehen nur aus einigen wenigen Wohnungen, andere hingegen aus etlichen hundert. Einige befinden sich sogar im Geschäftszentrum der Stadt. Bei diesen handelt es sich um verfallene, zwei oder drei Stockwerke hohe Häuser aus der spanischen Kolonialzeit, während andere an der Peripherie der Stadt nur aus Holz- oder Lehmhütten bestehen und wie subtropische Hoovervilles aussehen.

Ich bin der Ansicht, daß das im vorliegenden Buch zusammengefaßte Material für unser Denken und unsere Einstellung gegenüber den Entwicklungsländern der Welt, besonders den lateinamerikanischen, wichtige Folgerungen enthält. Es weist vor allem deutlich auf die sozialen, wirtschaftlichen und psychologischen Komplikationen hin, mit denen man bei allen Bemühungen zu rechnen hat, die sich darauf richten, die Kultur der Armut umzuformen und womöglich überall auszumerzen. Das Material zeigt aber gleichzeitig, daß grundlegende Umstellungen im Verhalten und in den Wertungssystemen der Armen Hand in Hand mit einer Besserung der materiellen Lebensbedingungen gehen müssen.

Infolge der moralischen Zerrüttung, die das Elend hervorgerufen hat, sehen sich selbst die von den besten Absichten geleiteten Regierungen der Entwicklungsländer großen Schwierigkeiten und Hindernissen gegenüber. Zweifellos sind die meisten der in diesem Buch geschilderten Menschen mit schweren Charakterfehlern behaftet. Aber mit all ihren Mängeln und Schwächen sind die Armen die wahren Helden des heutigen Mexikos, denn sie begleichen die Rechnung für den industriellen Fortschritt der Nation. Die politische Stabilität des Landes ist tatsächlich ein wuchtig-grausamer Beweis für die großartige Fähigkeit der unteren Volksschichten Mexikos, Leid und Elend zu ertragen. Aber dieser Fähigkeit sind schließlich auch Grenzen gesetzt. Solange man nicht Mittel und Wege findet, um eine gerechtere Verteilung des Sozialprodukts zu erreichen und während der schwierigen Phase der Industrialisierung der ganzen Bevölkerung möglichst die gleichen Lasten aufzuerlegen, müssen wir früher oder später mit weiteren gesellschaftlichen Umwälzungen rechnen.

I

Eine Kindheit habe ich eigentlich gar nicht gehabt. Ich wurde in einem armseligen kleinen Dorf im Staat Veracruz geboren. Sehr einsam und traurig war es da. In der Provinz haben die Kinder nicht die gleichen Möglichkeiten wie in der Stadt. Mein Vater erlaubte uns nicht, mit anderen Kindern zu spielen, er kaufte uns nie Spielzeug, und wir waren immer allein. Ich ging nur ein Jahr zur Schule, als ich acht oder neun Jahre alt war.

Wir wohnten die ganze Zeit in einem Zimmer, einem einzigen, so ähnlich wie das, in dem ich jetzt wohne. Darin schliefen wir alle, jeder in seinem kleinen Bett aus Brettern und Kisten. Morgens stand ich auf, bekreuzigte mich, wusch mein Gesicht, putzte mir die Zähne und holte Wasser vom Ziehbrunnen. Nach dem Frühstück saß ich im Schatten, wenn sie mich nicht nach Holz schickten. Meist nahm ich die Machete und einen Strick und suchte draußen dürres Holz. Zurück kam ich mit einem Riesenbündel auf dem Rücken. Das war meine Arbeit, solange ich zu Hause war. Ich arbeitete schon von klein auf. Spiele habe ich nie gekannt.

·Mein Vater war als Junge Maultiertreiber. Er kaufte Waren und brachte sie in abgelegene Orte zum Verkauf. Er war ganz ungebildet. Später machte er eine winzige Bude auf, an einer Landstraße bei dem Dorf, in dem er geboren war. Dann zogen wir in ein anderes Dorf, wo mein Vater einen kleinen Kramladen aufmachte. Als er dort ankam, hatte er nur fünfundzwanzig Pesos in der Tasche, aber mit diesem Kapital brachte er sein Geschäft in Gang. Ein *compadre* verkaufte ihm eine große Sau für zwanzig Pesos, die jedes Mal elf Ferkel warf. Damals brachte ein zwei Monate altes Schwein zehn Pesos, und mit zehn Pesos war man schon ein Herr. Ein Peso war wirklich noch was wert. So fing mein Vater von vorne an, und mit Ausdauer und Sparsamkeit arbeitete er sich wieder hoch. Er lernte zählen, addieren und Rechnungen schreiben und — ganz allein — auch ein bißchen lesen. Viel später machte er dann in Huachinango ein richtiges großes Geschäft mit vielen Waren auf.

Ich mache es wie mein Vater und notiere mir immer, wieviel ich ausgebe. Ich schreibe die Geburtstage meiner Kinder auf, die Nummern meiner Lotterielose, was ich für die Schweine bezahle und wieviel ich verdiene, wenn ich sie verkaufe.

Mein Vater erzählte mir sehr wenig von sich und seiner Familie. Ich weiß nur, daß ich seine Mutter, meine Großmutter, noch gekannt habe und einen Mann, der wohl der Stiefbruder meines Vaters war. Seinen Vater und die Familie meiner Mutter kannten wir nicht, denn mein Vater konnte sich mit denen nicht vertragen.

Mein Vater hatte niemanden, der ihm half. Sie wissen ja, wie das so ist, in manchen Familien kommt man eben nicht miteinander aus, so wie zum Beispiel meine Tochter Consuelo und ihre Brüder. Da gibt es einmal irgendwelche Streitigkeiten, und dann geht jeder seinen eigenen Weg. So war es auch bei meinem Vater und seinen Leuten. Sie lebten einfach getrennt.

In meiner Familie vertrugen wir uns besser, aber auch meine Brüder gingen fort, als sie groß geworden waren, und jeder lebte für sich. Da ich der jüngste war, blieb ich zu Hause. Mein ältester Bruder ging zum Militär und kam durch einen Unfall ums Leben. Sein Gewehr ging plötzlich los, und er traf sich selbst. Dann war da noch Mauricio, der zweitälteste, der den Laden in Huachinango hatte. Es war der zweite Laden, denn der erste mußte zumachen, als die Revolution ausbrach. In den anderen Laden kamen einmal vier Männer, um ihn auszurauben. Mein Bruder packte einen von ihnen und riß ihm die Waffe aus der Hand, aber einer der anderen erschlug meinen Bruder von hinten. Er starb sofort, denn sie hatten ihm den Bauch aufgeschlitzt. Das waren also die zwei. Außerdem war da noch meine Schwester Eutasquia. Sie starb in Huachinango, als sie noch jung, ungefähr zwanzig war. Mein anderer Bruder Leopoldo starb hier in Mexico-City im Krankenhaus. So blieb von fünf Geschwistern — früher waren wir sechs gewesen, aber ein Kind starb, als es noch ganz klein war — nur ich, übrigens ein Zwillingskind, als einziger von unserer Familie übrig.

Mein Vater war kein liebevoller oder gar zärtlicher Mann. Wie die meisten Familienväter war er natürlich sehr sparsam. Er merkte nicht einmal genau, wenn ich etwas nötig brauchte, aber wofür sollte man in der Provinz auch Geld ausgeben. Es gab keine Theater, Kinos, Fußballspiele, es gab überhaupt nichts. Jetzt ist das Leben dort viel abwechslungsreicher, aber damals war das noch anders. Wir bekamen sonntags nur ein paar Centavos, die wir ausgeben durften. Die Leute sind eben überall verschieden, und nicht alle Väter verwöhnen ihre Kinder. Mein Vater dachte, es bekommt einem Kind schlecht, wenn man sich zuviel mit ihm abgibt. Das glaube ich auch. Verwöhnte Kinder können sich nicht entwickeln und stark und unabhängig werden. Sie haben immer Angst.

Meine Mutter wurde in einer kleinen Stadt geboren, von der ich kaum noch den Namen weiß. Sie war ein ruhiger Mensch und sprach nicht viel. Da ich der Jüngste war, erzählte sie mir nie etwas. Sie hatte ein gutes Herz und war sehr lieb zu mir. Mein Vater war dagegen härter, strenger und energischer. Meine Mutter war eine anständige, aufrichtige Frau und in allem sehr gewissenhaft, auch in ihrem Eheleben. Aber es gab oft Streit zwischen meinen Eltern, weil mein Vater eine andere Frau hatte und meine Mutter eifersüchtig war.

Ich war ungefähr sieben, als meine Eltern auseinandergingen. Damals hatten die Revolutionäre den Laden schon geplündert. Mit dem Geschäft war es aus, mit der Familie auch, unser Heim war zerstört. Ich ging natürlich mit meiner Mutter und mit meinem Bruder, der Landarbeiter auf einer Zucker-rohr-Plantage war. Ich arbeitete auch auf dem Feld. Nach zwei Jahren wurde meine Mutter krank, und mein Vater kam auf einem Esel, um uns zu besuchen. Wir wohnten in einem armseligen Haus. Es hatte nur auf der einen Seite ein Dach; die andere war offen. Wir mußten uns Mais borgen, weil wir wirklich nichts zu essen hatten. Wir waren furchtbar arm! Nicht einmal einen Arzt oder irgendwelche Arznei noch sonst etwas konnte meine Mutter sich leisten. Sie ging zu meinem Vater und starb bei ihm. So versöhnten sie sich ganz am Ende.

Na, und dann, als meine Mutter starb, fing meine eigene Tra-gödie an. Ich war wohl zehn, als ich zu meinem Vater zog. Zwei Jahre blieb ich bei ihm, dann ging ich weg, um mir Arbeit zu suchen. Eine Stiefmutter bekamen wir erst viel später, als ich schon von zu Hause fort war. Da heiratete mein Vater eine Frau, die ihn bestahl und ihm alles wegnahm und ihn schließ-lich, zusammen mit ihren Brüdern, aus dem Haus warf. Eines Nachts wollten sie ihn umbringen, wegen seines Geldes, aber die Nachbarn kamen dazwischen, und da verließ ihn diese Frau. Sie waren richtig verheiratet gewesen. Die Frau und ihre Leute nahmen meinem Vater das Haus und alles weg.

Danach kaufte er ein kleines Haus in einem anderen Teil der-selben Stadt und fing wieder an, Geschäfte zu machen. Aber bald darauf wurde er todkrank. Ja, manchmal müßten wir ganz stark und männlich sein, aber das sind wir im Grunde gar nicht. Wenn es nämlich um etwas Inneres geht oder um die Familie und es uns richtig ans Herz greift, dann tut das sehr weh, und man heult, wenn man allein ist. Sie haben ja auch schon gesehen, daß viele Leute sich betrinken oder eine Pistole nehmen und sich erschießen, weil sie das, was sie füh-len, einfach nicht ertragen. Sie werden es nicht los, weil sie niemanden haben, dem sie von ihrem Kummer erzählen kön-nen. Deswegen nehmen sie ein Gewehr und machen Schluß. Und aus ist es! Gerade Männer, die sich sehr stark vorkom-men, sind es in Wirklichkeit gar nicht, wenn sie mit ihrem Gewissen allein sind. Sie prahlen nur vor anderen und schnei-den auf.

Als mein Vater starb, hinterließ er ein kleines Haus und ein paar Waren, die ich übernahm, denn ich war das einzige von seinen Kindern, das noch lebte. Damals wohnte ich schon in Mexico-City und arbeitete in einem Restaurant. Irgend jemand schickte mir ein Telegramm.

Mein Vater lebte noch, als ich ankam, und ich sah ihn sterben. Er sagte zu mir: »Ich hinterlasse dir kaum etwas, aber ich will dir einen Rat geben. Halte dir meine Freunde vom Leib. Es ist besser, du gehst deine eigenen Wege.« Das habe ich auch mein ganzes Leben lang getan.

Mein Vater hinterließ mir wirklich herzlich wenig, und in seinem Testament vermachte er die Hälfte seinem Stiefbruder, einem faulen Kerl, der zu nichts taugte und nie arbeiten wollte. Ich führte den letzten Willen meines Vaters wortwörtlich aus, nach dem Gesetz. Ich gab seinem Stiefbruder sogar noch eine alte Singer-Nähmaschine, die ich im Haus fand. Ich war ehrlich und gutmütig und sagte zu ihm: »Schau, das hier ist für dich, und diese Nähmaschine kannst du auch haben, für deine Frau.« Trotz alledem brachte er mich ins Gefängnis, und das wegen hundert Pesos! Da habe ich zu ihm gesagt: »Du bist ein elender ... Sowieso.« Ich gab ihm die hundert Pesos, seine Leute teilten sie unter sich und ließen ihm nur zehn übrig. Da können Sie mal sehen, wie das ist. Wenn es ums Geld geht, kann man nicht einmal den eigenen Verwandten trauen. Die Leute raffen an sich, was sie können.

Von klein auf habe ich gern gearbeitet. Ich war sehr darauf aus, Geld zu verdienen, um mich anständig anzuziehen. Ich sah, wozu mein Vater es mit seinem kleinen Geschäft gebracht hatte, und ich wollte etwas für mich haben, auch wenn es nicht viel war. Mit meinen eigenen Händen wollte ich es mir verdienen, nicht mit dem Geld meines Vaters. Deswegen war ich auch nie auf die Erbschaft erpicht. Im Gegenteil, ich dachte immer: Wenn ich mal etwas Geld in der Tasche habe, dann will ich das meiner Arbeit verdanken. Als ich von zu Hause wegging, wußte ich, daß ich ohne Arbeit nichts zu essen haben würde.

Damals war ich zwölf. Ich lief fort, ohne es jemandem zu sagen. Zuerst arbeitete ich in einer Getreidemühle, dann als Feldarbeiter auf einer Zuckerrohrplantage und danach als Zuckerrohrschneider. Es war ein hartes Leben dort auf den Feldern. Ich arbeitete den ganzen Tag mit der Hacke in der heißen Sonne. Sie zahlten uns anderthalb Pesos für tausend Stück, aber ich schaffte kaum die Hälfte, bekam also nur fünfundsiebzig Centavos am Tag. Das reichte nicht einmal für das Essen. Ich hatte immer Hunger und lebte manchmal tagelang von einer einzigen Mahlzeit oder aß gar nichts. Darum sagte ich, daß ich keine Kindheit hatte. Vier Jahre lang ging das so.

Dann lernte ich einen Spanier kennen, der eine Maismühle besaß. Er wußte, daß ich etwas von den Gewichten und vom Wiegen verstand, und eines Tages sagte er zu mir: »Ich fahre nach Mexico-City. Wenn du mitkommen willst, gebe ich dir Arbeit.« Ich war sofort bereit. Mein ganzes Gepäck bestand aus einem kleinen Karton mit meinen Kleidern. Da ich bis dahin noch gar nicht herumgekommen war, wollte ich Mexico-City gern kennenlernen. Am nächsten Morgen nahmen wir den Zug und fuhren nach Tacuba. Dort blieben wir. Eine Zeitlang arbeitete ich für den Spanier, dann warf er mich hinaus. Wir hatten uns über die Gewichte einer Waage gestritten. Aber im Grunde hatte er nur einen Vorwand gesucht, um mich loszuwerden. Sie wissen ja, wie die Menschen sind, wenn sie sehen, daß man noch dümmer und ungebildeter ist als sie! Sie machen mit einem, was sie wollen, stimmt's? Ich war gerade von einer Hacienda gekommen und hatte von nichts eine Ahnung, ich war richtig blind. Nicht eine einzige Straße kannte ich! Das bißchen Geld, das ich besaß, hatte ich schon verbraucht, und da stand ich nun ohne einen Centavo und kannte keine Menschenseele.

Aber es ist schon so, wie man sagt: »Wenn die Not am größten, ist Gott am nächsten.« Da war ein Mann, der in einer Mühle in der Nähe arbeitete und jeden Tag bei uns vorbeiging. Der sagte mir auf einmal, sein Chef hätte Arbeit für mich. An dem Abend stand ich mit meinem Karton unter dem Arm an der Straßenecke und wußte nicht mehr, was ich tun sollte. Hätte ich Geld gehabt, wäre ich in mein Dorf zurückgefahren. In diesem Augenblick also kam der Mann vorbei, als ob er vom Himmel gefallen wäre, und fragte mich: »Was machst du denn hier?« Ich erzählte ihm das Ganze. Da sagte er: »Laß den Kopf nicht hängen. Komm erst mal zu mir nach Haus, wir werden schon etwas für dich finden.« Aber da kam diese Sache mit der Gewerkschaft dazwischen. Am nächsten Tag gingen wir zu seinem Chef, und der erklärte mir, ich müßte in der Gewerkschaft sein, wenn ich bei ihm arbeiten wollte. Dabei hatte ich doch keinen Centavo. Wir waren von La Tlaxpana gekommen, und ich ging von dort zu Fuß fast bis nach Tepito hinüber. Dort war das Büro der Müllergewerkschaft. Sie fragten mich, wieviel Geld ich bei mir hätte, und als sie erfuhren, wie es um mich stand, sagten sie, dann könnten sie mir auch nicht helfen. So mußte ich mit leerem Magen den ganzen Weg zurücklaufen und saß wieder in der gleichen Klemme. Deswegen schimpfe ich manchmal mit meinen Kindern, denn ich habe immer dafür gesorgt, daß sie ein Dach überm Kopf und genug zu essen haben.

Ich ging dann in verschiedene Kolonialwarenläden und fragte, ob man nicht einen Laufjungen oder einen Hilfsarbeiter brauchte, denn von dem Geschäft verstand ich etwas, und beim Bedienen der Kundschaft war ich flink. Ich lief von einem Laden zum anderen und hatte kein Glück. Ich sah überall Brot, und ich war so ausgehungert. Sie können sich nicht vorstellen, wie einem dann zumute ist. Nach ein paar Tagen traf ich einen Mann in La Tlaxpana, der nur einen Häuserblock weiter wohnte. Er hatte einen Kolonialwarenladen. Er fragte mich, ob ich Arbeit suchte und ob ich Referenzen hätte. »Nein, Señor.« Ich erklärte ihm, daß ich gerade aus Veracruz hergekommen wäre und nur einen Müller von nebenan kannte. Ich betete zu Gott, daß man mir jetzt eine Stelle gäbe. Der Mann ging zu dem Müller, sprach mit ihm und sagte dann, er würde mich zwei Wochen lang auf Probe anstellen. Er zahlte fünfzig Centavos pro Tag und das Essen. Am nächsten Morgen erschien ich mit meinem Karton, denn ich konnte ihn sonst nirgendwo lassen, und begann sofort zu arbeiten. Ich arbeitete schnell und lief herum wie auf Rädern. Ich wollte was tun und mußte endlich wieder essen. Die zwei Wochen waren vorbei, ein Monat, drei Monate vergingen. Ich war sehr froh. Ich arbeitete fast ohne Unterbrechung von sechs Uhr früh bis neun Uhr abends. Zum Frühstück aß ich meine Bohnen und *tortillas* kalt, zum Aufwärmen hatte ich keine Zeit. Es waren viele Kunden da. Ich führte Bestellungen aus und schleppte Kisten, die ich kaum tragen konnte, Bierkästen und Salzsäcke.

Eines Morgens brachte der Chef einen anderen Dorfjungen an und sagte: »He, Jesús, komm mal her. Dieser Junge übernimmt jetzt deinen Platz. Du taugst nicht viel, also verschwinde.« Mit diesen freundlichen und ermutigenden Worten schmiß er mich raus. So kam das. Da war nichts zu machen. Am nächsten Tag saß ich wieder auf der Straße.

Aber durch solche Schläge wird man erst ein Mann und lernt die Dinge richtig einschätzen. Man versteht, was es heißt, sein Leben im Schweiße des Angesichts zu verdienen. Nur wenn man sich ohne die Eltern durchschlägt, kann man wirklich reif werden.

Ich hatte, als ich noch im Laden arbeitete, einen Jungen kennengelernt, der unten in der Stadt einen Verwandten hatte; der war in einem Gebäude als Pförtner angestellt. Ich bat um ein Empfehlungsschreiben an diesen Mann und suchte ihn auf. Ich zeigte ihm den Brief. »Natürlich, warum nicht?« sagte er. »Das Haus steht leer. Such dir einen Platz aus, der dir gefällt, und stell deinen Karton da ab.«

Ich begann wieder, mich nach Arbeit umzusehen. Dann fand ich eine Stelle im Restaurant La Gloria. Dort zahlten sie mir zwölf Pesos im Monat und drei Mahlzeiten. Ich ging hin mit meinem Pappkarton und tat alles, was sie von mir verlangten.

Ich wollte wirklich arbeiten, und als ich einmal ein schweres Paket hochhob, bekam ich einen Leistenbruch. Ich ging auf die Toilette und fühlte einen Knubbel in der Leistengegend. Es tat weh, wenn ich draufdrückte. Ich zeigte es einem Doktor, und der sagte mir, daß es ein Bruch war. Glücklicherweise gehörte der Arzt zum Städtischen Krankenhaus, und so nahm man mich dort auf. Aber was sollte nun aus meiner Arbeit werden? Ich sprach mit dem Chef, einem Spanier, einem anständigen Mann, der wirklich menschliches Verständnis hatte. Ich bat ihn um die Erlaubnis, mich operieren zu lassen. Man operierte mich gleich, aber dann tat ich etwas sehr Dummes. Ich hob den Verband, weil mir die Wunde so weh tat, berührte sie und infizierte mich. Anstatt zwei Wochen im Krankenhaus zu liegen, mußte ich nun fünf Wochen dableiben.

Als ich herauskam, ging ich ins Restaurant zurück und sah, daß ein anderer meinen Posten übernommen hatte. Aber der Besitzer stellte mich doch wieder an. Ja, und jetzt arbeite ich schon seit mehr als dreißig Jahren dort und habe fast keinen Tag ausgesetzt. In den ersten fünfzehn Jahren half ich in der Küche mit, lernte Brot backen und Eiskrem machen. Ich arbeitete vierzehn bis fünfzehn Stunden am Tag. Später erledigte ich dann die Einkäufe für das Restaurant und beschaffte die Lebensmittel. Am Anfang verdiente ich achtzig Centavos pro Tag. Heute, nach dreißig Jahren, habe ich den Mindestlohn von elf Pesos am Tag. Aber von diesem Lohn allein konnte ich nie leben.

Ich gehe selbst dann zur Arbeit, wenn ich krank bin. Ich glaube, Arbeit ist meine einzige Medizin, sie hilft mir meinen Kummer vergessen. Außerdem arbeite ich wirklich gern. Die Wege, die ich machen muß, tun mir gut, und es macht mir Spaß, mit den Händlern auf dem Markt zu reden. Nachdem ich dort jahrelang Obst, Gemüse, Käse, Butter und Fleisch gekauft habe, kenne ich die Leute alle. Ich nehme nur die beste Ware. Davon muß man etwas verstehen, denn alle Früchte haben ihre bestimmte Zeit, denken Sie nur an die Melonen. Jetzt ist die beste Zeit für sie, und ich kann sie kaufen, aber die frühen Melonen sind schlecht. Sie kommen aus verschiedenen Gegenden, aus Morelos, Michoacán und Cortazar. Besonders gut sind die aus Guanajuato, auch die gelben aus Durango. So ist es auch mit den Apfelsinen und dem Gemüse. Die besten Avocados kommen aus Atlixco und Silao, aber die schicken sie meistens nach den Vereinigten Staaten, auch die Tomaten. Wenn man Früchte einkaufen will, muß man gut aufpassen und viel lernen.

Ich besorge jeden Tag Lebensmittel im Wert von sechshundert Pesos. Morgens geben sie mir das Geld im Restaurant, und ich zahle für alle Waren bar. Rechnungen und Quittungen brauche ich nicht. Ich schreibe mir die Preise selbst auf und mache jeden Tag eine Liste mit den Ausgaben.

Um sieben Uhr morgens gehe ich ins Restaurant und sperre die Eisengitter auf. Dann habe ich eine Weile drinnen zu tun, frühstücke und mache mich um halb zehn auf den Weg zum Markt. Zwei Jungen helfen mir. Sie fahren die Waren ins La Gloria. Um halb zwei bin ich wieder zurück, und da meistens etwas fehlt, laufe ich noch einmal zum Markt. Um drei Uhr esse ich gewöhnlich und gehe um vier Uhr fort, um nach meinen Schweinen zu sehen, Lotterielose zu verkaufen und meine Tochter Marta und ihre Kinder zu besuchen.

Mit meinen Kollegen im Restaurant komme ich gut aus. Sie achten mich, weil ich der älteste Angestellte bin. Wir unterhalten uns oft ganz lustig und necken uns, und das ist immerhin eine Abwechslung. Ich habe mich stets ordentlich benommen und mich mit meinem Chef vertragen. Viele Arbeiter hassen ihren Chef und sind unehrlich, aber in der Beziehung habe ich Glück, weil ich weiß, mein Chef schätzt mich sehr; er ist wie ein Vater zu mir. Deswegen erlaubt er mir auch, sieben Tage in der Woche und während der Ferien zu arbeiten, so daß ich mehr verdienen kann. Dafür bin ich ihm sehr dankbar und tu für ihn, was ich kann.

Es gibt für mich nichts außer meiner Arbeit und meiner Familie, ich gehe nie aus und besuche keine Feste und Geselligkeiten. Nur einmal, als ich noch in der Cuba-Straße wohnte, veranstalteten einige Leute in meiner *vecindad* ein Fest, aber ich tanzte kaum, trank wenig und ging bald nach Hause und zu Bett.

Unter meinen Arbeitskollegen habe ich keine *compadres*. Für mich ist die Patenschaft eine wichtige Sache, dazu muß man sich gegenseitig achten. Wenn ich *compadres* für meine Kinder brauchte, suchte ich mir immer ältere Leute aus und nie Kollegen. Denn die jungen Leute fordern einen, eh man sich's versieht, auf, mit ihnen zu trinken, und dann passiert nachher etwas. Manchmal bringen sie sich sogar gegenseitig um, das ist schrecklich. Wenn ich eingeladen werde, gehe ich einfach nicht hin.

Im Restaurant La Gloria lernte ich Lenore kennen und verliebte mich in sie. Sie war klein und breitschultrig und hatte dunkle Haut. Ich war damals sechzehn, und sie muß zwei oder drei Jahre älter gewesen sein. Sie war schon länger in Mexico-City und hatte mit einem Mann zusammengelebt. Ich nahm sie mit ihrem zehn Monate alten Kind und tat es gern. Das schien mir völlig in Ordnung so, aber bald danach wurde das Kind krank und starb. Ich verdiente nur achtzig Centavos und konnte die zehn oder fünfzehn Pesos im Monat für ein eigenes Zimmer nicht aufbringen. Also zog ich zu ihrer

Familie. Ich war damals noch sehr jung, sehr arm und sehr töricht, wirklich dumm wie Bohnenstroh. Aber wie konnte ich auch mit fünfzehn schon Erfahrungen haben? Ich wußte nur, daß ich mit Lenore schlafen wollte.

Aber nach vierundzwanzig Stunden fangen Leichen und Gäste an zu stinken, wie man hier so sagt. Ihre Brüder tranken viel, und wenn sie nach Hause kamen, schlugen sie ihre Frauen. So bekamen wir Scherereien. Ich gab mir große Mühe, einen eigenen Raum für uns zu finden, und endlich bekam ich einen für zehn Pesos im Monat. Ich hatte nicht einmal ein Bett. Meine Frau verkaufte Brotkrümel und Kuchenreste und verdiente mehr als ich, nämlich bis zu acht Pesos am Tag. Ja, der Handel bringt immer etwas ein, während ich in diesem Restaurant begraben war wie eine Kartoffel.

Lenore war eine starke Persönlichkeit, deswegen konnte ich nicht lange friedlich mit ihr leben. Sie wollte, daß ich sie heiratete, darüber wurde ich jedesmal wütend. Ich dachte, die will mich fürs ganze Leben anketten! Das war ungerecht von mir, aber ich war nun einmal so.

Sie war die erste Frau, die ich gehabt hatte. Unser erstes Kind, ein Mädchen, das wir Maria nannten, starb wenige Tage nach der Geburt an Lungenentzündung. Manche sagten, ihr Bauch wäre geplatzt. Dann wurde Manuel geboren, und ich war stolz auf meinen ersten Sohn und stolz darauf, Vater zu sein. Er kam mir vor wie ein ganz merkwürdiges Wesen. Ich war eben noch zu jung und hatte keine Erfahrung. Liebe war das wohl nicht gleich, aber an meinen Kindern hatte ich immer Freude. Nur führten wir damals ein elendes Leben. Ich verdiente achtzig Centavos am Tag, und das langte nicht hin und nicht her. Lenore konnte natürlich nicht arbeiten, wenn sie ein Baby hatte, aber ohne ihre zehn oder zwölf Pesos kamen wir überhaupt nicht aus. Gewöhnlich zahlte sie wenigstens die Miete.

Nach Manuel kam noch ein Junge, der nach ein paar Monaten starb, weil wir kein Geld hatten und uns nicht auskannten. Wir verstanden einfach nichts davon und konnten nichts tun, um das Baby zu retten. Lenore war eine gute Frau, aber sie hatte furchtbare Launen und bekam oft schwere Herz- und Gallenanfälle. Mit ihrer Milch klappte es nie richtig. Sie gehörte nicht zu den zärtlichen Müttern, die ihre Kinder hätscheln. Sie schlug sie nicht, soviel ich weiß, darin war sie in Ordnung, obwohl sie sehr jähzornig werden konnte und Kraftausdrücke gebrauchte. Sie behandelte die Kinder nicht schlecht, aber sie küßte und umarmte sie auch nie. Sie war den ganzen Tag draußen und verkaufte Kuchen.

Ich war auch nicht sehr liebevoll zu den Kindern, vielleicht weil meine Eltern es mit mir früher nicht gewesen waren oder weil ich mich immer allein um sie kümmern mußte und mir dauernd wegen dem Geld Sorgen machte. Ich mußte schwer arbeiten, um Essen für sie zu beschaffen. Deshalb hatte ich keine Zeit für sie. In den meisten armen Familien, glaube ich, kommt es zu Streit und Unglück, weil nicht genug Geld da ist. Denn wenn man jeden Tag fünfzig Pesos braucht und das Geld nicht hat, dann bedrückt einen das, und man zankt sich mit seiner Frau.

Als Lenore mit Manuel schwanger ging, fing ich an, heimlich Lupita zu sehen. Sie arbeitete auch im La Gloria. Jedesmal, wenn wir uns getroffen hatten, gab es Streit mit Lenore. Sie hätte am liebsten das ganze Haus eingerissen, so eifersüchtig war sie. Sie machte eine richtige Szene. Wenn ich von der Arbeit nach Hause kam, war sie oft gereizt, und jede Kleinigkeit regte sie auf. Sie geriet in Wut und wurde krank. Ihr Puls schlug kaum noch, und sie lag da wie tot. Der Arzt wußte nicht, woher diese Anfälle kamen. Das konnte ich nicht aushalten. Ich brauchte Zärtlichkeit. Nachdem ich den ganzen Tag gearbeitet hatte, mußte ich jemanden haben, mit dem ich sprechen und dem ich meine Sorgen anvertrauen konnte und der mich verstand. Sie wissen ja, die Leute sind so verschieden, und wenn ein armer Mann zu Hause keine Liebe findet, dann sucht er sie sich eben woanders. Der Arzt sagte einmal zu mir: »Eine Frau ist nur dann zufrieden, wenn sie einen Mann hat, der ihr gute Kleider und genug zu essen gibt und der sie befriedigt. Deswegen muß der Mann stark sein und es oft tun. Versuchen Sie das mal, und Sie werden schon sehen, ob es dann geht.«

Lenore war eben sehr unbeherrscht, und ich bin sicher, das war ein Grund ... ja, sonst hätte sie wohl noch gelebt ... aber eine Frau, die immerzu Streit anfängt, erreicht damit nur, daß der Mann sie bald verläßt. Ich weiß heute, daß das nicht richtig war, aber damals machte ich Lupita einen Antrag. Sehr stark bin ich zwar nicht, aber ich bin von jeher ein bißchen heißblütig gewesen. Das ist meine Natur. Bevor ich Lupita kennenlernte, war ich in einem Bordell in der Rosario-Straße gewesen, aber da hatte ich mich angesteckt, weil ich nicht vorsichtig genug war; ich war unerfahren, das war's eben. Seitdem bin ich nie wieder in solche Häuser gegangen, und jetzt würde ich es auch dann nicht tun, wenn es kostenlos wäre.

Obwohl ich selbst ja nicht sehr anständig gewesen war, hatte ich das Glück, nie mit einer Frau zusammenzuleben, die mir nicht treu war. Sie waren alle dunkel und sehr leidenschaftlich ... wir in Mexiko glauben nämlich, daß Blonde sexuell weniger taugen ... trotzdem gingen sie nicht mit anderen Männern, auch wenn ich mal längere Zeit nicht mit ihnen geschlafen hatte. Eine ordentliche Frau, besonders wenn sie Kinder hat, muß sich beherrschen und warten können. Ich hatte fünf Frauen ... die eine hatte einen Sohn von mir, aber sie heiratete einen anderen. Dieser Sohn ist jetzt zwanzig Jahre alt, und ich finde, es ist Zeit, daß ich ihn zurückverlange und ihn zu mir hole. Ja, fünf Frauen hatte ich und noch ein paar nebenbei, und ich habe noch heute Glück in der Hinsicht. Das kann man wohl sagen, wenn ein so armseliger, ungebildeter Kerl wie ich, der kein Geld hat und nicht einmal groß und jung und sowas alles ist, bei den Frauen Erfolg hat.

Ein anderer säße jetzt vielleicht schon im Gefängnis! Aber mir ist meine Freiheit zu wichtig, daher hatte ich nie etwas mit unverheirateten Mädchen. Meine Frauen waren alle schon verheiratet gewesen, bevor ich mit ihnen lebte. Sonst hätte ich Schwierigkeiten gehabt. Wenn sie nämlich noch unberührt gewesen wären, hätte ich mich mit einer von ihnen kirchlich oder zumindest standesamtlich trauen lassen müssen, oder ich hätte zwanzig Jahre im Gefängnis abgesessen.

Jedenfalls, als ich mich mit Lupita einließ, hatte ich nicht die Absicht, eine Familie mit ihr zu gründen. Aber sie wurde bald schwanger. Im allgemeinen ging ich zu ihr in die Rosario-Straße, wo sie mit ihren beiden kleinen Mädchen wohnte. Die waren noch so klein, daß sie nicht merkten, was los war. Später hatten sie dann Respekt vor mir und nannten mich sogar Papa. Da ich wenig verdiente, konnte ich Lupita nicht unterstützen. Sie arbeitete also weiter im Restaurant. Aber während der letzten fünfzehn Jahre habe ich ihr die Miete bezahlt.

Hier in Mexiko ist das so: Eine Frau, die schon ein Kind von einem anderen hat, wenn der Mann sie zu sich nimmt wie ich Lenore, fühlt, daß sie nicht das Recht hat zu protestieren, wenn dieser Mann einmal fortgeht. Sie weiß, daß sie selbst Fehler begangen hat. Mit einer Frau, die noch Jungfrau war und mit der man kirchlich oder zivil getraut ist, steht das ganz anders, die kann sich immer beklagen. Aber Lenore war schwierig. Ich habe viel aushalten müssen mit ihr, und doch habe ich sie nicht im Stich gelassen. Ich bin nie fahnenflüchtig geworden. Nur wenn wir uns gestritten hatten, ging ich für ein paar Tage fort, doch kam ich immer wieder, weil ich an den Kindern hing.

Dann starb sie eines Nachts. Das war ein schwerer Schlag. Es war ungefähr sieben Uhr abends, und wir saßen gerade zusammen, aßen *gorditos* und tranken *atole*, als sie plötzlich ganz traurig sagte: »Ach, Jesús, in diesem Jahr noch werde ich sterben.« Sie klagte immerzu über Kopfschmerzen. Um ein Uhr morgens hörte ich sie sagen: »Ich sterbe, kümmere dich um die Kinder.« Das Todesröcheln begann. Ich hatte nicht einmal mehr Zeit, etwas für sie zu tun. Der Arzt kam und gab ihr eine Spritze, doch die half nichts. Sie war schwanger, aber der Doktor meinte, sie sei gestorben, weil ein Blutgefäß in ihrem Kopf geplatzt war. Wie schrecklich war mir in den Tagen zumute! Ich irrte durch die Straßen wie ein Schlafwandler. Nur gut, daß die Großmutter im Haus war. Sie sorgte für die Kinder.

MANUEL

Als meine Mutter starb, war ich acht Jahre alt. Ich schlief neben meinem Bruder Roberto auf einer Matte am Boden. Meine kleinen Schwestern Consuelo und Marta lagen bei den Eltern. Wie im Traum hörte ich meinen Vater rufen. Er weckte uns, als er sah, daß meine Mutter nicht mehr zu sich kam, und er fühlte, daß sie sterben würde. Ich hatte einen gesunden Schlaf, und mein Vater mußte laut schreien. Diesmal brüllte er richtig: »Steht auf, ihr Bastarde, ihr Hurensöhne! Eure Mutter stirbt, und ihr liegt da herum. Auf, ihr sturen Böcke!« Da stand ich erschrocken auf.

Ich erinnere mich an die Augen meiner Mutter und wie sie uns ansah. Sie hatte Schaum vor dem Mund und konnte nicht sprechen. Man holte den Doktor, der einen Block weiter wohnte, aber meine Mutter machte es nicht mehr lange. Ihr Gesicht wurde dunkel, und sie starb noch in derselben Nacht. Sie trug in sich meinen nächsten kleinen Bruder; es muß schon ziemlich weit gewesen sein, denn ich erinnere mich, daß Mama einen dicken Bauch hatte. Marta wurde von einer anderen Frau gestillt, deswegen ist sie auch so klein geblieben.

Ob das nun an der Schwangerschaft gelegen hatte oder an einem »Blutandrang in der Leber und im Herzen«, wie man mir sagte, weiß ich nicht. Aber als meine Mutter aufgebahrt wurde, bewegte sich das, was sie da im Leib hatte — mein kleiner Bruder — noch. Es bewegte sich immerzu, und mein Vater sah ganz verstört aus. Er wußte nicht, was er tun sollte, ob er sie aufschneiden und es herausholen lassen oder ob es drin bleiben sollte. Er weinte viel und ging zu allen *compadres* und sprach sich bei ihnen aus.

Mutters Tod war für alle ein Schock. Sie war erst achtundzwanzig Jahre alt und gesund, und wie gesund! Die Leute hatten noch gesehen, wie sie den Hof aufwischte und morgens ihren Haushalt machte. Am selben Nachmittag hatte sie meinen Vater noch gelaust. Sie saß in der Tür und mein Vater zu ihren Füßen.

Damals wohnten wir in einer *vecindad* in der Tenochtitlán-Straße. Am Abend sagte meine Mutter zu mir: »Geh und hol ein paar *tortillas* und Maisgrütze.« Ich ging um die Straßenecke und kaufte die Sachen bei einer Frau, die da einen

Stand hatte. Ich bin sicher, es war ein Montag, denn am Tag vorher, einem Sonntag, hatten wir mit den Eltern einen Ausflug zur Basilika gemacht.

An diesem Sonntag aßen wir Avocados und *chirimoyas*. Die sind sehr schlecht für die Galle, wenn man außerdem noch Ärger hat. Am Montag morgen hatte meine Mutter nämlich Streit wegen meinem Bruder Roberto. Sie zankte sich furchtbar mit einer Nachbarin.

Der Tag ging herum. Mein Vater kam von der Arbeit nach Hause, und sie waren beide guter Laune. Als wir ins Bett gingen, aßen sie noch. In der Nacht hatte meine Mutter dann den Anfall, und meinem Vater blieb nicht einmal Zeit, um den Priester zu holen und sie zu heiraten, bevor sie starb.

Zum Begräbnis kamen viele Leute; die aus der Siedlung und die vom Markt. Ich weiß nicht, wie lange man eine Leiche im Haus behalten darf, aber mein Vater wollte sie nicht abholen lassen, und die Nachbarn beschwerten sich schon, weil der Körper anfing zu verwesen. Auf dem Friedhof, als sie den Sarg meiner Mutter in die Erde senkten, wollte mein Vater zu ihr ins Grab springen. Er weinte, als ob sein Herz brechen würde, er weinte Tag und Nacht um sie.

Nach der Beerdigung sagte er, jetzt hätte er nur noch uns, und wir sollten versuchen, brave Kinder zu sein, denn er wollte uns von nun an Vater und Mutter sein. Genau das, was er versprochen hatte, hielt er dann auch. Er liebte meine Mutter sehr, denn er brauchte sechs Jahre, bis er wieder heiratete und Elena zur Frau nahm.

Ich glaube, meine Eltern hatten sich sehr gern, obwohl sie sich oft zankten. Mein Vater war sehr streng und tüchtig. Meist fing er mit meiner Mutter zu streiten an, weil er so genau war und es nie sauber genug haben konnte. Wenn er etwas nicht in Ordnung fand, fuhr er gleich auf sie los. Ich hatte immer schreckliche Angst, wenn sie Krach hatten. Einmal wurde mein Vater so aufgeregt, daß er mit dem Messer auf meine Mutter losging. Ich weiß nicht, ob er das nur tat, um sie zu erschrekken, jedenfalls warf ich mich zwischen sie. Ich reichte ihnen nicht einmal bis an die Gürtel. Mein Vater wurde sofort ruhig, als ich weinte, und sagte: »Nein, Kind, hab keine Angst, wir zanken uns ja gar nicht.«

Mein Vater konnte Alkohol nicht ausstehen. Nicht mal riechen konnte er ihn. Einmal ging meine Mutter zu meiner Tante Guadalupe, um deren Namenstag zu feiern, und die gab ihr wohl eine ganze Menge zu trinken. Darüber war mein Vater wieder sehr wütend, und soviel ich mich erinnern kann, gingen sie danach auseinander. Ich muß drei oder vier gewesen sein. Wir wohnten in einer *vecindad* in der Bäcker-Straße, dort hatten wir ein Zimmer mit Küche. Meine Mutter zog zu

Tante Guadalupe. Sie fragten mich, ob ich bei ihr oder bei meinem Vater wohnen wollte. Ich glaube, ich hatte meine Mutter lieber, denn ich ging mit ihr. Zwei Wochen lang lebten meine Eltern getrennt.

Meine Mutter war genau das Gegenteil von meinem Vater. Sie hatte eine glückliche Natur, sprach und unterhielt sich gern mit allen Leuten. Morgens, wenn sie das Holzkohlenfeuer anfachte und das Frühstück vorbereitete, sang sie dabei; sie sang immerzu. Sie liebte Tiere, darum hatten wir einmal einen Hund, »Yoyo«, der paßte immer gut auf Roberto und mich auf. Mama wollte gern viele Singvögel und Pflanzen im Haus haben, aber mein Vater war dagegen, für so etwas Geld auszugeben.

Mama mochte gern Feste und war in allem sehr großzügig. Zum Namenstag meines Vaters oder kleineren Feiern an unseren Geburtstagen kochte sie ganze Töpfe voll Essen und lud alle Verwandten, Freunde und *compadres* ein. Sie trank auch gern ein oder zwei Gläser, aber nur auf Festen. Sie war ein Mensch, der sein letztes Brot mit jemandem geteilt hätte, der in Not war, und sie ließ immer irgendwelche obdachlosen Leute in der Küche auf dem Fußboden schlafen.

Solange sie lebte, waren wir eine glückliche Familie. Nach ihrem Tod gab es keine Feste mehr in unserm Haus, und nie kam jemand uns besuchen. Ich habe nicht gemerkt, daß mein Vater je Freunde hatte; er hatte *compadres*, aber die sahen wir nie. Auch Besuche machte er nicht. Die einzigen Wohnungen, in denen er aus und ein ging, waren die seiner Familien.

Meine Mutter arbeitete meistens, um meinem Vater zu helfen. Er bezahlte die Miete und das Essen, aber meine Tante hat mir erzählt, für Kleider und andere Sachen hätte er ihr nichts gegeben. Fünf Jahre lang verkaufte Mutter Kuchenkrümel in der Gegend, wo wir wohnten. Sie kaufte die Kuchenkrümel in der Bäckerei El Granero und verkaufte sie dann weiter in kleinen Tütchen zu fünf oder zehn Centavos. Später tat sie sich mit Leuten zusammen, die mit gebrauchten Kleidern handelten. Sie nahm mich oft mit, wenn sie zum Roma-Viertel ging, um die Kleider für ihren Stand auf dem Markt einzukaufen.

Da passierte dann etwas sehr Trauriges, worüber nur ich etwas weiß. Es gab nämlich noch einen anderen Mann im Leben meiner Mutter. Ich bin nicht ganz sicher, aber ich glaube, sie hatte meinen Vater aus Liebe geheiratet. Auf die andere Frau, Lupita, die auch im Restaurant arbeitete, war meine Mutter sehr eifersüchtig. Sie sagte mir einmal, die wäre seine Geliebte. Vielleicht begann sie deswegen, sich heimlich mit dem Kleiderhändler zu treffen. Dabei nahm sie mich immer mit, wohl, um sich zu schützen und sich nicht richtig mit ihm einzulassen. Ob sie sich auch allein sahen, weiß ich nicht.

Ich war darüber sehr unglücklich, obwohl er mir — wie man es eben mit Kindern tut — Taschengeld gab oder etwas kaufte, wenn wir ins Kino gingen. Trotzdem wollte ich meine Mutter nicht zu ihm gehen lassen. Ich legte die Arme um sie und sagte, sie sollte nicht mit ihm reden. Einmal drohte ich ihr, ich würde meinem Vater alles erzählen. Da sagte sie: »Geh nur und sag's ihm. Er wird mich umbringen, dann wirst du schon sehen, wie du ohne mich auskommst.« Danach hatte ich keinen Mut mehr, sie zu verraten. Mein Vater ist immer sehr eifersüchtig gewesen.

Wie lange das mit diesem Mann dauerte, weiß ich nicht. Wir gingen nur dreimal mit ihm ins Kino, dann starb meine Mutter. Er muß sie wirklich geliebt haben, denn er kam auch zur Totenwache. Als ich ihn ins Haus kommen und da stehen sah, haßte ich ihn richtig. Mein Vater war doch da — wie konnte er das nur wagen? Von da an trank dieser Mann viel und kam ganz herunter. Ein Jahr später starb er auch. Heute kann ich ihn verstehen: Er hatte meine Mutter eben ehrlich geliebt. Aber damals begriff ich das alles noch nicht.

Meine Mutter machte gern Wallfahrten. Einmal nahm sie Roberto und mich zum Heiligtum von Chalma mit. Das ist der bekannte Wallfahrtsort für die Armen, die gläubig und voll Zuversicht die sechzig Kilometer über die Berge wandern. Es ist wirklich ein mühseliger Gang — ein großes Opfer, wenn man die ganze Zeit das Essen, die Decken und Kleider mitschleppen muß. Mit uns gingen viele Leute. Vier Tage brauchten wir, bis wir ankamen, und nachts schliefen wir auf unseren Strohmatten draußen auf den Bergen oder in einer Stadt. Roberto und ich hatten abends immer Angst, weil wir hörten, wie die Frauen von Hexen sprachen, die den Kindern das Blut aussaugten. Eine Frau sagte zu meiner Mutter: »Geben Sie acht auf Ihre Kinder, jetzt gehen die Hexen um. Stellen Sie sich vor, gestern wurden drei Kinder gefunden. Sie hatten nicht einen Tropfen Blut mehr in den Adern.«

Roberto fragte mich: »Hast du das gehört?«, und wir zitterten beide. Ich sagte: »Weißt du was? Wir ziehen uns nachts die Decke über den Kopf, dann sehen sie nicht, daß wir Kinder sind.«

Am Rand des Weges standen Kreuze, die immer eine Stelle bezeichneten, wo jemand gestorben war, und alle Frauen glaubten, der Geist der Toten lauere den vorbeigehenden Kindern auf, um sie zu holen. Deswegen riefen die Mütter an jedem Kreuz die Namen ihrer Kinder aus, damit ihre Seelen nicht dortblieben.

Wir sahen Feuerbälle von einer Anhöhe zur anderen rollen, und die Leute sagten: »Das ist eine Hexe! Eine Hexe!« Alle knieten nieder und beteten. Die Mütter breiteten Decken über ihre Kinder, und meine Mutter nahm uns unter der Decke in die Arme, damit die Hexe uns nicht greifen konnte. Sie sagten, das beste Mittel gegen Hexen wäre, vor einer kreuzförmig geöffneten Schere das Magnifikat zu beten. Bei jedem Vaterunser mußte man einen Knoten in ein Umschlagtuch machen. Nach dem letzten Knoten sollte die Hexe einem vor die Füße fallen und dann auf einem Feuer von grünem Holz verbrannt werden.

Wie wir so über die Berge gingen, erzählte meine Mutter uns Legenden von Chalma. Sie zeigte uns den »Lasttiertreiber«, einen Felsen, der wie ein Mann in Indianerkleidung aussah, der seinen Esel und einen Hund mit sich führte. Es hieß, dieser Lasttiertreiber habe seinen Kameraden oben in den Bergen umgebracht und sei deshalb in Stein verwandelt worden. Später kamen wir an den »Compadres« vorbei. Das sind Felsen, die mitten aus dem Fluß herausragen. Die *compadres* hatten dort Unzucht getrieben und wurden auch versteinert. Außerdem gab es da noch einen anderen Felsen, der wie ein Priester aussah, mit Sombrero und Kutte; er hatte das Kinn in die Hand gestützt, als ob er nachdachte. Wer weiß, was für eine Sünde der begangen hatte, jedenfalls hatte der Himmel auch ihn gestraft. Die alten Leute glauben, daß diese Felsen sich einmal im Jahr nach der Kirche hinwenden, und wenn sie endlich dort angekommen sind, werden sie entzaubert und in ihre frühere Gestalt zurückverwandelt.

Wir sahen Büßer, Leute, die das Gelübde abgelegt hatten, den felsigen Weg bis zur Wallfahrtskirche auf den Knien oder mit zusammengebundenen Füßen hinaufzusteigen. Sie bewegten sich langsam vorwärts, auf ihre *compadres* gestützt, und wenn sie ankamen, bluteten sie und hatten die Haut aufgeschürft; manchmal sah man sogar ihre Knochen bloßliegen. Dieser Anblick hat großen Eindruck auf mich gemacht.

Meine Mutter und ihre ganze Familie gingen regelmäßig nach Chalma. Sie verehrten auch die Madonna von San Juán de los Lagos, aber die Wallfahrt dahin dauerte noch länger; wir machten sie einmal im Jahr. Mein Vater begleitete uns nur ein einziges Mal; nach Chalma kam er nie mit. Er mochte diese Pilgerfahrten nicht. Das war übrigens auch etwas, worüber sie sich stritten. Papa sagte immer von der Familie meiner Mutter: »Sie sind sehr fromm, trotzdem trinken sie die ganze Zeit auf ihrer Pilgerfahrt.«

Die Brüder meiner Mutter, José, Alfredo und Lucio, waren wirklich große Säufer, sie starben dann alle am Alkohol. Auch meine Tante Guadalupe trank jeden Tag gern ihr Gläschen, nur meine Großmutter, also die Mutter meiner Mutter, tat das nicht. Sie war eine lebhafte Frau, die trotz ihres Alters sehr aufrecht ging; und pieksauber war sie, sogar ihre Schuhe glänzten immer. Sie war streng gekleidet und trug eine schwarze Seidenbluse und einen langen schwarzen Rock.

Sie wohnte bei meiner Tante Guadalupe, in einem Zimmer in der Maler-Straße. Jeden Morgen, nachdem mein Vater zur Arbeit gegangen war, kam sie zu uns zum Frühstück. Sie half meiner Mutter dabei, uns Hände, Gesicht und Hals zu waschen und schrubbte uns so stark mit *zacate*, daß ich schrie. Dann sagte sie: »Ihr Schmierfinken, wie macht ihr euch bloß so schmutzig?«

Sie war sehr gottesfürchtig, mehr noch als meine Mutter, und bei ihr lernten wir beten und uns bekreuzigen, wie bei einer Patentante. Ihr Schutzheiliger war der Erzengel Michael, und sie lehrte uns sein Gebet und das Magnifikat, das beste Heilmittel gegen alles Unheil. An jedem Feiertag hielt sie eine Betstunde ab, zum Beispiel am Palmsonntag, zu Pfingsten und Allerseelen. An diesem Tag zündete sie Kerzen an und stellte ein Glas Wasser, das Totenbrot, Blumen und Früchte hinaus. Nachdem sie und meine Mutter gestorben waren, tat das niemand mehr. Sie war die einzige, die alle Gebräuche kannte und sie uns beizubringen versuchte.

Die Familie meines Vaters lebte in einer kleinen Stadt im Staat Veracruz, und wir wußten fast nichts von ihr. Als Roberto und ich noch ganz klein waren, wollte mein Großvater uns sehen. Er vermachte uns seinen großen Laden in Huachinango, den mein Vater verkaufte. Damals wurde mein Vater vom Stiefbruder meines Großvaters ins Gefängnis gebracht, weil der das Geld haben wollte. Es war nur ein kleines Dorfgefängnis. Meine Mutter schlich in der Nacht hin und gab dem Wächter eins mit dem Knüppel. Ich weiß nicht, wie sie es fertigbrachte, aber sie bekam meinen Vater heraus, und wir kehrten, so schnell wir konnten, nach Mexico-City zurück. Dafür erbten wir natürlich nicht einen Centavo von dem Laden.

Als Consuelo geboren wurde, war ich sechs. Roberto und ich sahen, wie die Hebamme kam, es gab drinnen ein großes Hin und Her, aber wir wußten nicht, was da vor sich ging. Uns schickten sie hinaus. Dann hörten wir ein Baby schreien, und wir freuten uns, eine kleine Schwester zu haben. Aber sie schlief bei meinen Eltern im Bett, und als meine Mutter sie immerzu auf dem Arm trug und sie stillte und dabei »meine hübsche kleine Tochter« zu ihr sagte, wurde ich eifersüchtig. Meine Mutter merkte das und sagte: »Nein, Kind, du weißt, daß du mein Liebling bist.« Das stimmte, denn wenn sie etwas verkaufen ging, nahm sie immer nur mich mit, Roberto blieb bei meiner Großmutter. Ich wußte, wie lieb sie mich hatte, bat sie um alles, was mir gefiel, und wurde wütend, wenn sie es mir nicht gab. Dann sagte sie immer: »Mein Kleiner, ich hab dich sehr lieb, aber du bist zu anspruchsvoll. Wie soll das nur werden, wenn du groß bist?«

Eines Tages, als wir in der Bäckerei El Granero standen, wo sie Kuchenreste kaufte, sah ich, wie an ihrem Bein Blut heruntertropfte. Ich fragte, ob sie sich geschnitten hätte. Sie sah hinunter und sagte: »Ja, wahrscheinlich habe ich mich geschnitten.« Sie ging nach Haus, legte sich ins Bett und ließ meinen Vater holen. Später kam die Frau, die Consuelo gebracht hatte, und wieder hörten wir ein Baby schreien. Roberto und ich müssen wie erschreckte Kaninchen ausgesehen haben, denn mein Vater kam heraus und sagte, wir brauchten keine Angst zu haben, die Frau hätte uns in ihrem Koffer ein neues Schwesterchen mitgebracht. Als ich Marta zum erstenmal sah, fand ich sie sehr häßlich und sagte zu meiner Mutter: »Mama, warum hast du der Frau nicht gesagt, daß sie uns ein hübscheres, weißeres bringt?«

Mein Vater war überglücklich, als seine Töchter zur Welt kamen. Am liebsten hätte er sicher nur Mädchen gehabt. Zu meinen Schwestern war er immer sehr zärtlich, aber damals fiel mir das noch nicht so auf, denn als meine Mutter lebte, hatte mein Vater mich auch noch gern. Wie er zu Roberto war, weiß ich nicht mehr. Sehr dunkle Leute lagen ihm nicht, vielleicht war das der Grund, warum er Roberto nicht so mochte, denn der hatte dunkle Haut. Als wir klein waren, ging mein Vater noch nicht so streng mit uns um, aber mit uns sprach er ganz anders als mit den Schwestern. Ich glaube, älter zu werden, war für meinen Bruder und mich das Schlimmste, was uns passieren konnte. Denn glücklich war ich nur bis zum Alter von acht Jahren.

Ungefähr um diese Zeit erfuhr ich zum erstenmal etwas vom Geschlechtsverkehr. Das kam so: Eines Tages wollte meine Mutter das Feuer anfachen, und sie schickte mich zum Nachbarn den Blasebalg holen. Ich lief hinüber und betrat die Wohnung, ohne anzuklopfen. Da lag Pepita mit ihrem Mann im Bett, sie hielt die Beine hoch, er hatte die Hosen heruntergezogen und so weiter. Ich war verlegen, warum, wußte ich auch nicht, aber es kam mir vor, als ob ich sie bei etwas Schlimmem ertappt hätte. Pepita sah mich entsetzt an, sie hielten still, blieben aber so liegen. Sie sagte: »Ja, nimm ihn, er liegt da auf dem Kohlenbecken.« Ich ging nach Haus und erzählte das alles einfach meiner Mutter. Na, das setzte was!

Danach wollte ich es selbst ausprobieren und versuchte die Mädchen aus der *vecindad* zu überreden, mit mir »Vater und Mutter« zu spielen. Meine Mutter hatte ein Mädchen, das ihr im Haus half, und mit der spielte ich das nun immer, wenn wir allein waren. Eines Tages stieg sie aufs Dach, um Wäsche aufzuhängen, und ich ging ihr nach. »Komm«, sagte ich, »laß es uns wieder machen.« Ich hob ihr Kleid hoch, zog ihr den Schlüpfer herunter, aber als sie mir gerade nachgeben wollte, hörte ich jemand an ein Fenster klopfen. Unser Haus lag gegenüber einer Strumpffabrik, und als ich mich umdrehte, um zu sehen, wer da geklopft hatte, lagen da die ganzen Fabrikarbeiter, Männer und Frauen, in den Fenstern, zeigten auf uns und lachten. Einer schrie: »*Cabrón muchacho!* Seht euch bloß diesen kleinen Hurenbock an.« Da kam ich aber schnell vom Dach herunter!

Als meine Mutter mich das erste Mal zur Schule brachte, hatte ich Angst und heulte. Wenn die Lehrerin einmal wegsah, rannte ich einfach nach Hause. Señorita Lupe, meine erste Lehrerin, war streng und warf mit dem Radiergummi nach uns, wenn wir nicht artig waren. Sie schlug mich einmal so kräftig mit dem Lineal, daß es an meinem Handgelenk zerbrach.

In dem Jahr lernte ich meinen Freund Santiago kennen. Er war mein Schutzengel in der Schule. Wenn größere Jungen mich prügelten, lief ich immer zu Santiago und sagte es ihm. Der zeigte es ihnen dann schon. Aber gegen kleinere Jungen nahm er mich nicht in Schutz. Er sagte: »Schämst du dich nicht? Wenn er kleiner ist als du, dann verhau ihn doch!« Santiago zeigte mir, wie man sich wehrt, er brachte mir schmutzige Wörter bei und erklärte mir, wie man's mit Frauen macht.

Ich blieb bis zum Ende der vierten Klasse in dieser Schule. Da bekam ich auch meinen Spitznamen *Chino*, »der Chinese«, weil ich so schräge Augen habe. Als ich in der dritten Klasse war, kam Roberto in die erste, und von da an hatte ich seinetwegen eine Menge Scherereien. Armer Kerl! Schon als kleiner Junge war er ein richtiger Pechvogel. In den Pausen sah ich immer, wie sie ihn mit Gebrüll zum Schulleiter schleppten, damit er für irgend etwas bestraft wurde. Mich ärgerte das jedesmal sehr, und ich kam dazwischen.

Einmal prügelte ich mich mit einem Jungen, der Roberto geschlagen hatte. Als der andere mit dem Messer auf mich losging, schickten sie nach meinem Vater. An dem Tag hatte ich Angst, nach Hause zu gehen, und guckte erst durch den Türspalt, um zu sehen, in was für einer Laune mein Vater war. Aber diesmal schlug er mich nicht. Er sagte nur, ich sollte Schlägereien möglichst vermeiden.

Nach dem Tod meiner Mutter sorgte meine Großmutter für uns. Ich hing sehr an ihr, denn sie war die einzige außer meiner Mutter, die mich wirklich liebte, die ich um Rat fragen konnte und die weinte, wenn ich nicht aß.

Sie zog mich zwar manchmal an den Haaren oder am Ohr, wenn ich nicht mit ihr einkaufen gehen wollte, aber sie schlug uns nie, was meine Mutter öfter tat, besonders mit Roberto, der immerzu etwas anstellte. Einmal lag er unter dem Bett, als sie ihn rief, und wollte nicht hervorkommen. Da griff sie nach dem Bügeleisen und schmiß es nach ihm. Es traf ihn am Kopf und machte ihm eine dicke Beule. Meine Großmutter war dagegen die Zärtlichkeit selber. Mein Vater kam gut mit ihr aus; sie zankten sich nie. Sie erklärte uns auch, daß wir vor meinem Vater Respekt haben müßten, weil er uns ernährte und versorgte, und sie sagte, wir sollten dankbar sein, einen solchen Vater zu haben, so wie er wären überhaupt nur ganz wenige. Sie gab uns für alles gute Ratschläge und mahnte uns, das Andenken meiner Mutter in Ehren zu halten.

Hin und wieder kam auch meine Tante Guadalupe zu uns. Eines Abends schickte mein Vater uns Süßigkeiten kaufen. Ich glaube, er nahm an, wir würden länger ausbleiben, aber ich kam nach kurzer Zeit zurück und sah, wie mein Vater versuchte, meine Tante zu umarmen; ich meine, er tat es mit Gewalt. Ich dachte mir gleich, daß er es mit ihr treiben wollte und ich ihn dabei überrascht hatte. Das gefiel mir nicht besonders, aber schließlich war er mein Vater, nicht wahr, und ihm wagte ich keine Vorwürfe zu machen.

Dann stellte mein Vater fremde Frauen an, die sich um uns kümmern sollten. Wie die erste hieß, habe ich vergessen; sie rauchte eine Menge und hatte ganz gelbe Zähne. Als sie einmal beim Wäschewaschen war, trat ich von hinten an sie heran und fuhr ihr mit der Hand unter den Rock. »Hau ab, und laß mich in Frieden, sonst kannst du was erleben, du kleiner Bastard!« schrie sie. Die Alte wollte nicht, aber ich zog ihr doch den Rock hoch und sah ihr schwarzes Dreieck. Mensch, war die da unten behaart und häßlich!

Irgendwann zogen wir von der Maler-Straße in eine *vecindad* in der Cuba-Straße um. Dort lernte mein Vater Elena kennen.

Sie lebte mit ihrem Mann eine Tür weiter. Mein Vater ließ sie einfach zu uns herüberziehen, und sie wurde seine Frau. Bis dahin hatte ich sie für so etwas wie eine Spielgefährtin gehalten. Sie war sehr jung und hübsch, und sie bat mich oft, ihr Witzblätter vorzulesen, denn sie selbst konnte nicht lesen. Sie war eine richtige Freundin für uns gewesen, und wir fühlten uns betrogen, als mein Vater sich in sie verliebte. Sie kam als Dienstmädchen in unser Haus, um die Sache zu vertuschen, und am Ende wurde sie Herrin dort.

Eines Abends ließ ihr Mann zu uns herüberschicken und sagen, er wünsche meinen Vater zu sprechen. Mein Vater ist ziemlich klein, aber er ging hin. Ich sah, wie er ein Messer unter seinen Gürtel schob, bevor er wegging. Die beiden Männer schlossen sich ein, und ich war sehr unruhig. Ich sagte Roberto Bescheid: »Los, wir müssen aufs Dach klettern. Wenn wir sehen, daß der Kerl etwas anfängt, fallen wir über ihn her.« Da saßen wir nun, so klein wir waren, auf dem Dach und warteten, was geschehen würde. Leider konnten wir die beiden nicht sehen, weil sie auch die Innentür zugemacht hatten. Mir war wirklich sehr bange. Ich dachte, vielleicht bringt der Bursche jetzt meinen Vater um. Endlich kam Papa heraus, und von da an blieb Elena bei uns.

Die Leute in der Siedlung waren empört darüber, daß Elena so einfach von einer Wohnung in die andere übergewechselt war. Was muß mein Vater für einen Schneid gehabt haben! Allerdings mußten wir wegen dieses Skandals ausziehen, und so wohnten wir eine Zeitlang in der Orlando-Straße.

Für den Umzug nahmen wir keinen Wagen, sondern trugen unsere Sachen selbst. Wir rollten die Matratzen zusammen, brachten unsere Möbel hinüber, sammelten unsere Töpfe und Pfannen und taten sie in große Tonnen, von denen wir eine ganze Menge hatten. Wir brauchten sie zum Wasserspeichern, weil in den *vecindad*es immer Wassermangel herrschte.

Wir zogen in eine größere und schönere *vecindad*. Da wohnten wir zum erstenmal in zwei Zimmern, und es kam mir vor, als wären wir auf einmal reich. Aber mein Vater mochte diese Wohnung nicht, und so zogen wir wieder in die Cuba-Straße zurück. Dort kannte er zwei Frauen, die im Restaurant arbeiteten. Die eine hatte eine Tochter, Julia, für die schwärmte ich damals. Es war mein Ehrgeiz, Julia zu meiner *novia* zu machen. Aber ihrer Familie ging es besser als uns, deswegen fühlte ich mich immer ein bißchen minderwertig. Nachdem ich einmal gesehen hatte, wie hübsch ihr Haus eingerichtet war, beschloß ich, sie nie zu fragen, ob sie meine Freundin werden wollte.

Zuerst bemühte sich Elena, nett zu uns zu sein. Sie hatte nie Kinder gehabt und war sehr zärtlich mit uns allen. Aber nach unserem Umzug in die Cuba-Straße behandelte sie uns nicht mehr so gut, warum, ist mir nicht klar. Zur selben Zeit fing auch mein Vater an, ganz anders mit uns umzugehen. Roberto brauchte sich nur die geringste Ungezogenheit zu leisten, dann fuhr Elena schon auf ihn los, und mein Vater schlug meinen armen Bruder mehr denn je. Nur ein einziges Mal hatte ich den Eindruck, daß mein Vater für Roberto überhaupt etwas übrig hatte, nämlich als ein Hund aus der *vecindad* ihm ein Stück Fleisch aus dem Arm gerissen hatte. Da war mein Vater sehr aufgeregt; er wurde blaß und verlor völlig den Kopf, so daß er nicht mehr wußte, was er tun sollte. Ein paar Nachbarn halfen ihm schließlich.

Roberto war allerdings immer sehr schwierig, man kann schon sagen unmöglich. Er war ein Dickkopf und zankte sich mit andern über jede Kleinigkeit. Wenn Elena sagte: »Wisch jetzt den Fußboden«, antwortete er: »Wieso ich? Du bist doch die Hausfrau.« Das gab einen Riesenspektakel, und wenn mein Vater nach Hause kam, tat Elena, als ob sie heulte. Dann nahm er seinen Gürtel und verdrosch uns beide, wir mußten den Fußboden wischen und das Geschirr spülen, während Elena auf dem Bett saß und lachte, um uns noch mehr zu ärgern.

Einmal saßen wir am Tisch beim Abendbrot: meine Stiefmutter, meine Schwestern, Roberto, mein Vater und ich. Ich wollte gerade einen Schluck Kaffee trinken, als ich zu meinem Vater hinübersah. Er starrte Roberto und mich an und sagte, als ob er uns richtig haßte: »Wenn ich euch Bastarde nur fressen seh, dann gibt mir das einen Stich, wirklich, nur fressen brauche ich diese dreckigen Hurensöhne zu sehen.« Wir hatten doch gar nichts getan, trotzdem redete er so mit uns. Seitdem habe ich nie wieder mit ihm an einem Tisch gesessen.

Wir Kinder hätten besser zusammenhalten müssen, nachdem wir unsere Mutter verloren hatten, und uns gegenseitig beistehen sollen. Aber das konnten wir nie, weil mein Vater immer zwischen uns Jungen und meinen Schwestern stand. Wenn meine Mutter gelebt hätte, wäre das sicher anders gewesen, denn sie hielt noch die Tradition in Ehren, nach der die jüngeren Geschwister vor den älteren Respekt haben müssen. Bei uns in Mexiko ist es Sitte, daß das älteste Kind sich um die kleineren kümmert und sie in Schach hält. Aber das erlaubte mir mein Vater nicht, und so merkte ich nicht einmal recht, daß ich Geschwister hatte, weil ich sie nicht zurechtweisen durfte. Mein Vater sagte dann: »Wer bist du eigentlich, du Hurensohn, daß du dir erlaubst, sie zu schlagen? Ihr habt überhaupt nicht das Recht dazu, denn ich bin hier der einzige, der sich totschuftet.«

Meine Schwestern, besonders Consuelo, versuchten immer, meinen Vater gegen uns aufzubringen. Sie wußte genau, wie sie es anstellen mußte, damit er uns prügelte und uns die Ohren lang zog. Wir durften von Anfang an nicht mit ihr spielen oder sie draußen herumlaufen lassen, weil sie so schwächlich war. Deswegen hatte ich auch nie viel für sie übrig. Consuelo war von jeher eine Heulsuse gewesen, wirklich, niemand konnte so wimmern wie sie. Wenn ich ihr nur einen kleinen Klaps gab, fing sie an zu brüllen. Bevor mein Vater nach Hause kam, rieb sie sich die Augen, bis sie rot wurden, und wenn er fragte: »Was ist denn los, mein Kind? Was hast du?« dann machte sie aus jeder Mücke einen Elefanten. Wegen jedem Nasenstüber heulte sie los wie eine Alarmsirene. »Sieh mal, Papa, er hat mich auf die Lunge geschlagen.« Das sagte sie immer, weil sie wußte, daß ihn das am meisten ängstigte. Er machte ständig ein wahres Affentheater um sie, weil sie so mager war; uns dagegen verprügelte er.

»Die Dünne« — so nannten wir Consuelo — setzte vor meinem Vater immer eine demütige Miene auf, wie Schwester Juana Inés de la Cruz bei der Kreuzigung. Sie spielte die Leidende, die Resignierende, aber in Wirklichkeit hatte sie scharfe Krallen. Sie verstehen schon, wie ich das meine. Sie war sehr egoistisch. Mein Gott, die machte Roberto und mich verrückt!

Warum mein Vater mit uns so streng war und die Mädchen verhätschelte, weiß ich nicht. Seine Stimme klang ganz anders, wenn er mit ihnen redete. Vielleicht lag es daran, daß er noch altmodisch erzogen worden war. Nur zwei- oder dreimal erzählte er uns etwas aus seinem Leben, und dann sagte er jedesmal, wie streng mein Großvater mit ihm gewesen war und wie oft er ihn geschlagen hatte. Deshalb dachte er wohl, er müßte uns erst mal beweisen, daß er ein Mann war, damit wir ihn als Vater respektierten. Wir widersprachen ihm auch nie, sondern hatten immer Achtung vor ihm, ja, wir verehrten ihn sogar. Warum behandelte er uns dann trotzdem so?

Er schlug uns, glaube ich, nicht aus Grausamkeit, sondern aus anderen, tieferen Gründen: Das war seine Liebe zu Elena. Natürlich bedeutete seine Frau ihm mehr als wir, und so schlug er uns, um vor ihr anzugeben, um ihr zu gefallen. In Wirklichkeit liebte er uns auch, aber er wollte gern, daß wir einen guten Eindruck machten, und wenn wir das nicht taten, war er enttäuscht. Oft sagte er uns, Elena sei eine Heilige und wir nur Lumpenpack, wir wären böswillig und gönnten ihr nicht, glücklich zu sein. Aber meiner Meinung nach war seine Liebe zu ihr eine Mischung aus Zärtlichkeit und Dankbarkeit. Mein Vater ist, wie soll ich sagen, sehr ehrlich. Ich glaube nicht, daß er Elena so liebte wie meine Mutter, denn meine Mutter war seine erste, seine wahre Liebe.

Vor meiner Stiefmutter versuchte ich möglichst meinen Mund zu halten; ich wußte, sonst kam ich schlecht dabei weg. Roberto riet ich immer, dasselbe zu tun, aber er sagte, dazu hätte er keinen Grund, denn Elena wäre nicht seine Mutter. Zu meinen Schwestern war sie netter, weil sie Mädchen waren und noch zu klein, um sich zu widersetzen. Aber wir waren alt genug und verstanden schon eine ganze Menge.

Einmal redeten wir über Familienangelegenheiten, und ich erzählte Elena ganz nebenbei, daß meine Mutter meinen Vater manchmal, wenn sie zärtlich zu ihm war, »mein alter Kater« genannt hatte. Da sagte Elena etwas sehr Häßliches über meine Mutter, und ich tobte. Schließlich liebte meine Mutter Papa auf ihre eigene Weise und gab ihm Spitznamen nach ihrem Geschmack, und Elena hatte nicht das Recht, sie deswegen zu beleidigen. Es gab einen tollen Krach, und als mein Vater nach Hause kam, prügelte er mich wieder. Aber im allgemeinen schwieg ich, wenn Elena etwas sagte, das mich verletzen sollte. Ich war eben, na ja, vorsichtig, aber Roberto war wie ein Vulkan; man brauchte ihn nur anzurühren, dann ging er in die Luft.

Immer, wenn etwas los war oder etwas fehlte, bekam Roberto die Schuld. Einmal wurde er für eine Sache bestraft, die ich ausgefressen hatte. So etwas habe ich nur ein einziges Mal getan. Mein Freund Santiago hatte zu mir gesagt: »Hol irgend etwas aus eurer Wohnung, damit wir ins Kino gehen können.« Das erste, was ich sah, war ein Kruzifix, das mein Vater von seinem Vater bekommen hatte. Das nahm ich, und wir verkauften es.

Am Abend suchten und suchten sie nach dem Christus und fanden ihn nicht. Dann schlugen sie Roberto, weil sie dachten, er hätte ihn gestohlen. Ich wollte die Wahrheit gestehen, aber als ich meinen Vater so wütend sah, bekam ich Angst und sagte nichts. Von dieser Sache habe ich nie jemandem erzählt. Aber so ging das: Immer wurde alles auf Roberto geschoben.

Schon nach dem Tod meiner Mutter hatte Roberto angefangen, Sachen aus unserer Wohnung zu klauen. Wenn etwas fehlte, hatte er es meist beiseite gebracht. Er stahl wie ein richtiger Dieb, dazu hatten seine Freunde ihn angestiftet. Wenn Papa zum Beispiel ein Dutzend Eier nach Hause schickte, dann steckte Roberto eins oder zwei davon ein und verkaufte sie. Auf diese Weise beschaffte er sich Taschengeld. Dabei hatte mein Vater es so schwer, einigermaßen genug für uns zusammenzubringen. Er kaufte uns Schuhe und Kleidung, wenn wir sie nötig hatten, und besorgte uns die besten Schulsachen. Aber es kam oft vor, daß mein Bruder und ich nicht einen Centavo besaßen. Ich beneidete immer meine Kameraden, die sich Bonbons und andere Kleinigkeiten leisten konnten. Na ja, sowas tut einem dann weh. Aber mein Vater hatte schließlich nicht genug für uns alle.

Als ich in die fünfte Klasse ging, hatte ich meine erste Freundin. Es war Elisa, die Schwester meines Freundes Adán. Ich ging oft zu Adán und sang bei ihm, weil er eine Gitarre hatte. Elisas Eltern gaben sehr auf ihre Tochter acht, aber sie nahmen mich als Freund von Adán auf. Diesen Vorteil benutzte ich und fragte Elisa gerade heraus, ob sie meine Freundin werden wolle. Sie war älter und größer als ich, und ich mußte mich immer auf die Zehenspitzen stellen, wenn ich ihr einen Kuß geben wollte. Ich ging mit ihr ins Kino, wo wir uns ungestört küssen und umarmen konnten. Mehr darf man mit einer *novia* auch nicht tun. Wenn man nämlich mit ihr ins Bett geht, ist man so gut wie verheiratet.

Wegen meiner Freundinnen fing ich allmählich an, in der Schule zu faulenzen. Zum Glück war mein Lehrer, Professor Everardo, ein anständiger Mann, beinahe ein Freund. Das erste Mädchen, in das ich mich richtig verliebte, war Josefa Ríos, eine bildhübsche Blondine mit weißer Haut. Aber da war noch ein Junge von reicheren Eltern, Pancho, ein stattlicher Bursche. Ich war bis über beide Ohren in Josefa verliebt, sie in Pancho, und Pancho interessierte sich überhaupt nicht für sie. Ich wurde so eifersüchtig, daß ich Pancho zum Zweikampf herausfordern wollte, um Josefa zu zeigen, daß ich mehr taugte als er. Aber Pancho wollte nicht, weil er wußte, daß ich einmal den stärksten Boxer der ganzen Schule besiegt hatte.

Zum Namenstag unseres Schuldirektors führten alle Klassen etwas auf. Ich sollte ein Lied singen, aber ich schlotterte vor Angst, versteckte mich unter einer Bank und wagte nicht hervorzukommen. Endlich schleppten sie mich auf die Bühne wie einen Gefangenen, und ich sang ein Lied, das zu der Zeit sehr in Mode war: »Amor, Amor, Amor . . .« Damals war meine Stimme noch klarer, und ich konnte viel höher singen. So sang ich trotz meiner Aufregung und Angst und sah dabei zu Josefa hinüber, die in der ersten Reihe saß. Als ich fertig war, hörte ich Applaus, lauten und langen Applaus, und Josefa klatschte mehr als alle anderen. Mir war, als erwachte ich aus einem Traum, und ich war sehr stolz. Ach, allmächtiger Gott, dachte ich, ist es möglich, daß sie mich endlich ansieht?

Am selben Nachmittag sagte ich zu ihr: »Ich muß mit dir reden. Kann ich dich von nun an öfter sehen?« Ich weiß noch genau, wie glücklich ich war, als sie antwortete: »Gut, um sechs Uhr warte ich auf dich an der Ecke bei unserem Haus.« Ich stand um Punkt sechs da, aber sie erschien nicht. Pancho hatte am gleichen Tag mit ihr gesprochen, also ging sie natürlich lieber mit ihm und ließ mich stehen.

Na, ich ging weiter zur Schule, schwänzte allerdings mindestens einmal in der Woche. Damals fing ich an zu rauchen. Ich strich zusammen mit ein paar Freunden durch die Gegend, und dann sagte einer: »Na, wie wär's mit drei Zügen?« Er gab mir seine Zigarette, und ich zog dreimal daran und gab sie dem nächsten.

Mein Vater durfte davon natürlich nichts erfahren. Manchmal stopfte ich mir die brennende Zigarette in den Mund, wenn er unerwartet nach Hause kam. Als ich zwölf war, erwischte er mich einmal, wie ich mit meinen Freunden unten im Hof stand und paffte. und er sagte vor ihnen allen: »Aha, rauchen kann er also schon, dieser Bastard? Dann mußt du jetzt wohl arbeiten, damit du dir deine Zigaretten verdienst? Warte nur, wenn du nach Hause kommst, du Hurensohn, dir werd ich's zeigen.« Danach zogen meine Freunde mich immer auf, wenn ich eine Zigarette haben wollte. »Aber wieso denn, Kleiner, du weißt doch, daß dein Papa dich dafür versohlt.«

Erst als ich neunundzwanzig war, rauchte ich vor meinem Vater. Das war so etwas wie ein Protest, verstehen Sie? Mir ist noch immer komisch zumute, wenn ich mit einer Zigarette vor ihm sitze, aber jetzt will ich ihm beweisen, daß ich ein Mann bin.

Wenn ich an die Zeit zurückdenke, scheint es mir, als hätte ich gar kein Familienleben gehabt. Ich war so selten zu Hause, daß ich mich nicht mehr erinnern kann, war wir da taten. Übrigens habe ich für alltägliche Dinge kein Gedächtnis, sie langweilen mich, und ich kann mir nur besonders schöne oder besonders schlimme, eben die aufregenden Erlebnisse merken.

Ich möchte nicht undankbar sein, aber mein Vater ... ich muß sagen, er versauerte meinem Bruder und mir das Leben. Er ließ uns das Stück Fußboden, auf dem wir schliefen und das Brot, das wir bei ihm aßen, etwas kosten, indem er uns erniedrigte. Ich gebe zu, er war sehr aufrichtig und verantwortungsbewußt, andererseits unterdrückte er uns und ließ uns überhaupt nicht zu Wort oder an ihn herankommen. Wenn wir ihn etwas fragten, sagte er nur: »Ihr dummen Bengels! Was geht euch das an? Haltet die Schnauzen!« Immer stieß er uns vor den Kopf.

So war es zum Teil auch seine Schuld, daß ich oft nicht nach Hause kam. Ich hatte nie das Gefühl, ein richtiges Zuhause zu haben, weil ich meine Freunde nicht mitbringen durfte. Nachmittags und abends, wenn mein Vater lesen wollte, jagte er uns auf den Hof hinaus. »Raus, ihr Maultiere! Da arbeitet man den ganzen Tag und kann dann noch nicht mal in Ruhe lesen. Raus hier!« Wenn wir drin blieben, mußten wir uns ganz ruhig verhalten.

Vielleicht bin ich überempfindlich, aber da mein Vater so gar nicht herzlich zu uns war, dachte ich, wir wären nur eine Last für ihn. Sicher wäre er mit Elena viel glücklicher gewesen, wenn er uns nicht gehabt hätte; wir waren Ballast, den er mitschleppen mußte, weil ihm nichts anderes übrigblieb. Den haßerfüllten Blick, den er Roberto und mir damals beim Abendessen zuwarf, werde ich nie vergessen. Ich ging in die Küche, heulte da und konnte nicht mehr essen, weil ich einen Kloß im Hals hatte.

Oft wollte ich zu ihm sagen: »Sag mal, Papa, was haben wir dir denn getan? Warum denkst du so schlecht von uns und behandelst uns wie Verbrecher? Du weißt doch, daß es Söhne gibt, die sich in ihrem eigenen Haus an ihrer Familie vergehen und andere, die sogar ihren Vater umbringen.« Wenn ich eines Tages den Mut habe, möchte ich es ihm gern sagen, ganz freundlich natürlich.

Aber jedesmal, wenn ich mich mit meinem Vater aussprechen wollte, blieb mir das Wort in der Kehle stecken. Dabei fällt es mir doch gar nicht schwer, mit anderen Leuten zu reden. Ich weiß nicht, ob es Respekt war oder Angst. Jedenfalls lebte ich deswegen lieber ohne meinen Vater und die übrige Familie. Zwischen uns war eine Kluft, wir verstanden uns nicht, und obwohl ich die anderen achtete und es mir leid tat, wenn ich sah, wie schlecht es ihnen ging, hielt ich mich abseits. Sicher war das egoistisch von mir, aber ich glaube, auf diese Weise quälte ich sie und mich selbst am wenigsten.

Ich war den ganzen Tag mit meinen Freunden unterwegs und lebte sozusagen auf der Straße. Morgens ging ich oft mit meinen Kameraden in eine Gerberei, wo wir Muster auf Leder preßten, und nachmittags ging ich in die Schule. Nach Hause kam ich nur, um meine Bücher zu holen. Ich aß zwar noch dort, schlich mich aber wieder davon, sobald wir fertig waren. Das tat ich, um Auseinandersetzungen mit meiner Stiefmutter zu vermeiden und nicht geschlagen zu werden. Mein Vater sagte nichts dazu, sicher, weil es auch für ihn so besser war.

Als kleiner Junge arbeitete ich gern. Ich erinnere mich, wie mein Vater mich rief, nachdem ich das erste Mal Geld bekommen hatte, und ich es ihm aushändigte. Ich weiß noch, was für ein schönes Gefühl das war, als er mich in die Arme nahm und sagte: »Nun habe ich jemanden, der mir hilft.« Ich war Schustergehilfe in einer Werkstatt ganz in der Nähe. Dort arbeitete ich bis spät abends, manchmal sogar Nächte hindurch. Älter als neun Jahre war ich da wohl noch nicht.

Später machte ich Gürtel, verkaufte Lotterielose auf der Straße, und eine Weile arbeitete ich mit Elenas jüngerem Bruder zusammen als Maurergehilfe. Während der Schulzeit war ich Nachtwächter in einer Bäckerei, in der mein Onkel Alfredo arbeitete. Bei ihm lernte ich Kekse backen. Ich habe eigentlich immer gearbeitet, auch wenn es nie eine besonders einträgliche Sache war. Warum sagen die anderen dann noch, ich wäre ein fauler Kerl und sowas alles?

Am Ende des Schuljahres bekam ich die Nachricht, daß ich durchfallen würde. Professor Everardo mochte mich sehr gern, aber er versetzte mich trotzdem nicht. Das war ein Schlag für mich, besonders wegen meinem Vater, und ich fand, daß mein Lehrer unfair gewesen war. Danach verlor ich das Interesse am Lernen. Ich wußte überhaupt nichts, wenn man mich nach Grammatik fragte, konnte keine Verben konjugieren und war im Rechnen nur mittelmäßig, dafür aber sehr gut in Geschichte und Erdkunde; von diesen Fächern war ich begeistert. Was den Sport und die Körperstärke anging, so war ich darin der Erste in meiner Klasse, laufen konnte ich ebenfalls gut. In der sechsten Klasse wurde ich erster beim 100- und 200-Meter-Lauf. Auch mochte ich alles, was mit Motoren zusammenhing, und träumte eine Zeitlang davon, Maschinenbauer zu werden und einen richtigen Beruf zu haben. Aber das habe ich längst aufgegeben.

Wir wohnten noch immer in der Cuba-Straße, in der Nähe meiner Großmutter. Sei besuchte uns noch ab und zu, brachte uns kleine Kuchen, Süßigkeiten oder etwas zum Anziehen mit und fragte, wie die Stiefmutter uns behandelte. Einmal lief ich zu ihr, weil mein Vater mich geschlagen hatte, und wollte bei ihr bleiben, aber mein Vater kam am Abend und holte mich nach Hause.

Daten kann ich mir schlecht merken, aber ich erinnere mich noch an den Tag, als wir in die Casa Grande umzogen, denn es war der Namenstag meines Vaters, und am gleichen Tag starb meine Großmutter. Als mein Onkel uns von ihrem Tod benachrichtigte, sagte mein Vater: »Das ist aber ein nettes kleines Geschenk für mich!«

Am Abend vorher hatte sie uns rufen lassen, und ich war erschüttert, weil sie wußte, daß sie sterben würde. Aber sie behielt bis zum Schluß einen klaren Kopf und fand für jeden von uns ein paar liebe Worte. Zu mir sagte sie: »Knie nieder, mein Kind, ich werde bald einschlafen. Nun achte gut auf deinen Bruder und deine Schwestern. Sei immer anständig im Leben, damit das Leben dich auch anständig behandelt. Und werde nicht böse, mein Junge, sonst können meine Seele und die deiner Mutter keine Ruhe finden.« Sie bat mich, immer ein Vaterunser in ihrem Namen zu beten, denn das wäre so, als ob man ihr zu essen gäbe. Dann segnete sie uns. Mein Hals war wie zugeschnürt, aber diesmal wollte ich mich als Mann zeigen und versuchte, nicht zu weinen. Mein Onkel José war betrunken, wie immer, und tanzte draußen vor dem Zimmer.

Meine Tante Guadalupe und meine Onkel wuschen meine Großmutter und kleideten sie für die Beerdigung um. Sie zogen ein reines Laken über das Bett und legten sie darauf, bevor sie einen Sarg kaufen gingen. Sie hoben sie dann zu viert in den Sarg. Unter den Sarg stellten sie eine große Schale mit Essig und Zwiebeln, um die Leichengifte aufzusaugen. Als wir zur Totenwache kamen, standen zwei Kerzen am Kopfende und zwei zu ihren Füßen. Während der ganzen Nacht saßen die Leute da herum, tranken schwarzen Kaffee, aßen Brot, und erzählten sich Geschichten, die gar nicht dahin paßten, worüber ich sehr wütend wurde. Mein Vater saß neben mir und sprach mit meinen Onkeln. Ich hörte, wie er sagte: »Siehst du, Alfredo, denk doch nur an unsere Lage. Wozu all der Neid und die Zänkereien, wenn alles am Ende nur darauf hinausläuft?« Sie hatten sich immer gestritten, trotzdem half mein Vater ihnen mit dem Geld für die Beerdigung aus.

Von der Zeit an wohnten wir also in der Casa Grande. Die Jungen von dort forderten mich bald zum Zweikampf heraus. Ich hatte in der Schule noch nie verloren. Deswegen sagte ich nur, als die ganze Bande um mich herumstand und der Stärkste mich aufhetzte: »Na, dann komm her, Freundchen, und du bist erledigt.«

Und wie wir kämpften! Wir waren über und über mit Blut bespritzt, aber er zog den kürzeren. Danach gab es nur noch einen, der sich mit mir zu schlagen wagte, ein Bursche, der *burro*, »Esel«, genannt wurde, weil er einen sehr langen Penis hatte. Dieser *burro* schlug meinem Bruder eines Tages einen Zahn aus. Da ging ich auf ihn los. Es war ein großartiger Kampf. Ich gab ihm einen solchen Schlag, daß er schrie. Als er sah, daß er es mit seinen Fäusten nicht schaffte, biß er mich. Noch heute habe ich die Narbe auf der Schulter, wo er seine Zähne reingehauen hat. Danach wurden wir enge Freunde, wir verstanden uns besser als Roberto und ich, weil wir nichts voreinander verheimlichten. Der *burro* war niemand anders als mein jetziger *compadre* und bester Freund Alberto Hernandez.

Seit unserem ersten Kampf hatte Alberto mich stark beeindruckt. Ich mochte ihn sehr gern, obwohl ich meist anderer Meinung war als er. Ich verstehe selbst nicht warum, aber kaum hatte er etwas gesagt, behauptete ich das Gegenteil. Aber wenn es darauf ankam und irgend jemand mit einem von uns Streit suchte, hielten wir zueinander. Wir trafen uns jeden Tag und waren unzertrennlich. Alles konnten wir uns anvertrauen, alle Freuden und Leiden, unsere Eroberungen und sämtliche Geheimnisse. Und er hielt mich immer frei, weil er arbeitete und mehr Taschengeld hatte als ich.

Alberto war ein oder zwei Jahre älter als ich und hatte viel mehr Erfahrung, vor allem mit Frauen. Er hatte gewelltes Haar und große Augen und gefiel den Mädchen, obwohl er vom Land kam und wie ein Indianer sprach. Es imponierte mir sehr, was er alles wußte. Als ich noch in die Schule ging, hatte er schon in Pachuca im Bergwerk gearbeitet, er hatte Wagen gewaschen, war Kellner gewesen und kannte die großen Landstraßen. Zur Schule hatte er nie gehen können, weil er von Anfang an für sich selbst sorgen mußte. Er hatte ein härteres Leben gehabt als ich, denn seine Mutter war gestorben, als er noch ganz klein war, und sein Vater hatte ihn verlassen. Zuerst hatte seine Großmutter ihn aufgenommen, dann die Schwester seiner Mutter. Er wohnte in der Casa Grande bei seiner Tante und deren Mann.

Obwohl ich jünger war als er, erzählte Alberto mir Schlafzimmergeschichten, über die verschiedenen Stellungen, über Frauen, die ein Saugloch haben und sowas alles. Wie viele Frauen der gehabt hat! Er ist heute noch ein großer Weiberheld. Wir nannten ihn »Dreimal täglich«, weil er so sexy war. Als wir einmal Zeitungen verkauften, stellte er sich neben einen Wagen, in dem er die Fahrerin mit hochgerutschtem Kleid und entblößten Knien sitzen sah, steckte so wie er da stand, seine Hand in die Tasche und masturbierte.

Wir gingen immer zum Badehaus, linsten durch die Löcher in den Wänden und beobachteten die Mädchen beim Baden. Einmal kam Alberto angelaufen und sagte, da badete gerade Clotilde, ein hübsches Mädchen. Also nahmen wir zu viert die Kabine nebenan und belauerten sie. Wir sahen sie nackend, und bei ihr war wirklich alles dran! Da standen wir und gafften, hatten die Hände in den Taschen und machten es um die Wette, um zu sehen, wem es zuerst kam.

Alberto und ich gehörten der Bande der Casa Grande an. Im ganzen waren wir ungefähr vierzig. Wir spielten zusammen Bockspringen oder rissen dreckige Witze und waren immer sehr stolz darauf, den Namen der Casa Grande zu verteidigen. Die Kerle aus der Bader-, der Maler- und der Klempner-Straße konnten uns nie unterkriegen. Bei Tanzereien achteten wir scharf darauf, daß sie da nicht herumlungerten und uns die Mädchen aus der Casa Grande abspenstig machten.

An jedem fünfzehnten September kam eine bestimmte Bande, mit Stöcken bewaffnet, um gegen uns Krieg zu führen. Wir ließen sie durch eines der Tore herein, während der Sohn des Pförtners, der auch zu unserer Bande gehörte, das andere Tor abschloß. Wenn sie alle drin waren, wurde auch das erste geschlossen. Dann machten wir sie fertig, mit Steinen, Wassereimern und Knüppeln.

Gegen uns kam nie jemand an. Alberto und ich waren die ersten, die die anderen aufs Korn nahmen . . . wir waren als gute Boxer bekannt und wurden immer, wenn es gegen feindliche Banden ging, an vorderster Front eingesetzt. Damals kämpften wir so viel, daß ich anfing, davon zu träumen, und zwar hatte ich jahrelang denselben Traum. Jedesmal wurden Alberto und ich von fünf oder sechs Kerlen überfallen, und ich sprang hoch, um ihnen zu entkommen. Ich stieg und stieg, bis ich an die elektrischen Kabel kam und außer Reichweite war. Dann ließ ich mich wieder herunter, indem ich die Beine senkrecht zum Boden stellte, und sagte zu Alberto: »Steig auf, *compadre*.« Er setzte sich auf meinen Rücken, und ich flog wieder hinauf. »Siehst du? Jetzt können sie uns nichts mehr tun!« Ich flog weiter, bis wir über die Kabel hinaus waren. Da verließ mich plötzlich die Kraft, und ich fühlte, wie ich hinunterfiel.

Wir wachsen hier in einer Umgebung auf, in der wir das Leben sehen, wie es wirklich ist. Darum müssen wir lernen, uns eisern zu beherrschen. Ich hätte manchmal heulen können, wenn mein Vater so hart zu mir war, aber meine Erfahrungen hatten mich zynisch gemacht, und ich lachte nur und setzte eine Maske auf. Für meinen Vater war ich deshalb ein schamloser Zyniker, der kein Gefühl und keine Seele hatte und dem nichts weh tat . . . denn er sah nur die Maske. Aber im Innern traf mich jedes Wort.

Ich lernte meine Furcht verbergen und den Mutigen spielen, weil ich beobachtet hatte, daß man immer nach dem Eindruck, den man auf andere macht, behandelt wird. Deswegen bin ich nach außen ganz ruhig, auch wenn ich in Wirklichkeit furchtbare Angst habe. Das hat mir geholfen, denn ich hatte nicht so viel zu leiden wie einige meiner Freunde, die zitterten, wenn sie von der Polizei geschnappt wurden. Wenn einer zeigt, daß er schwach ist, wenn er Tränen in den Augen hat und um Gnade fleht, dann fallen die andern erst recht über ihn her. Da, wo ich wohne, ist man entweder ein *picudo*, ein zäher Bursche, oder ein *pendejo*, ein Schlappschwanz.

Die Mexikaner — und ich glaube, die Leute in der ganzen Welt — bewundern nur den, der sich durchsetzen kann. Wenn man nicht einen Augenblick zögert, sondern losschlägt und um sich tritt, dann schafft man es. Wer den Schneid hat, sich gegen einen Größeren und Stärkeren zu behaupten, vor dem hat man Respekt. Wenn einer brüllt, muß man noch lauter brüllen. Wenn er sagt: »Mach's mit deiner Mutter«, dann antworte ich: »Mach du's mit deiner tausendmal.« Wenn er einen Schritt vorwärtsgeht und ich einen zurück, dann habe ich schon Prestige verloren. Geh ich aber auch auf ihn zu, greife ihn an und mach ihn fertig, dann imponiere ich den anderen. In einem Kampfe würde ich nie nachgeben oder sagen: »Hör auf!«, selbst wenn der andere mich umbringen wollte. Dann würde ich eben versuchen, lächelnd zu sterben. Das ist es, was wir unter *macho*, das heißt, ein richtiger Mann sein, verstehen.

Bei uns ist das Leben hart und nüchtern, anders als bei den Leuten, die Geld haben. Hier hat ein zehnjähriger Junge keine Angst, wenn er das Geschlechtsteil einer Frau sieht, er ist auch nicht schockiert, wenn jemand einem andern die Geldtasche stiehlt oder mit einem Messer auf ihn losgeht. Er hat schon soviel Schlimmes erlebt, daß er der Wirklichkeit standhält. Schließlich kann uns selbst der Tod nicht mehr erschrecken. Die ersten Narben erwerben wir ja im Kampf um das Dasein schon früh, verstehen Sie? Dann bildet sich Schorf, und der verschwindet nicht, wie bei anderen Wunden; er bleibt auf unserer Seele. Mit der Zeit gibt es immer neue Schläge und immer neuen Schorf, bis daraus eine Art Panzer wird, der uns gegen alles gleichgültig macht.

Leute, die besser dran sind als wir, können sich den Luxus leisten, ihre Söhne in einer idealen Welt leben zu lassen, wo sie nur die guten Seiten des Lebens sehen, sie können sie vor dem Umgang mit verdorbenen Kameraden bewahren und vor schmutzigen Worten, brauchen ihre Gefühle nicht durch brutale Auftritte zu verletzen und bezahlen ihnen alles, was sie wollen. Dafür gehen ihre Kinder dann mit geschlossenen Augen durch die Welt und sind im wahrsten Sinn des Wortes naiv.

Als Junge und auch später noch war ich ständig mit unserer Bande unterwegs. Einen Chef oder Führer hatten wir nicht . . . er hätte uns in allem überlegen sein müssen . . . aber es gab immer einige, die irgendworin nicht zu schlagen waren. Richtig verkommene Kerle wie in den anderen Banden hatten wir nicht. In unserer Nachbarschaft gab es eine Rotte, die dafür bekannt war, von Betrunkenen Geld zu stehlen und Marihuana zu rauchen. Von uns verfiel nur einer der Spritze und kam ganz herunter. Zu meiner Zeit taten wir eigentlich nichts Schlimmeres, als den Mädchen an den Hintern greifen . . . und sowas Ähnliches . . .

Damals bewunderte ich Salvador, den einzigen Sohn meiner Tante Guadalupe. Er war der Schrecken der Bande aus der Bäcker-Straße, wirklich ein zäher Bursche, der meistgefürchtete von unserer Bande. Aber er imponierte mir nur, weil er ein guter Boxer war. Sonst hatte ich nicht viel für ihn übrig, wegen seiner dreckigen Art, von meiner Tante zu reden, besonders wenn er betrunken war. Er trank immer mehr und ging bald vor die Hunde. Er liebte nämlich eine Frau, von der er auch einen Sohn hatte. Die verließ ihn und ging mit einem andern, demselben, der meinen Vetter nachher mit einer Eispicke erschlug.

Als ich ungefähr dreizehn war, wollten ein paar ältere Jungen aus unserer Bande mich in ein Bordell in der Färber-Straße mitnehmen. Zuerst weigerte ich mich: »Ohne mich, nein, dahin geh ich nicht. Mein Vater würde mich umbringen!« Aber sie sagten: »Was ist denn mit dem los? Stimmt's mit dir nicht oder was? Es wird Zeit, daß du mal hingehst. Wir spendieren dir eine, und mit der machst du's.« Ich wollte nicht, weil ich Angst hatte, mich anzustecken, das geht mir jetzt noch so. Schon als kleiner Junge fürchtete ich mich vor Geschlechtskrankheiten. Ich hatte nämlich einmal im Dampfraum einen Mann mit halb verfaultem und vereitertem Penis gesehen, und darüber war ich furchtbar erschrocken. Dann nahm mich mal jemand mit in ein Museum, wo Bilder von Kindern syphiliskranker Eltern hingen ... und in der Casa Grande wohnte einer, der vier- oder fünfmal Tripper hatte. Der schrie immer vor Schmerzen beim Urinieren oder wenn der Arzt ihn behandelte.

Mein Vater hatte mir auch einmal einen Schreck eingejagt. Als ich zwölf war, hatte ich arthritische Schmerzen in den Hacken, und da sah er, wie ich auf den Zehenspitzen ging, damit es nicht so weh tat. Er dachte, es käme von etwas anderem und schloß sich eines Tages mit mir im Schlafzimmer ein. »Zieh deine Hosen runter, ich will mir das ansehen, Hurenbock. Bei wie vielen Weibern in der Färber-Straße bist du denn gewesen? Ich will keine einäugigen, verkrüppelten, blödsinnigen Enkelkinder haben! Zieh die Hosen aus und laß mich sehen!« »Nein, Papa, ich hab ja gar nichts!« Es war mir fürchterlich peinlich, mich meinem Vater zu zeigen ... Ich hatte schon Haare da unten und ... na ja, ich drehte den Kopf zur Seite, weil ich mich so schämte. Aber es genügte ihm nicht, sich das anzusehen. Er ging mit mir zum Arzt, und der Gauner gab mir Pillen, obwohl bei mir alles in Ordnung war.

Deswegen wollte ich nicht mit den andern ins Bordell. Aber sie sagten, wenn ich mein Glied hinterher mit Zitronensaft einriebe, könnte nichts passieren, und so ging ich mit. Alberto, ein anderer Bursche und ich nahmen die gleiche Señora. Ich war so aufgeregt, daß meine Knie zitterten und er nicht steif wurde. Einer von den anderen stieg auf sie rauf und legte los. Als er fertig war, sagte er: »Jetzt kommst du dran.« »In Ordnung«, sagte ich, »aber wenn ich krank werde, gebt ihr Bastarde mir das Geld, damit ich mich behandeln lassen kann.« — »Dieser schlotternde Idiot scheint kein Mann zu sein«, höhnten sie, also mußte ich's machen. Ich stieg auf die Señora. Sie machte ganz merkwürdige Bewegungen, und ich fand es überhaupt nicht angenehm. Ich dachte, das alte Weib müßte eine Menge Erfahrung haben, und bei ihr würde sicher jeder abschießen können. Es gefiel mir ganz und gar nicht, aber die anderen waren zufrieden mit mir, und so hatte ich es überstanden.

Danach packte mich dieser ganze Geschlechtstrieb wie ein Fieber, und ich konnte an nichts anderes mehr denken. Nachts träumte ich nur noch von Mädchen und Geschlechtsverkehr. Ich begehrte jede Frau, die mir begegnete. Und wenn ich keine Mädchen auftreiben konnte, onanierte ich eben.

Um die Zeit arbeitete, glaube ich, Enoé bei uns. Sie wohnte in unserem Hof und kam jeden Tag zum Saubermachen und Kochen. Mit ihrem Sohn war ich befreundet. An die machte ich mich heran, weil ich wußte, daß Elenas Bruder Raimundo sie gehabt hatte. Ich dachte: zum Teufel, warum sollte das nur Raimundo schaffen? Andere wollen auch mal ran. Aber sie sagte: »Verdammter Kerl, das mußt du mit deinem Papa ausmachen.« Demnach hatte mein Vater anscheinend auch ein Auge auf sie geworfen.

Mit unseren Dienstmädchen hatte ich nie Glück, weil mein Vater sie immer zuerst bekam. So erging es mir auch mit La Chata. Sie war dick, und ich konnte sie nicht ausstehen. Sie ärgerte mich ständig, weil sie mich zum Essen zwingen wollte, wenn ich aus der Schule kam. Wenn ich mich sträubte, sagte sie: »Gut, dann eben nicht. Um so mehr bleibt für mich übrig.« Damit setzte sie sich auf ihren gewaltigen Hintern und aß meine Portion auch noch.

Aber sie war halt eine Frau, und einmal sprach ich mit ihr . . . darüber. »Nein«, sagte sie, »du bist noch zu klein, wie willst du denn das anfangen?« Aber ich ließ nicht locker. »Vielleicht merkst du ja nicht so viel, aber ich bestimmt. Laß mich doch. Los, komm.« Endlich gab sie nach. Ich sollte zu ihr nach Hause kommen, aber als ich kam, hatte sie es sich anders überlegt. »Nein, du bist noch ein Kind, was verstehst du schon davon? Geh nach Haus.« Und dann sagte sie mir das mit meinem Vater.

Bis dahin hatte ich mich nur mit einigen Mädchen in der *vecindad* und in der Schule herumgetrieben . . . acht waren es im ganzen. Aber das war nur Spiel, denn ich war noch zu klein, um wirklich etwas mit ihnen zu haben.

Dann traf ich Pachita bei einer Tanzerei, und die war ganz anders. Sie war eine der besten Tänzerinnen, und wir mochten uns gern. Sie drängte sich beim Tanzen dicht an mich und wurde rot. Eines Abends ging ich mit ihr in ein Hotel.

Als wir ins Zimmer kamen, küßte ich ihr Hals und Arme, und sie erwiderte meine Küsse. Ich zog ihr Schuhe und Strümpfe aus . . . das regt mich am meisten auf . . . wenn sie sich ein bißchen wehren und scheu sind, und sie war der Typ. Wenn ich meine Hand auf eine bestimmte Stelle legen wollte, schob sie sie weg. Na ja, mit der Zeit kam ich hinein, und das war ein ganz neues Gefühl für mich. Dieses Mädchen hatte, was wir ein »Saugloch« nennen. Man fühlt, wie da etwas saugt und einen hineinzieht . . . na ja, sie war die einzige Frau, mit der ich es acht- oder neunmal hinereinander machte. Von ihr lernte ich eine Menge, sie wußte gut Bescheid . . . über die verschiedenen Stellungen und wie man es zurückhalten kann. Bei ihr sah ich auch das erste Mal, daß Frauen auch ihren Höhepunkt haben. Trotzdem war sie nicht die Richtige für mich, weil ich sie nicht entjungfert hatte. Frauen, die es auch mit anderen Männern trieben, waren nicht mein Geschmack.

Alberto und ich waren ziemlich gemeine Schurken. Er hatte eine Señorita entjungfert, von der hatte er jetzt einen Sohn. Aber er nahm das alles nicht ernst und wollte das Mädchen loswerden. »*Compadre*«, sagte er deshalb zu mir, »du kannst nur eins für mich tun, nämlich sie nehmen. Tu so, als ob du in sie verliebt wärst und schlaf mit ihr. Dann kann ich sagen: ›Du hast mich mit meinem besten Freund betrogen.‹« Ich wollte gern einen Gefallen tun und verstand gar nicht, was für ein gemeiner Trick das war.

Damals sollte Alberto für seinen Onkel auf dem Markt gebrauchte Kleider verkaufen. Die Buden standen in Reihen auf beiden Straßenseiten vor dem Marktplatz, und an seinem Stand gab es Unterwäsche. Ich half Alberto beim Verkaufen, sooft ich nicht in die Schule ging. Er schummelte immer bei den Rechnungen und gab seinem Onkel nicht alles Geld. Von dem Rest gingen wir ein ganzes Jahr lang jeden Tag ins Kino. Manchmal sahen wir denselben Film gleich drei- oder viermal hintereinander. Dann kauften wir ein paar Semmeln, taten Bohnen, Reis, süßen Krem oder Avocados darauf und nahmen einen ganzen Haufen zu essen mit. Wir tranken zwei oder drei Sodas, aßen Apfelsinen, Kürbiskerne, Süßigkeiten und Nüsse ... wir hinterließen jedesmal einen ganzen Berg Abfall. Alberto bezahlte alles. Er gab pro Tag bis zu fünfundzwanzig Pesos vom Geld seines Onkels aus. Als der allmählich merkte. daß das Geschäft nicht mehr genug einbrachte, verkaufte er den Kleiderstand, und wir hatten kein Geld mehr. Danach hatte Modesta den Stand, ein Mädchen mit dem wir uns oft unterhielten. Sie mochte uns gern und spendierte uns *tacos* und Sodas. Schön war sie nicht gerade ... Sie hatte Pickel im Gesicht und war auf einem Auge blind ... aber ihr Körper regte uns auf, sie hatte einen hübschen kleinen Hintern und einen netten Busen. Also gingen wir, wenn wir fürs Kino kein Geld hatten, zu ihr.

Als wir einmal zu ihr kamen, hatten wir uns etwas ausgedacht. In ihrem Stand war vorn ein Ladentisch und dahinter eine Wand, dazwischen saß sie. Ich sprang über den Ladentisch und sagte: »Nun, Modesta, wie geht's? Zum Teufel, du wirst von Tag zu Tag hübscher.«

»Aha, du Bastard, so fängst du's also an!« antwortete sie.

»Nein, wirklich, an dir ist alles dran, du bist großartig«, redeten wir weiter, um sie ein bißchen anzuwärmen, versteht sich.

Schließlich sagte sie: »Hör, Manuel, wie ist einem eigentlich, wenn man es tut?« Sie war nämlich noch unschuldig.

»Stell dich doch nicht so an, erklären kann ich dir das nicht. Wir müssen es tun, verstehst du?« Sie saß auf einer Bank und hatte die Beine auseinander. »Schau her, ich zeig dir, wie es so ungefähr geht.« Und ich faßte ihr mit der Hand zwischen die Beine. »Und dann machst du nur noch so, siehst du?« Alberto gab mir ein Zeichen, daß ich sie auf den Boden legen sollte. Es war um die Mittagszeit, und eine Menge Leute gingen da herum. Aber bevor Modesta noch etwas begriff, hatte ich sie schon auf dem Boden unter dem Ladentisch, und Alberto warf ein Tuch über uns. Ich knöpfte ihr die Bluse auf, griff ihr an die Brust, küßte und biß sie und legte los.

Die Leute gingen am Stand vorbei, und das Tuch bewegte sich auf und ab. Alberto erzählte mir nachher, daß man alles sehen konnte, er hätte mich auch gekniffen und mir gesagt, ich solle aufhören, aber ich hörte und merkte nichts. Während ich mich mit ihr beschäftigte, nahm er zwei oder drei Kinderhosen von ihrem Stand, die wir verkauften, um wieder Geld fürs Kino zu kriegen.

Danach besuchte ich Modesta noch ein paarmal. Eines Tages, als ich ihr den Schlüpfer auszog, sah ich Blut und stutzte. Ich war erschrocken, weil ich dachte, sie hätte eine schlimme Krankheit oder wäre am Verfaulen oder sowas. Da erfuhr ich erst, daß die Frauen ihre Tage haben.

Die Menstruation war für mich immer eine schmutzige Angelegenheit; vielleicht, weil so viele von den Frauen, die ich gehabt habe, sich nicht sauber hielten. Einfach scheußlich! Diesen Gestank von Frauen kann ich nicht ausstehen! Es ist mir öfter vorgekommen, daß ich mit einer im Bett lag, sie biß und küßte, und alles ging gut, bis ich ihre Beine auseinanderschob ... Manchmal stank sie so furchtbar, daß ich nicht mehr konnte und sagte, sie sollte aufstehen und sich waschen. Unsaubere Frauen habe ich nie ertragen können.

Inzwischen wurde Elena krank, und ihr Zustand verschlimmerte sich von Tag zu Tag. Sie war blaß und sah elend aus. Als mein Vater mit ihr zum Arzt ging, stellte sich heraus, daß sie Tuberkulose hatte. Von da an schlug mein Vater uns noch mehr, wenn wir sie ärgerten. Einmal behauptete er, Roberto hätte sie gestoßen und danach wäre ihr noch schlechter geworden. Sie fiel auf die Kante des Waschbeckens und stieß sich direkt über der Lunge. Aber ich glaube nicht, daß dies die Ursache ihrer Krankheit war. In Wirklichkeit war das auch anders gekommen: Sie hatte sich mit Roberto gezankt, und dabei wurde sie ohnmächtig und fiel hin. Aber mein Vater behauptete später immer, wir wären an Elenas Tod schuld gewesen.

Er war furchtbar eifersüchtig. Einmal hatte Elena wohl vorgehabt, ihn zu verlassen, um mit einem Fleischer zu leben, einem kleinen, untersetzten Kerl. Mein Vater erfuhr von der Sache. Er kam eines Tages früher als gewöhnlich von der Arbeit nach Haus, ergriff ein Messer und ging in den Fleischerladen. Roberto und ich folgten ihm mit Steinen und Knüppeln bewaffnet, für den Fall, daß er Hilfe brauchte. Wir sahen ihn mit dem Fleischer sprechen, sonst geschah nichts. Er ging nach Haus und schrie Elena an, aber nicht mit denselben groben, dreckigen Worten, die er meiner Mutter gegenüber gebraucht hatte.

Noch ein anderes Mal zweifelte er an Elenas Treue, und zwar wegen seines Neffen David, der aus Veracruz gekommen war und bei uns wohnte. Mein Vater hatte ihm im Restaurant La Gloria Arbeit besorgt, und wir kamen alle gut miteinander aus, bis mein Vater eines Tages, als er nach Haus kam, Elena auf Davids Knien sitzen sah. Ich hatte allerdings von David immer den Eindruck, daß er ein Mensch war, der keine Arglist und Bosheit kannte. Deswegen mochte ich ihn auch von allen Verwandten am liebsten. Er war anständig und noch nicht verdorben wie die Leute in der Stadt. Ich bin sicher, daß er nichts von Elena gewollt hat. Also muß sie es gewesen sein, die ihm nachstellte, und dafür mußte David nun nach Veracruz zurück.

Gott verzeih mir, aber ich fürchte, mein Vater war sogar auf Elena und mich eifersüchtig. Er sah mich immer mit einem so seltsamen Blick an. Damals ahnte ich das noch nicht, aber heute bin ich überzeugt, er hatte uns beide in Verdacht.

Damit die Streitigkeiten zwischen Roberto und Elena endlich aufhörten, mietete mein Vater noch ein Zimmer in der Casa Grande. Wir Kinder wohnten im Haus Nummer 64 und Elena und ihre Mutter Santitos in Nummer 103. Elenas jüngere Brüder und ihre Schwester Soledad waren eine Zeitlang auch bei uns in Nummer 64, und wir vertrugen uns gut. Santitos war immer nett zu uns, das ist sie noch heute. Merkwürdigerweise warf sie uns nie vor, wir hätten Schuld an Elenas Tod, wie mein Vater es tat.

Elena haßte ich nun nicht mehr, im Gegenteil, ich hatte sie sogar gern, und sie tat mir leid. Ich begleitete sie, wenn sie zur Behandlung ging, und sah zu, wie sie den Pneumothorax bekam. Sie stießen ihr so etwas wie eine Röhre mit Luft in die Rippen. Mein armer Vater machte sich schreckliche Sorgen. Er brachte sie zuerst zu den besten Ärzten, die er finden konnte, und dann schließlich ins Städtische Krankenhaus. Da schickte er mich oft mit Obst und Essen für sie hin.

Während Elena im Krankenhaus lag, kam mein Vater eines Abends mit einem Käfig voller Vögel nach Haus. Am nächsten Tag brachte er noch mehr, bis überall an unseren Wänden Vogelbauer hingen. War das ein Lärm, wenn sie alle auf einmal zu singen anfingen! Es klang hübsch, und ich kam mir vor wie auf dem Lande oder in einem Wald. Aber weil Roberto und ich morgens um sechs aufstehen mußten, um sie zu füttern, konnte ich sie bald nicht mehr ausstehen.

Eines Tages sagte mein Vater: »Manuel, du gehst jetzt auf den Markt und verkaufst die Vögel.« Es war für mich ein schönes Gefühl, meinem Vater zu helfen, und ich freute mich, daß er mir das zutraute. Aber im Grunde schämte ich mich dieser Arbeit. Da ging ich nun über den Markt, trug die Käfige einen über dem andern und versuchte, die Vögel zu verkaufen. Einmal kam mein Vater, um zu sehen, wie ich mich anstellte. Während wir da standen, erschien ein Beamter der Forstverwaltung und fragte, ob wir überhaupt Tiere verkaufen dürften. Aber mein Vater hatte keine Genehmigung, und da er mit solchen Dingen noch nie etwas zu tun gehabt hatte, wurde er sehr nervös. Ich glaube, die Summe, mit der er den Beamten bestach, war größer als die Strafe, die er hätte zahlen müssen.

Danach verkaufte er die Vögel nur noch an Nachbarn oder Arbeitskollegen. Nachdem er der *compadre* eines großen Vogelhändlers geworden war, bekam er mit der Zeit viele Kunden. Ich vermute, mein Vater ging deswegen zum Verkauf von Vögeln und später von Tauben, Puten, Hühnern und Schweinen über, weil er nach den vielen Jahren, in denen er sein Brot als Arbeiter verdient hatte, auf einmal feststellte, daß ihm der Handel Spaß machte. Er entdeckte erst ziemlich spät, daß er auf diese Weise mehr Geld zusammenbringen konnte.

Als ich vierzehn war, kam ich dahinter, daß ich zwei Stiefschwestern hatte, Antonia und Marielena. Vorher hatte ich keine Ahnung davon gehabt, daß mein Vater noch eine andere Frau und andere Kinder hatte. Ich erinnere mich, wie er mich früher einmal ins Restaurant mitgenommen hatte, wo ich aushelfen sollte. Auf dem Rückweg gingen wir durch die Rosario-Straße. Da sagte er: »Warte hier an der Ecke auf mich«, ließ mich stehen und verschwand in einem der Häuser. Ich fragte mich, was er da wohl tat, wen er besuchte, und fühlte so etwas wie Eifersucht in mir aufsteigen.

Heute weiß ich, daß er Lupita besuchte, die Mutter meiner Stiefschwestern. Als Kind habe ich sie nicht gekannt, und auch später wechselte ich kaum ein Wort mit ihr.

Als ich einmal nach Mitternacht nach Hause kam, sah ich, daß neben meinen Schwestern im Bett noch jemand lag, und mein Vater erklärte mir: »Das ist deine Schwester Antonia.« Na ja, ich sagte nichts und ging schlafen. Niemand hatte mir bis dahin von dieser Schwester erzählt. Wo mag die wohl herkommen? fragte ich mich und wartete gespannt auf den Morgen, um zu sehen, wie sie war.

Antonia war kein sehr hübsches Mädchen, aber sie hatte eine angenehme und nette Art zu reden. Sie war von Anfang an feindselig gegen uns gesinnt, als ob sie neidisch auf uns wäre, und sie haßte meinen Vater und machte ihm viel Kummer. Sie fluchte und widersprach ihm, so daß ich ihr oft am liebsten eine geknallt hätte. Einmal mahnte mein Vater sie, sie sollte irgend etwas nicht tun, da schrie sie ihn an: »Zum Teufel, ich kann doch wohl machen, was mir paßt, was geht dich das überhaupt an . . . , ich möchte bloß wissen, wer hier schlecht behandelt wird, na wer?«

Danach mochte ich sie nicht mehr und ging ihr aus dem Weg. Aber Roberto war sehr verliebt in sie. Ich weiß zwar nicht mehr wie, aber mein Vater bekam das heraus. Ich bin nicht sicher, ob Roberto sie als Frau oder nur als Schwester liebte.

Inzwischen ging es Elena im Krankenhaus nicht besser, und sie kam wieder nach Haus. Als es ganz ernst wurde, schickte mein Vater uns zu Tante Guadalupe, die den Priester holen ließ. Der Priester fragte, ob mein Vater schon verheiratet wäre, und dann traute er meinen Vater und Elena, damit ihre Seele in Frieden ruhen konnte. Ich glaube, mein Vater hat den Ehering heute noch.

Eines Nachmittags, als ich nach Hause kam, sagte Marta: »Geh hinüber zu Elena.« Ich ging hin, und sie war tot. Ein paar Tage vorher hatte mein Vater noch Hoffnung gehabt, da sie ein wenig zugenommen hatte, und er dachte, das wäre ein Zeichen, daß es ihr besser ging, und dann starb sie plötzlich. Ich kann mich noch genau erinnern, wie das war. Der Sarg stand in der Mitte des Zimmers, mit einer brennenden Kerze an jeder Ecke. Es waren einige Leute da, und mein Vater stand an der Tür. Als er mich sah, sagte er: »Sieh dir an, was ihr getan habt, ihr Bastarde, ihr habt sie umgebracht, ihr Hurensöhne.«

Ich begriff, daß dies ein Ausbruch seiner Verzweiflung und seines Schmerzes war, aber mein Vater war eigentlich immer so gewesen. Ganz gleich, was passierte, immer sagte er: »Mit euch wird es eines Tages noch ein schlimmes Ende nehmen. Wo ihr auch hinkommt, wird man euch die Tür vor der Nase zumachen.« Er wünschte mir immer Unglück. An diesem Tag schämte ich mich so, daß ich mich hinter der Tür versteckte, und in Gedanken sagte: »Vergib mir, Elena, vergib mir alles Böse, was ich dir angetan habe.« Mehr konnte ich nicht sagen.

Sie wurde auf dem gleichen Friedhof begraben, auf dem meine Mutter lag. Mein Vater pachtete ein kleines Stück Boden für längere Zeit, ließ eine niedrige Ziegelmauer darum aufstellen und bezahlte einen Mann, der das Grab pflegen sollte.

Nach der Beerdigung war mein Vater noch mürrischer und kälter, und er warf uns vor, wir hätten ihn und Elena nicht in Frieden gelassen. Das Leben mit ihm wurde ganz unerträglich, und ich war immer seltener zu Haus.

Gegenüber von unserem Kleiderstand war Lin's Café, ein Restaurant, das einem Chinesen gehörte. Dort arbeitete Graciela, ein hübsches Mädchen, als Kellnerin. Sie hatte dunkles, lockiges Haar und helle Haut. Sie gefiel mir sofort. »Schau, wie hübsch die ist«, sagte ich zu Alberto, »wirklich, da ist alles dran. Was wollen wir wetten, daß ich die kriege?« Das sagte ich aber nur so, ohne es ernst zu meinen.

»Du? Wie stellst du dir denn das vor? So einen Käfer kriegst du doch nicht auf deine Strohmatte! Diese Dame geht nur mit Leuten aus, die gut angezogen sind und Centavos haben.«

Am Abend aß ich dort und sah Graciela vorbeigehen. Ich war ein bißchen verlegen, weil ich noch nicht richtig mit Messer und Gabel umgehen konnte ... zu Hause aßen wir nämlich nur mit *tortillas* ... aber bald wurde ich darin sehr geschickt, denn von da an aß ich jeden Tag in dem Lokal. Das wurde zu einer richtigen Gewohnheit ... ich habe tatsächlich vierzehn oder fünfzehn Jahre in diesem und in anderen Cafés vergeudet.

Ich fragte Lin, ob er Arbeit für mich hätte, aber da war nichts zu machen. Er zeigte mir nur, wie man Brot backt, und später durfte ich manchmal meine Mahlzeiten abverdienen, indem ich für ihn backte.

Jedenfalls hatte ich mit Alberto gewettet, daß ich Graciela herumkriegen würde, meine *novia* zu werden, und so setzte ich alles dran, das zu erreichen. Da ich dazu Geld brauchte, sagte ich zu meinem Vater: »Hör, Papa, ich möchte gern etwas verdienen. Ich geh zwar noch in die Schule, aber nebenher kann ich etwas arbeiten.« Ich sprach mit Ignacio, dem Mann meiner Tante; der sagte: »Komm doch und verkauf Zeitungen mit mir.« Wir gingen in die Bucareli-Straße und warteten auf die *Últimas Noticias* und den *Gráfico*. Die kosteten zehn bis fünfzehn Centavos, und wir sollten ungefähr viereinhalb Centavos am Stück verdienen. Ich nahm meine Zeitungen, rannte damit durch die Straßen und schrie: »Gráfico, Noticias!« So lief ich vom Caballito de Troya die Francisco I. Madero hinunter, dann die Brasil hinauf bis Peralvillo und von dort zurück, an unserer Straße vorbei, bis zum Zócalo. Als ich zurückkam, gab ich Ignacio das Geld. »Sieh mal an, wunderbar, du hast dir zwei Pesos verdient.« Ich ging nach Hause, wusch mir das Gesicht, kämmte mich und machte mich auf den Weg zur Schule.

Zuerst hatte Graciela nichts, aber auch gar nichts für mich übrig. Ich merkte das, denn eines Tages saß ich ganz hinten im Lokal, und sie konnte mich nicht sehen. Da sprach sie mit Alberto und sagte zu ihm: »Bring nur nicht wieder Manuel mit, wenn wir ins Kino gehen. Diesen Tagedieb mag ich nicht!« Das traf mich sehr. Warum sagte sie das wohl, ich hatte ihr doch nie etwas getan? Na ja, dachte ich, deswegen will ich dich gerade kriegen. Dann hörte ich, wie sie einer Kellnerin erklärte: »Er ist sonst nicht übel, aber er arbeitet nicht, er tut überhaupt nichts und vergeudet seine Zeit wie ein Blöder mit seinen Büchern. Ich wette, der geht nicht einmal in die Schule. Wieso sollte ich dann mit ihm ausgehen?« Da war ich beruhigt und beschloß, mir eine Arbeit zu suchen.

Die Abschlußprüfungen für die sechste Klasse rückten näher, und ich hatte große Angst, daß ich durchfallen würde. Meine Lehrer hatten keine gute Meinung von mir und wollten mich von der Schule weisen, aber mein Vater bat sie, mir noch eine Chance zu geben, und sie waren einverstanden. Ich bestand die Prüfung, aber ich war ein bißchen enttäuscht, weil niemand von meiner Familie zur Schlußfeier kam. Ich hoffte, mein Vater würde mir gratulieren oder mich umarmen, aber er tat nichts. So war es auch an meinem fünfzehnten und sogar am einundzwanzigsten Geburtstag, an dem Tag, an dem ein Junge erst richtig zum Mann wird. Nein, er redete mit mir, als wäre nichts geschehen.

Nach meiner Prüfung sagte ich ihm, jetzt hätte ich genug gelernt und wollte nun arbeiten. Das war der größte Fehler meines Lebens, aber damals übersah ich das noch nicht. Ich dachte nur an Graciela und an eine Arbeit, um Geld zu verdienen. Mein Vater war sehr aufgebracht, als er hörte, daß ich nicht weiterlernen und etwas Ordentliches werden wollte. Ich glaube, wenn er mir freundlich zugeredet hätte, dann wäre ich wahrscheinlich in der Schule geblieben. Statt dessen sagte er nur: »So, du willst also arbeiten? Glaubst du, daß es schön ist, wenn dich dein ganzes Leben lang jemand herumkommandiert? Da gebe ich dir die Chance, und du läßt sie einfach sausen. Na gut, dann geh und bleib ein Dummkopf, wenn du es nicht anders haben willst.«

Alberto arbeitete in einer Werkstatt, in der Glaslampen hergestellt wurden. Er konnte weder lesen noch schreiben, aber er war tüchtig und verdiente gut. Da wir gern zusammenbleiben wollten, fragte ich in derselben Werkstatt nach Arbeit. Dem Meister erzählte ich, ich verstünde mit den Maschinen und den Drillbohrern umzugehen, und er nahm mich an.

Aber dann zerbrach ich dauernd die Glasstücke, und meine Fingerspitzen waren vom Schmirgelpapier zerkratzt und bluteten. Sie brannten schrecklich, und schließlich mußte ich zugeben, daß ich noch nie an solchen Maschinen gearbeitet hatte. Nun ließ man mich statt dessen Glas polieren. Das war eine leichte, aber schmutzige Arbeit, denn Glas wird mit Asche poliert. Später lernte ich, wie man *cocolitos*, Glasgehänge, mit der Maschine formt. Man nimmt ein Stück Glas und drückt es fest ans Rad, um es zu beschneiden. Mit dieser Arbeit kam ich schnell zurecht, und sie behielten mich. Wir verschafften sogar Raimundo, Elenas Bruder, der damals bei uns wohnte, eine Arbeit in dieser Werkstatt. Wir beide saßen zusammen an der Maschine und brachten es wöchentlich auf dreitausend *cocolitos*.

Der Chef behandelte uns gut; freitags gab er uns Karten für den Stierkampf, sonst arbeiteten wir bis spät abends. Erst zum Abendbrot ließ er uns gehen. Er verstand es auch, uns anzutreiben, und wir fielen darauf rein. Er sagte mir zum Beispiel: »He, Chino! Raimundo meint, bei ihm geht es schneller als bei dir.« Dann stellte er sich neben Raimundo und sagte, so daß ich es nicht hören konnte: »Chino schafft zweimal soviel wie du. Er sagt, er könnte dich schlagen, ohne sich im geringsten anzustrengen.« Dann fingen wir ein richtiges Wettrennen an, und so bekam der Meister das Doppelte aus uns heraus.

Die Bezahlung war nicht großartig, denn ich aß während der ganzen Woche mit anderen zusammen in einer Imbißstube, und am Samstag blieben mir noch ganze sieben Pesos übrig. Als ich am Abend nach Haus kam, sagte ich: »Hier Papa, ich habe von meinem Lohn noch fünf Pesos übrig, nimm sie.« Zu der Zeit haßte mein Vater mich gerade besonders, wegen Elenas Tod. Er stand am Tisch, und ich legte die fünf Pesos hin. Er sah mich scharf an, nahm den Schein und warf ihn mir ins Gesicht.

»Ich will keine Almosen von dir, Bastard. Geh nur und gib deine paar Pfennige mit deinen Scheißfreunden aus. Ich will nichts von dir, ich bin noch stark genug und kann selbst arbeiten.« Das tat mir sehr weh, denn Gott weiß, dies Geld war alles, was ich hatte. Am nächsten Wochenende versuchte ich es noch einmal, aber mit demselben Erfolg. Seitdem habe ich ihm nie wieder einen Centavo gegeben!

Später bot man mir woanders eine Stelle an. Ich sollte Löcher ins Glas bohren und bekam für das Stück dreieinhalb Centavos. Da man sonst noch weniger bezahlte, nahm ich an, denn ich hoffte, auf diese Weise mehr zu verdienen. Na, ich arbeitete die ganze Woche lang wie ein Wilder und bohrte Tausende von Löchern. Am Samstag nach einer Woche sagte der Chef: »Kommt her, ihr Burschen, wir wollen sehen, was euch zusteht.« Der Alte konnte nicht lesen und schreiben, so mußte einer der Jungen die Zahlen ausrechnen. Aber als sich herausstellte, daß ich dreihundertfünfundachtzig Pesos verdient hatte, da traten ihm die Augen aus dem Kopf.

»Nein, junger Mann, das geht nicht! Wie soll ich einem Bengel in deinem Alter dreihundertfünfundachtzig Pesos bezahlen. Dann könnt ihr gleich den ganzen Laden übernehmen. Ich bin der Besitzer, und mir bringt er, so wahr mir Gott helfe, nicht mehr als fünfzig Pesos ein. Ich habe ihn ja nur, damit ihr davon leben könnt! Nein, das kann ich dir nicht geben, du arbeitest eben zu schnell.«

Ich erklärte ihm, wenn er mich für das Stück bezahlte, müßte ich mich doch wohl beeilen und er hätte mir nun einmal dreieinhalb Centavos versprochen.

»Ja, aber wie konnte ich wissen, daß es soviel werden würde! Mehr als hundert Pesos kann ich dir nicht geben.« Nun, ich nahm das Geld, aber seitdem haßte ich es, für einen Chef zu arbeiten.

Graciela wurde wirklich meine *novia*, sobald ich zu arbeiten angefangen hatte. Jeden Abend nach der Arbeit ging ich ins Café, um sie zu treffen, und ich kam erst nach zwölf nach Hause zurück. Wir gingen öfter ins Kino, und ich begann sie wirklich leidenschaftlich zu lieben.

Ungefähr zur selben Zeit lernte ich Karten spielen, und zwar um Geld. Zuerst verlor ich immer, aber ich kam bald hinter die Spielregeln, ich studierte sie richtig, und ich hatte das Glück oder soll ich sagen das Unglück, schon nach einer Woche ein guter Spieler zu sein. Beim Pokern hatte ich fast immer Erfolg, einen Erfolg, der mir grenzenlos und ganz außergewöhnlich vorkam.

Ehe ich mich's versah, packte mich die Spielleidenschaft wie ein Wirbelwind. Ein Tag ohne Karten, und ich war verzweifelt. Anfangs setzte ich nur fünf Centavos ein, aber nach kurzer Zeit schon meinen ganzen Wochenlohn. Ich war immer überzeugt, daß ich gewinnen würde. Selbst wenn ich verloren hatte und mir nur noch fünf Pesos blieben, dachte ich, ich will doch mal sehen, ob Gott mir nicht mit diesen fünfen wieder auf die Beine hilft. Und tatsächlich, in neun von zehn Fällen kam es so.

Einmal verlor ich siebzig Pesos, weil Delfino, der Gewinner, wegging, ohne uns die Chance zu geben, etwas zurückzugewinnen. Er besaß mehrere Lastkraftwagen und hatte einen Haufen Geld, aber als er sah, daß er gewonnen hatte, stand er auf und sagte: »Ich muß gehen, Jungens. Mensch . . . ich habe ja ganz vergessen, daß ich eine Verabredung hatte.«

Als er ging, zitterte ich vor Wut. Dieser Kerl hat mich reingelegt, dachte ich. Am nächsten Sonntag wollte ich mich rächen. War das ein Spiel! Delfino setzte fünfzig, aber ich hatte drei Könige und einen Buben und wußte, daß ich gewinnen würde. Also setzte ich in aller Ruhe hundert. Ich gewann über tausend Pesos in diesem Spiel. Dann stand ich auf. »Ich gehe, Kameraden ... ich vergaß, daß ich etwas vorhatte. Verflucht nochmal! Gut, daß es mir noch einfällt.«

Bald war ich in der Casa Grande dafür bekannt, beim Kartenspielen so etwas wie ein Zauberkünstler zu sein. Alle sahen mir beim Spiel auf die Finger, aber ich habe nie einen Trick gebraucht, das kann ich beschwören. Ich hatte einfach außerordentliches Glück! Ich gewann so oft, daß ein paar meiner Kameraden nie wieder mit mir spielen wollten. Ich spielte immer öfter, aber von dem Geld hatte ich eigentlich nie etwas, denn nach dem Spiel ging ich mit meinen Freunden und deren Mädchen aus und verschwendete es alles. Nie habe ich meine Gewinne irgendwie vernünftig angelegt.

Graciela besuchte ich weiter jeden Abend im Café. Sie war fleißig beim Bedienen, und ich saß die meiste Zeit bei ihrer Freundin Paula in der Küche. Das Merkwürdige ist, daß ich Graciela zwar verzweifelt liebte, mich aber lieber mit »Paulinchen« unterhielt. Ich fand, sie hatte mehr Verständnis, und sie war immer bereit, Graciela ein bißchen milder zu stimmen, indem sie bei ihr ein gutes Wort für mich einlegte. Wenn Paula sah, daß ich wegen irgendeinem anderen Mann eifersüchtig oder niedergeschlagen war, sagte sie: »Mach dir keine Sorgen, Manuel, und achte nicht so sehr darauf, wie sie ist, denn ich weiß, daß sie dich im Grunde wirklich liebt. Das hat sie mir nämlich gesagt.« So war Paula. Immer munterte sie mich auf.

Die Wahrheit ist, daß meine Beziehungen zu Graciela sehr unsicher waren. Ich fürchtete dauernd, ich könnte sie verlieren, und hatte schlimme Träume, in denen sie mich auf irgendeine scheußliche Weise betrog. Ich war ihretwegen unruhig. Sie war so hübsch, und die Männer waren ständig hinter ihr her. Sie hatte eben großen Erfolg. Manche Gäste gaben ihr Trinkgelder von fünfzig Pesos. Trotzdem schien es, als liebte sie mich, und sie war sogar mehr als einmal auf mich eifersüchtig. Schließlich trennten wir uns, weil ich gegen ihren Willen darauf bestand, mit Paula, ihrer Mutter und ihrer Schwester Delila nach Chalma zu gehen. Ich wollte Graciela beweisen, daß ich nicht von ihr abhängig war. Einmal sagte ich ihr: »Ich verstehe nicht, warum manche Männer so um eine Frau kämpfen. Wenn du mich je betrügst, dann kämpfe ich nicht um dich.«

Zwei Monate bevor ich nach Chalma ging, sprach ich mit Andrés, einem Burschen, der oft ins Café kam und ein Auge auf Graciela geworfen hatte und für den sie sich, wie mir schien, auch interessierte. Ich bat ihn, mir die Wahrheit zu sagen. Aber er beruhigte mich: »Nein, Manuel, wie kannst du nur glauben, daß ich mit Graciela ausginge, wenn sie deine *novia* ist? Dich hat sie doch gern, und ich bin nicht der Typ, der dich so gemein hinters Licht führt.«

Inzwischen bereiteten Paulinchen und ihre Mutter die *tortillas* und hartgekochte Eier für unsere Wallfahrt vor. Unsere Koffer trugen wir auf dem Rücken und nahmen den Bus nach Santiago Temistengo. Alberto kam mit uns, und wir drei waren zusammen sehr glücklich. Wir gingen singend und betend durch die Wälder. In der Morgendämmerung war es herrlich dort; die Fichten rochen so gut, das Land war schön, und manchmal sahen wir oben von den Bergen ein kleines Dorf in der Ferne liegen, in dem Indianerfrauen ihre *tortillas* machten.

Eine Stunde bevor man zum Wallfahrtsort kommt, machen die Pilger gewöhnlich unter einem riesigen *ahuehuete* halt. Dieser Baum ist an der ganzen Wanderung das Schönste. Er ist voll behängt mit Haarflechten von Frauen, Kinderschuhen und anderen Dingen, die den Glauben der Wallfahrer bezeugen. Er ist so dick, daß sich wohl zehn Männer nebeneinander stellen müßten, um ihn zu umspannen. Der Baum steht zwischen zwei Hügeln, unter ihm fließt ein kleiner Fluß. Wir kamen erschöpft vom langen Weg, aber mit gläubigem Herzen dort an, wuschen unsere Füße in dem heilkräftigen Wasser, und gleich verließ uns die Müdigkeit.

Nach Chalma führt eine gewundene Straße hinunter. Ich fühlte mich immer sehr geborgen, wenn ich in die Kirche eintrat, in der kühlen Dunkelheit niederkniete und zum Gesicht des Christus von Chalma aufsah. Mir war, als ob er mich allein empfing. Das war ein wunderbares Gefühl, denn damals war ich sehr gläubig. Ich betete zum Heiligen, daß er mir Kraft gab und mir den rechten Weg zeigte, um genug Geld zu verdienen, damit ich Graciela heiraten könnte, und auch darum, daß sie mich nicht betrog.

Zwischen Paulinchen und mir passierte auf dieser Wanderung überhaupt nichts. Im Gegenteil, ich wünschte, Alberto und Paula würden *novios* werden, so daß wir alle vier zusammen ausgehen könnten. Während der ganzen sieben Tage sprach ich mit Paula über meine Schwierigkeiten mit Graciela. Dann bemerkte ich, daß Paula anfing, mich mit einem sonderbaren Blick anzusehen, und ich sagte mir: »Wahrscheinlich ist sie verliebt in mich.« Aber ich war ganz und gar nicht gewillt, mich mit ihr einzulassen.

Mein Gebet an den Christus von Chalma wurde nicht erhört, denn ich war kaum zurück, da erklärte mir Andrés, Graciela wäre seine *novia*, und er erlaubte nicht einmal, daß ich noch mit ihr sprach. Dafür bekam er von mir einen solchen Schlag, daß er Hals über Kopf zu Boden kollerte. Dann ging ich zu Graciela und fragte sie, ob das alles wahr wäre. Sie nickte nur traurig. Zuerst hätte ich ihr am liebsten ins Gesicht geschlagen. Aber dann beherrschte ich mich; daran hätte sie nur erkannt, wie sehr ich sie liebte. Also sagte ich: »Oh, wie nett! Ich gratuliere, Graciela. Du weißt, ich bin Spieler, und beim Spiel muß man etwas riskieren, entweder man gewinnt oder man verliert eben. Hier, nimm meine Hand, laß uns Freunde bleiben.«

Da wurde sie nun sehr böse und begann zu weinen. Ich drehte mich um und ging.

Über das alles war ich sehr unglücklich. Meine Arbeit gab ich auf und nahm eine andere Stelle bei irgendwelchen Spaniern an. Dort verdiente ich sechsundfünfzig Pesos in der Woche, denn sie zahlten mir auch den Sonntag. So hatte ich endlich etwas Geld, und meinem Vater brauchte ich nichts davon abzugeben.

Ich beschloß, Graciela für das, was sie mir angetan hatte, mit der gleichen Münze heimzuzahlen. Es muß jemand sein, der ihr nahesteht, dachte ich, damit es sie wirklich trifft. Ich muß sie quälen. Ich entschied mich sofort für Paulinchen und fing an, ihr den Hof zu machen. Jeden Tag ging ich ins Café, um sie zu sehen, und ich bat sie, meine *novia* zu werden. Es war sehr schwer, sie zu überreden, und dauerte länger als einen Monat. Sie sagte immer: »Ich will es mir noch überlegen.« Endlich war sie einverstanden.

Natürlich bekam sie deswegen mit Graciela einen Riesenkrach. Sie sagte zu ihr: »Was willst du eigentlich? Du hast Manuel genauso gemein mit Andrés betrogen. Er war sein Freund. Im übrigen warst du ja nicht mit Manuel verheiratet. Jetzt ist er mein *novio*, und ich liebe ihn.«

Da sagte Graciela: »Das Schlimmste ist, Andrés war gar nicht mein *novio*. Ich wollte nur sehen, ob Manuel mich wirklich liebt, denn Andrés sagte mir, Manuel wollte sich bloß über mich lustig machen.«

Sie hatte mich also auf die Probe gestellt, und ich war darauf hereingefallen. Danach wußte ich, daß ich Paula nicht lieben konnte, aber die ewige Eitelkeit, die »Männlichkeit« eines Mexikaners ließen nicht zu, daß ich mich so weit erniedrigte und zu Graciela zurückging. Aus meinem innersten Herzen hätte ich ihr sagen mögen: »Komm zurück ... laß uns jetzt miteinander Ernst machen...« Aber Stolz und Eitelkeit waren mir wichtiger, auch fürchtete ich, sie würde über meine Gefühle spotten, wenn ich ihr die Wahrheit gestand. Es war ein Wettkampf der Taktiken zwischen uns, und ganz allmählich, obwohl keiner von uns es wollte, gingen wir auseinander.

So traf ich mich weiter mit Paula und ging mit ihr aus. Ich brachte sie dazu, ihre Arbeit im Café aufzugeben und statt dessen Kindermäntel zu weben.

Einmal ertappte ich Paula bei einer Lüge. Sie hatte behauptet, sie müßte ihre kranke Schwester besuchen, aber während sie fort war, erfuhr ich, daß sie mit einem Mann und einer Freundin in Veracruz war. Als sie zurückkam, versuchte sie mir klarzumachen, ihre Freundin hätte sie überredet, mitzukommen, um sie zu beschützen. Aber das beruhigte mich nicht ganz, und ich verlangte, daß sie diese Nacht mit mir ins Hotel ging, ob sie wollte oder nicht.

Dazu muß ich noch erklären, daß wir in Mexiko — wenigstens in meinem Fall ist das so — selbst dann noch zweifeln und eifersüchtig sind, wenn wir glauben, daß die *novia* uns liebt. Und eines Tages sagt der Mann dann: »Gib mir einen Beweis für deine Liebe. Wenn du mich wirklich liebst, dann gehst du auch mit mir.« An eine zivile oder kirchliche Ehe habe ich nie gedacht, darauf bin ich einfach nie gekommen, und so geht es den meisten Männern und Frauen, die ich kenne. Ich war immer der Meinung, daß die amtlichen Papiere und sowas alles unwichtig ist, wenn die Frau mich liebt und ich sie und wir zusammenleben wollen. Wenn meine *novia* von mir verlangte, daß ich sie heiraten und ihr einen Haushalt einrichten sollte, wäre ich gleich beleidigt und würde zu ihr sagen: »Dann ist es nicht wahr, daß du mich liebst! Was ist das für eine Liebe, für die du erst Bedingungen stellst?«

Schließlich kommt auch hinzu, daß man arm ist. Wenn man erstmal überlegt, was eine Heirat alles kostet, wird man sich als armer Mann darüber klar, daß man kein Geld für die Hochzeit hat, und man beschließt, so zu leben, ohne Heirat, verstehen Sie? Man nimmt die Frau eben, so wie ich es mit Paula gemacht habe. Außerdem besitzt ein armer Mann ja doch nichts, was er seinen Kindern hinterlassen könnte, warum sollte er sie dann gesetzlich schützen? Wenn ich eine Million Pesos hätte oder ein Haus, ein Bankkonto oder irgendwelche anderen materiellen Güter, dann würde ich mich sofort standesamtlich trauen lassen, um meine Kinder als meine legitimen Erben zu legalisieren. Aber Menschen unserer Klasse haben eben nichts. Darum sage ich immer: »Solange *ich* weiß, daß es meine Kinder sind, ist es mir gleich, was die anderen denken.«

Eine Ziviltrauung ist nicht so teuer wie eine kirchliche, aber auch dann übernimmt man nicht immer die gesetzliche Verantwortung. Wir haben ein Sprichwort: »Die Illusionen der Ehe enden im Bett.« Ich könnte all diese Verpflichtungen nicht eingehen, wenn ich dabei riskierte, daß es später nicht klappen würde. Wir kannten uns noch nicht gut genug. Woher sollten wir dann wissen, wie wir bei einem intimen Zusammenleben reagieren würden? Und die meisten Frauen hier erwarten vorher nicht, daß man sie heiratet; sie glauben sogar, die Geliebte hat es besser als die Ehefrau. Gewöhnlich tut sich die Frau mit dem Mann zusammen, und erst nach ungefähr einem halben Jahr Flitterwochen fängt sie an zu protestieren und möchte, daß er sie heiratet. Aber das kommt bloß von der konventionellen Einstellung der Frauen. Sie wollen den Mann eben an die Kette legen!

Wir hier in Mexiko sind fest überzeugt, daß es etwas anderes ist, ob man als Liebespaar oder als Mann und Frau zusammenlebt. Und wenn ich ein Mädchen bitte, meine Frau zu werden, dann fühle ich mich ihr verpflichtet, als wenn wir verheiratet wären. Die Heirat würde daran nichts ändern. So war es mit Paula und mir.

Wir gingen noch ein paar Monate lang heimlich ins Hotel, aber damit war ich auf die Dauer nicht zufrieden. Ich glaube, im Grunde suchte ich nach einem Weg, um von meinem Vater und von zu Hause endgültig loszukommen und ein Mann zu werden. Deswegen sagte ich eines Abends: »Du mußt dich entscheiden, Paula. Sieh, mein Weg führt dahin, und dein Elternhaus liegt in der entgegengesetzten Richtung. Von jetzt an möchte ich nicht mehr, daß du nach Hause gehst. Was sagst du dazu?«

»Nein, Manuel, was wird dann aus meiner Mutter und aus meinen Geschwistern?«

»Na gut, dann liebst du mich eben nicht. Du mußt eines von beiden wählen, aber wenn du nach Hause gehst, dann sehen wir uns nicht wieder. Wenn du mit mir gehst, wirst du meine Frau und lebst mit mir.«

Da entschloß sie sich endlich und kam mit mir, anstatt zu ihrer Familie zurückzukehren. So heirateten wir also: Ich war gerade fünfzehn geworden, und sie war neunzehn.

ROBERTO

Als ich anfing, Sachen aus unserer Wohnung zu stehlen, war ich noch klein. Wenn ich etwas sah, das mir gefiel, steckte ich es ein, ohne irgend jemand um Erlaubnis zu fragen, einfach so. Zuerst nahm ich ein Ei, nicht etwa weil ich Hunger hatte, verstehen Sie? Denn meine Mutter gab uns genug zu essen. Es machte mir eben Spaß, es zu klauen und mit meinen Freunden unten im Hof zu teilen. Dabei kam ich mir wichtig vor.

Als kleiner Junge — ich war wohl fünf oder sechs Jahre alt — stahl ich meiner Mutter zwanzig Centavos. Das war damals soviel wie heute zehn Pesos. Mein Vater gab uns jeden Tag fünf Centavos, aber ich habe mein ganzes Leben lang mehr haben wollen, und als ich ein Zwanzig-Centavo-Stück auf dem Schrank liegen sah und gerade niemand in der Nähe war, dachte ich, ich könnte es ebensogut einstecken. Ich kaufte mir Süßigkeiten und hatte dabei das Pech, den Rest in lauter einzelnen Centavos herauszubekommen.

So hatte ich eine Menge Geld in meiner Tasche, klar? Als ich abends nach Hause kam, fragten sie nach der verschwundenen Münze. Ich dachte, *caramba!*, wenn die jetzt auf den Gedanken kommen, mich zu durchsuchen, dann finden sie das Geld, und ich kriege eine Tracht Prügel, an die ich noch zehn Jahre denken werde. Da ist es schon besser, ich gehe auf die Toilette.

Die Toilette war in unserem Haus, und sie hatte nur eine halbe Tür, so daß es einen Mordskrach gab, als ich die Münzen in das Becken warf, und sie wußten, was ich tat. Sie wußten es, obwohl ich das Geld für immer verschwinden ließ. Na, war das vielleicht nichts? Ich sagte ja, ich war von Geburt an ein faules Ei. An diesem Tag wurde ich gründlich verdroschen. Meine Mutter, mein Vater und meine Großmutter — sie ruhe in Frieden — bestraften mich, damit ich es nie wieder tat.

Meine Mutter sorgte gut für uns. Sie hatte mich gern, aber Manuel mochte sie am liebsten. Sie schlug mich selten, und ich weiß, daß sie mich lieb hatte, weil sie mich immer mitnahm, wenn sie fortging, öfter als meine Geschwister.

Jedes Jahr am sechsten Januar kamen die Heiligen Drei Könige und legten uns Spielsachen in den Blumenkasten, in dem meine Mutter ihre Lieblingspflanzen zog. Aber einmal konnten sie unser armseliges Haus nicht besuchen. Da kam ich mir vor wie das unglücklichste Kind von der Welt. Wie alle Kinder standen wir an diesem Tag früh auf, um nach den Geschenken zu sehen. Zuerst suchten wir im Blumenkasten, dann im Kohlenbecken, denn vielleicht hatten die Drei Könige uns ja auch etwas in der Asche oder unter der Kohle versteckt. Aber da war nichts. So konnten wir nur in den Hof hinausgehen und zusehen, wie die anderen Kinder mit ihren neuen Sachen spielten. Als sie uns fragten, was die Könige uns mitgebracht hätten, sagten Manuel und ich: »Uns haben sie nichts gebracht.«

Das war der letzte sechste Januar, bevor meine Mutter starb. Danach habe ich jahrelang geweint. Wir wohnten in einem Zimmer in der Tenochtitlán-Straße. Mein Vater und meine Mutter schliefen in einem Bett, Manuel, Consuelo, Marta und ich in dem anderen. Wir schliefen einer oben, einer unten, immer in derselben Reihenfolge, zuerst Manuel, dann Consuelo, Marta und ich.

Damals gab es für mich ein großes Problem: Ich machte immer ins Bett, noch als ich neun oder zehn war. Sie nannten mich den größten Bettnässer im Haus. Wegen dieser Angewohnheit wurde ich oft von meinen Eltern verprügelt, und sie drohten, mich morgens in kaltem Wasser zu baden. Das tat meine Mutter auch einmal. Ich will ihr deshalb natürlich keine Vorwürfe machen, sie wollte mir das ja nur abgewöhnen, aber ich wurde es trotzdem lange nicht los.

Ich muß ungefähr sechs gewesen sein, als meine Mutter eines Morgens in den Armen meines Vaters starb. Ihr Tod war für mich ein Schock, unter dem ich noch immer leide, weil ich das Gefühl habe, mit daran schuld zu sein. Sie hatte sich nämlich am Tag vorher meinetwegen mit unseren Nachbarn gezankt, und ohne diesen Streit wäre sie wahrscheinlich nicht gestorben.

Wir wurden um zwei Uhr morgens geweckt. Ich wollte zuerst nicht aufstehen, weil ich wieder ins Bett gemacht hatte und fürchtete, man wollte mich bestrafen. Aber dann sahen wir, daß mein Vater weinte, und standen erschrocken auf. Ich wußte sofort, daß etwas Schlimmes passiert war, denn mein Vater hielt meine Mutter in den Armen.

Ich wollte einfach nicht glauben, daß meine Mutter tot war. Sie war die ganze Nacht aufgebahrt, und ich kroch heimlich zu ihr ins Bett. Sie suchten überall nach mir, während ich neben ihr unter dem Laken lag, mit dem sie zugedeckt war. In dem Alter wußte ich schon, daß ein Mensch, der stirbt, diese Welt für immer verläßt, obwohl ich zu meinen Geschwistern sagte: »Ihr braucht nicht zu weinen, Mama schläft nur.« Und ich drückte mich an sie und sagte: »Mama, Mama, du schläfst nur, nicht wahr?« und berührte ihr Gesicht. Aber ich begriff, daß sie nicht wieder aufwachen würde.

Ich vermißte sie nicht nur damals, sie fehlt mir heute noch. Seit ihrem Tod hatte ich das Gefühl, ich könnte nie mehr glücklich werden. Manche Leute erleichtert es, wenn sie über ihren Kummer sprechen, aber ich habe das schon vielen erzählt, und es hat nie geholfen. Ruhig bin ich nur dann, wenn ich fortlaufe, herumvagabundiere und allein auf dem Lande oder oben in den Bergen bin. Ich glaube, wenn meine Mutter noch lebte, wäre ich anders, vielleicht aber auch noch schlimmer.

Nachdem meine Mutter gestorben war, sorgte meine Großmutter wie eine zweite Mutter für uns. Ich lief ständig hinter ihr her und nannte sie Oma, mit der gleichen Liebe wie ich meine Mutter »Mama« gerufen hatte. Sie war immer gut zu uns, aber sehr streng und genau. Schließlich war sie schon alt und noch altmodisch erzogen worden. Die Leute waren früher in allem viel aufrechter.

Ich besuchte sie oft, weil ich mich bei ihr wohl fühlte. Sie verstand mich und gab mir viele gute Ratschläge. Die übrige Familie, auch meine Tante Guadalupe, die uns am nächsten stand, nannte mich nur *negro cambujo* und »Teufelsfratze«. Ich wußte nicht, was schwarzer »*cambujo*« heißen sollte, aber es verletzte mich trotzdem. Deshalb schloß ich mich immer an meine Großmutter an.

Als wir in die Cuba-Straße zogen, weil mein Vater Elena kennengelernt hatte, verließ Großmutter uns und lebte bei Tante Guadalupe. Da war ich noch einsamer, und eigentlich fehlte mir meine Mutter jetzt erst richtig, denn solange meine Großmutter dagewesen war, hatte ich das Gefühl, sie wäre noch bei uns.

Nachdem Elena meine Stiefmutter geworden war, ging ich oft zu meiner Oma und beklagte mich bei ihr über Elena. Ich weinte mich bei ihr aus und erzählte ihr all meinen Kummer.

Ich stahl sogar die Pflanzen, das heißt, ich stahl sie nicht, sie gehörten ja meiner Mutter; ich wollte nur nicht, daß Elena sie anrührte, so brachte ich sie der Großmutter oder meiner Tante. Aber dann verlor ich meine liebe Oma auch, sie starb kurze Zeit später.

Meine Stiefmutter mochte mich von Anfang an nicht und ich sie auch nicht. Wir kamen gar nicht miteinander aus. Für mich gab es nur eine Mutter, auch wenn da hundert andere kamen und so taten, als wären sie meine Mutter, es war einfach nicht dasselbe. Außerdem hatten meine Freunde mir gesagt, Stiefmütter wären immer böse.

Elena war wohl höchstens achtzehn. Jedenfalls war sie zu jung und hatte zu wenig Erfahrung, um für einen Witwer mit vier Kindern zu sorgen. Sie wußte auch nicht, wie sie es anstellen sollte, damit wir ihr gehorchten, besonders ich, denn ich war der wildeste. Hätte sie nett mit mir geredet, wäre ich wie Wachs in ihren Händen gewesen, aber sie wollte mich immer unterdrücken, mich herumkommandieren und mein ganzes Leben beherrschen. Ich habe es schon als Kind nie vertragen können, wenn jemand anders als meine Mutter oder mein Vater mir Vorschriften machte. Wenn Elena auf mich losging, schlug ich zurück. Ich habe mich immer mit meinen Fäusten gewehrt, mit Worten konnte ich das nicht.

Ihretwegen mußten Manuel und ich auf dem Fußboden schlafen. Das war ein Grund, warum ich mich soviel mit ihr zankte. Einmal hörte ich sie nämlich mit meinem Vater sprechen. Sie sagte, wir hätten das Bett jetzt lange genug gehabt und die Mädchen wären allmählich groß geworden. Da kaufte mein Vater uns Strohmatten. Sicher hatte er damals kein Geld, um ein Bett zu kaufen.

Ich heulte ein paarmal, sagte meinem Vater aber nichts. Es tat mir weh, und ich war unglücklich und ängstlich wie ein Hund, als ich auf dem Boden schlief, und sehnte mich nach meiner Mutter. Solange sie lebte, ging es uns viel besser. Selbst hinterher noch — bevor Elena kam — durften wir im Bett schlafen, neben meinem Vater, wo sie dann später lag.

Ich war glücklich, wenn ich neben meinem Vater schlief. Manuel und ich stritten uns so lange um den Platz neben ihm, bis mein Vater sagte: »So, jetzt haltet den Mund und schlaft.« Dann machte er das Licht aus, warf seine Hose über einen Stuhl, und alles wurde still.

Mich hatte von Anfang an gestört, daß Elena vorher mit einem anderen Mann gelebt hatte. Ich hatte Angst, ihr früherer Mann würde sich rächen oder sowas.

Mein Vater schimpfte oft mit mir und schlug mich, weil Elena ihm irgend etwas eingeredet hatte. Ganz unrecht hatte sie nicht, aber sie verdrehte die Dinge, legte sie anders aus und reizte mich immer wieder, so daß ich frech wurde. Wenn ich auf das Bett sprang und es dabei dreckig machte, schrie sie: »Herunter da, *negro cambujo*!« Das verletzte mich, und ich antwortete: »Du blöde Gans, warum nennst du mich immer der Schwarze? Wenn ich schwarz bin, dann hat Gott mich eben so gemacht.« Dann schlug sie mich, ich schlug wieder, und sie fing an zu heulen.

Wenn mein Vater nach Hause kam, lud sie natürlich alles bei ihm ab, und er war von seiner Arbeit so müde, daß er die Geduld verlor und mich nicht einmal anhören wollte. Er verhaute mich einfach. Am nächsten Tag bekamen Elena und ich uns wieder in die Wolle.

Mein armer Vater! Wieviel Geld kosteten ihn meine Zänkereien mit diesem Weib, wie oft mußte er fünfzig, hundert und dreihundert Pesos ausgeben, wie viele Mäntel, Schuhe, Kleider mußte er kaufen, um die Señora zu besänftigen. Sie sparte das Geld, und ich stahl es ihr manchmal, weil ich mich über die Art ärgerte, wie sie es meinem Vater abgenommen hatte.

Obwohl ich es nie zeigen konnte, liebe ich meinen Vater nicht nur, ich vergöttere ihn. Als kleiner Junge war ich sein Stolz und seine Freude. Er hatte mich lieber als meinen Bruder, denn er nahm mich öfter mit, wenn er irgendwohin ging. Wir gingen zusammen in die Kirche oder ins Kino oder machten abends einen Spaziergang. Er liebt mich immer noch sehr, aber jetzt zeigt er es mir nicht mehr, weil ich es nicht verdiene.

Er war uns gegenüber immer sehr trocken, redete wenig, und wir konnten nie mit ihm über unsere Probleme sprechen. Ich versuchte ihm nahezukommen und wollte gern, daß er besonders gut zu uns war, wie andere Väter, daß er mit uns sprach und sich mit uns beschäftigte. Es gefiel mir, wie wir ihm die Hände küßten und ihn umarmten, wenn er nach Hause kam. Früher, glaube ich, verstand mein Vater mich besser, obwohl ich auch da vergeblich auf eine Zärtlichkeit oder ein aufmunterndes Wort gewartet hatte.

Nur zweimal redete er wirklich vertraulich mit mir. Er fragte mich: »Nun, mein Junge, was hast du denn für Kummer? Was ist? Erzähl's mir.« Ich war sehr glücklich und kam mir wichtig vor, als er mich so liebevoll »mein Junge« nannte. Gewöhnlich sagte er nur Roberto oder »du« und schalt mich.

Ich habe es nie leiden mögen, wenn ein Sohn dem eigenen Vater widerspricht. Wenn mein Vater mit uns schimpfte oder auch nur mit uns sprach, konnte man seinen Blick nicht aushalten, so finster sah er aus. Manchmal wollte ich ihm etwas erklären und ihm die Wahrheit sagen, aber er ließ mich nicht zu Wort kommen und sagte nur: »Halt den Mund!« Ich trotzte ihm nie, wenn er mich so anbrüllte, sondern machte mir selbst Vorwürfe. Meinem Bruder und meinen Schwestern sagte ich immer, wir wären selbst schuld, wenn Vater nicht nett zu uns war. Ein Vater ist etwas Heiliges, besonders meiner. Er ist ein guter, anständiger Mensch. So einen wie ihn gibt es nicht noch einmal.

Er schlug uns nur, wenn Grund dazu war. Dann nahm er einen breiten Gürtel, den er heute noch trägt. Damit versohlte er uns derartig, daß wir mit der Zeit eine Elefantenhaut bekamen und überhaupt nichts mehr spürten. Leider hatte ich die verrücktesten Angewohnheiten. Wenn man mich prügelte, stieß ich hinterher meinen Kopf gegen die Wand oder an den Schrank, ohne zu wissen, warum.

Als ich ungefähr zehn Jahre alt war, nahm mein Vater eine elektrische Schnur, eine ganz dicke, zwei Meter lange. Er legte sie viermal zusammen und machte einen Knoten hinein. Mensch, die Schläge fühlt man aber! Es gab jedesmal einen Striemen. Und mein Vater war nicht einer, der sich nur den Schuldigen vornahm. Er ging immer auf uns beide los. Auf diese Weise war er gerecht.

Er überredete mich lange, zur Schule zu gehen. Wie dumm von mir, daß ich nie auf ihn hörte! Aber ich konnte die Schule nun einmal nicht leiden. Wenn meine Klassenkameraden an die Tafel kommen mußten, dann machten sie ihre Aufgabe schnell und sicher. Aber wenn ich aufgerufen wurde, fühlte ich so etwas wie einen Druck im Nacken, weil ich wußte, daß alle mich ansahen. Ich dachte, sie flüsterten über mich, wollte es besser machen als sie, konnte mich deswegen nicht konzentrieren und brauchte viel länger für meine Aufgabe.

Ich wurde von meiner Mutter, meiner Tante oder meiner Großmutter zur Schule gebracht. Sie mußten mich oft hinschleppen. Ich war immer verzweifelt, wenn sie mich mit all den Jungen und Mädchen allein ließen. So vielen Menschen gegenüber fühlte ich mich unterlegen.

In der ersten Klasse blieb ich vier Jahre, nicht weil ich zu dumm war, sondern weil ich immerzu schwänzte. Die zweite Klasse schaffte ich in einem Jahr, aber als ich dann in die dritte kam, ging ich nur drei Monate hin und dann nicht mehr. Wegen meiner Freunde oder vielleicht auch, weil ich zu Hause so wenig Freiheit hatte, schwänzte ich gern und ging in den Park von Chapultepec. Mein Vater wurde benachrichtigt, wenn ich nicht in der Schule war, und wartete schon mit der Schnur auf mich, wenn ich nach Hause kam.

Als Kinder standen mein Bruder und ich uns noch näher. Er beschützte mich immer und war jahrelang mein einziger Trost in der Schule. Ich war ein ziemlicher Feigling und sehr zimperlich. Wenn mich jemand anschrie, fing ich schon an zu weinen. Ich hatte immer Angst vor älteren Jungen. Sie brauchten mir nur zu drohen, dann heulte ich, und wenn jemand mich anfaßte, brüllte ich wie am Spieß und rannte zu meinem Bruder. Der Ärmste hatte meinetwegen viel Raufereien.

Manuel machte seine Abschlußprüfung, als ich in der dritten Klasse war, und dann ging ich ab, weil ich nicht den Mut hatte, es mit all den Jungen allein aufzunehmen.

Ich weiß auch nicht warum, aber im Vergleich zu anderen kam ich mir immer minderwertig vor. Ich hatte nie im Leben das Gefühl, daß irgend jemand mich beachtete.

Die anderen verlachten und neckten mich nur. Ich wollte es immer zu etwas bringen im Leben und tun, was mir paßte, ohne irgend jemandem gehorchen zu müssen. Mein Leben sollte einem Drachen gleichen, den ich über alle Felder fliegen lassen konnte.

Ich wäre gern ein guter Sportler geworden oder ein großer Auto- oder Motorradfahrer, der an Wettrennen teilnimmt. Mein größter Wunsch war, Flieger zu werden. Einmal ging mein Vater mit mir auf den La Lagunilla-Markt, um mir eine Mütze zu kaufen. Als er mich fragte: »Welche willst du haben?« bat ich ihn gleich um die mit der Schutzbrille, wie sie die Flieger tragen.

Wenn ich mit meinen Freunden spielte, machte ich immer ein Flugzeug nach. Damit es wirklich so aussah, schob ich meine Schutzbrille über die Augen, stieg auf das Dach und lief dort wie ein Flugzeug herum. Oder ich band unten im Hof Seile an die Wasserrohre und machte mir eine Schaukel, und dann kam es mir vor, als flöge ich. Das war einer meiner Träume. Sooft ein Flugzeug vorbeiflog, schaute ich ihm nach — das tue ich heute noch — und sehnte mich danach, eines Tages auch zu fliegen.

Schwimmen lernte ich noch vor meinem Bruder. Den Unterricht schwänzte ich nämlich meistens, damit ich in die Badeanstalt gehen konnte. Da war ein Bademeister — Josué hieß er —, den ich sehr bewunderte, ein guter Schwimmer und ein netter Kerl. Einen Körper hatte der! Ich wünschte mir immer, so zu sein wie er, hübsch, schlank und stark, so daß ich Anerkennung finden würde. Er erzählte uns oft, wie er durch das ganze Land gekommen war.

Als ich acht war, stand ich einmal mit Manuel und seinem Freund Alberto, dem »burro«, am Tor vor der Badeanstalt, und wir hatten nicht genug Geld für den Eintritt. Da kam ein Betrunkener vorbei, der gab Manuel und dem »burro« soviel sie brauchten. Ich sagte zu ihm: »Und ich? Geben Sie mir auch was?« Aber er ging einfach weiter. Ich rief noch einmal: »Hören Sie, Señor, können Sie mir nicht auch das Eintrittsgeld geben?«

»Wer bist denn du?« fragte er.

»Ich bin der Bruder von dem einen Jungen, dem Sie eben Geld gegeben haben.« Und ich sagte ihm, wieviel Centavos ich brauchte.

»Nein, du kleiner Hurensohn. Hau ab. Du bist zu schwarz.«

Das hat mich sehr gekränkt. Manuel und die andern gingen ohne mich und ließen mich verzweifelt und gedemütigt stehen.

Wenn ich die Schule schwänzte oder mein Vater mich zum Lagunilla-Markt schickte, damit ich dort Sachen abholte, die er gekauft hatte, nahm ich gewöhnlich meine kleine Schwester Marta mit. Die mochte ich immer lieber als die anderen, vielleicht, weil sie meine Mutter nicht mehr gekannt hat oder weil sie mir überall hin nachlief.

Ich brachte ihr bei, wie man sich an die Straßenbahn anhängt, indem man hinten auf den Puffer springt und sich ganz festhält. Meist rannte auch noch ein kleiner weißer Hund aus der Casa Grande hinter mir her. Da hingen wir dann beide glücklich und zufrieden wie Fliegen hinten an der Straßenbahn, und der Hund folgte uns. Alle Leute blieben stehen oder steckten ihre Köpfe aus den Wagen und Autobussen, um sich dies Bild anzusehen. Ich glaubte, sie bewunderten uns, und freute mich darüber.

Es machte mir Spaß, in voller Fahrt abzuspringen. Marta lernte es auch, sie war sehr mutig. Ich riskierte dabei nicht nur das eigene Leben, sondern ihres ebenso, aber sie tat es mit einem solchen Vergnügen, daß mir das wirklich Eindruck machte, deswegen hatte ich sie wohl auch lieber als Consuelo und Manuel.

Sie ging auch mit mir zum Park von Chapultepec und zur Villa, wo wir auf die steilsten Hügel kletterten. Ich flocht drei

Schnüre zu einem dicken Seil, knüpfte das eine Ende um meinen Leib und das andere um ihren. Dann suchte ich mir die gefährlichsten Hänge aus, stieg hinauf und zog sie nach. Das gefiel ihr, und sie beklagte sich nie.

Dazu muß ich noch sagen, daß ich Marta immer als Schwester geachtet habe. Der Kontakt mit einer Frau weckte meine Gefühle, verstehen Sie? Aber mit meinen Schwestern ist das ganz anders. Es schmerzte mich immer, wenn mein Vater mißtrauisch war, sobald er erfuhr, daß wir irgendwohin gegangen waren. Dann fragte er: »Und warum seid ihr da gewesen? Und was habt ihr da gemacht?« und horchte Marta aus, um zu sehen, ob wir irgend etwas Schlechtes getan hatten.

Marta und Consuelo waren sehr verschieden. Consuelo war intelligenter, hatte mehr Ausdauer und lernte gern. Wenn sie sich einmal entschlossen hatte, etwas zu tun, dann blieb sie auch dabei. Sie spielte nie mit Jungens, so wie Marta, und war selbst Mädchen gegenüber sehr zurückhaltend. Sie war nett und still und sehr dünn und sah immer ängstlich aus. Als wir klein waren, kam ich gut mit ihr aus. Später wunderte ich mich, wie sie sich veränderte. Sie ging wegen jeder Kleinigkeit gleich in die Luft und machte einen Sturm im Wasserglas. Ich fand sie unausgeglichen und wenig umgänglich, verschlossen und reizbar. Sie war steif und verkehrte nicht viel mit anderen Menschen, aber sont war sie wirklich anständig.

Erst als meine Stiefmutter bei meinem Vater lebte, wurde es zwischen Consuelo und mir sehr schwierig. Ich weiß nicht recht, warum, aber ich genierte mich, am Tisch zu sitzen, bevor ich irgendeine Hausarbeit gemacht hatte. Ich machte Feuer, setzte den Kaffee auf, putzte die Vogelkäfige, ohne daß man mir was zu sagen brauchte. Wenn alle gegessen hatten, suchte ich in der Küche nach etwas zu essen. Dann schütteten Elena und Consuelo vor meinen Augen den übrigen Kaffee weg oder zerkrümelten mein Brot.

Aber ich bin meinen Schwestern immer ein guter Bruder gewesen. Ich strafte sie nur, wenn ich Grund dazu hatte, zum Beispiel, wenn sie mir nicht gehorchten oder meinem Vater widersprochen hatten. Heute tut es mir leid, wenn ich denke, wie oft ich sie verhauen habe, denn ich finde, ein Mann sollte eine Frau nicht schlagen. Allerdings tat ich es nur mit der Hand.

Consuelo und Elena machten mir das Leben schwer. Ich fühlte, daß sie gegen mich waren und mußte dauernd vor ihnen auf der Hut sein. Und mein Vater zog Frauen nun einmal vor, er kümmerte sich mehr um sie, und es schien mir, als ob er meine Schwestern lieber mochte. Jedenfalls zeigte er es ihnen mehr.

Ich kann Ihnen auch erklären, warum ich meine Schwestern oft schlug. Nicht weil ich sie haßte oder neidisch auf sie war, sondern weil ich nicht wollte, daß sie mit Jungen spielten. Aber sie haben nie auf mich gehört, klar? Natürlich müssen kleine Mädchen mit Jungen spielen.

Aber ich sah das nicht gern, weil ich selbst von klein auf immer sehr gemein zu den Mädchen gewesen war. Manchmal nahm ich eine mit auf die Toilette, wenn niemand zu Hause war. Ich suchte immer eine Möglichkeit, so daß wir nicht gesehen wurden, und dann tastete ich sie ab, natürlich nur, wenn sie auch wollte. Damals war ich erst fünf oder sechs, aber ich tat es auch später noch, nach dem Tod meiner Mutter. Deswegen wollte ich nicht, daß meine Schwestern mit Jungen spielten, weil ich mir dachte, die könnten dasselbe mit ihnen machen.

Als wir älter wurden, spielten Manuel und ich mit unseren Kusinen Julia und Matilde. Er verschwand mit Julia in der einen Richtung und ich mit Matilde in der anderen. Sie war die Stieftochter meines Onkels Alfredo, also nicht verwandt mit mir. Unglücklicherweise erregte mich schon damals der geringste Kontakt mit einer Frau. Das ist noch heute so, wo ich groß bin. Ich brauche sie nur anzufassen oder ihr die Hand zu geben, dann kann ich mich nicht mehr beherrschen. Das geht wohl allen Männern so.

So kam ich auf die Idee, mit Matilde auf die Toilette zu gehen. Ich sagte, sie sollte sich in der Ecke hinlegen, hob ihr Kleid hoch und zog ihr den Schlüpfer herunter. Ein richtiges Glied hatte ich damals noch gar nicht. Was ich da hatte, war noch ganz klein, aber ich legte es ihr zwischen die Beine. Ich wußte wirklich nicht, was ich sonst hätte machen können, aber wir spielten Papa und Mama und probierten es. Sowas Unanständiges tat ich also mit meiner Kusine. Und deswegen wollte ich immer auf meine Schwestern aufpassen.

Als wir in die Casa Grande umzogen, hatten wir dort zuerst nur ein winziges Zimmer, das in einem fürchterlichen Zustand war. Der Fußboden war voller Löcher, aus denen riesige Ratten krochen. Oft fiel uns etwas durch diese Löcher: Geld, Murmeln oder Kämme. Elektrisches Licht gab es auch nicht, bis mein Vater eine Leitung legen ließ. Ich saß gern im Dunkeln oder im Kerzenlicht, aber mein Vater wollte modernen Komfort haben und Platz, und sauber mußte es sein. Daher zogen wir bald in ein größeres Zimmer.

Elena hielt die Wohnung immer in Ordnung, sie verlangte dauernd etwas Neues für das Zimmer und stellte oft die Möbel um. Seit sie nicht mehr da ist, hat sich unser Haus sehr verändert. Vorher nahmen die Leute sogar den Hut ab, wenn sie hereinkamen, und solange mein Vater bei uns wohnte, war er nie mit der Miete im Rückstand. Im Gegenteil, er zahlte einen Monat im voraus und bekam dafür vom Hausbesitzer eine Freikarte für das Badehaus.

Das Gesetz der Casa Grande war: neue Mieter, neue Kämpfe. Bevor ich in eine Bande aufgenommen wurde, mußte ich eine Reihe Proben bestehen. Die Jungen hetzten ihre besten Schläger auf den Neuen, um festzustellen, ob er etwas taugte. Jeder, der mich im Hof sah, kniff oder schlug mich und warf mit Steinen nach mir. Wenn ich etwas vom Laden nach Haus trug, schlugen sie es mir aus der Hand. Dafür bekam ich dann zu Hause Prügel. Und da der Schmerz, den der menschliche Körper aushalten kann, seine Grenzen hat, ist schließlich auch die Geduld eines Tages zu Ende, und man ist gezwungen, sich zu wehren.

Einmal wartete mein Bruder mit vier anderen Jungen im Hof auf mich. Sie hatten Manuel überredet, mich zur Aufnahme in seine Gruppe vorzuschlagen, und dies sollte jetzt die entscheidende Runde werden. Ich rief Manuel zu Hilfe, aber der wurde wütend, weil ich so ein Feigling war. »Sei kein Angsthase. Wehr dich, ich will nicht mein ganzes Leben lang für dich kämpfen.« Also gingen sie alle nacheinander auf mich los, und ich schlug mich mit allen. So lernte ich mich selbst verteidigen.

Eines Tages fragte Elena meinen Vater, ob sie ihre Mutter besuchen dürfe, die in einem Dorf im Staat Jalisco wohnte. Da bat ich sie, mich mitzunehmen. Consuelo, Elenas Liebling, dachte natürlich, sie würde mitfahren, aber mein Vater entschied sich für mich, vielleicht, damit ich auf Elena aufpaßte oder ihr nachspionierte. Jedenfalls stiegen wir beide in den Zug. Das war meine erste große Reise, und ich denke noch heute gern daran zurück.

In der Erinnerung erlebe ich alles noch einmal. Mir gefiel das Leben dort. Das Dorf war malerisch, mit ungepflasterten Straßen und Häusern aus luftgetrockneten Ziegeln. Besonders gern mochte ich die Dorfkirche. Ich lernte Elenas Familie kennen, ihre Mutter Santitos und ihre Brüder und Schwestern. Señora Santitos war eine feine Frau, wirklich sehr anständig. Sie war ebenso wie Elena nie zur Schule gegangen und konnte nicht lesen und schreiben.

Sie zeigten mir, wie man Kühe melkt, und ich trank sogar die Milch gleich aus dem Euter. Einen Monat lang blieben wir da. Das war eine glückliche Zeit für mich.

Auch als ich einmal krank war, vertrug ich mich gut mit Elena. Da war ich immerzu müde, aß nichts, wurde blaß und mager und hatte Ringe unter den Augen. Ich habe keine Ahnung, was damals mit mir los war. Aber Elena und ihre Mutter sagten, es wäre Angst, und sie versuchten mich mit allen möglichen Kräutersäften zu kurieren. Während ich krank war, kümmerte sich Elena um mich, und wir schlossen eine Art Waffenstillstand. Wenn sie immer so gewesen wäre, denn lebte sie vielleicht noch; zumindest wären wir besser miteinander ausgekommen.

Als ich etwa elf war und noch in die erste Klasse ging, lief ich zum erstenmal von zu Hause fort. Ich fuhr nach Veracruz. Außer den Kleidern, die ich auf dem Leib trug, hatte ich nichts mit. Ich besaß ja nie mehr als die fünf Centavos, die mein Vater uns morgens unter das Kopfkissen legte, bevor er zur Arbeit ging. Sonntags bekamen wir zwanzig Centavos. Aber ich gab das Geld gewöhnlich sofort wieder aus und hatte nie etwas in der Tasche. Auf dem Hinweg lebte ich von dem Geld, das ein Fahrer mir geschenkt hatte.

Der Hauptgrund, warum ich ausrückte, war, daß meine Kameraden mir von ihren Abenteuern erzählt hatten. So etwas wollte ich nun selber erleben. Deshalb machte ich mich auf den Weg nach Veracruz. Diesen Ort hatte ich mir ausgesucht, weil ich schon früher einmal wegen einer Erbschaft mit meinen Eltern dort gewesen war.

Ich ging auf eigene Faust fünfundzwanzig Kilometer auf der Straße von Mexico-City nach Puebla. Dieser Weg hatte mir schon immer gefallen, und ich laufe für mein Leben gern. Von Maltrata ging ich die Eisenbahnschienen entlang bis nach Orizaba — das sind ungefähr siebzig Kilometer —, nur, um die Vegetation und die herrliche Aussicht zu sehen. Züge kamen oft vorbei, und ich hätte leicht aufspringen können, denn die altmodische Gewohnheit, Fahrgeld zu zahlen, war nichts für mich, aber ich ging lieber zu Fuß und freute mich über die schöne Landschaft. Es macht mir Spaß, Tag und Nacht zu marschieren, bis ich vor Müdigkeit umfalle. Dann lege ich mich an den Straßenrand. Gras findet sich überall, ich rupfe einen Haufen davon aus und mache mir daraus ein Bett.

Auf der Landstraße war ich sorglos und glücklich. Um das Essen habe ich mir nie Sorge gemacht. Nichts war leichter, als in irgendeine Hütte zu gehen und die Leute um Arbeit für einen Happen Essen zu bitten. Sie hatten immer etwas zu tun für mich: Wasser holen, Holz spalten oder so etwas, und dann bekam ich zu essen. Oft mußte ich mich erst an den Tisch setzen, und dann ließen sie mich noch nicht mal arbeiten. Sie packten mir ein paar *tortillas* ein und Salz, und weiter ging's.

Ich hatte mir eine Route ausgedacht, und danach ging ich dann. Von Los Reyes wanderte ich bis zur Kreuzung, wo die Landstraßen nach Texcoco, Puebla und Veracruz sich treffen. Kein einziges von den verflixten Autos hielt für mich an, dabei sah man doch, daß ich noch ein kleiner Bengel war. Einmal hielt ein Autobus, und die Leute fragten, woher ich kam. Wenn ich gewußt hätte, daß einem sofort die Tür vor der Nase zugeschlagen wurde, sobald man sagte, man käme aus Mexico-City, hätte ich einfach einen anderen Ort angegeben. Die Leute aus der Stadt stehen in schlechtem Ruf. Jedesmal wenn beim Karneval oder bei irgendwelchen Festen etwas gestohlen wird, ist es jemand aus der Stadt gewesen. Während der Karwoche und am 24. Juli kommen eine Menge Rauschgiftsüchtige und Homosexuelle nach Veracruz. Ich sah auch ein paar von denen, die als Frauen verkleidet waren. Weiß Gott, warum sie das wohl taten! Es ist ekelhaft.

Ich reiste am liebsten allein und hatte nie Lust, Freunde mitzunehmen. Allein komme ich nämlich besser vorwärts. Dann frage ich die Leute nach dem Weg. Auf diese Weise kann man bis Rom kommen.

Wenn ich von zu Hause fortging, fühlte ich mich auf einmal erleichtert. Es ist so schwer, mit anderen Menschen zusammenzuleben. Ich wollte nie wieder an die Familie gekettet werden. Manchmal bat ich die Leute um eine Unterkunft für die Nacht und blieb ein paar Tage bei einer Familie. Aber ich fühlte mich nicht wohl, denn ich wünschte mir ja nur, frei zu sein. Und so ging ich dann los, ohne bestimmte Richtung, leicht und frei wie die Luft... Man fragte mich: »Warum bist du von zu Hause weggelaufen?«

»Weil mein Vater geschimpft hat und weil ich eine Stiefmutter habe.« Wie ich Elena immer als Ausrede benutzte! Ich glaube, ich machte sie nur wütend auf mich, damit ich sie nachher als Vorwand für meine Lügen gebrauchen konnte. Darin war ich eine richtige Kanaille, und ich hatte auch das Glück einer Kanaille, denn ich erreichte im Augenblick alles, was ich wollte. Was ich durchgemacht habe, ist nichts im Vergleich zu dem, was ich eigentlich verdiene.

Wie alle Abenteurer fragte ich, sobald ich in Veracruz angekommen war, nach dem Weg zum Meer. Da saß ich den ganzen Tag auf dem Hafendamm und sah auf die weite Fläche hinaus. Das Meer war wunderbar, überwältigend. Ich sah, daß die Touristen und der Wächter, der die Lagerschuppen und die Schiffsladungen beaufsichtigt, nichts anderes zu tun hatten, als zu angeln. Als es Abend wurde, fragte ich mich, wo ich schlafen sollte. Das ist ja dort nicht schwierig, weil es sehr heiß ist. Ich beschloß, in dem weichen Sand am Strand zu bleiben. Da nachts die Flut kommt, blieb ich in einiger Entfernung vom Wasser.

Am nächsten Morgen hatte ich Hunger, denn am Tag vorher hatte ich nichts gegessen, so entzückt war ich gewesen, das Meer zu sehen und die Angler zu beobachten. Ich ging hinüber zu den Lagerschuppen, weil dort Frachter vor Anker lagen. Ich sah eine Menge Leute hin und her laufen, rauhe, dunkelhäutige Kerle, finster wie die Hölle. Ich ging zu einem Schiffskoch und fragte, ob er mir nicht für einen *taco* Arbeit geben könnte. Er hatte Mitleid mit mir, und seinetwegen arbeitete ich zum erstenmal in meinem Leben als Hafenarbeiter. Ich trug alle möglichen Sachen, und er gab mir dafür zu essen. Wir fingen um acht an, machten um zwölf Pause und arbeiteten nach einer halben Stunde bis vier Uhr dreißig weiter. So verdiente ich mir das Essen und die Übernachtung, denn sie erlaubten mir, auf dem Schiff zu schlafen.

Nach einer Weile fand ich, daß das für mich nicht so ganz das Richtige war. Wenn ein Boot hereinkam, hängte ich mich daran wie eine Klette. Aber am nächsten Tag lief es wieder aus, und ich hatte wieder nichts. Ich mußte dauernd etwas Neues suchen. Immerhin wußte ich, daß nur faule Leute verhungern. Wenn ich den Fischern beim Einholen der Netze half, gaben sie mir zwar kein Geld, aber wenigstens ein paar Fische. Sie fingen alles mögliche, von Haifischen bis zu Schildkröten. Die meisten Fische verkaufte ich und behielt nur einen oder zwei, die ich mir von der Fischersfrau kochen ließ.

Ich war bereit, jede Arbeit anzunehmen, damit ich zu essen hatte. Statt Geld bekam ich Obst; oft sah ich zwei Wochen lang kein Stück Brot, und manchmal aß ich sogar wildes Grünzeug. Wenn ein Schiff von Tabasco anlegte, wo sie Obst anbauen, gab es für mich einen Festtag.

Allmählich machte ich mir Gedanken, wo ich schlafen sollte. Ich hörte nämlich, daß die Polizei den ganzen Strand absuchte, weil sich dort das ganze Gesindel von Veracruz sammelte. Wenn sie einen nachts am Strand fanden, wurde man eingelocht. Mir passierte nichts, aber ich konnte nicht mehr ruhig schlafen.

So vergingen drei Monate, und dann hatte ich plötzlich Lust, nach Hause zu fahren. An meine Familie hatte ich nur selten gedacht, aber wenn, dann war mir, als müßte ich auf der Stelle zurückkehren. Manchmal faßte ich schon den Mut dazu, aber dann wagte ich es wieder nicht. Schreiben tat ich nicht, weil ich nicht wußte, wie man einen Brief schreibt, und weil sie nicht wissen sollten, wo ich war. Denn wenn mein Vater das erfahren hätte, wäre er hergekommen und hätte mich halb tot geprügelt. Daran dachte ich immerzu, aber dann ging ich doch.

Die Heimkehr war schwierig, weil ich von Veracruz bis Puebla laufen mußte. Dazu brauchte ich acht oder neun Tage, da keiner von den verflixten Lastwagen mich mitnahm. Zum erstenmal fühlte ich mich verloren wie eine Feder im Wind. Ich setzte mich an den Straßengraben und weinte.

Schließlich hielt ein Polizist einen Lastwagen an und sagte: »Nehmen Sie diesen kleinen Vagabunden mit. Er will nach Mexico-City.« Ich stieg ein, und wir kamen spät nachts auf dem La Merced-Markt an, beim Zócalo, dem großen Platz im Zentrum der Stadt. Stellen Sie sich vor, den hatte ich noch nie gesehen! Als ich am Nationalpalast vorbeiging, sah ich die große Uhr an der Kathedrale. Sie schlug drei. Da stand ich ganz allein auf dem Riesenplatz. Ich rannte nach Hause, und der Pförtner ließ mich ein. Als ich vor unserer Tür stand, geschah etwas sehr Merkwürdiges. Ich bin sonst nicht abergläubisch, aber damals sah ich deutlich einen Mann, der wie ein *charro* — ein Cowboy — angezogen war, vom Dach neben dem Wassertank hinuntersteigen. Er zündete etwas an, ich glaube, eine Zigarre, denn die Flamme war ziemlich groß. Ich starrte ihn an und fragte mich, was er hier wohl suchte. Da fiel die Zigarre zu Boden, und er verschwand. Wo war er geblieben? Ich ging hinauf zum Wassertank, dann in den kleinen Garten und zum Badehaus. Man munkelte, dort gebe es Gespenster. Ich hörte von drinnen einen so fürchterlichen Lärm, daß ich davonlief und zurück zu unserem Haus. Ich war auf eine schreckliche Tracht Prügel gefaßt und klopfte. Sie riefen von drinnen: »Wer ist da?« Ich sagte: »Ich bin's, Papa.«

Mein Vater machte sofort auf. Er war sehr nett. »Du bist also wieder da. Komm herein. Hast du schon gegessen?« Er machte sich selbst an die Arbeit, wärmte die Bohnen auf und den Kaffee und sagte dann: »Iß, und wenn du fertig bist, mach das Licht aus.«

Am nächsten Morgen, bevor er wegging, schlug er mich fürchterlich, ganz wie ich es verdiente. Später fand ich den heiligen Antonius im Kleiderschrank, er hing umgekehrt da und war in mein Hemd eingewickelt. Elena nahm ihn heraus und sagte: »Na, guter heiliger Antonius, nun hast du ihn uns zurückgebracht und kommst wieder an deinen alten Platz.« Darüber mußte ich lachen. Ich weiß nicht genau, ob ich ein guter Katholik bin oder nicht, ich spreche nicht gern über die Religion. Aber ich konnte mir nicht recht vorstellen, daß dies eine tiefere Bedeutung haben sollte.

Am Nachmittag gab es noch einen Riesenkrach, dann vergingen die Tage wie gewöhnlich. Vor meinen Freunden war ich stolz und erzählte ihnen von meinen Abenteuern.

Einmal arbeitete ich im Badehaus, als eine Schneidersfrau, die ich kannte, mit irgendeinem Mann ankam. Sie verlangten ein Einzelwannenbad. Ich hörte ihr Gespräch mit an, kletterte auf das Dach und sah zu, wie sie es trieben. Das regte mich sehr auf, und ich dachte den ganzen Tag: »Wie macht man das bloß, und was ist das für ein Gefühl?«

Also redete ich mit meinen Freunden darüber, und wir beschlossen, noch am selben Abend in die Färber-Straße zu gehen. Der Gedanke, mit einer Frau zu schlafen, und dann noch mit einer, bei der ich mir eine Krankheit holen konnte, gefiel mir nicht. Aber meine Freunde sagten, ich müßte es tun, um zu wissen, was für ein Gefühl es ist, ein Mann zu sein. Zuerst hatte ich Angst, aber dann fand ich Vergnügen daran und ging von da an ab und zu allein hin.

Damals arbeitete ich, wie gesagt, im Badehaus, bewachte die Schließfächer, gab Seife und Handtücher aus und machte sogar für ein Trinkgeld Massagen. Aber eines Tages beschwerte sich der andere Junge, der dort arbeitete. Er sagte, wir würden schlecht bezahlt — wir bekamen zweieinhalb Pesos für die Woche —, und so nahmen wir, um uns zu entschädigen, fünfzig Pesos aus der Kasse. Aber dieser Bastard von einem Chef erzählte das meinem Vater, und der mußte dafür aufkommen. Natürlich verlor ich die Arbeit und bekam obendrein noch Prügel.

Danach wurde ich Lehrling in einer Glaserei. Dort verdiente ich am Ende fünfunddreißig Pesos in der Woche. Ich gab jeden Centavo meinem Vater und war stolz und glücklich darüber. Er sagte oft zu meinem Bruder: »Nimm dir ein Beispiel an Roberto. Er gibt alles ab, was er verdient, und du?« Das war ein schönes Gefühl. Ich war mit dem zufrieden, was mein Vater mir gab: das Geld für die Busfahrt und einen Peso pro Tag. Rauchen und Trinken tat ich nicht, und ich arbeitete gern.

Nach sechs Monaten war mir die Glasschneiderei über, und ich wurde zuerst Bäcker und dann Maurer. Das machte mir Spaß, weil ich auf hohen Baugerüsten arbeiten mußte; ich war von jeher gern hoch oben im Freien gewesen ... darum kletterte ich auch so oft auf Bäume und Stangen und spielte auf dem Dach ... aber auch diese Stelle verlor ich, weil ich ein Namensschild von der Hauswand stahl. Es war aus Stahl und blinkte so schön, daß ich es einfach abbrach und einsteckte. Unglücklicherweise hatte es jemand gesehen. Also ging ich in die Glaserei zurück. Aber da klappte es ebenfalls nicht recht, denn am Zahltag hatte der Chef nie Geld. Er trank die ganze Woche, und am Samstag ließ er sich nicht blicken.

Als ich dreizehn wurde, hatte ich schon als Schiffslader, an der Kleiderabgabe im Badehaus und als Glaser, Bäcker und Maurer gearbeitet. Das nächste, was ich probierte, war Möbel lackieren. Aber auch mein neuer Chef war unzuverlässig. Am Samstag mußte ich die ganze Straße lang hinter ihm herlaufen, wie hinter einem Dieb. Ich folgte ihm bis zu seinem Haus, sah ihn hineingehen, und trotzdem war seine Frau so dreist, mir zu sagen, er wäre nicht da. Auch wenn ich ihn erwischte, gab er mir nie mein volles Gehalt. Davon hatte ich nach einigen Wochen genug. Ich suchte mir nun keine Arbeit mehr, sondern lungerte so herum.

Einmal erzählte ich meinen Freunden von Veracruz, und dabei kam ich so in Stimmung, daß ich Lust hatte, wieder hinzufahren, und ohne zu überlegen nach Hause ging, ein Paar Hosen und ein Hemd in einen Pappkarton steckte und loszog. Ich glaube kaum, daß ich mehr als zwanzig Centavos in der Tasche hatte. So machte ich mich zum zweitenmal auf den Weg.

Veracruz lernte ich mit der Zeit gut kennen. Ich wußte ja noch vom erstenmal, wie ich mir etwas zu essen beschaffen konnte. Das einzige, was mich auf dieser zweiten Reise besonders beeindruckte, war ein Hurrikan. Ich fand es herrlich, mich vom Sturm treiben zu lassen, aber ich hatte auch Angst, vor allem, als ich sah, wie die mit Kokosnüssen beladenen Palmen sich bis auf die Straße neigten. Das Meer tobte ... die Flut brach ein großes Stück aus der Kaimauer und trug es davon wie ein Stück Papier.

Die Verwandten meines Vaters lernte ich auch diesmal nicht kennen. Sie wohnten in Córdoba, aber das erfuhr ich erst später, als ich wieder zurück war und David bei uns lebte. Er nahm mich einmal zusammen mit seiner Mutter Olivia nach Córdoba mit. Ich blieb einen Monat bei ihnen und fühlte mich sehr wohl. Ich mag das Leben auf dem Lande viel lieber. Zwar hatte ich da nicht den Komfort, den mein Vater uns bot, aber dafür ist es da draußen friedlicher und stiller, und man kann ruhig atmen. Die Leute sind aufrichtiger und anständiger, ganz anders als die in der Stadt. Hier muß ich immer auf der Hut sein, denn es kann mir jeden Augenblick irgend jemand was wollen.

Ich wäre gern Bauer geworden. Olivias Mann zeigte mir alles, was dazugehört. Ich lernte pflügen, hacken, säen, Unkraut jäten und ernten. Er gab mir auf dem Feld richtig Unterricht und lehrte mich Zuckerrohr, Mais, Bohnen und Reis pflanzen. Das war für mich sehr nützlich, denn auf meinen späteren Reisen arbeitete ich auf den Feldern. In vielen Teilen der Republik lebt man nur davon.

Als ich das fünftemal von zu Hause fortging, tat ich es nicht mehr freiwillig, sondern weil mein Vater mich hinauswarf. Damit hatte er wirklich recht. Ich half ihm überhaupt nicht und benahm mich nicht ordentlich, so daß ich nicht verdiente, zu Hause zu bleiben. Elena schürte natürlich das Feuer, und so schlug er mich dauernd und brüllte mich an. Schläge vertrug ich noch eher, als wenn er mich einen Landstreicher, einen Taugenichts oder ein Schwein nannte.

Wenn ich etwas anstellte, bekamen meine Geschwister das auch zu fühlen. War mein Vater schlechter Laune, so wagten selbst die Fliegen nicht, sich zu rühren, und wir durften ihm nicht nahekommen. Erst nachdem Elena gestorben war, erholte ich mich von den Schlägen und Anpfiffen, die ich ihretwegen von meinem Vater bekommen hatte.

Als sie starb, stand ich am Fußende ihres Bettes. Ich kann mich noch genau an ihren Blick erinnern. Ich weiß nicht, ob sie mir verzieh oder mich verfluchte. Ich betete für sie und bat Gott, sie schnell zu sich zu nehmen oder sie gesund zu machen. Sie starb, und mein Vater wäre sicher am liebsten mit ihr gestorben. Danach sah er mich immer so an, als ob er mich anklagte . . . Das erschreckte mich. Er warf uns oft vor, wir wären an Elenas Tod schuld, besonders ich, weil ich sie immerzu geärgert hatte.

Eines Tages lernte ich meine Stiefschwester Antonia kennen, von der ich bis dahin nichts gewußt hatte. Sie war von zu Hause fortgelaufen, und mein Vater mußte sie suchen lassen. Als sie gefunden worden war, brachte er sie zu uns. Sie lebte bei ihrer Mutter in der Rosario-Straße und hatte eine Schwester, Marielena. Die kannte ich nicht näher und mochte sie auch nicht besonders, aber sie hatte einen starken, guten Charakter und war sehr fromm. Man mußte vorsichtig sein mit dem, was man zu ihr sagte. Aber Antonia hatte ich vom ersten Augenblick an gern . . . um es ehrlich zu sagen: Sie wurde die große Liebe meines Lebens. Vorher hatte ich schon drei *novias* gehabt, von denen ich nur Rufelia wirklich liebte. Ich hatte mich ihr noch nicht erklärt, denn sie hatte helle Haut und war mir überlegen. Ich verehrte sie mehr aus der Ferne. Meine erste *novia* war ein hübsches kleines Mädchen, aber sie hat mich gemein angeführt. Ich hatte sie gern, traute mich jedoch lange nicht, sie um einen Kuß zu bitten. Als ich sie dann einmal küßte, lief ich gleich danach nach Hause, so verwirrt war ich. Nach ein paar Monaten stellte es sich heraus, daß irgendein Landstreicher ihr ein Kind gemacht hatte, und das war das Ende unserer Liebe.

Meine andere *novia* war Dienstmädchen bei einem Nachbarn. Sie mochte mich wohl sehr gern und versuchte immer, sich über meine Schwestern mit mir zu verabreden. Aber das war nichts Ernstes, sondern nur kindliche Spielerei. Meine große Liebe war zu meiner Qual und Verzweiflung Antonia.

Wir waren beide gleichaltrig, dreizehn oder vierzehn. Je länger sie bei uns blieb, desto mehr liebte ich sie, ich meine nicht als Bruder, sondern anders. Aber ich sagte ihr nie etwas über meine Gefühle und machte auch keine Anspielungen.

Oft sagte sie morgens, wenn mein Vater zur Arbeit gegangen war und ich im Schlafzimmer die Kerze für die heilige Jungfrau anzündete: »Geh nicht fort. Leg dich hier ein bißchen hin und laß mich schlafen.« Sie rückte zur Seite, und ich legte mich neben sie auf den Bettrand. Jeder hatte seine Decke. Dann schmiegte sie sich an mich und schlief an meiner Brust oder an meinen Rücken gelehnt ein.

Es ist mir unangenehm, über dies alles zu reden ... jedenfalls habe ich von Antonia nie etwas Böses gedacht ... nie! Ich fühlte mich wie im Himmel, wenn sie so nahe bei mir lag, sie, die ich nicht lieben durfte. So war das damals, und darum habe ich auch manchmal daran gedacht, mir das Leben zu nehmen.

Ich liebte sie nicht nur, sondern ich verehrte sie, und ich habe darunter jahrelang gelitten, weil ich es ihr nicht sagen konnte, denn sie war doch vom gleichen Blut wie ich.

Na ja, und dann kam es soweit, daß ich sie hindern wollte, *novios* zu haben. Sie sollte nur mich ansehen, und es war für mich schrecklich, daß sie auch andere Jungen gern mochte.

So fing ich an, wegen Antonia von zu Hause wegzugehen. Sie war der Hauptgrund dafür, daß ich mich herumtrieb und ein unbeständiges Leben führte. Ich lief einfach davon, weil ich's nicht mehr aushielt.

Ich bin durch sämtliche Staaten Mexikos gekommen und auch zweimal in den Vereinigten Staaten gewesen — über die grüne Grenze —, schon als Vierzehnjähriger.

Es kommt mir vor, als wäre ich durch die ganze Welt gereist. Jedesmal, wenn ich aufbrach, tat ich es in der Absicht, nie zurückzukehren oder wenigstens so lange fortzubleiben, bis ich sie vergessen hatte. Ich konnte nicht so nahe an der Versuchung leben.

Als Antonia krank wurde, wußte ich gleich, daß irgend etwas mit ihr nicht stimmte. Aber ich habe nie herausgebracht, wer sie schwanger gemacht hatte. Yolanda, unsere Nachbarin, stachelte mich gegen meinen besten Freund, Ruperto, auf, indem sie behauptete, er wäre es gewesen. Als ich ihn zur Rede stellte, leugnete er, daß er je Antonias Freund gewesen wäre. Aber sie hatten nun einmal diesen Zweifel in mir geweckt, und ich bin ihn seitdem nicht wieder losgeworden.

Luz, die Frau des Polizisten Fulgencio, half Antonia bei der Abtreibung. Ich war sogar im Haus, als das passierte, und ich sah, wie sie ein in Papier gewickeltes Bündel blutiger Lumpen hinaustrugen. Danach war Antonia krank und nervös und hatte ab und zu schlimme Anfälle. Dann zerrte sie am Laken, riß sich die Haare aus und biß sich selbst. Wir mußten sie festhalten, aber sie schlug um sich und stieß jeden, der ihr nahe kam, und kratzte ihn blutig. Sogar meinen Vater schlug sie. Mich stieß sie so vor die Brust, daß sie mich umwarf, aber das war während eines Wahnsinnsanfalls, als sie keinen Menschen mehr erkannte.

Schließlich wurde sie zur Behandlung in ein Sanatorium gebracht, und ich sah sie nicht wieder. Ich war lange sehr unglücklich, besonders wenn ich sah, wie andere Jungen ihre Mädchen umarmten und küßten und mit ihnen redeten, und nur ich . . . ich fragte mich oft, warum ich ausgerechnet meine Schwester lieben mußte.

Dann ging ich zum Militär, einmal, weil ich Soldat werden wollte, und vor allem, weil ich es zu Hause nicht mehr aushielt.

CONSUELO

Während meiner ganzen Kindheit gab es für mich nichts als Kummer und Einsamkeit. Als wir meine Mutter verloren, waren wir alle noch klein: Manuel gerade acht, Roberto sechs, ich vier und Marta zwei Jahre alt. Als meine Mutter tot war, sah ich sie daliegen. Sie war mit einem Laken halb zugedeckt und sah sehr ernst aus. Irgend jemand hob uns hoch, damit wir sie küßten, dann zogen sie ihr das Tuch über das Gesicht. Das war alles.

Ich fühlte mich verlassen, weil meine Mutter mir fehlte und auch, weil meine Geschwister mich schlecht behandelten. Ich konnte mich ihnen nie so anschließen, wie sie es untereinander taten. Sie teilten ihre Süßigkeiten und ihr Spielzeug, nur ich mußte sie um jede Kleinigkeit bitten. Manuel verteidigte Roberto in der Schule vor den anderen Kindern, und obwohl er ihn manchmal ohrfeigte, half er ihm bei seinen Hausaufgaben.

Wenn ich Marta nur einmal anschrie, verprügelten mich meine Brüder, besonders Roberto. Mein ganzer Körper tat mir weh von diesen gemeinen Schlägen, aber das war gar nichts im Vergleich zu dem heftigen, stechenden Schmerz, den ich fühlte, wenn ich merkte, wie sie mich haßten. Als meine Stiefmutter Elena noch lebte, nahm sie mich in Schutz. Auch zu ihr waren sie böse. Entweder sie oder ich beklagten sich bei meinem Vater, und der rechnete dann mit ihnen ab. Aber am nächsten Tag bestraften sie mich dafür.

Ich fühlte mich von meinen Brüdern gehetzt. Zwar hatte ich nicht wirklich Angst vor ihnen, aber sie kränkten mich tief, und ich erleichterte mich, indem ich heimlich in einer Ecke zwischen Bett und Kleiderschrank heulte.

Nur manchmal war ich glücklich, wenn meine Brüder mir eine Geschichte oder etwas über Weihnachten erzählten und mir etwas schenkten. Das war meistens Roberto, denn Manuel gab uns nie etwas. Ganz selten nur kaufte er uns einen *tepache*, ein Getränk aus Ananas, Essig, Zucker und Wasser. Manuel sollte uns bei Tisch beaufsichtigen, aber er quälte uns damit, daß er immer den großen Bruder spielen wollte.

Zur Essenszeit kam er herein und kommandierte uns herum wie ein Feldwebel. Wenn Roberto den *tepache* einfach aus dem Krug trank oder laut schmatzte, warf Manuel seinen Löffel oder eine *tortilla* nach ihm, und sie fingen an, sich zu prügeln. So sah es bei unseren Mahlzeiten aus: Manuel schimpfte und schlug uns, und wir schlugen ihn wieder. Meistens endete es damit, daß Roberto in der Küche weiteraß, Marta heulend hinauslief, bevor sie fertig war, und ich still am Tisch sitzen blieb, weil ich Angst hatte, Manuel würde mir eine runterhauen. Nur mein großer Bruder aß ungestört weiter.

Das passierte natürlich nur, wenn wir allein waren. Am Mittwoch hatte mein Vater frei, und da wagte niemand, bei Tisch zu reden. Der erste, der etwas sagte, wurde in die Küche geschickt. Der Mittwoch war der Tag, an dem ich mich für alles rächte, was meine Brüder mir während der Woche angetan hatten. Am meisten ärgerte es sie, wenn sie für mich etwas holen mußten. Ich brauchte meinem Vater nur zu sagen, daß ich gern Schokolade, ein Ei oder ein Stück Kuchen zur Schule mitnehmen würde, dann schickte er Manuel oder Roberto fort, damit sie es kauften, oder sie mußten mir ein Ei braten. Auch abends plagte ich sie mit solchen Wünschen. Es machte mir Spaß, ihre wütenden Gesichter zu sehen, und ich nutzte jede Gelegenheit aus, um ihnen Schwierigkeiten zu machen. »Sieh mal, Papa, er sagt, er will nicht, er zuckt hinter dir die Achseln und schneidet mir eine Fratze.« Solche Lügen dachte ich mir aus, damit meine Brüder geschlagen wurden. Am nächsten Tag bekam ich es wieder. Sie traten mich mit Füßen, so daß ich unter das Bett kriechen oder die Nachbarn zu Hilfe rufen mußte.

Ich war immer die kränklichste in unserer Familie, deshalb gaben sie mir den Spitznamen »die Dünne«, den ich nicht ausstehen konnte. Mein Vater machte sich oft Sorgen um meine Gesundheit, denn ich war immerzu erkältet oder bekam Darminfektionen. Ich verlor einmal ein ganzes Schuljahr, weil ich so lange krank war. Mein Vater ging mit mir zu einem Homöopathen, und der verschrieb mir kleine Pillen, die ich jede halbe Stunde einnehmen mußte. Die Arznei, die er am liebsten verordnete, war ein Klistier aus gekochten Sennesblättern, und mein Vater ließ mir damit keine Ruhe. Ich verbrachte lange Zeit allein im Bett, weil mein Vater nie erlaubte, daß Besuch zu uns ins Haus kam, und meine Geschwister spielten den ganzen Tag draußen.

Mein Vater hatte uns dazu erzogen, immer den Mund zu halten und nie zu widersprechen, wenn sich jemand über unser Benehmen beschwerte. Was die Erwachsenen taten, war immer richtig.

Vor ihm hatte ich großen Respekt, ich fürchtete ihn, und zugleich liebte ich ihn sehr. Als ich klein war, brauchten die anderen Kinder nur zu mir sagen: »Da kommt dein Vater«, dann fing mein Herz auch schon heftig an zu klopfen. In der Casa Grande durften wir fast nie auf den Hof gehen. Wenn er uns da erwischte, gab er uns einen Schubs und sagte: »Wo wart ihr, als ich wegging? Na? Ins Haus mit euch! Was wollt ihr denn draußen, ihr habt doch zu Hause alles.«

Aber uns Mädchen hat er niemals so geschlagen wie meine Brüder. Die prügelte er so, daß ich es mit der Angst bekam. Er nahm dazu ein elektrisches Kabel oder einen Lederriemen. Am nächsten Tag sah ich, wie ihr Fleisch ganz geschwollen war und sich schwarz und blau färbte.

Wenn er von seiner Arbeit im Restaurant nach Hause kam, wusch er sich die Füße, zog saubere Socken an, setzte sich hin und las Zeitung. Ich schaute immer, was er da wohl las, wagte aber nicht, ihn etwas zu fragen, denn er konnte es nicht leiden, unterbrochen zu werden. Die einzige, die das durfte, war Marta. Er setzte sie auf seine Knie oder auf den Tisch, so daß sie mit der Zigarette spielen konnte, die er immer zwischen den Lippen hielt, auch wenn er sie gar nicht anzündete.

Wenn er in guter Laune heimkam, setzte er sich auf den kleinen Stuhl in der Küche, suchte uns die Läuse ab, kämmte uns und band uns die Schuhe zu. Ich war selig, wenn er sich so mit uns beschäftigte. Denn gewöhnlich war sein Gesicht hart. Er stützte die Stirn in die Hand und trat mit den Füßen nervös auf den Boden. Dann hatte ich nicht den Mut, an ihn heranzugehen, damit er mich streichelte und lieb zu mir war. Wenn ich ihm etwas sagen wollte, verbot er mir weiterzureden, bevor ich das Wort »Papa« aussprechen konnte. »Nun geh, spiel woanders. Stör mich nicht immer. Das ist ja fürchterlich, ihr könnt einen nicht in Ruhe lesen lassen.« So kam ich ihm nur sehr selten nahe. Meist spielte ich lieber allein mit meinem Puppengeschirr an der Küchentür, nähte oder machte meine Hausaufgaben.

Ich erinnere mich noch deutlich, daß wir oft umzogen. Das fand ich sehr lästig, denn mein Vater sagte es uns nicht einmal vorher. Er kam nach Hause, die Jungen mußten die Matratzen zusammenrollen und die Kleider und Möbel in das neue Haus hinübertragen. Die Frau, die gerade für uns sorgte, mußte das kochende Essen vom Herd und die brennenden Kohlen herausnehmen.

In der *vecindad* in der Paraguay-Straße hatten wir ständig Mäuse im Zimmer. Roberto und Manuel jagten sie morgens und erschlugen sie mit dem Besen. Wir blieben nicht lange dort, weil Elena Schwindelanfälle bekam. Mein Vater fand das Zimmer zu dunkel und zu feucht für sie, darum zogen wir in die Orlando-Straße. Von allen Häusern, in denen wir gewohnt haben, war dies das einzige, das mir gefiel. Ich freute mich, daß es Fenster hatte und hübsch aussah.

Elena gab sich große Mühe, gut auf uns aufzupassen, aber es passierte ständig etwas, so daß mein Vater wieder umziehen wollte. Einmal wurde Roberto beinahe von einem Lastwagen überfahren und ich später auch, dann fiel Marta vom Dach herunter, aber zum Glück verfing sie sich in den Wäscheleinen und den elektrischen Drähten. Am nächsten Tag zogen wir in die Casa Grande.

Ich mochte diese *vecindad* gar nicht. Sie hatte weder Treppen noch Fenster, und die Innenhöfe waren lang und eng. Wir wohnten in einem Zimmer, in dem fast ständig das elektrische Licht brennen mußte.

In der Casa Grande wechselten wir dreimal die Wohnung, bis mein Vater endlich ein Zimmer fand, mit dem er zufrieden war. Da er streng auf Sauberkeit hielt, mußten meine Brüder sofort, wenn wir irgendwo eingezogen waren, die Wände abkratzen und den Boden scheuern. Der Raum Nummer 64, in dem wir jetzt noch leben, war sehr schmutzig, als wir ankamen. Mein Vater ließ die Wände rosa und die Tür blau streichen und ein Brett für die Pflanzen anbringen, die Elena so gern mochte.

Solange Elena lebte, merkte ich gar nicht, daß wir arm waren, denn unsere Wohnung sah viel schöner aus als die unserer Nachbarn. Ich war richtig stolz darauf. Sie war sauber, und an der Tür hingen Vorhänge. Auf den beiden Metallbetten lagen gelbe Überdecken, der Schrank war gewachst, und der große Tisch mit einem karierten Tuch bedeckt, zu dem wir passende Servietten hatten. Die benutzten wir natürlich nie, außer wenn wir Kinder sie als Taschentücher gebrauchten. Wir aßen mit Holzlöffeln aus Tonschalen. Auch ein Radio hatten wir. Alle anderen Sachen wie Werkzeug, alte Zeitschriften, Schuhe, die Waschschüssel und die Leinensäcke, auf denen meine Brüder schliefen, wurden tagsüber weggeräumt. Als mein Vater den Tisch und den Schrank bezahlt hatte, kaufte er eine Kommode und eine Blumenvase, die er daraufstellte. Von da an schickte er öfter Blumen vom Markt, Dahlien, Gladiolen und schöne Rosen. Dann machte er ein kleines Brett für die Kerze vor dem Bild der Madonna von Guadalupe. Später bekam Elena sogar eine Frisiertoilette.

Die Küche lag auf einen winzigen Innenhof hinaus, und sie

hatte kein Dach. Wenn die Regenzeit anfing, konnte man dort kaum kochen. Später, als mein Vater Vögel züchtete, ließ er ein Dach darüber legen. Das letzte, was er anschaffte, um unsere Wohnung zu verschönern, waren Metallöffel und zwei Lampenschirme aus Glas für die elektrischen Birnen. Danach wurde Elena krank, und er kümmerte sich nicht mehr um das Haus.

Er stellte La Chata an, damit sie Elena half, die für schwere Arbeit nicht kräftig genug war. Sie kam um sieben Uhr, wenn mein Vater zur Arbeit ging, holte die Milch, machte Feuer und wusch das Geschirr vom Vorabend. Manuel und Roberto tranken ihren Kaffee und gingen zur Schule. Marta und ich blieben im Bett, bis das Zimmer etwas wärmer war. Um drei Uhr aßen wir unser Mittagessen in der Küche. Danach mußten wir mit Elena ins Kino, ob wir wollten oder nicht. Sie hatte eine Schwäche dafür und ging fast jeden Tag hin.

Sonntags nahm sie uns manchmal mit in den Park von Chapultepec oder nach Xochimilco, oder wir gingen zu meiner Großmutter und zu Tante Guadalupe. Aber von diesen Besuchen durfte mein Vater nichts erfahren. Er mochte die Familie meiner Mutter nicht, weil sie alle viel tranken und ihm wegen seiner Heirat mit Elena Vorwürfe machten.

Ich weiß auch nicht, warum, aber ich war viel lieber in Gesellschaft von älteren Frauen. Während meine Geschwister draußen mit ihren Freunden spielten, saß ich mit La Chata an der Tür und nähte und schwatzte mir ihr. Sie erzählte mir oft, wie glücklich sie gewesen war, bevor Señora Chucha, die auch in der Casa Grande lebte, ihr ihren Mann abspenstig gemacht hatte. Eines Tages prügelte La Chata sich mit Chucha.

Meine andere »Freundin« war Señora Andrea, die in Nummer 28 wohnte. Sie war eine mütterlich aussehende Frau mit großem Busen, eine gute Hausfrau, bei der ich nähen lernte. Ich half ihr, indem ich auf ihre Kinder aufpaßte und war tagelang bei ihr. Oft kamen Marta oder Roberto, um mich zu suchen. Unsere Freundschaft ging zu Ende, als Andrea Roberto beschuldigte, ein Rasiermesser gestohlen zu haben.

Roberto wurde mit der Zeit widerspenstig und dickköpfig, und man konnte ihn zu Hause nicht ertragen. Daß ich oft mit Elena zusammen war, machte ihn rasend. Er verschwand ab und zu für ein paar Tage, und wir machten uns nichts daraus. Aber dann blieb er einmal fast eine Woche lang weg, und mein Vater machte sich große Sorgen um ihn. Er war nach Veracruz gefahren, um die Verwandten meines Vaters ausfindig zu machen. Danach gewöhnte er sich an, öfter wegzulaufen.

Elena war die erste, die uns beten lehrte. Abends mußten wir alle vier niederknien und die Worte nachsprechen, die sie sagte. Roberto und Manuel waren die störrischsten. Sie stießen sich gegenseitig mit den Ellbogen und lachten, bis sie in die Küche geschickt wurden. Mir gefiel es zuerst auch nicht, mit gekreuzten Armen am Boden zu knien, ohne die Miene verziehen zu dürfen.

Als ich sechs oder sieben war, erzählte Elena uns die Bibelgleichnisse, die sie von ihrem Dorfpriester gelernt hatte. All diese Geschichten berichteten von Wundern und vom Herrn, der den guten Menschen erschienen war. Eine handelte von einer Tochter, die ihrer Mutter nicht gehorcht hatte und die er dafür bestrafte. Als sie zur Beichte ging, sagte ihr der Priester, ihre Sünde wäre ihr dann vergeben, wenn aus einem Nagel a.. ihrer Wand eine Blume wüchse.

Während ich diesen Geschichten lauschte, dachte ich, wie wunderbar es wäre, wenn ich eines Tages so etwas erlebte, und oft weinte ich, wenn es im Zimmer dunkel geworden war, weil ich am Tag böse gewesen war, und ich freute mich sogar auf die Strafe, die ich erleiden würde. Ich bat um Vergebung und versprach, nicht mehr gereizt zu sein und meinen Bruder nicht so anzuschreien. Diese Gleichnisse, die Elena uns erzählte, waren für mich der erste Religionsunterricht. Solange sie bei uns war, nahm sie uns auch mit zur Messe — mein Vater tat das nie —, und wir lernten, wie man die kirchlichen Feste feiert, zum Beispiel Allerseelen und die Karwoche.

Nachdem wir in die Casa Grande umgezogen waren, besuchte ich die Katechismusstunden. Eines Tages bat ich das Fräulein, das uns unterrichtete, mir die Gebote beizubringen. »Aber die lernt man nur zur Vorbereitung auf die erste Kommunion«, sagte sie. Das traf mich wie ein Lichtstrahl. Ich antwortete nicht, aber von diesem Augenblick an war mein einziger Wunsch, zu kommunizieren und dann zu sterben. Ich weiß selbst nicht, wie ich auf diesen Gedanken verfiel. Ich wußte ja noch nicht einmal, was die Kommunion bedeutet.

Nach einer Weile hörte das Fräulein auf, uns Stunden zu geben, und mir war, als ob nun niemand mehr an mich dachte. Wir hatten lange Zeit keinen Religionsunterricht, aber ich lernte alles auswendig, was ich dort gehört hatte.

Dann zog Santitos, Elenas Mutter, mit ihren drei jüngsten Kindern zu uns. Sie schliefen alle auf dem Fußboden. Santitos war sehr fromm. Als ich sie eines Nachmittags ihren Rosenkranz beten sah, fragte ich sie, wie Christus gewesen war, und sie gab sich die größte Mühe, es mir zu erklären. Aber es war doch sehr schwierig, Santitos verehrte ich wirklich. Sie lehrte mich das Herz Jesu Gebet und »Ich armer sündiger Mensch«. Ich bat meinen Vater, mir das Buch für die erste Kommunion zu kaufen, und er war einverstanden. Ich las darin, was man tun muß, bevor man zum Priester geht.

An Elena habe ich nur *eine* unangenehme Erinnerung. Sie hat mir meinen Kinderglauben an die Heiligen Drei Könige genommen. Ich glaubte nämlich bis zum Alter von acht Jahren, daß die Drei Könige den Kindern am sechsten Januar Geschenke bringen, und ich weigerte mich noch eine ganze Zeit, die Wahrheit einzusehen. Sogar meine Brüder hatten mir viel von den Drei Königen erzählt. In den Abendstunden der Weihnachtszeit saßen Roberto und Manuel oft mit Marta und mir an der Tür und zeigten uns die drei hellsten Sterne des Großen Wagens. »Siehst du die Sterne dort, Schwesterchen? Das sind die Heiligen Drei Könige.« Ich weiß noch, wie ich jedes Jahr, bevor ich einschlief, zum Himmel aufsah und mir schien, als ob die Sterne wirklich näherkamen. In meiner Vorstellung umgab ich sie mit strahlendem Licht, das mich noch blendete, als ich einschlief. Am nächsten Tag fand ich dann die Spielsachen.

In diesem Jahr beschloß ich, meinen Vater zu beobachten, um festzustellen, ob Elena recht hatte. Abends taten Marta und ich, als ob wir schliefen, bis mein Vater dessen ganz sicher war. Da legte er uns die Spielsachen in die Schuhe. Es stimmte also! Ich war traurig, denn mein Traum war nun zerstört. Am nächsten Tag, bevor mein Vater zur Arbeit ging, sagte er wie immer: »Geh und sieh nach, was die Drei Könige dir gebracht haben! Nur zu!« Ich sah mir die Geschenke an, aber der Zauber, der sonst immer von den Spielsachen ausging, war verschwunden. Dies war das einzige Mal, daß ich Elena nicht mochte.

Das stärkste Erlebnis in dieser Zeit hatte ich eines Abends, als wir aus dem Kino kamen. Wie gewöhnlich trug mein Vater Marta, während Elena mich bei der Hand nahm. An diesem Abend war es sehr dunkel, und auf einmal schwiegen die beiden Erwachsenen. Als mein Vater aufschloß, sagte er, Elena sollte mich festhalten. Sie drückte mein Gesicht fest an ihren Rock. Ich mußte meine Augen schließen, und Elena trug mich hinein. Ich hörte keinen Laut, weder meinen Vater noch den Schlüssel im Schloß — gar nichts. Als ich die Augen wieder aufmachen durfte, lag ich im Bett. Ich wollte noch etwas fragen, aber mein Vater sagte nur: »Du mußt jetzt schlafen, es ist spät.« Ich war sehr neugierig, schlief dann aber ein. Roberto sagte mir am Morgen, sie hätten Geister auf der Mauer gesehen, Nonnen und einen Priester, der vor ihnen herging. Ob das stimmte, weiß ich nicht. Mein Vater hat mir nichts davon erzählt.

Ich war immer ängstlicher als meine Brüder und meine Schwester. Als ich acht oder neun war, jagte mir Roberto einmal einen furchtbaren Schreck ein. Er warf einen Sack voll Mäuse auf mich. Der Schock war so groß, daß ich ohnmächtig wurde. Von da an hatte ich vor Mäusen und Ratten größere Angst als vor irgend etwas anderem. Wenn ich so ein Tier sah, schrie ich und rannte davon.

In der Casa Grande kam eines Morgens eine gräßliche alte Ratte aus ihrem Loch. Ich erwachte von einem nagenden Geräusch unter meinem Bett, riß die Augen auf und wagte kaum zu atmen, weil ich dachte, das Tier würde auf mein Bett klettern. Als das Geräusch immer näher kam und ich es schließlich am Kopfende hörte, schrie ich laut auf. Mein Vater sprang blitzschnell aus dem Bett und machte Licht an. Meine Brüder jagten mit Stöcken nach der Ratte, aber sie war schwer zu kriegen. Endlich hatten sie sie. Das Tier quietschte und schrie, und diese schrecklichen Schreie verfolgten mich noch lange. Jedesmal, wenn sie getroffen wurde, sprang ich in die Höhe. Danach ließ mein Vater einen neuen Fußboden legen.

Von Anfang an hatte ich eine Abneigung gegen die Casa Grande, aber ich konnte nicht ahnen, wieviel mehr ich sie später hassen würde und wieviel Leid mich dort erwartete. Ich dachte, Elena würde immer bei mir bleiben, aber es kam anders. Sie starb, und nach ihrem Tod löste sich unsere Familie auf. Mein Vater wurde mit jedem Tag härter, meine Brüder immer feindseliger gegen mich, und es begann eine Reihe schmerzlicher Erlebnisse, die ich zum Teil auch meiner eigenen Charakterschwäche verdanke.

Bevor Elena starb, war mein Kummer noch nicht so groß. Ich fühlte, daß mir nichts fehlte, weil mein Vater und Elena mich lieb hatten. Daß meine richtige Mutter nicht mehr lebte, empfand ich gar nicht. Während meines dritten Schuljahres lernten wir bei unserem Lehrer einen Lobgesang auf die Mütter und mußten für den Muttertag Tänze und Gedichte einüben und Zeichnungen anfertigen. Das ärgerte mich. Damals gab es für mich nichts Höheres als Vater. Ich dachte, immer nur die Mütter . . . warum werden die gefeiert, wo doch die Väter viel wichtiger sind? Mein Vater kauft uns alles und läßt uns nie im Stich. Sie sollten ein großes Fest für die Väter veranstalten, dann würde ich mir eine indianische Tracht anziehen und ausgehen . . .

Dann wurde Elena krank. Wir wußten erst später, daß sie Tuberkulose hatte. Sie saß stundenlang in der Sonne, um sich den Rücken zu wärmen, ihr Haar leuchtete dabei rötlich blond. Sie war abgemagert und hatte Schwächeanfälle, obwohl sie eine Menge Medikamente einnahm und von einem Arzt zum anderen ging.

Mein Vater war sehr besorgt und verwöhnte sie nun noch mehr. Er hatte ihr schon immer schöne Kleider, Schuhe mit hohen Absätzen und einmal sogar eine kleine Pelzjacke gekauft und sie ausgeführt, wohin sie nur wollte. Jetzt brachte er ihr jeden Tag ein Geschenk mit. Schließlich folgte sie dem

Rat ihrer Ärzte und ging für lange Zeit ins Krankenhaus. Mein Vater war ganz niedergeschlagen. Er kam nun jeden Tag etwas später nach Hause, weil er sie besuchen ging. Manchmal streichelte er meinen Kopf und sagte: »Du vermißt Elena wohl sehr? Sei nur ruhig, sie kommt schon wieder.« Und dann sah ich Tränen in seinen Augen. Mittwochs, wenn La Chata frei hatte, badete er uns, wusch unsere Socken und ließ die Jungen aufräumen. Aber unser Haus war nicht mehr dasselbe, es kam allmählich herunter.

Als Elena endlich aus dem Krankenhaus kam, ging es ihr immer noch sehr schlecht, und sie wohnte im Zimmer 103, im letzten Hof der Casa Grande. Wir durften nicht zu ihr hineingehen, aber Santitos öffnete ab und zu die Tür, so daß wir Elena vom Hof aus sehen konnten. Wenn sie sich ein bißchen besser fühlte, saß sie auf dem Dach, und ich stand unten und unterhielt mich mit ihr und zeigte ihr, was ich genäht hatte.

Nachdem Elena umgezogen war, kam Antonia, meine älteste Stiefschwester, zu uns. Ich war furchtbar eifersüchtig auf sie und sprach zuerst überhaupt nicht mit ihr. Ich hatte meinen Vater noch nie mit jemand anderem zusammen gesehen. Wo kam denn bloß Antonia her? Aber ich wagte nicht, ihn danach zu fragen.

Anfangs war sie sehr nett und gewann mit der Zeit auch unser Vertrauen. Sie brachte das Haus in Ordnung, so daß es wieder besser aussah. Aber später haben wir alle viel durch sie gelitten. Ich fing an, sie zu hassen, weil mein Vater sie immer vorzog. Er veränderte sich völlig. Als sie ihm das erste Mal eine freche Antwort gab, konnte ich es kaum glauben, daß mein Vater über ihr ungezogenes Benehmen hinwegging. Wir dagegen wagten ihn nicht anzusehen, wenn er uns ausschimpfte, nicht einmal Manuel als ältester von uns, aber Antonia konnte es sich leisten, ihn ungestraft anzuschreien. Die Kleider, die er ihr schenkte, waren teurer als unsere, ihr gegenüber war er richtig verschwenderisch. So kam ich mir allmählich ganz überflüssig vor.

Dann fingen die beiden auch noch an, uns zu belügen. Nachmittags, wenn mein Vater nach Hause kam, hatte Antonia sich fein angezogen, und sie gingen zusammen aus. Uns sagten sie zwar, sie gingen zum Arzt, aber in Wirklichkeit wollten sie ins Kino. Ich sah ihnen nach, wie sie seinen Arm nahm und sie untergehakt über den Hof gingen. Uns hielt er immer ganz fest beim Arm, so daß er mir hinterher wehtat, und meine Brüder durften ihm nicht nahekommen, sie mußten entweder vor oder hinter ihm gehen.

Wir hatten unsere Geburtstage oder Namenstage nie beachtet, bis Antonia auf den Gedanken kam, den Namenstag meines

Vaters zu feiern. So hatte er das erste Mal Gäste im Haus, und es gab sogar besondere Gläser, in denen *cuba libre* gereicht wurde. Antonia bekam zu ihrem Geburtstag alles mögliche von meinem Vater geschenkt, ein Kleid, Schuhe, Strümpfe und sogar einen Kuchen. Wir hatten nur das Vergnügen, diesen Kuchen zu sehen, denn Antonia nahm ihn mit zu ihrer Mutter Lupita, wo sie feierten und ihn aufaßen.

Danach wollten wir alle einen Kuchen zum Geburtstag haben, aber mein Vater sagte nur: »Was fällt euch ein? Meint ihr, ich werfe das Geld zum Fenster hinaus? Ich muß die Miete, den Strom und das Essen bezahlen, wo soll ich denn das alles hernehmen?«

Ich schrie und weinte innerlich, wenn er mir jede Bitte abschlug, besonders, wenn ich sah, wie launisch und ungerecht Antonia war. Ich dachte, er würde es eines Tages bemerken und wartete darauf, aber er sah es nicht. Ich fühlte, daß er sich immer mehr von uns entfernte.

Natürlich machte ich mir darüber unaufhörlich Gedanken. Nachts ging mir alles im Kopf herum, und ich kam mir in der Dunkelheit ganz verloren vor. Manchmal, wenn ich weinte, versuchte Antonia mich zu trösten, aber ich stieß sie zurück, ich wollte nicht, daß sie mich streichelte und mir zuredete. »Was hast du, Consuelo? Warum weinst du? Hat mein Vater dich ausgeschimpft?« Diesen letzten Satz fand ich so grausam, daß ich sie dafür am liebsten geschlagen hätte.

Ich konnte nicht verstehen, daß er Antonia anders behandelte, weil sie älter war. Ich wußte nur, daß sie ihm mehr bedeutete, und fing an, mich zu fragen, ob ich überhaupt seine Tochter wäre. Auch gegenüber Marta, die sonst sein Schoßkind gewesen war, wurde er gleichgültig und prügelte sie sogar, wenn Antonia sich über sie beklagte. Mich schlug er nie, aber er sagte mir Worte, die schlimmer waren als Peitschenhiebe.

Um diese Zeit hatte ich einen Alptraum, von dem ich schreiend und in Schweiß gebadet aufwachte. Ich sah meinen Vater in seinem verblichenen Anzug mit seinem Sombrero. Er jagte hinter uns allen her und schlug erbarmungslos auf uns ein. Mich hatte er noch nicht erwischt, und ich schrie den andern zu: »Los, raus! Papa ist wahnsinnig geworden, er bringt uns alle um!« Wir rannten hinaus. Stühle wurden umgeworfen, Geschirr zerschlagen. Von der Küchentür aus sah ich, daß mein Vater Marta mit einem Strick an den Bettpfosten gebunden hatte und auf sie losschlug, ohne darauf zu achten, wohin er traf. Er stand über sie gebeugt, sah auf ihr flehendes Gesicht herab und schlug weiter, auch als sie schon blutete. Plötzlich stieß er den blechernen Spucknapf um, den wir immer im Zimmer hatten, und bespritzte sich die Füße. Ich rief: »Papa, du bist verrückt geworden! Laß sie in Ruhe, du schlägst sie noch tot!« Aber er hörte nicht, sondern drosch weiter mit der Peitsche auf sie ein. Ich wachte von meinem Geschrei auf, schlief dann wieder ein und hatte noch einen Alptraum.

Diesmal hatte mein Vater das Bett und das Regal mit den Heiligenbildern an eine andere Wand geschoben. Manuel und Roberto waren im Schlafzimmer und Marta und ich in der Küche. Die Tür zum Schlafzimmer war nur angelehnt, und ich sah hinein. Da stand mein Vater an das Bett gelehnt und hielt in der Hand ein Herz, das er Otón, einem jungen Maler, der in derselben Siedlung wohnte wie wir, aus dem Leib gerissen hatte. Otón lag auf dem Bett, das Gesicht nach oben gekehrt. Ich konnte das Loch sehen, aus dem sein Herz herausgerissen war. Mein Vater hielt es in die Höhe, als ob er es jemandem anbot. Ich war furchtbar erschrocken und erwachte schreiend, wie immer, wenn ich schwer geträumt habe. Aber den Anblick meines Vaters mit dem blutigen Herzen in der Hand habe ich nie wieder loswerden können.

Als Elena starb, waren Marta, Antonia und ich zu Hause. Mein Vater kam mit Tränen in den Augen herein und sagte, wir sollten zu ihr gehen und Abschied nehmen. Auf dem Weg zu ihr sagte ich immer vor mich hin: »Ach, bitte, lieber Gott, das ist nicht wahr, das kann nicht sein.« Als wir eintraten, sahen wir zuerst Santitos, die den Rosenkranz zwischen den Fingern hielt. Elena war sehr blaß, ihre Lippen färbten sich bläulich, und ihr Haar hing über das Kissen. Santitos nahm ihre Hand, und wir empfingen ihren Segen. Dann schickte mein Vater Marta und mich nach Hause, und wir heulten wie zwei einsame Steppenwölfe.

Danach graute mir vor unserer Wohnung. Mein Vater machte gleich nach dem Abendessen das Licht aus, und wir mußten ins Bett gehen. Er verbrachte den ganzen Abend draußen mit Tonia oder saß noch lange in der Küche. Roberto und ich zankten uns dauernd und haßten uns immer mehr. Einmal wollte er mich erwürgen und schlug meinen Kopf gegen die Bettkante. Ein andermal — das werde ich nie vergessen — stand ich in der Tür, als mich an meiner linken Seite ein schwacher Lufthauch streifte. Als ich mich umdrehte, flimmerte es mir vor den Augen, denn ganz dicht neben mir in der Wand steckte ein Messer mit scharfer Klinge. Roberto beobachtete mich. Ich ließ mir nicht anmerken, daß ich Angst hatte oder wütend war. Da kam er an, gab mir einen Stoß, so daß ich hinfiel, und zog das Messer heraus. Mir war, als ob all die empfindlichen Gewebe meines Herzens allmählich zerrissen und eine bittere Flüssigkeit heraustropfte, an der ich sterben würde.

Ich muß allerdings zugeben, daß Roberto immer, nachdem wir uns gestritten hatten, ankam und sagte: »Hab ich dir sehr weh getan? Bitte, vergib mir.« Wenn mein Vater dann nach Hause kam und ihn verprügelte, saß er danach in der dunklen Küche zwischen dem Ofen und dem Abwaschtisch und heulte. Die Haare hingen ihm wirr über die Stirn, seine Nase tropfte, und ein Hosenträger war abgerissen. Er schluchzte lange vor sich hin, aber niemand tröstete ihn. Wir bemerkten gar nicht, wenn er hinausging, aber ein paar Minuten später kamen die Leute und beschwerten sich, weil er ein Kind geschlagen oder sonst irgendein Unheil angerichtet hatte.

Trotzdem bemühte sich Roberto immer wieder auf seine Weise um unsere Zuneigung. Ich erinnere mich noch genau, wie er einmal mit seiner Mütze und den Taschen voller Nüsse nach Hause kam. Zwei Tage vorher hatte er gerade etwas angestellt und von meinem Vater eine furchtbare Tracht Prügel bekommen, und wir konnten ihn alle nicht ausstehen. Ich sehe noch, wie er mit seinen »Bergmannsschuhen« angeschlurft kam ... in seiner grauen Arbeitsjacke, mit einem zerrissenen Hemdsärmel und staubigem Haar. Damals fand ich ihn abscheulich, aber heute, wenn ich daran zurückdenke, weiß ich erst, wie nett mein Bruder aussah, als er uns die Jacke mit den Nüssen hinhielt. Er teilte sie in gleichgroße Haufen, für jeden einen, und half mir sogar, meine Nüsse zu knacken. Aber ich fiel darauf nicht herein ... ich wußte, daß er mich bald wieder aus irgendeinem Grunde schlagen würde.

Als Roberto etwa vierzehn war, lag ich eines Abends im Bett und grübelte darüber nach, warum mein Vater sich so verändert hatte. Es war ganz dunkel im Zimmer, nicht einmal das Votivlämpchen brannte. Roberto kam herein, breitete seinen Sack und sein Kissen auf dem Boden aus und legte sich hin. Draußen im Hof wurde getanzt, und wir hörten ein Volkslied, das ungefähr so ging: »Die Seele meiner Trommel — denn meine Trommel hat eine Seele — kann keinen Frieden finden, weil sie schwarz ist. Ihr mögt die schwarzen Leute nicht, aber sie haben weiße Seelen, und auch ihre Herzen sind weiß.«

Ich wußte nicht, ob Roberto träumte oder nur betrunken war, jedenfalls rührten ihn diese Worte so, daß er anfing laut zu schluchzen. Und dann sagte er vorwurfsvoll: »Ja, Papa, du magst mich nicht, weil ich so schwarz bin, weil meine Haut so dunkel ist. Deswegen mögt ihr alle mich nicht ... Aber meine Seele ist weiß!«

Es tat mir sehr weh, als ich ihn so reden hörte. Ich hatte in Wirklichkeit nie auf seine dunkle Haut geachtet und haßte ihn nur, weil er mich so oft schlug. Ich glaube, er sehnte sich in diesem Augenblick danach, daß mein Vater ihn tröstete und ihn umarmte. Und mein Vater verstand ihn wohl, denn er sagte sanft: »Sch ... sei still und schlaf jetzt ... schlaf nur, hörst du?«

Eines Abends saß mein Vater am Tisch und las, Marta spielte im Schlafzimmer, und Antonia und ich hörten ein Hörspiel am Radio. Plötzlich klopfte es. Antonia öffnete. Vor der Tür stand mein Bruder Manuel. Er hielt ein dickliches Mädchen in rotem Kleid und mit blauer Strickjacke am Arm. Ihr dunkles, unregelmäßiges Gesicht war nicht hübsch, aber sie hatte schön gewelltes schwarzes Haar. Mein Bruder versuchte sie hereinzuschieben. Schließlich kamen sie näher, und mein Vater stand auf, um sie zu begrüßen. Manuel stellte ihm Paula vor, und mein Vater forderte sie auf, sich zu setzen. Sie war sehr befangen, man sah ihr an, daß sie sich vorkam wie auf einer Anklagebank. Manuel blieb stehen, und mein Vater maß ihn mit einem Blick von oben bis unten.

»Papa, ich habe dir schon von Paula erzählt . . .« Mein Vater sagte nur: »Ja.« Dann wandte er sich an das Mädchen: »Sag mal, wie stellst du dir das eigentlich vor? Meinst du etwa, dieser Landstreicher könnte dir aus deinen Schwierigkeiten helfen?« Sie antwortete nicht. »Ja, Mädchen, er ist ein Taugenichts, der nichts anderes kann, als mit seinen Freunden Billard spielen.« Marta und ich wurden hinausgeschickt, und wir gehorchten wie die Lämmer. Mich hatte der strenge Ton meines Vaters verlegen gemacht. Ich fand, er hätte Paula nicht so anfahren dürfen. Als wir hinausgingen, hörte ich ihn noch sagen: »Das wirst du tausendmal bereuen, Mädchen, denn der hier ist kein Mann.«

Draußen im Hof lehnte ich mich an die Wand. Paula tat mir leid. Ich ging zu Señora Yolanda und erzählte ihr, daß mein Bruder seine *novia* zu uns gebracht hatte. Darauf sagte sie: »Also ist er schon verheiratet, stimmt's?« Verheiratet? Das hatte ich noch gar nicht begriffen. Jetzt war ich richtig stolz, weil ich sagen konnte, daß ich eine Schwägerin hatte.

In der Schule war ich am liebsten allein. Meine Klassenkameradinnen hielt ich entweder für eingebildet oder zänkisch. Ich blieb im Klassenzimmer, zeichnete, nähte und sah zur Lehrerin an ihrem Pult oder zur Tafel hinüber. Wenn ich in der Pause hinausging, hielt ich mich abseits, wo nicht so viele Mädchen standen, und aß dort mein Brot. Manchmal stieg ich auch zum Dach hinauf und besah mir mein Spiegelbild in den Wassertanks.

Ich dachte, ich könnte nie hübsch werden. Ich fühlte mich minderwertig, weil ich klein und dünn war. Meine Haut war zu dunkel, meine Augen leicht geschlitzt, mein Mund zu groß, und meine Zähne standen zu eng. Ich guckte, ob nicht wenigstens etwas Nettes an mir war. Ich hatte eine gerade, aber zu große Nase, mein Haar war dicht und dunkel, aber gar nicht lockig. Ich wünschte mir immer, hellhäutig und rundlich wie

Marta zu sein und Grübchen zu haben wie sie. Blond zu sein, das war mein Traum. Ich starrte mein Bild im Wasser an und dachte: Consuelo, Consuelo, ein seltsamer Name. Er klingt nicht einmal wie ein Personenname, er klingt so dünn, als wenn er gleich zerbrechen könnte.

Meist riß der Schuldiener mich aus meinen Träumen, packte mich bei der Schulter und sagte: »Was machst du denn hier? Du weißt doch, daß du nicht aufs Dach gehen darfst? Geh jetzt spielen, sonst schicke ich dich zum Direktor.« Ich genierte mich und wurde ganz rot, ging hinunter und setzte mich in den kleinen Garten in die Sonne. Wenn es zum erstenmal schellte und wir in die Klasse hinaufgehen mußten, wartete ich, bis die anderen sich aufgestellt hatten, denn sonst schubsten sie mich immer. Ich sagte nichts, wenn sie mich stießen; ich hatte Angst vor ihnen.

Marta fürchtete niemanden, weder Jungen noch Mädchen; sie spielte mit allen. Es machte mich rasend, wenn sie da breitbeinig in einer Schar von Jungen hockte, mit der einen Hand auf den Boden gestützt, in der anderen eine Murmel, und ihren Wurf berechnete. Wenn ich sie mit ihren Freunden zusammen sah, machte ich ihr Szenen, damit sie verlegen wurde. Es gefiel mir auch nicht, daß sie sich mit Roberto herumtrieb. Sie schwänzten beide die Schule, und wenn sie nach Hause kamen, waren ihre Kleider schmutzig und zerrissen. Manchmal suchte ich Marta, bis ich sie hinten auf der Plattform eines Autobusses entdeckte, wo sie sich angehängt hatte, damit sie umsonst fahren konnte. Marta und ich vertrugen uns überhaupt nicht, besonders, wenn ich sie lausen wollte oder ihr sagte, sie solle sich das Gesicht abwischen oder Geschirr spülen. Zum Nähen konnte ich sie einfach nicht bringen. Versuchte ich es, so gab es einen Riesenkrach, und sie warf mit dem Plätteisen nach mir oder zerkratzte mir die Hände. Sobald ich sie nur anrührte, wehrte sie sich mit Fußtritten und Bissen, kniff und kratzte mich, worüber ich so lachen mußte, daß ich keine Kraft mehr hatte.

Ich wußte tatsächlich nicht, wie ich sie behandeln sollte. Anfangs sah ich in ihr so etwas wie eine Zuckerpuppe. Aber in Wirklichkeit war sie nicht aus Zucker, sie war nur verwöhnt und egoistisch. Ihre Wutanfälle hielt ich für die Launen einer Fünfjährigen, und ich dachte, das würde sich mit der Zeit geben, statt dessen wurde es nur immer schlimmer.

Antonia ärgerte mich mit ihren wilden Spielen ebenso wie Marta. Ich beobachtete sie und die anderen von Yolandas Haus. Wenn sie an mir vorbeirannten, rief ich ihnen zu, sie sähen aus wie entlaufene Pferde oder wie Männer. Tonia lachte nur, was mich noch mehr reizte. Dann ging ich zu meinem Vater und beschwerte mich bei ihm: »Sieh mal, Papa,

Tonia rennt da über die ganzen Höfe, und ihr Kleid fliegt dabei hoch. Sag ihr das mal.« Manchmal rief er sie dann herein, oder er sagte nur, ohne von seiner Zeitung aufzusehen: »Ja, geh nur und spiel, ich werde nachher mit ihr sprechen.«

Tonia und ihre Freunde forderten mich häufig auf, mit ihnen zu spielen, aber ich wollte nie. Selbst Yolanda versuchte mich aufzumuntern: »Nun, geh, Consuelo, spiel mit den andern. Du tust gerade, als wärst du eine alte Frau von achtzig und nicht ein junges Ding von dreizehn Jahren. Du bist bald wie eine ganz Alte, das geht doch nicht!« Aber ich dachte daran, wie ihre Körper sich beim Laufen bewegten, ich stellte mir meinen eigenen Körper vor und hätte mich geschämt und Angst gehabt, wenn mein Kleid hochgeflogen wäre. Nur ganz selten, wenn ich wirklich gut aufgelegt war und sie alle lachen sah, spielte ich mit ihnen. Dann lief ich auch, aber so steif, daß ich bald gefangen wurde.

Mit Roberto zankte ich mich oft, weil ich in unserer Wohnung nichts tun mochte. Wenn er sagte: »Spül das Geschirr, Kleine«, antwortete ich: »Mach's doch selber, du Blöder. Wie kommst du dazu, mich herumzukommandieren?« Aber in den Nachbarhäusern tat ich alle mögliche Hausarbeit und versorgte die Kinder. Zum Essen, kurz bevor mein Vater zurückkam, ging ich dann zu uns. La Chata sagte von mir: »Draußen ein Licht, im eigenen Haus ein Schatten.«

Während das sechsten Schuljahres hatte ich viele Hausaufgaben zu machen. Wenn ich lernen wollte, machten meine Geschwister Lärm und hörten Radio. Manchmal ging ich aufs Dach hinauf, setzte mich auf eine Kiste und las. Aber das half auch nichts, denn entweder kamen La Chata oder Antonia, um etwas aufzuhängen, oder Roberto erschien und hielt eine Maus beim Schwanz, um sie von einem Dach aufs andere zu jagen. Dann floh ich wieder nach unten. Gegen Ende des Jahres lief Roberto fort und ging zum Militär. Von da an hatte ich mehr Ruhe.

Ich war lieber in der Schule als zu Hause. Jedes Jahr bekam ich das Abzeichen für besonders gutes Betragen und hatte fast in allen Klassen den ersten Platz in der ersten Reihe. Wie stolz war ich, wenn der Lehrer etwas fragte und ich zu denen gehörte, die sich meldeten. Meine Lehrerinnen bewunderte ich, aber mich selbst fand ich so minderwertig, daß ich nicht einmal versuchte, ihnen nachzueifern. Wie konnte ich je so hübsch und wohlerzogen werden wie sie und so würdig, daß ich mich vor eine Mädchenklasse stellte und sie nach meinem Willen aufstehen oder sich setzen ließ? Nein, das kam für mich bestimmt nicht in Frage!

Eine meiner Lehrerinnen, Señorita Gloria, erzählte uns einmal etwas, das ich nie wieder vergaß. In der Nähstube fragte ein Mädchen sie, ob sie je daran gedacht hätte zu heiraten. Sie errötete und sagte: »Doch, natürlich. Wir müssen alle eines Tages heiraten.« Felipa López, die Kühnste von uns, sagte darauf: »Waren Sie auch einmal verliebt?« Señorita Gloria versuchte zu lächeln und antwortete: »Liebe ist etwas Wunderbares, aber ich bin nicht so leichtgläubig. Sie ist wie ein Stern, der zuerst hell leuchtet und dann erlischt. Ihr müßt den jungen Männern, die euch sagen: ›Ich liebe dich‹, niemals glauben. Seid vorsichtig und hütet euch vor unbekannten Gefahren. Viele Männer lügen, und man darf ihnen nicht vertrauen.« Daran habe ich immer gedacht, und ·deswegen passe ich auf, daß meine Freunde mich nicht betrügen. Wenn sie mir sagen: »Ich liebe dich«, lache ich innerlich und denke: Glaub ihnen nicht.

Als ich dreizehn war, bekam ich die Menstruation. Es passierte eines Tages in der Schule, und ich war furchtbar erschrokken und verwirrt. Ich hatte den ganzen Morgen Kopfschmerzen und Krämpfe. Maria, die neben mir saß, sagte es der Lehrerin, und wir durften beide in den Waschraum gehen. Da fand ich Blutflecken auf meinem Kleid und auf der Wäsche. Maria beruhigte mich und erklärte mir, das hätten alle Frauen und es bedeutete, daß ich jetzt eine Señorita sei. Ich war enttäuscht, denn ich hatte mir gedacht, als Señorita würde ich hohe Absätze, schöne Kleider und eine Brille tragen und mich schminken. Statt dessen hatte ich immer noch die Schuluniform und Socken an! Später stellte ich fest, daß mich alle genauso behandelten wie früher und es ihnen gar nicht auffiel, daß ich mich verändert hatte.

Die Lehrerin schickte mich nach Hause. Dort versuchte ich heimlich, die Flecken aus meinem Kleid zu waschen. Meine Krämpfe wurden so schlimm, daß ich weinte und es Antonia sagen mußte. Sie war sehr nett zu mir und gab mir Kamillentee und eine Menge gute Ratschläge. Ich fürchtete, meine Brüder könnten etwas merken, aber Antonia zeigte mir, was ich tun mußte. Als La Chata vom Markt kam, erzählte sie es ihr, und die schien sich zu freuen und sagte: »Ah, jetzt haben wir also eine Señorita im Haus.« Sie berichtete es auch meinem Vater, aber der sprach nie mit mir darüber. Wenn ich über Krämpfe klagte, ließ er irgend jemanden Tee für mich machen oder den Doktor holen, damit ich eine Spritze bekam.

Ich kann mich nicht erinnern, daß mein Vater ein einzigesmal in die Schule kam. Er wußte nicht, was wir da taten, und fragte auch nie danach. Nur meine Zeugnisse unterschrieb er, das war alles. Fand eine Elternversammlung statt, dann sagte er, er könnte deswegen seine Arbeit nicht liegenlassen, aber er würde mir Geld geben und alles was sie haben wollten.

Als ich die sechste Klasse bestanden hatte, bat ich ihn um ein weißes Kleid für die Schlußfeier. Zuerst weigerte er sich, doch schließlich bekam ich es. Wie gewöhnlich kaufte er es, ohne mich mitzunehmen, und es gefiel mir gar nicht. Es hatte einen runden, mit kleinen Rosen bestickten Kragen. Meine Kameradinnen fanden es hübsch, aber ich kam mir darin vor wie ein unscheinbares kleines Kind, und das an dem Tag, der so viel für mich bedeutete.

Ich hatte meinen Vater darum gebeten, zur Schlußfeier zu kommen, aber er erschien nicht. Ich stand die ganze Zeit am Treppengeländer, um zu sehen, ob er da war. Auch als die anderen Schülerinnen schon mit ihren Eltern im Speiseraum saßen, wo wir alle einen Imbiß bekamen, suchte ich ihn noch. Mir war schrecklich zumute, als ich meine Kameradinnen mit ihren Eltern zusammen sah. Manche Väter kamen in ihrer Arbeitskleidung, aber sie waren wenigstens bei ihren Töchtern. Ich wünschte sehnlich, ich könnte meinen Vater herbeizaubern!

Bevor ich mein Abschlußzeugnis weglegte, zeigte ich es ihm. Er sah nur flüchtig hin, wie sonst, und sagte kein Wort. Die Leute in der *vecindad* fragten mich: »Bist du durchgekommen, Consuelo? Was willst du jetzt tun?« Und ich konnte nur sagen: »Wer weiß? Ich habe keine Ahnung, was mein Vater mit mir vorhat.« Die Freude über meinen Erfolg in der Schule hatte mein Vater mir gründlich verdorben.

So war also mein Leben, als ich klein war — man beachtete mich nicht, wenn ich mir in der Schule Mühe gab oder zu Hause Fragen stellte, oder ich erhielt nur eine scharfe Antwort. Da wurde ich unsicher und glaubte, niemand in meiner Familie liebte mich. Warum, wußte ich nicht.

Es verging ein ganzes Jahr, bis ich wieder in die Schule ging. Inzwischen arbeitete ich, anfangs als Näherin und dann in einer Schuhfabrik in der Stadt. Martas Freundin hatte mir gesagt, daß Señora Federica, eine Schneiderin, ein Lehrmädchen suchte. Ich nahm die Stelle. Die Señora versprach, jede Woche etwas Geld für mich zurückzulegen, aber sie bezahlte mich nie.

Aber auf das Geld kam es mir eigentlich auch gar nicht an. Ich war zufrieden, wenn ich nicht beschimpft und geschlagen wurde und nicht dauernd unter den Launen meines Vaters zu leiden hatte.

Señora Federica zeigte mir zuerst, wie man einen Stoff heftet, dann lernte ich Kleider säumen, plätten und Knöpfe annähen. Sie wollte mir auch beibringen, mit der Maschine zu nähen, und erlaubte mir, es zu versuchen, solange sie fort war, um Kleider abzuliefern. Aber ich wagte nicht, die Maschine anzurühren. Ich hatte Angst, meine Finger könnten unter die

Nadel geraten und ich brächte es nicht fertig, die Maschine anzuhalten.

Señora Federica hatte einen jungen Neffen, der sich vom ersten Tag an versteckte, wenn er mich kommen sah. Er war scheu, worüber ich mich wunderte, denn die jungen Männer in der Casa Grande waren alle sehr frech. Wenn ihnen ein Mädchen begegnete, nannten sie es ihre »Blume«. Deswegen fühlte ich mich in diesem Haus um so wohler, als ich sah, daß der Junge vor mir weglief.

Ich ging um acht oder neun Uhr abends nach Hause. Wenn es dunkel war, begleiteten mich Gabriel, der Bruder der Señora, oder ihre Schwester und ihre Nichten, und ab und zu bat ich sie in unsere Wohnung. Anfangs betete ich, bevor ich die Tür aufmachte, daß mein Vater nicht unhöflich sein möge, und ich glaube, das hat geholfen. Er sah nur von seiner Zeitung auf und ließ sie eintreten. Ich kochte Kaffee, und wir aßen zusammen Abendbrot. Das war das erstemal, daß ich Gäste mit heimbrachte.

Als ich vierzehn war, verstand ich mich am besten mit Señora Yolanda, aber diese Freundschaft ging später auseinander, weil Yolanda Antonia kennenlernte und mehr zu ihr hielt, was ich ihr sehr übelnahm. Yolanda bemerkte auch, daß mein Vater sich uns gegenüber veränderte, und warnte mich oft: »Paß auf deinen Vater auf, sonst nimmt Antonia ihn euch noch ganz weg.« Aber was sollte ich tun, damit er sich um uns kümmerte? Er unterhielt sich nur noch mit Tonia, sie wusch ihm die Füße, wenn er von der Arbeit kam, kämmte ihm das Haar, wenn er gebadet hatte, rieb es mit Brillantine ein, und sie lachten beide, wenn sie ihm ein graues Haar ausriß.

Von da an mußte ich unsere Kleider waschen, selbst die schwere Arbeitskleidung meines Vaters, und den Fußboden schrubben. Er behandelte uns wie Fremde. Ich quälte mich um so mehr mit der Arbeit, als ich vorher wegen meiner Lunge nie etwas hatte tun dürfen.

Als ich das erstemal seine Kittel wusch, heulte ich in die Waschschüssel hinein. Mein Rücken tat mir weh, meine Hände brannten, und ich hatte Angst, daß ich es doch nicht richtig machte. Als ich die Sachen endlich fertig hatte, war ich am Ende meiner Kraft und von oben bis unten naß. Und erst der Fußboden! Mein Vater mußte mit mir zum Arzt gehen, nachdem ich gescheuert hatte. Meine Beine waren geschwollen, und die Hand, in der ich die Bürste gehalten hatte, blutete. Jetzt fühlte ich mich richtig aus der Familie ausgestoßen. Ich fing an, hinter dem Rücken meines Vaters Grimassen zu schneiden, wenn er mich anschrie. Einmal sagte ich ihm, wie mir zumute war, aber das tat ich nie wieder.

Eines Morgens schickte mein Vater mich mit Tonias Stiefschwester Elida in die Stadt, wo ich arbeiten lernen sollte. Wir stiegen an der Alameda aus dem Bus. Ich war noch nie im Zentrum gewesen und hörte kaum, was Elida mir sagte. Ich sah Bäume, große Denkmäler, vorbeifahrende Autos und Männer, die statt Arbeitskitteln Anzüge trugen. Ich kam mir vor wie am anderen Ende der Welt und fühlte mich dünn und schlecht angezogen — obwohl ich sauber war —, so daß ich meinte, alle Menschen beobachteten mich. Ich stolperte und war sehr aufgeregt.

Dann kamen wir an, und Eledia sagte: »Nun geh in den obersten Stock hinauf und frage nach Sofía, der Meisterin. Sag ihr, du kommst von mir.« Die Señora empfing mich freundlich. Ich begann damit, Schuhabsätze anzumalen. Sie zeigte mir, wie ich den Schuh halten mußte, damit mein Kleid nicht schmutzig wurde. Sie verstand viel von Schuhen und Leder.

Um ein Uhr ließen alle ihre Arbeit liegen und gingen hinaus. Die Señora sagte, wir würden oben auf dem Dach essen, wo eine Frau für die »Jungen« gekocht hatte. »Jungen?« fragte ich. »Aber das sind doch Männer.« Wir stiegen hinauf. Noch nie war ich so hoch geklettert, mir war etwas schwindlig, und ich wagte nicht, nach unten zu sehen. Als ich auf dem Dach ankam, war ich erleichtert und holte tief Luft.

Den Männern war es streng verboten, die Frauen zu belästigen, sie saßen auf der einen und wir auf der anderen Seite. Als die Señora mit mir an der Tür erschien, blickten alle Jungen mich an, so daß ich zu Boden sah und ein strenges Gesicht machte. Natürlich fing irgendeiner an, mich zu necken. »Sofía, sei nicht unhöflich, stell uns deiner kleinen Schwester vor.« Die Señora lächelte und sagte: »Warum nicht, Jungens? Kommt her, ich will euch mit der Kleinen bekannt machen.«

Aber sie behandelten mich nicht als Kind. Alle nannten mich Señorita, was ich blödsinnig fand. Ich war beleidigt, wenn sie das sagten, weil ich dachte, sie hätten dabei irgendwelche Hintergedanken. Nachher gewöhnte ich mich daran. Bis auf einen, der José hieß, hatten alle Respekt vor mir. José ging immer zu Sofía und sprach mit ihr. Während ich mit gesenktem Blick dastand, spitzte er den Mund und warf mir einen Kuß zu. Ich bemühte mich, nicht zu lachen, und sah ihn nicht an. Ich konnte mir einfach nicht vorstellen, daß so ein hübscher junger Mann sich etwas aus mir machte.

Einmal, als ich früh zur Arbeit ging, nahm José meinen Arm und machte mir eine Liebeserklärung. Ich hörte ihm zu, glaubte ihm aber nicht. Ich ließ ihn reden, und als er fertig war, sagte ich, ich wäre zu jung für ihn. Daß er mich heiraten wollte, fand ich lächerlich. Ich hatte keine Ahnung, was dieses Wort bedeutete. José war der erste, der mich fragte, ob mich schon einmal jemand geküßt hatte. »Küssen?« Wie hätte ich so was tun können? Ich sagte ihm, das wäre etwas ganz Unanständiges.

Aber nachher, zu Hause, als es dunkel wurde und alle anderen schliefen, träumte ich mit offenen Augen vor mich hin. Ich sah mich in einem wunderschönen Abendkleid in einem prächtigen Zimmer bei leiser Musik mit José tanzen. Oder ich malte mir aus, wie er in dunklem Anzug ungeduldig rauchend auf der Straße stand und mich erwartete, und ich dachte, gut, sollen die anderen Mädchen im Hof sehen, wie das ist, wenn man einen Freund hat.

José bemühte sich weiter um mich. Einmal ging ich hinunter, um für Sofía Wasser zu holen, da hatte er sich an der Treppe versteckt. Er faßte meine Hand und sagte: »Consuelo, ich möchte mit dir sprechen.« Ich antwortete: »Ich habe mit dir nichts zu besprechen, José«, und zitterte, als ich in sein gespanntes Gesicht sah. Ich hatte Angst vor ihm. Tagelang hatte ich mich versteckt, um ihm nicht zu begegnen. Als er einsah, daß ich es ernst meinte, ließ er mich in Ruhe. Er schüttelte nur noch den Kopf, wenn er mich traf.

Ein paar Monate vor meinem fünfzehnten Geburtstag zog Fermín in unser Haus. Er war ein Verwandter meiner Stiefmutter Elena. Dieser junge Mann war Schuster. Er sah sehr gut aus, obwohl sein Haar und sein Gesicht von der Arbeit meist ganz staubig waren und er alte Jacken ohne ein Hemd darunter trug. Er folgte mir immer, wenn er mich auf der Straße sah, und sagte: »Consuelo, sei nicht so stolz. Schau dich wenigstens einmal nach mir um. Sei nicht gemein. Sieh mich nur ein einziges Mal an, sonst werfe ich mich unter einen Autobus, einen stehenden natürlich.« Ich lächelte, sagte nichts und lief schneller, während er hinter mir herging. Ich hatte furchtbare Angst, Roberto könnte mich sehen. Er hätte mich umgebracht.

Da ich Fermín nicht beachtete, versuchte er, Antonia auf seine Seite zu ziehen. Eines Abends schickte mein Vater Tonia und mich Brot holen. Ich bin nicht sicher, ob sie das miteinander abgemacht hatten, jedenfalls traf ich am Eingang unseres Hauses Fermín, frisch gekämmt und sauber. Antonia sagte, ich sollte dort auf sie warten, während sie das Brot holen ging, und verschwand. Mir war, als hätte ich eine eiskalte Dusche bekommen, und es war mir peinlich, weil ich ihn so oft beleidigt hatte. »Wasch dich erst mal, *pachuco*, du bist ja verrückt«, und so was alles hatte ich zu ihm gesagt. Auch an den Klatsch dachte ich, wenn man mich um diese Zeit noch mit einem Mann auf der Straße sehen würde.

Aber er sagte: »Consuelo, ich schwör's dir vor Gott, ich liebe dich und möchte dich heiraten. Nenn mich nur nicht *pachuco*, weil ich arbeite.« Ich fand es komisch, daß er so mit mir sprach und mich dabei so traurig ansah, und mußte lachen. Er fuhr fort: »Wenn ich dich vorbeigehen sehe, könnte ich schreien — du bist so hübsch. Sag mir, wann ich dich treffen kann, dann bin ich der glücklichste Mann auf der Welt. Sag mir, was ich für dich tun kann, ich will alles für dich tun!« Ich bemerkte auf einmal, wie gut er aussah. Was er da sagte, schien mir zwar ein bißchen dumm, aber als ich sah, wie zärtlich er mich anblickte, hörte ich auf zu lächeln. Tonia kam schon mit dem Brot zurück, also sagte ich schnell: »Ja, gut, warte nachher auf mich in der Ecke am Hof.«

Auf dem Heimweg fragte mich Antonia, was er gesagt hätte. Ich blieb nach außen hin gleichgültig, aber innerlich war ich sehr aufgeregt und sagte nur: »Nichts will er, nur, daß ich seine Freundin werde.« Tonia überredete mich, zu tun, was er wollte. »Er ist ein hübscher Kerl, und du siehst doch, wie dir nachläuft.« Aber an diesem Abend ging ich nicht mehr aus. Beim Abendbrot saß mein Vater mir gegenüber. Als ich einen Pfiff hörte, der wie mein Name klang, verschüttete ich beinahe meinen Kaffee. Tonia blinzelte mir zu. Ich trank schnell aus und fragte meinen Vater, ob ich zu Señora Yolanda gehen dürfe, um ihr meine Näharbeit zu zeigen. Aber es nützte nichts.

Ein paar Tage später traf ich Fermín, als ich von der Arbeit kam. Ich erklärte ihm, daß mein Vater so streng wäre und mich abends nicht allein fortgehen ließe. Das sah er ein, bat mich aber, an diesem Abend zu kommen, sonst würde er an unsere Tür klopfen. Heilige Jungfrau, an unsere Tür! Das ganze Haus würde über mir zusammenstürzen! Ich versprach zu kommen.

Um Punkt acht ertönte der erste Pfiff. Ich fuhr in die Höhe. »Was hast du bloß, du Clown?« schrie mein Vater mich an. Ich sagte, ich wäre eingenickt, und fragte, ob ich draußen ein paar Schritte gehen könnte. Das war ihm recht. Ich schoß über den Hof und zitterte noch, als ich ankam. Fermín begrüßte mich: »Guten Abend, meine Liebe. Endlich kommst du.« Dann küßte er mich. Ich hielt den Atem an und dachte, ich müßte ersticken, preßte meine Lippen zusammen und sah ihn an. Er hatte die Augen geschlossen. In einem Augenblick war es vorbei. Als Fermín fühlte, daß ich ihn nicht wiederküßte, ließ er mich los und sagte, ich liebte ihn nicht, das wüßte er, aber später würde ich es tun. Er dankte mir für den Kuß. Ich war erleichtert. Endlich wußte ich, was das ist. Dann fiel mir ein, wie häßlich Fermín war, wenn er arbeitete, und das stieß mich ab. Ich verabschiedete mich und ging zu Irela. »Du bist schrecklich«, sagte sie und lachte, als ich mir den Mund wischte und Grimassen schnitt. Mir war, als müßte ich mich übergeben. »Fandest du es nicht schön?« fragte sie. Ich sagte nein und dachte, damit würde ich einen guten Eindruck machen. Aber als sie mir dann zuredete, wurde mir klar, daß sie mir viel beibringen konnte.

Am nächsten Abend traf ich Fermín wieder. Er küßte mich immer, wenn ich kam und wenn wir auseinandergingen, und zwischendurch sprach er mit mir. »Wenn ich das Geld zusammenhabe, heiraten wir, meine Kleine. Du wirst sehen, was für eine schöne Wohnung ich dir einrichte. Oder ich nehme dich mit in meine Heimat, nach Jalisco in unser Dorf.« Ich lehnte an seiner Schulter, hörte ihm zu und sah in seine Augen. Die gefielen mir am besten an ihm. Schon mit ihm zusammenzutreffen war für mich ein Triumph, denn mein Vater hätte es mir wohl nie erlaubt. Fermín vertraute mir und wartete manchmal stundenlang auf mich, selbst im Regen. Mein Vater hatte davon keine Ahnung.

Aber am wohlsten war mir bei der Arbeit. Sobald ich nach Hause kam, war es mir unerträglich, meinen Vater nur dasitzen und lesen oder aufbrausen zu sehen, wenn wir Krach machten. Es empörte mich, wenn er Marta oder Roberto mit seinem Gürtel schlug. Aber sagen konnte ich nichts, es war mir nicht einmal möglich, mich vom Fleck zu rühren. In diesen Augenblicken wünschte ich nur, ich könnte mich in Rauch auflösen und einfach davonfliegen.

Antonia stellte oft, während sie ihre Hausarbeit machte, das Radio an und hörte kubanische Musik. Wenn meine Brüder nicht da waren, tanzte sie *danzón, huaracha* und Swing. Zuerst wurde ich verlegen, wenn sie ihren Körper so hin und her bewegte. Ich war damals sicher sehr prüde, machte Antonia Vorwürfe und fand sie unanständig. Wenn sie ihren Bauch herausstreckte oder ihn plötzlich einzog, hätte ich mich am liebsten abgewendet, aber ich sah trotzdem hin. Schließlich brachte sie mir bei, wie man tanzt und dabei die Schultern bewegt.

In der *vecindad* wurde fast jeden Abend getanzt. Aber mein Vater ließ uns natürlich nicht hinaus. Auch begnügte ich mich noch damit, mir das alles auszumalen. Ich stellte mir vor, wie ich in einem eleganten blauen Kleid zum Tanzen ging und alle sich nach mir umsahen. Ich zog alle Blicke auf mich. Ein sehr ernster, gut aussehender junger Mann begleitete mich. Niemand wagte etwas über mich zu sagen, nur bewundern durften sie mich. Ich würde ganz zurückhaltend und vornehm nach einer langsamen, leisen Musik tanzen, nicht wie Tonia, die hier dem einen zulächelte und da dem andern Augen machte. Mein Gott, das gehörte sich nicht! Sie war kokett und schamlos.

Einmal kaufte mein Vater mir und Tonia neue Kleider. Meins war goldfarben mit einem Zweig aus Glasperlen daraufgestickt. So ein elegantes hatte ich noch nie gehabt. Ich zog es sofort an. Von draußen hörten wir laute Tanzmusik. Ich fing an, Tanzschritte zu machen, und gab Antonia ein Zeichen, damit sie meinen Vater um Erlaubnis bat. Aber sie zuckte die Achseln und wollte nicht. Mich durchfuhr ein eisiger Schreck. Also mußte ich ihn selbst fragen. »Papa, darf ich tanzen gehen? Bitte!« Seine kurze Antwort konnte mich nicht einschüchtern. »Laß die Jungen mitgehn, Papa. Manuel und Roberto sollen mich begleiten.« Diesmal klappte es.

Meine beiden Brüder gingen neben mir her, jeder an einer Seite. Ich zog keine Jacke über, um allen mein Kleid zu zeigen. Der Hof war voller Leute. Ich zitterte am ganzen Körper. Wir stellten uns in eine Ecke. Manuel suchte sich bald eine Partnerin und ging fort, aber Roberto blieb neben mir stehen. Ich verschränkte die Arme fest vor meiner Brust, damit man meinen Busen nicht sehen und meine Aufregung nicht bemerken konnte.

Der Tanz ging zu Ende, und niemand hatte mich aufgefordert. Da stand ich nun und hatte solche Lust zu tanzen, daß ich es kaum aushielt. Endlich kam ein junger Mann und bat Roberto, ob er mit mir tanzen dürfte. Ich fand mich in den Armen Sergios, der im mittleren Hof wohnte. Als er mich berührte, wurde ich befangen und konnte seinen Schritten nicht folgen. Ich zitterte noch immer und blieb steif wie ein Stock. Er gab sich große Mühe, mich zu führen, aber ich war einfach zu ungelenk.

Wie froh war ich, als er mich zum nächsten Tanz, einen schnellen, sehr rhythmischen, der damals gerade in Mode war, »*Chinito, chinito, toca la malaca ... etc.*«, wieder aufforderte. Diesmal war ich etwas gelockerter. Da ich noch neu war, beobachteten mich alle Jungen. Ein paar gingen zu meinem Bruder und sahen sich dann interessiert nach mir um. Den dritten Tanz, einen *danzón*, tanzte ich mit Manuel. Es gelang mir, etwas selbstsicherer zu werden, meinen Körper zu entspannen und mich ganz der Musik hinzugeben.

Danach gab es immer wieder Tanzabende, und ich kämpfte um die Erlaubnis, hinzugehen, aber ich hatte kein Glück mehr. »Tanzen willst du? Kommt gar nicht in Frage!« Dann wurde ich wütend und weigerte mich, ins Bett zu gehen. Sie machten das Licht aus, und ich blieb heulend im Dunkeln an der Tür sitzen, bis meine Beine steif wurden. Wenn ich Musik hörte, die ich besonders gern mochte, wurde ich ganz unruhig und bekam Kopfschmerzen.

Mit der Zeit aber wurde ich schlau. Ich wartete, bis mein Vater mit Antonia zu Lupita ging, und entwischte. Oder ich horchte, bis mein Vater anfing zu schnarchen, und stieg an den Haken in der Küchenwand aufs Dach, die Schuhe in der Hand, und entkam ins Freie.

Eine Hundertwattbirne beleuchtete den Platz, wo der Lautsprecher war. Gewöhnlich bildete sich um die besten Tänzer ein Kreis. Man klatschte ihnen zu, um sie anzufeuern. Dann zwinkerten die Jungen sich zu und lächelten hinterlistig, weil sie an unanständige Sachen dachten. Wenn das Mädchen eine gute Tänzerin war, schickten die aus dem Kreis einen anderen Jungen zu ihr, damit er zeigte, was er konnte. Es war wirklich eine besondere Atmosphäre. Jeder versuchte, sich vor den andern hervorzutun.

Ich blieb meist am Rand im Dunkeln stehen, falls einer meiner Brüder in der Nähe war. Außerdem wollte ich nicht in den Kreis hinein, wo die besten Tänzer waren. Meine Partner waren Freunde von Roberto. Zurück kletterte ich wieder über das Dach. Einmal ertappte mich mein Vater, als ich gerade hinaufsteigen wollte, aber er prügelte mich nicht so, wie ich es erwartet hatte.

Dann kam mein fünfzehnter Geburtstag. Wie schön hatten meine Freundin Angélica Rivera und ich uns diesen Tag vorgestellt! Und dann kam es ganz anders, als ich erwartet hatte. Ich ging zur Arbeit und dachte voll Bitterkeit, daß dies also der wichtigste Tag im Leben eines Mädchens war. Da saß ich nun auf meiner Bank, im Staub der Maschine, mit der ich die Sohlen glattgehobelt hatte, und meine Hände waren mit Lederfarbstoff beschmiert. Eine Weile beherrschte ich mich, aber dann hielt ich es nicht länger aus. Ich ging auf die Toilette und heulte. Bei dem Gedanken, daß niemand sich um mich kümmerte, tat mir das Herz weh. Auf dem Heimweg fragte ich mich, warum ich wohl so viel Unglück haben mußte. Vielleicht war ich ja gar nicht die Tochter meines Vaters, und das war der Grund, weshalb ich ihm so gleichgültig war.

Als ich nach Hause kam, fand ich doch einen Kuchen auf dem Tisch und freute mich zuerst, aber dann erschien er mir so dürftig im Vergleich mit Antonias, daß ich mich gedemütigt fühlte. Ich hätte mir so gewünscht, wieder zur Schule gehen zu dürfen, aber am nächsten Morgen mußte ich wieder arbeiten, und wer würde danach überhaupt noch an diesen Abend denken?

Von nun an war ich eine Señorita und mochte nicht mehr mit den anderen im Hof spielen, das paßte nun nicht mehr zu mir. Außerdem war Tonia immer mit ihren Freunden draußen und redete über Dinge, die mich verlegen machten, und sie spielten rohe Spiele, wie zum Beispiel Bockspringen. Ich machte nur einmal mit. Antonia machte den Bock, ich wollte über sie springen, aber da stand sie plötzlich auf, und es war mir furchtbar peinlich, als ich mit einem Bein auf ihr hängenblieb. Am liebsten hätte ich vor Wut geheult, doch nahm ich mich zusammen und rächte mich später dafür.

Ungefähr um diese Zeit lief Antonia von zu Hause fort. Ich weiß nicht, ob sie es vorher schon einmal versucht hatte, jedenfalls hatte mein Vater Roberto streng befohlen, sie nicht aus den Augen zu lassen. Sie sagte mir eines Morgens, sie wolle mit mir baden gehen, und stopfte eine Menge Kleider in ihre Tasche. Ich fragte sie noch deswegen, aber sie erklärte, die wolle sie irgendwo in Ordnung bringen lassen.

Wir fuhren zum Florencia-Bad, das sehr weit von unserem Viertel liegt. Es war überfüllt, weil an diesem Tag der Eintrittspreis ermäßigt war. Ich mußte Schlange stehen, und es roch dort sehr schlecht. Ich zog mich in einer der winzigen Kabinen aus. Als ich herauskam, war Antonia verschwunden. Ich wartete lange, dann lief ich nach Hause und dachte, sie wäre wohl schon früher gegangen und hätte mir einen Streich spielen wollen. Aber sie war nicht da. Roberto suchte sie überall und wurde für seine Nachlässigkeit von meinem Vater tüchtig verprügelt.

Es war schon dunkel, als sie Tonia am Bahnhof fanden. Mein Vater schleppte sie nach Hause, walkte sie durch und schloß sie in Elenas Zimmer ein, das wir sonst nie betreten durften. Dort mußte sie allein sitzen, nur das Essen konnten wir ihr bringen. Sie tat mir leid, und wenn niemand aufpaßte, steckte sie ihren Kopf oben über die Tür, und wir redeten miteinander. Sie sagte mir, was vorgefallen war. »Als ich aus dem Bad kam, traf ich zwei Frauen. Ich fragte sie, ob sie eine Arbeit für mich hätten, und ging mit ihnen.« Viel später erfuhren wir erst, daß die beiden Frauen ein Bordell führten.

In dieser Nacht, als er dachte, wir schliefen schon alle, weinte mein Vater lange. Darüber war ich sehr unglücklich. Ich hätte ihm so etwas nie angetan, auch wenn er mich noch so anschrie. Schließlich mußte er ja seinem Ärger Luft machen, und er hatte im Grunde immer recht. Es war natürlich schlimm, daß Antonia weggelaufen war, denn jetzt würden alle schlecht von ihr denken. Mir sollte das nie passieren, daß irgend jemand auf mich herabsehen konnte! Wie weit war ich damals noch in meinen Gedanken von dem entfernt, was ich ein paar Jahre später erlebte!

Endlich durfte Antonia wieder bei uns wohnen. Obwohl ich mit ihr sprach und wir uns neckten, konnte ich sie nicht leiden. Sie war oft bei Señora Yolanda, und die erzählte mir alles wieder, was Antonia gesagt hatte. Von ihr hörte ich auch, daß Tonia uns haßte und uns meinen Vater wegnehmen wollte, damit er bei ihr und ihrer Mutter lebte. Weiter berichtete mir Yolanda, Antonia triebe mit einer Nachbarin, Señora Luz, in unserer Wohnung Zauberei, wenn niemand zu Hause war. Luz, die Evangelistin oder Spiritistin war, kam dann mit Wasserflaschen, Kräutern und Blumen, die sie unter ihrer Schürze versteckt hielt. Yolanda hatte die beiden vom Dach aus beobachtet. Sie sah, wie Antonia ein Feuer anzündete und Luz die Wände und den Boden mit Wasser bespritzte, wobei sie vor sich hin murmelte. Als das Feuer in Gang kam, verbrannte Luz die Kräuter und Blumen, und sie und Antonia stellten sich daneben und sagten dazu irgend etwas. Sobald die Asche kalt war, verstreute Luz sie im Zimmer, während Antonia ihren bösen Wunsch aussprach. Danach wartete Antonia dann, bis der Rauch abzog, und tat ihre Hausarbeit, als wäre nichts geschehen. Auch Roberto sagte mir später, Tonia sei eine Zauberin, und das glaubte ich auch, denn sie haßte uns wirklich und wünschte uns Unglück.

Ich bin nicht ganz sicher, ob es mit Antonias Hexereien im Zusammenhang stand, jedenfalls ging mein Vater danach monatelang jede Woche einmal nach Pachuca und holte dort Flaschen mit einer gelben, grünlichen oder weißen Flüssigkeit und Kräutern darin. Er stellte sie in eine Ecke der Küche und verbot uns strengstens, sie anzurühren. Er trank nie davon, und ich hatte keine Ahnung, was er mit diesen Flaschen tat. Vielleicht enthielten sie ein Mittel gegen das, was Antonia angerichtet hatte.

Von der Zeit an konnten wir es meinem Vater überhaupt nicht mehr recht machen. Er wurde immer härter gegen uns und sagte: »Ich habe genug von euch Faulpelzen! Ich habe es satt, jeden Tag für euch zu arbeiten, wenn ihr wie die Schweine hier herumliegt und nichts anderes tut als essen und schlafen!« Mich trafen diese Worte wie ein Schlag, ich wollte fortlaufen, aber ich konnte nicht.

Dann wurde Antonia krank. Sie hatte mit ihrem *novio*, einem Jungen aus der Casa Grande, nach dem sie ganz verrückt war, Schwierigkeiten gehabt. Ich glaube, er hatte sie verlassen, weil sie ihm erzählt hatte, daß sie schwanger sei. Sie hatte einen schweren Blutsturz, und irgend jemand sagte mir nachher, sie hätte starke Kräuter eingenommen, um ihr Kind abzutreiben. Als ihr Liebster sie verließ, verlor sie beinahe den Verstand. Der Arzt meinte, sie wäre ein Mädchen, das unbedingt einen Mann haben muß, sonst würde sie krank. Kurze Zeit später bekam sie ihren ersten Anfall.

Ich kam eines Tages nach Hause und fand die ganze Wohnung in Aufruhr. Die Tür zum Schlafzimmer war geschlossen, und mein Vater saß mit meinen Brüdern in der dunklen Küche. Sie waren verzweifelt. Antonia war beinahe bis an die Decke gesprungen, hatte getobt, mit Gegenständen um sich geworfen, sich das Haar gerauft und einen furchtbaren Lärm gemacht. Als sie aufwachte, fing sie von vorne an, bis eine Krankenschwester kam und ihr eine Spritze gab, daß sie einschlief. Das ging tagelang so. Dann wurde sie in ein Sanatorium gebracht, wo sie mehrere Monate blieb.

Später trat genau das ein, was Yolanda mir vorhergesagt hatte. Als Antonia aus dem Sanatorium kam, zog mein Vater zu Lupita und ließ uns in der Casa Grande allein. Er sagte es mir plötzlich eines Nachmittags. »Ich ziehe in die Rosario-Straße. Dort werde ich wohnen. Willst du mitkommen oder hierbleiben?« Mein Stolz verbot mir, ihm zu sagen, daß ich ihm überallhin folgen würde und sein wollte, wo er war. Als ich sah, wie er seinen blauen Karton auf die Schulter nahm und zu Roberto sagte: »Mach mir die Tür auf«, fürchtete ich, mich nicht mehr auf den Beinen halten zu können, und stützte mich auf einen Stuhl. Als er fort war, sahen mein Bruder und ich uns an. Wir konnten kein Wort hervorbringen. Roberto ging hinaus und weinte, und ich hatte einen bitteren Geschmack im Mund, und die Augen brannten mir, aber ich sagte nichts und weinte auch nicht.

Am nächsten Tag kam mein Vater mit Antonia und ihren Schwestern und holte die Frisiertoilette, die Überdecken von den Betten, Laken, Kopfkissenbezüge, die Blumenvase, die Vorhänge und sogar unseren neuen Petroleumkocher. Unsere Wohnung wurde wieder kahl. Danach hatten wir nie wieder Vorhänge oder eine Blumenvase, und wenn Marta und ich versuchten, die Wohnung etwas einzurichten, riß mein Vater alles wieder herunter und verlangte, daß alles beim alten bleiben sollte.

Er versprach aber, uns jeden Nachmittag zu besuchen, und das hielt er auch und brachte uns Geld. Wenn wir ihm jedoch Abendbrot geben wollten, sagte er mit schneidender Stimme: »Ich will nichts essen.« Dann gab ich es auf.

Nachdem er uns verlassen hatte, fühlte ich, wie sehr mir meine Mutter fehlte. Ich weinte herzzerbrechend, sah zum Bild der Heiligen Jungfrau auf und fragte, warum mein Vater so zu uns war.

Er war immer bei uns gewesen. Wir waren gewohnt, mit ihm zusammenzuleben, ihn jeden Tag zu sehen, wie er auf seinem Stuhl saß und las, seine Füße wusch oder nach den Hühnern schaute. Seine Gegenwart war alles, sie erfüllte das ganze Haus. Solange er da war, hatte ich das Gefühl, ein richtiges Heim zu haben. Jetzt packte mich die Verzweiflung. Mein Gott, bin ich etwa nicht sein Kind? Ist es wohl eine Sünde, ein Waisenkind zu sein? fragte ich mich unaufhörlich. Ich rief

lange nach meiner Mutter und wartete auf eine Antwort. Es war schrecklich. Noch nie hatte ich so verzweifelt nach ihr gerufen. Ich schrie und schrie und verlangte nach Antwort, irgendwoher aus dem Unbekannten.
Aber alles blieb still.

MARTA

Meine Kindheit war so glücklich, wie ein Mädchen es sich nur wünschen kann. Ich fühlte mich frei — nichts beschwerte mich, überhaupt nichts. Ich konnte tun, was ich wollte, und wurde fast nie bestraft. Wenn ich weinte, streichelte mein Vater mich und gab mir Geld, und wenn er mich einschloß, entwischte ich über das flache Dach nach draußen. Ich war frech und ließ mir von niemandem etwas sagen, weil ich wußte, daß ich der Liebling meines Vaters war. Meine Stiefmütter und die Frauen, die bei uns arbeiteten, hatten es schwer mit mir. Die meisten blieben auch nicht lange; nur Enoé und La Chata hielten es vier oder fünf Jahre aus. Ich reizte sie, bis sie weinten, auch meine erste Stiefmutter Elena.

Meine Freunde betrachteten mich als ihren Anführer. Wenn wir Baseball spielten, bestimmte ich, wo jeder seinen Platz hatte. Bei allem, was wir taten, mußten sie mich zuerst fragen. Sie sahen, daß mein Vater mir die schönsten Sachen schenkte und ich Geld und Obst zum Abgeben hatte. Deswegen kamen sie immer bei uns vorbei und fragten, ob ich mit ihnen spielen wollte.

Die Schule konnte ich von Anfang an nicht leiden und ging nur meinem Vater zuliebe hin. Ich haßte es, in einem Raum eingeschlossen zu sein, und lesen und schreiben oder rechnen interessierte mich nicht im geringsten. Drei Jahre war ich in der ersten Klasse und zwei in der zweiten. Nach der fünften, als ich vierzehn war, ging ich ab. Ich hatte mir nie vorgenommen, im Leben etwas Bestimmtes zu werden, etwa Krankenschwester oder Schneiderin: Mein Schwarm war Tarzan, und ich wollte nur seine Gefährtin sein.

Ich war wie ein Junge und spielte nur Jungenspiele ... mit Murmeln und Kreiseln, Würfelspiele oder Bockspringen, je nach der Jahreszeit. Andere Spielsachen hatte ich nicht. Das Puppengeschirr und die Möbel, die Consuelo so ordentlich in einem Karton unter dem Bett aufbewahrte, machte ich kaputt. Mit Mädchen spielte ich nie, aber es machte mir Spaß, Puppen an- und auszuziehen.

Mein Vater verwöhnte uns Mädchen sehr. Er gab uns zu essen, kaufte uns Kleider, schickte uns zur Schule und erlaubte nie, daß unsere Brüder grob mit uns umgingen. Um die kümmerte er sich kaum, außer wenn wir uns über sie beschwerten. Dann packte er sie am Kragen und verdrosch sie erbarmungslos.

Ich war ganz anders als Consuelo. Sie führte ein stilles Leben und hatte fast gar keine Freunde. Sie konnte nicht draußen sein wie ich, weil mein Vater auf sie aufpaßte. Wir beide zankten uns oft. Wenn ich mit den Semmeln vom Bäcker kam, nahm sie jedesmal gerade die, die ich haben wollte, und wenn mein Vater uns Obst mitbrachte, schnappte ich ihr die Früchte weg, die sie gern mochte. Sie versteckte meine Sachen, und ich machte ihr Lieblingsspielzeug kaputt. Ich war immer gemein zu ihr. Wenn sie wegging, sagte ich's meinem Vater, damit er sie schlug. Aber sie tat dasselbe, weil sie nicht wollte, daß ich wie ein Bengel herumlief.

Consuelo war ein trauriges Mädchen und spielte nicht gern draußen. Sie machte es sich selbst schwer, indem sie ständig zu Hause hockte. Da zog Roberto sie an den Zöpfen, und Manuel kommandierte sie herum, so daß sie ihm entweder gehorchen mußte oder Hiebe bekam.

Es ist merkwürdig, aber ich verstand mich besser mit meiner Stiefschwester Antonia und mit meiner Schwägerin Paula als mit Consuelo. Sie tat immer so überlegen und sah alles zu schwarz. Sie konnte einem keinen guten Rat geben. Ich fand sie geizig und selbstsüchtig.

Als ich klein war, mochte ich Roberto am liebsten, weil er mir oft etwas schenkte und mich auf seine Streifzüge mitnahm. Andererseits war er furchtbar empfindlich und herrisch und log viel. Manuel lebte immer irgendwo in einer anderen Welt. Er war kalt und zurückhaltend, vielleicht weil er der älteste war. Mir kam es vor, als ob er von uns allen der größte Heuchler war und Dinge sagte, die er selbst nicht glaubte. Er hatte immer eine Lüge bereit. Solange ich klein war, schlugen meine Brüder mich nicht, erst als ich in das Alter kam, in dem man *novios* haben kann, ließen sie ihre Launen an mir aus.

Manuel und Consuelo verbrachten fast ihre ganze Kindheit in der Schule. Sie paßten gut zueinander ... beide waren ernst, besonnen und ruhig. Ich ähnelte mehr Roberto, dem Lausbuben. Wir waren wirklich wild. Er mochte die Schule ebensowenig wie ich und entwischte oft durch die Fenster des Klassenzimmers. Er zeigte mir, wo ich meine Bücher im Badehaus verstecken konnte, und ging mit mir anstatt zur Schule in den Park von Chapultepec. Dort kletterten wir überallhin, wo es verboten war, bis die Wächter uns fortjagten. Wenn Roberto Geld hatte, mietete er ein Boot und ruderte mich. Zwischendurch stopfte er Süßigkeiten und Kaugummi in mich hinein, damit ich keinen Hunger bekam. Um die Zeit, in der wir sonst aus der Schule kamen, schnappten wir einen Bus, holten meine Bücher und gingen nach Hause.

Roberto brachte mir bei, wie man sich an Autobusse und Straßenbahnen anhängt; so fuhren wir oft durch die ganze Stadt. Er verschaffte sich Taschengeld, indem er kleine Kinder im Park anhielt und sie bedrohte, damit sie ihm etwas gaben: Bleistifte, Federhalter, Münzen — was sie gerade bei sich hatten. Später, als Roberto Soldat geworden war und eine Uniform anhatte, ging es noch leichter, weil er ihnen mit Verhaftung drohte. Manchmal nahm er auch Damen die Handtasche weg, und dann hatten wir mehr Geld; ich besaß schließlich eine ganze Sammlung von Lippenstiften, Geldtaschen und Puderdosen.

Ich war als Kind wirklich sehr glücklich! Einmal nahmen Roberto und seine Bande mich mit in den Park. Ich war das einzige Mädchen unter zehn Jungen. Wir setzten uns in eins der Restaurants im Freien in der Nähe des Vergnügungsparks und bestellten Kuchen und Orangensaft. Nach einer Weile fiel mir auf, daß die Jungen einer nach dem andern aufstanden und verschwanden, der eine wollte Zigaretten holen, der andere ging auf die Toilette, bis nur noch Roberto, ich und zwei andere dasaßen. Der eine sagte zu meinem Bruder: »Los, Negro, ihr beide haut jetzt ab.« Sie machten sich aus dem Staub, und wir fuhren drei Runden auf einem Karussell, während die Kellner uns überall suchten. Dann schlichen wir uns davon, nahmen einen Bus und fuhren nach Hause. So beschafften wir uns etwas zu essen, ohne zu zahlen.

Ich war ungefähr acht Jahre, als mein Vater anfing, mit Vögeln zu handeln. Eines Tages brachte er einen großen Käfig mit einem Pappdach und Stäben aus Rohr. Er hatte junge *zentontles* gekauft, und Manuel und Roberto mußten ihnen so lange etwas vorpfeifen, bis sie singen lernten. Aber die Vögel knabberten immer an den Stäben und pickten schließlich ein Loch, durch das mehr als ein Dutzend entwischten. Elena hatte furchtbare Angst, weil sie dachte, mein Vater würde toben.

Als er nach Hause kam, sagte sie, die Vögel wären gestorben. Sie sah so verängstigt aus, daß mein Vater lachen mußte. Er wußte schon, daß sie fortgeflogen waren, denn die Pförtnersfrau, die größte Klatschbase in der ganzen *vecindad*, hatte es ihm erzählt. Diesmal war er gar nicht böse.

Von meinen drei Stiefmüttern war Elena, glaube ich, die netteste. Außer meiner Tante war sie die einzige, die mich auf den Schoß nahm, mich streichelte und mir das Haar kämmte. Aber ich nannte sie nie Mama, wie Consuelo es tat. Am besten gefiel mir an Elena, daß sie mich nie verriet, wenn ich etwas angestellt hatte, und mich nicht schlug. Selbst wenn ich ganz eklig zu ihr gewesen war, sagte sie es nie meinem Vater.

Meine Tante erzählte mir, Elena wäre erst siebzehn gewesen, als mein Vater sie heiratete. Ich weiß noch, daß sie mit dem Springseil spielte, wie wir, bevor sie in unser Haus zog. Sie war vorher mit einem Mann verheiratet, der sie so furchtbar prügelte, daß er ihr die Lunge verletzte. Als sie zu uns kam, war sie schon krank; deswegen stellte mein Vater auch eine Hilfe für sie an. Er mochte es nicht, daß seine Frauen zu schwer im Haus arbeiteten.

Consuelo hatte Elena am liebsten und trat immer für sie ein. Wenn ich frech zu meiner Stiefmutter war, schlug Consuelo mich, aber Elena sagte dann:»Laß sie nur, Dünne, sie ist noch klein und weiß nicht, was sie sagt.« Sie machte mir in der Küche eine Schaukel. Wir hatten da kein Dach, nur ein paar Bretter zum Schutz vor dem Regen. An einem dieser Bretter befestigte sie ein Seil mit einem kleinen Stück Holz unten dran, auf dem ich sitzen konnte. Sie war immer sehr gut zu mir, aber ich war damals noch so klein, daß ich mich kaum an sie erinnere.

Ich war zehn, als Elena starb. Sie sah sehr hübsch aus, als sie aufgebahrt war. Mein Vater oder ihre Mutter hatten ihr ein weißes Kleid mit einem blauen Schleier gekauft, und sie glich darin der Immaculata. In der Nacht, als wir die Totenwache hielten, war mein Vater sehr aufgebracht, denn im Hof wurde laut getanzt. Sie stellten noch einmal die Musik leiser.

Meine Stiefmutter Lupita lernte ich schon kennen, bevor Elena starb. Antonia nahm mich heimlich mit in die Rosario-Straße, und dort lernte ich ihre Mutter und ihre Schwester kennen. Lupita nahm mich herzlich auf, aber ihre Tochter Marielena nicht. Sie war immer gereizt, wenn ich kam. Sicher war sie eifersüchtig auf uns und wütend auf meinen Vater.

Jeden Mittwoch ging mein Vater mit Antonia zu Lupita. Daß Antonia und ich auch an anderen Tagen bei ihr waren, ahnte er nicht. Einmal nahm er mich mit und sagte nur, ich sollte zu der Señora sehr höflich sein und mich anständig benehmen. Mehr erklärte er mir nicht. Er erwähnte nie, daß sie seine Frau war, und wir verrieten ihm nicht, daß ich sie schon kannte.

Mein Vater war so gut zu Antonia, daß die Leute anfingen, darüber zu klatschen. Sie meinten, Antonia wäre nicht nur seine Tochter, sondern auch seine Geliebte ... oder wenigstens hätten sie etwas miteinander. Allen fiel auf, daß er sie vorzog und ihr die besten Sachen kaufte. Während wir früh ins Bett mußten, zogen die beiden sich fein an und gingen essen oder ins Kino.

Meine Freundin Angélica, die uns gegenüber im gleichen Hof wohnte, berichtete mir, was die Nachbarn sich erzählten. Aber ich sagte es nie weiter. Wenn es um meinen Vater ging, mischte ich mich nie ein. Ich beobachtete nur und hörte, was die Leute redeten, aber ich hielt meinen Mund. Ich hätte nie den Mut gehabt, meinem Vater zu sagen: »Stell dir mal vor, der und der meint . . .« Ich fürchtete, er würde aufbrausen und mich schlagen. Vor ihm zitterte ich immer ein bißchen und überlegte mir genau, was ich sagte.

Roberto und Consuelo waren sehr eifersüchtig auf Antonia und regten sich jedesmal auf, wenn sie ihren Willen durchsetzte. Roberto und Antonia zankten sich wie Hund und Katze. Ich stand Antonia bei, und Consuelo war auf Robertos Seite. Wenn mein Vater dann nachmittags kam, entschied er den Streit immer zugunsten Antonias.

Einmal am Dreikönigstag machte Consuelo ein großes Theater, weil Antonia schönere Geschenke erhalten hatte. Sie hatten sich beide eine Puppe gewünscht, und Antonia bekam eine hübsche blonde, Consuelo dagegen eine dunkle mit einem Gesicht wie ein Totenkopf. Außerdem bekam Antonia eine Armbanduhr. Consuelo ärgerte sich darüber so, daß sie heulte und ihre Puppe nicht haben wollte; sie war todunglücklich, als sie sah, daß mein Vater Antonia lieber mochte.

Erst als ich zur Schule ging, merkte ich, daß meine Mutter mir fehlte. Am Muttertag, wenn alle Kinder Geschenke für ihre Mutter machten, stand ich da mit meinem Geschenk in der Hand. Der Muttertag war für mich der traurigste Tag im ganzen Jahr. Je älter ich wurde, desto mehr brauchte ich meine Mutter.

Ich wußte von ihr nur das, was die Leute mir erzählt hatten. Man hatte mir weisgemacht, sie wäre an einem Blutandrang im Gehirn gestorben, weil sie vorher zu schwer gegessen hatte, aber eine Verwandte sagte mir neulich, daß der Arzt meine Mutter gewarnt hatte, sie würde, wenn sie das Kind, mit dem sie schwanger ging, nicht abtreiben lasse, die Geburt nicht überleben. Sie wurde während jeder Schwangerschaft krank, weil ihr Herz und ihre Leber angegriffen und ihre Nieren nicht in Ordnung waren. Aber sie folgte dem Rat des Arztes nicht und starb. Der Doktor wollte das Kind retten, aber mein Vater sagte: »Nein, lassen Sie es ihr lieber.«

Meine Tante Guadalupe behauptet, meine Mutter wäre an einer schlimmen Krankheit gestorben, mit der mein Vater sie angesteckt hätte . . . weil er mit anderen Frauen ging. La Chata meinte, meine Mutter wäre aus Kummer über meinen Bruder gestorben. Sie dachte überhaupt, wir kriegten es fertig, alle Leute umzubringen, und beschwerte sich oft, wir hätten ihre Gesundheit geschädigt, weil sie unseretwegen Gallenanfälle bekam. Nur meinem Vater zuliebe kam sie noch zu uns arbeiten. Wir konnten sie nicht leiden und warfen sie manchmal hinaus. Dafür bekamen meine Brüder dann Schläge, und mein Vater ging zu La Chata, bat sie wiederzukommen und schenkte ihr Geld fürs Kino; so besänftigte er sie.

La Chata fand, ich sähe meiner Mutter ähnlich, denn ich war klein und rund wie eine Tonne, und darum hätte mein Vater mich lieber als meine Geschwister. Sie sagte auch, meine Eltern hätten sich oft gezankt, weil sie beide sehr eifersüchtig waren. Als meine Mutter bei ihren Brüdern auf dem Baratillo-Markt arbeitete, lernte sie viele Männer kennen, und obwohl sie immer ernst und streng mit ihnen war, war das meinem Vater gar nicht recht. Er hatte auch zuerst den Verdacht, Roberto wäre nicht sein Sohn, weil er so dunkel war.

Meine Tante Guadalupe fragte ich immer nach meiner Mama und ihrer Familie aus. Dann sagte sie: »Heilige Mutter! Du willst wissen, wo ich geboren wurde? Auf einer verlausten Strohmatratze in Guanajuato. Ich war das älteste Mädchen und mußte ganz allein für meine Geschwister sorgen, während meine Eltern draußen kandierte Früchte verkauften. Meinst du etwa, ich hätte so wie du mit anderen Kindern spielen dürfen? Das gab es bei uns nicht! Meine Mutter hatte viele Kinder ... achtzehn wären wir gewesen, aber es waren ein paar Fehlgeburten dabei, und einige starben später. Nur sieben von uns wuchsen auf. Außerdem hatten wir noch eine Stiefschwester, weil mein Vater einen Seitensprung gemacht hatte.«

Tante Guadalupe war immer eifersüchtig auf meine Mutter gewesen, weil die der Liebling meiner Großmutter Santitos war. Guadalupes Söhne mochte meine Oma nicht, aber als meine Mutter sich mit fünfzehn Jahren mit einem Eisenbahnarbeiter eingelassen hatte und ein kleines Mädchen bekam, kümmerte Santitos sich um sie und das Kind. Der Vater dieses Kindes verließ meine Mutter, und das Baby starb einige Monate später an Lungenentzündung. Um die Zeit fand meine Mutter Arbeit als Tellerwäscherin im Restaurant La Gloria und lernte meinen Vater kennen.

Einmal gewann mein Vater in der Lotterie und kaufte ein Radio. Aber meine Mutter durfte es nicht anstellen, sonst schrie er: »Wer hat dir das erlaubt? Du Indianerin, du bist viel zu dumm, um auf etwas achtzugeben. Mach es sofort aus, bevor es kaputtgeht.« Darüber ist meine Tante ihm heute noch böse. Sie sagte, er dachte nur an die Miete und an das Essen und es fiele ihm gar nicht ein, daß der Mensch außerdem noch etwas braucht. Er schrie die Leute an, aber in Wirklichkeit wäre er ein Feigling und hätte nicht einmal den Mut, die Wanzen in seinem Bett totzumachen ... sein Herz wäre aus Pappe. Das sagte sie wahrscheinlich, weil sie sich mit meinem Vater nie vertrug.

In derselben *vecindad*, in der meine Tante lebte, wohnte mein Onkel Lucio mit seiner Frau Julia und seinen zwei Stiefkindern. Lucio trank viel, er haßte die beiden Kinder und schlug sie dauernd. Beim Essen mußten sie unter dem Tisch sitzen, damit er sie treten konnte, während er aß. Meiner Mutter taten die armen Kleinen sehr leid, und sie gab ihnen zu essen. Sie mußten immer für andere Leute arbeiten und hatten nie Spielzeug gehabt.

Zwischen Lucio und Julia kam es zu Streitigkeiten, nachdem sie ihren Straßenhandel angefangen hatte. Da lernte sie einen Eisenbahner kennen, und mit dem lebte sie, obwohl sie noch bei meinem Onkel war. Meine Tante sagte, sie müßte ihren Mann wohl verhext haben, denn er wurde plötzlich ganz anders. Anstatt seine Frau zu schlagen, gab er in allem nach und bettelte sie an, wenn er etwas brauchte.

Sicher hatte sie ihm Kokosmilch gegeben, denn wenn wir hier sehen, daß eine Frau mit anderen Männern flirtet und ihren Mann herumkommandiert, wissen wir, daß sie ihn richtig eingewickelt hat. Sie wäscht ihr Hinterteil in Kokosmilch und gibt sie dann ihrem Mann zu trinken. Manche kochen auch einen Tee aus einem Kraut, das *toloache* heißt, und wenn der Mann davon trinkt, wird er schwach im Gehirn.

Julia hatte bestimmt zum Schwarzen Heiligen gebetet und ihren Mann mit einem schwarzen Band gemessen, denn eines Morgens bekam er die Wassersucht und starb. Meine Mutter machte ihr deswegen Vorwürfe und warf sie aus dem Haus.

Auch über ihren ersten Mann, den Vater ihrer Kinder, soll sie einen Zauber ausgesprochen haben, denn er starb ebenfalls ganz plötzlich. Sie schob es darauf, daß er ein sündiges Leben geführt und zu viel getrunken hatte. Er schlug sie ständig. Sie wurde überhaupt von allen ihren Männern geschlagen. Drei hatte sie im ganzen, denn nachdem mein Onkel gestorben war, verließ sie ihre Kinder und ging mit dem Eisenbahner. Ihre drei Männer waren Trinker, prügelten sie und starben dann bei ihr. Erst jetzt führt sie ein ordentliches Leben mit einem Mann, der ihr zwar gar kein Haushaltsgeld gibt, sie dafür aber nie schlägt.

Die Leute sagen, meine gute Mutter wußte von Anfang an alles über meinen Vater und Lupita. Hier wird so viel geklatscht, daß eine Frau so was immer erfährt. Wenn der Mann eben aus dem Bett einer anderen steigt, weiß seine Frau schon Bescheid. Einmal ging meine Mutter mit meiner Tante zu einer Fiesta in der Rosario-Straße, und sie fanden heraus, wo Lupita wohnte. Meine Mutter nahm eine Schere, stellte sich vor Lupitas Tür, schrie und beschimpfte sie und forderte sie auf, herauszukommen. Aber Lupita machte nicht auf, und meine

Tante zog meine Mutter schließlich bei den Haaren fort, damit nichts passierte.

Von meiner Tante weiß ich auch, daß mein Vater etwas mit Lupitas Nichte hatte, die im selben Restaurant arbeitete. Guadalupe sagte, er hätte das ganze La Gloria durchprobiert, und wenn sein Chef nicht ein Mann gewesen wäre, hätte er den auch noch herumgekriegt.

Von Lupitas Nichte hatte er einen Sohn, aber er unterstützte sie nicht, weil sie einen anderen Mann heiratete, der das Kind mit aufnahm. Diesen Stiefbruder habe ich nie gesehen, nur Lupita weiß den Namen seines Stiefvaters. Meine Großmutter versuchte immer, herauszubekommen, wer der Stiefbruder war, denn sie fürchtete, wenn er größer würde, könnte er eines Tages etwas mit Consuelo oder mir haben. Wir wissen nur, daß er Pedro heißt und meinem Vater sehr ähnlich sieht.

Lupita hatte schon zwei Töchter, bevor sie meinem Vater begegnete. Die anderen Kinder waren von meinem Vater. Nach Antonia und Marielena bekam sie noch eine Tochter, die aber bald starb. Sie erzählte mir, daß mein Vater jedesmal, wenn sie schwanger war, verschwand und sie ganz vernachlässigte. Erst nachdem das Baby zur Welt gekommen war, sah sie ihn wieder. Einmal ließ er sie zwei Jahre lang im Stich. Er half ihr auch nie . . . das heißt, er kam nur ganz selten vorbei und gab ihr ein paar Centavos, aber regelmäßige Ausgaben, wie zum Beispiel die Miete, bezahlte er ihr nicht. Um ihre Kinder zu ernähren, mußte sie sich nach jemandem umsehen, der sie unterstützte.

Wie sie mir sagte, hatte sie viel gelitten und schwer gearbeitet, um sich selbst und ihre Kinder durchzubringen, bis sie sich eines Tages in die Hand schnitt und ihre Arbeit aufgeben mußte. Ich ärgere mich über das alles, denn ich kenne doch meinen Vater und kann mir nicht vorstellen, daß er ihr gar kein Geld gab und sich nicht um sie kümmerte, wie sie behauptet. Ich streite nie mit ihr darüber, schließlich muß sie es ja wissen, aber wie soll ich ihr glauben, wenn sie so von meinem Vater spricht? Ich lasse sie einfach reden.

Daß Lupita mit meinem Vater ging, solange meine Mutter noch lebte, kann ich ihr heute noch nicht verzeihen. Aber was mein Vater tut, geht mich nichts an, und ich bemühe mich darum, mit meiner Stiefmutter gut auszukommen. Sie war zu uns weder gemein noch liebevoll. Wenn sie zärtlich gewesen wäre und versucht hätte, uns zu streicheln und zu küssen, hätte mich das verletzt. So kann ich mich nicht über sie beklagen, aber zwischen uns wird immer eine Schranke bleiben.

Als ich die Schule verließ, waren die Verwandten meiner Mutter fast alle tot. Mein Onkel Alfredo starb vor kurzem an

Lungenentzündung. Er war mal wieder betrunken nach Hause gekommen. Das brachte seine Söhne so in Wut, daß sie ihn die ganze Nacht auf dem feuchten Boden schlafen ließen. Am nächsten Tag ging er zu Guadalupe, borgte sich von ihr einen Eimer und Seife und sagte, seine Brust täte ihm weh und er wollte ins Dampfbad gehen. Ein paar Tage später war er tot. Meine arme Tante war sehr unglücklich; sie hatte nun ihre ganze Familie verloren, ihre Eltern, fünf Brüder, ihre einzige Schwester und ihre beiden eigenen Söhne. Nur ihr Mann Ignacio und wir blieben ihr noch.

Als ich ungefähr zwölf Jahre alt war, wurde ich mir über manches klar und hörte auf, mit Jungen zu spielen. Ich machte mich gern fein und zog jeden Tag ein anderes Kleid an. Für Schleifen, Schmuck und Schönheitspflästerchen gab ich ziemlich viel Geld aus. Lange Zeit trug ich eine künstliche Nelke im Haar, weil ich dachte, damit sähe ich hübscher aus, selbst wenn die Nelke schon zerrissen und fleckig war und der Draht vom Stiefel 'rausguckte. Meinem Vater machte es Spaß, wenn ich mich so herausputzte.

Mit Mädchen und sogar mit Jungen prügelte ich mich oft und ließ mir von ihnen nichts gefallen. Meine besten Freundinnen waren Irela und Ema, Enoés Töchter. Wir wuchsen miteinander auf und hielten zusammen wie Pech und Schwefel. Wenn eine zu Hause schlecht behandelt wurde, luden die anderen sie zu sich ein. Wir teilten alles, selbst wenn es nur braune Bohnen waren.

La Chata schickte mich jeden Tag in die *pulquería*, um ihr eine Flasche *pulque* zum Essen zu holen. Sie tat es heimlich, denn mein Vater hatte uns verboten, in solche Lokale zu gehen. Eines Tages kam ich auf den Gedanken, für mich und meine Freundinnen eine Extraflasche zu kaufen. Damit gingen wir aufs Dach, wo uns niemand sehen konnte, und tranken sie aus. Danach kauften wir uns jeden Sonntag eine Flasche *tequila* und leerten sie oben auf dem Dach. Manchmal waren wir so betrunken, daß wir kaum noch die Leiter herunterkamen. Wenn ich mich nicht doch noch beherrscht hätte, wäre ich sicher eine richtige Trinkerin geworden wie Irela und Ema.

Dort auf dem Dach rauchten wir auch und erzählten uns dreckige Geschichten. Hinterher kauften wir uns dann Kaugummi, damit der Nikotingeruch wegging. Irela und Ema klauten oft — einmal stahlen sie Geld aus der Schulkasse —, aber das machte ich nicht mit. Da mein Vater mir erlaubte, während der großen Ferien in einer Eiskremfabrik bei uns in der Nähe zu arbeiten, besaß ich genug Taschengeld. Ich verdiente da zwei bis drei Pesos am Tag, und die gab ich nur für mich allein aus. Mein Vater verlangte mir davon nie etwas ab. Also kaufte ich mir, was mir Spaß machte: Socken, Süßigkeiten und Kleider.

Ich hatte gern etwas Geld für mich und arbeitete lieber, als ich zur Schule ging. Als ich in der dritten Klasse war, fand ich eine Stelle, wo ich besser bezahlt wurde. Ich arbeitete von zehn Uhr morgens bis abends um acht in einer Schuhfabrik. Dann vermittelte mir Lilia, eine meiner Freundinnen aus der Töpfer-Straße, eine noch bessere Stellung. Dort mußte ich vorgezeichnete Figuren aus Holz ausschneiden. Aber das dauerte nur zwei Tage. Es passierte nämlich etwas mit dem Chef.

Ich arbeitete mit Lilia und zwei anderen Mädchen vorn in dem kleinen Laden neben dem Zimmer, in dem der Chef schlief. Er war dick und häßlich, genau der Typ, den ich nicht ausstehen kann, ein alter Mann, der immer noch den Mädchen nachstellte. Ich glaube, dieser fiese Kerl hatte von Anfang an schmutzige Absichten, weil er mich so geil anglotzte und dabei grinste. Es ekelte mich schon, wenn ich ihn ansah.

Am zweiten Tag sagte er, ich sollte sein Bett machen. Als ich in seinem Zimmer war, kam er herein, drückte mich an sich und küßte mich. Dann machte er seine Hose auf und wollte, daß ich ihn da anfasse. Ich rief nach Lilia, aber die hörte mich nicht. Ich hatte furchtbare Angst, verstehen Sie? Aber ich wehrte mich, bis er wütend wurde und sagte: »Na warte. Wenn ich herauskriege, daß du heiraten willst, dann komme ich aber dazwischen. Ich werde jedem erzählen, daß du nicht heiraten kannst, weil ich dich schon gehabt habe.«

Das war um sechs Uhr abends. Lilia und ich gingen um sieben nach Hause. Ich heulte immerzu und sagte ihr, was vorgefallen war. An dem Abend betranken wir uns, und von da an arbeiteten wir nicht mehr dort. Ich ging wieder in die Eiskremfabrik, weil die einer Frau gehörte.

Irela, Ema, Chita und ich schlossen uns einer *palomilla*, einer Bande, von ungefähr zwölf Mädchen aus der Casa Grande an. Wenn man so einer Gruppe beitritt, muß man sich verteidigen können, sonst hat man dauernd zu leiden. In jeder Gruppe gibt es ein Mädchen, das dafür bekannt ist, besonders gemein zu sein und brutal zu kämpfen. Die anderen haben dann Angst vor der und fügten sich oder laufen weg. Aber wenn man sie durchschaut und sich von ihr nicht bluffen läßt, dann ist diese Furie am Ende nur eine Angeberin, so etwas wie ein Spiegel, in dem man die Schwäche oder die Stärke der übrigen erkennen kann. Ich habe es nie leiden mögen, wenn die anderen über schüchterne Mädchen herfielen, und nahm sie oft in Schutz.

Wir zankten uns dauernd wegen der *novio*s und redeten eigentlich nur von Jungen. Diejenigen, die einen Freund hatten, erzählten den anderen, wie man sich umarmt und küßt und in dunkle Ecken geht. Wir hatten bald heraus, daß eine Lieblingsphrase der Jungen war: »Wenn du mich wirklich magst, beweist du es mir jetzt und gehst mit mir ins Bett.« Und wir wußten, daß sie das Mädchen, das nicht mitmachte, sitzenließen. Gewöhnlich taten die Mädchen, die ihren *novio* ehrlich liebten, was er von ihnen verlangte.

In dem Jahr, als ich Mitglied meiner Gruppe wurde, brach unter den Mädchen ein richtiges Fieber aus, und sie ließen sich eine nach der anderen umlegen. Die ältesten fingen an, und die jüngsten machten es ihnen schließlich nach; keine wollte zurückstehen. Wir fragten hinterher: »Wo bist du deine Unschuld losgeworden: auf einem Bett oder einer Strohmatte?« Die meisten Jungen gingen mit ihren Mädchen für etwa eine Stunde oder, wenn sie konnten, für eine ganze Nacht ins Hotel. Manche taten es im Hause einer Tante oder bei einer verheirateten Schwester, ganz gleich wo.

Meinen ersten *novio* hatte ich mit zwölf Jahren. Donato war der Sohn von Enoé, die bei uns arbeitete. Er war ein guter Kerl, aber sehr häßlich. Ich sah immer ein bißchen auf ihn herab, weil seine Mutter unser Dienstmädchen war und ich mich als ihre Herrin betrachtete. Mein Vater und meine Brüder ließen meine Schwester und mich nicht aus den Augen, und ich fand nie eine Gelegenheit, mit Donato auszugehen. Wenn ich ein bißchen älter gewesen wäre, hätte ich das sicher einrichten können, aber damals mußte ich um halb sieben zu Hause und um acht im Bett sein. Um zehn wurden die Lichter im Hof ausgemacht, und danach ging fast niemand mehr aus dem Haus. Jetzt ist das anders, wegen dem Fernsehen. Die Nachbarn besuchen sich gegenseitig, um die späten Sendungen zu sehen, und die Lichter bleiben bis Mitternacht an.

Noch vor ein paar Jahren hatten die Leute Angst, nachts auf die Straße zu gehen, denn diese Gegend war bekannt für Verbrecher, Taschendiebe und Rauschgiftsüchtige. Es wohnten noch nicht so viele Menschen hier, und es gab breite Gräben, in denen Leichen von Erwürgten oder Ertränkten gefunden wurden. Diese *vecindad* war eine richtige Räuberhöhle. Männer und Frauen verschwanden auf geheimnisvolle Weise, und man nimmt an, daß viele von ihnen unter den Fußböden vergraben wurden. Darum haben manche Familien ihre Böden auszementieren lassen.

Jeden Tag wurde jemand ermordet, ausgeraubt oder vergewaltigt. Man erzählt sich hier von einem Mädchen in Tepito, die einen Freund hatte, einen der schlimmsten Sorte. Der lud sie einmal ins Kino ein. Vorher hatte er mit anderen Jungens ausgemacht, daß er auf dem Heimweg mit ihr über den Marktplatz gehen würde, und da fielen sie alle über sie her, zerrten sie in eine der Buden und vergewaltigten sie, alle nacheinander. Dann brachten sie sie um.

Manchmal gab es richtige Terrorwellen, und niemand traute sich hinauszugehen oder sich zu beschweren. Für solche Überfälle gibt es keine sehr strengen Gesetze, meist kümmert sich überhaupt niemand darum. Mit der Zeit zogen hier bessere Leute ein, und so wurde die Lage anders.

Trotzdem fürchten sich die Menschen abends, weil sie glauben, daß hier Gespenster und ruhelose Seelen umgehen. Die älteren Mieter behaupten, neben den Wasserbehältern wäre Geld vergraben und dort erschiene oft ein Huhn oder ein Mann im Charrokostüm. Roberto hat ihn einmal gesehen; ihm passierten überhaupt merkwürdige Dinge, wenn er auf dem Dach schlief. Einmal legte er sich oben schlafen und wachte unten auf. Ein andermal fühlte er, wie ihn jemand am Fuß zog.

Als ich eines Abends mit meinem Vater an einem Trauerzug vorbeikam, hörten wir, wie auf dem ganzen Weg die Leute den Toten verfluchten. Mein Vater erklärte mir, sie müßten das tun, wenn es ein guter Mensch gewesen war, damit seine Seele Frieden fände und nicht herumspuke. Meine Stiefmutter Lupita wurde oft von Toten heimgesucht und verfluchte sie, um sie loszuwerden.

Hier in der Nähe gibt es immer noch ein paar schreckliche *vecindades*. Man nennt sie »Verlorene Städte«. Sie bestehen aus Holzbaracken mit Lehmfußböden. Die Casa Grande sieht dagegen geradezu hochherrschaftlich aus. Eine dieser »Verlorenen Städte« liegt in der Bäcker-Straße, ganz in der Nähe vom Haus meiner Tante. Es ist die schlimmste *vecindad* in unserem Viertel. Wenn man da hineingeht und nur einigermaßen anständig angezogen ist, starren einen die Leute schon an. Sie behandeln einen so, wie man gekleidet ist. Die meisten Fremden fürchten sich, da hinzugehen, aber ich bin es gewohnt, denn die Familie meiner Schwägerin Paula wohnte in dieser Gegend.

Ich kannte auch die Mädchengruppe aus der »Verlorenen Stadt« bei meiner Tante. Unter ihnen war keine mehr unberührt. Die Jungen dort treiben es schon mit ganz kleinen Mädchen. Als ich noch jünger war, wohnte da ein Bursche, den sie den »Haudegen« nannten. Er war der Schrecken der ganzen Nachbarschaft, ein *teporocho*, das heißt einer, der Alkohol trinkt, und mit dem Messer war er unglaublich schnell bei der Hand. Wenn er mit seiner Bande ins Kino ging, saß er oben auf dem Balkon und rauchte Marihuana, so daß man es im ganzen Kino riechen konnte. War es ein gewagter Film, dann hörten wir, wie er schmutzige Sachen sagte.

In unserem Viertel gibt es alles, sogar Prostituierte. Wir Mädchen gingen oft in die Färber-Straße, nur um uns das mal anzusehen. Die Straße ist voller Dirnen. Im ersten Block sieht man ganz junge, fünfzehn- oder sechzehnjährige, im nächsten ältere, dicke, häßliche Weiber mit Hängebrüsten. Sie nehmen drei bis fünf Pesos, und selbst dann handeln die Männer noch. In der Orlando-Straße, wo wir einmal wohnten, gibt es hübschere Frauen, aber sie verlangen auch mehr.

Am schlimmsten war die Rosario-Straße, an der ich immer vorbeikam, wenn ich Lupita besuchte. Da lebten die Frauen zu zweit oder zu mehreren in einem zur Straße hin offenen Laden. Jede hatte ein Bett, einen Tisch und einen Spiegel in einem kleinen Raum für sich, der durch einen Vorhang abgeteilt war. An die Wand hängten sie Heiligenbilder oder Fotos von Filmschauspielern und nackten Frauen. Sie saßen mit gespreizten Beinen und mit hochgezogenen Röcken an ihrer Tür. Unterröcke trugen sie nicht, und man konnte ihre Büstenhalter durch die Nylonblusen sehen. Wenn sie mit einem Kunden fertig waren, wuschen sie sich — sie hatten immer eine Kanne mit heißem Wasser auf dem Feuer stehen —, leerten die Waschschüsseln auf die Straße und bespritzten dabei jeden, der gerade vorbeiging.

Morgens, wenn sie ihre Zimmer aufräumten oder zum Markt gingen, konnte man sie von anderen Frauen nicht unterscheiden. Aber nachmittags, wenn sie sich zurechtgemacht hatten, fand man sie sofort heraus. Sie arbeiteten alle für dieselbe Madame und mußten ihr täglich einen bestimmten Anteil abgeben.

In dieser Straße sahen wir immer eine Menge Männer herumlungern, die warteten oder einfach neugierig zuschauten. Da standen verheiratete Männer und Jungen aus der Casa Grande und andere Männer, die ich vom Sehen kannte ... Landstreicher, Säufer, Krüppel und kleine Bengel aus der Nachbarschaft. Viele Jungen, die noch keine Erfahrungen haben, müssen dort hingehen, um es zu lernen. Danach können sie es dann mit anderen Mädchen machen.

Ich kannte nur zwei Mädchen, die in der Färber-Straße arbeiteten. Wenn eine von der Casa Grande dieses Gewerbe betrieb, dann tat sie es möglichst weit weg, damit wir sie nicht sehen konnten. Die beiden Mädchen kamen ganz herunter, weil sie mit Freunden wegliefen, für die sie später in Nachtlokalen und Spelunken arbeiten mußten. Wer sich in so einen Mann verliebt, ist wirklich verloren.

Mein zweiter *novio* war Mario, mit dem meine Schwester nachher durchbrannte. Sie nannten ihn den Soldaten, weil er so stramm ging. Ich hatte ihn beim Tanzen getroffen. Danach lernte ich Alberto kennen, Chitas *novio*. Mit dem tanzte ich ein paarmal, und er versuchte mich zu küssen. Aber das ging nicht lange, denn er war kaum mein *novio* geworden, da begegnete ich Crispín.

Er arbeitete als Möbelpolierer in unserer Straße. Eines Tages, als er mich allein sah, kam er heraus und bat mich, seine *novia* zu werden. Er sagte mir seinen Namen und ich ihm meinen, und wir gingen noch am selben Abend aus.

Ich war dreizehn, als ich ihn kennenlernte. Von da an lebte ich ständig in Angst und wurde gejagt, gequält und geschlagen. Meine Brüder, besonders Roberto, beobachteten mich dauernd. Selbst mein Vater, der mich bis dahin nie verprügelt hatte, schlug mich dreimal, einmal mit der Peitsche und zweimal mit einem Riemen, weil er mich mit Crispín gesehen hatte.

Wir beide gingen oft spazieren, aber er kam nie in die Nähe unseres Hauses. Consuelo half mir, unsere Verabredungen geheimzuhalten. Sie erlaubte mir, mit ihm ins Kino zu gehen. Ich sagte dann immer: »Ich gehe jetzt zur Messe.« Die Leute in der *vecindad* gewöhnten sich allmählich daran, die Mädchen mit ihren *novios* ins Kino gehen zu sehen, aber wenn mein Vater das erfahren hätte, wäre es mir schlecht ergangen.

Crispín war der erste, der mich richtig küßte und in die Arme nahm, deswegen mochte ich ihn auch sehr gern. Einmal küßte er mich im Kino so, daß es mich furchtbar erregte. Ich spürte, wie es über mich kam. In diesem Augenblick wünschte ich mir zum erstenmal, mit ihm zu schlafen, und er wollte gleich mit mir ins Hotel. Aber als wir aus dem Kino kamen, hatte ich mich schon wieder gefaßt und sagte, er müßte warten, bis ich fünfzehn wäre. Er versuchte immer wieder, mich zu überreden, aber ich schob es jedesmal hinaus.

Wir zankten uns oft, weil ich gern tanzte und er so eifersüchtig war, daß er mich nicht allein gehen lassen wollte. Immer wenn ich irgendwo Tanzmusik hörte, ging ich heimlich mit meinen Freundinnen hin. Aber Crispín wohnte ganz in unserer Nähe, und seine Freunde halfen ihm, mir nachzuspionieren, und dann kam er an und zog mich fort. Er war immer sehr böse, obwohl ich anständig tanzte und dabei nicht so wackelte und mich bewegte wie Consuelo und Antonia.

Zweimal erwischte ich ihn mit anderen Mädchen, aber er sagte, die nähme er gar nicht ernst, das wäre nur eine vorübergehende Laune und ich wäre die einzige, aus der er sich wirklich etwas machte.

Inzwischen fing Irela an, mit Donato, meinem ehemaligen *novio*, anzubandeln. Ihre Mutter war eine von den übertrieben vorsichtigen, tugendhaften Frauen, die ein Mädchen schon beschimpfen, wenn es nur mit einem Jungen ausgeht. Aber ihre Kinder waren alle verdorben, auch Irela hatte Pech.

Sie wurde zwar nicht schwanger, aber sie zog trotzdem zu Donatos Mutter. Er arbeitete in einer Bäckerei und kaufte von dem bißchen, was er verdiente, Schuhe und Kleider für Irela. Sie paßten einfach nicht zusammen, denn sie war hübsch und er häßlich. Er war ihr völlig gleichgültig, und sie kümmerte sich überhaupt nicht darum, ob er etwas anzuziehen oder genug zu essen hatte, und sie überließ die ganze Arbeit ihrer Schwiegermutter. Einmal erwischte Donato sie mit einem anderen Jungen im Kino. Dafür rächte er sich, indem er sie zu einem Freund mit in die Wohnung nahm, und dort machten beide sie auf dem nackten Fußboden fertig. Danach warf Donato sie hinaus.

Da sie viel für schöne Kleider und fürs Kino übrig hatte, fing sie an, sich mit allen möglichen Männern einzulassen. Dabei hatte sie noch Glück, daß sie nicht schwanger wurde. Dann verliebte sie sich in Pancho, einen üblen Burschen. Da hatte sie nun eine so große Auswahl und verfiel ausgerechnet auf den schlimmsten Kerl. Sie verließ den gutmütigen Donato für diesen Taugenichts, dieses Schwein, diesen elenden Lümmel, der nicht arbeitete und sie immerzu schlug. Diesen gemeinen Menschen liebte sie, und wenn er sie prügelte, dachte sie, das wäre ein Zeichen seiner Liebe zu ihr. Er machte ihr dann auch noch ein Kind.

Die nächste, die fiel, war Ema. Sie ging mit ihrem *novio* ins Hotel und hatte das Pech, bald darauf schwanger zu werden. Da ließ ihr Angebeteter sie im Stich, und die Familie mußte sich ihrer annehmen.

Meistens sind einem die Freunde hilfreicher als die Eltern, Geschwister oder Tanten. Leider erzählen bei uns in Mexiko die Mütter ihren Töchtern gar nichts über das Leben, und deswegen müssen wir mit unseren Enttäuschungen allein fertig werden. Selbst wenn die Mutter merkt, daß mit ihrer Tochter etwas los ist, würde sie nicht den Mut haben, danach zu fragen. Sie könnte einfach nicht die rechten Worte finden, um die Wahrheit herauszubringen. Sie läßt die Dinge laufen, bis das Unglück passiert. Wenn die Tochter dann schwanger wird und der Junge sie wieder verlassen hat, kann die Mutter diese peinliche Wahrheit, diese Schande, nicht ertragen.

Das ist der Grund, warum die Mädchen sich ihren Müttern nicht anvertrauen. Wenn sie sagen, daß sie einen *novio* haben, bekommen sie Schläge; wenn sie um die Erlaubnis bitten, mit ihrem Freund ins Kino zu gehen, werden sie angeschrien und Schlampe, Hure und schamloses Frauenzimmer genannt. Diese Worte verletzen das Mädchen sehr, und deswegen sagt sie nicht nein, wenn der Junge sie irgendwohin einlädt. Viele Mädchen laufen von zu Hause fort, nicht, weil sie mit einem Mann schlafen wollen, sondern aus Trotz gegen Eltern und

Brüder. Sie sind wie Weihwasserbecken, jedermann kann sie anrühren. Die mexikanische Tochter findet zu Hause eben kein Verständnis. Daher gibt es so viele unverheiratete Mütter.

Heutzutage findet man kaum noch Mädchen, die wirklich etwas taugen; sie haben hübsche Gesichter und wohlgeformte Körper, aber ihre Unschuld haben sie verloren. Das ist schlimm für den Mann, der sie ehrlich liebt; denn dadurch ist für ihn die Hoffnung auf eine glückliche Ehe von vornherein zerstört. Oft macht das Mädchen dem Mann etwas vor, so daß er glaubt, sie wäre noch Jungfrau, aber früher oder später findet er die Wahrheit doch heraus. Manche Frauen erzählen es ihrem Mann sogar selbst, denn statt ihn um so mehr zu schätzen, weil er sie aufgenommen hat, verachten sie ihn dafür, daß er auf sie hereingefallen ist.

Die mexikanischen Mädchen leiden darunter, daß sie sich mit ihren Eltern nicht aussprechen können. Darum vertrauen sie ihre Geheimnisse und ihre intimen Probleme lieber ihren Freundinnen an. Da ist zum Beispiel die Sache mit der Menstruation. Die meisten Mädchen erfahren davon zu Hause überhaupt nichts. Ich bekam meine mit dreizehn Jahren, und mich hatte auch niemand darauf vorbereitet. Ich war furchtbar erschrocken, denn ich wußte nur, daß man blutete, wenn man zum erstenmal mit einem Mann schläft. Daher verstand ich das gar nicht. Ich war doch noch mit niemandem zusammen gewesen. Als ich Paula fragte, machte sie mir noch mehr Angst, denn sie sagte, das würde nun immer so bleiben. Damit mein Schlüpfer und mein Kleid nicht schmutzig wurden, legte ich mir Zeitungspapier zwischen die Beine. Irela riet mir später, statt dessen alte Stoffreste zu nehmen. Daß es dafür besondere Binden gab, wußten wir damals noch nicht.

Crispín und ich blieben anderthalb Jahre *novios*. Ich hatte ihn sehr gern, und wir waren eine Zeitlang glücklich, aber er interessierte sich zu sehr für andere Mädchen. Eines Abends, vier Monate vor meinem fünfzehnten Geburtstag, gab es zwischen uns Krach. Ich hatte ihn wieder mit einem anderen Mädchen gesehen und war darüber so empört, daß ich mich von ihm trennen wollte. Er sagte, wenn ich ihn verließe, dann wäre ich dafür verantwortlich, wenn ihm etwas passierte. Da fürchtete ich, er könnte sich umbringen oder irgend etwas ganz Verrücktes anstellen und dann bekäme ich die Schuld dafür. Er bat mich noch einmal, mit ihm ins Hotel zu gehen, und sagte: »Wenn du mich wirklich liebst, dann kommst du jetzt mit mir.«

Ich hatte mir das immer so schön ausgemalt, wie ich ganz in Weiß in der Kirche getraut würde und dann ein eigenes Heim hätte. Ich wünschte mir, meine Kinder aufzuziehen, ohne daß eine Schwiegermutter oder die Verwandten sich einmischen konnten. Ich wußte auch, daß daraus meistens nichts wird, wenn man vor der Heirat mit einem Mann wegläuft. Außerdem sind die Eltern dann unglücklich, und die Leute klatschen darüber. Die anderen Mädchen, denen ich von meinen schönen Vorstellungen erzählte, lachten mich nur aus und sagten: »Sieh dir die an, die will tatsächlich heiraten!« Die meisten von ihnen lebten nämlich unverheiratet mit ihren Männern zusammen.

Heute denke ich, damals hätte irgend jemand mich warnen sollen, besonders weil ich so oft mit Jungen spielte. Aber niemand klärte mich über die Gefahren und Versuchungen auf. Darum fand ich es in Ordnung, als Crispín mir sagte, ich müßte erst mit ihm schlafen, dann würde er meine Eltern um die Erlaubnis bitten, mich zu heiraten. Sicher war ich auch leichtsinnig, aber ich fürchtete, ihn für immer zu verlieren, wenn ich ihm nicht nachgab. So hörten wir also in dieser Nacht auf, *novios* zu sein, und wurden ein Liebespaar.

Crispín ging mit mir in ein Stundenhotel in der Nähe des Gefängnisses. Inzwischen habe ich andere Hotels kennengelernt und weiß, daß dies eines der schäbigsten war. Die Nacht war furchtbar. Crispín zog sich aus, ohne sich zu genieren, aber ich hatte mich noch nie vor einem Mann ausgezogen und war sehr verlegen. Schlafen konnte ich überhaupt nicht, weil ich immer an meinen Vater denken mußte. Ich hatte schon vorher Angst vor ihm gehabt, und jetzt konnte ich mir vorstellen, wie er tobte und mich überall suchen ließ. Jedesmal, wenn ich die Unfallsirene hörte, glaubte ich, die Polizei fahndete nach mir.

Am nächsten Morgen um fünf ging Crispín mit mir zu seiner Mutter. Er ließ mich draußen warten. Ich schämte mich sehr, weil ich mir einbildete, jeder könnte mir ansehen, was ich getan hatte, und ich zitterte im Gedanken, daß Crispín mich nun vielleicht doch nicht heiraten würde. Eine Stunde lang stand ich da, und ich dachte schon, er hätte mich verlassen, da kam er endlich heraus. Er hatte mit seinen Eltern gesprochen, und die waren nicht bereit, mich aufzunehmen. Also gingen wir zu mir nach Haus.

Unten im Hof trafen wir Roberto, der eine fürchterliche Szene machte. Er drohte Crispín mit dem Messer und belegte ihn mit allen erdenklichen Schimpfworten, bis Crispín versprach, daß seine Eltern kommen und bei meinem Vater um mich anhalten würden.

Als meine Familie erfuhr, was vorgefallen war, gab es einen Riesenskandal. Alle wollten mich schlagen. Consuelo schlug mich zweimal, aber ich kratzte sie am Arm, bis sie blutete. Dann ging Manuel auf mich los, aber Paula kam dazwischen. Sie war die einzige, der ich jetzt vertrauen konnte, und sie weinte mit mir, als wäre ich ihre Schwester oder ihre Tochter. Sie sagte, da hätte ich eine große Dummheit angestellt. Ich war mit ihr nie besonders befreundet gewesen — sie war ernst und zurückhaltend, konnte aber auch sehr heftig sein —, doch ich werde nie vergessen, daß niemand, nicht einmal meine Schwester, soviel Mitleid mit mir hatte wie sie.

Als mein Vater von der Arbeit kam, blieb ich unten im Hof und traute mich nicht, ihm unter die Augen zu treten. Aber er sagte nichts und strafte mich auch nicht. Ich war eben »ausgerutscht«, und er tat, als ginge ich ihn nun nichts mehr an. Als Manuel ihm erklärte, daß Crispíns Eltern kommen würden, sagte er nur, er wollte von mir nichts mehr wissen und ich müßte mit meinem Leben allein fertig werden. Als sie ankamen, mußte Manuel mit ihnen sprechen. Er warnte sie und sagte, ich verstünde nichts vom Haushalt, meine letzte Kommunion hätte ich mit dreizehn Jahren gehabt und ich wäre überhaupt sehr benachteiligt, da ich keine Mutter mehr hätte. Sie meinten, das würde schon in Ordnung gehen und sie wollten mir mit der Zeit alles beibringen. Mein Vater ließ sie um eine Wartezeit von zwei Jahren bitten, da ich noch so jung war.

Er sprach einen Monat nicht mit mir und behandelte mich schlecht. Ich war todunglücklich und schämte mich vor ihm. Schließlich war ich immer sein Liebling gewesen, und ich konnte es einfach nicht ertragen, daß er mich so strafte. Es bedrückte mich derart, daß ich eines Nachts laut heulte. Ich konnte gar nicht wieder aufhören, bis mein Vater endlich mit mir redete. Ich bat ihn, mir zu verzeihen, und er sagte: »Sei nicht so töricht. Ich bin dein Vater und werde dich niemals verlassen.« Danach beruhigte ich mich.

Crispín kam jeden Tag und holte mich ab. Wir gingen entweder zu ihm nach Haus oder in den Park und ab und zu auch heimlich ins Hotel. An meinem fünfzehnten Geburtstag besuchten mich meine Freundinnen. Sie brachten einen Plattenspieler mit, und wir feierten bei uns. Mein Vater hatte eigentlich ein großes Geburtstagsfest für mich veranstalten und mir ein neues Kleid und sowas alles schenken wollen, aber da ich nun nicht mehr unschuldig und deswegen nicht viel wert war, bekam ich nur ein Paar Schuhe.

Eine Woche später zog ich endgültig in Crispíns Elternhaus. Von unserer Heirat sprach er nicht mehr, aber ich hatte Angst, schwanger zu werden, solange ich zu Hause wohnte. Mein armer Vater mußte mich wieder überall suchen. Ich hatte nicht den Mut, ihm zu sagen, wo ich war.

II

Ich hatte für meine Frau weder eine Wohnung noch Möbel. Alles, was wir besaßen, war das Geld, das ich verdiente. Wir gingen zu meiner Tante Guadalupe, die mit ihrem Mann Ignacio in einem kleinen Zimmer in der Bäcker-Straße lebte, und ich fragte sie, ob wir bei ihr bleiben könnten.

»Aber natürlich, mein Sohn«, sagte sie. »Sehr gern. Du weißt, du bist mir immer willkommen. Hier, nimm diese Decke und leg ein Stück Pappe darunter, damit sie nicht schmutzig wird.« Sie hatte kein Bett; wir schliefen alle auf dem Fußboden. So verbrachten Paula und ich unsere Flitterwochen.

Mein Onkel und meine Tante ließen nachts die Votivkerze brennen, darum mußten wir warten, bis sie ganz fest eingeschlafen waren, bevor wir uns ausziehen und hinlegen konnten. Es war eine schreckliche Nacht, weil wir dauernd aufpassen mußten, daß man uns nicht hörte. Paula sagte: »Sei nicht so laut!«, und ich: »Sei doch still, du machst den meisten Krach. Das gibt heute noch einen Skandal.« Bis zum Morgen wühlten wir herum.

Das war der Anfang unseres Ehelebens. Miete zahlten wir nicht. Ich gab meiner Frau pro Tag fünf Pesos für das Essen. Meine Tante war sehr gut zu uns, aber sie war von jeher arm gewesen, viel ärmer als meine Eltern. Sie wusch für andere Leute Wäsche und arbeitete in einem Restaurant, und Ignacio verkaufte Zeitungen. Trotzdem verdienten sie zusammen nicht so viel, daß sie sich mehr als eine Mahlzeit am Tage leisten konnten. Höchstens Bohnen und Pfefferschoten aßen sie noch zwischendurch. Aber sie klagten nie über ihre Armut; sie waren mit ihrem Leben zufrieden. Ignacio war stolz darauf, der Gewerkschaft der Zeitungsverkäufer anzugehören, an etwas anderes dachte er nicht. Nicht, daß es ihm an Intelligenz fehlte, aber er verstand nicht, sie richtig anzuwenden und etwas aus sich zu machen. Vor allen Dingen aber blieben sie arm, weil sie gern tranken.

Paula und ich hatten Angst vor dem, was ihre Mutter und ihre Brüder sagen würden, denn ich hatte sie ja hintergangen und dachte, sie würden ein Riesentheater machen. Aber ich hatte mich geirrt. Meine Schwiegermutter war von Anfang an vernünftig. Ich begegnete ihr eines Morgens auf dem Weg zur Arbeit, ein paar Tage nachdem Paula zu mir gekommen war. Ich dachte noch: Heilige Mutter Gottes, jetzt geht es los.

»Guten Morgen, Manuel«, sagte sie.

»Guten Morgen, Cuquita.«

»Und Paula?«

»Der geht es gut.«

»Du hast also erreicht, was du wolltest, nicht?«

Das war mir peinlich und ich sah zu Boden. »Verzeih mir, ich weiß auch nicht, wie das gekommen ist, es ist nun einmal so. Aber mach dir keine Sorgen, ich kümmere mich schon um sie, und wir werden weiter als Mann und Frau zusammenleben.«

»Dann ist's ja gut. Wollt ihr nicht heute abend zu uns kommen?«

»Gern, Cuquita.«

Nun mußte ich die Sache noch mit meinem Vater austragen. Paula wagte nicht hineinzugehen, als mein Vater uns aufmachte, und ich mußte sie schieben. Er schimpfte, als er hörte, daß ich nur sechsundfünfzig Pesos verdiente, und sagte, damit könnte ich keine Frau ernähren. Da säße ich ja nun schön in der Klemme. Dann fragte er Paula nach ihrem Alter. Die Ärmste zitterte am ganzen Leib, mogelte drei Jahre herunter und sagte, sie wäre sechzehn. Zum Schluß ermahnte er mich, tüchtig zu arbeiten und ein anständiger Mensch zu bleiben. Das Schlimmste war also überstanden.

Wir wohnten etwas über ein Jahr bei meiner Tante, und ich lernte mit der Zeit die Brüder meiner Mutter kennen. Sie saßen abends stundenlang da und redeten, und ich leistete ihnen oft Gesellschaft.

Mein Onkel José gab mir sehr nützliche Ratschläge. Er sagte zum Beispiel, ich dürfte es nie so weit kommen lassen, daß ich unter den Pantoffel meiner Frau geriete, sonst wäre ich verloren. Er beschwerte sich, seine Frau hätte ihn verhext und er müßte zu irgendeinem Kurpfuscher gehen, um diesen Zauber loszuwerden. In Wirklichkeit prügelte er die Arme so, daß sie geschwollene Augen hatte und am ganzen Körper zerschlagen war. Ich nahm sie immer vor ihm in Schutz, denn ich konnte es nicht ertragen, wenn jemand seine Frau schlug. Auch meine Tante hatte einmal eine Beule. Da stellte ich Ignacio zur Rede und drohte ihm, das nächste Mal bekäme er es mit mir zu tun. Danach ließ er sie in Frieden.

Aber der Rat, den José mir gegeben hatte, war richtig. Einer Frau darf man nichts durchgehen lassen. Wenn man das einer Mexikanerin nicht gleich von vornherein klarmacht, nimmt sie die Zügel in die Hand und geht einem durch. Ich habe schon öfter eine Frau sagen hören: »Mein Mann ist sehr gut zu mir, ich habe alles, was ich fürs Haus brauche, aber ich hätte doch lieber einen Mann, der mich regiert, anstatt ich ihn.« Darum zeigte ich meinen Frauen immer, daß ich der Herr im Haus war, denn ich wollte mich ihnen gegenüber als Mann fühlen, und sie sollten das auch spüren.

So verging die Zeit, bis ich eines Tages eine Auseinandersetzung mit Ignacio hatte. Er kam am Abend betrunken nach Haus und fragte meine Frau, wann sie endlich zahlen wollte. Paula verstand ihn zuerst gar nicht und sagte, sie schuldete ihm nichts. Da erklärte er, sie sollte sich doch nicht so anstellen, sie wüßte genau, wie er das meinte. Ich erfuhr davon und hätte ihm am liebsten eine heruntergehauen, aber wegen meiner Tante gingen wir noch am gleichen Abend weg und zogen zu meiner Schwiegermutter.

Sie wohnte mit ihrem Mann in einem Zimmer mit Küche in der Piedad-Straße, mit ihren vier Kindern und deren Familien: Delila mit ihrem Baby, Faustino und seine Frau, Socorrito mit ihrem Mann und drei Kindern und Paula und ich. Der Raum war nicht groß und der rauhe Holzboden, auf dem wir schliefen, uneben und voller Löcher. An den Wänden sah man überall Fingerabdrücke und Blutflecken von den Wanzen, die dort zerquetscht worden waren. Es gab eine Menge Wanzen; das war ich gar nicht gewohnt, weil mein Vater streng auf Sauberkeit hielt und wir kaum Ungeziefer im Haus hatten. Die Toilette für alle Leute lag draußen im Hof; sie war immer in einem verheerenden Zustand.

Im Zimmer stand ein einziges Bett, in dem Faustino mit seiner Frau schlief. Wir anderen lagen auf alten Kleidern, Dekken oder auf Pappstücken. Die übrige Einrichtung bestand aus einem Schrank ohne Tür und einem Tisch, den wir abends in die Küche stellen mußten, damit wir alle Platz zum Schlafen hatten. In diesem kleinen Raum richteten wir uns also ein. Wir waren fünf Familien, im ganzen dreizehn Personen.

Wenn so viele Menschen in einem einzigen Raum zusammenleben, dann wird die persönliche Freiheit dadurch natürlich sehr eingeschränkt. Als Junge hatte mich das in meinem Elternhaus noch nicht gestört, nur wenn ich mal mit meinen Freunden reden oder mir unanständige Bilder ansehen wollte. Aber nachdem ich geheiratet hatte, machte ich in der Beziehung die bittersten Erfahrungen. Ich sah, daß bei einem solchen Zusammenleben einfach kein Frieden möglich ist. Es gab immerzu irgendwelchen Ärger, wie zum Beispiel damals, als mein Schwager darauf bestand, die elektrischen Birnen auszuschrauben, sooft er aus dem Haus ging, weil er die Lichtrechnung bezahlte.

Für mich war diese Lage unerträglich. Bis dahin war ich immer spät ins Bett gegangen und spät aufgestanden. Hier waren die anderen alle schon früh auf, rannten herum, redeten laut und weckten mich auf. Meist erwachte ich von dem ganzen Lärm mit furchtbaren Kopfschmerzen.

Auch unsere geschlechtlichen Beziehungen litten unter diesen Umständen. Da die Familie immer dabei war, konnten wir unsere Triebe nicht so ohne weiteres befriedigen, denn schließlich wollten wir es nicht vor den Augen der anderen machen, verstehen Sie? Und hatten wir endlich einmal das Glück, allein zu sein und uns ein bißchen zu vergnügen, dann klopfte auf einmal jemand und unterbrach uns mittendrin. Da fühlte man sich dann unbefriedigt und enttäuscht.

Manchmal war das auch peinlich und beinahe lächerlich. Pancho beobachtete mich die ganze Nacht lang, und ich machte auch nur ein Auge zu und wartete darauf, daß er und seine Frau einschliefen. So lagen wir stundenlang da, lauerten auf eine Gelegenheit und hatten Angst, daß man uns hören konnte.

Einmal passierte etwas sehr Komisches. Pancho war von einer Fahrt zurückgekommen und gerade besonders gut aufgelegt. Wir gingen alle ins Bett, und als er und seine Frau glaubten, wir wären fest eingeschlafen, küßten sie sich in einem fort, bis sie so richtig in Stimmung kamen. Da stand Socorrito ganz leise auf und drehte die Birne in der Lampe ein wenig heraus, damit niemand plötzlich Licht machen konnte. Sie legte sich wieder hin, und die beiden flüsterten zärtlich miteinander und küßten sich wieder. In dem Augenblick, als Pancho gerade zu ihr kommen wollte, blinkte auf einmal ganz von selbst das verdammte Licht auf, und er mußte schleunigst wieder herunter. Ich hörte, wie sie kicherten, und mußte selbst lachen.

Meine Arbeit gab ich auf, weil ich mich mit meinem Chef gestritten hatte, und so sehr ich mich auch bemühte, konnte ich nichts anderes finden, höchstens Gelegenheitsarbeiten, für die ich einen jämmerlichen Lohn bekam.

Meine arme Frau beklagte sich nie, obwohl wir damals sehr kümmerlich lebten. Sie liebte mich eben — nein, das war mehr als Liebe —, sie vergötterte mich beinahe. Und ich liebte sie auch. Wenn ich auf Arbeitssuche ging, gab ich ihr morgens drei Pesos, damit sie sich etwas zu essen kaufte, und sagte ihr, ich bekäme in dem einen Laden auf dem Markt Kredit. Das tat ich, weil ich wußte, daß zwei Personen nicht von drei Pesos leben können. Ich ließ mich dann von Alberto einladen, der hatte immer etwas übrig, um mir auszuhelfen.

Als ich längere Zeit nicht arbeitete, wurden meine Schwiegermutter und ihre Söhne allmählich sauer. Dabei suchte ich verzweifelt nach einer Stelle. Schließlich vermittelte mir ein Freund eine Arbeit im Pedregal: Steine klopfen. Da drückte man mir Hammer und Meißel in die Hand und versprach mir für zwei Fuhren Steine vier Pesos. Ich arbeitete von halb sechs Uhr morgens bis abends um sechs und schaffte nicht mehr als eine halbe Fuhre. Meine Hände waren vom Hammerstiel aufgeschürft und die Blasen geplatzt, und doch bekam ich für die ganze verdammte Schufterei nur zwei Pesos.

Paula weinte, als sie meine Hände sah. Ich tat ihr so leid, daß ich auch anfing zu heulen. Ich war sehr gerührt und sagte: »Komm, meine Gute, nicht weinen, das macht mich ganz unglücklich. Geh und hol dir schwarzen Kaffee und Bohnen. Ich wette, du hast noch nichts gegessen.« Sie war nämlich sehr stolz und bat ihre Mutter nie um etwas zu essen, auch wenn sie tagelang Hunger hatte.

Am nächsten Morgen kam mein Freund und sagte, die Arbeit wäre wohl zu schwer für mich, und er wollte mich lieber in seinem Lastwagen mitnehmen, damit ich ihm bei den Lieferungen half. Er gab mir fünf bis zehn Pesos, je nachdem, was für Fahrten wir gemacht hatten.

Na ja, so verging die Zeit. Paula und ich lebten schon fast drei Jahre lang zusammen und hatten immer noch kein Kind. Das gefiel mir nicht, und ich sagte ihr oft: »Das sieht ja gerade so aus, als ob ich mit einem Mann lebe; du bist anscheinend keine richtige Frau. Wann bekommst du denn endlich ein Kind?« Damals ahnte ich noch nicht, was es heißt, Kinder großzuziehen, und wie sehr man darunter leidet, nicht für sie sorgen zu können.

Aber ich ließ Paula keine Ruhe. Ich traute ihr nämlich nicht ganz, denn als ich das erstemal mit ihr geschlafen hatte, war sie nicht mehr unschuldig gewesen, und ich dachte, sie hätte vielleicht früher irgendein Mittel genommen und darum würde sie jetzt nicht schwanger. Heute weiß ich erst, daß ich noch zu jung war, um ein Kind zu zeugen.

Eines Tages sagte sie mir endlich, daß ich Vater werden würde. Ich hatte zwar nur noch acht Pesos, aber wir gingen trotzdem ins Kino, um dieses Ereignis zu feiern. Ich war sehr glücklich und hoffte, von nun an würde es uns vielleicht besser gehen. Ich war auch viel zärtlicher zu Paula als sonst.

Mit der Zeit bekam mein Freund weniger Aufträge, und wir hatten kaum zu essen. Da entschloß ich mich, zu meinem Vater zu gehen und ihn um Hilfe zu bitten.

Er sah mich scharf an, als ich hereinkam. Ich bestand nur noch aus Haut und Knochen und wog zweiundfünfzig Kilo. Auch Paula hatte abgenommen, seitdem sie mit mir zusammenlebte, aber sie sah immer noch ziemlich stämmig aus.

Mein Vater merkte sofort, was los war, und lud mich zum Essen ein. Ich wollte ihn fragen, ob er mir fünf Pesos leihen könnte, fand aber nicht den Mut, es auszusprechen. Da gab er mir von selbst zehn Pesos. Ich hätte am liebsten geheult; in diesem Augenblick haßte ich die ganze Menschheit, weil ich sah, daß ich unfähig war, mich durchzuschlagen. Da schufte ich nun wie alle anderen und bringe es doch zu nichts. Ich bin eben ein Schwächling. Solche Gedanken gingen mir durch den Kopf, als ich mich auf den Heimweg machte. Und dann sah ich Paula, die vor Hunger und Durst ganz trockene Lippen hatte. Ich heulte und kam mir vor wie der erbärmlichste Lump. Mein Magen war voll, ich hatte eine Menge gegessen . . . ich war ein Schuft, daß ich mich so vollgestopft hatte, während meine Frau nichts kriegte. Ich hätte wenigstens auch nichts essen sollen. Ich gab ihr die zehn Pesos und machte mich am nächsten Morgen wieder auf den Weg.

Ein paar Wochen später saß ich in der Lampenwerkstätte von Raúl Álvarez und verdiente in der Woche zweihundert Pesos. Endlich konnte Paula sich richtig ernähren, sie brauchte ja jetzt mehr, und wir wollten doch ein gesundes Kind haben.

Leider war es auch mit dieser Arbeit schon nach einem Monat wieder vorbei. Mein Schwager Faustino wurde krank, er hatte Lähmungen von der Hüfte abwärts und bat mich, bis er gesund wäre, seine Stelle in einem Restaurant zu übernehmen, weil er sie sonst verlieren würde. Man bezahlte mir fünfzehn Pesos pro Tag, davon gab ich meiner Frau nur fünf, den Rest lieh ich meinem *compadre* für die Miete, seine Medikamente und seinen Lebensunterhalt. Aber seine Krankheit zog sich in die Länge, und so verlor ich meine Arbeit in der Lampenwerkstatt. Außerdem wurden noch meine *comadre* Eufemia und mein Patenkind Daniel krank. So mußte ich für alle drei auf einmal aufkommen. Ich dachte, da ich ja das Geld nur auslieh, wäre das ebenso, als wenn ich sparte. Aber es kam anders. Faustino nahm eines Tages, ohne mir etwas davon zu sagen, seine Arbeit wieder auf, und ich saß da und konnte mich nach etwas Neuem umsehen, während Paulas Entbindung nahe bevorstand.

Inzwischen kehrte ihr ältester Bruder Avelino, ein versoffener Kerl, in sein Elternhaus zurück. Er war ganz heruntergekommen und starb nach zwei Wochen. Wir legten alle zusammen, mein Schwager versetzte seine Uhr, damit wir Avelino beerdigen lassen konnten. Zwei Tage später kam in dem gleichen Zimmer unser Kind zur Welt. Ich machte mir große Sorgen, denn die anderen meinten, Paula könnte Krebs bekommen, weil der Tote dort gelegen hatte.

Kurz vorher hatte ich — wirklich, als ob Gott sich meiner erbarmte — eine Stellung als Glasschneider für zwölf Pesos pro Tag gefunden. Am Tag der Geburt gab mein Chef mir nicht frei. Er sagte: »Was hast du denn dabei zu suchen? Willst du etwa schieben helfen? Wir haben hier genug zu tun. Los, an die Arbeit.« Na ja, ich brauchte das Geld für die Hebamme, also blieb ich da.

Der Tag schien mir endlos. Wir mußten hinterher noch den Laden saubermachen, und danach sah ich aus wie ein Schornsteinfeger. Ich lief zum Markt, kaufte noch ein paar Sachen für das Kind und rannte nach Hause. Unterwegs traf ich Pancho. Der schrie mir nach: »Du brauchst nicht so zu laufen, das Kind ist schon da. Es ist ein Mädchen.«

»Macht nichts«, rief ich, ohne anzuhalten. Dann kam ich zu Hause an. Paula war noch sehr schwach. Ich küßte sie auf die Stirn, und sie zeigte mir das Baby. Ich muß ein komisches Gesicht gemacht haben, denn alle meine Verwandten sahen mich an und lachten.

So wurde meine Tochter Mariquita geboren. Ich war an diesem Tag ganz besonders glücklich, weil mein Vater, der diese Wohnung noch nie betreten hatte, plötzlich kam, um seine Enkelin zu sehen.

Als das Kind drei Monate alt war, besuchten wir ihn, und er ließ uns nicht wieder gehen. Von da an wohnten wir also bei ihm.

Ich war einerseits froh über diesen Entschluß meines Vaters, aber zugleich ärgerte ich mich darüber. Sicher lebten wir bei ihm besser, und alles war sauberer. Aber ich nahm ihm sehr übel, daß er mich von meiner Frau trennte; ich durfte nicht mit ihr schlafen. Sie lag bei meinen Schwestern im Bett und ich auf einem Sack in der Küche.

Zuerst gab ich meinem Vater fünfzig Pesos in der Woche für die Haushaltskosten. Das hielt ich fünf Monate durch, bis ich einmal kein Geld bekam und ihm nichts geben konnte. So ging es auch in der nächsten und übernächsten Woche. Wenn ich fünf oder zehn Pesos verdiente, hatte ich sie ausgegeben, bevor ich es überhaupt merkte, und ich vergaß allmählich ganz, daß ich meinem Vater etwas schuldete. Ich dachte auch, er hätte ja genug Geld, weil er immer die Miete bezahlte und eine Menge zu essen mitbrachte. Paula machte den Haushalt, kochte und wusch meinem Vater die Sachen; deswegen konnte er ihr ja auch zu essen geben, genau wie er jedes andere Dienstmädchen bezahlt hätte. Aus diesem Grunde hörte ich nun auch auf, mein Geld mit Paula zu teilen. Obwohl ich damals noch keine andere Frau hatte, fing ich an, sie zu vernachlässigen, und trieb mich wieder mit meiner alten Bande aus der Casa Grande herum.

Santos, mein *compadre*, brachte mich auf den Gedanken, ein Schuhgeschäft aufzumachen. Er sagte, ich würde an jedem Paar fünf Pesos verdienen. Ich rechnete also: »Angenommen, ich mache sechzig Paare in der Woche ... das wären dreihundert Pesos ... großartig!«

Santos lieh mir die Leisten und die Heftmaschine, und mein Vater borgte mir zweihundert Pesos. Er war von meinen großen Geschäftsplänen sehr beeindruckt.

Leider verstand ich von der ganzen Sache überhaupt nichts. Ich übersah weder, wie es mit meinem Kapital stand, noch wußte ich, wie man aus einem Stück Leder möglichst viele Schuhe herausschneidet. Kurz gesagt, ich machte Pleite, und mir blieb nur noch Material im Wert von zweihundert Pesos übrig. Das verkaufte ich für sechzig Pesos an Santos. Ich war nicht der erste, dem so etwas passierte, aber es war für mich ein schwerer Schlag.

Danach gab ich es auf, dachte nicht mehr an die Zukunft und bemühte mich nicht vorwärtszukommen. Das bißchen Selbstvertrauen, das mir bis dahin noch geblieben war, hatte ich verloren, und ich lebte dahin wie ein Tier. Ich schämte mich, neue Pläne zu schmieden, weil ich ja doch nicht die Willenskraft hatte, sie auszuführen. Ich war eben unbeständig und konnte nichts richtig zu Ende bringen. Andere Menschen verstand ich besser als mich; meinen Freunden gab ich Ratschläge, wie sie sich ihr Leben besser einrichten könnten, aber mit meinen eigenen Problemen wurde ich nicht fertig. Mich selbst fand ich leer und minderwertig.

Ich habe immer geglaubt, daß unser Schicksal von einer geheimnisvollen Hand geführt wird, die alle Dinge lenkt. Nur den Auserwählten gelingt alles, was sie sich vorgenommen haben; wenn es uns aber vorherbestimmt ist, unser ganzes Leben lang nur *tamales* zu essen, dann beschert uns der Himmel auch nichts als *tamales*. Und wir mögen Pläne machen soviel wir wollen, irgendwann geschieht doch wieder etwas, das alles über den Haufen wirft. So kam es auch, als ich einmal sparen wollte. Wir hatten gerade neunzig Pesos zusammengelegt, da wurde mein Vater krank, und ich mußte alles für den Arzt und die Medikamente ausgeben. Das war das einzige Mal, daß ich meinem Vater half, und von da an legte ich nie wieder Geld zurück. Manche Menschen sind eben geboren, um arm zu bleiben, und wenn sie sich noch so anstrengen und alles mögliche versuchen, um hochzukommen. Gott gibt uns gerade genug, damit wir uns kümmerlich am Leben erhalten können, stimmt's?

Nach meinem Mißerfolg lief ich also wieder herum und suchte Arbeit, bis ich in einer anderen Lampenwerkstatt unterkam. Nach der Arbeit spielte ich Karten, ging ins Kino oder sah mir mit meinen Freunden zusammen ein Baseball- oder Fußballspiel an. Nach Hause kam ich nur noch selten. Als mein Sohn Alanes geboren wurde, bezahlte mein Vater die Hebamme und alles übrige.

Mit Roberto stritt ich mich oft, denn er ging mit meinen Schwestern viel zu streng um. Er war dagegen, daß ein anständiges Mädchen zu einer Tanzerei ging: Darin und in vielen anderen Ansichten glich er ganz meinem Vater. Er hatte nämlich die engstirnigsten und unwirklichsten Vorstellungen von der

Keuschheit einer Frau. Für ihn mußte ein Mädchen ganz rein sein, und das findet man heutzutage kaum noch.

Wenn man heute ein Mädchen ins Kino einlädt und sie wie ein Kavalier behandelt, dann sagt sie nachher, man sei ein Schlappschwanz. Geht aber einer gleich auf sie los und packt fest zu — obwohl sie sich wehrt, denn Frauen sagen immer zuerst nein —, dann ist das genau der Richtige für sie. Mein Bruder war dagegen so zurückhaltend, daß ich dachte, er würde nie heiraten.

Was seine Beziehungen zu Frauen anging, hatte er eine Menge Komplexe, nicht etwa, weil er eine Frau nicht nehmen und mit ihr schlafen konnte, daran lag es nicht. Das wußte ich von einer Frau, mit der er eine Zeitlang zusammen gewesen war. Aber er war überzeugt, daß er schwarz und häßlich aussah und die Frau, die er heiratete, ihn bei der ersten besten Gelegenheit betrügen würde. Und er wußte, daß er sich nicht beherrschen könnte, wenn irgend jemand ihn nicht ernst nahm.

Er war furchtbar heftig. Er konnte einen anderen auf der Stelle packen, ihm die Rippen einschlagen oder ihn mit dem Messer erstechen und ein wahres Blutbad anrichten. Dabei war er kein Verbrecher, nur eben schrecklich jähzornig. Wenn seine Wut verraucht war und er daran dachte, wie er den Burschen zugerichtet hatte, bekam er ein schlechtes Gewissen, weinte und bat den anderen um Verzeihung. Mein armer Bruder war voller Widersprüche.

Im Grunde war er ein anständiger Mensch und besser als wir alle. Ich glaube, wenn er mit gebildeten und klugen Leuten zusammen gewesen wäre, hätte er glücklich werden können. Denn er hatte etwas für schöne Sachen übrig, unterhielt sich gern mit Menschen, die mehr wußten als er, und gab sich immer Mühe, neue Wörter zu lernen und sich gut auszudrücken. Hätte er mit Menschen aus einer höheren Gesellschaftsschicht verkehren können, dann wäre sicher etwas aus ihm geworden. Er haßte die gräßliche Umgebung, in der wir lebten, und überhaupt alles, womit er täglich in Berührung kam.

Einen großen Teil der Schwierigkeiten, in die er sich ständig verwickelte, erkläre ich mir durch die bei uns verbreitete, völlig falsche Ansicht, daß es ein Zeichen der Selbstachtung und des Stolzes ist, wenn man keine Angst hat. Roberto kannte in Wirklichkeit gar keine Furcht, er wich der Gefahr nicht aus. Wenn jemand das Messer zog, griff er nach seinem und ging gleich auf den anderen los. Und wenn er betrunken war, wurde er noch wilder. Ich sagte immer: »Warum willst du nicht Boxer werden, wenn du so eine Wut in dir hast?« Aber er wollte nicht. Er sagte, Kämpfen wäre nichts für ihn. Hätte ein Sportklub ihn unterstützt, dann wäre er ein großer Rennfahrer oder Schwimmer geworden. Statt dessen trieb er sich herum, stahl und geriet dauernd in Schlägereien. Das konnte nicht so weitergehen. Er suchte, genau wie ich, besonders starke Gefühle und brauchte Betätigung, um dem Feuer, das in ihm brannte, Luft zu machen.

Im Grunde, glaube ich, hatte er vor irgend etwas Angst. Ich verstehe zwar nicht viel davon, doch ich nehme an, es war sein Unterbewußtsein, das sich gegen eine unbestimmte Gefahr wehrte. Vielleicht litt er zu sehr darunter, daß er nicht genug Liebe fand. Sein Leben war traurig, viel trauriger als meins oder das meiner Schwestern, denn Liebe hat er eigentlich nie gekannt.

Inzwischen erkundigte ich mich immer wieder nach Graciela und saß oft in dem Café, wo sie arbeitete. Sie hatte geheiratet, ihren Mann aber nach drei Monaten wieder verlassen, weil er ein Verbrecher war; er stahl und handelte mit Marihuana. Ab und zu begegnete ich ihr auf der Straße, und jedesmal wühlte es mich wieder auf. Ungefähr um die gleiche Zeit, als meine Tochter geboren wurde, bekam sie einen Sohn. Nach einiger Zeit verlor ich sie ganz aus den Augen, und ich dachte, es sei wohl besser so. Ich war nun schon fünf Jahre mit Paula verheiratet und hatte während der Zeit kein Verhältnis mit einer anderen Frau gehabt.

Dann sah ich sie eines Tages in einem Café, und von da an verfolgte ich sie richtig. Meine Leidenschaft für sie flammte wieder auf.

Einmal gingen wir zusammen tanzen. Wir sahen uns immerzu an, und ich küßte sie, bis sie ganz verwirrt wurde. Hinterher lud ich sie zu einem *taco* ein, führte sie aber statt in ein Restaurant in ein Hotel. Sie merkte es und weigerte sich, hineinzugehen. Wir standen drei Stunden lang vor der Tür und redeten hin und her. Schließlich hielt ich es nicht länger aus und zerrte sie mit Gewalt hinein. Ich wollte sie ausziehen, aber sie flehte mich an, ihr nichts zu tun. Im Grunde ihres Herzens sehnte sie sich danach, mit mir zu schlafen, aber ihr Verstand hielt sie davon ab. »Ich bitte dich bei allem, was dir lieb ist, Manuel, laß mich. Wenn ich das tu', kann ich nicht weiterleben. Du bist verheiratet und hast Kinder, bitte, hab Mitleid mit mir und laß mich.«

Aber ich war wie besessen, ich mußte sie haben. Über anderthalb Stunden kämpfte ich mit ihr, und als sie nachgab, konnte ich plötzlich nicht. Ich weiß nicht genau, woran es lag, vielleicht hatte mich das Ganze zu sehr angestrengt. Ich betete zu allen Heiligen, daß es mir wiederkam, und endlich ging es auch.

Dann wurde es die schönste Nacht meines Lebens. Wir überließen uns ganz unseren Gefühlen. Es war, als ob der Strom der Liebe in uns auf einmal alle Schranken durchbrach und uns fortriß. Sie war ebenso unersättlich wie ich. Siebenmal kam ich zu ihr, und als es Morgen wurde, hatten wir immer noch nicht genug.

Von dem Tag an verkehrten wir ständig miteinander. Ob meine Frau etwas davon erfuhr, weiß ich nicht; jedenfalls sprachen wir nie darüber. Aber ich begriff, daß meine Beziehung zu Graciela mir in jeder Hinsicht gefährlich wurde. Ich fürchtete, Paula könnte mich verlassen, sobald sie davon Wind bekam, und das wollte ich nicht, denn ich liebte sie schließlich auch. Aber es war ein ganz anderes Gefühl. Paula war passiv; ihr war alles recht, was ich tat, und sie wurde in ihrer Liebe zu mir nie leidenschaftlich. Das war nun einmal ihre Natur. Aber deswegen erregte sie mich nicht so sehr. Graciela dagegen liebte mich auf eine Art, die meiner Eitelkeit wohltat. Sie betete mich an. Jedesmal, wenn ich sie berührte, war es wieder etwas ganz Neues, als wäre sie nicht mehr dieselbe Frau. Ich liebte sie leidenschaftlich und begehrte sie wie ein Wahnsinniger; ohne sie konnte ich nicht leben. Außerdem brauchte ich nicht zu befürchten, daß sie schwanger wurde, denn sie konnte keine Kinder mehr haben.

Mein Leben wurde eine Hölle, weil ich auf keine von beiden verzichten konnte. Nachts schlief ich nicht mehr, ich wälzte mich immerzu herum und litt unter einer quälenden Unruhe. Wenn ich mich halbwegs entschlossen hatte, mit Graciela zusammenzuleben, und ich kam nach Haus und sah, wie meine Frau bei meinen Kindern schlief, schämte ich mich und machte mir Vorwürfe.

Es kam so weit, daß ich mir manchmal wünschte, Paula würde mir einen Anlaß geben, damit ich mich von ihr trennen konnte. Ich war ihr gegenüber leicht gereizt und schlug sie einmal fürchterlich. Sie ging mit den Kindern sehr hart um und prügelte Mariquita, bis sie am ganzen Körper blaue Flecken hatte. Eine andere Art der Erziehung kannte sie eben nicht, denn ihre Eltern hatten sie früher auch so geschlagen.

Obwohl ich Graciela erklärt hatte, daß ich mit meiner Frau nicht mehr zusammenschlief, war ich fast jeden Tag bei Paula, sicher auch aus Schuldgefühl, und sie erwartete bald wieder ein Kind, worüber Graciela zuerst außer sich geriet. Ich machte ihr klar, daß ich die Pflichten gegenüber meiner Frau nicht ganz vernachlässigen durfte.

Ich betrog Paula auf die gemeinste Weise. Als Roberto in Córdoba im Gefängnis saß und mein Vater mich zu ihm schickte, nahm ich Graciela mit und stellte sie meiner Tante als Arbeitskollegin vor. Aber die fiel darauf nicht herein. Ich mußte neben David auf dem Boden schlafen, und Graciela und ich konnten die ganze Woche lang nur in den Zuckerrohrfeldern zusammenkommen.

Als ich nach Mexico-City zurückgekehrt war, bekam Paula zweimal einen schweren Blutsturz. Der Arzt sagte mir, den nächsten würde sie nicht überleben. Trotzdem verbot ich ihr, das Kind abzutreiben, und unser Sohn Domingo kam gesund zur Welt.

Eine Zeitlang wohnten wir zusammen mit Delila und meiner Schwiegermutter in einem kleinen, bescheidenen Haus mit nur einem Zimmer. Immerhin war es das erste richtige Haus, in dem ich je gewohnt hatte, und ich fand es dort wunderbar.

Wenn ich sah, wie andere Leute wohnten — ich hatte im Kino, in der Zeitung oder in vornehmeren Stadtteilen die schönen Häuser gesehen und den Luxus, den es da gibt —, fühlte ich mich, wie soll ich sagen ... erniedrigt, und ich sagte mir: »Du mußt vorwärtskommen, dahin mußt du es auch bringen!« Denn es ist wirklich entwürdigend und schrecklich, kein richtiges Heim zu haben und immer mit anderen Leuten zusammenzuwohnen.

Ich war nur einmal in meinem Leben ganz glücklich, das war damals, als wir in dem Haus wohnten. Es war das erstemal, daß ich mir wie ein Mann vorkam und meine Pflichten gegenüber meiner Familie erfüllte. Sonntags blieb ich oft zu Hause, strich den Tisch und die Stühle an und sah, daß meine Frau zufrieden war. Nach einem Jahr mußten wir leider ausziehen.

Graciela arbeitete weiter im Café und wollte nie Geld oder irgend etwas anderes von mir annehmen. Sie sagte, sie hätte ein schlechtes Gewissen, wenn ich das Geld, das ich für meine Kinder brauchte, für sie ausgäbe. Eines Tages sagte sie, ein gewisser Señor Rodolfo besuche sie oft; er wollte sie heiraten, und sie fragte mich, was sie tun sollte. Was konnte ich ihr raten? Ich sagte ihr, das müßte sie allein entscheiden.

Nach ein paar Tagen traf ich sie wieder und ging mit ihr ins Hotel. Da gestand sie mir, daß sie sich entschlossen hatte zu heiraten.

»Manuel, ich schwöre dir bei dem Leben meines Kindes — und das ist für mich das Heiligste in dieser Welt —, daß ich nur dich liebe. Ich weiß, daß ich darunter leiden werde, aber ich muß meinem Sohn eine Zukunft sichern. Laß mich leben, Manuel, versteh mich doch.«

Ich war verzweifelt, aber ich sah ein, daß sie recht hatte, und bat sie, dann lieber gleich zu gehen. Doch sie wollte nicht; sie konnte so nicht von mir Abschied nehmen. Also verbrachten wir die Nacht zusammen. Am Morgen sagte sie: »Nein, ich werde nicht heiraten, ich will keinen anderen Mann. Ich wollte es für meine Mutter tun, um ihr keinen Kummer zu machen, aber jetzt ist mir alles gleich. Ich liebe nur dich allein.«

Danach ging ich zu ihrer Mutter und überredete sie, mir und Graciela nicht im Weg zu stehen. Ich gestand ihr meine Leidenschaft für ihre Tochter und sagte, sie wäre die einzige große Liebe in meinem Leben und die dürfte sie mir nicht rauben. Die Señora war sehr sentimental, sie weinte sogar und war mit allem einverstanden.

Ungefähr um diese Zeit sagte mir Paula, sie fühlte sich nicht wohl. Sie hatte noch nicht abgenommen, und die Ärzte wußten nicht, was mit ihr los war. Ins Krankenhaus wollte sie nicht, sie hatte Angst davor; außerdem stillte sie gerade Conchita, und es war niemand da, der für die Kinder sorgen konnte.

Ich glaubte einfach nicht, daß sie ernstlich krank war, das heißt, ich machte mir in Wirklichkeit wenig Gedanken um sie, denn ich war viel zu sehr mit meinen eigenen Problemen, mit meinen Beziehungen zu den beiden Frauen beschäftigt. Ich war in einer schrecklichen Verwirrung und lief herum wie ein Verrückter.

Eines Tages besuchte uns mein Vater. Er hatte Paula liebgewonnen, als wäre sie sein eigenes Kind, denn er sah, daß sie aufopfernd, tüchtig und sauber war. Er erkannte auf den ersten Blick, daß sie schwer krank war, und bestand darauf, einen Arzt zu rufen. Und ich war so blind, so dumm und unaufmerksam gewesen, daß ich nichts gemerkt hatte!

Sie wollte mir keine Angst machen und versicherte, sie würde bestimmt wieder gesund werden. Aber zu ihrer Mutter sagte sie:

»Mama, wenn ich mich jetzt hinlege, steh' ich nicht wieder auf. Bitte, nimm dich der Kinder an.«

Als ich am nächsten Abend von der Arbeit kam, stand mein Vater an der Tür. »Komm herein, du elender Schuft, du verdammter Hurensohn. Da, sieh dir an, was du getan hast. Du bist daran schuld, daß sie stirbt.«

Paula hörte, wie er mich anschrie. Sie sah mich sehr liebevoll an, und ich kniete an ihrem Bett nieder. Sie streichelte meinen Kopf — ich fühle ihre Hand noch jetzt — und lächelte mir zu. Dann lag sie da, als wenn sie schliefe.

Am folgenden Abend begrüßte mich mein Vater mit denselben Schimpfworten und schrie: »Du hast ihr nicht genug zu essen gegeben! Warum heiraten solche Bastarde wie du überhaupt, wenn sie für ihre Familie nicht aufkommen können? Wie soll das jetzt weitergehen? Was wird aus den Kindern, wenn deine Frau stirbt?«

Man holte den Priester, um Paula die Letzte Ölung zu geben. Ich war so verzweifelt, als ich ihn kommen sah, daß ich ihn bat, Paula und mich zu trauen.

»Hmmm, jetzt, wo sie stirbt, willst du sie auf einmal heiraten? Dazu hast du doch die ganzen Jahre Zeit gehabt!« Er weigerte sich, er, ein Diener Gottes! Wenn Gott eines seiner Kinder leiden sähe — ganz gleich wen —, dann würde er ihm nicht noch einen Schlag versetzen, wie dieser Priester es mit mir tat. Ich war so empört, daß ich ihm kein Geld gab, und er ging wütend hinaus.

Danach suchte ich einen Arzt. Ich rannte zu Fuß in die Rosario-Straße, wo Doktor Ramón wohnte. Aber der war betrunken und gab mir nur eine Spritze für Paula mit. Nun mußte ich noch jemanden finden, der sie ihr geben konnte. Es war nach vier Uhr morgens, und kein Mensch öffnete, als ich in der Casa Grande von Tür zu Tür ging und klopfte. Endlich traf ich eine Frau, die etwas davon verstand. Kaum hatte sie Paula die Spritze gegeben, da erschien der Arzt und schrie: »Um Himmels willen, gebt ihr die Spritze nicht, sonst stirbt sie!« Er erklärte, daß man die Flüssigkeit erst mit Blut mischen müßte, damit sie keinen Herzanfall verursachte. Dann nahm er etwas Blut von Roberto und spritzte es Paula ein. Sie bewegte sich, öffnete ganz langsam die Augen, und dann starb sie. Ja, sie starb.

Ich verlor vor Verzweiflung fast den Verstand, stieß mit dem Kopf gegen die Wand und brüllte: »Das kann nicht sein! Dann gibt es keinen Gott!« Ich lästerte Gott, weil ich immer gedacht hatte, der Glaube würde alles fertigbringen, und ich hatte so fest geglaubt, daß Paula wieder gesund würde!

Später sagte mir ein anderer Arzt, sie hätte Magentuberkulose gehabt. Consuelo machte mir Vorwürfe, weil ich nicht zärtlich genug zu Paula gewesen war. Darin glich ich meinem Vater, ich behandelte meine Frau hart und streng, nur im Dunkeln, im Bett, konnte ich ihr Liebe geben. Mein Vater schob natürlich die ganze Schuld auf mich . . . ich hätte sie vernachlässigt . . . ich wäre nicht stark genug gewesen . . . Er stellte mich als einen richtigen Verbrecher hin. Und ich antwortete ihm nicht, obwohl ich wußte, daß er unrecht hatte. Er war eben mein Vater und konnte mit mir tun, was er wollte.

Zwei Tage lag meine Frau aufgebahrt. Ich war so verstört, daß ich nicht imstande war, mich um das Begräbnis zu kümmern. Einmal griff ich nach dem Messer, aber da kam mein Sohn und bat mich um fünf Centavos. Nein, ich durfte mich nicht umbringen, ich mußte an meine armen Kinder denken.

Nach der Beerdigung bin ich nie wieder zum Friedhof gegangen. Ich dachte, Paula würde meine Gegenwart fühlen und ich brächte ihr sicher keinen Frieden, nur neue Qualen.

Ich finde, es ist reiner Betrug, wenn wir die Toten beweinen. Erst nach Paulas Tod, als ich ihr nachtrauerte, bewies ich ihr meine Liebe. Aber die hätte ich ihr doch geben müssen, als sie noch lebte! Wir weinen nämlich nicht aus Liebe, sondern aus Schuldgefühl. Das ist der Grund, warum ich bis zu meinem eigenen Begräbnis nie wieder auf den Friedhof gehen will.

Am Tag, als Paula begraben wurde, dachte ich in all meiner Verzweiflung und meinen Kummer: Ich habe ja noch Graciela, wenigstens sie bleibt mir noch. An diese Hoffnung klammerte ich mich wie an den letzten Strohhalm. Aber als Graciela von Paulas Tod erfuhr, tat sie aus Reue und Verwirrung gerade das, was sie um alles in der Welt nicht hätte tun dürfen: Sie heiratete Señor Rodolfo. Ich weiß, daß sie mich mit ganzer Seele liebte, doch sie wollte büßen, und ihre erste Reaktion war, mit dem Mann zu gehen, den sie überhaupt nicht liebte.

So verlor ich mit einem Schlag alle beide, die Mutter meiner Kinder und die große Liebe meines Lebens. Graciela hätte warten oder mich wenigstens trösten sollen. Wir hätten uns helfen müssen, denn wir waren schließlich beide schuldig.

Danach irrte ich durch die Straßen und fühlte mich furchtbar einsam. Ich hoffte, mit der Zeit würde ich die Leere, die ich nach Paulas Tod empfand, weniger spüren, aber es wurde nur immer schlimmer. Jetzt, da sie nicht mehr da war, liebte ich sie erst richtig. So war es meinem Vater mit meiner Mutter auch ergangen. Ich denke manchmal, mein Leben ist nur eine Wiederholung von dem meines Vaters, mit dem einzigen Unterschied, daß er für seine Kinder sorgte und ich nicht.

Drei Tage und drei Nächte lang stand ich vor Gracielas Haus, aß nichts und schlief nicht und hoffte nur, sie würde herauskommen, damit ich sie töten könnte, denn ich fand, sie hatte alles, was uns heilig war, verraten.

Als Alberto mich in diesem Zustand sah, sagte er: »Hör, *compadre*, wir müssen weg von hier, sonst nimmst du noch ein schlimmes Ende. Laß uns als Landarbeiter über die Grenze gehen.« Er redete so lange auf mich ein, bis ich endlich nachgab.

Ich ging nur noch einmal nach Hause, bat meinen Vater um seinen Segen und nahm meine Hose und meinen neuen Mantel mit. Zuerst wollte mein Vater mich nicht gehen lassen, aber am Ende segnete er mich. Danach gingen wir zu meinem Schwager Faustino, um uns von ihm zu verabschieden, und der schloß sich uns gleich an. Also machten wir uns zu dritt auf den Weg.

Ich hatte ungefähr acht Pesos in der Tasche, als wir nach Kalifornien aufbrachen.

Ich ging zum Militär, weil ich mich schon immer für Gewehre interessiert hatte und mich nach Abenteuern sehnte oder wenigstens danach, in der Welt herumzukommen. Na ja, und als am 3. März 1947 dieser Truman nach Mexiko kam, um sich mit unserem Präsidenten zu treffen, ging ich mir den berühmten Mann ansehen. Wenn ich mich nicht irre, war es das erstemal in der Geschichte, daß ein Präsident der Vereinigten Staaten unser Land besuchte. Darum versammelten sich auf dem Flugplatz eine Menge Leute.

Ich stand ganz vorn, genau gegenüber der Tribüne, neben dem Hauptquartier der Luftwaffe. Da sah ich ein Schild mit der Aufschrift »Komm zur Luftwaffe!« und schrieb, ohne weiter nachzudenken, einfach meinen Namen auf die Liste.

Ich war noch fast ein Kind, nicht älter als sechzehn und ziemlich klein, so daß der Hauptmann gleich sagte: »Du mußt uns erst die Erlaubnis deiner Eltern bringen, mein Junge.« »Natürlich, die hab' ich schon längst«, log ich, denn es war mir noch nie eingefallen, zum Militär zu gehen. Jedenfalls bestand ich alle Tests und verpflichtete mich für drei Jahre.

Meinem Vater sagte ich nichts davon, bis ich die Uniform bekam. Ich hatte kaum das Tor der Casa Grande passiert, als die Leute riefen: »Donnerwetter, seht euch bloß an, was der Schwarze da anhat.« Ich brauchte meinem Vater nichts zu erklären, er sah ja die Uniform.

»Nanu, was hast du denn gemacht?«

»Nichts, Papa, ich bin Soldat geworden.«

Er blieb stehen und musterte mich, dann sagte er: »Gut, wir wollen sehen, was daraus wird. Benimm dich anständig, sei ehrlich und arbeite tüchtig, dann kommst du auch vorwärts.« Den gleichen Rat hat er mir immer gegeben.

Drei Monate vergingen, und wir mußten jeden Tag exerzieren. Ich schlief zu Hause und ging morgens um sechs auf den Militärflugplatz zum Appell, wo wir bis fünf Uhr nachmittags gedrillt wurden. Eines Morgens, als wir zur Reveille angetreten waren, sagte Hauptmann Madero: »Alle, die sich freiwillig für Guadalajara melden wollen, einen Schritt vor.«

Wir hörten nur »Guadalajara«, dachten an eine Reise und traten alle vor. Wir waren etwa fünfzig Rekruten. Aber dann erklärte der Hauptmann uns die näheren Bedingungen, und danach meldeten sich nur noch sechs, darunter ich und mein Freund Daniel.

Mein Vater blickte kaum von seiner Zeitung auf, als ich ihm sagte, daß ich fortginge. Erst als er etwas von Guadalajara hörte, war er überrascht und sah mich lange an. Dann weinte er und umarmte mich, wie er es selten getan hatte, und ich fühlte mich wie im Himmel. Wenn er so mit mir spricht und mich in seine Arme nimmt, ist mir die Kehle wie zugeschnürt, und mir steigen Freudentränen in die Augen. Er schenkte mir sogar fünfzig Pesos, damit ich mir etwas für die Reise kaufen konnte, und segnete mich, und ich nahm Abschied von meinen Geschwistern.

Wir brachen noch am selben Abend auf. Da wir gerade Sold bekommen hatten, kauften sich alle etwas für den Weg, meist war es Alkohol. Nur ich harmloser kleiner Bengel erschien mit einer Büchse Nestle-Milch, einem Kommißbrot und Pfirsichen. Während ich Milch trank, bis sie mir aus den Ohren herauskam, soffen die anderen sich allmählich einen an.

Unsere Kaserne in Guadalajara lag auf einer Hacienda. Ich mußte die Felder bewachen, damit die Landarbeiter das Korn nicht stahlen. Der Major war so gemein, daß er uns nicht erlaubte, Obst von den Bäumen zu pflücken. Wir durften nur das auflesen, was auf dem Boden lag. Davon bekam ich denn auch Malaria.

Während der ersten Wochen im Lager war ich vor lauter Sehnsucht nach Antonia ganz krank. Ich konnte weder essen noch schlafen. Meine Arbeit tat ich rein mechanisch. Oft lieh ich mir ein Pferd, streifte allein oben durch die Berge . . . und dachte dabei an nichts anderes als an meine Stiefschwester. Aber mit der Zeit kam ich darüber hinweg.

Dort in Guadalajara war ich zum erstenmal in meinem Leben sternhagelvoll. Zum Tag des Heeres wurde ich mit einem anderen nach Jalisco geschickt, um *tequila* zu besorgen. Ein paar Kerle aus der Brennerei überredeten mich, mit ihnen zusammen ein »Horn« zu trinken, das heißt ein Ziegenhorn voll *tequila*. Das Zeug kam gerade aus der Brennerei, es war noch warm und schmeckte angenehm süß. Als wir abfahren sollten, fing der Alkohol an zu wirken. Der Schaffner ließ mich nicht in den Bus, sondern steckte mich oben in den Gepäckraum, damit ich etwas nüchterner wurde. Ich schwor mir, nie wieder einen Tropfen zu trinken. Das war die größte Lüge, die ich je ausgesprochen habe.

Als wir zurückkamen, war das Fest in vollem Gange. Die Farmer hatten ein paar junge Bullen, ein Kalb, Schweine und Puter gebraten. Es waren viele Leute da, Soldaten und die Dorfbevölkerung, und es wurden ein *rodeo* und noch so allerlei veranstaltet. Ich kippte den *tequila* kübelweise hinunter und wußte bald nicht mehr, was ich tat. So kann ich mir nicht mehr erklären, wie das geschah, jedenfalls fing plötzlich ein Gefreiter — Gorilla nannten wir ihn — an, mich zu beschimpfen, und er ging mit seinem Gewehr auf mich los. Irgend jemand brachte uns auseinander, aber seitdem haßte ich diesen Kerl.

Wenn er Marihuana geraucht hatte und benebelt war, wurde der Gorilla ganz sanft. Dann sprach er über Philosophie, Literatur und Theologie, wovon ich natürlich nichts verstand. Trotzdem hörte ich ihm immer zu. Major Cascos und der Leutnant unterhielten sich oft mit ihm. Der Major war ein gebildeter Mann; er konnte alle Fragen, die der Gorilla ihm stellte, beantworten. Sie führten manchmal lange Gespräche, mit denen sie mir ungeheuer imponierten. Das waren für mich die einzigen Lichtblicke in meiner Dienstzeit.

Später freundete ich mich mit Cascos und dem Leutnant an, nur dieser verdammte Gorilla brachte mich dauernd in Schwierigkeiten. Für ihn und Cascos mußte ich im Garten an einer versteckten Stelle Marihuana anpflanzen. Das war zwar verboten, aber so genau beobachtete man uns nicht. Eines Tages wurde die Sache aufgedeckt, und ich wäre beinahe vor das Kriegsgericht gekommen.

Die beiden überredeten mich oft, auch Marihuana zu rauchen, aber sie wußten genau, daß ich dafür nichts übrig hatte. Da drehten sie mir denn einmal, als ich sie um eine Zigarette bat, zum Schein eine von meiner Lieblingssorte an; vorher hatten sie etwas von dem Zeug in den Tabak gemischt. Nach drei Zügen wurde mir schwindlig, mein Kopf war plötzlich leer, und ich sah alle Leute ganz komisch an. Als ich gehen wollte, war mir, als hätte ich keinen Boden, sondern irgend etwas Weiches unter den Füßen. Ich schwankte, und meine Nerven gehorchten mir nicht mehr.

Dann spürte ich ein menschliches Bedürfnis und kroch hinter einen Kaktus . . . Als ich wieder aufstehen wollte, fiel ich hintenüber in die Dornen. Dabei mußte ich selbst über meinen Zustand lachen. Ich versuchte zu spucken, aber mein Mund blieb trocken. Die Kerle lachten über mich . . . ich wäre am liebsten über sie hergefallen, aber ich fühlte mich zu schwach, mein ganzer Körper war schlaff. Ich schlief ein und versäumte darüber meinen Dienst. Der Rausch wirkte auf mich so fürchterlich, daß ich schließlich im Krankenhaus landete. Seitdem habe ich dies Gift nie wieder angerührt.

Als in Mexiko die Maul- und Klauenseuche ausbrach, passierte mir etwas, das für mein ganzes Leben wichtig wurde. Die Seuche war so gefährlich, daß das Gebiet um Guadalajara herum unter Quarantäne gestellt wurde, und wenn von zehn Stück Vieh zwei oder drei davon befallen waren, mußten wir die ganze Herde erschießen, damit die Krankheit sich nicht weiter ausbreitete. Die Regierung zahlte den Bauern nur einen Teil von dem, was ihre Herden wirklich wert waren, daher waren sie auch so aufgebracht und rächten sich an uns, obwohl wir ja nur unsere Pflicht taten, wenn wir ihre Tiere töteten.

Manche Farmer besaßen riesige Herden. Sobald eines ihrer Tiere krank wurde, führten sie die übrigen nachts in die Berge, um sie vor uns zu retten. Na ja, eines Nachts schob ich auf dem Flugplatz Wache und sollte verhindern, daß Vieh über das Gelände getrieben wurde.

Da hörte ich auf einmal ein Geräusch wie das Brüllen von Rindern und das Stampfen von Hufen. Als ich einen der großen Scheinwerfer anmachte, sah ich eine gewaltige Staubwolke. Ich wollte es dem Gefreiten melden, aber der war nicht da. Also lief ich zurück und erwischte den Farmer, der gerade dabei war, seine Herde fortzutreiben. Er bat mich, nicht zu schießen, und bot mir dafür fünfhundert Pesos. So einen Haufen Geld hatte ich in meinem Leben noch nicht gehabt. Ich ließ ihn ziehen.

Kurz darauf kam der Gefreite und fragte mich, warum ich ihn gesucht hätte. Ich wollte mich herausreden, aber der war nicht so dumm. Er diente schon lange im Heer und kannte alle Kniffe. Schließlich gestand ich ihm, zweihundert Pesos Schmiergeld eingesteckt zu haben. Er brüllte mich noch eine Weile an und hielt mir eine Strafpredigt. Am Ende sagte er dann: »Also gut, gib mir hundert Pesos, und nun halt's Maul.«

Dieses Erlebnis scheint mir wichtig, denn hätte ich das Geld damals nicht angenommen, wäre ich vielleicht nicht auf die schiefe Bahn geraten. Derselbe Fall wiederholte sich noch ein paarmal. Ich bekam bis zu zweitausend Pesos, aber ich verstand nicht, das Geld vernünftig anzulegen, sondern verpuffte alles mit Freunden, Frauen und für Alkohol. So gewöhnte ich mir an, mein Geld hinauszuschleudern.

Das Leben beim Militär gefiel mir. Ich brachte es bis zum Gefreiten. Trotzdem diente ich meine Zeit nicht ab. Ich weiß zwar auch nicht genau, wie das kommt, jedenfalls habe ich mit allen Leuten Scherereien, vielleicht wegen meiner dunklen Haut, oder es ist einfach Veranlagung.

Mit dem Gorilla konnte ich mich nun einmal nicht vertragen. Eines Tages übten wir uns im Nahkampf, und plötzlich wurde aus dem Scheingefecht Ernst. Er sollte nur die verschiedenen Gewehrhaltungen mit mir durchnehmen, statt dessen zielte er einen richtigen Stoß auf mich. Ich parierte, schob sein Gewehr beiseite, und wir standen Brust an Brust.

Ich sagte: »Was ist los, Gefreiter? Diesmal bist du zu weit gegangen.«

»Du Hurensohn, los, geh in Deckung! Mach weiter, oder ich bring' dich um!«

Als ich ihn fluchen hörte, hätte ich ihn am liebsten auf der Stelle umgelegt. Ich packte mein Gewehr, holte aus und traf ihn mit aller Wucht am Kinn, so daß er zu Boden kollerte. Ich wollte ihm noch das Bajonett in den Rücken bohren, aber

Gott sei Dank beherrschte ich mich und kam zur Besinnung, sonst hätte ich ihn wie einen Schmetterling aufgespießt. So gab ich ihm nur einen leichten Stoß in den Hintern.

Das wurde ein Theater! Man ließ die Sanitäter holen und den Gefreiten verbinden, obwohl er außer ein paar Kratzern gar nichts abgekriegt hatte. Der Oberleutnant erklärte mir: »Hör zu, mein Junge, wenn ich dich jetzt festnehme und die Sache untersucht wird, bekommst du mindestens acht bis zehn Jahre Gefängnis. Deswegen verschwinde, so schnell du kannst.« Er zog zwanzig Pesos aus seiner Tasche und gab sie mir. »Hau ab, und Gott sei mit dir, ich bringe es einfach nicht fertig . . .« Was er da für mich riskierte, war wirklich allerhand, und ich weiß, daß ich ihm nie genug dafür danken kann. Ich säße jetzt noch im Gefängnis.

So quittierte ich meinen Militärdienst ohne Papiere und ohne alles. Fünf Monate noch, und ich hätte meine drei Jahre abgedient. Soldat sein ist nämlich auch kein reines Vergnügen, denn hat man sich erst mal verpflichtet, kommt man auch vor Ablauf der Zeit nicht wieder heraus. Mir war ziemlich übel zumute, als ich so verschwinden mußte. Schließlich war das ein Verbrechen; ich galt nun als Deserteur und wäre doch gern in Ehren entlassen worden, verstehen Sie?

In Guadalajara hatte ich eine *novia*, die mich wirklich liebte. Bevor ich mich aus dem Staube machte, verabschiedete ich mich noch von ihr. Das hätte ich nicht tun sollen, denn sie wollte unbedingt, daß ich sie mitnahm. Zuerst sagte ich ihr, ich würde nach Mexico-City versetzt. Als das nicht half, gestand ich ihr, daß ich desertierte und ihr gar keine Zukunft zu bieten hätte. Trotz allem sagte sie: »Das ist mir gleich, ich möchte nur bei dir sein.« Aber ich mußte sie natürlich doch verlassen. In der Liebe hatte ich sonst überhaupt kein Glück, außer bei ihr. Sie hat mich ehrlich geliebt.

Als ich nach Hause kam, wohnte mein Vater bei Lupita, weil Antonia noch nicht ganz geheilt war. Ich lauerte ihr manchmal auf und ging ihr nach, denn allein sie zu sehen, war für mich schon ein großer Trost. Nach einer Weile beschwerte sie sich bei meinem Vater, und danach traf ich sie nicht mehr, bis sie wieder in die Casa Grande zog.

Inzwischen lernte ich meine Schwägerin Paula besser kennen. Ich war glücklich, als ich erfuhr, daß ich Onkel werden würde, und wie freute ich mich, als Mariquita geboren wurde und weiße Haut und blaue Augen hatte! Mein Vater neckte Paula immer und sagte: »Hör mal, ist das auch mit rechten Dingen zugegangen?« Und ich zog sie auch damit auf — das tut mir heute noch leid — und sagte, ein blauäugiges Baby, das müßte sie wohl in unsere Familie hineingeschmuggelt haben. Dann wurde die Ärmste nacheinander rot, grün, gelb und blau. Übrigens waren Mariquitas Augen nach kurzer Zeit ebenso braun wie Manuels.

Mein Vater sorgte für Paula und ihre Kinder, da mein Bruder sie bald völlig vernachlässigte. Sooft ich Geld hatte, gab ich ihr etwas für Medikamente oder Schuhe für die Kinder, und sie bekam jede Woche von mir »Sonntagsgeld«. Paula war ein großartiger Mensch. Sie gab mir oft gute Ratschläge, und ich mußte ihr versprechen, mich nicht mehr mit anderen zu raufen. Aber das war ja in unserer Gegend unmöglich.

Ich trug immer noch meine Uniform und kam deshalb in schlechten Ruf. Jeder wußte, daß im Heer sämtliche Laster verbreitet waren, und Soldaten waren allgemein unbeliebt. Beim Militär hatte ich als guter Kämpfer gegolten, und bei uns sahen die Leute in mir so etwas wie einen Berufsboxer. Ich war so flink mit meinen Fäusten, daß sie mich Attila nannten. Wenn es nach mir gegangen wäre, hätte ich mich nie mit anderen geschlagen, aber ich mußte doch mit all diesen verdammten Kerlen abrechnen.

Wegen meiner Schwestern wurde ich dauernd in Schlägereien verwickelt. Consuelo ärgerte mich, weil sie so oft tanzen ging und dabei flirtete, und Marta, weil sie mit Crispín durchging. Dieser elende Schuft! Er war immer eifersüchtig und machte meiner Schwester das Leben schwer. Einmal besuchte ich Marta; wir saßen beide auf ihrem Bett, und zufällig hing mein Sporthemd über die Hose. Da kam Crispíns Schwester herein. Was sie ihrem Bruder nachher erzählt hat, weiß ich nicht. Es müssen die schlimmsten Verleumdungen gewesen sein.

Crispín konnte ich gar nicht leiden, weil er Marta betrog. Es tat mir weh, wenn ich sah, wie er sie behandelte. Ich hätte ihn auf der Stelle umbringen können — ich weiß, das hört sich an, als wäre ich wirklich eine Bestie —, aber dieser Kerl war tatsächlich eine Memme. Bei ihm hat sich, glaube ich, die Hebamme geirrt, als sie sagte, es sei ein Junge.

Nach einiger Zeit zog Antonia in die Casa Grande. Von da an hatte ich nur noch mehr Scherereien. Eines Tages traf ich sie Arm in Arm mit Otón, einem jungen Mann, mit dem ich sie schon vorher zusammen gesehen hatte. Im Augenblick, als sie mit ihrem *novio* vor mir auftauchte, wurde mir richtig schwindlig; ich konnte nichts mehr sehen, das Blut stieg mir in den Kopf, und ich hatte Schüttelfrost. Mir war wirklich sehr schlecht, ich ging aber mechanisch weiter, bis ich die beiden erreichte. Antonia schob Otón plötzlich zur Seite, und er machte ein erschrockenes Gesicht, als ich vor ihm stand. Ich hatte ihm nämlich schon einmal befohlen, meine Schwester in Ruhe zu lassen. Damals hatte ich zu ihm gesagt: »Hör mal zu. Du bist ein Lump wie ich oder noch schlimmer, das weiß ich genau, und deswegen will ich nicht, daß du mit ihr gehst. Sie hat einen Besseren verdient als dich. Diesmal sag' ich dir das noch freundlich, aber das nächstemal ist es aus. Kapiert?« Und das hatte ich ehrlich gemeint, denn mir war ja klar, daß ich Antonia nie für mich haben könnte, aber dieser hier schien mir nicht gut genug für sie. Damit hatte ich auch recht; Otón wurde nämlich später einer der schlimmsten Rauschgiftsüchtigen.

Ich schickte Antonia nach Hause und forderte Otón zum Zweikampf heraus. Aber er weigerte sich und meinte, Frauen wären es nicht wert, daß man um sie kämpfte. Daß er so etwas von Antonia sagen konnte, machte mich rasend, und ich gab ihm einen Kinnhaken.

Dann versuchte ich alles mögliche, um Antonia diesen Otón auszureden. Dabei sagte ich mehr, als ich eigentlich wollte. »Du hast recht, Antonia, das geht mich gar nichts an. Ich sehe ein, daß alles, was ich in meinem Herzen für dich empfinde, nicht sein darf.«

Ich glaube, sie verstand mich, denn sie sagte: »Na gut, jetzt bist du wenigstens vernünftig geworden.«

Ich bat sie, mir ein paar Fotos von ihr zu geben, ihren Namen draufzuschreiben und zu vergessen, was ich ihr gestanden hatte.

In der folgenden Nacht packte mich eine solche Verzweiflung, daß ich sterben wollte. Ich fürchtete, Antonia würde mit meinem Vater reden, und beschloß, ein Ende zu machen. Ich tat eine starke Arznei in ein Glas Wasser. Der Tod machte mir keine Angst, aber Gott erleuchtete meine Seele, und ich bereute meine Absicht. Ich goß das Zeug weg und zerbrach das Glas. Am nächsten Tag war ich wie betäubt. Selbst die Sonne konnte mich nicht wärmen.

Da ich Antonias Liebe nun verloren hatte — denn so verstand ich das Ganze —, nahm ich mir vor, Rufelia zu meiner *novia* zu machen, und erklärte mich ihr. Sie bat mich, ihr noch Zeit zu lassen, sie müßte sich die Sache erst überlegen. Aber dann schob sie ihre Antwort immerzu hinaus.

Schließlich sagte sie mir, ich wäre zu arm und könnte ihr nicht viel bieten. Ihre *novios* hatten ihr immer Geschenke gemacht und alles für sie getan. Von mir war dagegen nicht viel zu erwarten. Liebe interessierte sie also nicht, sie wollte Geld. In meiner Tasche steckten gerade tausend Pesos, weil ich am Tag vorher an der Rennbahn einer toll frisierten Dame aus der höheren Gesellschaft die Börse weggeschnappt hatte. Zuerst reizte es mich, Rufelia dieses Geld zu zeigen, dann dachte ich aber, so eine berechnende Person wäre doch nichts für mich.

Ihre Familie war, als sie in die Casa Grande einzog, ebenso arm gewesen wie wir alle, und wir waren gut befreundet. Rufelias Mutter borgte oft von uns Geld und wir von ihr. Später wurde ihr Mann Mechaniker, gab seinen Job als Beifahrer auf und nahm eine neue Arbeit als Kühlschrankmonteur an. Von da an ging es der Familie immer besser. Rufelias Brüder besuchten die höhere Schule, und ihre Eltern richteten sich die Wohnung ein. Zuerst war es ein Gasherd, dann Geschirr, ein Radio, ein Fernsehgerät, ein Balkon, auf dem die Jungens schlafen sollten ... so wurden sie allmählich die Rockefellers von unserem Hof. Nachdem sie reich geworden waren, hörten sie auf, mit uns zu verkehren. Mich übersahen sie einfach. Ich konnte nicht verstehen, warum manche Leute sich so plötzlich ändern. Mir schien, als fänden sie mich plötzlich nicht mehr gut genug. Kein Wunder, daß Rufelia nichts von mir wissen wollte.

Um die Zeit, als ich Rufelia nachlief, passierten in der Casa Grande seltsame Dinge, für die man mich beschuldigte. Irgend jemand streute Salz vor Rufelias Tür, dann bei Angélica Rivera und einigen anderen. Alle sagten, das wäre ich gewesen, ich hätte Rufelia strafen wollen, weil sie mich abgewiesen hatte, und ich hätte in der Nachbarschaft Streit säen wollen. Das stimmte natürlich nicht, ich habe so etwas nie getan.

An solche Zauberkünste konnte ich nicht glauben, obwohl ich, Leute getroffen habe, die sie heute noch betreiben. Auch habe ich nie Liebestränke oder so einen Unsinn gebraucht, wie manche Einfaltspinsel das tun. Hier in der Hauptstadt reden die Jungen zwar auch von solchen Sachen, aber sie nehmen sie nicht ernst.

Und doch kenne ich Menschen, die krank wurden, weil irgend jemand sie verhext hatte. In Córdoba zum Beispiel lebte ein Mann, den seine Frau um den Verstand gebracht hatte, indem sie eine Fotografie von ihm mit Stecknadeln durchbohrte und das Bild auf ihrem Stück Land begrub.

Eines Tages, während ich noch arbeitslos war, ging ich durch den Park von Chapultepec. Ich hatte nur zwanzig Centavos in der Tasche, und das Unglück wollte es, daß ich Gelegenheit fand, mir wieder einmal etwas mehr zu beschaffen.

Auf der Schloßterrasse traf ich einen Betrunkenen, der schon ziemlich herumtorkelte. Seine Jacke war hinten hochgerutscht, so daß man seine Brieftasche sehen konnte. Es war mir unmöglich, mich zu beherrschen und dieser Versuchung zu widerstehen, so steckte ich die Brieftasche ein, ohne mir weiter Gedanken zu machen. Es waren fünfhundert Pesos darin, das war für mich eine Menge Geld.

Warum ich das tat, kann ich mir auch nicht erklären, jedenfalls bestimmt nicht nur, weil es mir Spaß machte. Mich hatten ja schon als Kind die Finger gejuckt, anderen was wegzunehmen. Ich klaute nicht, um mir irgendwelche Luxusartikel zu kaufen oder auf dem Geld zu sitzen, sondern ich verschwendete alles für eine anständige Sauferei. Ich wollte einfach was erleben, damit ich vor meinen Freunden angeben konnte.

Ich gebe zu, daß ich das erstemal durch eigene Schuld ins Gefängnis kam. Ich hatte schon früher einiges ausgefressen, aber so weit wie diesmal war ich noch nie gegangen. Damals arbeitete ich in einer Werkstatt, in der Zierlampen hergestellt wurden. Wir wollten gerade den Namenstag unseres Chefs feiern, und ich fuhr zusammen mit ein paar Arbeitskollegen zu ihm. Wir waren alle schon ziemlich angeheitert.
Der Bus, in den wir einstiegen, war fast leer. Ich bekam Lust zu rauchen, wie immer, wenn ich etwas getrunken habe. Da niemand von uns Zigaretten bei sich hatte, fragte ich einen der Fahrgäste, ob er mir welche verkaufen könnte. Der antwortete mir sehr höflich, aber Zigaretten hatte er nicht. Ich hatte also gar keinen Grund, ihn zu beleidigen, und setzte mich wieder hin. Plötzlich fing einer meiner Kameraden an, diesen Menschen zu beschimpfen. Darüber beschwerten sich nun die anderen Leute im Bus. Einer stand auf und schlug mir ins Gesicht. Da wurde ich wütend und schleuderte ihn zu Boden, so daß seine Brille zersplitterte und er sich das Nasenbein brach.
Der Bus hielt sofort, alle anderen stiegen aus, und wir wurden ins Polizeirevier abgeführt. Nur einen ließen sie frei, und dem sagten wir, er sollte unseren Chef benachrichtigen, damit er die Strafe für uns zahlte. Aber als der endlich kam, war es zu spät, und wir wurden ins Gefängnis El Carmen abtransportiert. Vorher hatte man uns noch gefragt, ob wir wollten, daß jemand bei uns zu Hause Bescheid sagte. Wenn man nämlich festgenommen wird und keine Zeit mehr hat, seine Familie zu benachrichtigen, dann tun das die von der Polizei. Aber das nützen sie meist aus und verlangen dafür von den Angehörigen soviel sie wollen.
Ich war noch nie in meinem Leben im Gefängnis gewesen. Die Anklage lautete auf Körperverletzung wegen der blutigen Nase und auf Sachbeschädigung wegen der Brille. Dafür mußten mein Freund Hermilio und ich drei Tage absitzen. So eine Gefängnisstrafe ist eine scheußliche Angelegenheit; man muß schon ein dickes Fell haben, wenn man einigermaßen heil herauskommen will. Sie nehmen von jedem Sträfling die Fingerabdrücke und schreiben eine riesige Akte über ihn. Als nächstes muß man sich unten im Hof ausziehen, und sie suchen einen nach Marihuana, Kokain und nach Messern ab.

Die Wächter hatten uns kaum hineingezerrt, da fingen sie auch schon an, uns zu filzen. Unglaublich, wie habgierig diese Kerle waren. Unglücklicherweise hatten wir beide für die Feier beim Chef unsere besten Sachen angezogen. Die mußten wir ausziehen, damit man uns durchsuchen konnte, denn schließlich, meinte einer der Wächter, wären wir ja vor einem Gericht. Von Gerechtigkeit konnte da allerdings nicht die Rede sein! Als wir wieder in unsere Kleider steigen wollten, sagte der eine: »Zeig mir mal das Hemd da.« Und dann: »Dies Unterhemd ist auch nicht schlecht. Immer her damit.« So nahmen sie mir mein Hemd und meine Hosen ab — ich konnte ja nichts machen — und gaben mir dafür alte Lumpen.

Dann schickten sie uns in die Abteilung für Untersuchungsgefangene, wo alle Angeklagten zweiundsiebzig Stunden warten müssen, bis ihnen mitgeteilt wird, ob sie freigesprochen oder gegen Kaution entlassen werden oder wie lang sie sitzen müssen.

Die Zellen sind eng, etwa zwei mal drei Meter, mit Stahlwänden, Zementboden und einer soliden Stahltür, die oben eine kleine Öffnung hat. Das Personal ist von den Wächtern bis hinunter zum letzten Gefangenen militärisch ausgerichtet. Diese militärische Disziplin wird streng durchgeführt. Jeder hat seinen bestimmten Rang oder Dienstgrad. Sie fragen einen gleich, ob man für die *talacha*, das heißt für die Reinigung, bezahlen will, denn es gibt da besondere Säuberungsbrigaden. Wenn man kein Geld hat, machen sie einem das Leben schwer. Dann desinfizieren sie einem die Kleider, und man wird erst unter eine eiskalte Dusche gestellt und anschließend in einen Dampfraum geschickt. Wir mußten auch da hindurch, aber die *talacha* machten wir nicht mit, weil unsere Angehörigen später zehn Pesos für uns zahlten.

Am dritten Tag führten sie uns vor das Gericht und händigten uns die Bescheinigungen aus, nach denen wir nun also zu Strafgefangenen erklärt wurden. Hermilio wollte über das Treppengeländer springen und sich das Leben nehmen. Mir war auch danach zumute, aber ich war zu feige. Auf Hermilio mußte ich ständig aufpassen, sonst hätte er sich wirklich hinuntergestürzt.

Wir waren völlig verzweifelt. Ich war zwar nicht sehr gläubig, aber trotzdem vertraute ich auf Gottes Gnade und den Beistand der Jungfrau von Guadalupe. Ich gelobte, falls ich freigelassen würde, barfuß vom Gefängnis zur Villa von Guadalupe und auch nach Chalma zu pilgern und einem der Häftlinge meine Schuhe zu schenken.

Na ja, im letzten Augenblick, bevor wir ins Gefängnis abgeführt wurden, kam dann Consuelo mit irgendwelchen Papieren, die ich unterzeichnen sollte. Ich las sie noch nicht einmal durch, können Sie das verstehen? Consuelo arbeitete für einen Rechtsanwalt, und der nahm sich unserer Sache an. Um sechs Uhr wurden wir entlassen, allerdings nur vorläufig, auf Bürgschaft. Wir mußten jede Woche wieder hin und ein Papier unterschreiben.

Ich gab meine Schuhe einem anderen und ging barfuß hinaus. Hermilio wurde draußen von seiner Familie erwartet, für mich stand niemand da, aber das machte nichts. So ging ich bis zur Villa und bettelte unterwegs um Almosen, die ich dem Priester spenden wollte. Viel sammelte ich nicht ein, aber es tat mir wohl, das Geld nachher zu verschenken.

Wenn ich eine Kirche betrete, dann ist mir, als trüge ich eine schwere Last, besonders auf meinem Gewissen. Ich bleibe immer in der letzten Reihe, gleich hinter der Tür, und auch wenn die Gläubigen sich um mich drängen, bin ich mit meinen Gedanken und Gebeten allein, als wären nur Gott und ich in der Kirche. Beim Hinausgehen fühle ich mich erleichtert, selbst meine Kleider wiegen dann nicht mehr so schwer. Aus diesem Grunde muß ich jede Woche zur Messe gehen, sonst ist mir nicht wohl.

Als ich nach Hause kam, wagte ich kaum, mich im Hof zu zeigen. Die ganze *vecindad* wußte natürlich Bescheid. Einige mochten wohl einen Helden in mir sehen, aber für die meisten war ich ein Schandfleck.

Mein Gelübde, nach Chalma zu pilgern, vergaß ich nicht. Ich machte mich zusammen mit Manuel, Paula und vielen anderen Verwandten auf den Weg. Auf dieser Wallfahrt stießen uns merkwürdige und unheimliche Dinge zu. In der ersten Nacht verschwand der Mann, der uns mit seiner Laterne führte, und ließ uns im Dunkeln in einem Bohnenfeld stehen. Alle dachten, eine Hexe hätte uns irregeführt. Ich erinnere mich, daß die Leute früher einmal, als ich mit meiner Mutter nach Chalma ging, wirklich eine Hexe erwischt hatten. Sie packten sie und schrien: »Verbrennt sie!« Sie sagten, die hätte zwei Kindern, die tot am Fluß gefunden worden waren, das Blut ausgesaugt. Die Schuld daran gaben sie dieser Frau und verbrannten sie auf grünem Holz, mitten auf dem Platz von Chalma. Ich sah das große Feuer, aber dann durfte ich nicht mehr hingucken. Ich hörte Schreie, ein schreckliches Geheul, und man sagte mir, das wäre die Hexe, die sie verbrannten. Damals herrschten noch barbarische Zustände. Vielleicht war sie ja unschuldig, aber so übten die Leute eben Gerechtigkeit.

In Chalma fanden wir keinen Platz zum Übernachten und mußten draußen, außerhalb der Mauern schlafen, wo es von Skorpionen wimmelt. Manuel wurde nachts von einem gestochen, und wir hatten große Angst, daß er sterben würde.

Endlich fanden wir einen Müller aus der Umgebung, der ihm ein Mittel dagegen gab.

Am nächsten Tag rutschte ich auf den Knien zum Altar. Zuerst war ich sehr bedrückt, aber dann, als ich meine Kerze anzündete, ein Silberherz und ein paar Centavos stiftete, war ich froh, mein Versprechen gehalten zu haben.

Auf dem Rückweg gerieten wir in ein schreckliches Unwetter und wurden alle bis auf die Knochen naß.

In der Casa Grande fing ich wieder an, mich mit meiner Bande herumzutreiben . . . da war immer was los. In der Karwoche, besonders am Samstag vor Ostern, bestand unser ganzes Vergnügen darin, die Leute mit Wasser zu begießen und Skandal zu machen. Das ist ein altes Spiel, zu dem sich mehrere Banden vereinigen. Aber diesmal gingen sie zu weit. Anstatt sich gegenseitig zu bespritzen, warfen manche Leute mit Steinen nach Bussen, Autos und Ladenfenstern. Es kam zu einer richtigen Straßenschlacht. Über hundert Menschen wurden darin verwickelt. Schließlich hielt ein Jeep mit drei Polizisten, die versuchten, die Ruhe wiederherzustellen und die Anführer der Banden festzunehmen. Aber die Kerle ließen sich so leicht nicht einschüchtern. Sie warfen den Jeep um und machten sich aus dem Staub.

Ein anderer Festtag, den ich besonders gern feierte, ist der vierundzwanzigste Juni, der Tag Johannes des Täufers. Da werden bei uns die Badeanstalten um zwei Uhr morgens geöffnet, und wir stürzen uns ins Wasser, ganz gleich, wie kalt es ist. In den Bädern der Casa Grande werden Maisgrütze und *tamales* verteilt und Birnen und Nelken ins Wasser geworfen. Es herrscht ein solcher Andrang, daß man beim Schwimmen, auch ohne es zu wollen, irgendeinem Mädchen an den Busen faßt. Manche Frauen gehen an dem Tag nur in die Badeanstalt, um sich betasten zu lassen.

Was mir am meisten Spaß machte, war der Sport. Die schönsten Augenblicke meines Lebens verbrachte ich beim Schwimmen, beim Radfahren oder auf der Jagd, denn — wie soll ich das erklären — dann fühle ich, daß ich jemand bin, daß ich wirklich etwas tauge. Sonst denke ich doch immer, mich braucht niemand, und keiner macht sich was aus mir. Das kann ja auch gar nicht anders sein, denn wer bin ich denn, daß irgend jemand etwas für mich übrig haben könnte?

In Veracruz ging ich oft mit meinem Onkel auf Jagd. Wir schossen Wildschweine, Jaguare und Rehe. Einmal lud mich ein Freund zur Alligatorenjagd nach Putla ein. Drei Tage mußten wir durch die Berge wandern, bis wir dorthinkamen. Die Einwohner sprechen nicht spanisch, sondern *popoloca*, sie tragen nur einen Lendenschurz, und niemand denkt sich was dabei. Furcht kennen sie nicht. Sie gehen ständig auf Jagd nach Alligatoren, weil die soviel Schaden unter ihrem Vieh anrichten.

Jedesmal, wenn ich auf Abenteuer ausging, achtete ich darauf, daß ich rechtzeitig zurückkam, um auf der Polizeiwache meine Unterschrift abzugeben. Vier Monate lang tat ich es regelmäßig. Ich stand noch unter Aufsicht, als ich das zweitemal eingelocht wurde.

Sie erwischten mich im September 1951, als ich in der Nähe vom Schloß Chapultepec mit einer Schlinge nach *tórtolas* schoß, die ich so gern aß. Zwei Wächter hatten mich dabei beobachtet, und ich konnte mich nicht herausreden, denn es ist verboten, diese Vögel zu schießen. Sie führten mich zum Wachtmeister, und der verwechselte mich mit irgendeinem Verbrecher. Daher ließ er mich in den Schloßturm sperren und dort an die Wendeltreppe binden.

Sie beschuldigten mich vieler Diebstähle und wollten mich unbedingt zum Geständnis zwingen. Immer wieder fragten sie mich nach gestohlenen Sachen, Lampen, Wasserschläuchen und Drähten, und versuchten herauszubringen, wie ich sie geklaut und wo ich sie verkauft hatte ... worauf ich natürlich nichts antworten konnte. Derselbe Soldat, der mich gefesselt hatte, schlang den Strick um meinen Hals und zog einmal tüchtig zu. Ich konnte gerade noch sagen: »Du Sohn einer...«, dann verlor ich das Bewußtsein. Mein Kopf kippte einfach zur Seite.

Um zehn Uhr abends war ich immer noch angebunden wie der gemeinste Verbrecher. Endlich kam die Polizeistreife. Sie banden mich los und fuhren mich ins Polizeirevier, wo sie ihre Beschuldigungen gegen mich vorbrachten, ohne mich zu fragen, ob sie stimmten. Sie tippten das Ganze einfach mit der Maschine, und ich hatte keine Ahnung, was sie da schrieben. Als sie fertig waren, mußte ich meinen Namen daruntersetzen. Das sollte also meine Erklärung sein, obwohl ich dabei überhaupt nicht zu Wort gekommen war, außer, um ihnen ein paar Angaben über meine Person zu machen, wie Geburtsdatum und so was.

Ich sagte, ich würde nicht unterschreiben, bevor ich nicht gelesen hätte, was auf dem Papier stand. Aber sie brüllten mich an: »Schreib, du Hurensohn, sonst kannst du was erleben!«

Danach sperrten sie mich in den *separo*, das heißt das Loch, das sie als Toilette benutzen. Als Toilette kann man das gar nicht bezeichnen, denn es ist nichts darin als ein Misthaufen. Dann schickten sie mir den zähesten Burschen, eine Art Anführer unter den Sträflingen, der am besten boxen und mit dem Messer umgehen konnte. Der fragte, was ich verbrochen hätte. Er sprach *caló*, die Gaunersprache, die ich früher auch einmal gelernt hatte. Daher antwortete ich ihm in der gleichen Sprache, ich hätte nichts getan, aber man beschuldigte mich, etwas gestohlen zu haben. Da sagte er: »Dies hier ist ein Haus für Unschuldige; wir haben alle nichts ausgefressen und sitzen trotzdem hier.«

Dann forderte er mich auf, Geld für eine Kerze zu spendieren. Denn sie brauchen die Kerzen für einen kleinen Altar, den die Sträflinge selbst gebaut haben. In jeder Strafanstalt richten sie eine Zelle als Kirche ein, und es kommt jede Woche ein Priester, der die Messe liest.

Danach nahmen die Kerle mir die Brieftasche ab und durchsuchten mich von oben bis unten.

Das Essen auf dieser Polizeiwache war miserabel. Wir bekamen Kaffee mit einem gefärbten Wasser, das man wohl für Milch halten sollte, und niemand teilte aus. Der erste kriegte noch sauberen Kaffee, beim letzten war das Zeug voll Dreck von all den Händen. Es gab oft Prügeleien um die besten Schlafplätze. Natürlich schliefen wir alle auf dem Boden, aber niemand wollte in der Nähe der Toilette liegen. Ich dachte, ich könnte kein Auge zutun, weil es da so fürchterlich stank, daß man es kaum aushielt. Und doch erträgt man das alles, aber Gott weiß, wie man darunter leidet.

Dann verbrachte ich noch eine Woche hier in Mexico-City im Bundesdistrikt auf dem sechsten Polizeirevier, ohne daß man mir erlaubte, jemanden zu benachrichtigen. Die Worte »Sechstes Polizeirevier« bedeuten soviel wie Folter, verstehen Sie, denn da wird man so brutal behandelt, daß es kaum einer heil übersteht. Ich wurde viermal am Tag geschlagen, morgens, mittags und abends und dann noch einmal mitten in der Nacht.

Damit wollten sie mich zwingen zu gestehen, wo ich die gestohlenen Sachen aus dem Schloß Chapultepec verkauft hatte. Dabei war ich das doch gar nicht gewesen! Das sind hier so die Methoden der Polizei. Sie prügeln einen Menschen nicht, um herauszubringen, ob er schuldig ist, sondern einfach, um ihm ein Geständnis abzupressen. Und sie schlagen ordentlich zu, das können Sie mir glauben! Mir stießen sie mit solcher Wucht in den Leib, daß ich seitdem mit dem Magen zu tun habe. Sie gingen mit mir um wie mit dem schlimmsten Verbrecher und legten mir lauter Diebstähle zur Last, die ich nie begangen hatte. Aber das, was sie hören wollten, bekamen sie aus mir nicht heraus.

Mit den Prügeleien ging das so: Wenn man aufgerufen wurde, fingen die anderen alle an, einen zu verspotten und zu schreien: »Nun mal los, *compadre*, jetzt wirst du ein bißchen aufgewärmt, hier ist es ja auch zu kalt.« Alle, die während dieser sechs Tage herausgerufen wurden, heulten und zitterten, obwohl viele von ihnen harte, zähe Burschen waren. Die Quälereien der anderen verfolgten wir mit einer krankhaften Neugierde. In der Zelle war nämlich ein kleines Fenster, durch das man auf den Gang sehen konnte. Da kletterten wir dann hinauf und beobachteten, wie unsere Leidensgefährten geschunden wurden.

Bei mir wandten sie eine Methode an, die sie *del ahogadito* nannten — »ein bißchen Ertränken«. Dafür muß man sich bis auf die Unterhose ausziehen, denn lenken sie einen irgendwie ab, und wenn man gar nicht darauf gefaßt ist, kriegt man einen Schlag in den Magen oder in die Leber, wird beim Haar gepackt und mit dem Kopf voran in eine Wassertonne getaucht. Ein paar Sekunden lang halten sie einen unter Wasser, das kommt einem vor wie Jahrhunderte, dann sagen sie: »So, jetzt heraus mit der Sprache!« Aber zum Reden kam ich gar nicht, denn bevor ich Luft schnappen konnte, tauchten sie mich schon wieder unter.

Es gibt auch noch andere Verfahren, zum Beispiel den »kleinen Affen«. Da ziehen sie den Häftling nackt aus, er muß die Beine über einen Balken legen, der oben unter der Decke lang führt, und dort wie ein Affe mit dem Kopf nach unten hängenbleiben. Dann halten sie einen elektrischen Draht an seine Hoden, damit er einen Schlag bekommt. Es soll viele geben, die das nicht aushalten und dabei sterben. Ich habe noch von einer anderen Methode gehört: Sie besteht darin, daß der Häftling seine Hände auf einen elektrischen Röstapparat legen muß. Es ist unmöglich, das zu beschreiben, was in diesem Gefängnis vor sich geht.

Sie können sich vorstellen, wie großartig die Aufsicht ist, wenn die Wächter selbst Kokain, Heroin und Opium hineinschmuggeln. Im Gefängnis wird nämlich mit allen möglichen Arten von Rauschgift gehandelt.

Trotzdem gab ich die Hoffnung nicht ganz auf. Wenn sich an mir überhaupt noch etwas Gutes finden läßt, dann ist es mein blindes Vertrauen auf unseren Herrn Jesus Christus. Ich hoffte, Gott würde meine Gedanken zu meinem Bruder und meinen Schwestern lenken, damit sie einmal hier vorbeikämen. Und tatsächlich, eines Tages, als ich an der Gittertür lehnte, sah ich Manuel die Treppe heraufsteigen.

Er brachte mir Bananen und eine Jacke und schrie mich an: »Das hast du nun davon; du wolltest eben nicht arbeiten, das hat Papa schon immer gesagt. Nichts als Unheil stiftest du an.«

Danach kamen mein Vater und meine Geschwister mich öfter besuchen. Mein Vater tat alles, um mir herauszuhelfen. Er schickte mir einen Rechtsanwalt, der mich sieben Monate hinhielt. »Jetzt haben wir den Entlassungsschein, mein Junge, morgen bist du frei.« Das nächstemal sagte er: »Heute ist es aber ganz sicher. Diesen Nachmittag noch kommst du heraus.« Oder: »Heute um Mitternacht ist es soweit. Deine Angehörigen holen dich ab, und dann gehst du gleich mit ihnen in die Kirche und dankst der Heiligen Jungfrau.« Auf diesen Augenblick wartete ich sehnsüchtig. Wieder gelobte ich dem Christus von Chalma eine Wallfahrt, wenn er die Leute von meiner Unschuld überzeugte. Tag für Tag betete ich darum . . . jede Minute, mit jedem Herzschlag flehte ich zu Gott. Na ja, so vergingen sieben Monate.

Mich steckten sie in die Abteilung »A«, in der die schlimmsten Verbrecher saßen. Sie hielten mich überhaupt immer für einen der übelsten Burschen, aber ich bin stolz darauf, sagen zu können, daß ich den Vögeln ähnlich bin, die über den Sumpf fliegen, ohne sich die Federn schmutzig zu machen.

Raubüberfälle habe ich im Gefängnis sehr oft erlebt. Es gibt da Burschen, die einem auflauern, wenn man Besuch bekommt, damit sie hinterher alles, was die Verwandten einem mitgebracht haben, an sich reißen können. Einmal ließen mir meine Tante Guadalupe und mein Onkel Alfredo fünf Pesos da. Das ist natürlich für die Leute da eine Masse Geld. Ein Rauschgiftsüchtiger bringt es fertig, für diese Summe einen Mord zu begehen. Es sind wirklich gefährliche Kerle, aber ich muß sagen, sie tun mir auch leid, denn wenn sie ihre Drogen nicht kriegen, dann geraten sie in fürchterliche Zustände. Sie leiden die schlimmsten Qualen, wälzen sich zuckend auf dem Boden, der ganze Körper tut ihnen weh, und es ist, als ob sie innerlich verbrennen.

Als ich mit meinem Geld durch den Gang kam, zerrten mich ein paar von denen in ihre Zelle und drohten mir mit dem Messer, so daß mir nichts anderes übrig blieb, als ihnen alles zu geben.

So etwas ist natürlich nicht erlaubt, aber die Aufseher tun überhaupt nichts dagegen, obwohl es in jedem Gang einen Wachtposten mit Telefon und Maschinengewehr gibt. Der braucht nur Verstärkung herbeizurufen, um die Männer auseinanderzubringen, denn wenn erstmal zwei anfangen, sich zu raufen, dann breitet sich das schnell über die ganze Zelle aus, und viele werden dabei verletzt.

Die gemeinsten Kerle in der Anstalt schließen sich zu Banden zusammen. Darin werden nur solche Leute aufgenommen, denen es nicht mehr darauf ankommt, ob sie frei sind oder im Gefängnis und ob sie ermordet werden oder selbst einen umbringen. Man muß wohl mindestens drei Skalps am Gürtel haben, damit der Führer der Bande einen zum Mitglied ernennt. Diese Leute lernen sich meist im Gefängnis kennen, kommen aber, wenn sie wieder frei sind, auch draußen zusammen, um neue Verbrechen zu begehen.

Die Banden hatten nicht nur Macht über die anderen Gefangenen, sondern auch über die Aufseher. Einer der Häftlinge, den sie den Frosch nannten, beherrschte sogar den Hauptaufseher. Der Frosch hatte früher als Infanteriesoldat über hundert Menschen umgebracht. Bei einem Studentenkrawall hatte er mit einem Maschinengewehr einfach in die Menge geschossen und die Studenten wie Fliegen umgelegt. Er durfte ungehindert im Gefängnis herumgehen, und wenn ihm etwas nicht paßte oder er irgendwelche Forderungen für die Gefangenen stellen wollte, brauchte er es nur dem Hauptaufseher zu sagen, und seine Befehle wurden ausgeführt.

Was das Geschlechtsleben anbelangt, so kann ich nur sagen, es gab da ein scheußliches Durcheinander, obwohl die Homosexuellen von den übrigen getrennt in einer besonderen Abteilung untergebracht waren. Diese Männer — ich weiß nicht, wie ich sie sonst nennen soll — lebten in einer Art Holzbarakke. Da konnte man dann einen sehen, der sich am hellichten Tag die Lippen schminkte, während die anderen wuschen, nähten, kochten oder miteinander flirteten.

Das Schlimme ist, daß viele der Gefangenen total verdorben sind. Wenn sie von ihrem Geschlechtstrieb gequält werden und keine Frau haben, bei der sie sich erleichtern können, bestechen sie einen Aufseher, damit er sie in die »jota«, die Abteilung der Homos, hinüberläßt. Da gehen sie dann 'rein, und na ja, Sie können sich schon denken, was sie da machen. Sie suchen sich ein »Mädchen« aus, das ihnen gefällt, denn die Leute dort ziehen sich oft Weibersachen an.

Nachdem ich schon ein paar Monate in der Anstalt gesessen hatte, traf ich Ramón Galindo, den ich von früher her kannte. Er war anfangs ebenso arm gewesen wie wir alle, dann brachte er es irgendwie zu einem Fahrrad und machte auf einmal eine Wohnungsvermittlung auf. Wie er es anstellte, weiß ich nicht genau — ich kann es mir nur ungefähr denken —, jedenfalls wurde daraus ein beachtliches Geschäft. Danach verlieh er dann Geld zu zwanzig Prozent Zinsen im Monat, kaufte sich bald einen Wagen und wurde ein wohlhabender Mann. Später hörte ich, daß er Beziehungen zur Unterwelt hatte und von sicheren Freunden »heiße« Ware kaufte, an der er viel verdiente.

Er wurde eingesperrt, weil er einen Taxifahrer umgebracht hatte. Im Gefängnis gelang es ihm, zum Leiter des ganzen Personals aufzusteigen und sich sogar mit dem Chef des Geheimdienstes anzufreunden. Nachdem er entlassen worden war, wurde er auch tatsächlich Geheimagent, und seine Söhne sind jetzt Polizisten. Eine saubere Angelegenheit, denn er kaufte danach weiter gestohlene Waren auf. Darüber weiß ich wirklich Bescheid; ich wurde nämlich seine rechte Hand.

Soviel über die sieben Monate, die ich absitzen mußte. In der Zeit wurde mit klar, daß man nur sehr wenige richtige Freunde hat. Von denen, die mir nachgelaufen waren, solange ich frei war und Geld hatte, ließ sich kein einziger blicken.

Meine Entlassung kam ganz unerwartet. Man hatte mich zwischendurch ein paarmal zum Gericht gefahren und mich und die beiden Parkwächter verhört. Und dann stand ich plötzlich draußen, barfuß und in dem gestreiften Anzug, der einen so erniedrigt und in dem man aussieht wie ein Zebra. Mein Vater und Marta erwarteten mich. Der Rechtsanwalt erklärte mir, ich dürfte nun gehen, weil sie den Schuldigen endlich erwischt hätten. »Also entschuldigen Sie unseren Irrtum«, sagte der Richter.

Da antwortete ich ihm: »Sie glauben doch wohl nicht, daß Sie mit so einer ›Entschuldigung‹ die ganzen sieben Monate, die ich hier durchlitten habe, auslöschen können? Und der Kummer meiner Angehörigen und die Tatsache, daß ich nun für den Rest meines Lebens gebrandmarkt bin, was sagen Sie dazu?«

Darauf meinte er nur: »So dürfen Sie es nicht nehmen, sonst bleiben Sie eben gleich hier.« Mir blieb nichts anderes übrig, als den Mund zu halten. Hätte ich weitergesprochen, dann hätte ich der Obrigkeit einiges zu sagen gehabt. Nun war ich also frei und bekam nur ein »Entschuldigen Sie« mit auf den Weg.

Meinen Vater kostete die Sache zwölfhundert Pesos, das war reiner Raub, denn mein Fall war ja von vornherein klar, und der Rechtsanwalt hatte das Geld überhaupt nicht verdient. Es lag kein Beweismaterial gegen mich vor, und die Zeugenaussagen widersprachen sich. Ich bin ganz damit einverstanden, daß jemand, der sich ein Vergehen zuschulden kommen läßt, bestraft werden muß, aber die Anklage gegen mich bestand nicht zu Recht. Bevor man mir das antat, hatte ich noch Achtung vor dem Gesetz, aber damit war es nun vorbei.

Sieben Monate meines Lebens haben sie mir gestohlen! Seitdem hasse ich alle, die das Gesetz vertreten. Die Polizei und der Geheimdienst sind nichts anderes als Diebe mit staatlicher Lizenz. Sie schlagen einen für jede Kleinigkeit, und deswegen bin ich jetzt jederzeit bereit, gegen sie aufzutreten und sie herauszufordern. In jedem Streik und jedem Tumult mache ich mit, ohne zu fragen, worum es geht, nur weil ich Gelegenheit habe, der Polizei eins auszuwischen. Wenn ein Polizist getötet wird, bin ich zwar nicht glücklich — das wäre wohl übertrieben —, aber ich denke, das geschieht dem Kerl ganz recht.

Bei uns kommt es nicht auf Gerechtigkeit an, sondern auf das Geld und die Kraft der eigenen Faust. Es gilt das Recht des Stärkeren, wie bei den Tieren. Dem Wohlhabenden passiert nie etwas, er kann die schlimmsten Verbrechen begehen und ist trotzdem in den Augen der Richter und der Polizei ein Unschuldslamm, weil sie sein Geld riechen. Mit dem Armen geht man schon bei dem geringsten Verstoß gegen die Ordnung ganz anders um. Was mir widerfuhr, ist nur ein Tausendstel von dem, was viele andere noch heute durchmachen.

Sie müssen mich richtig verstehen. Mexiko ist meine Heimat, und ich liebe dieses Land, ganz besonders unsere Hauptstadt. Wir können hier sagen und vor allem tun, was wir wollen, soviel Freiheit habe ich noch nirgends gefunden. Außerdem ist es hier leichter als woanders, seinen Lebensunterhalt zu verdienen . . . es genügt zum Beispiel, wenn man Kürbiskerne verkauft. Aber von den Mexikanern habe ich, ehrlich gesagt, keine sehr gute Meinung. Vielleicht kommt das auch daher, daß ich selbst in meinem Leben nicht anständig genug gewesen bin, jedenfalls finde ich, den Leuten hier fehlt es an gutem Willen.

In diesem Land hilft kein Mensch dem anderen, im Gegenteil, wenn einer hinfällt, wird er obendrein noch angeschrien. Ist er am Ertrinken, dann gibt man ihm noch einen Stoß, damit er untergeht, und wenn jemand nach oben will, ziehen die anderen ihn herunter. Ich bin zwar ungebildet, aber in meiner Arbeit hatte ich immer Erfolg und verdiente mehr als meine Kollegen. Sobald sie das heraus hatten, versuchten sie, mich beim Chef anzuschwärzen, bis der mich hinauswarf. Und es gibt immer irgendeinen, der von seinem Kameraden behauptet, er hätte gestohlen, jemanden umgebracht, dies und das gesagt und wäre ein schlechter Kerl.

Ob das an dem Mangel an Erziehung liegt? Man findet ja so viele Leute, die nicht einmal ihren Namen schreiben können! Da reden sie über eine verfassungsmäßige Regierung . . . ein schönes Wort, klingt wirklich gut, aber ich habe keine Ahnung, was es bedeutet. Ich sehe nur, daß wir hier ein gewalttätiges Leben führen . . . Mord, Diebstahl und Überfälle sind keinem von uns fremd. Wir sind heißblütig und müssen dauernd auf der Hut sein.

Noch am Nachmittag nach meiner Entlassung ging ich zur Villa und dankte der Jungfrau für meine Befreiung. Zu Hause erzählte ich von meinem Gelübde, nach Chalma zu pilgern, aber da es nicht die rechte Jahreszeit für eine Wallfahrt war, wollte niemand mit mir gehen. So machte ich mich denn ganz allein auf den Weg und legte die fünfunddreißig Kilometer von Santiago bis Chalma barfuß zurück. Ich ging, ohne anzuhalten, und das war nicht leicht. Der Weg war aufgeweicht, ich sank bei jedem Schritt tief ein und stieß mir die Füße an den Steinen wund.

Aber ich achtete nicht auf den Schmerz, sondern dachte nur daran, mein Versprechen zu halten und nicht aufzugeben. Je mühsamer der Weg, desto besser war es für mich, und je mehr ich litt, desto zufriedener war ich. Das war ja der Zweck meiner Pilgerfahrt: Ich wollte leiden und ein richtiges Opfer bringen. Ich war niedergeschlagen und verzweifelt, als ich hinging, erst auf dem Heimweg fühlte ich mich erleichtert.

Kurz danach schnappte mich die Polizei und steckte mich wieder ins Gefängnis, weil ich für mein erstes Vergehen während der sieben Monate meine Unterschrift nicht geleistet hatte. Wenn man sich nämlich dreimal hintereinander nicht gemeldet hat, benachrichtigt die Stelle, die für einen gebürgt hat, den Geheimdienst, und die Polizei fahndet nach einem. Ich kam aber bald wieder heraus, trieb mich noch eine Weile in der Gegend herum und fuhr dann nach Veracruz.

CONSUELO

Als Marta sich mit Crispín einließ und mit ihm in sein Elternhaus zog, ärgerte ich mich sehr. Ich hatte gedacht, sie würde weiter in die Schule gehen und lernen, nette Kleider und eine Brille tragen, und dann könnten wir ihren fünfzehnten Geburtstag feiern und schließlich ihre Hochzeit, und ich malte mir schon aus, wie mein Vater sie zum Altar führte! Aber statt dessen erlebte ich nun einen Alptraum: Ich sah meine kleine Schwester, unverheiratet, mit einem Kind auf dem Arm, in einer zerrissenen Schürze, mit abgetragenen Schuhen und ungekämmtem Haar zum Marktplatz gehen. Wieder war eine meiner Illusionen zerstört.

Von meinem ersten Besuch in dem Zimmer, das Crispín für Marta eingerichtet hatte, war ich jedoch wirklich beeindruckt. Sie hatten alles, was sie brauchten, ein Bett, einen Tisch, Stühle, einen Petroleumherd und genügend Geschirr und Töpfe. Später zankten sich die beiden oft. Ich weiß noch, wie empört ich war, als Marta mir erzählte, daß Crispín sie geschlagen hatte. Ich hielt ihn für einen rücksichtslosen, eifersüchtigen Mann, der seine Frau ganz vernachlässigte. Daher mischte ich mich in ihre Streitigkeiten ein und ergriff immer Martas Partei, bis ich nachher erfuhr, wie Crispín die Sache sah. Da begriff ich, daß Marta an allem schuld war. Sie bestand darauf, genau wie vor ihrer Ehe mit Roberto und ihren Freundinnen auszugehen. Wenn Crispín Einwände dagegen erhob, drohte sie, Roberto auf ihn zu hetzen; Roberto war nämlich immer auf ihrer Seite. Schließlich wollte Crispín natürlich keinen von uns mehr sehen. Wenn ich Marta Vorwürfe machte, weil sie ihre Wohnung nicht sauber hielt und ihrem Mann nicht gehorchte, wurde sie böse und behauptete, ich sei in Crispín verliebt. Danach zog ich mich ganz zurück, aber ich bin überzeugt, Marta wäre mit Crispín gut ausgekommen, wenn sie sich anders verhalten hätte.

Zu Hause erwartete Paula ihr zweites Kind. Mein Vater brachte vor ihrem Bett einen Vorhang an; dahinter kam dann Alanes zur Welt, und etwas nach einem Jahr wurde Domingo geboren. Wir freuten uns alle, als meine Neffen und Nichten zur Welt kamen, aber Mariquita, die erste, war unser Liebling. Sie brachte Licht in unser Haus, und ich hing sehr an ihr. Auch Paula gewann ich mit der Zeit lieb. Sie war wie eine Heilige und lebte nur für ihre Kinder, obwohl sie sie manchmal derartig schlug, daß ich empört war.

Paulas Liebe zu Manuel konnte durch nichts erschüttert werden, auch wenn er sie noch so schlecht behandelte. Sie fand für alle seine Fehler eine Entschuldigung und beklagte sich nie über ihn, weder bei uns noch bei meinem Vater. Sie nähte und stopfte den ganzen Tag, ging fast nie aus, auch nicht ins Kino, und verlangte keine neuen Kleider. Manuel war tagsüber nie zu Hause, er kam erst nach Mitternacht oder früh morgens zurück. Paula war jederzeit bereit, für ihn zu sorgen, machte das Licht an und weckte uns alle auf, um ihm sein Essen vorzusetzen.

Ich kann mich nicht erinnern, daß mein Bruder je zärtlich zu seiner Frau gewesen ist. Er redete entweder überhaupt nicht mit ihr oder fuhr sie nur grob an und verkroch sich hinter seiner Zeitung. Ich glaube nicht, daß er sie wirklich liebte. Er schlief sogar lieber auf dem Boden, als daß er sich mit ihr und den Kindern zusammen in das enge Bett legte. Aber ihre ehelichen Beziehungen wurden natürlich dadurch gestört, daß sie gar kein Privatleben hatten. Manchmal gaben sie vor, ins Kino zu gehen, aber ich nehme an, sie gingen statt dessen in ein Hotel.

Als ich älter wurde, fühlte ich erst richtig, wie sehr man sich in allem einschränken muß, wenn man mit der ganzen Familie in einem Raum zusammenwohnt. Mir war das vor allem deswegen lästig, weil ich gern in meiner Phantasiewelt lebte und auch am Tage träumte. Darin wurde ich immerzu unterbrochen. Meine Brüder brachten mich ständig wieder in die Wirklichkeit zurück und sagten: »Na, was ist denn mit dir los? Du siehst ja völlig benebelt aus!« Oder ich hörte meinen Vater auf einmal rufen: »He, wach auf! Immer bist du irgendwo in den Wolken. Los, rühr dich!«

Dann kam ich zu mir, mußte das schöne Haus vergessen, das ich mir eben vorgestellt hatte, und sah mich enttäuscht in unserer Wohnung um. Der dunkle, roh gezimmerte Schrank war eng wie ein Sarg und mit den Kleidern von sieben oder neun Leuten vollgestopft, je nachdem, wie viele gerade bei uns wohnten. Auch die Kommode diente der ganzen Familie. Es war schwierig, sich an- oder auszuziehen, ohne dabei beobachtet zu werden. Abends warteten wir, bis das Licht ausgemacht wurde, zogen uns unter der Bettdecke aus oder gingen einfach mit Kleidern ins Bett. Antonia machte es gar nichts aus, sich vor anderen im Unterrock zu zeigen. Paula, Marta und ich waren in dieser Beziehung viel befangener. Selbst Roberto wickelte sich morgens die Decke um und zog sich in der Küche an. Wir Frauen warteten, bis die Männer und Kinder hinausgegangen waren und wir die Tür zumachen konnten. Aber dann wollte immer jemand herein, klopfte ungeduldig und sagte, wir sollten uns beeilen. Nie konnten wir ein bißchen trödeln.

Wir gerne hätte ich einmal etwas länger vor dem Spiegel gesessen und in Ruhe mein Haar geordnet oder mich geschminkt. Aber das ging nicht, weil die andern mich ausgelacht hätten. Meine Freundinnen beschwerten sich genauso über ihre Familien. Ich wage es bis heute nicht, mich richtig im Spiegel zu betrachten. Als ob das etwas Schlimmes wäre. Schon wenn ich mal singen, mich bequem hinlegen oder irgend etwas anderes tun wollte, was meiner Familie nicht paßte, bekam ich spitze Bemerkungen zu hören.

Wenn man mit anderen in einem Zimmer lebt, muß man sich eben ganz auf sie einstellen; ob man will oder nicht — es bleibt einem nichts anderes übrig, als sich nach dem Willen des Stärkeren zu richten. Die Schwächeren können sich wohl ärgern und murren, aber man hört nicht auf sie. Wir mußten zum Beispiel alle zur selben Zeit ins Bett gehen, wenn mein Vater schlafen wollte. Selbst als wir erwachsen waren, hieß es noch: »So, jetzt wird geschlafen. Morgen muß ich arbeiten.« Ganz gleich, ob es erst acht oder neun Uhr war und keiner von uns noch ans Bett denken mochte — das Licht wurde trotzdem ausgemacht, weil mein Vater am nächsten Tag früh aufstehen mußte. Ich hatte oft Lust, abends zu zeichnen oder zu lesen, aber kaum hatte ich angefangen, da sagte mein Vater: »So, Schluß jetzt, Licht aus!« Dann saß ich da, konnte meine Geschichte nicht zu Ende lesen und keinen Strich mehr zeichnen.

Tagsüber suchte Antonia das Radioprogramm aus, das wir alle anhören mußten, abends bestimmte das mein Vater. Wir haßten besonders die Quiz-Kinder, weil er dann jedesmal sagte: »Ein achtjähriges Kind, und was das schon alles weiß... aber ihr Dummköpfe, ihr wollt nichts lernen. Das werdet ihr noch bereuen!«

War La Chata im Haus, dann regierte sie und ließ uns im Hof warten, bis sie mit dem Aufräumen fertig war. Manchmal, wenn es zu kalt war, sperrte sie mich auch in die Toilette und ließ die Wohnungstür offenstehen, so daß jeder, der vorüberging, meine Füße unter der Klotür sehen konnte.

Nicht einmal auf der Toilette hatten wir Ruhe. Es war ja nur eine halbe Tür davor, und der Raum war so eng, daß La Chata schräg hineingehen und die Tür halb offen lassen mußte, wenn sie sich hinsetzen wollte.

Aber das alles war nicht so schlimm. Was mir am meisten weh tat, war, daß mein Vater uns vor anderen Leuten heruntermachte. Wenn er mich allein ausgeschimpft hätte, wäre das noch zu ertragen gewesen, aber so konnten alle hören, was für furchtbare Sachen er zu mir sagte, und das verletzte und beschämte mich viel mehr. Meinen Geschwistern ging es genauso.

Ich fing an, sooft wie möglich fortzugehen. War mein Vater nicht da, ging ich jeden Abend tanzen, selbst wenn Roberto es nicht erlaubte, denn er bewachte mich wie ein Schießhund. Hatte ich zwei- oder dreimal hintereinander mit demselben Jungen getanzt, dann sagte er: »Jetzt hör auf. Der Kerl gefällt mir nicht.« Wenn ich ihm nicht gehorchte, dann riß er mich meinem Partner aus den Armen, schleppte mich nach Hause und verpetzte mich bei meinem Vater. Trotzdem ging ich immer wieder zum Tanzen, obwohl ich vorher geheult und versprochen hatte, zu Hause zu bleiben. Sobald ich Musik hörte, konnte ich einfach nicht widerstehen.

Noch bevor mein Vater von uns fortging, war Pedro Ríos, ein Freund von Roberto, der auch in der Casa Grande wohnte, mein *novio* geworden. Pedro war sehr lieb zu mir und ertrug geduldig all die Scherereien, die ich ihm machte. Er konnte es gar nicht leiden, daß ich tanzen ging. Aber ich tat es trotzdem, um mich zu rächen, denn Pedro betrank sich oft. Er beobachtete mich immer beim Tanzen. Dann zog er mich beiseite, um mit mir zu sprechen.

»Du führst mich an der Nase herum«, sagte er, »weil du weißt, daß ich dich liebe. Aber wenn du es so weitertreibst, gibt es Krach.«

»Eher mache ich mit dir Schluß, als daß ich aufhöre zu tanzen«, antwortete ich ihm dann, und so kam es schließlich auch.

Damals hieß es bei den Jungen aus unserer *vecindad:* »Die Mädchen der Casa Grande gehören niemand anderem als uns«, und das stimmte. Wenn ein Fremder versuchte, sich mit einer von uns anzufreunden, erging es ihm schlecht, denn die von der Casa Grande verschworen sich gegen ihn und forderten ihn dauernd heraus. Ich kümmerte mich allerdings nicht darum und tanzte mit jedem Fremden, solange es mir Spaß machte. Auf diese Weise lernte ich Diego Toral kennen.

Diego war ein hellhäutiger junger Mann, zurückhaltend und doch ein Spaßvogel und immer gut angezogen. Ich suchte nach irgendeinem Vorwand, um mich von Pedro zu lösen und Diegos Freundin zu werden, aber Pedro gab mir keinen Grund zur Trennung. Also behielt ich sie beide. Diego traf ich nur beim Tanzen. Wenn Pedro auch da war, ging ich fort. Einmal hatte ich mich mit beiden zur gleichen Zeit verabredet. Ich bekam richtig Herzklopfen, als ich erst zu Diego lief und mit ihm sprach und dann zu Pedro. Anfangs fürchtete ich, sie könnten sich sehen, aber dann gefiel mir die Sache plötzlich, und ich machte mich im Innern über beide lustig.

Mein Verhältnis mit Diego dauerte nicht lange, obwohl er mir einen Antrag machte. Damals bedeutete mir die Ehe noch gar nichts; ich konnte mir einfach nichts darunter vorstellen. Er fragte mich einmal: »Möchtest du nicht in einem schönen Haus mit Polstermöbeln wohnen?«

»Polster?« Ich wußte nicht, was das war. Und wenn er mir von seiner Arbeit erzählte, dachte ich mir: Du bildest dir doch wohl nicht ein, daß ich dir glaube? Nein, du Schlauberger, mich kannst du nicht anführen. Dann wurde ich wieder schwach und sagte: »Ja, doch, das wäre schön, das würde mir gefallen.« Aber innerlich lachte ich dabei. Ich mißtraute eben allen. Vielleicht, weil die Liebe für mich in Wirklichkeit nie das höchste Ziel gewesen war.

Mit Robertos Kameraden war ich gut befreundet, aber dank seinem Einfluß und weil sie alle wußten, daß ich gemeine, grobe Scherze nicht leiden konnte, hatten sie alle Respekt vor mir.

In sternklaren Nächten, oder wenn der Mond schien, versammelten sich die »Bummler« und »Faulenzer« — wie mein Vater sie nannte — vor unserer Tür. Kamen Pedro und ich gerade gut miteinander aus, dann sangen sie Liebeslieder, sonst war ihr Gesang herausfordernd oder verzweifelt schmachtend. Einmal zum Beispiel, als ich mich mit Pedro furchtbar gezankt hatte, sangen sie: »Du falsches, launisches Mädchen, du hast mich betrogen, deine gefährliche Seele hat mich vergiftet, und ich muß sterben, weil du mich nicht liebst.« Vom Bett aus hörte ich mit Vergnügen ihre schönen Stimmen und fühlte mich sanft eingelullt, weil ich wußte, daß Pedro da unten stand. Aber die Nachbarinnen beschwerten sich: »Ihr Herumtreiber! Schämt ihr euch nicht? Warum könnt ihr euren Lärm nicht woanders machen?«

Bei uns in der *vecindad* wurden am Muttertag, dem 10. Mai, *mañanitas* gesungen. Später führten die Leute den Brauch ein, auch der Jungfrau von Guadalupe um vier oder fünf Uhr morgens *mañanitas* darzubringen und jedes Jahr einen Priester zu holen, der ihre Statue weihte. Wir Mädchen und einige Nachbarsfrauen standen an diesem Tag früh auf. Bevor wir sangen, schoß der Pförtner Leuchtraketen ab.

Über den Johannistag, den 24. Juni, ärgerte ich mich immer. Schon um zwei Uhr morgens hörte man die Sirene vom Badehaus. Es war ohrenbetäubend, und alle wachten davon auf. Die älteren Jungen und ein paar Mädchen gingen schwimmen, aber ich machte nie mit. Den ganzen Tag ertönte vom Schwimmbecken her Schallplattenmusik, und man sagte mir, dort wäre wirklich etwas los. Ich fragte mich nur, wie sie wohl aussahen, wenn sie in ihren Badeanzügen tanzten. Das war auch der Grund, warum ich nicht hinging.

Am Samstag vor Ostern begossen die Leute sich gegenseitig mit Wasser, bis sie ganz durchnäßt waren. Wahrscheinlich hing das mit der ursprünglichen Sitte zusammen, an diesem Tag Judasbildnisse zu verbrennen. Ich konnte diese Wasserspritzerei nicht ausstehen, denn das nahm wirklich überhand. Die Jungen in der Casa Grande fingen mit der Zeit an, auch die Mädchen zu begießen, und Männer und Frauen verfolgten sich gegenseitig mit Wassereimern. Alle Leute wurden naß gespritzt, selbst wenn sie sich gut angezogen hatten und ausgehen wollten. Die Mädchen sahen schrecklich aus; von ihren Haaren troff das Wasser, und die Kleider klebten ihnen am Körper, so daß man beinahe denken konnte, sie wären nackt.

Weihnachten mochte ich lieber, und ich beteiligte mich gern an den Vorbereitungen zum Fest. Am Weihnachtsabend säuberten und schmückten wir den Hof und holten von den Dächern Holz für die kleinen Feuer, die am Abend auf den Bürgersteigen angezündet werden, um den Anbruch des Heiligen Tages zu feiern.

Aber nachdem ich all diese Arbeit mitgemacht hatte, ließ mein Vater mich nicht hinaus, und ich saß meistens weinend zu Haus. Um Mitternacht pfiff es vom Badehaus, Kinder schlugen an die eisernen Telefonmasten — das gab einen glockenartigen Ton —, Hörner wurden geblasen, die Glocken läuteten, und alle Menschen umarmten sich und wünschten sich ein frohes Fest. Ich sehnte mich danach, zusammen mit den anderen fröhlich zu sein, aber bei uns war schon das Licht aus, wir lagen alle im Bett, und mein Vater paßte genau auf, daß niemand entwischte.

Alles, was mit der Religion zusammenhing, liebte ich sehr, und nie vernachlässigte ich meine Pflichten als Christin, die ich bereitwillig auf mich genommen hatte. All mein Glaube und meine Hoffnung galten Ihm, den ich für alles, was ich tat, um Erlaubnis bat. Ihm vertraute ich die Leiden und Freuden an, die ich in der Schule, bei der Arbeit und sonst während des

Tages erlebte. An den Nachmittagen und Abenden, wenn ich allein war, wandte ich mich an Ihn und legte vor Ihm Gelübde ab. Das erste Gebot, Du sollst Gott über alles lieben, habe ich immer erfüllt, aber das zweite, Du sollst den Namen deines Herrn nicht mißbrauchen, konnte ich nie ganz befolgen. Leider war ich manchmal gezwungen zu lügen.

Als ich zum erstenmal in die Kirche ging, war mir, als beträte ich die Gefilde der Seligen, als öffneten sich vor mir, in blasse Lichtstrahlen getaucht, die Tore des Friedens. In meinen Gebeten flehte ich immer darum, daß Er meine Brüder davor bewahrte, schlechte Menschen zu werden, daß Er sie wandelte und ihnen verzieh und mir die Kraft verlieh durchzuhalten, denn ich mußte ihnen doch helfen, sich zu entwickeln, zu lernen und tüchtig zu werden. In der Kirche fühlte ich mich klein und unbedeutend. Er dort oben auf dem Altar war für mich alles. Ich ging oft allein in die Kirche und zum Friedhof und versprach, gut und demütig zu sein wie der Heilige Franz von Assisi, aber das gelang mir nicht.

Jahrelang, noch bis ich achtzehn wurde, bat ich meinen Vater darum, mich in ein Kloster eintreten zu lassen. Aber wie enttäuscht war ich, als Señora Yolanda mir sagte, ich müßte erst eine Mitgift zahlen, bevor ich Nonne werden könnte. Sie beschrieb mir auch die Leiden, die man dafür auf sich nehmen muß, aber der Gedanke daran erschreckte mich nicht. Es schien mir ein großes Verdienst und ein wahres Opfer, auf einem harten Bett zu schlafen, denn das tat man ja für Ihn, der soviel gelitten hatte. Einmal sah ich einen Film über die Leidensgeschichte Christi, der mich zu Tränen rührte. Ich wünschte, ich hätte dabei sein, den Herrn umarmen und sein Kreuz tragen helfen können. Niemals wird in mir die Erinnerung an sein Leiden ausgelöscht werden können, das Er so demütig auf sich nahm! Dafür liebte ich Ihn mehr als je. Immer, wenn meine Brüder mich ärgerten, mein Vater mich anschrie oder ich sonst irgendwelchen Kummer hatte, dachte ich: Er, Gottes Sohn, mußte so schweres Leid tragen, warum sollte ich armseliger Mensch dann nicht erst recht leiden? Was sind meine Qualen im Vergleich zu seinen? Und dann ergab ich mich in meinen Schmerz. Die Bedeutung der Messe lernte ich erst mit siebzehn oder achtzehn Jahren von einer Arbeitskollegin.

Einmal, an Robertos Namenstag, zankte ich mich mit meinen Geschwistern, und mein Vater gab mir vor allen Leuten eine Ohrfeige. Von da an dachte ich nur noch daran, wie ich von zu Hause wegkommen konnte, und am nächsten Tag packte ich meine Sachen und ging zu Santitos.

Sie lebte in einer winzigen Bude aus Holzstücken und dicker Pappe auf dem kleinen Markt der Colonia Martínez und handelte mit Gemüse, Süßwaren und Kräutern, die sie auf einem Brett aufbewahrte. Bei ihr war ich damit zufrieden, auf der Tonpfanne geröstete Nopalblätter zu essen und auf dem bloßen Erdboden zu schlafen, mit einer zerfetzten Strohmatte als Unterlage und ein paar Stücken Bettzeug als Decke. Dieses Viertel lag am Stadtrand, und wir wurden von quakenden Fröschen in den Schlaf gesungen. Ich wachte oft auf, weil mein ganzer Rücken von Flöhen zerstochen war, und wickelte mich vom Kopf bis zu den Füßen ein, aus Angst vor den Ratten.

Abends, wenn ihr das Petroleum ausgegangen war, zündete Santitos eine Kerze an, und wir saßen beide auf der niedrigen Bank nebeneinander; sie erzählte mir fromme oder einschläfernde Geschichten, und ich stützte den Kopf in die Hand und lauschte mit halbgeschlossenen Augen ihrer lieben, sanften Stimme, die mich an das erinnerte, was ich immer vermißt hatte: eine Mutter und ein Zuhause.

In der Woche, die ich bei ihr verbrachte, war ich wirklich glücklich. Wir zankten uns nicht ein einziges Mal, nie gab es Unruhe, und Santitos schimpfte weder noch warf sie mir vor, was für ein erbärmliches Geschöpf ich sei. Wenn mein Vater mich nicht zurückgeholt hätte, wäre ich bei ihr geblieben. Aber er kam eines Tages und sagte mit seiner harten Stimme: »Entweder du gehst jetzt mit nach Hause, oder ich schicke dich in eine Besserungsanstalt.«

Kurze Zeit danach zog ich zu Lupita in die Rosario-Straße. Dort konnte Roberto mich nicht behelligen, denn er durfte nicht ins Haus. Lupita und ihre älteren Töchter Elida und Isabel waren sehr nett zu mir. Lupita hatte ihren ersten Mann verlassen, als sie herausbekam, daß er verheiratet war. Mein Vater hatte sie auch betrogen, weil er seine Verbindung mit meiner Mutter vor ihr verheimlichte. Ich glaube, das hat sie ihm nie verziehen. Aber sie stellte keine Forderungen an ihn, selbst wenn sie in Not war, und auch dann nicht, als sie sich später wieder mit ihm einließ und Marielena geboren wurde.

Um Lupita kümmerte sich mein Vater viel weniger als um seine anderen Frauen, vielleicht weil sie dick war und älter als er. Sie hatte von den Männern eine ganz schlechte Meinung; sie fand alle romantisch und verantwortungslos, und kein Mann war gut genug, um eine Frau zu heiraten. Aber mit ihrer Bitterkeit und ihrem Mißtrauen tat sie niemandem weh, denn sie war zu allen Menschen gut und freundlich. Für ihre Kinder brachte sie jedes Opfer, sie waren ihr ein und alles, und ich empfand sie als eine ideale Mutter.

Meinem Vater hatte ich bis dahin immer fünfzig Pesos gegeben, aber eines Tages änderten wir diese Abmachung. Ich hatte ihm wie üblich meinen ganzen Lohn ausgehändigt. Am

Abend bat ich ihn, mir etwas davon für ein Paar Strümpfe zurückzugeben. Ich nehme an, er war gerade in besonders schlechter Laune, denn er warf mir auf einmal die fünfzig Pesos ins Gesicht und schrie: »Da hast du dein Geld, ich will nichts mehr von euch, ich bin noch stark genug und kann selber arbeiten!«

Von da an verbrachte ich mein Leben nicht mehr in der Familie. Ich stand morgens auf, trank meinen Kaffee, räumte ein bißchen auf, ging ins Badehaus, nahm meine Sachen und machte mich auf den Weg zur Arbeit. Sobald ich da angekommen war, wurde mir besser. Nachmittags hatte ich nur selten zu tun. Ich erlebte den ganzen Tag lang keine Wutausbrüche — im Gegenteil, ich bekam Geschenke, und man sagte mir Schmeicheleien. Es klingt vielleicht komisch, aber Worte wie »Mädchen mit den grünen Augen« oder »Fräulein Consuelo« taten wir wohl. In die Casa Grande ging ich nur noch selten, um Paula und ihre Kinder zu besuchen.

Aber bald mußte ich auch aus der Rosario-Straße ausziehen, weil Antonia, als sie sah, daß ihre Mutter mich gut behandelte, anfing, mich zu hassen und mir und Roberto eines Tages eine furchtbare Szene machte. Seit ihrer Krankheit hatten alle Angst vor ihr, und sie nützte das aus.

Mein Vater benahm sich bei Lupita ganz anders als in unserem Haus. Dort unterhielt er sich mit den Nachbarn, scherzte, aß spät und ließ bis elf oder zwölf das Licht an. Zum Mittagessen bestellte er für jeden Sodawasser, und wenn er fortging, durften meine Stiefschwestern hinter ihm herlaufen und ihm Geld fürs Kino abbetteln. Das alles schien ihm Spaß zu machen, und er redete Lupita immer mit einem Kosenamen an.

Sooft ich bedrückt war, blickte ich abends zum Himmel auf und suchte dort irgend etwas, wonach ich mich mit ganzer Seele sehnte. Vor allem sah ich einen bestimmten Stern an, denn meine Tante hatte mir einmal gesagt, meine Mutter wachte über mich und verwandelte sich jede Nacht in einen Stern. Daran glaubte ich noch, als ich schon erwachsen war. Ich sprach leise mit diesem Stern und bat ihn, mir Kraft zu geben und dem, was uns geschah, ein Ende zu machen. Wenn es wirklich meine Mutter war, warum zeigte sie meinem Vater dann nicht, was er uns antat?

Nach einer Weile kam mein Vater in die Casa Grande zurück; ich hatte keine Ahnung, warum. Er erschien einfach eines Nachmittags mit seinem Pappkarton auf der Schulter, schob ihn unter das Bett und ging, ohne ein Wort zu sagen, wieder hinaus. Auch Tonia zog wieder zu uns. Sie hatte nur noch selten Anfälle, war aber sehr nervös.

Im März 1949 sagte mein Vater zu Tonia und mir: »Was wollt ihr nun weiterlernen? Ihr könnt doch nicht euer ganzes Leben lang so herumbummeln? Ich bin bereit, alles dranzusetzen, was ich kann, um euch einen Kursus zu bezahlen. Überlegt euch, was und in welcher Schule ihr lernen wollt.« Einen solchen Vorschlag hatte ich nicht erwartet. Ich freute mich sehr und gab meine Arbeit in dem Schuhgeschäft auf.

Ich dachte, wie wichtig es doch ist, einen richtigen Beruf zu wählen, und hatte große Lust weiterzulernen.

Antonia suchte sich den Kursus aus, der meinem Vater am meisten gefiel; sie lernte schneidern und Kleider entwerfen. Ich besuchte einen Handelskursus und bekam Unterricht in Stenografie, Schreibmaschine, Spanisch und Buchführung, Handelskorrespondenz und in kaufmännischem Rechnen.

Dort im Institut María del Lago ging es mir zum erstenmal auf, daß ich gar nicht so ein unbedeutendes Wesen war, wie ich immer geglaubt hatte. Meinen Klassenkameraden konnte ich meine Gedanken mitteilen, ohne zu befürchten, daß sie sich einfach von mir abwandten oder sich über mich lustig machten. Im ersten Jahr arbeitete ich fleißig und nahm mir die Sprüche sehr zu Herzen, die wir in unseren Klassenarbeiten in die Maschinen schrieben: »Ausdauer gewinnt!« oder »Wer den rechten Weg einschlägt, der siegt«.

Im zweiten Jahr wurde ich auf einmal nachlässig. Ich freundete mich mit einer Gruppe von acht Mädchen an, und wir schwänzten oft die Schule. Ich lernte überhaupt nicht mehr und wollte mich nur noch amüsieren. Wir waren so unverbesserlich, daß die Lehrerin unsere Zensuren heruntersetzte. Mich warnte sie noch, und ich war ihr dankbar für ihre Anteilnahme, aber unglücklicherweise stand ich zu sehr unter dem Einfluß der anderen Mädchen. Allerdings muß ich sagen, daß ich damals das einzige Mal in meinem Leben wirklich glücklich war. Deswegen bedaure ich das alles auch nicht.

In der Schule vergaß ich meinen Kummer. Ich dachte nur noch daran, daß ich später eine Arbeit finden und weiterlernen würde und mir schöne Kleider kaufen und unsere Wohnung nett einrichten könnte. Ich wünschte mir immer, mein Vater könnte eines Tages auch noch die Nachbarwohnung mieten, dann hätten wir ein Wohnzimmer, eine anständige Küche mit einem Gasherd, Messer, Gabel und Vorhänge und ein Schlafzimmer mit einem Fenster zur Straße.

Mein Traum war, unsere Familie vereint und glücklich zu sehen. Ich wollte meine Brüder und meine Schwester trösten, damit sie sich nicht ebenso unglücklich fühlten wie ich. Wenn ich hörte, wie Roberto von meinem Vater angeschrien wurde, und meinen Bruder nachher weinend und mit hängendem Kopf in der Küche fand, tat mir das in der Seele weh.

Mein Vater hat uns mit seinen Worten oft verletzt, am meisten aber Roberto. Manuel wurde einfach zynisch. Er schwieg, solange mein Vater schimpfte, aber ein paar Minuten später hob er den Kopf und ging pfeifend auf den Hof hinaus. Roberto dagegen blieb wie angewurzelt sitzen und weinte.

Daher mein Wunsch, meinen Brüdern zu helfen und sie zu beraten. Ja, träumen — das habe ich immer gut gekonnt! Und wie bitter war ich enttäuscht, als die Jahre vergingen und unsere Familie sich mehr und mehr auflöste. Immer wieder stieß ich mich an der Unnachgiebigkeit meines Vaters: Er war hart wie ein Felsen. Ich wartete darauf, daß er einmal voll Stolz sagen würde: »Dies sind meine Kinder!« Statt dessen hörte ich nur: »Undankbare Geschöpfe! Ihr werdet es nie zu etwas bringen!«

Als ich meine Prüfung im Institut ablegte, geschah dasselbe wie damals nach der sechsten Klasse: Mein Vater erschien weder zur Abschlußfeier noch zur Messe in der Kathedrale. Ich war tief gerührt, als wir Prüflinge Schuberts Ave-Maria sangen und die Orgel ertönte. Wir waren in den vorschriftsmäßigen Farben gekleidet: schwarze Toga und schwarzes Barett und Umhang, Schuhe und Handschuhe in Weiß. Schwarz bedeutete Verantwortung, weiß die Reinheit. Meine Examenseltern erwarteten mich mit einem Blumenstrauß an der Tür, aber mein Vater war nicht da.

Ich bemühte mich vergeblich, meinen Vater zu verstehen. Wie oft stand ich hinter ihm und dachte an alles, was er durchgemacht hatte, an sein gutes Herz und sein großes Verantwortungsbewußtsein. Wenn ich seinen Rücken ansah, empfand ich ihn als einen gebrochenen, müden Mann, einen Vater, der Liebe und Verehrung verdiente. Aber sobald ich dem harten Blick in seinen kalten Augen begegnete und seine trockenen Worte hörte, schien er mir wie ein feindseliges Wesen, das einem nie erlaubte, ihm Freundschaft oder Liebe zu zeigen. Er glich einem Menschen, dem man die Aufgabe gestellt hatte, ein paar kleine Tiere großzuziehen. Er ernährte sie, versorgte sie mit Kleidung und gab ihnen eine Unterkunft, aber er tat das alles ohne Liebe und begriff nicht, daß auch Tiere denken und fühlen. Hätte er nicht so einen harten Charakter gehabt, dann wäre er ein idealer Vater gewesen.

Einen Monat nach dem Examen, im Januar 1951, begann ich meine Arbeit als Stenotypistin für Señor Santiago Parra und seine Frau Juana. Sie zahlten mir im Monat hundert Pesos und behandelten mich freundlich. Wie sehr sie mich schätzten, erkannte ich daran, daß sie mich oft ins Kino oder zum Essen einluden.

Als ich zum erstenmal ihr Haus betrat, war ich sechzehn Jahre alt. Ganz besonders beeindruckte mich das Wohnzimmer: Genauso hatte ich es mir immer gewünscht, obwohl ich etwas Ähnliches nie gesehen hatte. Ich war stolz darauf, in diesem Haus zu sein, doch gleichzeitig wurde ich verlegen. Irgendwie war mir, als ob die Augen meines Vaters mich ansahen, und ich hörte ihn sagen: »Wie kannst du nur so dumm sein und dich hier aufdrängen, wo du nicht hingehörst!« Da stand ich nun und hielt meine Mappe und meine Börse in meinen verschwitzten Händen, bis Juana mir sagte, ich sollte mich setzen.

Señor Parra bemerkte meine Verlegenheit und fragte: »Möchten Sie etwas trinken?«

Caramba, dachte ich, fangen die jetzt etwa an zu trinken? Was werden die zu Hause sagen, wenn ich betrunken ankomme? Ich gestehe, ich wußte einfach nicht, daß es in der Mittelklasse üblich ist, vor dem Essen einen Aperitif zu nehmen. In der *vecindad* bedeutet trinken sich vollaufen lassen. Deswegen war ich erschrocken, nahm aber doch den Wermut, den sie mir anboten. Es war das erstemal in meinem Leben, daß man mir so etwas vorsetzte, und als ich, in einem Haus, das viel schöner war als unseres, gemeinsam mit meinen neuen Freunden das Glas hob, war ich zufrieden und fühlte mich geschmeichelt.

Schließlich war das Essen fertig, und wir gingen ins Eßzimmer. Der Tisch war hübsch gedeckt, mit einer Tischdecke, Messern und Gabeln. Als ich mich hinsetzte, hatte ich noch immer die Mappe und die Börse in der Hand, weil ich fürchtete, sie an den falschen Platz zu legen, und ich fragte mich ängstlich, wie ich mit der Gabel essen sollte. Bei uns zu Hause kannte man nur den Löffel und die *tortilla*, aber da saß nun dieser Señor Parra neben mir, der eine Gabel benutzte. Irgendwie brachte ich es doch fertig, den Reis und den Fisch zu essen, obwohl mir immerzu etwas von der Gabel fiel. Aber erst der Salat! Das war eine furchtbare Qual! Noch nie hatte mir eine Mahlzeit so bitter geschmeckt wie diese. Als es endlich überstanden war, hatte ich einen ganz roten Kopf und schwitzte. Das Schlimmste war, daß Juana und ihr Mann mich nicht aus den Augen ließen, als wollten sie sich an meiner Verlegenheit weiden. Señor Parra tätschelte mir freundlich den Kopf, aber das regte mich noch mehr auf. Ich dachte, so streichelt man höchstens Tiere, deswegen bog ich meinen Kopf zur Seite und sagte mir: Denkt ihr etwa, ich bin eine Katze? Ich war erleichtert, als ich mich ins Büro zurückziehen konnte.

Señor Santiago war zuerst höflich und respektvoll, aber nach einiger Zeit versuchte er, sich mir zu nähern. Er machte mir sogar einen richtigen Antrag und sagte, er würde sich von Juana trennen, um mich zu heiraten. Ich ging natürlich nicht darauf ein und erklärte ihm, ich wäre kein leichtes Mädchen.

Um diese Zeit kam Roberto ins Gefängnis. Ich ging früh zur Arbeit, schloß mich im Büro ein und heulte. Wie konnte ich ihm nur helfen? Ich wußte überhaupt nicht, wie ich das anfangen sollte. Außerdem brauchte man dazu sicher viel Geld. »O Gott, steh mir bei!«

Als ich die Tür aufmachte, sah ich Lic. Hernández, einen Rechtsanwalt, der sein Büro gegenüber hatte. Er fragte, was los sei. In diesem Augenblick dachte ich nicht mehr daran, wie peinlich das Ganze war, schließlich wollte ich ihn ja auch bezahlen, daher bat ich ihn um Hilfe.

Wir gingen zusammen zur Strafanstalt, und ich kam mir dabei vor wie ein kleines Mädchen, das jemandem nachrennt, der Süßigkeiten verteilt. Für Besuche war es schon zu spät, aber ich ging ein andermal allein hin und sah Roberto und seinen Freund Hermilio. Sie hatten keine Schuhe an und gingen in Lumpen. Ich war erschrocken; zwar hatte ich meinen Bruder schon öfter ziemlich abgerissen gesehen, aber so doch noch nicht. Die anderen Sträflinge hatten die beiden zusammengeschlagen und ihnen alle Sachen weggenommen. Ich hätte am liebsten geheult, doch dann dachte ich: Wenn ich weine, fängt er sicher auch an.

Roberto unterschrieb die Papiere, die ich mitgebracht hatte, und ich ging fort. Der Licenciado füllte den Schein für die Kaution aus, und ich sagte meinem Vater, wieviel Geld nötig war, um Roberto herauszukriegen. Seine Antwort war: »Nicht einen einzigen Centavo gebe ich für diesen Lumpenkerl aus. Der kann meinetwegen im Gefängnis verkommen. Ich will nichts mehr von ihm hören.«

Ich heulte die ganze Nacht verzweifelt und zerbrach mir den Kopf darüber, wo ich das Geld hernehmen sollte. Señor Santiago fragte mich schließlich, was ich denn hätte. Er wollte zuerst mit meinem Vater sprechen, denn er fand, es wäre an ihm, sich um die Sache zu kümmern. Aber ich bat ihn, das nicht zu tun. Mein Vater wußte, was er tat, und wir waren ja alt genug und konnten ihm nicht immerzu Ärger machen. Da bot mir Señor Santiago zweihundert Pesos an. Die wurden mir natürlich von meinem Lohn abgezogen, aber ich nahm trotzdem nicht gleich an. Dann dachte ich an Roberto, und mir blieb nichts anderes übrig, als klein beizugeben und das Geld einzustecken.

Roberto war also frei, aber was hatte mich das alles gekostet! Mein Gesicht brannte vor Scham, als ich von der Strafanstalt kam, und ich wagte die Leute in der *vecindad* nicht mehr anzusehen. Ich hoffte, mein Bruder würde sich nun endlich anständig benehmen, aber da irrte ich mich. Ein Jahr später saß er schon wieder im Gefängnis, diesmal acht Monate lang. Während der ganzen Zeit wollte mein Vater nichts von ihm wissen, nicht einmal seinen Namen mochte er hören, und er besuchte ihn nie. Roberto fragte immer nach ihm, ließ den Kopf hängen und sagte dann: »Es ist gut, daß er dieses Loch nicht sieht, es ist zu dreckig für ihn.«

Diesmal half mir Lic. Marroquín, mit dem ein Mädchen aus dem Büro mich bekannt gemacht hatte. Als Roberto herauskam, wollte er kein Geld annehmen, nicht einmal ein Geschenk von mir, und er machte nie schmutzige Andeutungen, sondern blieb immer höflich. Dafür war ich ihm sehr dankbar.

Mit der Zeit fing Señor Santiago an, schlecht gelaunt ins Büro zu kommen, mir die Papiere hinzuwerfen und mich streng zu tadeln, wenn ich einen Fehler gemacht hatte. Einmal sagte er etwas, was mir sehr peinlich war: »Ich warte nur darauf, daß du heiratest. Dann werde ich dich leichter kriegen — deinen Körper, den will ich haben.« Wenn ich bei ihm und seiner Frau zum Essen eingeladen war, rieb er seinen Fuß gegen meinen und wartete, bis Juana in die Küche ging. Dann strich er mir übers Haar und wollte mich küssen. Ich schuldete ihm immer noch das Geld für die Kaution, aber ich gab die Arbeit bei ihm bald auf und sagte seiner Frau nichts von alldem. Mit ihr war ich noch jahrelang befreundet, und ihr Mann wartete auf mich, bis es ihm über wurde.

Danach bot Lic. Hernández mir eine Stelle in seinem Büro an. Mir wurde klar, daß er mir nur geholfen hatte, weil er mich gern mochte. Als er mir eines Nachmittags etwas diktierte, sagte er plötzlich: »Dein Mund ist wie eine Pflaume, eine saftige Pflaume, eine süße Frucht, in die ich beißen möchte. Und wenn ich deine schrägen Augen sehe, habe ich Lust, sie zu schließen.« Ich schwieg. Einerseits fühlte ich mich geschmeichelt, aber dann erinnerten mich seine Worte an das, was meine Brüder früher zu mir gesagt hatten. Sie hatten mich »Teeblume«, »Schlitzauge«, »Schweinsauge«, »Chinesin« oder »Katzenauge« genannt und mich damit jedesmal zum Heulen gebracht. Diese Spitznamen konnte ich nicht leiden, denn ich hatte einmal einen ganz hageren, häßlichen Chinesen gesehen, der so schmale Augen hatte, daß man sie kaum sah. Außerdem wurden Irela und ihr Vetter, die wirklich chinesisches Blut hatten, immer wütend, wenn man ihnen so etwas sagte. Das mußte also was ganz Schlimmes sein, dachte ich. Nach zwei Wochen ging ich nicht mehr zu Lic. Hernández, weil ich krank wurde.

Danach arbeitete ich für einen Buchhalter, Señor García. Sein Büro lag in einem sehr hohen Haus, es war das erste Gebäude mit Fahrstuhl, das ich betrat. Mein einziger Mitarbeiter war Jaime Castro, ein kleiner junger Mann, der mir kaum bis an die Nase reichte. Er hatte starke Brauen, hervorquellende Augen, einen kleinen Mund mit geraden Lippen und eine spitze Nase. In seinem schwarzen Haar glänzte die Brillantine, und seine Finger waren kurz und dick. In seiner eng sitzenden Jacke sah er aus wie einer von den kleinen Zwergen, die man auf Kuchen sehen kann. Aber was für ein guter Freund war er mir bei der Arbeit!

Jaime war Buchhaltergehilfe und ich Sekretärin. Er half mir immer aus der Klemme, wenn ich mit meiner Arbeit nicht zurechtkam oder einen Fehler gemacht hatte. Dann sagte ich zu meiner Entschuldigung: »Ich weiß nicht, Señor García, Jaime hat mir gesagt, ich sollte es so machen.« Jaime drehte sich nur um und lächelte mir zu, so war ich für den Augenblick gerettet.

Er lud mich oft ins Kino, zum Kaffee oder zu einem Rugbyspiel ein, und wir gingen zusammen in den Park von Chapultepec und sahen uns am 16. September die Parade an. Er zeigte mir jede Woche etwas Neues. Durch ihn lernte ich die Stadtparks, die Badeanstalten und Stierkämpfe kennen. Er brachte mir Süßigkeiten, Blumen und kleine Geschenke mit, die bedeuteten, daß er an mich dachte.

Kurz gesagt, er wurde mir sympathisch, und ich empfand für ihn eine Art freundschaftlicher Zuneigung. Er erzählte mir von seinen Schwierigkeiten in der Liebe und ich von meinen. Wenn er mich ins Kino einlud, war ich zuerst ständig darauf gefaßt, daß er mit mir schmusen wollte, aber das tat er nicht, und ich fing allmählich an zu glauben, er wäre anders als die meisten Männer. Darüber freute ich mich, denn ich konnte mit ihm überall hingehen, ohne befürchten zu müssen, daß er mir zu nahe käme. Ich mochte ihn wirklich gern, aber nichts weiter.

Ich wußte, daß Jaime einer unglücklichen Liebe wegen trank. Das Trinken war sein einziger Fehler, aber mich störte das damals noch nicht . . . Ich versuchte nur, es ihm auszureden. Ich liebte ihn erst viel später. Er war es, durch den ich erfuhr, was Liebe ist.

Wir waren gute Freunde; trotzdem ging er nie mit mir tanzen, obwohl mir das doch solchen Spaß machte. Wenn ich tanzte, war es, als ob ich fliegen könnte; ich spürte meine Füße gar nicht mehr, und all meine Müdigkeit war plötzlich verschwunden. Die Musik war unwiderstehlich, sie drang in mich ein und umgab mich, als ob ich in süß duftendem Wasser badete.

Als Jaime und ich uns ineinander verliebten, verbot er mir, tanzen zu gehen, und ich wartete immer, bis er fort war. Trotz meiner Leidenschaft für das Tanzen und der Schwierigkeiten mit meiner Familie war er nett zu mir und meinen Angehörigen. Kein Tag verging, ohne daß er meinen Nichten und Neffen Spielsachen, Kuchen oder Puppen mitbrachte. Sonntags, wenn er bei uns aß, vergaß er nie, Paula Geld dafür zu geben. Zu ihrem Namenstag schenkte er ihr einen Blumenstrauß und jedem von uns irgendeine Kleinigkeit.

So gewann er die ganze Familie für sich, nur meinen Vater nicht. Der mochte Jaime nicht, weil er trank. Er sagte ihm auch: »Ich werde nie erlauben, daß ihr heiratet, und bin entschlossen, alles zu tun, um euch auseinanderzubringen.« Wenn Jaime versuchte, sich mit ihm zu unterhalten, sagte mein Vater nur ja und nein, und er nahm von ihm auch nichts an.

Zum Namenstag meines Vaters kaufte Jaime ihm einen Kuchen und gab meiner Schwägerin Geld, damit sie uns Kakao machen konnte. Aber statt sich zu freuen, schob mein Vater den Kuchen beiseite und aß überhaupt nichts. Mir war das furchtbar peinlich, denn in Jaimes Haus waren immer alle gut zu mir. Seine Mutter ließ mich am Tisch in der Mitte sitzen und bediente mich vor allen anderen. Mein Vater dagegen beleidigte Jaime, wo er nur konnte, bis ich Angst bekam, daß Jaime mich nicht mehr liebte.

Die größte Schmach tat mir mein Vater an einem Weihnachtsabend an. Jaime hatte uns wieder Geld gegeben, und Paula bereitete das traditionelle Abendessen, einen Salat und noch zwei andere Gerichte. Jaime hatte Sodaflaschen und Blumen, Weihnachtssterne, mitgebracht, und Paula schmückte den Tisch und das Zimmer sehr hübsch aus. Mein Vater kam um zehn Uhr herein, ohne zu grüßen.

»Los, ins Bett! Und weg mit dem Zeug!« Er schloß die Tür, warf die Tischdecke aufs Bett und die Blumen auf einen Stuhl und befahl uns, das Licht auszumachen.

Ich ging mit Jaime hinaus und heulte. Nach einer halben Stunde verließ er mich. Ich war sehr traurig und dachte, jetzt liebt er mich nicht mehr, sicher wird er sich mir gegenüber ändern.

Ich hatte mich nicht geirrt. Jaime fing an, meinem Vater Vorwürfe zu machen und mich herumzukommandieren. Natürlich wollte er, daß ich ihm gehorchte und nicht meinem Vater, und das konnte ich nicht. Er tat, als wären wir verheiratet, und zeigte erst jetzt seinen wahren Charakter. Er trank mehr als sonst und kam oft völlig betrunken zu mir. Manchmal pfiff er um drei oder vier Uhr morgens nach mir, und wenn ich nicht erschien, polterte er an der Tür. Mit der Zeit ärgerte ich mich über ihn.

Eines Tages erkannte ich, wie gutgläubig ich gewesen war, als ich mich mit ihm einließ. Lange nachdem ich meine Arbeit in

Señor Garcías Büro angenommen hatte, wurde noch ein anderes Mädchen, Adelaida, bei uns angestellt. Im Büro wußten alle, daß Jaime und ich heiraten wollten, und ich kann mir nicht vorstellen, daß dieses Mädchen davon noch nichts gehört hatte. Jedenfalls kam ich an diesem Tage etwas früher vom Essen zurück und sah, wie Jaime Adelaida küßte und ihr übers Haar strich. Ich war todunglücklich, kochte vor Eifersucht und haßte Jaime richtig. Er versuchte noch, sich herauszureden, aber mein Herz war wie gebrochen.

Die einzige, die mir über diese Enttäuschung hinweghalf, war Mariquita, meine kleine Nichte. Ich liebte sie, als wäre sie mein eigenes Kind. Am gleichen Abend noch ging ich mit Alanes und ihr auf einen armseligen Rummelplatz bei uns in der Nähe, und als ich sah, wie vergnügt die beiden Kinder waren, wurde ich auch wieder froh.

An sich wollte ich nicht, daß Jaime mich noch besuchte, aber er war mißtrauisch und eifersüchtig und kam ständig an, um zu sehen, ob ich mit irgend jemand anderem ausging. Da ich ihn immer noch liebte, gab ich ihn nicht ganz auf. Ich brauchte ihn als seelischen Halt, denn mein Vater ließ mir damals wegen meiner Gesundheit keine Ruhe.

Er hatte schon früher Angst gehabt, ich wäre tuberkulös, und jetzt war ich furchtbar abgemagert und hustete, und deswegen zeigte er mich einem Freund von ihm, Dr. Santoyo. Der war kein richtiger Arzt, sondern mehr ein Heilkundiger. Er fand mich ebenfalls tuberkuloseverdächtig und verordnete mir täglich zwei Spritzen in die Venen und in die Muskeln. Später bekam ich dazu noch eine dritte unter die Haut. Außerdem verschrieb er mir Stärkungsmittel, Pillen, Blutübertragungen und Serum. Ich hatte ständig einen starken Jodgeschmack im Mund, und von den vielen Spritzen tat mir der ganze Körper weh.

Manchmal ging ich einfach nicht mehr hin, um mir die Spritzen geben zu lassen. Dann wurde mein Vater wütend und drohte mir, mich in dasselbe Krankenhaus zu bringen, wo Elena gewesen war. »Mit deinem elenden Husten landest du noch im Leichenhaus.« Ich wagte nicht, ihm zu widersprechen. Wie mitleidlos ging er doch mit mir um! Dr. Santoyo besorgte mir inzwischen ein Bett im Krankenhaus. Als ich das hörte, weinte ich vor Verzweiflung.

Jaimes Mutter erfuhr davon und nahm mich mit zu ihrem Arzt. Der durchleuchtete mich und stellte fest, daß ich nicht im geringsten krank war. Auch Juana und Señor Santiago gingen mit mir zu einem Spezialisten, der mich einen ganzen Nachmittag lang genau untersuchte. So hatte ich also mehr als einen Beweis dafür, daß Dr. Santoyo sich irrte. Da nahm ich meinen ganzen Mut zusammen und zeigte meinem Vater die ärztlichen Befunde. Aber anstatt mir zu glauben, waren er und Dr. Santoyo nur empört, daß ich zu einem anderen gegangen war. Die »Behandlung« wurde also gegen meinen Willen fortgesetzt.

Ich verstand meinen Vater überhaupt nicht mehr. Das konnte so nicht weitergehen. Eines Tages fragte ich Santitos, was sie darüber dächte. Sie zuckte die Achseln, zog an ihrer Zigarette und sagte: »Ich glaube, irgend jemand hat ihn verhext.«

Daraufhin ging ich zu einem Telepathen. Der erklärte mir, es läge nicht an einem Zauber, sondern an der Natur meines Vaters, und ich sollte mir deswegen keine Sorgen machen. Aber über mich selbst fand er irgend etwas in seinen Karten, das mich erschreckte. Er sagte, ich hätte einen starken Willen, und könnte es wirklich zu etwas bringen, doch wenn ich nicht aufpaßte, würde ich sehr tief fallen. Ich gab ihm drei Pesos, ging nach Hause und war ganz durcheinander. Ich glaube kaum, daß er ein guter Hellseher war, trotzdem dachte ich noch jahrelang an das, was er mir gesagt hatte.

Zu Hause wurde es immer schlimmer. Meine Löffel und mein Geschirr durfte niemand benutzen, und Paula erlaubte ihren Kindern nicht, mir nahe zu kommen. Ich kann gar nicht beschreiben, wie weh mir das tat, wenn meine Schwägerin die Kleinen von mir wegzog.

Nachdem Manuel Marta und mich einmal grün und blau geschlagen hatte, mußte er mit Paula und den Kindern ausziehen. Erst als sie ganz krank war, kam meine Schwägerin zu uns zurück. Da holte ich mir ein junges Mädchen, Claudia, als Hilfe, und wir beide sorgten für die Kinder.

Paulas Tod war für mich der schwerste Schlag, der mich je getroffen hat. Ich wünschte mir von ganzer Seele, für sie zu sterben, und flehte um ihr Leben. Nur Er wußte, warum Er das tat.

Am Tag der Beerdigung erlebte ich noch etwas Furchtbares: Ich entdeckte, daß mein Vater ein Verhältnis mit Claudia hatte. Aber ich mußte auch das hinnehmen. Mit der Zeit machte nicht sie die Arbeit, sondern ich. Wenn ich sie darauf hinwies, daß sie vergessen hatte, Wasser zu holen oder irgend etwas zu tun, beschwerte sie sich bei meinem Vater, und er schimpfte mich aus und demütigte mich. Ich durfte Claudia nichts sagen. Wieder kam ich mir zu Hause ganz verloren und verachtet vor.

Aber an meinen kleinen Neffen und Nichten hatte ich viel Freude. Ich sorgte für sie, badete sie und gab ihnen von Zeit zu Zeit einen Klaps, wenn sie nicht artig waren. Sie nahmen bald zu; denn ich fütterte sie, so gut ich konnte. Es war mein Wunsch, diese kleinen Kinder vor Kummer zu bewahren. Alles, was ich mir für meine eigene Familie erträumt hatte, gab ich nun ihnen.

Mein Vater zeigte seine Vorliebe für Claudia immer offener. Er schenkte ihr Geld und erlaubte ihr, auf Kredit zu kaufen, und sie bekam fast jeden Tag etwas Neues zum Anziehen. Wenn sie ihn um Vorschuß bat, erhielt sie ihn sofort, aber wenn ich einen Peso brauchte, um mir Arbeit zu suchen, gab er mir nichts.

Eines Abends sagte er mir, er wolle Claudia heiraten. Ich antwortete ihm, er könnte ja tun, was ihm paßte, aber er müßte auch meine Rechte anerkennen und mir im Hause die Stellung lassen, die mir zukam. Ich wollte ihm klarmachen, daß ich nichts gegen seine Heirat hatte, sondern nur gegen die Art, wie er mich behandelte. Er kritisierte mich, machte mich herunter und sagte, ich wäre eingebildet und arrogant und versuchte, mich über meinen Stand zu erheben; er hätte genug von mir und ich sollte verschwinden. Seine Worte wurden immer schärfer, bis er einmal sagte: »Du siehst genauso aus wie die ganze betrunkene Bande, zu der deine Mutter gehörte, und du bist ebenso blöd, wie du aussiehst.«

Am nächsten Tag erzählte ich das meiner Tante. »Ich erlaube diesem Dreckskerl nicht, meine Schwester zu beleidigen!« sagte sie. Sie kam mit zu uns, und wir nahmen das Bild meiner Mutter von der Wand. Als ich das Foto meines Vaters daneben sah, schrie ich: »Und dieses Bild braucht jetzt auch nicht mehr hier zu hängen!«, riß es aus dem Rahmen und trat mit den Füßen darauf.

Was mich am meisten unglücklich machte, war, daß mein Vater, dieser Heilige, von seinem Sockel gestürzt war. An dem Abend bestrafte er mich so, wie ich es nie erwartet hätte. Als ich spät nach Hause kam, saß er auf dem Boden, hatte unsere ganzen Kinderbilder vor sich liegen, und Tränen rollten ihm über die Backen. Er fragte mich beinahe sanft, warum ich sein Bild zerrissen hätte, und ich wußte nicht, was ich ihm antworten sollte. Ich kann gar nicht beschreiben, wie sehr ich in diesem Augenblick bereute, was ich getan hatte. Ich kniete zu seinen Füßen nieder und bat ihn, mir zu verzeihen. Aber er rührte sich nicht und sagte kein Wort: Er hielt nur die Bilder in der Hand.

Ich versuchte weiter, ihn gegen Claudia aufzubringen, und erklärte ihm, sie arbeite nicht ordentlich genug und vernachlässige die Kinder. Ich schlug vor, Paulas Schwester Delila kommen zu lassen. Sie hatte sich von ihrem Mann, einem Säufer, getrennt und brauchte ein Heim für sich und ihren Sohn. Mein Vater war damit einverstanden, obwohl er Claudia trotzdem bei sich behielt.

Delila hatte ich immer für ein sanftes, unglückliches Mädchen gehalten, dem man helfen mußte. Wie konnte ich damals ahnen, daß ich sie am Ende hassen würde! Heute weiß ich, daß das nur eine Pose, eine Maske war, die sie benutzte, um den Menschen, auf den sie es abgesehen hatte, genau zu beobachten. Sie war wie eine Schlange, die sich im Gras versteckte und ihr Opfer nicht aus den Augen ließ.

Jaime wurde inzwischen immer unerträglicher, selbst für mich. Er betrank sich ständig. Roberto mußte nachts aufstehen und ihn im Taxi nach Hause bringen, aber eine halbe Stunde später war er wieder da und bullerte an die Tür. Endlich entschloß ich mich, mit ihm zu reden. Mein Vater hatte uns drei Jahre Zeit gegeben; wenn wir uns so lange vertrugen, durften wir heiraten. Diese Zeit war jetzt fast herum. Als ich Jaime das sagte, gestand er mir, das Geld, das er für die Hochzeit gespart hätte, mit seinen Freunden vertrunken zu haben.

Mir war, als wenn der Himmel einstürzte. Ich hatte mich bis dahin an den Gedanken geklammert, daß wir heiraten würden. Auch seine Mutter hatte schon davon gesprochen. Nun war also auch diese Hoffnung zerstört.

Aber Jaime war nicht mein einziges Problem. Delila trieb mich mit der Zeit ganz aus dem Haus. Das Leben dort wurde für mich mit jedem Tag höllischer. Schließlich zog ich zu meiner Tante.

Ich kam eines Nachts bei ihr an und fragte, ob ich bei ihr schlafen könnte. Sie war so betrunken, daß sie mich gar nicht richtig verstand. Ich kroch in das enge Bett und deckte mich mit meinem Mantel zu.

Die ganze Nacht lag ich da und überlegte, wie ich da wieder hinauskommen könnte. Ich hatte meine Tante sehr gern, weil sie sanft und gut war, aber in diesem Schmutz konnte ich nicht bleiben. Außerdem war meine Tante kindisch geworden und lebte wie ein zufriedenes kleines Mädchen dahin; sie war zu allen freundlich und konnte zwischen Gut und Böse nicht mehr unterscheiden. Ihre winzige Gestalt mit dem weißen Haar und ihr glückliches Lachen wirkten puppenhaft. Sie lebte in einer beschränkten Welt; ihre Spiele bestanden aus Waschen, Plätten und Trinkereien mit meinem Onkel und ihren Bekannten. Sie hatte viele gute Eigenschaften, aber sie schwatzte in einem fort, und von ihrem Gerede und ihren vulgären Ausdrücken wurde mir richtig schwindlig.

Die beiden verkehrten mit anderen Leuten, als ich von zu Hause gewohnt war. Zwar behandelten mich alle mit großem Respekt, aber der Alkoholgeruch, die Feuchtigkeit, die Wanzen, die engen Löcher und die Leute in der *vecindad* ... Während der Regenzeit floß oft Wasser in das Zimmer, denn es lag im Keller. Der Hof, in dem die Wasserhähne standen, wurde dann zu einem Meer von Schlamm. Wenn ich arbeiten wollte, mußte ich mich anständig zurechtmachen, und das konnte ich da nicht. Wie sollte ich das aushalten? Ich grübelte darüber nach, bis mir der Kopf weh tat. Aber ich fand keinen Ausweg.

Das Schlimmste war, daß ich von Jaime immer noch Mitleid und Trost erwartete. In ihm sah ich meine letzte Hoffnung, er war für mich wie ein schwacher Lichtstrahl, der mich vielleicht doch noch vor dem retten konnte, was meine Seele stumpf und finster machte. Aber statt liebevoller Worte hatte er nur glasige Augen, mit denen er mich wie aus weiter Ferne anstarrte.

Je mehr ich mich nach Ruhe sehnte, desto größer wurden meine Plagen. Ich bekam es täglich von allen Seiten: Mein Vater beschimpfte mich, bei meiner Tante litt ich unter der häßlichen Umgebung, und noch dazu war ich unfähig, mich von Jaime zu trennen, fand keine Arbeit und hungerte tagelang. Das alles machte meine Nerven so kaputt, daß ich wegen jeder Kleinigkeit heulte.

Einmal ging ich mit meiner Tante zur Casa Grande, um mir eine Tanzerei anzusehen. Da schickte mein Vater Roberto nach mir aus, und der zerrte mich mit Gewalt ins Haus. Da stand ich plötzlich vor meinem Vater, nahm meine ganze Kraft zusammen und war auf alles gefaßt. Er machte mir Vorwürfe wegen meiner Lebensweise und fragte: »Willst du etwa auf der Straße verkommen?«

Als er das sagte, kochte ich vor Wut. Früher hatte ich immer klein beigegeben, wenn er mich anschrie, aber seit er mich wegen diesem Weib hinausgeworfen hatte, tat ich das nicht mehr. Diesmal ballte ich meine Fäuste und antwortete: »Wenn ich auf die Straße gehe, dann ist es deine Schuld. Ich folge ja nur deinem Beispiel. Erst Claudia und dann dieses Weibstück. Solche wie die kannst du an jeder Straßenecke kriegen!« Er und Roberto schlugen mich, aber ich fühlte es nicht einmal. Ich schrie sie an: »Schlagt mich, soviel ihr wollt, ich rede trotzdem weiter! Ihr könnt den Haß, den ich fühle, nie auslöschen! Ich bin deine Tochter, und ich warne dich, wenn mir etwas zustößt, dann bist du allein daran schuld!« Ich war außer mir vor Empörung und fühlte, wie mir das Blut zu Kopf stieg und Funken vor meinen Augen tanzten. Ich dachte, mein Kopf würde platzen. Mein Vater war furchtbar erschrocken und versuchte mich zu umarmen, aber ich brüllte: »Rühr mich nicht an. Geh mir aus dem Weg!«

Ich stürzte hinaus auf den Hof. Dort heulte ich weiter und fragte mich, was ich tun sollte, aber mir fiel nichts ein. Ich sah zu den hellsten Sternen auf und bat meine Mutter und Elena, meinem Vater zu zeigen, was er angerichtet hatte. Als ich mich auf den Bürgersteig setzte, stieß ich mit der Hand an eine Rasierklinge. Das war die Lösung — mir an den Händen und an den Füßen die Adern aufzuschneiden. Dabei stellte ich mir vor, was mein Vater für ein Gesicht machen würde, wenn er morgens zur Arbeit gehen und mich blutüberströmt vor seiner Tür finden würde!

Das wird er bereuen, sagte ich mir, und als ich an Jaime dachte, heulte ich noch mehr. Der würde sehen, daß ich anderen Leuten nicht nur einen Schreck einjagen wollte wie er. Ich begann, an meinen Handgelenken zu kratzen, aber es tat mir weh. Das gibt eine Entzündung, dachte ich und lachte dann über mich selbst. Eine Entzündung! Entweder war meine Haut zu zäh oder die Klinge nicht scharf genug, oder — und das kommt der Wahrheit wohl am nächsten — ich hatte einfach nicht den Mut. Ich schnitt mich nur ganz wenig, und das war schon schmerzhaft genug. Dann warf ich das Ding weg und ging zu meiner Tante.

Wenn ich an meine Geschwister dachte, wurde ich ganz niedergeschlagen, denn von ihnen wollte und konnte mir keiner helfen. Manuel war von den dreien der härteste. Er war nie da, wenn man ihn brauchte, und wenn er da war, blieb er gegen alles gleichgültig. Er glich einem Menschen, der im Dunkeln rückwärts geht, ohne die Füße auf festen Boden zu setzen. Er ging und ging und kam nirgends an. Er bewegte nur seine Beine, damit die Leute denken sollten, daß er etwas tat. Sein Blick war dabei starr auf die kleinen Sterne am Himmel gerichtet. Er versuchte, sie zu fangen, und wenn es ihm gelungen war, einen zu fassen, setzte er sich dort in der unendlichen Leere nieder und spielte mit ihm, bis das strahlende Licht schwächer wurde. Dann ließ er den toten Stern in der Luft schweben und folgte unwiderstehlich einem anderen.

Er sah nie unter sich, denn hätte er das getan, dann würde er den dunklen Abgrund dort entdeckt haben. Ihm graute davor zu fallen; wenn er je den Boden berührte, fühlte er, wie rauh und hart der Weg war, auf dem die Menschen gingen. Deswegen sah er zum Himmel auf, nicht um etwas zu erflehen, sondern um eine Entschuldigung zu haben, wenn er stolperte. »Das habe ich nicht gesehen . . . ich wußte es nicht.«

Vielleicht fürchtete er, verurteilt oder zerschmettert zu werden oder zu erkennen, daß es für ihn keine Rettung gab. Deshalb hatte er wohl zwei oder drei Seelen und viele Gesichter. Er bemühte sich zu zeigen, daß er ein unbesiegbarer, weltkluger Mann war, aber das stimmte nicht. Er war nur oberflächlich und zynisch. Er hatte einen Funken Großmut und Verständnis in sich, vielleicht, weil er die Liebe meiner Mutter und Paulas erfahren hatte, aber warum war er nicht menschlicher?

Er wußte, was er anrichtete, aber er hätte unter keinen Umständen gesagt: »Ja, das habe ich getan.«

Warum geriet er bei einer Schlägerei so in Wut und wandte sich ab, wenn er irgendwelchen Problemen gegenübertreten sollte? Er behauptete, Paula sehr zu lieben. Warum heiratete er sie dann nicht? Wenn ein Lateinamerikaner eine Illusion wirklich festhalten will, sei es aus Eitelkeit oder einer plötzlichen Laune, wird er zuerst mal heiraten.

Und warum wich er jeder Verantwortung aus? Er verschloß seine Augen vor allem. Ein Zusammengehörigkeitsgefühl oder eine Hilfe von ihm war undenkbar. War ich in Not, dann sagte er zu mir: »Wenn du Hilfe brauchst, rechne nicht mit mir. Sollte ich dich eines Tages in einem Nachtlokal auftreten sehen, dann nimm einfach an, ich bin nicht dein Bruder, und du kennst mich nicht einmal.« Er war in seinem Egoismus nicht fähig, tief zu fühlen, selbst als Vater nicht. Sein Leben war vollkommen frei, und er verteidigte seine Unabhängigkeit mehr als alles andere. Bei Manuel war das Freiheitsbedürfnis zu einem Laster geworden.

Ich versuchte bei Marta Zuflucht zu finden. Aber sie, die ein Zuhause hatte, antwortete: »Nein, was willst du bei mir? Nein, hierher nicht.« Das sagte sie zu mir, die sich so oft mit Crispín und dessen Familie stritt, weil sie von ihnen schlecht behandelt wurde. Wenn ich sah, daß sie keine Schuhe und kein Geld hatte, gab ich ihr etwas, auch wenn es mein letztes war. Ich war immer bereit, Schläge in Kauf zu nehmen, um sie zu verteidigen, und hörte mir alle ihre Klagen an. Und jetzt, als ich sie brauchte, erfuhr ich so etwas von ihr. Ich schluckte meine Tränen hinunter und sagte nur: »Bete zu Gott, Marta, daß du deinen Mann und dein Heim immer behalten kannst und nicht von Haus zu Haus gehen mußt wie ich.«

Marta war immer der Liebling meines Vaters und Robertos gewesen, aber nie hatte sie jemandem beigestanden oder einen getröstet. Sie war nie eine richtige Schwester gewesen, auch für ihre Brüder nicht. Ihr fehlte das Gefühl der Verpflichtung; sie gab nie etwas, wenn sie dafür nicht auch etwas bekam. Ich hielt sie für eine falsche Person. Was ich ihr am meisten übelnahm und ganz unverzeihlich fand, war, daß sie sich um die Zukunft ihrer Kinder nicht kümmerte.

Roberto war von den dreien der beste. Er sagte zu mir: »Du tust mir leid, Schwester. Ich bin ein Mann und kann überall hingehen, aber was kannst du tun?« Er war großzügig, mitfühlend und wirklich aufrichtig, aber er hatte weder Geld noch ein eigenes Heim. Und wie kindlich er war! Er hatte einen heftigen Charakter und bekam oft wahre Tobsuchtsanfälle. Er hielt sich für einen Samson, der ganze Bataillone zusammenschlagen konnte. Verglichen mit Manuel war er ein reiner

Gefühlsmensch, aber das Gefühl, in dem er wie in einem Kreis herumwirbelte, war kindlich.

Obwohl Roberto schon ein Mann war, ging er durch das Leben wie ein Acht- oder Neunjähriger, in Kniehosen, kurzärmeligen Hemden und schweren Stiefeln. Er war ein verschrecktes Kind; sein Geist hatte sich verirrt, weil der Weg vor ihm abbrach und ihm immerzu etwas zustieß; er war schon unzählige Male gestolpert und hatte sich dabei tief verletzt. Wenn er ging, streckte er dabei die rechte Hand aus, um irgend etwas zu greifen ... die schattenhafte Form einer vor ihm hergleitenden Frau. Er weinte und schrie und rief, sie solle anhalten. Manchmal verschwand sie ganz, dann warf er sich auf den Boden und tobte.

Er trat mit den Füßen nach den Steinen und stieß sie weg, weil sie ihn zu verhöhnen schienen. Er ärgerte sich und sagte: »Wer sind die hier, daß sie über mich lachen können! Ich werde ihnen zeigen, wer ich bin!« Und er begriff nicht, daß er sich nur selbst weh tat, wenn er gegen die Felsen anrannte. War seine Wut verraucht, dann bereute er, sich so zerschlagen zu haben, und dachte, sie haben mich ja nur angesehen, weiter nichts.

Im Gegensatz zu Manuel hatte Roberto ein festes Ziel ... nämlich die Sicherheit zu finden, die er brauchte. Wenn er sie endlich gefunden hat, wird er aufhören zu schluchzen und lächelnd auf die ganze Bahn zurückblicken, die er hinter sich hat. Dann wird er mit diesem »etwas« einen neuen Weg antreten. Roberto war ein guter Junge, solange er jemanden hatte, der an seinen Problemen Anteil nahm, sich seine Klagen anhörte, seine Freuden teilte und ihm riet, wie er sich verhalten sollte; er mußte jemanden haben, der ihn führte. Er war gefügig und empfindlich, wie Manuel es nie sein konnte.

Die schwerste, bitterste und traurigste Zeit in Robertos Leben waren die Monate im Gefängnis. Ich habe von vielen Leuten gehört, die dadurch verhärtet, brutal und haßerfüllt geworden waren. Mit meinem Bruder war das anders. Er hielt die schwache Flamme der Hoffnung lebendig und verfiel nie dem Laster. Er vergaß seine Familie nicht und bewahrte immer ein Gefühl der Liebe für andere Menschen. Er konnte seine eigenen Sachen ausziehen, um sie jemandem zu geben, der nichts hatte, und dabei sagen: »Der Ärmste, er hat es so nötig.« Manuel hätte dagegen nur gedacht, das geht mich gar nichts an, das hat er davon, wenn er so ein Schlappschwanz ist.

Roberto betrachtete alles mit Leidenschaft und versuchte, sein Ideal zu finden. Nach seiner Meinung durfte niemand auf der ganzen Welt sündigen. Ihn erschreckte manches, was er mit ansehen mußte; ganz anders Manuel, der darin viel nüchterner dachte. Für Roberto gab es noch Dinge, die heilig waren, und wehe, irgend jemand rührte seine Heiligen an, dann verwandelte er sich in einen Teufel.

Was mich an meinen Geschwistern am meisten betrübte, war, daß sie sich nicht aus den Umständen, in denen sie lebten, befreien wollten. Sie fanden sich damit ab, armselige Kleider zu tragen und sich die ganze Zeit abzuquälen. Mir schien das Dach über meinem Kopf unsicher, denn schon am nächsten Tag konnte die Säule, die es stützte, zusammenbrechen. Aber sie dachten nicht an die Zukunft. Sie lebten alle ganz in der Gegenwart.

Auch glaube ich, daß sie sich selbst dann nicht ändern könnten, wenn sie es versuchten. Keiner von ihnen — nicht einmal ich, obwohl ich mich wirklich darum bemühen wollte — schien dazu imstande zu sein. Hätte zum Beispiel irgend jemand Manuel einen gewöhnlichen Stein gegeben, dann würde er ihn erwartungsvoll ansehen und entdecken, daß er zuerst aus Silber, dann aus Gold bestand und schließlich aus dem kostbarsten Stoff, den man sich denken kann, bis der Glanz erlosch.

Roberto würde denselben Stein in der Hand halten und murmeln: »Hm! Wozu mag der wohl gut sein?« Aber er würde keine Antwort darauf finden.

Marta würde ihn nur einen Augenblick in die Hand nehmen und ihn dann achtlos wegwerfen, ohne sich weiter darüber Gedanken zu machen.

Ich, Consuelo, würde ihn ansehen und mich fragen: Was kann das sein? Ist es vielleicht das, kann es das sein, wonach ich immerzu suchte?

Aber mein Vater würde den Stein nehmen und ihn auf den Boden legen. Er würde sich einen anderen suchen und ihn daraufsetzen, dann noch einen und wieder einen, bis er — ganz gleich, wie lange das dauerte — am Ende ein Haus daraus gebaut hätte.

Sosehr ich mich davor fürchtete, mußte ich schließlich doch bei meiner Tante bleiben. Es ließ sich einfach nicht vermeiden. Sechs Monate wohnte ich in der Bäcker-Straße. In dieser *vecindad* herrschte das schlimmste Elend. Die Leute lebten fast wie Tiere. Gott hatte ihnen zwar das Leben gegeben, aber nicht das, was sie dazu brauchten, außer dem täglichen Brot und oft noch nicht einmal das. Die meisten Frauen und Kinder mußten für ihren Unterhalt arbeiten, weil viele Väter sich betranken und verantwortungslos waren. Die kleineren Kinder spielten völlig nackt draußen im Hof, die größeren nahmen hier und da eine Arbeit an, um sich ein paar Centavos zu verdienen. Nur sehr wenige gingen ein oder zwei Jahre lang zur Schule. Die Mütter mußten häufig ihr Radio, ihr Plätteisen oder das Bettzeug — wenn sie solche Sachen überhaupt besaßen —, Kleider oder Schuhe verpfänden, damit sie ihre Miete bezahlen oder genug Bohnen kaufen konnten, um ihre großen Familien zu ernähren.

Die Männer, die sich um ihre Frauen und Kinder gar nicht kümmerten, gaben ihr Geld für Alkohol oder für ihre Geliebten aus, die vielleicht sogar nebenan in der gleichen *vecindad* wohnten. Wenn eine Frau sich beklagte, konnte sie damit rechnen, geschlagen oder aus dem Haus getrieben zu werden, denn es war ihre Pflicht, ihren Mann vor Schwierigkeiten in seinen Liebesaffären zu bewahren. Die Männer verbrachten den größten Teil ihrer Freizeit in Lokalen, und nachts konnten die Frauen sie da suchen und abschleppen.

Auch mein Onkel hatte noch eine andere Frau. Deshalb stritt meine Tante sich oft mit ihm. Später, als ich sie besser kennenlernte, lachte ich über ihre Zänkereien. Obwohl sie zum Abendessen *pulque* tranken und manchmal ziemlich beschwipst waren, taten sie sich nie etwas Böses an. Das wiederholte sich jeden Abend, so lange, bis sie müde wurden.

So etwas hatte es im Haus meines Vaters niemals gegeben. Ich hatte meinen Vater noch kein einziges Mal mit irgend jemand trinken sehen. Es wurde regelmäßig um die gleiche Zeit zu Abend gegessen, und dann stand alles auf dem Tisch — Milch, Brot, Butter und Eier oder noch ein anderes Gericht, das wir besonders gern mochten, in Öl gebratene Hühnerköpfe, Salat, aufgewärmte Bohnen mit geriebenem Käse darüber oder geröstete *tortillas*. Im Vergleich mit der Wohnung meiner Tante war unser Haus behaglich und ruhig.

Bei »meiner kleinen alten Dame«, wie ich meine Tante nannte, versammelten sich, während wir Abendbrot aßen, viele Freunde. Sie setzten sich auf die Schwelle oder irgendwohin, wo sie Platz fanden, und warteten darauf, daß mein Onkel ihnen Witze oder komische Geschichten aus seinem Leben erzählte und meine Tante ihnen einen *taco* anbot. Ich begreife nicht, wie sie sich unterhielten, denn sie redeten alle über etwas anderes. Nach dem Abendessen schwirrte mir der Kopf, und mir war übel vom Zigarettenrauch, dem Geruch von *pulque* und von dem furchtbaren Lärm, den die ganzen Leute machten.

Nachdem ich Arbeit gefunden hatte, ging es uns etwas besser; wir hatten Geld, um Lebensmittel zu kaufen, und konnten die Miete nachzahlen. Aber ich war die ganze Zeit unglücklich, denn ich mochte da einfach nicht leben. Wenn ich die Hausarbeit vernachlässigte, schimpfte mein Onkel mich aus und sagte, ich wäre wie eine Puppe im Glasschrank, die sich nur zeigen wollte, das heißt: Er gebrauchte noch ganz andere Worte, allerdings nur, solange meine Tante nicht in der Nähe war. Trotzdem hatte er recht, denn ich verstand fast nichts von Hausarbeit.

Eines Tages sagte mein Onkel, ich müßte die Wäsche waschen. Ich dachte erst, meine Tante würde das gar nicht ernst nehmen, aber leider gab sie mir tatsächlich den Eimer, die schwarze Seife, Lauge und das Waschbrett und sagte: »Nun los, du Faulpelz, mach das sauber, und wenn du das nicht schaffst, dann kannst du noch mal von vorn anfangen.« Dieser Befehl mißfiel mir, und zwar nicht, weil ich nicht arbeiten wollte, sondern weil alle Leute im Haus und auf der Straße mich dabei sehen konnten.

Ende Juni wurde ich krank. Ich war sehr abgemagert, und meine Nerven waren nicht in Ordnung. Anstatt mir ein paar Tage freigeben zu lassen, wie meine Tante mir riet, blieb ich einfach zu Hause und verlor so meine Stellung. Wieder mußten wir fasten, denn es war unmöglich, mit dem, was mein Onkel verdiente, auszukommen.

Es war für mich um so unerträglicher, als ich eine Behandlung wie bei meiner Tante nicht gewohnt war. Wenn ich zu Hause krank wurde, legte ich mich ins Bett, mein Vater holte den Arzt, und der verschrieb mir eine richtige Medizin. Aber hier nahmen die Leute Krankheiten nicht ernst. Selbst wenn jemand schwer verletzt worden war, fiel es ihnen gar nicht ein, den Arzt zu holen. Dann standen alle, auch die Angehörigen des Verletzten, um ihn herum und schwatzten gleichgültig darüber. Am nächsten Tag dachte kein Mensch mehr daran.

Aus meiner Erkältung und dem Fieber wurde schließlich eine Bronchitis. Ich hatte Schmerzen in der Lunge und konnte schlecht atmen. Meine Tante wußte nicht, was mit mir los war, aber sie versuchte mich mit einem warmen Bad zu heilen, rieb mich mit Alkohol ein und legte mir zwei Blätter von einer Pflanze, die sie die »Schamlose« nannten, auf die Stirn. Ich mußte meine Füße in ein Becken mit heißem Wasser und Asche stecken, bis das Wasser abkühlte. Dann rieb sie mich ein und deckte mich zu, bis ich schwitzte; sie erklärte, so würde der Körper die Krankheit ausstoßen. So unglaublich es scheint, ging meine Temperatur tatsächlich herunter, aber die Atemschmerzen blieben. Ich ließ meine Freundin Angélica holen, die mir eine Penicillin-Spritze gab, und dann verpfändete ich meinen Mantel und ließ mich von einem Arzt heilen.

Mit der Zeit nahm meine Tante es mir übel, daß ich keine Arbeit hatte und nichts verdiente. Und mein Onkel fing an, mir Sachen zu sagen, wie ich sie noch nie von ihm gehört hatte: »Wenn du mal heiratest, was willst du deinem Mann dann zu essen geben, wo du doch gar nichts taugst? Meinst du, der will dich nur fürs Bett? Du mußt dich rühren im Leben. Es ist gleich, wie du das Geld zusammenbringst — du siehst doch, deine Tante braucht es. Ich kann ihr ja nicht viel helfen.«

Nur fürs Bett! Er redete mit mir wie mit einer Frau, die schon ein solches Leben führt. Seine Worte trieben mich aus dem Haus und brachten mich auf den Gedanken, nun wirklich das Schlimmste zu tun, und das war, mich für Geld einem Mann hinzugeben. Aber noch konnte ich es nicht — ich hätte mich geschämt. So flüchtete ich in eine Kirche und weinte dort. Doch so furchtbar es ist — mit der Zeit verlor ich dieses Schamgefühl.

Meine Tante fing inzwischen an, sich bei den Nachbarn zu beschweren, weil ich ihr nicht half und ihr keinen Centavo gab. Was sollte ich nur tun? Ich suchte ständig in den Zeitungen nach Stellenangeboten, aber wenn ich ankam, war die Arbeit schon vergeben. Oder die Männer traten, wenn sie mich so niedergeschlagen sahen, mit schmutzigen Absichten an mich heran. »Wenn du willst, brauchst du gar nicht zu arbeiten. Du bist noch ein junges Mädchen. Ich habe zwar nicht viel, aber wenn du willst...« Ich lief hinaus und schlug die Tür hinter mir zu.

Jaime kam immer wieder. Er durfte im Haus meiner Tante aus- und eingehen. Er sagte mir, wie stolz er auf seine Familie wäre und auf ihre schöne Wohnung. Seine Familie stünde eben auf einem ganz anderen Niveau als meine. Dann ärgerte ich mich über meinen Onkel und meine Tante, weil die nicht merkten, daß Jaime auf sie herabsah.

Eines Abends bat er mich, mit ihm zu gehen, und führte mich in eine verlassene Gegend. Er redete von Reue, von seiner Mutter, von seiner Liebe zu mir. Als ich nach Hause gehen wollte, packte er mich auf einmal beim Arm und sagte mit hohler, erstickter Stimme: »Denkst du etwa, ich lasse dich weg? Wie naiv du bist. Ich habe dich hergebracht, damit du dich entscheidest. Entweder du gehörst mir, oder...«

Und damit zog er einen Dolch heraus und hielt ihn mir dicht vor den Magen. Mir wurde schwarz vor Augen. Ein paar Sekunden lang konnte ich nicht antworten, dann sagte ich: »Nur zu! Wenn du mich umbringen willst, dann los! Du weißt, daß du mir damit einen Gefallen tust. Mich braucht ja niemand, es ist also ganz egal, ob ich hier oder woanders sterbe. Die andern wären dir dankbar dafür. Und du würdest endlich die stolze, zynische, ungehorsame, eitle Frau los, für die du mich hältst...« Mir war, als ob ich gleich umfallen würde.

Schließlich ließ Jaime den Dolch sinken und fing an zu weinen. Ich atmete auf. Ich hörte ihn schluchzen wie ein Kind. Er warf das Messer fort und umarmte mich. »Vergib mir, mein Leben. Es kommt daher, daß du mich wahnsinnig machst. Du bist so gleichgültig. Aber ich liebe dich, ich liebe dich.«

Ich kam mehr tot als lebendig bei meiner Tante an. Sie machte mir Kamillentee, und so war das überstanden. Jaime sah ich erst nach zwei Wochen wieder, als er völlig betrunken ankam und von Rebeca, Bélica, Estela, Yolanda, Adelaida und ich weiß nicht wie vielen anderen faselte.

Etwa um diese Zeit lernte ich Mario, einen früheren Freund von Marta, besser kennen. Er nahm sich nun meiner an und sagte: »Viel kann ich dir nicht bieten, nur diese beiden Hände, mit denen ich gern für dich arbeiten will. Ich habe keinen Beruf, aber ich verspreche dir, alles zu tun, was mir möglich ist, damit uns nichts fehlt. Auch wenn wir nur einen Topf voll Bohnen zu essen haben, kommst du doch wenigstens hier heraus.« Mario, der ganz in der Nähe arbeitete, hatte mir schon zwei- oder dreimal einen Antrag gemacht. Aber ich hoffte noch immer, die Stadt verlassen und ein eigenes Leben ohne Tränen und ohne Demütigungen führen zu können. Ich wollte einfach leben, ja sogar weiterlernen.

Ich versuchte noch einmal, in einem Kloster oder bei irgendeinem Orden unterzukommen. Ich war nicht dafür geschaffen, draußen in der Welt zu leben, und brauchte Ruhe und Frieden. Man hatte mir gesagt, es kostete tausend Pesos, wenn man in ein Kloster eintreten wollte. Ich weiß nicht, ob das stimmte, aber ich fragte die Nonne, was verlangt wurde, damit man mich aufnähme.

»Die Zustimmung deiner Eltern, und du mußt ein Kind aus rechtmäßiger Ehe sein.«

So wurde mir also auch diese Hoffnung genommen. Mein Vater hatte mit meiner Mutter weder eine kirchliche noch eine zivile Ehe geschlossen.

Eines Abends kam ich mit Mario aus dem Kino, und wir gingen zu seinem Haus. Er sagte: »Bleib, geh nicht fort.« Wenn er gewußt hätte, was mir in diesem Augenblick alles durch den Kopf wirbelte! Blieb ich bei ihm, so hieß das, daß ich ihm gehörte. Aber warum sollte ich nach Hause gehen? Damit ich dort wieder hinausgeworfen wurde? Bei meiner Tante konnte ich es nicht länger aushalten, und eine Arbeit hatte ich auch nicht. Ich hatte gehofft, andere Menschen könnten mich zu sich nehmen, aber das hatten sie nicht getan.

»Wie Gott will«, mir war auf einmal alles gleich. Ich wollte nichts als aus der Welt, die mich erdrückte, entfliehen. Ich wollte den stechenden Schmerz in meinen Augen loswerden, den Hunger und die täglichen Demütigungen, und mich endlich von Jaime trennen.

Also sagte ich nur: »Gut«, obwohl ich noch ganz durchgedreht war. Mario freute sich und sagte seiner Mutter Bescheid. Sie war einverstanden, aber ich sah, daß sie mich nicht mochte. Ich mußte in dieser Nacht bei ihr im Bett schlafen und Mario bei seinem Vater. Sie wollte uns so lange nicht zusammenkommen lassen, bis wir geheiratet hatten. Mario war sehr ungeduldig, aber mir war das so recht.

Eines Morgens hatte ich Brot geholt, und als ich zurückkam, hörte ich, wie Mario sich mit seiner Mutter zankte. Sie warf ihm vor, er wollte sich und seine Freundin von ihr aushalten lassen. Ich tat, als hätte ich nichts gemerkt, und wartete, bis die beiden nicht zu Hause waren. Dann packte ich meine Sachen und ging zu meiner Tante.

Kurz darauf erschien Mario. Er war totenblaß und weinte, als er mich sah. Er schob alle Schuld auf seine Mutter und sagte, ich dürfte nie aufhören, ihn zu lieben — da mußte ich ihn belügen. Ich hatte ihm gesagt, daß ich diese Gegend nicht leiden konnte, daß ich es dort nicht aushielt und woandershin wollte. Endlich gelang es mir, ihn zu überzeugen, daß wir Mexico-City verlassen müßten. Sein Vater besorgte uns Fahrkarten und Mario eine Stelle in Monterrey.

Alle Nachbarn wußten sofort, daß ich wegziehen wollte. Am Nachmittag, als wir Abschied nahmen, erschienen sie bei meiner Tante. Sie hatte mir gesagt: »Schenk ihnen etwas, meine Tochter, damit sie dich nicht vergessen.« Ich fand das merkwürdig, tat aber, wie sie mir sagte. Es waren nur ganz bescheidene Gaben, ein Glas oder ein alter Rock, aber die Leute freuten sich darüber, bedankten sich und baten mich, ihnen oft zu schreiben. Meinte Tante weinte.

Der arme Mario! Er fuhr also mit mir nach Monterrey, in der Hoffnung, daß er in mir die wahre Liebe finden würde. Die Liebe, nach der er sich sehnte, war so unwirklich, daß man sie nicht fassen oder in Worten erklären konnte. Er glaubte, ich würde ihm diese Liebe geben. Aber Liebe ist etwas, das beide zugleich empfinden müssen, sie ist wie ein schönes Licht, das Mann und Frau von oben erleuchtet. Dies Licht fiel auf Mario, aber nicht auf mich. Ich liebte Jaime noch immer und hatte in meinem Herzen keinen Platz mehr für Mario. Ich benutzte ihn als Rettungsseil, um aus dem tiefen Brunnenloch, in das ich gefallen war, wieder herauszukommen. Ich nahm mir vor, sobald er mich nach Monterrey gebracht hatte, mein Leben allein aufzubauen.

Marta

In Crispíns Elternhaus kommandierte meine Schwiegermutter. Auf den Vater hörten die Kinder überhaupt nicht. Crispín war sehr gemein zu ihm und hatte nicht den geringsten Respekt vor ihm. Einmal schimpfte er seinen Vater aus, weil er betrunken nach Hause gekommen war. Als ob der Vater der Sohn wäre und nicht umgekehrt.

Meine Schwiegermutter verhätschelte Crispín, denn er war ihr jüngster. Er gehörte zu denen, die ihre Nase in alles stecken und bei jedem Streit mitreden wollen. Er zankte sich oft mit seinem älteren Bruder Ángel, und wenn seine Mutter dazwischenkam, sagte er ihr schmutzige Worte.

Crispíns Angehörige mochten mich nie, weil ich vom Haushalt nichts verstand. Ich half meiner Schwiegermutter nur sehr wenig. Sie war eine von den übertrieben sauberen Hausfrauen, die alle acht Tage das Bettzeug wechseln und immerzu schrubben und Staub wischen.

Es fiel mir schwer, Crispín richtig zu behandeln. Er war sehr genau in allem, was seine Sachen und das Essen anging. Wenn ich seine Hosen wusch, bekam ich Blasen an den Händen, und meine Schwiegermutter mußte die Arbeit zu Ende machen. Ich konnte seine Hemden nicht so gut waschen und plätten wie sie, so sehr ich mir auch Mühe gab. Kein Wunder, daß sie sich über mich ärgerte. Aber ich versuchte es wenigstens, und es ist nicht wahr, daß ich mich die ganze Zeit auf der Straße herumtrieb, wie sie behauptete.

Crispín wollte weiter bei seiner Mutter wohnen, aber ich konnte es nicht länger aushalten. Nach zwei Wochen richteten wir uns eine eigene Wohnung ein. Wir hatten ein kleines Zimmer und eine Küche in einer *vecindad*, wo etwa fünfzehn Familien lebten. Crispín kaufte ein Bett, und seine Mutter gab uns einen Tisch und zwei Stühle, ein paar Töpfe und Pfannen.

Zuerst gefiel es mir dort. Ich gebe zu, daß wir ein ungeordnetes Leben führten. Ich weiß, daß ich nachlässig war und mich zur Hausfrau nicht eignete. Die Wohnung hielt ich so gut ich konnte in Ordnung; sehr schön sah sie nicht aus, aber auch nicht zu dreckig.

Nach neun Monaten war ich immer noch nicht schwanger, und Crispín wurde schon ungeduldig. Er ging mir auf die Toilette nach, um zu sehen, ob ich etwa Spülungen machte. Dann brachte er mich zu einer Ärztin, die untersuchen sollte, ob ich vielleicht irgend etwas getan hatte, um kein Kind zu bekommen. Schließlich verdächtigte er auch noch die Ärztin, mich steril gemacht zu haben! Aber im nächsten Monat wurde ich dann schwanger.

Drei Monate lang war mir schlecht, und ich mußte mich immerzu übergeben. Ich konnte nur Flüssiges zu mir nehmen. Mir war alles lästig, meine Brüste, mein Bauch und das Baby, das sich bewegte . . . bis ich mich daran gewöhnte. Ich dachte, Crispín würde sich freuen, daß ich ein Kind erwartete, aber da zeigte er sich erst, wie er wirklich war. Wissen Sie, als was für ein Mann er sich entpuppte? Er war einer von denen, die gern eine Frau und Kinder haben, aber keine Verantwortung für sie tragen wollen! Während ich schwanger war, fing er an, mit anderen Mädchen zu gehen, und ich erfuhr, daß er schon von einer anderen Frau ein Kind hatte.

Crispín war von jeher ein Schürzenjäger gewesen. Er hatte eben überhaupt keine Moral. Meine beste Freundin Irela lud er einmal zu einem Soda ein, dann ins Kino oder zum Jahrmarkt. Während ich mit meiner Schwiegermutter zu Hause hocken mußte, ging er aus und amüsierte sich. Schon bevor ich das mit Irela wußte, merkte ich, wie er sich veränderte, denn eine Frau spürt so was ja. Er kam nach Haus und zog sich um. Wenn ich kein reines Hemd für ihn hatte, brüllte er mich vor seiner Mutter an.

Mit mir sprach er nicht, wenn er ausging, aber zu seiner Mutter sagte er: »Mamacita, ich bin gleich wieder da.« Gegen Mitternacht kam er nach Hause, und statt daß er seinen Schlüssel benutzte, mußte ich aufstehen und ihm öffnen. Ich glaube, er fing damals wirklich an, mich zu hassen. Er wurde oft wütend auf mich und sagte, ich taugte nichts und nur seine Eltern könnten richtig für ihn sorgen. Er trank zwar nicht, doch schlug er mich trotzdem wegen irgendwelcher Kleinigkeiten wie ein Betrunkener. Ich wußte nicht mehr, wie ich es ihm recht machen sollte.

Crispín hatte mir verboten, nach Hause zu gehen, aber ich wäre eher gestorben, als meinen Vater nicht zu sehen. So ging ich fast jeden Tag heimlich zu ihm. Mein Mann konnte es nicht leiden, daß mein Vater mir mit Geld und Lebensmitteln aushalf. Crispín gab mir nur fünfundzwanzig Pesos für die Woche, und das reichte für eine Frau, die einen eigenen Haushalt führen wollte und nicht wußte, wo sie die Sachen hernehmen sollte, längst nicht aus. Deswegen gab mir mein Vater fünfzehn oder dreißig Pesos dazu und schickte mir Milch, Zucker und andere Dinge. Aber Crispín war es gleich, ob ich genug hatte oder nicht, er wollte mich nur ganz mit meiner Familie auseinanderbringen.

Bei einem meiner Besuche zu Hause erzählte mir Antonia, daß Crispín sich mit Irela herumtrieb. Ich stellte Irela einmal zur Rede und warnte sie: »Wenn du ihn nicht in Ruhe läßt, dann passiert etwas.«

Da sah ich, daß sie ein silbernes Armband trug, das mein Bruder mir einmal geschenkt hatte. Crispín hatte es mir weggenommen und gesagt, er hätte es verloren. Ich riß es ihr vom Arm und rannte fort, um meinen Mann, diesen gemeinen Kerl, zu suchen. Ich sagte ihm, er sollte doch Irela heiraten und mich in Frieden mein Baby zur Welt bringen lassen. Auch seiner Mutter erzählte ich das, damit sie, falls wir uns trennten, nicht die ganze Schuld auf mich schob. Aber Crispín stritt alles ab, und seine Familie glaubte ihm. Diesmal trennten wir uns noch nicht, und es blieb alles beim alten.

Als Antonia mir zum erstenmal von Crispíns Liebesverhältnissen berichtete, riet sie mir, neunmal hintereinander um Mitternacht vor Crispíns Bild und einer Talgkerze zur *Santa Muerte* zu beten. Sie versicherte, mein Mann würde noch vor der neunten Nacht alle anderen Frauen vergessen. Ich kaufte das *Novena*-Gebet bei einem Mann in der *vecindad*, der mit solchen Sachen handelte, und lernte es auswendig. Es ging so:

»Jesus Christus, Allmächtiger, der am Kreuz siegte! Ich bitte dich, Vater, hilf mir und bring Crispín zu mir zurück, daß ich ihn beherrschen kann. Im Namen Gottes, wenn er wie ein wildes Tier ist, dann laß ihn sanft werden wie ein Lamm. Mach ihn so milde wie den Duft von Rosmarin. Er aß Brot und gab mir davon, er trank Wasser und gab mir davon, nun, Herr, möchte ich all das haben, was er mir versprach. Mit Deiner unendlichen Macht bring ihn zu mir, leg ihn mir geschlagen und gebunden zu Füßen, damit er erfüllt, was er mir versprochen hat. Du, Herr, vermagst alles, und ich bitte Dich inständig, mir dies zu gewähren, und verspreche Dir, für den Rest meines Lebens Deine getreue Dienerin zu bleiben.«

Dieses Gebet lernte ich, aber ich habe es nie gebraucht. Wenn Crispín zurückkam, dann sollte er es freiwillig tun. Mit Gewalt wollte ich ihn nicht wiederhaben.

Die meisten Frauen, die ich kannte, stellten mittags eine Votivkerze und ein Glas Wasser hinter die Tür und beteten zur Seele des Juan Minero, wobei sie bei jedem Vaterunser dreimal klopften. Auch der Heilige Antonius ist gut dafür, Ehemänner oder Liebhaber zurückzubringen.

Mein großer Fehler war, daß ich meinen Mann nicht eifersüchtig machte. Ich konnte nun einmal nicht so sein wie andere Frauen, wie Irela zum Beispiel, die überhaupt kein Schamgefühl hatte. Die Achtung, die ich für meinen Vater empfand, war wie eine Wand, die mich vom sündhaften Leben trennte. Außerdem war es unmöglich, in unserer Nachbarschaft einen anständigen Mann zu finden. Man trifft nämlich nur selten einen, der sich seiner Frau und seinen Kindern widmet und seine Pflichten erfüllt. Wer nicht den ganzen Tag an der Straßenecke herumsteht, geht dafür dauernd tanzen oder besäuft sich. Was konnte ich mir von so einem erhoffen, außer daß ich noch mehr Kinder bekam? Etwas anderes hatte ich von diesen Männern nicht zu erwarten!

Obwohl ich zu klein und nicht hübsch bin, waren immer genug Männer hinter mir her. Daß ich verheiratet war, störte sie nicht. Mir lag nichts daran, andere Männer zu haben. Wenn es schon mit einem nicht klappte, würde es dann mit zweien nicht noch schlimmer sein? Aber Crispín brachte weiter seine Freunde ins Haus, und es war immer einer dabei, der sich an mich heranmachte, selbst in Crispíns Gegenwart.

Einmal besuchte mich meine Schwägerin, als ich krank war und als Roberto gerade an meinem Bett saß. Sie ging gleich wieder fort und erzählte Crispín, daß Roberto bei mir aß und schlief. Da wurde er wütend und prügelte mich zum erstenmal tüchtig. Ich hatte wirklich Angst vor ihm und zitterte schon, wenn er gereizt war. Hätte ich ihn wiedergeschlagen, dann wäre es noch schlimmer geworden. Als ich im dritten Monat war, wehrte ich mich einmal, dafür verdrosch er mich nur um so mehr. Das konnte ich nicht länger ertragen, also sagte ich ihm eines Tages, ich ginge in den Hof auf die Toilette, und lief statt dessen nach Hause.

Mein Vater überredete mich, zu meinem Mann zurückzukehren und ihn um Verzeihung zu bitten. Das war mir immer sehr schwergefallen. Ich ging zwar zu Crispín zurück, aber entschuldigen tat ich mich nicht. Es stimmte ja, daß ich ihn wiedergeschlagen hatte, doch nur, um mich zu verteidigen. Danach wurde er noch schlimmer. Er fing ständig aus irgendwelchen Gründen Streit an. Dann stellte er das Radio möglichst laut an, damit niemand hören konnte, daß er mich schlug. Einmal trat er mir mit solcher Wucht ins Kreuz, daß ich beinahe eine Fehlgeburt hatte. Da verließ ich ihn wieder und ging zu Lupita in die Rosario-Straße.

Meinem Vater und meinen Brüdern erzählte ich nie, daß Crispín mich schlug. Sie merkten es auch so, unternahmen aber nichts, denn damit hätten sie mir nicht helfen können. Mein Vater sagte mir nur, ich könnte jederzeit nach Hause kommen, wenn ich wollte. Sicher hätte ich es ihnen auch sagen können, aber so eine große Verantwortung konnte ich nicht auf mich nehmen, denn wenn hier bei uns zwei Männer einmal anfangen, sich zu schlagen, dann kann nichts in der Welt sie mehr aufhalten. Roberto und Manuel waren wie die Rasenden, wenn sie sich mit anderen prügelten, und ich hätte vor den Folgen Angst gehabt. Solange sie sich nur boxten, ging es ja noch, aber wenn sie nach den Messern griffen, was dann? Und wozu? Damit alles genauso weiterging?

Als meine Tochter Concepción geboren wurde, war ich sechzehn Jahr alt. Mein Vater war bei mir in der Klinik, und ich hielt mich an seinen Beinen fest, als die Wehen kamen. Er bezahlte alles; Crispín wußte nicht einmal, wieviel das Ganze kostete. Er fragte auch gar nicht danach. Obwohl er sich einen Jungen gewünscht hatte, sah ich, daß er sich über seine Tochter freute. Er kam jeden Tag, um das Baby zu sehen. Aber ich liebte ihn nicht mehr. Ich haßte ihn, als ich sah, daß ich allein für das Kind sorgen mußte, und ärgerte ihn immerzu; im Haus meines Vaters wagte er ja nicht, mich anzurühren.

Ich erklärte, daß mir an Crispín jetzt nichts mehr lag, und mein Vater zwang mich nicht, zu ihm zurückzukehren. Trotzdem konnte ich meinen Mann so schnell nicht loswerden. Solange er nicht bei mir war, hatte ich kein Verlangen, aber wenn er mir keine Ruhe ließ und mich in Versuchung führte, konnte ich nicht widerstehen. So ging ich doch mit ihm in Hotels, obwohl ich das eigentlich gar nicht wollte. Aber er war mit mir nicht zufrieden; er beklagte sich und sagte, er könnte es mit mir nicht richtig treiben, weil ich immer so mürrisch und finster wäre und steif wie ein Stock.

Crispín war einer von den gemeinen Kerlen, die mit einer Frau nur das Schlimmste machen wollen. Wenn wir nur eine Minute allein im Haus waren, versuchte er, mit mir ins Bett zu gehen; wenn wir ausgingen, dann immer ins Hotel. Ich war eben dazu da, daß er sich erleichtern konnte, dafür war ich gut genug, denn ich war sauber, und bei mir brauchte er keine Angst zu haben, daß er sich eine Krankheit holen würde. Aber ich konnte ihn nicht befriedigen, denn er verlangte zuviel. Er küßte und streichelte mich dauernd. An etwas anderes dachte er nicht. Er hätte es gern gehabt, wenn ich eine von den tollen Weibern gewesen wäre, die sich einfach ausziehen, viele Bewegungen machen und überhaupt eine Menge Erfahrung haben. Er wollte es in einer Nacht dreimal machen, aber ich fühlte, daß ich das nicht aushielt. Bei meiner Feindseligkeit gegen ihn und seinen Begierden konnten wir beide nicht viel miteinander anfangen.

Concepción war gerade ein Jahr alt, da mußte ich sie entwöhnen, weil ich mit Violeta schwanger ging. Crispín dachte sich gar nichts dabei, daß ich schon wieder ein Kind erwartete, er tat, als wäre es das Natürlichste von der Welt. Es war ihm gleich, was mein Vater oder andere Leute dazu sagten. Er betrachtete sich als mein Mann, der das Recht hat, mich immerzu schwanger zu machen. Er sagte, wir müßten der Kinder und der Nachbarn wegen wieder zusammenziehen. Ich war damit einverstanden, nicht weil ich es mir wünschte, sondern weil mir nichts anderes übrigblieb und es schließlich besser war. Außerdem kam ich mit meinen Brüdern und mit meiner Schwester nicht gut aus . . . ich wollte von zu Hause fort.

Roberto verbitterte mir das Leben mit seinen Saufereien und seinen Diebstählen. Als ich klein war, hatte ich mich nie in seine Angelegenheiten gemischt und meinem Vater nichts erzählt, obwohl ich Angst hatte, man könnte mich erwischen, wenn ich den Puder gebrauchte oder die Ohrringe trug, die er gestohlen hatte. Später brachte er aus der Fabrik, in der er arbeitete, Bronzestücke, Eisen, Aluminiumröhren und andere Sachen an. Da fürchtete ich, die Leute würden ihn eines Tages ertappen, und erzählte es meinem Vater. Doch das nützte alles nichts. Roberto feilte die Röhren durch und verkaufte die Stücke auf dem Markt in Tepito. Manchmal kam er mit Reifen und Radnaben an . . . er nahm alles, was er kriegen konnte. Eine Frau aus der Casa Grande beschwerte sich bei uns, man hätte ihr eine Gasflasche vom Dach gestohlen, eine andere beschuldigte meinen Bruder, ihre Truthähne geklaut zu haben. Roberto war in der ganzen Gegend verrufen, und ich hatte keine Lust mehr, ihn immer in Schutz zu nehmen.

Die nächste Wohnung richtete Crispín uns in der Zimmermann-Straße gleich neben seiner Schwester Sofía, ein. Bevor Violeta zur Welt kam, brachte er mich in die Entbindungsabteilung eines Krankenhauses der Sozialversicherung. Dort litt ich noch mehr als bei der Geburt von Concepción, denn sie geben einem da keine Betäubungsmittel. Sie ließen mich alle Schmerzen ertragen, die einem auferlegt sind.

Ich kam aus dem Krankenhaus wie eine unverheiratete Frau, denn Crispín war betrunken und schlief zu Hause bei seiner Mutter seinen Rausch aus. Niemand dachte daran, daß ich nach fünf Tagen entlassen wurde, und so nahm ich, ohne Geld und ohne Mantel, mein Kind und stieg in einen Bus. Glücklicherweise hatte man mir im Krankenhaus einen Korb mit Kindersachen zu Weihnachten geschenkt, so daß ich mein Baby einwickeln konnte. Da es ein Feiertag war, hatten alle Läden in der Nachbarschaft geschlossen, und ich konnte weder meinen Vater noch meine Schwiegermutter telefonisch benachrichtigen.

Zwischen Crispín und mir gab es weiter Schwierigkeiten, teils wegen meiner Schwägerin, teils weil er schon wieder etwas mit einer anderen Frau hatte. Er schlug mich jetzt nicht mehr so oft wie früher, weil er wußte, daß Sofía ihn hören konnte. Er tat es nur noch, wenn wir allein waren, und dann gab ich es ihm wieder. Ich konnte mich doch nicht von ihm umbringen lassen, schon meiner Töchter wegen!

Wenn ich ihn bat, mir Geld zu geben, um für die Kinder Sachen zu kaufen, sagte er, ich müßte noch warten. Er ließ uns immerzu warten, bis er schließlich sagte, ich würde mir eine Arbeit suchen, damit ich das Nötige kaufen konnte. Darauf ging er zu seiner Mutter und erklärte ihr, er wolle sich von mir trennen. Sie sagte nur: »Gut, mein Sohn, dein Heim hast du ja hier.« Sie nahm mich überhaupt nicht in Schutz, sondern überließ mich ganz meinem Schicksal.

Ich war entschlossen, das Haus nicht zu verlassen. Also trug Crispín alles fort, was ihm gehörte. Mir blieben nur noch das Bett und der Kleiderschrank, der nicht unser Eigentum war.

Sogar die elektrische Schnur und die Birne nahm er mir weg und ließ mich mit den Kindern im Dunkeln sitzen. Er ging hinaus, ohne sich darum zu kümmern, ob sie etwas zu essen hatten.

Am nächsten Tag machte ich mich zusammen mit Roberto auf den Weg ins Polizeirevier, um Crispín anzuzeigen. Er und sein Vater wurden vorgeladen. Sie behaupteten, es wäre nicht Crispíns Schuld, er hätte die Wohnung gemietet und ich hätte ihn sitzenlassen. Das war eine Lüge, aber die Gerichtsbeamten sagten, sie könnten Crispín zu nichts zwingen, weil wir nicht verheiratet waren. Vom Gesetz hatte ich also nichts zu erwarten. Als Violeta drei Monate alt war, zog ich wieder zu meinem Vater.

Inzwischen war meine Schwägerin Paula gestorben und ihre Schwester Delila zu uns gekommen, um für Manuels Kinder zu sorgen. Sie war nur zwei Jahre älter als ich und erwartete ein Kind von meinem Vater.

Sie hatte mit dem Vater ihres ersten Kindes, das bei der Geburt gestorben war, eine kirchliche und zivile Ehe geschlossen. Noch bevor sie das Kind von ihm bekam, fing ihr Mann an zu trinken und sich mit anderen Weibern herumzutreiben. Es stellte sich heraus, daß er ein Dieb war und schon ein paarmal vorbestraft. Da er ihr kein Geld gab, nahm sie eine Arbeit an. Und können Sie sich so was vorstellen? Während sie arbeitete, schlief ihr Mann mit anderen Frauen in ihrem Bett!

Eines Tages, als sie nach Hause kam, waren ihre ganzen Sachen und die Möbel verschwunden. Luis, ihr Mann, hatte alles ausgeräumt und sie im Stich gelassen. Sie verklagte ihn vor Gericht und zankte sich furchtbar mit ihrer Schwiegermutter, die mit einer Schere auf sie losging. Delila ließ sich das nicht gefallen und bewarf sie mit allem, was ihr in die Hände kam. Es war eine richtige Schlacht.

Dann wurde sie die Geliebte meines Vaters, obwohl sie das natürlich nicht zugeben wollte. Mein Vater war ja frei ... Wäre er anders gewesen, dann hätte er uns schon längst sitzenlassen. Statt dessen kümmerte er sich um uns alle, um Consuelo, Delila und ihren Sohn, Manuels vier Kinder, um mich und meine beiden Babys, Antonia und ihre kleine Tochter, Lupita und Marielena.

Manuel war in die Vereinigten Staaten gefahren. Wie schön mußte es da sein! Ich stellte mir das Land so zivilisiert vor, daß selbst die Menschen dort anders sind als hier. Bei uns denken die Leute zu sehr an sich selbst. Natürlich gibt es auch in Mexiko anständige Menschen, aber man kommt hier nicht vorwärts. Wir können alles tun, was wir wollen, und wir sterben auch nicht gerade vor Hunger, aber man lebt wie in einem Teich mit abgestandenem Wasser ... es gibt keinen Ausweg, und man bringt es zu nichts. Nach allem, was ich im Kino und in den Zeitungen gesehen habe, ist das im Norden anders.

Delila war von Anfang an wütend, weil mein Vater mir half. Sie wurde wegen jeder Kleinigkeit neidisch, die er seinen Kindern oder Lupita gab. Sie tat wie eine Heilige, wenn sie sagte, sie wolle, solange sie lebte, für die Kinder ihrer Schwester sorgen, aber nach Consuelos Meinung benutzte sie die Kinder nur, um ihre bösen Absichten auszuführen.

Im Gegensatz zu Consuelo hatte ich immer das Glück, mich mit anderen Leuten schnell anzufreunden, und ich kam mit Delila und Claudia gut aus. Ich dachte, wenn mein Vater mit Delila schlief, ginge mich das gar nichts an, obwohl ich mich schämte, wenn ich sie dabei hörte.

So schwierig Delila war, nahm sie sich doch meiner Kinder an, als ich in die Eiskremfabrik arbeiten ging. Ich bekam für den ganzen Tag, von neun Uhr morgens bis neun Uhr abends, nur vier Pesos, aber ich tat es, um von zu Hause fortzukommen. Meine Chefin schickte mich oft mittags hinaus, um für sie Fleisch zu kaufen. Dabei traf ich Felipe, den Schlachter, wieder.

Ich hatte ihn kennengelernt, bevor ich Crispíns *novia* geworden war. Alle Mädchen von meiner Gruppe standen immer am Fleischerladen herum, weil Felipe so gut aussah und sehr nett war. Er erinnerte sich noch an mich, wir sprachen miteinander, und eines Tages verabredeten wir uns. Es war für mich nicht leicht, an dem Abend aus dem Haus zu kommen, aber ich setzte es durch, denn ich mochte Felipe gern. Er war anständig zu mir und machte keine Andeutungen von wegen ins Hotel gehen. Von da an trafen wir uns jede Woche zwei- oder dreimal.

Er sagte mir Dinge, an die der Vater meiner Kinder nie gedacht hatte: Ich sollte nicht arbeiten, er wollte mich und die Kinder unterstützen, und sein Wunsch war, daß wir zusammen in eine Wohnung zogen. Er verlangte auch nicht von mir, daß ich mit ihm davonlief oder von einem Hotel ins andere ging. Und er fand es nicht richtig, wenn wir es in Gegenwart der Kinder miteinander trieben. Er war genau das Gegenteil von Crispín.

Felipe hatte einen Wagen, und wir fuhren in einen anderen Stadtteil, damit man uns nicht beobachten konnte. Wenn wir am Tage fortfuhren, nahm ich die Kinder mit. Ich sagte ihm auch, wenn er dächte, daß ich sie seinetwegen im Stich lassen würde, hätte er sich geirrt. Aber er meinte, das würde er nie von mir erwarten.

Mein Vater hatte es irgendwie herausbekommen, daß ich mit einem anderen Mann ging. Ich fragte ihn, was er darüber dächte. Er sagte, ich täusche mich sicher, wenn ich glaubte, daß irgend jemand die Verantwortung für meine Kinder übernehmen würde, und ich sollte keinen anderen an die Stelle ihres Vaters setzen, darunter hätten sie sicher nur zu leiden.

Ich hatte große Angst, wieder schwanger zu werden, aber da ich Felipe wirklich liebte, ging ich doch mit ihm ins Hotel. Ich war nicht ganz sicher, ob er mich nicht nur »bedienen« und mich dann mit dem »Produkt« sitzenlassen würde. Es gibt so viele Männer, die eine Frau nur ausnützen und sich hinterher überhaupt nicht darum scheren, was aus ihr wird.

Ich wurde so leicht schwanger, daß meine Freundinnen von mir sagten, ich würde nie eine gute Dirne abgeben. Aber Felipe und ich waren nur zweimal zusammen, und ich brauchte mir keine Sorgen zu machen. Nach dem zweitenmal gab Felipe mir jeden Tag sieben Pesos, damit ich nicht arbeiten mußte oder auf Crispín angewiesen war. Crispín wollte ich nicht mehr sehen. Es gefiel mir so, wie Felipe es machte ... schnell und ohne lange Zeit zu verlieren ... das war viel besser als Crispíns wüstes Getue. Wenn Crispín mich damals schon verlassen hätte, würde ich jetzt mit Felipe zusammenleben. Denn Felipe betete ich richtig an!

Es lag nicht daran, daß er mir etwas gab, was ich bei Crispín nicht fand, sondern eher daran, daß Felipe in mir den Wunsch erregte, wieder glücklich zu leben. Ich war lange Zeit niedergeschlagen gewesen; ich ging nicht aus, ging meinen Freundinnen aus dem Weg, und es war mir egal, wie ich aussah. Nachts weinte ich und rief nach meiner Mutter ... und wollte sterben. Durch Felipe wurde das alles anders. Er brauchte mich, und ich bekam wieder Lust zu leben.

Er war von einer anderen Frau betrogen worden und hatte es satt, sich herumzutreiben. Er wollte einen Hausstand gründen und meinen Kindern ein guter Vater sein. Aber ich war immer noch mißtrauisch, und wegen dieser Angst ging alles schief. Statt mit Crispín ein für allemal zu brechen, verschwieg ich ihm die Wahrheit und ließ ihn ein, wenn er alle zwei Wochen zur Casa Grande kam.

Dabei hatte ich für ihn nichts mehr übrig, ich haßte ihn sogar, denn wenn er nicht gewesen wäre, hätte ich mit Felipe glücklich werden können. Wir zankten uns jedesmal, wenn wir uns trafen. Trotzdem verlor ich Felipe, denn eines Tages ging ich mit Crispín die Töpfer-Straße hinunter, und wir stritten uns wie gewöhnlich. Ich dachte nicht, daß Felipe um diese Zeit noch im Laden war, aber als wir um die Ecke bogen, stand er da, und wir gingen direkt an ihm vorbei.

Mir wurde ganz weich in den Knien. Ich schämte mich. Ich wußte, ich würde ihm nie wieder in die Augen sehen können. Er glaubte sicher, ich wäre so eine, die mit zwei Männern geht, und daß ich das Geld von ihm meinem Mann gab. Ich wußte doch, wie die Männer sind, wenn sie entdecken, daß eine Frau sie betrügt. Daher sprach ich auch nie wieder mit ihm. Ich versuchte nicht, ihm die Sache zu erklären. Es war mir lieber, ihn gar nicht wiederzusehen, als von ihm zu hören, daß ich nichts wert war.

Er war so gut zu mir gewesen, und dafür hatte ich ihm das angetan! Ich konnte kaum aufblicken; weil ich ihn liebte und mich schämte, zog ich mich von ihm zurück. Ihn zu verlieren war für mich das Schlimmste, was ich je erlebte und was ich am meisten bereute . . . und das alles war Crispíns Schuld.

Wie konnte ich Crispín sagen, daß aus meiner Liebe zu ihm Ekel geworden war? Er lief mir ständig nach. Obwohl er mich erregte, konnte ich mich meist beherrschen. Wenn ich mit ihm in ein Hotel ging und er mich in seiner groben Art anpackte, stellte ich mir vor, Felipe wäre bei mir. Mit ihm hätte ich es in jeder Stellung getan, die er verlangte. Sogar ganz ausgezogen hätte ich mich! Aber für Crispín tat ich das nicht, denn mit ihm kam ich mir vor wie eine Dirne.

Wenn ich irgendwo eine Stelle hatte, war Crispín immer eifersüchtig auf meinen Chef. Und es stimmt auch, daß jeder Chef oder die Angestellten etwas mit mir haben wollten. Hier hat man eben vor einer Frau, die arbeitet, keinen Respekt.

Solange ich arbeitete, hatte ich Geld, um mir und den Mädchen Sachen zu kaufen, und wir sahen ordentlich aus. Ich schminkte mich wieder und ließ mir eine Dauerwelle legen. Ich trug keine Schals mehr, sondern eine Jacke oder einen Mantel, und meine Schuhe waren nie zerrissen. Im Vergleich zu der Zeit, als ich mit Crispín lebte, fühlte ich mich wie eine Königin.

Crispín holte mich manchmal von der Arbeit ab und brachte mich heim. Eines Abends kam er nicht, wie er versprochen hatte, und ich ging allein nach Haus. Am nächsten Abend schrie er mich an, weil ich nicht gewartet hatte, und gab mir auf der Straße eine Ohrfeige. Da zeigte ich ihm aber meine Klauen. Ich trat ihn mit den Füßen und ließ alle Wut auf ihn los, die sich in mir aufgestaut hatte. Wir fluchten und schlugen uns, während die Leute sich um uns versammelten. Ich schämte mich nicht einmal und hoffte nur, irgend jemand, den ich kannte, würde vorbeikommen und mir helfen. Aber ich mußte es allein durchstehen, und von diesem Tag an schlug Crispín mich nie wieder.

Das Furchtbare an der ganzen Sache war, daß ich mit unserem dritten Kind, Trinidad, schwanger ging. Als ich es Crispín sagte, versprach er, für mich und die Kinder zu sorgen und sein unstetes Leben aufzugeben. Er wollte auch nicht, daß ich weiter arbeitete. In der ersten Woche kam er mich jeden Tag besuchen und gab mir fünfundzwanzig Pesos, in der nächsten Woche bekam ich nur noch zwanzig, und in der dritten Woche erschien er überhaupt nicht. Als ich ihn wiedersah, gab er mir fünfzehn Pesos. Die warf ich ihm ins Gesicht und sagte ihm, ich wollte keine Almosen. Da erklärte er mir, er glaubte nicht, daß das Kind von ihm wäre! Womit er das begründete, weiß ich nicht. Jedenfalls benutzte er es als Vorwand, um mir kein Geld mehr zu geben. Consuelo fand eine Stelle für mich im Büro eines Rechtsanwalts, wo ich Telefongespräche annehmen mußte. So fing ich also wieder an zu arbeiten.

Bis dahin hatte ich in der Casa Grande gewohnt, aber nach einem Streit mit Delila zog ich zu meiner Tante Guadalupe. Dort blieb ich bis kurz vor Trinis Geburt. Die *vecindad* war schrecklich, aber ich war trotzdem ganz zufrieden. Ich kam mit meiner Tante gut aus und führte bei ihr sozusagen die Wirtschaft, daher ging es mir nicht schlecht. Mein Onkel war korrekt und anständig zu mir und hing sehr an meinen Töchtern. Wenn er betrunken war, machte er Annäherungsversuche, aber ich wies ihn ab, und dann ließ er mich in Ruhe.
Meine Tante hatte ein unglaublich schweres Leben hinter sich. Sie war mit dreizehn von einem zweiunddreißigjährigen Mann vergewaltigt worden, und ihre Eltern hatten sie gezwungen, ihn zu heiraten. Er prügelte sie oft und schleppte sie von einer Verwandten zur anderen, bis ihr Sohn geboren wurde. Dann ging er zum Militär, und sie sah ihn nie wieder. Sie wußte nicht, wo sie mit dem Baby bleiben sollte, und sie wäre beinahe vor Hunger gestorben; ihr Bauch war schon ganz geschwollen, weil sie solange nichts gegessen hatte. Sie ging zu Fuß nach Guanajuato zurück, wo ihre Familie gelebt hatte, da erfuhr sie, daß ihr Bruder Pablo umgebracht worden war, als er einen seiner Freunde verteidigte, und daß ihr Vater vor Kummer darüber gestorben war. Ihre Mutter war mit den übrigen Kindern nach Mexico-City gezogen. Da machte sie sich auf, um ihre Angehörigen zu suchen. Sie trug ihr Kind in einen Schal gewickelt und erbettelte sich unterwegs etwas zu essen. Als sie in der Stadt ankam, sah sie aus wie eine Bettlerin. Selbst ihre Mutter erkannte sie zuerst nicht wieder.
Als ihr Sohn fünf Jahre alt war, erschien ihre Schwiegermutter und nahm ihn ihr weg. Sie sagte Guadalupe, ihr Mann wäre in der Revolution elend umgekommen ... man hätte ihn mit Machetes zerhackt und in einen Fluß geworfen. Guadalupe überließ ihren Sohn der Schwiegermutter, denn sie konnte

ihn kaum ernähren. Aber die Schwiegereltern hetzten ihn gegen sie auf und machten einen Säufer aus ihm. Schon mit acht Jahren bekam er *Tequila*-Punsch zu trinken und gewöhnte sich daran. Er starb an Alkoholsucht, als er noch ganz jung war, und so verlor sie ihn für immer.

Meine Tante fing an zu trinken, als sie Malaria hatte und die Leute sie mit *pulque* zu heilen versuchten. Dann tat irgendein Mann ihr wieder den »Gefallen« und verließ sie, noch bevor ihr Sohn Salvador zur Welt kam. Danach traf sie Ignacio, der sie mit ihrem Kind zu sich nahm.

Ignacio war gut zu Salvador, aber der Junge trank und wurde bösartig. Nach seiner Heirat wurde es noch schlimmer, weil seine Frau ihn verließ und mit ihrem Kind zu einem anderen Mann ging.

Ich war erst fünf oder sechs, als mein Vetter starb. Er war besoffen, wie gewöhnlich, und stand vor einem Bierlokal auf der Straße. Da kam Carlos, der Liebhaber seiner Frau, vorbei und stieß ihn mit einem Eispickel in den Leib. Salvador hielt sich die Wunde mit beiden Händen und begann zu laufen. Er rannte in die Casa Grande und brach auf unserer Schwelle zusammen. Mein Vater sah, daß er ganz blutig war und ließ den Unfallwagen kommen. Aber der Schnitt war so tief, daß die Eingeweide herauskamen, und er starb, während er operiert wurde.

Von allen Frauen, die ich kenne, bewunderte ich meine Tante Guadalupe am meisten. Was hatte sie nicht alles durchgemacht! Ich wünschte, ich hätte soviel Mut wie sie, um immer weiterzumachen, mich nie unterkriegen zu lassen und mich mit allem, was auch passiert, abzufinden.

Sie erzählte mir, daß ihr nie jemand etwas gegeben oder ihr geholfen hatte und sie ihren Weg ganz allein finden mußte. Selbst ihre Mutter hatte ihr nicht beigestanden. Vielleicht war das der Grund, warum sie mir nie einen nützlichen Rat geben oder mir wirklich eine Mutter sein konnte. Sie hatte ja selbst kein moralisches Urteil!

Das Leben in ihrer *vecindad* hätte eigentlich traurig sein müssen, weil alle so arm waren. Die Männer tranken, und die Frauen mußten ihre großen Familien mit weniger als fünf Pesos am Tag durchbringen. Hatte eine Frau sich einen neuen Fetzen von einem Kleid gekauft, dann mußte sie sich verstecken, wenn der Händler das Geld kassieren kam. Aber die Leute lachten trotzdem und machten ihre Witze. Sie amüsierten sich über die Tragödien der anderen. Die Männer trieben sich mit Frauen herum und schliefen mit ihnen. Entweder hatte der Mann etwas mit der Nachbarin oder seine Frau mit dem Nachbarn.

Damals machte ich zum erstenmal eine Wallfahrt nach Chalma mit. Am liebsten wäre ich jedes Jahr einmal hingegangen, denn es tut so gut, den Herrn zu sehen und zu beten, verstehen Sie? Besonders, seit ich nicht mehr zur Sonntagsmesse gehen und beichten kann, wie früher, als ich klein war, denn jetzt lebe ich in der Sünde.

Vielleicht bin ich keine sehr gute Katholikin, aber ich schikke meine Töchter jeden Donnerstag zum Katechismusunterricht hier in der Casa Grande, damit sie auf die erste Kommunion vorbereitet werden. Ich selbst bin zufrieden, wenn ich vor den Bildern der Jungfrau von Guadalupe und der Madonna des Heiligen Herzens zu Hause bete. Außerdem hatte ich nie gern einem Priester gebeichtet, denn der ist ja ebenso ein Sünder wie ich.

Meine Gebete waren immer dieselben: Ich bat Gott, falls Crispín nicht der richtige für mich wäre, ihn mir lieber ganz fortzunehmen, wenn er aber für mich bestimmt wäre, möchte er ihn doch bessern, damit wir um der Kinder willen ein normales Leben ohne dieses ewige Hin und Her führen könnten. Aber der Herr erfüllte mir die erste Hilfe dieses Gebetes und nicht die zweite.

Außerdem bat ich ihn immer, meinen Vater bei uns zu lassen. Wenn er stirbt, möchte ich auch nicht mehr leben. Wenn eine Wand einstürzt, fallen alle Ziegelsteine mit. Dann wird keiner von uns hochkommen. Schon jetzt, während mein Vater noch lebt, schaffen wir es nicht, und nachher wird es ganz unmöglich sein. Es ist so wie mit meinem Bruder Roberto. Was soll später aus ihm werden, wenn er jetzt nicht heiratet und es zu etwas bringt?

Wenn ich daran denke, wie nah wir dem Tod sind und daß nur Gott weiß, wer von uns am nächsten Morgen aufwacht, dann frage ich mich, warum wir nicht alles tun, was wir können, um die anderen glücklich zu machen, solange sie leben. Meine Tante zum Beispiel wird nicht mehr lange auf dieser Erde sein, und ich hätte so gern etwas für sie getan, aber alle meine guten Absichten mißlingen, denn der Gedanke, daß auch ich von einem Augenblick zum anderen sterben kann, hindert mich daran, irgend etwas zu tun.

Gegen das Ende der Schwangerschaft schwollen mir die Beine, und ich hatte Zahnschmerzen. Wenn einem hier ein Zahn weh tut, kommt er einfach heraus; mir wurden zwei Backenzähne gezogen. Meine Kleider paßten mir nicht, und ich hatte kein Geld, um mir andere zu kaufen. Ich raffte mich auf und bat Crispín um Geld, aber er weigerte sich mit der Ausrede, daß er für das Kind ja nicht verantwortlich wäre. Seine Worte verletzten mich. Er sagte: »Warum sollte ich dir Geld geben, wo du wie eine Dirne herumläufst und jedem deine Schenkel öffnest?«

Ich war ganz niedergeschlagen. Um Crispín und andere Leute zu meiden, ging ich nach der Arbeit mit meinen Töchtern ins Kino, auf den Markt oder Schaufenster ansehen. Daß ich den Mädchen nichts von den schönen Sachen in den Auslagen, Schuhe, oder die nötigen Medikamente kaufen konnte, machte mich furchtbar traurig. Diese Augenblicke taten mir weh, ich ärgerte mich über Crispín und nannte ihn in Gegenwart meiner Kinder einen gemeinen Kerl. Dann machte Concepción meine Tante nach und sagte: »Alles Geld, das Crispín verdient, soll zu Salz und Wasser werden.« Sie redete ihn nicht einmal mit Papa an. Darüber war ich sehr betrübt, denn er war ja immerhin ihr Vater! Wenn sie jetzt schon so zu ihm war, wie sollte es dann erst sein, wenn sie älter wurde?

Crispín kam ab und zu vorbei und pfiff nach mir. Er riet mir, zur Entbindung ins Krankenhaus zu gehen, bot mir aber nicht an, das zu bezahlen. Zwei Monate vor Trinis Geburt verschwand er, und ich sah ihn erst wieder, als sie ein halbes Jahr alt war.

Als meine Zeit kam, sagte mein Vater, ich sollte aufhören zu arbeiten und in die Casa Grande ziehen. Delila wohnte nicht mehr dort, denn sie erwartete schon wieder ein Kind und schämte sich vor den Nachbarn und meinen Geschwistern. Mein Vater hatte ihr in der Straße des verlorenen Kindes ein Zimmer gemietet, und da sie ihn mit der Zeit ganz in ihre Netze gelockt hatte, wohnte er nun auch bei ihr. Das war sein Heim, wo er aß, schlief und seine Sachen waschen ließ. Lupita, Antonia und Marielena lebten in dem Haus, das mein Vater in der Siedlung El Dorado für sie erbaut hatte. Sie versorgten seine Tiere, und er gab ihnen jeden Tag Geld zum Einkaufen. Sie hatten also keinen Grund, sich zu beklagen.

Bei Trinis Geburt ging es mir schlechter als bei den anderen. Die Hebamme gab mir eine Spritze, denn ich war sehr schwach. Ich schloß meine arme kleine Tochter ganz in mein Herz, weil ihr Vater sie verleugnet hatte, noch bevor sie zur Welt gekommen war. Ich glaube, deswegen liebte ich sie mehr als die beiden älteren.

III

MANUEL

Die Fahrt zur Grenze war mühsam. Meine *compadres* kauften Busfahrkarten bis Guadalajara, und von dort fuhren wir per Anhalter weiter nach Mexicali, weil unser Geld knapp wurde. Das erste, was Alberto sagte, als wir auf die Hauptstraße kamen, war: »*Ay, compadre*, ich habe jetzt schon Hunger.«

»Ich auch, aber wir müssen mit unseren Centavos etwas haushalten, also laßt uns erstmal abwarten.« Wir wurden kurze Strecken von Lastwagen mitgenommen und halfen dafür auf- und abladen. Nach einer tollen Fahrt mußten wir ein ganzes Stück bis über Mazatlán hinaus zu Fuß gehen. Da gab es nichts als lange, steile Hügel und weite Hänge; kein Haus war zu sehen. Die Sonne brannte, und der Asphalt dampfte in der Hitze. Wir hatten nichts gegessen und getrunken und waren erschlagen, besonders Faustino. Seit er sich im Restaurant verbrannt hatte, war er halb gelähmt und konnte sich schlecht bewegen. Außerdem waren seine Schuhsohlen aus Autoreifen und brannten ihm an den Füßen. Uns allen flimmerte es schon vor den Augen.

Dann saßen wir auf der Schaufel einer Planierraupe, mit der wir nur langsam vorwärtskamen. Schließlich hielten wir aus lauter Verzweiflung einen Bus an und mußten dem Fahrer fast das ganze Geld geben, das wir noch besaßen. An diesem Tag und am nächsten aßen wir nur noch Wassermelonen. Wir sahen eine Menge Jungen und Männer in Richtung zur Grenze marschieren, und im Bahnhof von Hermosillo, wo wir über Nacht blieben, waren Hunderte von diesen Leuten. Sie lagen dort hungrig und staubig, genau wie wir.

Ich hatte einen solchen Hunger, daß ich nicht mehr wußte, wo mein Magen war. Deswegen tauschte ich meine Sportjacke gegen zwölf Pesos und eine alte Baumwolljacke, und wir aßen jeder zwei Semmeln und eine Banane, denn die Lebensmittel waren sehr teuer. Am nächsten Morgen kauften wir noch etwas Brot und sprangen auf einen Güterzug. Unglücklicherweise war die Lore, die wir uns ausgesucht hatten, mit Eis beladen. Da standen wir nun wie drei zitternde arme Sünder in diesem eisigen Sarg, bis es uns gelang, in einen anderen Wagen hinüberzusteigen, wo wir uns hinlegten und schliefen wie in einem Pullman. Wir waren so müde, daß wir die ganze Nacht durch schliefen und den Bahnhof von Santa Ana verpaßten.

Also nahmen wir einen anderen Zug nach Santa Ana zurück, aber der fuhr so schnell, daß Faustino nicht abspringen konnte.

Wir verpaßten die Station wieder und landeten in Benjamin Hill. Es war zwei oder drei Uhr morgens, als wir ausstiegen — und eine Kälte! Wir legten Zeitungen auf den Boden und versuchten zu schlafen, aber wir froren und schlotterten nur.

Als wir wieder auf der Straße standen, hielt ein Lastwagen, der Ziegen geladen hatte. »Nur rauf, Jungs, aber jeder von euch muß sich in eine andere Ecke stellen, damit der Boden nicht durchbricht.« Der Wagen war in zwei Stockwerke geteilt, das obere für die kleinen, das untere für die großen Ziegen.

Die Hitze war unerträglich und der Gestank der Ziegen so furchtbar, daß ich es kaum aushielt. Wenn der Wagen langsamer fuhr, rutschten die Ziegen nach vorn, und ich mußte sie dauernd von mir wegschieben. Ich ging zu meinen *compadres* und sprach mit ihnen, da gab es auf einmal einen Stoß: Der Querbalken, auf dem das obere Brett lag, brach unter uns zusammen, und die kleinen Ziegen kullerten auf die großen.

Der Fahrer schnauzte uns an, und ich hatte Angst, er würde uns einfach hinauswerfen und in der glühend heißen Wüste sitzenlassen, wo wir ganz bestimmt umgekommen wären. So machten wir, ohne ein Wort zu sagen, das Brett wieder an und schoben diese gottverdammten Ziegen zurück, während wir weiterfuhren. Eine starb, und der Fahrer sagte: »Zum Teufel, werft sie einfach an den Straßenrand.«

»Ay, *compadre*,« meinte ich, »was für eine Schande, so viel Fleisch wegzuwerfen. Die arme Ziege! Die hätte großartig geschmeckt.«

Später hielt er an einem Wasserloch. »Kommt, Jungs, treibt die Ziegen heraus an die Tränke ... und paßt gut auf, damit sie nicht weglaufen, verstanden?« Wir wuschen uns erst, dann holten wir eine Ziege nach der anderen heraus. Ihre Flanken waren eingefallen, sie schwitzten und keuchten in der Hitze und hatten nichts zu fressen ... den armen Viechern ging es genauso wie uns.

Wir zogen einen großen starken Bock mit geschwungenen Hörnern herunter. Er stolperte, zitterte und tat wie ein Betrunkener, bis er am Wasser war. Da sah er uns hinterlistig an und spazierte davon, ich hinter ihm her. Ich wollte ihm den Weg abschneiden, aber er fiel in Trab und lief immer schneller. Schließlich rannten wir alle diesem verdammten Bock nach, während der Fahrer schrie, wir sollten ihn nicht entwischen lassen. Na ja, er verschwand, und es war bald zu dunkel, um weiterzusuchen.

Alberto besorgte von irgendwoher Kaffee, und wir machten ein Feuer an. Der Fahrer erzählte uns viel über die Vereinigten Staaten ... er sagte, am günstigsten wäre die Traubenernte. Das Tomatenpflücken lohnte sich nur bei der ersten Ernte, bei den zwei letzten würde man kaum genug fürs Essen verdienen. Nach dem Kaffee schliefen wir ein.

Morgens weckte uns der Fahrer, und wir liefen stundenlang hügelauf, hügelab hinter dem Bock her. Der Fahrer tobte vor Wut und wollte das Tier lieber erschießen, als es dort zurückzulassen. Aber schließlich fuhren wir doch los. Kurz vor Río Colorado, wo unsere Fahrt endete, sagte ich zu meinen Freunden: »Wie wär's, wenn wir uns eine mitnähmen?« Ich hatte es kaum ausgesprochen, da fielen sie schon über eine Ziege her. Alberto packte sie am Hals und erwürgte sie, und Faustino schlug sie auf den Kopf, bis sie tot war. Dem Fahrer erklärte ich, es wäre noch eine Ziege gestorben, und so konnten wir sie mit auf den Weg nehmen. Wir stiegen an einer Stelle aus, wo wir sie braten konnten.

Mir war die Sonne zu heiß, und ich setzte mich unter einen Busch in den Schatten, während die beiden mit Metallstücken an der Ziege herumhackten. Sie nahmen die Eingeweide heraus und machten Feuer. Vom Geruch der verbrannten Ziege, dem Blut, dem sandigen Fell und dem Anblick meiner *compadres*, die das Fleisch beinahe roh aßen, so daß ihnen das Blut über das Kinn tropfte, wurde mir übel. Ich konnte nicht einen Bissen herunterkriegen.

Ich fühlte mich schwach und schwindlig und konnte nicht aufstehen. Wie ich da todmüde im Schatten lag, hörte ich die Stimmen meiner Freunde plötzlich nur noch von ganz weit her. Meine Augenlider waren schwer wie Blei, und ich wollte schlafen. Die anderen sagten: »Er darf nicht schlafen. Wenn er einschläft, stirbt er.« Sie halfen mir auf, und ich ging ein Stück. In meinem Kopf wurde es ein bißchen klarer, und wir marschierten auf das nächste Dorf zu.

Im ersten Haus fragte ich, ob wir für eine Mahlzeit arbeiten könnten. Die Señora maß uns mit einem Blick von Kopf bis Fuß und ging hinein. Ich dachte, wir würden bestimmt nichts kriegen, aber da kam sie mit einem Topf Suppe und einem Haufen *tortillas* an. Wir schlangen das alles gierig herunter. Unsere Arme gingen auf und ab wie beim Kartenspiel, als wir die *tortillas* in den Mund schoben. Ich schwitzte sehr, aber allmählich wurde mir besser.

Am nächsten Morgen kamen wir in Mexicali an der Grenze an. Wir besaßen nicht einen Centavo und kannten keinen Menschen. Daher beschlossen wir, gleich über die Grenze zu schleichen und drüben nach Arbeit zu suchen. Wir gingen auf dem gleichen Weg rüber wie die Schmuggler und Grenzbummler, zuerst durch einen Abzugsgraben und dann unter einem Zaun hindurch. Wir dachten, wenn wir wenigstens ein paar Stunden arbeiten könnten, hätten wir genug Geld fürs

Essen, und danach könnten sie uns ruhig wieder auf die andere Seite treiben.

Zwei Tage lang gingen wir zu Fuß, schliefen im Straßengraben und deckten uns mit Gras zu. Unsere einzige Nahrung bestand aus Apfelsinen, die wir grün von den Bäumen pflückten. Alberto riet uns, auf einen Zug zu springen, damit wir tiefer ins Land hineinkamen. Also liefen wir an einem Zug entlang, Alberto und ich hängten uns an die Leiter und stiegen auf. Faustino, der arme Kerl, versuchte zu laufen, aber er schaffte es nicht. Alberto und ich sahen uns an. Na ja, wir mußten beide wieder abspringen, etwas anderes blieb uns nicht übrig. Wir kehrten alle drei niedergeschlagen um, krochen durch eine zerbrochene Fensterscheibe in einen Wagenschuppen und legten uns schlafen.

In der Nacht verschwand Faustino. Wir dachten, er wäre zur Grenzstation gegangen, um sich einsperren zu lassen, ärgerten uns über ihn und waren wütend, daß wir ihn mitgeschleppt hatten. Da kam er wieder und sagte uns, er wäre in einer Kirche gewesen und hätte gebetet. Stellen Sie sich das vor! Und wir hatten die ganze Zeit schlecht von ihm geredet! Ich war gerührt und hätte beinahe geheult. Können Sie das verstehen?

Am nächsten Tag wurden wir von einem Polizeiwagen aufgelesen. Als der Grenzbeamte herauskam, war ich furchtbar aufgeregt. Ich dachte an das, was ich im Kino gesehen hatte: Jetzt nimmt er gleich sein Gewehr und schießt uns zusammen. Aber er steckte uns nur in den Wagen und fuhr weiter, um noch einen Haufen Mexikaner aufzutreiben, die in einem Güterzug saßen. Der Gefängniswagen war überfüllt, die Luft zum Ersticken, und sie gaben uns nichts zu essen. Einer der Beamten trat einem Mexikaner in den Hintern, aber ordentlich; ich war empört, als ich das sah. Später schickten sie uns in einem Bus nach Mexicali zurück.

Wir waren müde und ausgehungert und suchten nach Arbeit in einer der Bäckereien. Aber wir fanden keine. Wir mußten wohl sehr heruntergekommen aussehen, denn der Meister gab uns drei Pesos. »Nehmt das hier, Jungs. Trinkt eine Tasse Kaffee auf mein Wohl.« Ich kam mir gedemütigt vor wie ein Bettler. Ich glaube, er verstand uns und merkte, wie unglücklich wir waren, denn er sagte, am nächsten Tag könnten wir für das Geld arbeiten.

Dann gingen wir in eine der schäbigen Imbißstuben, bestellten ein paar *tacos* und fragten die Wirtin, ob wir da bis zum Morgen sitzen bleiben konnten, weil wir kein Geld hatten.

»Aber das ist ja schrecklich, warum habt ihr denn das nicht eher gesagt?« Sie ging in die Küche, brachte uns *tortillas* und Bohnen und verlangte nichts dafür.

Viele Männer, die in der gleichen Lage waren wie wir, wohnten in einem verlassenen Zollhaus; dort gingen wir auch hin. Der erste, dem wir begegneten, war Joaquín, ein Junge aus der Casa Grande. Er und meine *compadres* beschlossen, ein kleines Schutzdach im Hof zu bauen. Ich legte mich in eine Ecke schlafen, während sie einen Holzrahmen machten und Pappe daran nagelten. Bald hatten sie ein Haus mit drei Wänden, einem Dach und einem Fußboden fertig. Die Südseite ließen sie offen, damit wir unsere Füße ausstrecken konnten, wenn wir schliefen. Wir sammelten Lumpen als Unterlage und deckten uns alle mit Joaquíns Decke zu.

An dem Tag, als sie das Haus bauten, fand ich eine Stelle in einer Bäckerei. Ich arbeitete in zwei Schichten und bekam für jede zwanzig Pesos. Ich war sehr froh und sagte zu den anderen: »Nur Mut, *compadres*, ich habe jetzt Geld . . . von nun an bin ich der Herr im Haus, und ihr könnt kochen.« Sie hatten schon einen Herd aus Ziegelsteinen gemacht und eine Metallplatte und ein paar Blechbüchsen zum Kochen gefunden. So hatten wir jetzt genug zu essen.

Unser kleines Haus wurde durch unsere Streiche schnell bekannt. Abends, wenn die *braceros* trübsinnig dasaßen, fing ich an zu tanzen und irgendwelchen Unsinn zu machen, um sie ein bißchen aufzumuntern. Ich hätte wirklich Schauspieler werden sollen, denn ich unterhielt andere Leute gern mit Späßen und Geschichten. Na ja, nachdem ich sie ein bißchen aufgeheitert hatte und sie lustig geworden waren und herumtollten, setzte ich mich hin und sah ihnen zu. So verging die Zeit. Anderthalb Monate lang arbeiteten wir tagsüber mal hier und da, und abends alberten wir herum. Wir lebten nur noch mit Gottes Hilfe, wie man bei uns sagt.

Inzwischen versuchten wir auf gesetzlichem Weg in die Vereinigten Staaten zu kommen. Jeden Tag gingen wir ins Meldeamt. Endlich hatten sie die ganzen Papiere für uns ausgefüllt. Danach mußten wir ins Zollhaus. Wir stellten uns in die Schlange vor dem Büro.

Da standen Leute aus allen Teilen des Landes; sie waren total verdreckt, zerlumpt und ausgehungert. Die meisten waren so schwach, daß sie in der glühenden Sonne von Mexicali wie Betrunkene herumtorkelten. Einer oder zwei fielen einfach um und waren tot, die armen Kerle. Die Männer sahen tatsächlich aus wie die Seelen im Fegefeuer. Es war schrecklich, wirklich schrecklich, was man da so sah. Alle dachten nur voll Angst daran, daß sie es schaffen mußten. Ich verstand ihre Verzweiflung, denn mir ging es ebenso.

Dann fing das Schieben und das Gedränge an. Joaquín und Faustino standen weiter hinten. Ich war erleichtert, daß wir

Faustino losgeworden waren. Wir mußten alles für ihn tun. Er konnte lange Zeit wegen seiner verbundenen Füße nicht arbeiten. Wir teilten immer unser Geld mit ihm, mußten seine Meldenummer holen, das Geld für seine Paßbilder zusammenkratzen und so weiter. Er selbst rührte sich überhaupt nicht. Und wenn er Arbeit hatte, schickte er den Lohn nach Hause. Darüber ärgerten wir uns. Andererseits war er wohl im Recht und nicht wir, denn wir dachten nicht an unsere Kinder.

Das Geschubse wurde immer schlimmer. Ich stand zwischen zwei riesigen Kerlen, die mich einquetschten und fast erdrückten. Da packte ich sie beide um den Hals und zog mich hoch. Das Einwanderungsamt lag oben am Ende der Treppe. Die beiden stiegen hinauf und schleppten mich mit, sonst hätte ich es nicht geschafft. Während wir langsam aufrückten, hörten wir einen Jungen gräßlich schreien. Alle drehten sich nach ihm um. Der arme Kerl war an das Geländer gedrückt worden und hatte sich die Rippen gebrochen. Da war er nun schon halb über die Grenze, und dann passierte ihm sowas!

Als ich in das Amtszimmer kam, wurde ich sehr aufgeregt. Wir glaubten alle, der Beamte wüßte genau, wer log und wer nicht und könnte jeden wiedererkennen, der schon einmal drüben gewesen war. Mir fiel plötzlich ein, daß meine Hände nicht dreckig und schwielig waren ... ich hatte vergessen, sie mit Erde zu beschmieren. Ich versuchte, mich zu erinnern, wie man Mais erntet und wann gesät wird, aber ich konnte gar nicht mehr denken. *Caray!* Während sie mich fragten, zitterte ich die ganze Zeit. Es war ein richtiger Alptraum!

»Heilige Mutter Gottes«, sagte ich dann zu mir selbst, »ich glaube, sie lassen mich rein.« Sie führten uns durch einen Drahtzaun in den Raum, wo sie uns untersuchten. Ich wurde zum erstenmal in meinem Leben durchleuchtet. Schließlich saß ich auf einer Pritsche und wartete, daß man mich zur Arbeit aufrief.

Jetzt war ich also in den Vereinigten Staaten! Das war ein merkwürdiges Gefühl ... sehr aufregend, weil alles so fremd war. Ich durfte drei Tage dableiben und wartete noch auf Alberto.

Am nächsten Morgen wurden wir zusammen mit sechs anderen ausgesucht und nach Catlin in Kalifornien geschickt. Wir stellten uns in eine Reihe und marschierten stolz wie Soldaten hinaus. Sie nahmen noch unsere Fingerabdrücke und schrieben unsere besonderen Kennzeichen auf, dann gaben sie uns die Pässe. Wir stiegen in einen Greyhound-Bus, und fort ging's.

Wir fuhren den ganzen Tag und die ganze Nacht, und ich dachte, wie schön ist dieses Land! Als wir an einem Restaurant ausstiegen, starrten uns die Nordamerikaner ganz komisch an, so daß ich verlegen wurde. Wir waren furchtbar dreckig, aber das war ja nicht unsere Schuld. Auch konnten wir nicht ein Wort Englisch, also gingen wir alle schleunigst zu den Waschräumen und wieder zurück zum Bus.

Es war schon dunkel, als wir im Lager ankamen. Der Leiter, Mr. Greenhouse, erwartete uns. Er führte uns in ein Holzhaus, in dem an den Wänden Reihen von Kojen waren. Der Raum war nicht größer als drei mal fünf Meter, und wir sollten zu sechzehn Mann da wohnen. Es war schmutzig und heiß, und nachts konnten wir wegen der Fliegen und Moskitos nicht schlafen.

Ich muß gestehen, ich war enttäuscht, als ich das Haus sah. Ich hatte mir richtige Zimmer vorgestellt, nicht gerade schön möbliert oder so, aber doch mehr wie in einem Hotel ... wenigstens ein Haus aus Ziegelsteinen und mit Betten. Außerdem sollten sie nicht soviel verschiedene Leute in einen Raum stecken.

Wir säuberten den Schlafsaal mit Wasserschläuchen und schnitten das Gras vor dem Haus. Wir taten unser Bestes, und als wir fertig waren, sah alles viel ordentlicher aus als vorher.

Mich überfiel schon am ersten Tag der Trübsinn. Bis dahin hatte ich keine Zeit gehabt, an meinen Kummer zu denken und warum ich von zu Hause weggegangen war. Aber jetzt stürzte das alles über mich her. Ich konnte immer noch nicht glauben, daß Graciela, die mich so sehr liebte, mich so grausam verletzt hatte. Ich war verbittert und tief getroffen. Ich dachte an meine Kinder und schrieb meinem Vater einen Brief. Darin sagte ich ihm, daß man uns neunzig Cents für die Stunde zahlte und daß ich jeden Tag von Montag bis Samstag acht bis zehn Stunden arbeitete. Auch an Albertos Familie schrieb ich.

Der Priester, der das Lager betreute, war von Anfang an sehr gut zu uns und hielt uns zu Ehren eine besondere Messe ab. Ich hatte inzwischen in der Bibel gelesen und fing mit der Zeit an, meinen Glauben an die Heiligen und die katholische Kirche zu verlieren. Ein evangelischer *bracero* hatte mir in Mexicali das Neue Testament geschenkt.

Für die Bibel hatte ich mich schon immer sehr interessiert, aber ich hatte Angst, sie zu lesen, weil ich dachte, dafür würde ich exkommuniziert. Mit vierzehn Jahren las ich, weil mich Geschichte so sehr begeisterte, das Alte Testament. Wie ich darankam, weiß ich nicht mehr, denn mein Vater hätte es nie in unserem Haus geduldet. Ein Freund sagte mir einmal, ich dürfte zwar im Alten, aber unter keinen Umständen im Neuen Testament lesen.

Eines Nachmittags in Mexicali, als ich nichts zu tun hatte, blätterte ich in der Bibel. Die Sprache und die Gleichnisse waren schwierig für mich, aber ich versuchte, sie mir zu erklären und zu übersetzen, verstehen Sie? In der Bibel gibt es nichts Halbes, entweder ist etwas richtig gut oder aber ganz böse. Es ist wirklich eine gewaltige Sache.

Ich fürchtete mich, als ich das las. Nicht, weil es anders war als das, was man uns gelehrt hatte, sondern weil ich begriff, wenn ich weiter in der Bibel lesen und die Gebote und Gesetze selbst lernen würde, könnte ich so etwas wie ein ausgebildeter Rechtsanwalt, wie ein Advokat werden, der die Strafe für jedes Vergehen kennt. Wenn ich selbst fähig wäre, direkt mit dem Präsidenten zu sprechen, dann brauchte ich ja keinen Rechtsanwälten oder Sekretären mehr zu glauben! Die Leute dazwischen, die Heiligen, waren nur Idole aus Stein und Gips, von Menschen gemacht, warum sollte ich sie dann noch anbeten? Mir wurde klar, daß wir mit diesen Heiligen ebenso viele Götter hatten wie die Azteken, mit dem einzigen Unterschied, daß wir ihre Bilder modernisiert haben! Für mich gab es nur einen Gott, und Gott war die Liebe!

Wie Sie sehen, fing ich also an, mir über manches Gedanken zu machen. Christus sagte: »Wie diesen Feigenbaum sollt ihr sie an ihren Früchten erkennen.« In den mexikanischen Gefängnissen sind von hundert Sträflingen neunundneunzig Katholiken! Und wenn es unter meinen Freunden Diebe gab, die eine Kerze vor einer kleinen Heiligenfigur anzündeten, bevor sie auf Raub ausgingen, wenn Dirnen in ihren Zimmern Heiligenbilder hängen hatten, geweihte Kerzen ansteckten und um mehr Kunden beteten, wenn es im Katholizismus solche Perversionen gab, wie konnte das dann noch die wahre Religion sein?

Und erst die Priester! Von denen war ich auch enttäuscht, denn sie befolgten Gottes Gebote nicht. Ich kannte einen Priester, der sogar in der Kirche trank und Poker spielte. Und es ist ein komischer Zufall, daß die Priester immer mit einer Schwester und einem Haufen Neffen zusammenwohnen. Nachdem ich gelesen hatte, wie demütig Jesus lebte, fragte ich mich: Ob der Papst wohl auf dem Fußboden schläft? Lebt er wie der Nazarener, bettelt er um Almosen, nimmt er Hunger, Regen und Kälte auf sich, um die Menschen zu lehren, daß sie ihren Nachbarn lieben sollen?

Nein, der Papst lebte in unheilbringendem Luxus und war unvorstellbar reich, weil alle katholischen Kirchen der Welt ihm das Geld ihrer Kollekten schickten. Mit dem, was sie an einem einzigen Sonntag in der Basilika von Guadalupe einsammeln, könnte ich mit meiner ganzen Familie bis ans Lebensende auskommen! Was ist das also für eine Armut, in der

der Papst lebt? Und wo ist seine Nächstenliebe, wenn es in Rom selbst soviel Elend gibt?

Nach Mexicali waren zwei Missionare aus Kalifornien gekommen, um die *braceros* zu betreuen. Sie luden alle, die Hunger hatten, zum Essen ein ... und nicht allein Essen gaben sie uns ... mir fiel auf, daß sie wirklich ihren Nächsten liebten, Mitgefühl hatten und ehrlich waren. Ich bin aus Tepito, und ich weiß ganz genau, ob jemand lügt und einem etwas vorheuchelt. Ich kann schwören, daß diese Männer ein gutes Herz hatten und anderen so gern etwas gaben, als kostete sie das gar keine Mühe.

Dann dachte ich an die Protestanten, die Adventisten und die Anglikaner, die ich kennengelernt hatte. Ich habe nie einen von ihnen besoffen auf der Straße liegen sehen. Sie trugen keine Messer bei sich, rauchten nicht, nahmen keine Drogen und fluchten nie. Zu Hause hatten sie alles, was sie brauchten; ihre Kinder waren ordentlich angezogen und gut ernährt, und sie behandelten ihre Frauen so, wie man einen Menschen eben behandeln soll. Sie führten ein gesundes, friedliches Leben. Die Katholiken dagegen lebten, na ja, so wie ich.

Ich gab meinen Glauben nicht auf ... ich blieb Katholik, denn ich fühlte mich nicht stark genug, um die Gebote zu befolgen und nach den strengen Gesetzen der Protestanten zu leben. Dann könnte ich keinen Spaß mehr am Rauchen, am Spiel und an der Hurerei haben, nein, ich war ganz und gar unfähig, nach den Gesetzen Gottes zu leben. *Carajo!* mir scheint, die angenehmsten Sachen in der Welt verdanken wir dem Teufel! Ich merkte, daß ich mich zum Märtyrer nicht eignete. Schließlich konnte ich mich auch auf andere Weise zähmen.

Endlich kam der Montag. Schon früh morgens hörten wir die Lastwagen und wurden zum Frühstück gerufen. In den ersten zwei Tagen war das Essen besser als später. Morgens gab es Brot, Hafergrütze, Eier und Kaffee mit Milch aus Konservendosen. Mittags bekamen wir drei Butterstullen und Bohnen. Abends, wenn wir zurück waren, gab es *tortillas*, Leber und Kartoffeln nach mexikanischer Art und Suppe. Es war gut — zumindest am Anfang.

Als wir zum Lastwagen gingen, sagte ein Junge aus Michoacán: »Arbeitet bloß nicht zu schnell, laßt euch Zeit. Sonst gewöhnen sie sich daran, daß wir soviel tun, und wenn wir mal nicht so aufgelegt sind und langsamer machen, schmeißen sie uns raus.« Als wir ankamen, nahmen wir jeder eine große Büchse und fingen an, grüne Tomaten zu pflücken.

Ich ging tüchtig ran. Immer vorbeugen, runter und dann weiter. Wir gingen alle im gleichen Tempo vorwärts. Nach einer Weile hielt ich an und ruhte mich aus, dann rutschte ich im

Sitzen weiter, um nicht zurückzubleiben, denn man wurde ja beobachtet. Die beiden neben mir, diese Idioten, sahen aus wie Windmühlen, so schnell pflückten sie.

An die Feldarbeit muß man sich gewöhnen. *Qué bárbaro!* O ja, es war schwer, sehr schwer. Wenn wir die Blechbüchsen voll hatten, hoben wir sie auf die Schulter, sprangen über die Furchen und leerten sie in die Körbe. *Madre Santisima!* Der Rücken tat mir vielleicht weh! Aber wenigstens wußte ich, daß man sich abends ausruhen konnte.

Am nächsten Tag durfte ich in der Küche arbeiten. Ich mußte Hafergrütze und Kaffee austeilen und die Frühstückspakete fertig machen. Die Arbeit, für die man mir neun Stunden zahlte, schaffte ich in dreien.

Später machte ich zwischen den Mahlzeiten noch Nebenarbeiten. Von Zeit zu Zeit kam ein Philippine bei uns vorbei und bot uns einen Dollar für eine Stunde Arbeit auf seinem Feld. An sich war das nicht erlaubt, aber wir waren schließlich nicht zum Schlafen hergekommen. Wir nahmen Nebenarbeiten an, soviel wir konnten.

Als wir das erstemal Geld bekamen, sagte Alberto: »Laß uns in ein Tanzlokal gehen.«

»Kommt gar nicht in Frage«, antwortete ich. »Dann fängt das Geldausgeben an. Als nächstes willst du ein Bier, und am Ende hast du nicht einen Cent mehr.« Aber — um's kurz zu machen — wir gingen schließlich doch aus, und zwar mit dem Wagen von Tony, dem Tellerwäscher. Tony war Mexikaner, doch in den Vereinigten Staaten geboren — er war ein »pocho«, weder ein richtiger Mexikaner noch ein Amerikaner. Die Mädchen im Tanzlokal waren auch halb mexikanisch und halb amerikanisch. Sie trugen elegante Kleider, und wir dachten, die würden nicht mit uns tanzen wollen.

Aber Tony stellte mich Inés, einer Freundin von seiner Freundin, vor, und ich tanzte den ganzen Abend mit ihr. Sie war hübsch und sprach spanisch. Es kam mir merkwürdig vor, daß sie einfach mit mir redete und ich mit ihr tanzen durfte. Bevor wir auseinandergingen, sagte sie: »Willst du nicht morgen Abend zu mir kommen, damit wir uns ein bißchen unterhalten? Ich würde gern etwas über Mexiko hören. Komm um sieben Uhr.«

Na, diese Nacht schlief ich wie auf Wolken. Ich war wieder richtig glücklich. Am nächsten Morgen arbeitete ich besonders eifrig und teilte Essen an das ganze Lager aus. Nachmittags kam der Philippine und holte mich zum Granatäpfelpflücken. Ich arbeitete fünf Stunden und brachte es auf 6.25 Dollar. Am Abend ging ich dann zu Inés.

Ich war ein bißchen verlegen, als ich in ihr Haus kam. Sie lebte allein mit ihren zwei kleinen Kindern, die nebenan schliefen. Sie war verheiratet gewesen, aber was aus ihrem Mann geworden war, weiß ich nicht. Ich ging also rein, und wir unterhielten uns und tranken Kaffee. Später stellte sie Musik an, und wir tanzten. Sie sah mich immerzu an, und wir küßten uns. Dann, na ja, in der Nacht schliefen wir zusammen, so gleich drauf los. Ich dachte, das ist schon besser. Nun hatte ich eine Freundin.

Am nächsten Abend lag ich in meiner Koje und schlief fest, als ich ein Klopfen am Fenster hörte. Es war Inés. Sie war ins Lager gekommen, um mich abzuholen. »Ich hatte Lust, mir von dir ein Lied vorsingen zu lassen«, sagte sie. Ich stieg in ihren Wagen, und fort ging's. Ich hatte in Tonys Wagen fahren gelernt, und es war ein tolles Gefühl, sie die ganze Nacht herumzuführen, zu singen und sie zu küssen.

Sie erregte noch viel mehr Aufsehen, als sie mich eines Tages mitten ins Lager fuhr, während die Männer gerade aus dem Eßraum kamen. Sie sahen zu, wie sie wegfuhr, und dann fingen die Bemerkungen an. »Was sagt ihr dazu? Guckt euch den Burschen an! Der hat sich eine ganz Schicke aufgegabelt!« So neckten sie mich alle.

Inés war hübsch, das stimmt, aber ich verliebte mich trotzdem nicht in sie. Nach dem, was ich mit Graciela erlebt hatte, wollte ich in meinem Leben mit Liebe nichts mehr zu tun haben. Liebe bedeutete für mich Leiden. Sie brachte mich um, weil sie mir weh tat. Wenn ich mir ein Mädchen suchen wollte, dann dachte ich immer an die Mißverständnisse und den Kummer, die Graciela und ich durchgemacht hatten. Trotzdem bereute ich das alles nicht, denn es war die einzige wirkliche Liebe und die einzige echte Leidenschaft, die ich erlebt hatte. Durch Graciela lernte ich schon früh das Leben kennen, durch sie lernte ich stark empfinden, und dafür werde ich ihr immer dankbar sein. Aber was hat mich das gekostet!

Ich merkte, daß die Ehe in den Vereinigten Staaten etwas ganz anderes ist als bei uns. Mir gefielen die Selbständigkeit der Eheleute und ihr blindes Vertrauen zueinander. Ich glaube, das gibt es dort, weil die Menschen feste moralische Grundsätze haben. Je liebevoller sie miteinander sind, desto anständiger sind sie auch. Sie mögen keine Lügen. Wenn sie »nein« sagen, dann meinen sie auch »nein«. Und dabei bleibt es, selbst wenn man sie auf den Knien anfleht.

In Mexiko ist das ganz anders. Ganz allgemein kann ich sagen, daß es bei uns keine treuen Ehemänner gibt. Sowas kommt einfach nicht vor. Von hundert Männern, die ich kenne, betrügen alle hundert ihre Frauen. Sie sind ständig auf der Jagd nach neuen Reizen, eine Frau kann sie eben nicht befriedigen. Verstehen Sie, wie ich das meine? Die Frauen sind treuer ... ich würde sagen, unter hundert Frauen gibt es ungefähr fünfundzwanzig ganz treue. Die übrigen — die gehen von einem zum anderen.

Im Lager wurden mehrere Männer krank, weil das Essen so schlecht war. Sie beschwerten sich bei Greenhouse, und der sagte, jeder, dem es nicht paßte, könnte seine Sachen packen und damit wäre sein Vertrag hinfällig. Da kriegten sie es gleich mit der Angst und muksten nicht mehr. Danach bekamen zweihundert *braceros* in einer Stadt ganz in der Nähe Vergiftungen vom Essen, und wieder fingen alle an zu protestieren. Greenhouse beschloß, die Leute nach und nach wegzuschicken.

Es blieben nicht mehr viele übrig, deswegen mußte ich jetzt Tomaten pflücken. Es war die dritte Ernte, und wir verdienten nur noch wenig, weil wir pro Stück bezahlt wurden. Es lohnte sich nicht mehr, und ich mochte die Arbeit nicht. Alberto war wegen einer Not-Operation an der Gallenblase im Krankenhaus. Ich wollte unbedingt bei ihm sein, wenn sie ihn operierten. Ich dachte, vielleicht bringen sie ihn ja um, und ich weiß noch nicht mal was davon.

Ich verspürte ein Zucken in der Seite, es tat ein bißchen weh. Also gab ich vor, ich hätte Blinddarmschmerzen. Ich kam ins Krankenhaus, und man legte mir einen Eisbeutel auf den Magen. Als ich sagte, es ginge mir etwas besser, schickten sie mich ins Lager zurück.

Aber ich wollte länger im Krankenhaus bleiben, also spielte ich noch einmal krank. Diesmal packten sie mich ins Bett. Ich dachte, ich bekäme wieder einen Eisbeutel und würde am nächsten Tag entlassen. Ich lag ganz ruhig und versuchte mich mit Hilfe meines Englischbuches mit einem Nordamerikaner zu unterhalten. Er war sehr nett und lud mich ein, ihn zu besuchen, sobald wir beide da herauskamen. Er war der erste und einzige Nordamerikaner, der sowas sagte, und ich wünschte, ich hätte ihn wirklich besuchen können.

Da sah ich, wie die Schwestern mit einem Rollbett ankamen. Ich muß darauf legen und fuhr pfeifend durch den Flur, während die Schwestern sagten: »Ist der aber tapfer!« Sie sprachen englisch, und ich hatte keine Ahnung, was sie mir erklärten und wohin sie mit mir wollten. Na ja, sie schoben mich in den Operationssaal. Ich glaubte, sie würden mich durchleuchten. Diesmal blieb es also nicht nur bei einem Eisbeutel.

Der Doktor kam herein, mit einer Maske vor dem Gesicht, dann der Narkotiseur und zwei Schwestern. Aber ich war immer noch ruhig. Erst als sie mir die Hände festbanden, bekam ich Angst. Ich fragte mich: Nanu, was soll denn das? Was machen die bloß mit mir? Sie banden auch meine Füße fest und legten mir Watte auf die Augen. Da fing ich an zu schreien: »Nein, nein, ich will nicht operiert werden. Mir tut gar nichts mehr weh!«

Aber niemand verstand mich. Sie setzten mir die Maske auf, und ich atmete den Äther ein. Mein Herz klopfte ganz wild, und ich dachte, die bringen mich sicher um.

Einen schlimmeren Schreck kann ich mir nicht vorstellen, als stilliegen zu müssen, wenn man keine Luft kriegt. Ich versuchte verzweifelt, mich loszureißen, aber es ging nicht. Seit ich das einmal erlebte, habe ich immer Angst davor, begraben oder mit Gewalt niedergedrückt zu werden, so daß ich mich nicht bewegen kann. Jetzt weiß ich: Die Hölle ist das Grab, und ich fürchte mich so vor dem Begräbnis und vor dem Jenseits, daß ich heulen könnte, wenn ich nur daran denke, wie das sein wird.

Ich blieb siebzehn Tage im Krankenhaus. Die Versicherungsgesellschaft zahlte das Ganze ... ein sehr schönes Zimmer ... Telefon ... bequeme Betten mit Radio am Kopfende ... alles, was es für uns in Mexiko nicht gab. Es kostete uns keinen Centavo.

In Kalifornien kam ich mir wirklich so vor, als wäre ich jemand! Alle waren nett zu mir, im Krankenhaus und auch bei der Arbeit. Das Leben dort gefällt mir, obwohl ich es irgendwie abstrakt und zu mechanisch finde. Die Leute sind nämlich wie Präzisionsmaschinen. Sie haben für alles einen bestimmten Tag, eine Stunde und einen festgelegten Plan. Sicher ist das die richtige Methode, denn sie haben ja eine Menge Komfort. Aber die Regierung verlangt von ihnen Steuern für das Essen, für Schuhe, überhaupt für alles. Wenn unsere Regierung das versuchte, würde es womöglich eine Revolution geben. Niemand will, daß man ihm wegnimmt, was ihm gehört.

Alle *braceros*, die ich kannte, waren sich darüber einig, daß die Vereinigten Staaten ganz großartig sind. Nur selten beklagte sich einer, wie Alberto, der sagte, die Texaner wären lausige Hurensöhne, weil sie die Mexikaner wie Hunde behandelten. Was uns empörte, war die Unterdrückung der Neger. Wir hatten immer geglaubt, in Amerika wäre man besonders gerecht und fair. Wir dachten nicht, daß Geld oder Beziehungen da ebensoviel ausmachten wie hier. Aber als sie einen Neger wegen Vergewaltigung auf den elektrischen Stuhl brachten und Weiße, die dasselbe gemacht hatten, frei herumlaufen ließen, wurde uns klar, daß auch die Amerikaner es mit der Gerechtigkeit nicht so genau nehmen.

Immerhin fiel uns auf, daß selbst die Arbeiter, denen es weniger gut ging, ihren Wagen und ihren Kühlschrank hatten. Was die Gleichheit und den Lebensstandard angeht — sie würden mich wohl prügeln, wenn ich das laut sagte —, finde ich die Vereinigten Staaten beinahe kommunistisch ... soweit man das von einem kapitalistischen Land sagen kann. Zumindest in Kalifornien war das so, denn ich hörte sogar einmal, wie ein Arbeiter seinen Chef anschrie und der kein Wort darauf sagte. Die Arbeiter sind durch alles mögliche geschützt. In Mexiko sind die Chefs Tyrannen.

Wenn ich über das Leben in Mexiko nachdenke, bin ich richtig niedergeschlagen. Drüben sah ich, wie die Leute sich freuten, wenn ein Freund von ihnen vorwärtskam, Sie verstehen, was ich sagen will. Jeder gratulierte ihm, wenn er sich einen neuen Wagen, ein Haus oder irgendwas gekauft hatte. Aber bei uns? Als ein Freund von mir — unter großen Opfern und nachdem er selbst am Essen geknausert hatte — es endlich fertig brachte, sich einen neuen Lieferwagen anzuschaffen, was passierte? Er ließ ihn vor seinem Haus stehen, und als er wieder rauskam, war die ganze Farbe abgekratzt. Das war reiner Neid! Unser Motto heißt: »Wenn ich ein Wurm bin, dann soll der andere sich wie eine Laus vorkommen.« Ja, hier muß man immer merken, daß man oben ist. Ich selbst habe das schon so empfunden, darum sage ich es auch. Ich bin eben ein typischer Mexikaner, na ja. Selbst wenn man ganz unten ist, muß man sich so vorkommen, als ob man höher steht. Ich habe das bei den Lumpensammlern beobachten können; sogar unter Dieben gibt es noch Rangstufen. Die reden untereinander etwa so: »Na, du Soundso, du kannst wohl bloß alte Schuhe stehlen. Ich aber, wenn ich stehle, ich nehme nur gute Sachen.« Dann sagt der andere: »Du kannst auch bloß Terpentin trinken. Ich dagegen, ich kippe sechsundneunzigprozentigen Alkohol herunter, als ob das nichts ist.« So liegen die Dinge hier.

Aber es ist nicht so, daß wir alle die hassen, die mehr Glück gehabt haben. Haßgefühle gegen einen Reichen dauern bei mir nie länger als drei Zigarettenzüge. Es wäre auch nicht gut für mich, mich noch mehr damit zu beschäftigen, denn dann käme ich mir geringer vor, als ich wirklich bin. Und ich möchte doch wenigstens das sein, was ich bin. Darum will ich über alles das nicht zu genau nachdenken. Vielleicht scheue ich davor zurück, oder ich kann meine eigene Lage nicht richtig beurteilen. Wenn jedenfalls einer aus meiner Klasse einen andern haßt, so tut er es fast immer aus verletztem Stolz. Ich kann mich nicht entsinnen, daß ich je einen wegen des Geldes beneidet habe. Wenn man die Welt haßt, dann ist es doch praktisch immer deswegen, weil eine Frau einem etwas angetan oder weil ein Freund einen verraten hat. Frauen sind viel leichter gegen die Reichen aufgebracht, wahrscheinlich, weil sie Not und Entbehrung stärker empfinden als Männer, glauben Sie nicht auch?

Die Sache ist die: Bei uns gibt es keine Gleichheit. Die Unterschiede sind zu groß. Die Reichen sind steinreich, und die Arbeiter leben in wirklich schändlichem Elend. Man sieht Frauen mit einem Baby auf dem Arm und noch ein paar Kindern am Rockzipfel von Tür zu Tür gehen und um etwas zu essen betteln. Viele geben ihren Frauen drei Pesos pro Tag, wie mein Onkel Ignacio, andere wissen noch nicht einmal, wo sie die nächste Mahlzeit hernehmen sollen, und niemand kümmert sich um sie. Wenn die reichen Leute wüßten, wovon die Armen so leben, würde ihnen das wie ein Wunder vorkommen.

Sehen Sie, wenn ein Reicher eine Orgie, ein Fest oder einen Empfang veranstaltet, wie das die Millionäre in Lomas machen, geben sie an einem Abend so viel Geld aus, daß sie davon einen Monat lang ein ganzes Waisenhaus unterhalten könnten. Wenn sie doch mal von ihrem Podest herunterkämen, das Leben ihrer Mitmenschen teilten und ihr Elend sähen, ich glaube, dann würden sie aus ihrer eigenen Tasche Strom und Abwässerkanäle bezahlen und für Hilfe sorgen. Wenn ich reich wäre, würde ich versuchen, es den Armen leichter zu machen, und ihnen wenigstens das Notwendigste geben. Aber wer weiß? Wäre ich erst so ein reicher Kerl, der im eigenen Segelboot sitzt und Reisen im Flugzeug macht, vielleicht würde ich die anderen dann auch vergessen? Die Armen halten sich an die Armen . . . sie wissen, wo sie hingehören, und die Reichen, na, die gehen eben ins Hilton. Wenn ich eines Tages ins Hilton Hotel gehe, dann weiß ich, daß es wieder eine Revolution gegeben hat!

Von der Politik verstehe ich nichts . . . bei den letzten Wahlen wählte ich zum erstenmal . . . aber ich glaube kaum, daß wir da viel Aussicht haben. Eine soziale Fürsorge für die Arbeiter kann es bei uns ja gar nicht geben, denn die würde bestimmt nur dazu ausgenützt, um die Bosse reich zu machen. Die an der Regierung sind, werden immer reich, und die Armen sind eben übel dran. Ich habe nie einer Gewerkschaft angehört, aber ein paar von meinen Freunden sind drin, und die sagen, sie können jeden Tag rausfliegen, ohne dafür entschädigt zu werden, weil die Gewerkschaftsführer und die Arbeitgeber unter einer Decke stecken. Ja, wir haben hier noch einen langen Weg vor uns. Ich kann Ihnen sagen, mit dem Fortschritt ist das eine schwierige Sache.

Als wir aus dem Krankenhaus entlassen wurden, wollte Greenhouse uns nach Hause schicken. Alberto entwischte und ging zu seiner Freundin Shirley, und ich versteckte mich eine Weile bei ihnen und nahm dann eine Stelle als Beifahrer in einem Lastwagen an. Zwanzig Tage nach meiner Operation mußte ich schwere Kisten schleppen. Die Arbeit war hart, und ich wurde krank davon. Ich bat meinen Vater, mir Geld zu schicken, damit ich nach Hause fahren konnte. Aber er schrieb, er hätte nicht einen Centavo mehr. Von meinem Geld hatte er Baumaterial für ein Haus gekauft, das er in der Siedlung El Dorado bauen wollte.

Also mußte ich weiterarbeiten, um mir das Geld für die Rückfahrt zu verdienen. Dann fuhr ich nach Mexicali. Ich fand dort weder ein Hotelzimmer noch einen Zug oder einen Bus, mit dem ich aus der Stadt herauskommen konnte. Es war gefährlich, mit zweitausend Pesos in der Tasche und meinem Kleiderkarton herumzulaufen. In den Straßen von Mexicali werden oft die Leichen von ermordeten und ausgeraubten *braceros* gefunden, die von drüben gekommen sind. Ich hatte wirklich Angst.

Ich beschloß, ein Flugzeug nach Guadalajara zu nehmen. Das war natürlich teuer, es kostete über fünfhundert Pesos, dafür dauerte es nur neun Stunden statt zweiundfünfzig mit dem Bus. Und ich wollte nur noch nach Haus. Ich war neun Monate fort gewesen und konnte es gar nicht abwarten, meine Kinder, meinen Vater und meine Freunde wiederzusehen. Von Guadalajara fuhr ich mit einem Autobus erster Klasse nach Mexico-City.

Ich kam am zwanzigsten November, am Jahrestag der mexikanischen Revolution, an. Wie froh war ich, wieder zurück zu sein. Ich ging durch den Hof und stand mit klopfendem Herzen vor unserer Tür. Mein Vater machte mir auf, er war noch in Unterhosen. Zuerst merkte ich seinem Gesicht an, wie er sich freute, aber sobald er mich sah, unterdrückte er das Gefühl und wurde ernst.

»Da bist du also wieder.«

»Ja, Papa, da bin ich wieder.«

Ich glaube, er hätte mich gern umarmt, ich hätte es am liebsten auch getan, aber da er sich beherrschte, machte ich es genauso ... es war immer noch dieselbe Wand zwischen uns.

Ich weinte, als ich meine Kinder wiedersah. Sie tanzten um mich herum, hängten sich mir an den Gürtel und an die Beine, lachten und schrien: »Was hast du uns mitgebracht?«

Es tat mir leid, als ich ihnen sagen mußte, daß meine Geschenke für sie und die Uhr für Delila im Zollamt lagen. Ich hatte vergessen, die Preisschilder abzumachen, und nun verlangte dieses Zöllnerpack Luxussteuer. Ich hätte mehr zahlen müssen, als die Sachen wert waren. Darüber wurde ich so wütend, daß ich meine Geschenke vor ihnen mit den Füßen zertrat. Ich erzählte den Kindern, wie das gekommen war, und spendierte jedem einen Peso.

Mein Vater fragte mich, ob ich noch Geld bei mir hätte. Ich zog meine Brieftasche heraus und wollte ihm die Hälfte von dem geben, was ich besaß. Aber er sagte: »Immer her damit«, und zog einen Schein nach dem anderen heraus, bis ich nur noch zweihundert Pesos übrig hatte.

Erst nachdem er weggegangen war, sah ich auf dem Bett meines Vaters ein Bündel, das sich bewegte. Meine Schwiegermutter, die auf dem Boden geschlafen hatte, stand auf und sagte: »Das ist deine kleine Schwester.«

»Wieso meine Schwester?« Ich stand da, wie vor den Kopf geschlagen. »Ihr wollt doch nicht sagen, daß Papa etwas angestellt hat?« Ich kapierte es einfach nicht so schnell.

Endlich zog Delila mich aus der Verlegenheit. Sie sagte: »Deswegen sind dein Bruder und deine Schwestern so böse auf mich.«

Da verstand ich, was los war. Donnerwetter! Stellen Sie sich das vor, der Alte hatte Delila herumgekriegt! Jetzt bewunderte ich ihn noch mehr, denn er hätte ihr Vater sein können. Ich glaube nicht, daß sie ihn damals schon liebte. Heute sicher, denn sie sieht, daß er ihr alles gibt, was sie braucht. Es ist nicht schwer, ihn zu lieben, weil er so anständig ist.

Im stillen ärgerte ich mich auch ein bißchen, aber ich ließ mir nichts anmerken und sagte: »Das ist ja großartig! Das hast du ganz richtig gemacht. Und hör bloß nicht auf meine Geschwister. Die kannst du zum Teufel schicken . . . das geht sie gar nichts an.«

Nachmittags ging ich meine Freunde besuchen. Es war schön, wieder durch die Straßen meiner *colonia* zu gehen. Dort habe ich mein ganzes Leben verbracht, und es ist meine Welt. Jede Straße hat für mich eine besondere Bedeutung: In der Klempner-Straße war ich geboren und hatte noch die Liebe meiner Mutter erfahren; in der Bäcker-Straße hatten mir die Heiligen Drei Könige die ersten Spielsachen gebracht und meine Kindheit froh gemacht; die Tenochtitlán-Straße erinnerte mich immer an das Lied »Verlorene Liebe«, das eine Nachbarin gerade gesungen hatte, als der Sarg meiner Mutter hinausgetragen wurde; überall in der Gegend wohnten Verwandte, Freunde und *novias*. In diesen Straßen hatte ich meinen ersten Kummer durchgemacht und gelernt, was gefährlich ist und was nicht, wann man aufrichtig sein soll und wann man sich verstellen muß.

Sobald ich meine *colonia* verließ, kam ich mir vor, als wäre ich nicht mehr in Mexiko. Ich fühlte mich wie ein Fisch auf dem Trockenen, besonders, wenn ich in die Viertel der Reichen ging, nach Lomas zum Beispiel oder nach Polanco, wo die Leute mich mißtrauisch ansahen. Ich würde es nicht einmal wagen, abends da durchzugehen, denn sie würden mich, so wie ich angezogen bin, für einen Dieb halten. Leute mit Geld sehen nicht gern jemanden, der in Not ist. Sie denken gleich, er will stehlen. Und wo das Geld ist, ist auch das Recht, deswegen ist es am besten, man geht gar nicht erst dahin.

Ja, ich war froh, wieder zurück zu sein, aber nachdem ich in den Vereinigten Staaten gewesen war, fand ich, daß bei uns alles ärmlich und schmutzig aussah. Jetzt begriff ich erst, in welcher Armut wir lebten, und als ich den Markt sah und an der Erde die auf Zeitungspapier liegenden Apfelsinen und Tomaten, wurde ich traurig und wäre am liebsten wieder in die USA zurückgekehrt. Eigentlich — und das sage ich nicht aus *malinchismo* oder weil ich die Ausländer vorziehe — wäre ich gern in den Vereinigten Staaten oder in irgendeinem europäischen Land geboren, in England zum Beispiel ... nicht in Italien mit all der Romantik und den schönen Fassaden und sowas ... sondern in einem Land mit einer höheren Kultur.

Ich war mit tausend Illusionen zurückgekommen, denn drüben hatte ich gesehen, daß die Arbeit mir Spaß machte. Ich wollte das Haus einrichten und dafür sorgen, daß meine Kinder ordentlich zu essen hatten. Aber vom ersten Abend an war ich enttäuscht, denn mein Vater ließ mich auf einem Sack in der Küche schlafen, genau wie früher. Ich hatte eine andere Behandlung erwartet, verstehen Sie?

Consuelo wohnte damals bei meiner Tante Guadalupe, weil sie Delila von Anfang an gehaßt hatte. Sie war egoistisch und dachte nur an sich selbst. Seitdem sie diese fixe Idee hatte, weiter zur Schule zu gehen, fühlte sie sich wohl als was Besseres als wir. Bloß weil sie ein bißchen was gelernt hatte, gehorchte sie ihrem Vater nicht mehr. Sie forderte von ihm die Rechte, die ihr gesetzlich zustanden, als ob sie es nicht mit ihrem Vater, sondern mit der Regierung zu tun hätte! Wie konnte sie das nur tun? Er war doch schließlich der Vater und hatte die Macht über uns!

Marta tat mir leid, denn sie war noch schlechter dran als wir andern alle. Sie hatte Crispín verlassen und wohnte mit ihren drei kleinen Mädchen zu Hause. Sie erzählte niemandem etwas von sich, und es sah so aus, als wäre sie ganz zufrieden, weil sie ihren Vater noch hatte, aber ich wußte, daß sie im Grunde unglücklich war. Sie dachte, das Leben hätte für sie aufgehört. Sicher fühlte sie, daß sie nun dazu verdammt war, ihr ganzes Leben lang allein zu bleiben, weil kein Mann sie mit ihren drei Kindern nehmen würde.

Eigentlich war mir das Leben meiner Geschwister und ganz besonders das meines Vaters immer ein Geheimnis gewesen. Ich habe nie verstanden, wie mein Vater alles so fertigbrachte, und ich will es, ehrlich gesagt, auch gar nicht wissen. Er hat uns immer genügend zu essen gegeben ... er versorgte mit so wenig Geld so viele Leute. Ich bekreuzige mich jedesmal, wenn ich daran denke, nicht weil ich glaube, daß mein

Vater etwas tut, was nicht recht ist . . . zum Schwindler ist er überhaupt nicht geeignet . . . aber da er die ganzen Lebensmittel für das Restaurant einkaufte, gab er die Preise vielleicht ein bißchen höher an und behielt bei jedem Kauf fünfzig Centavos oder einen Peso für sich. Es ist allerdings auch möglich, daß die Händler ihm Obst, Kaffee, Fleisch und andere Sachen schenken, weil er schon so lange bei ihnen kauft und ein guter Kunde ist. Wie könnte er das alles sonst von einem Lohn von nur elf Pesos pro Tag bestreiten?

Wenn mein Vater bei seinen Einkäufen einen oder zwei Pesos zurückbehielt, mache ich ihm daraus keinen Vorwurf. Im Gegenteil, ich habe das Gefühl, ich bin daran schuld und auch mein Bruder und meine Schwestern, denn er tat es ja für uns. Mein Vater stieg mit jedem Tag in meiner Achtung, nicht nur, weil er mich und meine Kinder unterstützte, sondern weil man wirklich ein Mann sein muß, um alles so in Ordnung zu halten, wie er es tat.

Ich traf Joaquín wieder, der in unserem Papphaus in Mexicali gewohnt hatte. Er war Trödler geworden und arbeitete auf dem Tepito-Markt.

Ich mochte die Atmosphäre dort schon, seit meine Mutter mich dahin mitgenommen hatte. Es war alles so bunt und malerisch wie die Märkte auf dem Lande, wo Händler und Käufer sich kennen, Witze erzählen, Waren tauschen und miteinander feilschen. Dort ist es nicht so unpersönlich wie bei Woolworth und in anderen Kaufhäusern, wo die Verkäufer nicht wagen, sich mit den Kunden zu unterhalten. Da sagen sie einem nur den Preis und machen ihre Sache ganz mechanisch, und das Gemeine ist, daß die Preise festgesetzt sind. Man gibt den Käufern also keine Gelegenheit, sich zu wehren; sie können nicht mal ein Angebot machen wie wir hier auf dem Markt, wenn uns der Preis nicht paßt.

Dieser Markt hat den Trödlern von jeher Glück gebracht. Früher hatten hier berühmte Händler wie »der Bär«, »el Contola«, »la Gringa« und »der Teufel« an einem Tag fünfhundert bis tausend Pesos eingestrichen. Die haben inzwischen jeder ein schönes Haus und einen Wagen. Ich wußte, wie man es auf dem Markt anstellen mußte, denn ich hatte ja gesehen, wie meine Mutter, meine Onkel und andere Händler ihre Waren verhökerten. Ich kannte die alten Schliche von Kauf und Verkauf.

Also war ich einverstanden, als Joaquín mir eine Gabardinehose gab und sagte, ich sollte sie für mindestens fünfzehn Pesos verkaufen. Ich bemerkte auf der anderen Straßenseite einen Jungen, der immerzu die Hose ansah, und ging rüber.

»Na, komm her, Kleiner«, sage ich, »du kriegst sie auch billig.«

»Ja, aber ich habe kein Geld, ich will selbst was verkaufen«, und er zog eine kostbare Uhr aus der Tasche, wirklich ein schönes Stück. Er verlangte hundertfünfundzwanzig Pesos dafür.

»Wieviel Steine?«

»Fünfzehn, glaube ich«, sagte er.

Ich mache die Uhr auf, und es sind einundzwanzig Steine.

»Nein, mein Guter«, sage ich, »für fünfzehn Steine ist das viel zu viel. Hör mal zu, wir werden uns schon einig. Die Hose gefällt dir doch, und sie paßt dir ganz genau.« Ich hielt sie ihm an. »Sie kostet fünfzig Pesos. Ich gebe dir die Hose und fünfundzwanzig Pesos für die Uhr dazu.«

Um's kurz zu sagen, er bekam vierzig Pesos und die Hose; so kostete mich die Uhr fünfundfünfzig Pesos. Ich verkaufte sie für hundertsiebzig weiter. Also hatte ich in ein paar Minuten hundertfünfzehn Pesos verdient, mehr als in einer Woche harter Arbeit in der Glaswerkstatt.

Der Handel machte mir Spaß . . . ich war frei, hatte Zeit für mich selbst, und niemand konnte mich herumkommandieren. Jetzt arbeite ich schon ein paar Jahre auf dem Tepito- und dem Baratillo-Markt. Ich handle mit gebrauchten Sachen, Kleidern, Schuhen, Gold, Silber, Uhren, Möbeln, mit allem, was mir so in die Finger kommt. In gewisser Weise ist es mit dieser Arbeit reine Glückssache, aber mir ist es eigentlich nie richtig schlecht gegangen. An den ungünstigsten Tagen bringe ich es wenigstens auf zwölf Pesos; und das reicht fürs Essen.

Das einzige Mal, daß ich auf dem Markt draufzahlen mußte, war, als ich ein Ding kaufte, das Mimeograph hieß. Ich wußte nicht einmal, wozu man das Ding verwenden konnte, aber mich hatte nun mal das Wort beeindruckt, verstehen Sie? Mimeograph, dachte ich, wenn das Ding schon eine solche Bezeichnung hat, muß es auch was wert sein.

Die Type, die mir das Ding verkauft hat, hielt mich für einen Dummkopf. Der andere hielt mich zum Narren, und das ist mir nicht nur das eine Mal passiert. Der sagte zu mir: »Sieh mal diesen kleinen Apparat hier. Ich verlange nur 200 Pesos dafür.«

»Heiliger Schiet!« sage ich, »das Ding ist also wirklich was wert! Das ist aber eine Menge Geld. Ich will dir fünfzig geben.« Wir stritten nun hin und her, und ich wollte mich schon zurückziehen. Ich hatte ein ungutes Gefühl. »Vielleicht funktioniert das verdammte Ding gar nicht mehr, und ich rede mir hier Fransen an den Mund. Wenn ich ehrlich sein soll, so weiß ich ja nicht einmal, was man mit diesem alten Kasten machen kann.«

»Gut,« sagt der Kerl, »her mit den fünfzig.«

Da war ich meine fünfzig Pesos los. Mein erster Kunde bot

mir dreißig, der nächste wollte mir fünfundzwanzig geben. Und so ging es weiter, und nachdem ich meinen berühmten Mimeographen,, so fünfzehn Tage lang mit mir herumgeschleppt hatte, bot man mir schließlich nur noch zehn Pesos. Ich habe das Ding schließlich im Marktbüro stehen lassen. Sonst verdiene ich aber gut auf dem Markt . . . mehr als bei jeder Arbeit.

Ich denke mir das so: Wenn ich jetzt eine Stelle annehme, wo ich ein Mindestgehalt von zwölf Pesos pro Tag verdiene, dann könnte ich meinen Lebensstandard nie verbessern. Von den zwölf Pesos müßte ich für meine Kinder mindestens sechs ausgeben, und von sechs Pesos kann ein Mann nicht leben. Ich könnte davon weder die Miete bezahlen, noch dreimal im Lokal essen oder Schuhe, Sachen zum Anziehen und anderes kaufen. Angenommen, eins meiner Kinder wird krank, und ich brauche eine Arznei für hundert Pesos . . . gute Arzneien kosten mindestens so viel . . . so müßte ich das Geld borgen und davon jeden Tag fünfzig Centavos zurückzahlen. Auf diese Weise würde es über sechs Monate dauern, bis ich die Medizin abbezahlt hätte, und inzwischen würde sicher noch jemand von uns krank. Und so ginge das ohne Ende. Ein Arbeiter kommt eben einfach nicht vorwärts.

Für meine Geschäfte brauche ich vor allem Kapital. Mit fünfhundert oder tausend Pesos würde ich es schon zu etwas bringen und jeden Tag mindestens hundert Pesos verdienen. Es gibt eine Menge gemeine, brutale Leute unter diesen Händlern, aber sie haben Geld.

Mir graut nämlich davor, arm zu sein. Wenn ich nicht fünf Centavos in der Hand habe, bin ich unglücklich. Ich denke immer an die Zeit, wo ich blutige Tränen weinte, weil ich kein Geld hatte, um meiner Frau und meinen Kindern etwas zu essen zu kaufen oder den Arzt zu bezahlen. Deswegen lasse ich meinen Vater für meine Kinder sorgen, damit ich die Verantwortung nicht tragen muß.

Ich finde, da ich sowieso sterben muß, sollte ich es mir schön machen, solange ich lebe, stimmt's? Wenn ich zehn Pesos in der Tasche habe und mir Süßigkeiten kaufen möchte, dann tu ich es, auch wenn ich mir dafür irgendwelche anderen Dinge nicht leisten kann. Denn ich will mir meine Wünsche erfüllen. Ich mag auf solche Kleinigkeiten nicht verzichten.

Ich habe mich oft gefragt, worauf es einem am Ende des Lebens mehr ankommt, auf irgendwelche Sachen, die man angesammelt hat, oder darauf, daß man seine Wünsche befriedigt hat. Ich glaube, die menschliche Erfahrung ist mehr wert, nicht wahr? Und obwohl ich mein ganzes Leben lang gearbeitet habe, nehme ich jetzt, wenn ich irgendwohin fahren will, ein Taxi.

Wenn ich in ein Restaurant gehe, bestelle ich keine Bohnen, sondern ein Steak und ein paar Eier. Wenn ich morgens keine Lust habe, aufzustehen, schlafe ich einfach weiter. Ja, ich glaube, das Beste, was ich meinen Kindern vermachen kann, ist, ihnen zu zeigen, wie man lebt. Ich will nicht, daß sie sich im Leben dumm anstellen ... ich schwöre bei meiner Mutter, daß ich sie keine einfachen Arbeiter werden lasse.

So ganz leicht war das auf dem Markt auch nicht. Manchmal verlangt nämlich die Marktbehörde die Ausweise von den Händlern. Sie will uns zwingen, einer Gewerkschaft beizutreten, verstehen Sie? Der Marktaufseher steckt mit den Leuten unter einer Decke. Stellen Sie sich vor: Wenn man auf dem Diebsmarkt gebrauchte Kleider verkaufen will, muß man eine Sozialversicherungskarte haben, einen Ausweis vom Gesundheitsamt und von der Gewerkschaft und noch ein polizeiliches Führungszeugnis. Ich habe keine Ausweise. Mich ärgert das alles. Da habe ich nun meine Waren auf der Erde ausgelegt, und dann kommt die Wache und will sie mir wegnehmen; also zanke ich mich mit den Kerlen herum.

Seit ich auf dem Markt von Tepito arbeite, denken viele Leute schlecht von mir. Sie glauben, alle Sachen auf dem Markt sind gestohlen. Aber das ist nicht wahr. In Wirklichkeit ist es nur die Hälfte. Dazu gehört mehr der kleine Kram ... ein paar Werkzeuge, eine Staubmaske oder Gummistiefel, die die Arbeiter aus der Fabrik gestohlen haben, oder ein Fahrrad, das jemand im Vorbeigehen mitgenommen hat. Ist es ein Radio, dann meistens eins, das nicht mehr viel taugt. Wie überall in der Welt werden die teuren »heißen« Waren, gute Radios und andere Apparate, von den Kapitalisten gekauft. In der Gegend von Tepito hat niemand das Geld, um sich wertvolle Sachen anzuschaffen.

Wenn ich weiß, daß etwas geklaut ist, nehme ich es gewöhnlich nicht. Bei meiner Arbeit muß man ein bißchen Psychologe sein, um zu wissen, von wem man kauft. Ich sehe sofort, ob ich einen Dieb, einen Polizisten, einen Rauschgiftsüchtigen, eine Dirne oder einen Harmlosen vor mir habe.

Die meisten meiner Freunde auf dem Markt sind ehemalige Diebe. Sie haben eine eigene Sprache, die man *caló* nennt. Ich verstehe sie ganz gut. Heute gebrauchen selbst die Jungen aus den höheren Gesellschaftsschichten ein paar von diesen Ausdrücken. Das ist so eine Art Mode geworden.

Vor zehn Jahren gab es mehr »heiße« Waren auf den Märkten, weil die Polizei noch nicht so hinterher war. Jetzt ist diese Gegend für sie eine Goldgrube, und sie sind dauernd auf dem Posten. Selbst an ihrem freien Tag kommen sie auf den Markt und sehen, wen die ausholen können. Man hat es nicht leicht mit denen. Sie wissen genau, sie brauchen nur einen meiner Freunde in ihren Wagen zu stecken, dann bringt ihnen das zwanzig, dreißig oder fünfzig Pesos ein. Wir fühlen uns nämlich alle gezwungen, die Polizisten zu bestechen.

Meiner Meinung nach sind die Methoden der mexikanischen Polizei die der bestorganisierten Gangsterbande in der ganzen Welt. Es ist ein Unglück und eine schmierige Angelegenheit. Um's ehrlich zu sagen, wenn ich an die Justiz hier in Mexiko denke, dreht sich mir der Magen um. Und warum? Weil sie nur für den da ist, der Geld hat. Wenn ein Reicher umgebracht wird, stellt die Polizei alles auf den Kopf, eben weil Geld dahintersteckt. Aber wieviel arme Kerle werden gefunden, die in einem Kanal ertränkt oder von hinten erstochen wurden oder in einer dunklen Seitenstraße in der Gosse liegen, und die Polizei bringt nie, aber auch niemals etwas über das Verbrechen heraus. Es gibt Leute, die zwei oder drei Jahre im Gefängnis absitzen, weil sich niemand für sie einsetzt oder weil sie nicht das Geld haben, um fünfzig Pesos Schmiergeld zu zahlen.

Am Anfang wollen die meisten Polizisten wirklich Ordnung schaffen. Sie wollen ehrlich sein und nicht einen einzigen Centavo annehmen. Aber wenn man ihnen erst die Pistole und die Schirmmütze gegeben hat und sie Macht haben und sehen, daß, wo sie auch hinkommen, die Leute ihnen Geld zustecken . . . na ja, dann packt sie das wie eine Seuche. Einer der Generale der Revolution hat mal gesagt, es gibt keinen Beamten, der einer Salve von fünfzigtausend Pesos standhalten könnte. Und das stimmt genau. Sie lassen sich einmal bestechen, dann noch mal, und danach wird es zur Gewohnheit, zum Gewerbe.

Nehmen Sie einmal an, man hätte Ihnen dreißigtausend Pesos gestohlen, und Sie gehen aufs Polizeirevier. Ihre Meldung wird aufgenommen, aber bevor Sie rausgehen, zapft Ihnen einer ein ordentliches Trinkgeld ab, um die Nachforschungen »zu beschleunigen«. Die rühren sich nämlich erst, wenn Sie gezahlt haben.

Zuerst fragen sie ihre Zuträger, welcher Käufer das gestohlene Geld oder die Sachen wohl haben könnte. Die Aufkäufer arbeiten nicht auf dem Markt, sie sind mal hier und mal da. Dann gehen die Polizisten zu dem Käufer ins Haus, den sie in Verdacht haben, und versuchen, die Sachen herauszukriegen. Wenn er sie nicht freiwillig gibt, nehmen sie ihn mit aufs Revier und »bearbeiten« ihn da. Früher oder später finden sie dann das Geld oder die Sachen, aber wenn Sie wiederkommen und danach fragen, gibt man Ihnen nichts. Sie nehmen Ihnen nur noch mehr Geld für die »Nachforschungen« ab. So rennen Sie immerzu zur Polizei, aber Ihre Sachen sehen Sie nie wieder.

Die Polizeiinspektoren haben ihre eigenen Käufer für gestohlene Sachen, die sie aufgetrieben haben. Manche Polizisten gehen sogar selbst auf den Markt und verkaufen da »heiße« Waren. Ich habe auch schon etwas von ihnen gekauft, das ist sicherer, denn diese Leute sind doch schließlich die Hüter des Gesetzes. Stimmt's?

Einmal kaufte ich ein Radio; es funktionierte, aber es hatte keinen Kasten. Ich hatte es für fünfundfünfzig Pesos von einem befreundeten Händler gekauft, und da wir uns gegenseitig nicht betrügen, hatte ich es noch nichtmal ausprobiert. Da erwischte mich einer der Polizisten, ein schmieriger Kerl, der bei uns »der Vogel« hieß. Er schob mich in seinen Wagen, in dem schon drei Schwindler saßen. Wir fuhren los, und ich hörte, wie die anderen mit ihm handelten. Von dem ersten verlangte er fünfhundert Pesos, von dem zweiten zweihundert. Er hielt ein paarmal an, damit die Burschen das Geld auftreiben konnten. Ich wollte ihm zuerst nichts geben, aber er sagte, wenn ich nicht meinen Teil herausrückte, würde ich ein Jahr auf Verdacht bekommen. Da gab ich ihm fünfzig Pesos, das war alles, was ich bei mir hatte.

»Na schön, gib her, und mach, daß du wegkommst.«

Einmal wurde ich richtig auf frischer Tat von der Polizei erwischt, und das kostete mich viel. Bei der Sache wußte ich nicht, worauf ich mich eingelassen hatte. Ich hatte einen Partner, der hieß »der Bulle«, und wir beide hatten Geld in der Tasche. Wenn ich so die Ware und das Bargeld zusammennehme, da hatten »der Bulle« und ich zusammen zehntausend Pesos. Eines Tages standen wir an der Ecke und verkauften gebrauchte Kleidung. Ich pries mit lauter Stimme an: »Kauft alte Kleider, billig . . . kauft etwas . . . sucht euch was aus . . . nehmt was mit nach Hause, jetzt gleich . . .«

Da stand ich und brüllte, was ich konnte, als plötzlich Macario, der Sohn vom Portier, herkommt. Er war einer meiner alten Freunde, der ein Mädchen aus der Casa Grande geheiratet und jetzt einen Jungen hatte. Er sah richtig heruntergekommen aus, sein Anzug ganz geflickt, so richtig pleite, denn er hatte lange Zeit nicht gearbeitet. Wir hatten in der Lederfabrik zusammen gearbeitet, und ich hatte ihn immer für einen ehrlichen Menschen gehalten.

»Manuel«, sagt er, »verdammt noch mal, pump mir was, damit ich heut was essen kann, ja?« Er kam mit zwei andern Freunden. »Gib mir fünf Pesos, alter Junge, geht das?«

»Na klar, Macario.« Und bei mir dachte ich, was kann der arme Teufel schon mit fünf Pesos tun? Fünf Pesos kann man so leicht kriegen und so leicht wieder ausgeben . . .

»Komm, Macario, nimm zehn Pesos. Gott ist gut gewesen. Vielleicht brauche ich dich morgen.«

»Vielen Dank, alter Junge«, sagt er. »Verdammt, Manuel, es gelingt mir irgendwie nicht, Arbeit zu bekommen. In der Gerberei ist kaum was zu machen.« Er wollte schon gehen, da sagt er: »Hör zu, Manuel, jetzt habe ich bald die Hauptsache vergessen, wegen der ich gekommen bin. Siehst du den Jungen da mit der roten Mütze?«

Ich drehe mich um und sehe mir den Jungen an, der neben ihm steht. »Na und?«

»Sieh mal«, sagt Macario, »seine Frau und die Frau von noch einem andern wollten zusammen ein Geschäft aufmachen und Kleider herstellen, aber da dieser Bursche trinkt und fünfzehn Tage hintereinander vollkommen betrunken war, hat sich der andere mit fünftausend Pesos und den Maschinen aus dem Staube gemacht. Das einzige, was er dagelassen hat, ist ein Haufen Stoff, den sie gekauft hatten, um Schürzen zu machen. Den wollen sie verkaufen.«

Wenn es um Geschäfte geht, schöpfe ich sofort Verdacht. Ich traute zwar Macario, aber für alle Fälle, verstehen Sie, stellte ich die üblichen Fragen.

»Nein, Manuel, verdammt! Denkst du wirklich, daß ich dir heiße Ware bringe, nachdem du mir gerade ausgeholfen hast? Dieser Junge ist ehrlich. Er arbeitet mit mir in der Gerberei, und ich garantiere dir, der ist ehrlich.«

Ich beriet mich mit meinem Partner, und wir beschlossen, die Ware zu einem Peso pro Meter zu kaufen. Es waren 1880 Meter, und ich mußte den Stoff holen.

Als ich zur Vecindad kam, war der Mann in die Kneipe gegangen. Seine Mutter war da, eine alte, weißhaarige, anständige Frau. Da lag auch die Ware, brandneu, mit Stahlbändern gebunden. Ich unterhielt mich ein bißchen mit der alten Frau, und dann rückte ich mit der Sprache heraus.

»Hören Sie, ich will jetzt offen reden«, sagte ich zu der alten Frau. »Vielleicht ... ist das auch keine heiße Ware? Sie wissen doch, wenn hier was nicht in Ordnung ist, kommt die Polizei und schnüffelt herum, und zum Schluß müssen wir für diese Schweine arbeiten. Nicht wahr, ich möchte wirklich keine Schwierigkeiten haben, wirklich nicht.«

Sie wurde ganz rot im Gesicht und schnauzte mich gehörig an. Sie sagte: »Señor, wenn Sie irgendeinen Verdacht haben, dann kaufen Sie die Ware lieber nicht. Wir sind hier alle arm, aber ehrlich! Dafür steh ich gerade, das kann ich vor jedermann beschwören. Ihr alle, die ihr im Markt tätig seid, habt immer gleich Verdacht. Der Löwe denkt auch, alle andern sind wie er selber.« Sie hat es mir so richtig gegeben.

»Na gut, liebe Frau, regen Sie sich nicht auf. Auch wenn die Ware heiß ist, würde ich sie kaufen. Sie müssen mir aber sagen, wo das Zeug herkommt, denn wenn es hier aus der Gegend ist, wie soll ich es dann hier verkaufen? Und der Eigentümer muß ja auch auftauchen. Dann würde ich nach Toluca oder Pachuca gehen und die Ware dort verkaufen. Ich frage ja nicht, weil ich Angst habe. Ich habe vor nichts Angst. Auch die Toten schrecken mich nicht.« Ich dachte, wenn sie mir gesagt hätte, daß das Zeug heiße Ware wäre, dann würde ich es nicht anfassen. Es kam mir darauf an, die Wahrheit aus ihr herauszukriegen. Aber sie schnauzte mich gehörig an, und ich dachte, es wäre wirklich keine krumme Sache, und kaufte.

Na gut, wir fingen an, die Ware zu verkaufen. »Kommt her, kauft, eineinhalb Pesos der Meter. Billiger Stoff zu verkaufen!« Ein Mann kommt und kauft sechshundert Meter. »Ah, Hurensohn,« sage ich, »dreihundert Pesos auf einen verdammten Streich. Sieht so aus, als ob wir bei der Sache Geld machen.« Und wieder rief ich aus. »Stoff, zwei Pesos der Meter!« Ich verkaufte schnell. Es ging so schnell, daß ich gar nicht alles gleichzeitig ausmessen konnte. An dem einen Vormittag verkauften wir über tausend Meter!

Am gleichen Nachmittag breiteten wir wieder unser Zeug auf der Erde aus und verkauften ganz ruhig noch mehr. Macario kam, um zu helfen, aber er war still. »Ruf doch aus, Macario, los, du Hurensohn«, sage ich zu ihm, »hab doch keine Angst. Du schämst dich wohl . . . schäm dich, wenn du stiehlst, nicht wenn du verkaufst, mein Lieber. Das Geschäft macht doch Spaß, nicht wahr? Es macht mehr Spaß als zu arbeiten. Nun ruf schon ein bißchen aus.« Ja, das sagte ich zu ihm. Es war ein guter Markt und voll Betrieb. Viele Frauen waren da, um Chile und Tomaten zu kaufen. Um sechs Uhr nachmittags hatte ich 1800 Pesos in der Tasche.

Damals aß ich immer in einem kleinen Café, weil ich die Eigentümer, Gilberto und Carolina, kannte. Ich bin kaum um die Ecke und will zum Café, da hält mich einer fest. »Jetzt sitz ich drin!« denke ich. Ich kann die nämlich riechen! Ich kann einen Polizisten richtig riechen, ich kann sie mit meiner Nase heraussuchen. Den hatte ich noch nie gesehen, ich wußte aber sofort Bescheid.

Er fragte nach dem Stoff. Er blieb ganz dicht an mir dran, und wir gingen auf den Polizeiwagen zu. Die Polizisten hatten den ganzen Tag im Café auf mich gewartet, und Carolina hatte niemanden geschickt mich zu warnen, weil die Polizisten dem gefolgt wären. Ich dachte, es wäre keine heiße Ware, das glaube ich jetzt auch noch nicht. Die Polizei hat aber so ihre eigene Arbeitsmethode hier.

Na ja, als wir zu dem Polizeiauto kamen, hielt mich der Kerl nicht mehr so fest, er hatte mich nur am Gürtel gepackt. Für einen Polizisten war er noch ganz ordentlich.

Er sagte: »Gut, wenn es nicht das ist, worauf wir aus sind, dann entschuldige bitte, aber bei unserer Arbeit, da machen wir eben viele Fehler.«

Ich war erstaunt. Die Polizisten handeln immer willkürlich, und der hier war ein so anständiger Kerl. Worauf will der hinaus, überlegte ich mir. Er brachte mich in das Auto, und ich erklärte weiter, wie ich an die Ware gekommen war.

»Ach, Manuelito,« sagt er — er nannte mich Manuelito — »es wird ein fürchterliches Durcheinander geben, denn der Eigentümer will die Ware oder dreitausend Pesos, und wir wollen zweitausend.«

»Nein«, sage ich, »nein, dann gibt es keinen Ausweg, und ich bin erledigt.«

Da sagt er: »Es lohnt sich nicht, Manuel. Denk an die Folgen. Du kommst ins Gefängnis und dann ... und alles bloß wegen ein paar Pesos, die du irgendwo auftreiben könntest.«

»Es sind aber fünftausend Pesos, die sie haben wollen! Das ist es! In meinem ganzen kümmerlichen Dasein habe ich noch keine fünftausend Pesos gesehen.« So ging es zur Polizei. Unterwegs nahmen sie noch ein paar andere mit, ein paar waren Taschendiebe. Denen nahmen sie das Geld ab und ließen sie gehen. Mein freundlicher Polizist redete weiter auf mich ein.

»Denk an die Folgen. Geld kommt und Geld geht, du sitzt aber richtig drin. Der Eigentümer hat Beziehungen, und er will seinen Stoff.«

»Hören Sie zu,« sage ich, »bringen Sie mich zu dem Eigentümer, und wir wollen sehen, ob es mir nicht gelingt, ihn zu überreden, daß ich es ihm nach und nach zurückzahle. Ihr alle sollt auch was haben. Ihr könnt ja nicht umsonst arbeiten.«

»Auf solche Geschäfte können wir uns nicht einlassen,« antwortete er.

Da fiel mir Abram, der *compadre* meines Vaters, ein, der bei der Polizei arbeitet. Ich fing an, von ihm zu erzählen, und hoffte, das würde helfen. Ich war wirklich sehr erschrocken, denn nie in meinem Leben war ich im Gefängnis gewesen. Die Polizisten sagten aber, jetzt müßte ich für eine Zeitlang ins Gefängnis. Als wir ankamen, fragte mich der eine Polizist, ob ich Geld hätte. Ich hatte zwar 1800 Pesos in der Tasche, aber diesem Lumpen wollte ich sie nicht geben.

»Hör mal zu«, sagt wieder der eine. »Drinnen werden sie dich durchsuchen und dir alles, was du bei dir hast, abnehmen.«

»Sicher, das glaube ich, aber ich habe nichts, überhaupt nichts.« Ich war nämlich gut angezogen, verstehen Sie mich? Ich hatte Gabardinehosen, ein gutes Hemd und eine Windjacke an. Ja, und dann machten sie den Käfig auf, und ich mußte hinein. Ich war zu Tode erschrocken. Ich sah einige wüste Gesellen vor mir, das übelste an Gesichtern, was mir je begegnet ist. Heilige Mutter Gottes, dachte ich, wie soll ich mit dieser Sorte fertig werden? Mal sehen, ob ich sie beeindrucken kann . . .

Ich war wütend, regelrecht wütend, als ich reinkam. Innerlich zitterte ich, aber das ließ ich mir nicht anmerken. Die sollten denken, daß ich wüst war. Da sehe ich einen Burschen auf der Erde sitzen, und rums, gebe ich ihm einen Tritt in den Hintern. »Rück beiseite, du Hurensohn!«

»Ha, du Lump . . . was . . .«

»Sei still!« Und gebe ihm wieder einen Tritt. »Halt die Klappe, du Lump. Hast du nicht gehört, was ich gesagt habe? . . . Rück beiseite.« Er tat es, und die andern machten auch Platz. Ich sagte: »Feiglinge, Hunde, Lumpen!« Ich trommelte mit den Fäusten gegen die Wand und stieß um mich. Ich schlug an die Tür. Ich sah wild aus.

»Hör mal, was ist denn mit dir los«, fragt einer der Burschen.

»Was geht das dich an? Frage ich dich etwa? Du Lump!«

»Laß nach. Vielleicht kann ich dir helfen, dir raten, ja? Ich bin nämlich hier alter Gast. Ich kenne alle Tricks.«

Ich spielte weiter den Wütenden. Dann nahm ich mir eine Zigarette heraus und steckte sie an. Dabei fiel mir ein anderer auf, der noch abweisender aussah als ich selbst, und ich merkte, wie ich dem auf die Nerven ging, darum sagte ich zu ihm: »Na, mein Lieber, möchtest du rauchen? Hier ist eine Zigarette.« Ich ließ meine herumgehen. Das Eis war gebrochen, und ich fühlte mich sicherer.

Dann kam einer an mich heran, ein kräftiger Bursche, der sagt: »Hör mal, warum bist du denn hier?«

»Ja«, sagte ich, raffte mich auf und gab tüchtig an, denn die da haben auch ihre Klassenunterschiede. »Ich hatte 50 Nähmaschinenfüße, Fernsehapparate, Radios und anderes . . . und dieser Hurensohn, der sie mir verkauft hat, der hat mich im Stich gelassen. Sie haben mir alles abgenommen, Freund, und jetzt bin ich hunderttausend Pesos los.« Ich mußte mir auf diese Weise Ansehen verschaffen, um mehr respektiert zu werden.

Da sah ich einen am Boden liegen mit gespreizten Beinen, wie ein Kompaß. Sein Sack war ganz geschwollen, so hatten die Polizisten ihn verdroschen. Der sagte ab und zu: »Bitte, Jungens, Gesicht nach unten.« Und nach zehn Minuten: »Dreht mich wieder um, bitte.« Ob er mit dem Gesicht nach oben oder nach unten lag, er konnte es nicht aushalten. Sein Gesicht war wie aufgespalten, und man sah, wo sie ihn mit den Pistolenkolben geschlagen hatten. Wirklich fürchterlich, der arme Kerl.

Da sagt einer zu mir: »Kamerad, ich war zwei Wochen im ›Brunnen‹.« Es gibt nämlich ein Gefängnis, das nennen sie

›El Pozito‹, d. h. ›kleiner Brunnen‹. Man braucht zu den Taschendieben hier in der Gegend bloß ›El Pozito‹ zu sagen, dann heulen die schon los. Wissen Sie, was sie da machen? Sie binden einem die Hände auf den Rücken, dann fesseln sie die Füße, und sagen: ›Warst du es nicht?‹ und dann puff, einen Schlag in die Magengrube, aber feste, daß einem der Atem ausgeht. Dann werfen sie einen in einen Brunnen mit schmutzigem Wasser und voller Pferdeurin, und wenn man da halb ertrunken und halbtot ist, holen sie einen wieder heraus und fangen wieder von vorn an.

Der Junge, der mir sagte, er wäre im »Brunnen« gewesen, erzählte dann wieder: »Weißt du, wie sie es mit mir gemacht haben? Zehn Tage lang bekam ich nichts zu essen und zu trinken. Diese Schweine gaben mir nicht mal Wasser. Warum? Ich kaufe gestohlenes Vieh, Schweine, alles, was ich kriegen kann. Aber warum soll ich denen von der Polizei Geld geben? Sie haben mich schon tüchtig vorgehabt. Warum soll ich denen Geld geben? Da müssen sie schon allerhand tun, wenn sie mich zum Sprechen bringen wollen. Ich werde aber nicht reden! Nein, ich will nicht! Jetzt bin ich fünfzehn Tage hier, und diese gottverfluchten Kerle holen mich jede Nacht raus.«

Ja; den Kerl habe ich bewundert. Der wußte, was er wollte! Der hatte noch den richtigen mexikanischen Mut, den es, glaube ich, sonst nicht mehr gibt. Ich war erst eine Viertelstunde da, da holten sie ihn schon. Als die Tür zuging, hörte man noch, wie sie ihn schlugen. Als er wiederkam, sah er ganz gelb aus. »Kamerad«, sagte er, »nicht so einfach, aber die kriegen nichts von mir, eher werden sie mich töten.« Und der arme Junge mit den geschwollenen Geschlechtsteilen! Den zerrten sie heraus wie einen Hund. Stellen Sie sich doch vor, in welchem Zustand der war, und den schlugen sie auch noch.

Ich überlegte schon die ganze Zeit, wann ich wohl drankäme. Als ich gerufen wurde, hatte ich richtige Angst. Mein Freund Abram war da und legte ein Wort für mich ein. Schließlich bot ich dem Polizisten tausend Pesos, damit er mich gehen ließ, sonst wollte ich mir einen Rechtsanwalt nehmen. Das wirkte auf ihn, ich hatte ihn in die Enge getrieben. Wenn er nämlich nicht die tausend nehmen wollte, gingen die an den Rechtsanwalt. Er sagte also: »Na gut, bloß wegen Abram und so. Los, wollen gehen und das Geld holen.« Ich hatte das Geld in der Tasche, aber das wußten sie ja nicht. Er fuhr mich also zu meinem Café, und ich fragte Alberto, ob er mir 500 Pesos leihen könnte. Ich ließ mein Geld hinter die Theke fallen, so daß er es sehen konnte, und dann zog er die fünfhundert aus seiner Tasche und gab sie dem Polizisten. Den Rest sollte er am folgenden Tag bekommen.

»Gut, Manuelito, gehen wir.« Jetzt war er richtig freundlich. Er spendierte mir sogar ein paar tacos, ehe er mich über Nacht wieder einsperrte. So war ich die ganze Nacht im Gefängnis und hörte zu, was die Taschendiebe von ihren Streichen erzählten. Es machte mir richtig Spaß, daß ich da bei ihnen war.

Damals ging ich immer in ein bestimmtes Café, mit dessen Besitzern, Gilberto und Carolina, ich befreundet war. Ich aß dort alle Mahlzeiten, und nachts schlief ich da manchmal auf dem Fußboden. Mein Vater war mit Delila und meinen Kindern in die Straße des verlorenen Kindes gezogen. Er hatte inzwischen ein Stück Land am Stadtrand gekauft und wollte da noch ein neues Haus bauen. Oft vergingen ein oder zwei Wochen, ohne daß ich meine Kinder besuchte. Ich weiß auch nicht, wie das kommt, aber wenn ich sie nicht jeden Tag sehe, wird meine Liebe zu ihnen immer schwächer, und ich vermeide es, an sie zu denken. Ich habe Angst, mich zu fragen, warum das so ist, denn ich glaube, ich würde mich selbst hassen, wenn ich es wüßte.

Ich sorgte für meine Kinder nicht so, wie ich sollte, weil ich versuchte, ein Leben zu führen, das ich mir eigentlich nicht leisten konnte. Ich war wie ein gefangenes Tier und suchte nur nach einem Ausweg für mich selbst. Ich kam mir vor wie ein gemeiner Schuft. Nachts konnte ich nicht schlafen. Immer wenn ich mich an den Tisch setzte, fielen mir meine Kinder ein, und dann rutschte das Essen nicht mehr richtig. Es ist merkwürdig, aber ich ging sie nicht besuchen, um mich damit zu strafen. Und wenn mein Vater oder Consuelo ins Café kamen und mir vor meinen Freunden Beleidigungen ins Gesicht schrien, dann fühlte ich mich befriedigt, weil ich für mein Verhalten gedemütigt worden war.

Gilberto nahm mich zum Pferderennen mit und zum *jai-alai* und *frontón*. Das war mein Verderben. Auch bei Boxkämpfen und Hahnenkämpfen wettete ich. Ja, ich verfiel dem Laster des Spielens mehr als je. Kartenspielen war dagegen gar nichts. Ich hoffte immer, einmal einen Glückstreffer zu machen und drei-, vier- oder fünftausend Pesos zu gewinnen. Ich stellte mir vor, wie stolz ich sein würde, wenn ich sagen könnte: »Hier, Papa, nimm das. Nimm es alles.« Denn, so wahr mir Gott helfe, ich wollte das Geld nicht für mich selbst. Wenn ich mal etwas gewinnen sollte, würde ich alles meinem Vater und meinen Kindern geben, das kann ich schwören! Mir selbst liegt nichts daran!

Auf dem Rennplatz verlor ich eine Menge Geld. Mit meinen Geschäften auf dem Tepito-Markt war ich zufrieden. An manchen Tagen brachten sie mehr als hundert Pesos ein, aber das ging alles, wirklich alles, beim Wetten drauf. Einmal kam ich mit zwölfhundert Pesos an, und als ich wegging, hatte ich noch dreißig Centavos für den Autobus. Ich gewann nur zweimal ... nur dreizehnhundertdreißig Pesos im ganzen. So unglaublich es ist, verlor ich manchmal bis zu tausend Pesos in einem Monat, wenn nicht noch mehr. Das Geld, das ich als Kapital für den Markt hätte anlegen sollen, zerrann wir zwischen den Fingern. Wenn ich nicht diese Schnapsidee mit dem Spielen gehabt hätte, würde es mir gut jetzt gehen.

Aber glauben Sie ja nicht, daß ich das aus Spaß machte! Es war für mich ein Geschäft, so etwas wie eine Arbeit ... ich dachte, so käme ich am schnellsten vorwärts. Ich war immer voller Hoffnung. Wenn ich alles Geld verloren hatte und keinen Einsatz mehr machen konnte, war mir, als würde ich zusammenklappen. Mir brach der kalte Schweiß aus. Ich machte mir Vorwürfe, daß ich so einen Unsinn angestellt hatte ... daß ich auf die falsche Nummer gesetzt hatte ... daß ich Gilbertos Tip nicht gefolgt war. Am nächsten Morgen ging ich zum Markt, hatte nicht einen Centavo und mußte mich nach einem Freund umsehen, der Kapital hatte und mich für diesen Tag als Teilhaber annahm.

Mein *compadre* Alberto blieb noch eine Saison in den Vereinigten Staaten, bis die Einwanderungsbehörden ihn erwischten und rauswarfen. Als er zurück war, sah ich ihn ziemlich oft, aber wir waren nicht mehr so eng befreundet wie vorher. Zuerst redete er mit mir wie immer, aber dann merkte ich, daß er mir immer fremder wurde. Es war da so eine bestimmte Kälte in seiner Art, wie er mit mir sprach. Ein gewisses Etwas. Das ging so drei Jahre lang. Und dann erschien er eines Tages sternhagelbesoffen mit seiner Tante in Gilbertos Café.

An dem Tag backte ich gerade Brot für Carolina und wollte nicht mit ihm trinken. Er setzte sich und stierte mich an, während ich arbeitete. Er drehte seinen Kopf richtig traurig hin und her und starrte mich an. Was der Junge bloß hat, dachte ich. Da hob er sein Glas und sagte zu seiner Tante: »Prost auf den besten Freund, der mich verraten hat.« Dann sah er mich an.

Das tat er noch einmal, so daß ich es nicht unbeachtet lassen konnte. Ich ging also zu ihm hin und sagte: »Hör mal, *compadre,* zwischen uns ist doch nie was gewesen, warum sagst du das?«

»Was«, sagt er, »wenn es nicht meiner Kinder wegen wäre, ich schwöre dir, ich hätt dich längst umgebracht, *compadre.*«

»Augenblick mal«, sage ich, »was hast du im Sinn, du Esel? Bist du verrückt?«

»Na, stimmt es etwa nicht, daß du dich mit meiner Frau eingelassen hast?«

»Wer hat das gesagt?« Ich war wütend. Mir war, als ob in mir ein Vulkan ausbrechen würde.

»Juanita, meine eigene Frau, hat es gesagt. Oder stimmt es etwa nicht, daß du es mit ihr gehabt hast, als du sie in dem Nachtlokal getroffen hast?«

Jetzt endlich fing ich an zu begreifen, worauf er hinauswollte. Kurz nachdem ich aus den Staaten zurückgekommen war, traf ich einen Bekannten, der sagte: »Hör mal, Chino, wessen Frau arbeitet da in ›El Casino‹, deine oder Albertos?«

Das hörte ich nicht gerade gern, denn ›El Casino‹ war ein billiges Nachtlokal in unserer Gegend, so eine richtige Höhle. Deshalb sagte ich zu dem Bekannten: »Ja, mein *compadre*, das war ein Schürzenjäger, der hatte haufenweise Frauen. Wer weiß, welche von den vielen du meinst.«

»Kann ja sein«, sagt er, »aber die, die ich meine, kennt dich und ließ durchblicken, daß sie Kinder von Alberto hat.«

»Mach weiter, oder willst du mir etwa erzählen, daß es seine Frau ist? Er ist richtig mit ihr verheiratet. Es kann doch nicht Juanita sein?« Aber dann traf es mich wie ein Schlag. Ich hatte das Gefühl, es müßte Juanita sein, aber ich tat so, als ob ich nichts weiter hätte sagen wollen, damit mein *compadre* nicht so dumm dastand.

Am gleichen Abend ging ich ins ›El Casino‹, um mal zu gukken. Da diese Lokale immer dunkel sind, konnte ich zuerst nichts erkennen. Als ich zur Toilette ging, kam ich an einer Frau vorbei, die da eng umschlungen mit einem Mann saß. Als ich zurückkam, konnte ich ihr Gesicht erkennen, und es war tatsächlich Juanita. Mir war das gräßlich, als ob es meine eigene Frau wäre. Ich kriegte sie also zu fassen und beschimpfte sie.

»Was soll das!« rief ich und zog sie fort. »Was in Teufels Namen machst du denn hier? Du Hure!«

Sie versuchte sich loszumachen und sagte, ich hätte kein Recht mich einzumischen, und sie täte ja nichts . . .

»Was, nichts? Flittchen! Was soll das heißen, ich habe kein Recht! Du kommst sofort mit, oder ich schleppe dich raus.«

»Weil mein Kind krank war und Alberto kein Geld geschickt hat. Sollte ich etwa mein Kind sterben lassen? Ich mußte es machen . . . deswegen habe ich es getan.«

»Du lügst wie gedruckt, señora . . . Erst vor fünf Tagen habe ich für Alberto einen Scheck über 55 Dollars ausgeschrieben und dir geschickt . . . ich höchstpersönlich.«

Da fing sie an zu weinen, und ich gewann meine Fassung wieder. Schließlich war sie ja nicht meine Frau.

Ich wurde also ruhig und sagte zu ihr: »Nicht wahr, señora, es ist also nicht nötig, daß du hier arbeitest. Wenn du Geld brauchst, wenn Alberto nicht genug schickt, dann kann ich dir welches geben, bis er wiederkommt. Ich fange bald wieder an zu arbeiten. Wenn Alberto wiederkommt, kann er es mir zurückgeben.«

Ich gab dem Mann hinter der Theke zwanzig Pesos, damit sie gehen konnte, und dem Polizisten an der Tür gab ich zehn Pesos. Ich schickte sie nach Hause und hatte das Gefühl, daß ich so richtig gehandelt hatte. Als mich Alberto nun so beschuldigte, war mir ganz schlecht.

»Hör mal, *compadre*«, sagte ich, »ich kann Klatsch nicht leiden. Wir wollen hier nicht Versteck spielen. Steh auf, und wir gehen zu dir nach Hause.« Wir nahmen eine Taxe und kamen schnell an. Alberto und seine Frau waren Portier in einem Mietshaus, und wir gingen über den Hof zu ihrem Hinterzimmer. Juanita war überrascht mich zu sehen und sah mich unsicher an. Dann nahmen wir sie uns vor.

»Nein«, sagte sie, »ich kann nicht verstehen, warum Alberto das so ausgelegt hat. Ich habe ihm gesagt, du hättest mir Geld angeboten, damit ich davon leben könnte, nicht, um mit dir zu schlafen.«

Alberto stand nur dabei und starrte sie an. Dann haute er ihr ein paar herunter. Das sah ich mit an, denn sie hatte es verdient nach dem Quatsch, den sie erzählt hatte. Er hätte mich oder ich ihn umbringen können . . . und wozu? So ließ ich ihn machen. Als er aber immer mehr auf sie einschlug, versuchte ich ihn davon abzuhalten. Er war wie verrückt . . . Wie in einem Anfall schrie er: »Hure, du Hure!« Mehr konnte er nicht sagen. Schließlich brachte ich ihn ins Bett.

Jetzt kommt er wieder zu mir, aber es ist nicht mehr so wie früher zwischen uns. Nachdem wir uns ein Leben lang gekannt und uns so verstanden haben, hätte er nie an mir zweifeln sollen. Das tat mir weh. Ich zeigte das nicht, aber im Grunde kam ich mir wie betrogen vor. Das hat auch etwas damit zu tun, daß mein Glaube nachließ.

Ich bewundere aber meinen *compadre* richtig. Er hat einen eisernen Willen. Wenn er sich vornimmt, etwas zu tun, dann setzt er es auch durch. Er ist Taxifahrer, seine Jungen gehen zur Schule; er hat einen kleinen Fernsehapparat . . . einen Gasherd . . . und er redet sogar davon, daß er sich ein Haus bauen will. Sein großer Traum ist, einen von diesen riesigen Überlandbussen zu fahren, und ich habe nicht den geringsten Zweifel, daß ihm das gelingen wird.

Er hat mir immer geraten, daß ich was Richtiges anfangen sollte und nicht immer nur nach meiner Laune so dahinleben. Er sagt, ich wäre intelligenter als er und würde es weiter bringen. Ich weiß nicht, woher er seinen Willen hat und wie er es fertigbringt, sich so durchzusetzen . . . vielleicht liegt es daran, daß er nicht lesen kann, so wird er durch nichts abgelenkt. Es hilft ihm vielleicht, daß er sich ganz klar auf die praktischen Dinge einstellt, stimmt's?

Na ja, ich war also Witwer und noch in den Zwanzigern. Ich war wirklich ein freier Mann. Mittags stand ich auf, verbrachte den Nachmittag und den Abend auf dem Markt, auf der Straße, auf dem Rennplatz oder irgendwo anders, wo ich spielen konnte. Ich hatte viele Freunde, aber mir fehlte eine Frau. Dreimal ging ich ins Bordell, aber ich kam wieder heraus, ohne etwas gemacht zu haben. Ich kann diese Frauen nicht ausstehen.

Dann lernte ich María, Carolinas Patenkind, im Café kennen. Als ich sie zum erstenmal sah, war sie siebzehn und ein kleines Ding. Ihre Mutter war ein paar Jahre vorher von ihrem Stiefvater umgebracht worden.

Ich sah sofort, welche Fehler María hatte. Sie war faul und unordentlich, aber ein hübsches, gut gebautes junges Mädchen. Die Sache war ganz einfach die: Ich begehrte María. Ich dachte, mit Geduld und Liebe kann ich sie ändern. Sie hat ein schweres Leben gehabt, aber ich werde sie mit der Zeit schon bessern.

Nicht, daß ich sie liebte, nein, das nicht. Die Fähigkeit zu lieben war in mir abgestorben. Ich merkte das, denn wenn ich Graciela dann und wann begegnete, hatte ich nicht mehr das geringste Gefühl für sie. Nein, daß ich mich an María heranmachte, war eine reine Vernunftsache.

Ich lud sie ein, mit mir und einem Freund nach Chalma zu gehen. Auf dem ganzen Weg versuchte ich, sie herumzukriegen. Sie verstehen wohl, wie ich das meine. Schon im Bus war sie einverstanden. Als die Wallfahrt zu Fuß weiterging, verbrachten wir unsere erste Nacht zusammen. Wir schliefen auf einer Strohmatte draußen auf dem Feld, aber es wurde dann alles sehr beunruhigend.

Stellen Sie sich vor, wie es soweit war ... sie fing schon wieder an, es ein bißchen zu bereuen ... konnte ich nicht. Sie sträubte sich nur ein bißchen, und ich wurde nervös und konnte nicht ... es ging einfach nicht. Ich tat, als ob ich wütend auf sie wäre, damit sie nichts merkte. Wir schliefen dreimal nebeneinander, aber weiter kamen wir nicht.

Seitdem habe ich dieses Fiasko noch öfter erlebt. Ich versuchte es immer wieder, und wenn ich soweit war, konnte ich wieder nicht. Mir taten nur die Hoden furchtbar weh, und ich war die ganze Nacht wütend und verzweifelt. Früher war ich sehr männlich gewesen, aber seit dem Tode meiner Frau war ich nicht mehr derselbe. Ich glaube, die seelische Belastung, unter der ich litt, war zu stark geworden.

Ich dachte, na ja, wer weiß, vielleicht wollte Gott nicht, daß ich sie berührte. Da fing ein anderer Junge an, ihr nachzulaufen, und bevor ich es wußte, waren sie schon *novios*. Ich konnte doch nicht zulassen, daß dieser Kerl mich ausstach! Schließlich hatte ich neben ihr geschlafen. Ich kannte ihren Körper, also durfte er sie nicht kriegen!

Daher bat ich sie, meine Frau zu werden. Ich versprach ihr, tüchtig zu arbeiten, gut für sie zu sorgen und so weiter. »Sieh mal«, sagte ich, »ich hätte dich haben können, aber ich habe mich zusammengenommen, weil ich versprochen hatte, dich nicht zu berühren.«

Wissen Sie, was sie da sagte?

»Und warum hast du mir das versprochen? Weil du nicht konntest!«

Ich wurde so wütend, daß ich ihr eine runterhaute. Mein Stolz als Mann erlaubte mir natürlich nicht, ihr zu gestehen, wie es in Wirklichkeit gewesen war.

Danach redeten wir nicht mehr miteinander. Aber als eine andere Frau sich an mich heranmachte, wollte María mich plötzlich heiraten. Darauf ging ich mit ihr in ein Hotel.

Es war mir ganz klar, daß María keine Erfahrungen hatte. Sie war noch unschuldig und völlig passiv. Sie ließ sich nehmen, und das war alles. Ich mußte mich wegen meiner schlechten Nerven sehr anstrengen, und selbst dann schaffte ich es kaum. Danach lebten wir ein paar Monate getrennt.

Ich hoffte, María würde sich ändern. Aber sie blieb immer so unbeteiligt, es war zum Verzweifeln. Nicht, daß Sie denken, ich wäre verdorben, aber nach meiner Erfahrung müßte eine Frau eine gewisse Erregung zeigen. Also ich versuchte es . . . ich versuchte alles mögliche bei ihr, aber sie reagierte nicht. Manchmal schlief sie sogar ein, während ich ihr zuredete und es mit ihr machen wollte. Da muß man ja einfrieren, nicht?

Ich schimpfte sie deswegen aus: »Hör mal, María, warum muß ich immer alles machen? Kannst du denn nicht mal danach verlangen? In jeder Ehe ist das sonst so. Wie kommt es nur, daß dir das nicht einfällt?«

Über meine Impotenz beklagte sie sich nie. Auch war ich nicht dauernd so und konnte es verbergen. Aber es quälte mich! Manchmal glaubte ich, mein Gehirn wäre daran schuld, denn meine Gedanken kamen nie zur Ruhe. Selbst mitten im Akt war ich nicht richtig dabei. Ich dachte immer an irgend etwas oder hörte Musik in meinem Kopf. Meine Gedanken wanderten von einer Sache zur andern, es ging alles durcheinander; ich hatte furchtbares Herzklopfen und war sehr bedrückt; oft meinte ich, der Kopf müßte mir zerspringen, weil ich so stark grübelte. Es gab Zeiten, in denen die Welt für mich stillstand und ich keine Lust hatte, irgend etwas zu tun. Die Straße, der Lärm, der Verkehr, die Leute . . . alles war für mich tot . . . die Blumen hatten keine Farbe mehr.

Wenn ich mit María zusammen war, wurde mir etwas leichter. Ich versuchte, mit ihr über ernste Dinge zu reden, doch das langweilte sie. Ich hatte ja nicht viel gelernt; immerhin las ich gern, um mich ein bißchen weiterzubilden. Aber wissen Sie, wofür sie sich interessierte? Für Witzblätter, Liebesgeschichten, Klatsch ... über solche Sachen redete sie ständig mit anderen Leuten, aber wenn ich etwas Vernünftiges mit ihr besprechen wollte, antwortete sie nur mit ja und nein.

Und dann störte mich ihre Schlampigkeit. Sie interessierte sich wirklich für gar nichts. Ich fragte mich manchmal, ob bei ihr vielleicht etwas nicht stimmte.

Ich beschloß, mich von María zu trennen, aber da wurde sie schwanger. Sie wollte gern, daß ich sie richtig heiratete. Aber das konnte ich nicht, es kam mir vor wie ein Verrat an meinen Kindern und an meiner verstorbenen Frau. Dann würden die Kinder, die wir zusammen hätten, vor dem Gesetz alle Rechte bekommen und meine anderen Kinder automatisch alle verlieren.

Um diese Zeit sagte mein Vater, ich sollte meine Kinder wieder zu mir nehmen, er hätte sie nun satt. Ich brachte sie also in die Casa Grande, wo Marta mit ihren Kindern wohnte. Marta war bereit, für sie zu sorgen, wenn ich ihr dafür Geld gäbe. Als ich am dritten Abend ankam, um ihr das Geld zu bringen, waren meine Kinder allein und hatten den ganzen Tag nichts gegessen. Meine Schwester war mit einem Mann und ihren Töchtern abgehauen! Sie ging weg, ohne mir ein Wort zu sagen, und meine armen Kleinen sahen aus wie verhungerte Waisen.

Da nahm ich María zu mir in die Casa Grande. Ich dachte, sie würde es wenigstens fertigbringen, meinen Kindern das Essen zu machen, wenn sie sonst schon zu nichts taugte. Mein Vater sagte, wir könnten das Zimmer haben, müßten aber Miete zahlen. Als er das mit María erfuhr, meinte er nur: »So, du hast dir noch eine Verantwortung aufgeladen. Das wird nicht anders werden als beim erstenmal.«

Endlich ging ich nun mit einer Menge Illusionen daran, ein eigenes Heim einzurichten. Anfangs hatte ich viele Illusionen, wie ich nun endlich ein Zuhause haben würde. Dann bestand aber mein Vater darauf, die Möbel nach Acapulco zu schicken, wo Marta mit ihrem Mann lebte. Consuelo kam und holte sich Sachen, dann Delila, und bald war nichts mehr da, nur die vier Wände und wir.

Als Consuelo dann wiederkam und sah, daß wir auf Pappe am Boden schliefen, sagte sie: »Hör mal, Bruder, mein großes Bett, das bei Lupita steht, brauche ich nicht. Gib mir fünfzig Pesos und hol es dir.«

»Aber Schwester«, sagte ich, »Vater schläft doch in dem Bett, wenn er zu Lupita geht. Da kann ich es doch nicht wegnehmen?«

»Das ist mir gleich«, sagte sie, »das Bett gehört mir. Ich habe es ja schließlich bezahlt. Ich hätte lieber, daß deine Kinder drauf schlafen.«

Ich bezahlte also und holte das Bett. María und ich schliefen in dem Bett, die Matratze tat ich auf den Boden für die Kinder. Als dann unser kleines Mädchen Lolita geboren wurde, schlief das Baby bei uns im Bett. Als Consuelo sah, wie ich es eingerichtet hatte, regte sie sich auf und sagte: »Was ist denn das? Ich habe dir das Bett für die Kinder gegeben, nicht damit ihr . . .« Das machte mich ganz verrückt, weil sie immer durchblicken ließ, daß ich meine Kinder schlecht behandelte. Mein Gott, ich hatte mein ganzes Leben auf der Erde geschlafen! Und Roberto und ich, uns war es viel schlechter gegangen, weil wir nicht mal eine Matratze oder ein Laken gehabt hatten wie meine Kinder. »Consuelo, du hast mir das Bett nicht gegeben, du hast es mir verkauft. In meinem Hause habe ich zu sagen. — Ich — nur ich . . . und nicht du. Komm bloß nicht her, um zu kommandieren. Sobald ich Geld habe, kaufe ich ein zweites Bett.«

Na ja, die ließ nicht locker mit dem Bett. Schließlich hatte ich es satt und sagte: »Hör mal, stell dich bloß nicht so an deswegen. Gib mir die fünfzig Pesos wieder und hau ab mit dem Bett.« Sie hatte aber nicht genug Geld, so ging die Nörgelei weiter. Einmal hat sie sogar vor dem Kino gewartet, bis ich rauskam, und dann fing sie auf der Straße einen Zank an.

»Du bist ja verrückt«, sagte ich zu ihr und ließ sie heulend an der Ecke stehen. Ich nehme an, das gab ihr den Rest, denn am nächsten Tage kam sie, gab María fünfzig Pesos und nahm das Bett mit.

Eines Tages machte ich auf dem Markt ein gutes Geschäft und kam mit Schlafzimmermöbeln nach Hause. Ich dachte, das würde María ein bißchen ermuntern, aber sie blieb so gleichgültig und nachlässig wie vorher. Überall fand ich Staub, Fingerabdrücke und Dreck. Zwei Wochen später war die Schranktür kaputt. Da tobte ich und schimpfte sie ordentlich aus. Sie gab zuerst meinem Bruder die Schuld und dann meinem jüngsten Sohn. Ich konnte aus dieser Frau die Wahrheit nicht herauskriegen. Nur auf sie einreden konnte ich.

»Wozu schaffe ich überhaupt Sachen an, wenn du sie verkommen läßt? Wenn du im Schmutz leben willst, dann meinetwegen. Wir werden schon sehen, wem zuerst über ist. Viel haben wir ja nicht, aber du brauchst wenigstens nicht zu hungern. Diese Gnade hast du Gott und mir zu verdanken. Viele Frauen wären froh, einen Mann zu haben, der sie schützt;

alle Leute nehmen viel mehr Rücksicht auf dich, nur weil du mit einem Mann zusammenlebst.

Womöglich findest du mich zu alt. Oder langweilst du dich, María? Was fehlt dir eigentlich? Ich will dich nicht quälen. Das habe ich mit einer Frau gemacht! Eine Frau starb, weil sie mit mir zusammenlebte, und ich schwöre dir, ich würde dich eher verlassen als dich zugrunde richten. Ich will keine Sklavin als Frau haben, sondern eine Gefährtin. Lern doch was, arbeite, rühr dich . . .«

Sie hörte mich an und sagte nur ja oder nein. Ich möchte ihr nicht alle Schuld zuschieben, aber wenn sie nicht so gewesen wäre, würde mein Leben heute ganz anders aussehen.

Dann nisteten sich ihre Angehörigen bei uns ein. Es war furchtbar! Ich habe schon unter den schlimmsten Verhältnissen gelebt, die man sich denken kann, doch über die Familie meiner Frau war ich wirklich entsetzt. Marías Tante und ihre Großmutter wurden aus ihrer Wohnung rausgeschmissen, weil sie die Miete nicht bezahlt hatten. Zuerst kam ein Sohn der Tante und fragte, ob er bei uns übernachten könnte, und blieb einfach da.

Dann erschien seine Mutter, Elpidia, mit ihrer Tochter, die hohes Fieber hatte. Draußen ging ein starker Wind, und die Señora sagte immerzu: »Wo soll ich denn bloß hin? Bedenken Sie, das Kind ist krank, und ich weiß nicht, wo ich bleiben soll.« Na ja, sie brauchte nicht weiter auf mich einzureden. Ich sagte, sie könne dableiben, bis es dem Kind besser ginge.

María hatte eine Kusine, Luisa, die mit den Kindern aus ihrer ersten Ehe und ihrem zweiten Mann zusammenlebte. Und das ist wirklich eine ganz tolle Sache! Der Stiefvater vergewaltigte ihre kleine Tochter, ein elfjähriges Kind, und machte sie schwanger. Die Mutter tat, als wüßte sie nicht, was los war, aber sie wußte genau Bescheid und blieb trotzdem bei ihrem Mann. So etwas kann ich in meiner Umgebung nicht ertragen, ganz gleich, wie schmutzig die sonst ist. Der Stiefvater mit der Stieftochter! Nein, das nicht!

Na ja, Luisa zog mit dem Mädchen zu uns. Der Kleinen ging es sehr schlecht, sie sah aus wie ein mageres Hühnchen, das ahnungslose Kind, und bestand nur aus Haut und Knochen. Ich brachte sie zum Arzt. Der sagte, es wäre ein gefährlicher Fall von Unterernährung, Bronchien- und Lungenentzündung. Daß sie auch noch schwanger war, merkte er nicht! Ich bezahlte den Arzt und die Medikamente, und da das arme Ding so krank war, blieb sie mit ihrer Mutter bei uns.

Dann kam die Großmutter mit Marías Bruder, angeblich, um die kranken Kinder zu besuchen, und auch die blieben da. So lebten wir zu achtzehn Personen in einem Zimmer! Später fanden auch Roberto und seine Frau keine Unterkunft und wohnten bei uns.

Mich widerte es jedesmal an, wenn ich nach Hause kam. Da lagen sie alle Tag und Nacht auf dem Fußboden herum, eine schlampige, dreckige Gesellschaft; das Haus stank richtig. Die beste von allen war noch die Großmutter. Sie versuchte wenigstens, sich sauber zu halten, aber Elpidia, die Tante, war die schamloseste. Sie saß in der Küche in einer Ecke, lauste ihre Kinder und suchte ihnen die Wanzen ab. Soviel ich weiß, hat sie sich nie die Hände gewaschen. Sie machte mir oft das Essen, aber wie konnte ich das herunterkriegen? Mir wurde schon schlecht, wenn ich ihre Hände sah.

Marías kleiner Schwester lief der Rotz immer bis aufs Kinn. Die Toilette stank, und sie machten noch nicht mal die Tür zu, wenn sie drauf gingen. Die Kinder schrien immerzu, besonders morgens, wenn ich schlafen wollte. War das ein Spektakel! Als wenn die Hölle los wäre! Es ging so weit, daß ich mit den Nerven ganz herunterkam.

Mein Vater kam wie immer jeden Tag vorbei. Er sagte zwar nie etwas, aber ich merkte, es gefiel ihm nicht, daß all die Leute da hausten. Zuerst wollte ich sie einfach rausschmeißen, aber dann sagte ich mir, die Ärmsten, sie wissen ja nicht, wohin. Heute sind sie's, und morgen trifft es vielleicht mich. Ich kann sie doch nicht hinausjagen!

María sagte ich: »Hör mal, meine Gute, nicht, daß mir deine Leute zur Last fallen, aber ich muß für die ganzen Ausgaben aufkommen. Sie kosten mich dreißig Pesos am Tag. Dabei geht mein ganzes Geld drauf, — das bißchen Kapital, mit dem ich arbeiten muß. Sag ihnen bitte, daß sie sich mal etwas um sich selbst kümmern sollen.«

Aber María sagte ihnen nie etwas. In Wirklichkeit hatte sie die nämlich gern bei sich. Sie sah so zufrieden aus wie noch nie. Ich wurde immer nervöser, aber ich sagte auch nichts. Schließlich hatte ich überhaupt kein Geld mehr. Es kam so, daß ich meinen Vater bat, meine Kinder wieder zu sich zu nehmen, denn María gab lange Zeit alles für ihre Familie aus, und meine Kinder bekamen nur Brot und schwarzen Kaffee. Meine armen Kleinen! Denen machten diese Leute das Leben schwer!

Ich war völlig abgebrannt. Die Schlafzimmereinrichtung mußte ich verkaufen und mit María und Lolita auf Kredit im Café essen. Als erste zog die Großmutter aus, die war eben die rücksichtsvollste. Sie sah, daß es schlimm um mich stand, und nahm Marías Schwester und Brüder mit. Die übrigen trieb ich nicht raus; sie gingen einer nach dem andern, denn ich hatte ihnen ja nichts mehr zu bieten. Es war wirklich ein Segen, daß ich sie loswurde! Zwei Monate hatten die alle bei uns gewohnt, und als sie auszogen, war ich blank und steckte tief in Schulden.

Mein Leben war ein Wirrwarr von unverständlichen Gefühlen. Ich gehöre wohl zu den Leuten, denen es Spaß macht, sich zu quälen. Ich verfluche mich selbst von ganzem Herzen. Glauben Sie mir, es gab Zeiten, wo ich nachts allein im Café saß und heulte. Mein Leben war so unfruchtbar, so nutzlos und unglücklich, daß ich bei Gott manchmal wünsche, ich würde sterben. Ich bin so ein Kerl, der nichts zurückläßt, von dem keine Spur in der Welt übrigbleibt, wie ein Wurm, der über die Erde kriecht. Ich bringe niemandem etwas Gutes; ein schlechter Sohn, ein schlechter Ehemann, ein schlechter Vater — alles an mir ist schlecht.

Wenn ich auf mein Leben zurückblicke, sehe ich, daß es auf einer ganzen Kette von Fehlern beruhte. Ich bin zu leichtsinnig damit umgegangen. Ich habe mich damit begnügt, kümmerlich dahinzuleben, in einem grauen Dämmerlicht, ruhmlos und ohne etwas zu leisten. Ich wartete auf den Glückstreffer ... auf eine Million Pesos, um meinem Vater, meinen Kindern und notleidenden Freunden helfen zu können. Ich konnte nichts Großes zustande bringen, also tat ich überhaupt nichts.

Aber jetzt habe ich ein bißchen mehr Selbstvertrauen und bin vernünftiger. Ich wäre stolz, wenn ich mir ein bescheidenes Zuhause schaffen, meine Kinder erziehen und sparen könnte. Ich möchte etwas zurücklassen, so daß nach meinem Tode alle in Liebe an mich denken.

Es hört sich lächerlich an, aber wenn ich die richtigen Worte finden könnte, würde ich gern eines Tages etwas dichten. Ich habe mich immer bemüht, das Schöne zu sehen — selbst in all dem Elend, das ich durchmachte —, um den Glauben an das Leben nicht ganz zu verlieren. Ich möchte die Poesie des Lebens besingen ... große Gefühle, echte Liebe und die niedrigsten Leidenschaften in den schönsten Worten ausdrücken. Die Menschen, die über diese Dinge schreiben können, machen uns die Welt erträglicher; sie heben das Leben auf eine höhere Stufe.

Ich weiß, wenn ich etwas schaffen will, werde ich mich selbst beherrschen müssen. Ich muß vor allem den Kampf gegen mich selbst gewinnen.

ROBERTO

In einer Nacht im Dezember 1952 kam ich in Veracruz ins Gefängnis. Sehen Sie, ich war zufällig gerade in einem Bordell, vertrieb mir da die Zeit und vergnügte mich ein bißchen. Ich bin ja immer ein Einzelgänger gewesen, und es gab wohl kein

Lokal, das ich nicht kannte. Ich war da schon eine ganze Weile mit einer Frau zusammen, und wir tranken an der Bar, als ich Galván hereinkommen sah. Soviel ich wußte, war er einer der Burschen aus der Stadt. Später bekam ich heraus, daß er der Sohn eines hohen Staatsbeamten war und in Begleitung von bewaffneten Polizisten herumlief; deswegen war er auch so unverschämt. Er machte jeden, den er wollte, herunter und beleidigte ihn. Er konnte es sich leisten, grob zu reden, denn er hatte ja jemanden hinter sich.

Es wurde ein *danzón* gespielt, und ich forderte das Mädchen zum Tanzen auf. Mittendrin kam der Kerl auf mich zu und sagte: »Hau ab, jetzt will ich tanzen.«

Ich weigerte mich, und schon fing der Spaß an. Er gab mir eins mit seiner Rechten — es tut mir jetzt noch jedesmal weh, wenn ich daran denke. Ich konnte also nicht mehr zurück, klar? Denn das ist mit mir nun mal so: Vor einer Schlägerei drücke ich mich nie. Wir gingen also ordentlich aufeinander los. Plötzlich zog er eine Pistole heraus und bedrohte mich. Da nahm ich mein Messer und verwundete ihn. Ich kann nicht sagen, daß ich ihn tödlich verletzte, immerhin traf ich ihn dreimal, zweimal in den Leib und einmal in die Hand.

Natürlich gab es ein großes Theater, und die Polizisten nahmen mich fest. Na ja, sie warfen mich ins Stadtgefängnis von Veracruz. Da war ich also reingefallen wie ein Stein in einen Brunnen. Ich war ziemlich niedergeschlagen. Meine Familie wußte nichts davon. Ich hätte ihnen ja leicht einen Brief schreiben können, nicht? Aber wie sollte ich ihnen so eine schlimme Nachricht beibringen? Ein paar Tage vergingen, und ich war nicht nur bedrückt und traurig . . . ich war verzweifelt.

Ich dachte nur noch daran, auszubrechen, ganz gleich wie und egal, was es mich kostete. Aber ich mußte mir überlegen, wie ich das am besten anstellte, damit ich es auch nicht falsch machte. Um zum Untersuchungsrichter zu kommen, mußte man aus dem Gefängnis herausgehen, also bat ich, ihm vorgeführt zu werden. Man sagte es mir zu, und der Tag wurde festgesetzt.

Ein bewaffneter Polizist begleitete mich dahin. Wir waren auf dem Gang, der auf die Straße führte. Der Polizist sagte gerade: »Mach dir keine Sorgen, du kommst bestimmt bald raus.« Da sauste ich los.

Ich rannte, als wäre der Teufel hinter mir her. Als ich an den Stadtrand kam, fingen sie an zu schießen. *Qué bárbaro!* Kugeln schlugen neben mir ein . . . vor mir, zu meinen Füßen . . . wie man es im Kino sieht. Ein ganzer Schwarm von Leuten rannte hinter mir her, auch Zivilisten, und selbst Hunde hetzten mich. Ich bog um eine Ecke und lief genau in einen Kerl rein; der hielt mich fest. Da holten die anderen mich ein und schleppten mich in ein Taxi, denn gehen konnte ich nicht mehr. Der Polizist war wirklich wütend. Das kann ich ihm nicht verdenken, denn wäre es mir gelungen zu entkommen, dann hätte er an meiner Stelle sitzen müssen. Ich glaube, so war da das Gesetz. Der Polizist ist für alles verantwortlich, was mit dem Mann passiert, den er bewacht.

Aber er hatte keinen Grund, mich zu schlagen. Als wir die Treppe zum Gefängnis raufgingen, stieß er mich mit seinem Gewehr in den kleinen Knochen unten am Rückgrat, da, wo es so schrecklich wehtut. Er sagte dabei:

»Los, du Lumpenkerl, wenn du mir entwischt wärst, säße ich jetzt an deiner Stelle.« Und bei jedem Wort stieß er mich mit dem Gewehr. Ich konnte es kaum aushalten. Als wir angekommen waren, fing er erst richtig an, mich zu schlagen. Er schlug mir mit dem Gewehr den Kopf auf. Die Narbe habe ich jetzt noch.

Meine Mitgefangenen hatten von da an viel mehr Respekt vor mir, verstehen Sie, warum? Die meisten von ihnen saßen wegen mehr als einem Mord. Ein Bursche, Eduardo, hatte achtzehn auf seinem Konto, und er gab auch noch damit an. Er sagte oft: »Ach, diese Landstreicher! Ich habe achtzehn umgelegt, und seht mich an. Mir macht das Gefängnis gar nichts aus. Ich erhol mich hier.« Nach ein paar Jahren kam er aber doch raus, für Geld natürlich.

Sie können sich nicht vorstellen, was ich alles in diesem Gefängnis durchmachte und was ich für Gewissensbisse hatte. Körperlich war ich tot, und seelisch war ich begraben. Aber ich will nicht jammern; Gottseidank falle ich immer wieder auf die Füße und lache auf einmal los. Warum sollte ich nicht lachen? Das Leben ist eine Komödie, die Welt ein Theater, und wir alle sind Schauspieler.

Ich weiß auch nicht, wie sie zu Hause dahintergekommen waren. Ich hatte Marta einen vertraulichen Brief geschickt und ihr geschrieben, ich arbeitete im Gefängnis von Veracruz als Bote, und die sollten keine Angst um mich haben. Ich konnte ihnen doch nicht sagen, daß ich drinsaß? Ich bat sie, meinem Vater davon nichts zu sagen, aber am sechsten Januar, dem Dreikönigstag, stand er da.

Als ich meinen Namen rufen hörte, dachte ich, es wäre ein Brief von Marta. Im Gefängnis ist ein Brief ein großes Ereignis, und ich freute mich. Es war unmöglich, sich vorzustellen, daß mein Vater kommen würde, selbst wenn er es wüßte, denn seine Verpflichtungen und seine Arbeit würden es nicht zulassen. Ich dachte, wenn mein Vater käme, würde die Sonne sich verdunkeln oder der Mond runterfallen. Ich hatte Angst, daß er es herausbekam, aber gleichzeitig bedauerte ich mich selbst und betete: »Herrgott, ich weiß, ich bin ein Taugenichts und verdiene das, was ich hier kriege, aber hab doch ein bißchen Mitleid und erleichtere meinen Kummer.«

Und der liebe Jesus da oben mußte mich gehört haben, denn wie ich schon sagte, stand mein Vater da. Um mich zu sehen! Mir war, als wäre ich in den Himmel gekommen, aber natürlich fürchtete ich auch, das Gefängnis würde über mir zusammenbrechen. Na ja, wir begrüßten uns und — das schmerzte mich — mein Vater weinte. Er hielt einen Augenblick den Atem an und warf den Kopf zurück, als wollte er nach Luft schnappen, und seine Stimme versagte, als er zu sprechen anfing. Mir kamen auch die Tränen in die Augen. Ich konnte nichts dagegen machen.

Ich glaube, mein Vater kam, um zu sehen, ob ich noch lebte oder ob er diese Sache für mich einrenken konnte. Ich sagte: »Mach dir keine Sorgen. Schließlich wird es nicht länger als ein Jahr dauern, bis sie mich rauslassen.« Was kann ein Sohn seinem Vater schon für einen Rat geben, wenn er im Gefängnis sitzt?

Da fuhr mein Vater mich an: »Siehst du, das kommt davon, wenn du dich nicht so benimmst, wie ich es dir immer sage! So wird es mit dir weitergehen, und du wirst es im Leben zu nichts bringen, solange du dich nicht wie ein anständiger Mann beträgst, wie der Herr es befiehlt.« Einfache Worte, aber sehr wahr. Ich konnte nichts sagen und sah meinem Vater noch nicht mal in die Augen. Ich habe ihn nie richtig angesehen — und damals am wenigsten.

Na ja, er ließ mir fünfzig Pesos da, für einen Rechtsanwalt, aber ich traute den Rechtsanwälten nicht und schaffte mir für das Geld ein Bett an... zwei Sägeböcke und ein Brett... ich kaufte sie im Gefängnis. Wir waren etwa hundert in einem Gang, und wenn einer auf die Toilette wollte, trat er mir auf die Füße oder ins Gesicht, während ich schlief. Mit einem Bett war ich schon ganz »obenauf«. Es war steinhart, aber wenigstens trat nun keiner mehr auf mir herum.

Mein Vater besuchte mich noch mal mit Consuelo und meiner Stiefschwester Marielena. Später bekam ich einen Brief von ihm, in dem er schrieb, er müßte sich den Blinddarm rausnehmen lassen, und der Doktor wüßte nicht, ob er es gut überstehen würde. Er vergab mir und sagte, ich sollte mein Leben in Ordnung bringen und mich anständig benehmen. Danach hörte ich zwei Monate nichts mehr von ihm. Sie können sich denken, wie schrecklich mir zumute war.

»Gott, gib mir doch ein Zeichen, irgendeins, damit ich weiß, ob mein Vater es überstanden hat. Es gibt Menschen, die ihn brauchen, also laß mich lieber für ihn sterben.« So ging das zwei Monate lang. Und noch immer kein Brief... Der Postbote kam jeden Tag, aber nichts, nichts für mich. Ich lebte und war doch wie tot.

Ich ging jede Woche zur Messe. Und sogar im Gefängnis fühlte ich, wenn ich vor dem Altar kniete und das Kreuz schlug, den gleichen seelischen Frieden, wie ich ihn immer in der Kirche empfand. Ich wurde, wenn auch nicht in eine andere Welt, so doch wenigstens über die Gemeinheit und die Falschheit dieser Welt emporgetragen. Und wenn ich zu Gott sprach, dann war mir, als hörte er mich an. Ich kann es nicht beschreiben; sowas habe ich sonst nirgends gefühlt. Es war mein einziger Trost im Gefängnis.

Ich hatte mir vorgenommen zu fliehen. Entweder ich entwischte, oder sie würden mich töten! Aber bevor ich starb, wollte ich beichten und die Welt in Frieden verlassen. Also ging ich zu einem der guten Priester dort und bat ihn, mir zu erklären, wie man beichtet, denn ich hatte es noch nie getan. Ich gestand ihm all meine Sünden, auch, daß ich meine Schwester liebte, und alle Diebstähle, an die ich mich erinnern konnte, und er sagte, als Buße sollte ich, wenn ich entlassen würde, alles zurückgeben, was ich gestohlen hatte, oder wenigstens sagen, daß ich es gewesen wäre.

Mit einundzwanzig Jahren empfing ich dort im Gefängnis meine erste Kommunion. Sie gaben uns allen eine Kerze, eine Tasse Kakao und Brot, und danach ging ich gleich für den Rest des Tages ins Bett. Ich wollte nicht, daß mich noch jemand störte, denn ich war so ruhig und mit mir selbst in Frieden, daß ich mich nicht mehr rühren mochte.

Zur Belohnung für meine erste Kommunion, denke ich mir, besuchte mich Manuel, und ich bekam noch eine Strafpredigt. Da war er nun den ganzen Weg von Mexico-City hergekommen, um mich anzubrüllen. »Hör zu, Bruder«, sagte ich, »ich weiß, daß ich alles verdient habe, was du sagst, aber denk doch mal an die Strafe, die ich hier schon kriege. Du bist der ältere, und ich habe Respekt vor dir, aber schrei mich nicht an, ich bitte dich.« Da kamen ihm die Tränen in die Augen. Mein Bruder ist edler als ich; daß heißt, ich kann mich überhaupt nicht edel nennen, weil ich ein Tunichtgut bin. Und das Schlimme ist, daß ich es weiß und die ganze Zeit darunter leide.

Da sagte Manuel: »Weißt du, wer mit mir gekommen ist? Graciela, das Mädchen, das mal meine Freundin war.«

Und er brachte sie ans Tor. Sie hatte sehr schöne Augen und gewelltes Haar. Ihre Stimme war sanft.

»Hallo, Roberto, wie geht es dir? So ein Pech!«

»Laßt nur, macht euch keine Sorgen um mich.«

Dann gingen sie wieder weg.

Eines Nachts stand ich auf, um auf die Toilette zu gehen, und sah draußen im Gang etwas blinken. Daneben stand der »Hahn«, der zäheste Bursche im Gefängnis.

»Was soll das?« fragte ich.

»Halt die Schnauze, Othello!« (Das war mein Spitzname.) »Wir wollen hier raus.«

Sie hatten ein ziemlich tiefes Loch gegraben, so tief, daß einer reinpaßte. Was ich leuchten gesehen hatte, war eine Kerze, mit der sie sich da unten Licht machten.

»Wir wollen unter der Gefängnismauer durchkriechen.«

Er gab mir sein Messer. Es waren eine ganze Menge, die beim Graben halfen . . . einer buddelte, der andere kratzte die Erde zusammen, der nächste trug sie weg. Wir machten daraus Unterlagen zum Schlafen und deckten alles zu, damit niemand etwas sehen konnte.

Der Gang wurde jeden Monat gescheuert. Dann kam der Vorsteher und stieß mit einer Stange an die Wände und auf den Boden, um festzustellen, ob wir irgendwo ein Loch gegraben hatten. Am Tag, bevor wir den Gang saubermachen mußten, saß uns das Herz in der Kehle. Wir gruben von fünf Uhr morgens an, denn um sieben wurden wir geweckt. Inzwischen wußten die meisten Häftlinge, was los war.

An dem Morgen vor sieben verurteilten wir uns gegenseitig zum Tode, für den Fall, daß einer mit den Posten sprechen würde. Wer das tat, sollte umgebracht werden. War das ein Tag, und wie wir alle aufpaßten! Am Abend, als wir uns aufstellten, um hineinzugehen, ließen sie uns aus irgendeinem Grund draußen stehen. Wir dachten, sie hätten alles entdeckt. Mein Herz klopfte wie verrückt, und der »Hahn« wollte den ersten Posten, der in unsere Nähe kam, umbringen. Aber es hatte nur länger gedauert, weil sie das Licht im Gang noch in Ordnung brachten.

Als wir eingelassen wurden, begannen wir sofort zu graben. Wir kamen unter der Mauer durch bis an die andere Seite. Der erste kroch raus. Wir waren selig! Der »Hahn« sagte: »Paß auf, Othello, die Kerle kriegen es mit der Angst und wollen alle auf einmal durch. Wir müssen es ruhig machen, damit niemand anfängt zu drängeln.« Es war schwer, die Leute zu beruhigen, denn jeder wollte der erste sein.

Wir krochen in das Loch, mit dem Kopf voran und die Arme vorgestreckt, damit wir unter der Mauer durchkamen. Ich rutschte rein, und alles ging gut, aber ich hatte meine Arme unten und blieb in der Mitte stecken. Da stak ich nun und zappelte, als ich merkte, daß mich jemand an den Füßen packte. »Großer Gott, sie haben uns!« Aber nein, es war nur ein Kamerad von mir, der seinen Kopf gegen meine Füße stemmte und mich weiterschob. Sonst wäre ich bestimmt nicht rausgekommen.

Auf der anderen Seite standen wir vor einem riesigen Tor. Wir probierten am Schloß herum, bis einer von uns, ein gewiefter Schloßknacker, es öffnete. Wir hatten ausgemacht, daß wir rausgehen würden, als wäre nichts geschehen. Aber daran dachte keiner mehr. Kaum war die Tür auf, da stürmten sie los, als ob sie den Startschuß auf der Rennbahn gehört hätten. Sie hauten ab wie ein Haufen Pferde und ich hinterher. Wir wurden beschossen, als ich erst zwei Blöcke weiter war. Was machten die für einen Spektakel! Sie schossen und pfiffen. Eine Kugel sauste an mir vorbei. Ich sagte: »Lauft, *compadres,* sonst ist es aus mit euch!«

Einer der Gefangenen schrie: »Ah, sie haben mich getroffen, mich hat's erwischt!« und brach zusammen. Ich kehrte um, wie ein Held. Ich wollte gar nicht den Helden spielen, aber ich ging trotzdem zurück und hob ihn auf. »Nein, Othello, lauf zu! Sei kein Narr! Ich kann nicht weiter.« Die Kugel hatte ihn in den Rücken getroffen, und der Junge starb in meinen Armen. »Ruh in Frieden, und vergib mir«, sagte ich und rannte los. Noch ein anderer vor mir fiel hin.

Dann lief ich mit Moisés, dem Gefängnisbarbier, durch die Nacht, über die Bahngeleise in die Berge. Das war unsere Rettung. Rauf ging's. Überall hinter uns waren Polizisten und Wachtposten, und Lichter bewegten sich hin und her. Wir liefen in eine Rosenhecke, und die Dornen hafteten an uns. Wir mußten auf Händen und Knien herauskriechen und uns mit einem Stock den Weg frei machen. Als wir ein Stück weiter gelaufen waren, blieben wir stehen und suchten uns die Dornen ab.

Wir marschierten ein paar Tage und Nächte lang durch den ganzen Staat Veracruz. Es war Regenzeit, und es goß in Strömen, wie man es nur da erleben kann. Wir sammelten Zuckerrohrblätter, um uns einen Regenumhang daraus zu machen, aber das nützte alles nichts. So kauerten wir uns Rücken an Rücken und zitterten vor Kälte.

Vor dem Verhungern bewahrten wir uns, indem wir auf dem ganzen Weg Früchte aßen. Es gab eine Menge Mangos, Bananen, *guayabas,* Apfelsinen, Zitronen, alle möglichen Sorten. Moisés hatte noch vier oder fünf Pesos bei sich, davon kauften wir uns in der ersten Stadt, auf die wir stießen, etwas zu trinken. Danach ging es weiter, Tag und Nacht.

Am Eingang einer Stadt hielten wir an und machten uns aus einem alten Gummireifen Sandalen. Unsere Füße hatten am meisten gelitten; sie waren geschwollen und bluteten.

Wir gingen bis nach Oaxaca, dort hatte Moisés einen Freund, für den er früher mal gearbeitet hatte. Wir trafen ihn, wie er gerade mit einer Maschine Mais drosch. Er gab uns beiden Arbeit, und, was mir noch besser gefiel, tüchtig zu essen. Mais hatte ich auch schon gedroschen, aber hier lernte ich Ananas pflanzen. Bald pflanzte ich achthundert bis tausend Stauden am Tag, und für tausend Stück bekam ich neun Pesos

Eigentlich wollte ich bleiben, bis ich genug Geld zusammen hatte, um nach Mexico-City zu fahren, aber daraus wurde nichts, wegen der Hitze und der Moskitos. Diese verdammten Moskitos quälten mich so, daß ich aufgeben mußte. Ich sah aus wie Kopfsteinpflaster, über und über zerstochen. Ich arbeitete nur zwei Wochen, dann sagte ich mir: »Roberto, jetzt wird es Zeit, daß du nach Mexico-City zurückkehrst.«

Vorher ging ich noch einmal nach Veracruz. Na ja, beim Trinken lernt man allerlei Menschen kennen. Die Zunge löst sich, und das vor Leuten, mit denen man zuallerletzt reden sollte. Ich trank zusammen mit einem Jungen, den ich nicht kannte, und wir fingen an, von unseren Heldentaten zu erzählen. Da ich ebenso ein Abenteurer war wie er, meinte er, ich sollte ihm bei einem kleinen Unternehmen helfen, das er vorhatte. Das Haus kannte er schon, er wußte, wo das Geld lag, wie man hineinkam und alles. Ich brauchte nur zu tun, was er mir sagte ... er stahl, und ich stand Schmiere.

Er fand dreißigtausend Pesos Bargeld, ein paar Uhren, Ringe und eine Pistole. Wir teilten uns die Beute am Strand. Ich bekam vierzehntausendsiebenhundert Pesos, dann ging jeder seines Wegs. Später hörte ich, daß sie ihn erwischt hatten und nach mir suchten, denn er hatte mich bei der Polizei verraten. Ich stieg auf einen Güterzug, der mich nach Guatemala brachte.

Ich kam in Chetumal, an der Grenze, an und fand sofort Arbeit auf einer Kaffeeplantage. Tagsüber arbeitete ich, und abends lud ich jeden, den ich kannte, ins Nachtlokal ein. Einen Monat ging ich in Bordelle und Nachtlokale und spendierte der halben Welt Alkohol und Frauen. Obwohl ich immer in die billigsten Lokale ging, gab ich an einem Abend über tausend Pesos aus. Die Frauen verlangten fünfzig bis hundert Pesos, und ich hielt alle Leute frei.

So wurde ich also mein ganzes Geld los ... nicht *mein* Geld, sondern das, was ich anderen weggenommen hatte. Ich gebe Ihnen mein Wort als Mann und als Landstreicher, daß ich in manchen Jahren fünfzehn- bis zwanzigtausend Pesos durchgebracht habe.

Als ich bei meinen letzten fünftausend Pesos angelangt war, nahm ich ein Schiff nach Veracruz. Dieser alte Kahn war mir schon damals verdächtig, und er ist tatsächlich vor kurzem untergegangen, und mehrere Leute sind dabei ertrunken. Von Veracruz nach Mexico-City kommt man am besten mit dem

Zug. Aber ich fuhr, obwohl ich ja nun reich war, wie immer für fünfzig Centavos.

Ich nehme jedesmal eine Fahrkarte für einen Bus erster Klasse bis zum Bahnhof. Dann kaufe ich eine Bahnsteigkarte für zwanzig Centavos, damit ich an die Züge rankomme. Ich steige in den Zug und mische mich unter die Reisenden. Wenn der Zug anfährt, weiß ich, daß gleich jemand die Fahrkarte kontrollieren kommt, deswegen gehe ich zur Tür, krieche zwischen zwei Waggons und klettere auf das Dach.

Damit es mir nicht zu kalt wird, gehe ich auf dem Dach lang bis zur Lokomotive, die da oben ein warmes Entlüftungsrohr hat. Dort bin ich sicher, und kein Mensch stört mich. Darauf soll erstmal einer kommen, nicht? Manchmal reise ich auch unter Güterzügen. Die haben da unten Stangen, extra für Landstreicher, verstehen Sie? Wenn man über diese Stangen ein Brett legt, kann man bequem reisen. So fuhr ich damals zurück.

Ich kam um sieben Uhr morgens in Mexico-City an und saß den ganzen Tag zu Haus und wartete auf meinen Vater. Manuel und meine Schwestern fragten mich immerzu etwas, aber ich sagte ihnen nichts, bis mein Vater hereinkam. Er sah sehr ernst aus.

»Wie bist du rausgekommen?«

»Na ja, sie haben festgestellt, daß ich schuldlos war, und da ließen sie mich gehen.« Ich log ihm etwas vor, wie Sie sehen, denn mit meinem Vater konnte ich nie offen reden.

»Mal sehen, ob du jetzt arbeitest. Du bist ein erwachsener Mann, du mußt ernsthaft arbeiten und nicht schon wieder nach zwei Monaten faulenzen.«

Aber so war ich leider. Ich nahm eine Stelle, bis ich etwas Geld in der Tasche hatte, und dann hörte ich auf. Ich suchte mir keine Arbeit, bevor ich die fünftausend Pesos mit meinen Freunden durchgebracht hatte. Dann fing ich wieder an, Glas zu schneiden, in einer Werkstatt, wo Zierleuchter hergestellt wurden.

Wir machten die ganze Arbeit mit der Hand, schnitten das Kristall zu und polierten es. Ich verstand genug davon und hätte selbst Meister werden können, aber ich wollte nichts als Arbeiter sein, damit ich nicht mehr war als die anderen und keine Verantwortung hatte. Ich wollte nur das tun, was man mir sagte, und jede Woche meinen Lohn bekommen, mehr nicht. Ein einfacher Arbeiter zu sein ist auch deswegen gut, weil man ein reines Gewissen hat und in Ruhe essen und schlafen kann; niemand kann einem etwas anhaben oder einem Vorwürfe machen. Und vielleicht wird man, wenn man so bescheiden lebt, nicht ehrgeizig und geldgierig. Man gibt sich mit der Hoffnung zufrieden, daß man eines Tages durch ehrliche

und fleißige Arbeit aus dem Loch, in dem man lebt, herauskommt.

Ich hätte wohl ein eigenes Geschäft aufmachen und mich fi-
nanziell verbessern können, aber bis ich darauf kam, waren
handgearbeitete Lampen nicht mehr gefragt, und sie wurden
in Massen hergestellt. Außerdem verlor ich meine Stellung,
weil ich mich wieder in eine Schlägerei verwickelte.

An dem Tag war ich ziemlich besoffen, denn es war Neujahr.
Ich mache mir gar nichts aus Alkohol; was ich da trinke,
schmeckt mir im Grunde gar nicht; trotzdem klaue ich mir oft
was zu trinken. Fragen Sie nicht! Ich habe schon alle Sorten
getrunken. Na ja, zwischen den Jungen der Casa Grande und
denen aus der Bäcker-Straße hat es von jeher Feindschaft gegeben. Als die Schlägerei anfing, gingen drei auf mich los. Ich
setzte ihnen gerade ordentlich zu, als mich jemand von hinten
niederschlug. Ich fiel hin, und sie traten mir noch in die Rippen und gegen die Beine.

Am meisten war ich darüber empört, daß meine ganze Bande
sah, was los war, und mich da einfach umkommen ließ. Man
ist dazu ja nicht verpflichtet, aber ich habe mich oft in ihre
Schlägereien eingemischt, um ihnen beizustehen. Aber sie
dachten nicht daran! Ich wurde vor den Jungen und Mädchen
unserer *vecindad* so zusammengeschlagen, daß ich über diese
Schande gar nicht wegkam. Und das von Kerlen, die gar keine großen Schläger waren!

Eine Woche lang trank ich Alka-Seltzer und lag im Bett, damit ich wieder auf die Beine kam und mit den Burschen aus
der Bäcker-Straße abrechnen konnte. Das tat ich dann auch,
und der eine kriegte was mit dem Messer. Es war nur eine
Schramme, aber er machte ein großes Trara darum. Seine
ganze Familie fiel über mich her und rief die Polizei.

Ich bin noch nie in meinen Leben vor meinen Feinden davon-
gerannt, aber da ich von der Polizei genug hatte, machte ich
mich aus dem Staub. Ich dachte, einen Kampf gewinnt man
auch, wenn man läuft. Diesmal landete ich in Texas, und da
blieb ich ein paar Wochen.

Als ich hörte, daß Antonia, meine große Liebe, mit Francisco
zusammenlebte und zwei Kinder von ihm hatte, regte mich das
nicht mehr auf. Mein Gefühl für sie war ruhig geworden, obwohl ich mich noch immer sehr freute, wenn ich sie ab und zu
in der Casa Grande sah. Francisco war ein Lump, der sich mit
anderen Frauen herumtrieb und ihr noch nicht mal Haushaltsgeld gab.

Aber daß Consuelo einen Fehltritt gemacht und von zu Hause
weggelaufen war, tat mir in der Seele weh. Ich hatte vier
Schwestern, doch den Stolz und die Freude, eine von ihnen

im weißen Kleid heiraten zu sehen, habe ich nicht erlebt. Es stimmt zwar, daß mein Vater Consuelo rausgeschmissen hatte, aber sie war klug genug, um zu wissen, daß sie als Frau das nicht als Vorwand benutzen durfte, um mit diesem Wieheißterdochnoch durchzubrennen.

Später, als alles vorbei war, sagte sie mir, daß sie ihn nicht liebte, sondern es nur aus Verzweiflung getan hatte. Meine Schwester ist wirklich sehr ehrlich; sie gibt ihre Fehler zu, wenn auch ein bißchen spät. Mario hatte meiner Schwester wegen eine gute Stellung aufgegeben. Ich glaube, wenn sie zusammengeblieben wären, hätten sie es schon noch zu etwas gebracht.

Marta hatte sich mit Consuelo gezankt und war mit einem gewissen Baltasar nach Acapulco gefahren. Das erfuhr ich erst, als ich wieder zu Hause war und wir einen Brief von ihr bekamen. Sobald mein Vater ihre Adresse hatte, schickte er mich mit ein paar Sachen von ihr nach Acapulco. Diesmal mußte ich zahlen, denn ich trug einen großen Korb voll Geschirr und Kleidern. Ich fuhr abends los und kam morgens an.

Wie ich den Hügel hinaufging zu der Straße, wo meine Schwester wohnte, kam sie mir mit ihrem Marktkorb entgegen. Ich wollte gerade pfeifen, aber ich hatte kaum tief Luft geholt, als ich merkte, daß sie schwanger war. Da ging mir die Luft aus, und ich blieb stehen. Aber ich freute mich so, meine kleine Schwester wiederzusehen, daß mir alles andere gleich war.

Wir begrüßten uns, und sie nahm mich mit nach Hause, damit ich Baltasar kennenlernte.

Ehrlich gesagt, ich fand, er sah gemein aus. Er ähnelte den vielen Leuten, mit denen ich mich immer schlagen mußte. Er schien nicht richtig wütend auf mich zu sein, aber immerhin streitlustig und bereit, sich mit mir zu raufen, wenn es irgendwas zwischen uns geben sollte. Er ging barfuß, und sein Hemd stand offen, so daß man seine Brust sehen konnte. In einem Ohrläppchen trug er einen goldenen Ring. Der hatte ihm sicher viele Scherereien mit den mexikanischen Männern gemacht. Er erklärte, daß er ihn trug, weil er es der Madonna gelobt hatte.

Baltasars Hütte hatte einen Lehmfußboden, ein Blechdach, und die Wände waren aus losen Brettern zusammengesetzt. Die Küche war enger als ein Schrank, der Petroleumherd dreckig, und alles sah sehr ärmlich aus.

Ich fragte Baltasar, wie das alles gekommen war, und er sagte, er hätte meine Schwester in Mexico-City kennengelernt, wo er in einer Bäckerei arbeitete, und von ihren Töchtern hätte er schon gewußt, als er sie bat, mit ihm nach Acapulco zu gehen. Er hatte ihr gesagt, sie solle meinem Vater schreiben, aber das wollte sie nicht, bevor ein Monat herum war, denn sie hatte Angst, daß wir, ihre Brüder, mit Messern auf Baltasar losgehen würden.

»Nein«, sagte ich, »keine Angst, ich bin kein Messerstecher. Aber über sowas würde sich jeder Bruder ärgern, meinst du nicht auch?«

Meine Schwester und ihre Kinder schienen mit Baltasar ruhig und zufrieden zu leben. Obwohl er trank, hatte Marta immer Geld zum Einkaufen, denn er schickte sie seinen Lohn abholen und brachte jeden Tag Fleisch vom Schlachthaus; er war nämlich Schlachter. Marta verwaltete das Geld. Es war für mich etwas Neues, daß ein Mexikaner seine Frau um Geld für den Bus oder um ein paar Centavos für Zigaretten oder Alkohol bat. Aber ich fand es doch richtig so.

Vor allem mußte ich zugeben, daß Baltasar sich sehr anständig gezeigt hatte, als er Marta mit ihren drei Kindern zu sich genommen hatte, obwohl ich mir sagte, ich wäre dazu auch imstande. Es hätte mir gar nichts ausgemacht, eine Frau und Kinder zu unterhalten, so wie er. Vor Frauen oder vor einer Heirat fürchtete ich mich nicht, aber ich hatte keine Lust, mich zu binden.

Meine Angehörigen sagten mir immerzu, ich sollte heiraten, aber ich wußte, daß ich allen Verpflichtungen lieber aus dem Weg ging und eine Frau nicht glücklich machen würde. Ich war nicht gemein genug, um eine Frau an mich zu binden; ich war auch noch keiner begegnet, die es wert gewesen wäre. Wenn ich ein Schuft wäre, hätte ich zwei oder drei junge Mädchen ausnützen können, aber ich tat ihnen nichts, auch meinen *novias* nicht. Ich habe es nur mit Dirnen gemacht und mit zwei oder drei verheirateten Frauen, die von ihren Männern getrennt lebten. Sie befriedigten mich sexuell. Kinder habe ich nicht gehabt, jedenfalls nicht, daß ich wüßte, denn ich suchte mir nur unfruchtbare Frauen aus.

Ich war zwar sonst ein Gauner, aber in der Liebe war ich ein Mann. Ich habe es mit den Frauen immer tüchtig getrieben, obwohl sie mich manchmal ganz fertig machten. Ich bin ein häßlicher Kerl, aber die Frauen hatten etwas für mich übrig. Ich habe zwei oder drei Mädchen unglücklich gemacht, doch es war mir lieber, ihnen einmal wehzutun und sie zu enttäuschen, als sie das ganze Leben lang zu quälen. In dieser Beziehung mag ich niemanden verletzen, denn ich könnte es selbst nicht ertragen, wenn mir das jemand antäte.

Es gab etwas, das ich nicht leiden konnte, nämlich wenn *novias* sich gegenseitig betrogen. Ist das nicht ein Widerspruch! Im Lügen war ich groß, und wenn es darum ging, etwas verkehrt zu machen, war ich nicht zu schlagen. Ich war eben ein faules Ei, ein hoffnungsloser Fall und hatte nichts Gutes zustande gebracht. Das heißt, das stimmt auch wieder nicht ganz, denn wenn ich hundertprozentig schlecht gewesen wäre, Mensch, dann hätten sie mich besser erschießen sollen. So einer verdient einfach nicht zu leben. Aber was die Liebe anging, da konnte ich es nicht vertragen, zu betrügen oder betrogen zu werden. Und gerade in der Liebe belügt und betrügt man sich am meisten.

Bei meinem ersten Besuch blieb ich nur drei Tage in Acapulco, denn es war mir peinlich, mich von Baltasar und Marta freihalten zu lassen. Außerdem arbeitete ich damals in einer Fabrik, und ich wollte zurück, damit ich meine Stelle nicht verlor. Also sagte ich ihnen auf Wiedersehen und fuhr nach Haus.

Es war die beste Arbeit, die ich je in einer Fabrik gehabt hatte, und sie machte mir Spaß. Ich bekam zwölf Pesos pro Tag für acht Stunden Arbeit und drei Tage Urlaub im Jahr. Wir waren wohl im ganzen vierhundert Leute und mußten alle in die CTM eintreten. Ich war noch nie vorher in einer Gewerkschaft gewesen, und ich muß sagen, es war ein einziger Schwindel. Ich wurde nie zu einer Versammlung aufgerufen und wußte noch nicht mal, wo die Gewerkschaftsstelle lag. Sie machten sich auch nicht die Mühe, uns das zu sagen, aber sie vergaßen nie, uns jeden Monat die fünf Pesos für den Beitrag abzuziehen.

Und die Politik ist auch nichts weiter als ein Riesenbetrug, denn da fliegen Millionen von Pesos herum ... Millionen für diese öffentlichen Arbeiten und Millionen für was anderes, aber das alles ist nur ein Vorwand, hinter dem sie die Millionen verstecken, die in die Taschen der Bürokraten wandern. Ich kenne mich in der Politik nicht aus, aber dieser ganze Wahlbetrieb ist so ein Hohn, daß ich nicht begreife, warum die Leute in Mexiko sowas mitmachen. Hier sind die Wahlen nämlich nicht frei, denn sie wissen schon vorher, wer Präsident wird.

Ich will nicht behaupten, daß ich von der Freiheit viel verstehe, außer, daß ich mein ganzes Leben lang frei war und tun konnte, was ich wollte. Aber als ich in der Fabrik arbeitete, war ich nicht mehr frei, denn wir wurden gezwungen, uns für die Wahlen einzutragen, und sie ließen Zettel verteilen, auf denen stand, daß wir die Regierungspartei wählen mußten. Die Wahl ist geheim, aber sie drohten, uns zur Strafe drei Tage keine Arbeit zu geben, wenn wir nicht so wählten, wie sie es wollten. Ich finde nicht, daß man da noch vom Prinzip der freien Wahlen reden kann. Das ist gegen die Verfassung, aber darüber wundert man sich nicht mehr. Mir ist es wirklich egal, welcher Kandidat durchkommt, denn sie plündern ja doch alle nur das Volk aus.

In dem Jahr, als ich in der Fabrik arbeitete, geriet ich nur dreimal in Schlägereien. Denn bei uns kann man nun einmal ohne Kämpfe nicht leben. Und ich gebe nicht eher auf, als bis mich die anderen auf ihren Schultern hinaustragen, wie man es mit Helden oder mit Leichen tut.

Das erstemal schlug ich mich mit drei anderen wegen eines Pokerspiels. Wir waren allesamt halb betrunken, besonders ich. Auf diesen Kampf war ich stolz. Ich legte einen nach dem anderen um.

Beim zweitenmal wurde ich nachts von einer Bande überfallen. Sie schlugen mir den Kopf auf und machten aus einem meiner Augen eine Tomate.

Aber beim drittenmal war es am schlimmsten. Ich sprach gerade ganz friedlich mit ein paar anderen über einen Boxkampf. Da kamen drei Polizisten an und sagten, wir sollten verschwinden.

Ich fragte: »Kann man sich hier etwa nicht auf der Straße unterhalten, ohne daß einen jemand anhält? Wir sind doch in einem freien Land.«

»Nein, das sind wir eben nicht«, antwortete der gewitzte Bursche. »Macht, daß ihr weiterkommt.«

»Gut, aber stoßen brauchen Sie mich nicht, ich kann allein gehen.«

Sie wollten mir fünfundzwanzig Pesos abknöpfen, und die gab ich ihnen nicht, verstehen Sie? Ich hatte neunundzwanzig Pesos bei mir, aber ich gab sie meinem Freund und sagte: »Hier, nimm das Geld, denn diese Herren wollen mich anscheinend ausrauben.«

Da bekam ich eins mit dem Gummiknüppel. Wenn sie einen damit schlagen, blutet man zwar nicht, aber sie hauen einen beinahe zusammen. Man blutet mehr innen. Ich wurde wild und fuhr auf ihn los. Da fingen sie an, mich zu schlagen und zu stoßen, hin und her, wie einen Ball. Sie traten mich sogar mit den Füßen, bis alle Leute dachten, sie hätten mich umgebracht. Sie verletzten mich an den Rippen und am Kopf und gaben mir so einen Tritt, daß sie mir das Knie verrenkten. Und dann brachen sie mir das Bein.

Inzwischen hatten die Nachbarn meiner Familie Bescheid gesagt, und Manuel und Consuelo kamen heraus und stritten sich mit den Polizisten. Sie nahmen mich nicht fest, sondern ließen mich einfach am Boden liegen. Mein Bruder und meine Schwester brachten mich im Taxi zum Polizeirevier, um eine Beschwerde einzureichen, aber den Kerlen passierte nichts. Sie können sich also denken, was ich von der Gerechtigkeit hier halte. Stecken Sie denen einen Peso zu, dann kriegen Sie Gerechtigkeit.

Es dauerte lange, bis ich mich von den Schlägen erholte. Danach war ich erledigt, und seitdem vermied ich Streitereien. Viele Leute beurteilen einen Mann danach, wie er kämpft.

Wenn sie ihn eine Pistole oder ein Messer ziehen sehen, sagen sie: »Oh, das ist ein Kerl. Der kneift vor nichts und niemandem.« Ich denke da anders. Ein richtiger Mann ist derjenige, der dem Leben ehrlich gegenübertritt, der die Wirklichkeit hinnimmt, ohne auszuweichen. Ich beurteile einen Mann nach seinen Taten. Wenn er das Leben und seine Verpflichtungen auf sich nimmt, dann ist er für mich ein Mann; mit einem Wort: Ein Mann ist so wie mein Vater.

Und ich finde, ein Mann, der einfach Kinder in die Welt setzt, ohne die Verantwortung für sie auf sich zu nehmen und zu ihnen zu halten, verdient nicht zu leben. Crispín ist so einer.

Leider muß ich sagen, daß mein Bruder in der Beziehung auch nicht verantwortungsvoll genug war, obwohl er sein Bestes tat, um vorwärtszukommen und seine Kinder wenigstens mit dem Nötigsten zu versorgen. Ich verstehe nicht, warum Manuel seine Kinder so vernachlässigte, wo mein Vater ihm doch so ein gutes Beispiel war. Ich finde, das Leben meines Bruders war verfehlt und mißglückt. Er war gebildeter als ich und sogar intelligenter als Consuelo. Und als Geschichtenerzähler war er berühmt. Ohne ihn gab es keine lustige Gesellschaft... trotzdem vergeudete er viele Jahre seines Lebens. Ich habe auch nicht viel für meine Familie getan, obwohl ich immer bereit wäre, jeden Tropfen Blut für sie hinzugeben.

Meine Familie ist für mich das Wichtigste. Es ist mein größter Ehrgeiz, ihre finanzielle Lage zu verbessern, wenn ich das auf ehrliche Weise fertigbringen kann. Es kam mir nie darauf an, daß ich selbst besser lebte. Hauptsache, meinen Angehörigen geht es gut. Ich habe mir so gewünscht, wir würden zusammenleben. Aber als meine Mutter starb, zerfiel unser Heim, seine Mauern brachen ein und versanken in der Erde.

Mein Vater schien mit Delila sehr glücklich zu sein, und ich kam mit ihr besser aus als mit Elena. Ich verehrte sie richtig dafür, daß sie so großmütig war, sich um meine Neffen und Nichten zu kümmern. Keiner von uns, nicht einmal Manuel, der Vater von diesen Kindern, hat so viel für sie getan. Aus diesem Grund schätzte und liebte ich Delila, und ich bedaure das, was zwischen uns vorgefallen ist. Ich wollte sie nicht schlagen, aber sie brachte mich eines Tages dazu, als wir uns wegen der Kinder stritten. Und ich glaube, sie tat es mit Absicht.

Danach ging ich wieder nach Acapulco zu Marta und Baltasar. Diesmal wollte ich mir eine Arbeit suchen. Vielleicht hätte ich Lastwagenfahrer werden können, aber ich hatte keinen Führerschein, wegen meiner Vergangenheit. Ich müßte erst fünfhundert Pesos sparen und meine Strafakten kaufen und vernichten, bevor ich mich um den Führerschein bewerben könnte. Mit Geld kann man hier eben alles machen!

Wenn ich den Führerschein hätte, könnte ich auf die ganze Welt pfeifen. Seitdem ich fahren gelernt hatte, fühlte ich, daß ich es in meinem Leben gern zu etwas gebracht hätte. Am liebsten hätte ich irgendwas mit Autos zu tun gehabt und im Autohandel, auf einem Parkplatz oder als Chauffeur gearbeitet. Wenn ich die Ausbildung bezahlen könnte, würde ich alles daransetzen, um ein guter Automechaniker zu werden.

Baltasar hielt ich nie für einen schlechten Kerl, aber er hatte ebensoviel hinter sich wie ich, und zwei so richtige Abenteurer trauen sich gegenseitig nicht. Marta stand immer wie eine undurchdringliche Wand zwischen uns. Sie können sich vorstellen, wie mir zumute war, als er mir sagte, er hätte dreißig Frauen gehabt und ein paar davon hätten Kinder von ihm. Und tatsächlich trafen wir auch eine seiner früheren Frauen auf der Straße. Sie hielt ihn an und sagte: »Hör mal, Kleiner, wie wär's, wenn du mir ein paar frische Kutteln brächtest?« Wir kamen auch an einigen seiner Kinder vorbei, die auf der Straße spielten.

Er sagte, Marta wüßte das Ganze und hätte sich damit abgefunden, aber von dem Tag an mochte ich Baltasar nicht mehr. Schließlich konnte er es mit Marta genauso machen wie mit all den anderen Frauen. Aber ich sagte weder ihm noch Marta etwas, denn damit hätte ich vielleicht nichts Gutes angerichtet.

Ich blieb ein paar Tage da, es können auch ein paar Wochen gewesen sein, doch ich hing sehr an Mexico-City und wollte zurück. Meine gewohnte Umgebung fehlte mir, obwohl da alles heruntergekommen und verdorben war. Aber dort bin ich doch wenigstens noch jemand, und die Leute haben vor mir Respekt. Den habe ich mir mit meinen Fäusten erworben. Und da meine Mutter dort gestorben war, bedeutete mir diese Stadt etwas ganz Besonderes. Ich sterbe auch eines Tages dort, vielleicht morgen schon, und ich werde sie nie verlassen.

Ich kam ohne einen Centavo an, deswegen ging ich zu Ramón. An den wende ich mich nur, wenn ich ganz abgebrannt bin und nicht mehr weiß, was ich tun soll, denn er gibt einem nichts umsonst; man muß dafür arbeiten. Dieser Mann nützt solche Leute wie mich, das heißt solche, die schon mal gestohlen haben, immer aus. Er hat Tausende von Pesos, wozu ich ihm auch verholfen habe, aber wenn ich zu ihm komme und ihn frage, ob er mir was leihen kann, sagt er, er hätte nichts übrig. Wenn ich mir aber was verdienen wollte ... Meist hatte er eine leichte Arbeit für mich. Ich mußte zum Beispiel eine »heiße« Waage abliefern, ein gestohlenes Radio auftreiben oder irgend etwas für einen seiner Kunden klauen. Ich bat ihn nur um eine Anleihe von zwanzig Pesos, aber was ich ihm dafür zu Gefallen tun mußte, hätte mich leicht ins Gefängnis bringen können.

Als ich aus Acapulco zurückkam, sagte Ramóns Sohn, der es schon genauso machte wie sein Vater: »Hör, Roberto, ich brauche ein paar Auto-Antennen für einen von unseren Kunden.«

Ich überlegte mir die Sache und sagte: »Na gut, ich muß das Geld haben, also leih mir ein Fahrrad, damit ich nach Lomas fahren kann, und da werde ich sehen, wieviel ich zusammenbringe.« Es war eine Kleinigkeit, aber ich hatte schon Pech, als ich die erste herausziehen wollte. Sie ging und ging nicht los, und bevor ich sie herauskriegte, riß ich mir ein ganzes Stück Fleisch aus dem Finger. Ich fuhr zurück, gab die Antenne ab und bekam schäbige zehn Pesos dafür.

Meine Tante wusch mir den Finger mit abgekochtem Wasser und Superoxyd und verband ihn. Ich blieb bei ihr, denn mein Vater war immer noch böse auf mich und wollte nicht, daß ich den Fuß in sein Haus setzte. Er hatte meinem Bruder gesagt, das, was ich Delila angetan hätte, wäre unverzeihlich, und er wollte mich nie wieder sehen. Mein Vater bedeutete mir die Welt, und als ich das hörte, brach meine Welt zusammen.

Am nächsten Tag, dem 25. Juni 1958, kam ein Mädchen, das Antonia hieß — nicht meine Stiefschwester — meine Tante besuchen. Ich kannte sie schon seit langem. Sie wohnte mit ihrer Mutter und ihren Brüdern in der schlimmsten »Verlorenen Stadt« in der Umgegend. Es fiel mir erst später ein, daß ich die Art dieses Mädchens nie besonders gemocht hatte. Sie gehörte zu denen, die an der Straßenecke standen und laut und aufdringlich mit den Jungen redeten. Ich wäre sicher nie darauf gekommen, daß sie mal meine Frau werden sollte.

Antonia kam frühmorgens, und ihr Haar war noch ungekämmt und ihr Kleid dreckig. Schlampige Frauen habe ich nie leiden können, aber irgend etwas an ihr, ich weiß auch nicht richtig was, zog mich an. Ganz abgesehen davon, daß ich sie körperlich begehrte, gefiel mir ihre Aufmerksamkeit. Meine Tante machte uns miteinander bekannt, und Antonia sagte gleich, sie hätte eine gute Hand, um Wunden zu heilen, und könnte meinen Finger in einem Augenblick in Ordnung bringen.

Also machte sie mir den Verband, hielt meine Hand in ihrer und fragte mich, ob ich eine Frau hätte. Dann beklagte sie sich über ihren Mann: »Ein Hundeleben habe ich bei dem«, sagte sie.

»Wieso?« Es war das erstemal, daß ich eine Frau so klagen hörte.

»Ach, weil wir bei meiner Schwiegermutter wohnen, und alles, was ich tue, ist nicht richtig. Er gibt mir nur zwei oder drei Pesos pro Tag und will gut essen. Ich hab es satt. Ich glaube, ich muß von ihm weggehen.«

Qué caray! So redete sie weiter, und ich kam sofort auf den Gedanken, ich könnte für dieses Mädchen der rettende Engel sein. Meine Tante unterstützte ihre Geschichte. Schlecht sah Antonia auch nicht aus, nur ein bißchen dicklich.

Glauben Sie mir, danach fühlte ich für sie mehr Mitleid als selbstsüchtige Begierde. Ich wollte ihr helfen. Als sie ihren Mann verlassen hatte und bei ihrer Mutter lebte, nahm ich mir vor, ihr jeden Tag Geld fürs Essen zu geben, wenn sie sich dafür um mich kümmerte . . . dabei verstand sich natürlich von selbst, daß wir heiraten würden, wenn wir gut miteinander auskämen. Nachdem ich diesen Entschluß gefaßt hatte, feierte ich zusammen mit meinen Freunden bei einer anständigen Sauferei.

Antonia machte sich nichts daraus, wenn ich betrunken war, sie bat mich sogar, ihr auch ein Bier zu spendieren. Wir saßen mit ihren Freunden an einem Tisch, und ich umarmte und küßte sie vor allen. Sie war damit einverstanden, am nächsten Tag mit mir ins Kino zu gehen.

Ich mußte Ramón noch einen kleinen Gefallen tun, um mir für diese Verabredung Geld zu verschaffen, aber als ich Antonia traf, sagte sie: »Nein, ich mag nicht ins Kino. Laß uns lieber einen Bus nehmen und woandershin fahren.« Ich war ein wenig langsam, obwohl ich schon etwas ahnte. Ich merkte, was sie vorhatte . . . sie kam mir in netter Weise entgegen, stimmt's?

Na ja, wir landeten in einem Hotel, und es war für mich die schönste Nacht meines Lebens. Kaum waren wir allein, da warf sie sich auf das Bett und zog mich mit. »Los, nun mal ran«, sagte sie. Ich zog sie aus, und wir vergnügten uns.

Ich nahm sie mit zu meiner Tante Guadalupe. Wir schliefen auf einer Matte auf dem Fußboden, und es ging uns nicht schlecht, denn ich brauchte nur das Essen für uns zu bezahlen. Meine Stelle in der Fabrik hatte ich verloren, und ich mußte jeden Morgen losrennen, um in der Glaswerkstatt irgendeine kleine Arbeit zu bekommen. An manchen Tagen konnte ich Antonia nur zwei oder drei Pesos fürs Essen geben. Dann sagte ich ihr, ich hätte schon gegessen, auch wenn das nicht stimmte, damit wenigstens sie genug hatte.

Ich war darauf gefaßt, daß es Scherereien mit Cándido, Antonias Mann, geben würde, besonders wenn der Kerl Schneid hatte, denn ich hatte ihm ja seine Frau weggenommen. Deswegen trug ich immer ein Messer im Gürtel und achtete darauf, nüchtern zu bleiben, aber das fiel mir nicht schwer, denn seit Antonia bei mir war, hatte ich keine Lust mehr zu trinken, zu stehlen oder mich mit anderen zu schlagen.

Cándido lungerte immerzu auf der Straße herum. Einmal ging ich mit Antonia Arm in Arm in der Nähe der Eisenbahnschienen spazieren, da kam er mit zwei Freunden an und sagte Antonia, er wollte sie sprechen.

Ich wollte auf die drei losgehen, aber Antonia trat dazwischen. Da sagte ich ihr, sie sollte zum letztenmal mit Cándido sprechen, um zu hören, was er ihr zu sagen hatte. Sie ging mit ihm weg, und ich wartete an der Ecke, mit dem Rücken an die Mauer gelehnt, damit sie mich nicht von den Seiten oder von hinten angreifen konnten. Sie kam nicht zurück, und mir wurde das Warten über, also ging ich zum Markt und half Manuel, einen Haufen gebrauchter Hemden zu verkaufen.

An diesem Abend kam Antonia nicht zu mir, sondern ging zu ihrer Mutter. Ich verzichtete darauf, ihr nachzulaufen, nicht weil ich Angst hatte, sondern weil ich mir darüber klar war, daß Antonia schließlich verheiratet war und ich nicht das Recht hatte, mich in ihr Leben einzumischen. Es war das erstemal, daß wir uns trennten. Ich wollte sie nicht wiedersehen, aber sie kam zu mir und weinte. Als ich das sah, sagte ich: »Gut«, und nahm sie wieder zu mir. In der Casa Grande lebten nur noch Manuel und seine neue Frau María. Ich sprach mit meinem Vater, und er erlaubte mir, mit Antonia auch dort zu wohnen.

Trotz all der Schwierigkeiten mit meiner Frau war ich damals sehr glücklich. Nachdem ich so viel Schweres durchgemacht hatte, fand ich es schön und wohltuend, verliebt zu sein. Wenn man jemanden liebt und der andere dies Gefühl erwidert, Mensch! das ist etwas Großartiges, etwas Wunderbares. Ich sah alles mit anderen Augen an, selbst die geringsten Kleinigkeiten hatten auf einmal eine andere Bedeutung. Die Liebe ist wirklich das Leben selbst, ich meine, man hat das Gefühl, als hätte man das wahre Ziel des Lebens erreicht. Liebe bedeutet Gott, Güte und Verständnis. Das Verständnis für den anderen hilft einem seelisch, manchmal sogar materiell. So ging es mir. Ich hoffte damals, Antonia würde mich mit der Zeit ebenso lieben wie ich sie oder sogar noch mehr.

Ich hatte viel mehr Lust zur Arbeit, und meine Freunde wunderten sich, daß ich ablehnte, wenn sie mit mir trinken gehen wollten. Ich kam von der Arbeit nach Hause und ging dann nicht mehr fort. Ich saß abends mit Antonia zusammen, und wir schmiedeten Pläne. Zuerst mußte ich eine feste Arbeit haben, dann eine Wohnung für uns beide, ein Bett und nach und nach alles andere, was wir brauchten. Wenn alles gut ging, wollten wir uns zuerst standesamtlich und später in der Kirche trauen lassen. Stellen Sie sich das vor! Ich dachte an eine Hochzeit mit Antonia im weißen Kleid!

Anfangs benahm sie sich ordentlich. Sie blieb den ganzen Tag zu Hause und beschwerte sich über nichts. Manuel und María schliefen auf einer Matratze in der einen Zimmerecke und wir beide auf Säcken in der anderen. Antonia und María vertrugen sich gut und gingen zusammen überall hin. Das gefiel mir nicht. Eine verheiratete Frau sollte nicht mit einer Freundin ausgehen; ich wollte nun ein für allemal, daß meine Frau zu Hause blieb.

Aber eines Morgens ging sie ohne meine Erlaubnis allein aus und kam erst spät abends wieder. María hatte sie gesagt, sie ginge zu einer Freundin, bei der es eine Fiesta gab. Ich war empört und verletzt, denn mir gegenüber hatte sie davon nichts erwähnt. Als sie wiederkam, mußte ich sie dafür bestrafen. Ich schlug sie tüchtig mit meinem Gürtel und sagte, sie sollte ihre Sachen nehmen und verschwinden.

»So ein Leben gefällt mir nicht«, sagte ich. »Du willst dich auf deine Weise vergnügen und frei sein. Du möchtest einen Mann haben, aber du willst dich an ihn und sein Haus nicht binden. Mich benützt du nur als Aushängeschild. Du hältst mich vor allen Leuten zum Narren, deswegen ist es besser für dich, wenn du frei lebst. Also geh.«

Sie heulte, bekam einen Wutanfall und sagte, sie wollte sowieso nicht mit mir weiterleben, weil ich zu eifersüchtig wäre.

»Hör mal, Antonia, wenn es stimmt, daß ich eifersüchtig bin, warum hilfst du mir dann nicht, darüber hinwegzukommen? Statt dessen gibst du mir immer neue Gründe zur Eifersucht. Sogar wenn wir zusammen die Straße entlanggehen, verdrehst du den Kopf nach allen Seiten. Merkst du denn nicht, wie mir dann zumute ist? Ich liebe dich mit meiner ganzen Seele. Ich liebe dich nicht nur, ich bete dich an. Noch nie in meinem Leben hat eine Frau mich so tief berührt wie du. Darum bitte ich dich, vermeide doch solche Dinge.«

Aber sie wollte nicht hören, steckte ihre Sachen in einen Mehlsack und ging fort. Ich sah sie lange nicht und fing wieder an zu trinken. Wenn ich ordentlich besoffen war, besuchte ich meine Schwiegermutter und fragte sie, ob sie etwas von Antonia wüßte, denn sie war verschwunden. Ich suchte Tag und Nacht überall nach ihr, aber niemand konnte mir Auskunft geben.

Eines Tages traf ich sie mit Cándido am Eingang zur *vecindad,* in der ihre Mutter wohnte. Ich fragte: »Antonia, sag mir die Wahrheit, gehst du wieder mit diesem Bastard?« Sie sagte ja und drückte sich enger an ihn. Ach, es tut mir weh, wenn ich daran denke! Sie hielt also zu ihm, und ich begriff, daß es

Unsinn wäre, wenn ich noch um sie kämpfte. Ich ging zu ihrer Mutter, und die versuchte mich zu trösten. Meine Schwiegermutter hatte mich immer gern gehabt. Sie war eine feine Frau, Antonia kannte und schätzte sie gar nicht genug. Ich glaube, aus Antonia wurde deswegen nichts Richtiges, weil ihre Mutter zur Arbeit gehen mußte und sich nicht um ihre Tochter kümmern konnte.

Danach war ich jeden Abend bei meiner Schwiegermutter. Wenn Antonia zu Hause war, redeten wir über unsere Probleme und zankten uns. Ich betrachtete sie immer noch als meine Frau, und von Zeit zu Zeit ging ich mit ihr ins Hotel.

Meine Schwester Consuelo hatte damals eine kleine Wohnung mit Küche und Bad für sich. Sie hatte sich ein Sofa und einen Schrank gekauft, und mit all diesen Sachen kam sie mir richtig vornehm vor. Sie überredete mich ständig, mit Antonia zu ihr zu ziehen. Sie dachte, so könnten wir beide es noch mal versuchen. Antonia war einverstanden, aber mir gefiel dieser Gedanke nicht.

Ich sagte: »Sieh mal, Schwester, mit uns klappt das nicht. Bei deinem Charakter weiß ich, daß es eines Tages schiefgeht. Es ist besser, du hast deinen Frieden, und ich suche für Antonia und mich eine Wohnung, sobald ich kann, damit ich das Gefühl habe, ein Mann zu sein. Ich brauche einen Platz, wo ich der Herr bin.«

Eines Abends saß Antonia da und stickte an zwei Kopfkissenbezügen; sie sagte, die wären für mich. Auf dem einen stand »Ich liebe dich« und auf dem anderen »Für dich, mein Lieber«.

»Ay, caramba, für mich? Wie schön.«

Da erklärte sie, sie hätte mit Cándido gebrochen und wollte wieder zu mir kommen.

»Ja, Roberto«, sagte sie, »ich habe es mir überlegt. Ich möchte einen Mann, der mir eine Wohnung einrichtet, wo ich sagen kann, was ich will und wo mir niemand dreinredet.«

»Aber Antonia, das will ich doch auch. Laß mich nur eine Arbeit suchen, dann wirst du schon sehen. Wir werden nicht in Reichtum und Luxus leben, aber du hast wenigstens ein Zuhause, und wir werden auskommen, so gut es geht.«

Da sprach ich mit Consuelo, ob wir nun zu ihr ziehen könnten. »Ja, natürlich«, sagte sie, also kamen wir zu ihr, obwohl ich immer noch darauf gefaßt war, daß die Sánchez-Natur eines Tages in ihr durchbrechen würde und sie uns satt hätte.

Ein paar Monate ging alles gut. Aber ich arbeitete nicht viel, und meine Schwester bezahlte die Miete und lieh mir Geld fürs Essen. Ich wollte von Anfang an, daß Antonia und ich auf dem Fußboden schliefen, damit Consuelo das Bett hatte, aber sie wollte nichts davon hören. Manchmal schlief sie auf dem kleinen Sofa und überließ uns das Bett, aber wenn sie abends müde war und sich ordentlich ausruhen mußte, schlief ich auf dem Sofa und sie mit meiner Frau im Bett.

Ich mußte Antonia ausschimpfen, weil sie nicht sauber genug war, weil sie schmutzige Wäsche, die sie eingeweicht hatte, im Waschkübel liegen ließ und meine Neffen und Nichten anschrie. Einmal ging sie fort, ohne mich zu fragen, und als ich sie dafür schlug, kam meine Schwester dazwischen, und da setzte es was! Die beiden fielen nicht schlecht über mich her.

Am nächsten Tag, als ich von meiner neuen Arbeit in einem Lagerhaus zurückkam, war Antonia verschwunden. Wieder suchte ich nach ihr. Manchmal streifte ich um zehn oder elf Uhr nachts durch die Gegend. Und ich stand mehr als einmal bis drei Uhr morgens an den Straßenecken, um sie zu erwischen. Meine Schwiegermutter wußte ebenso wenig wie ich, wo sie geblieben war, und ich ging zu einem Hellseher, damit er sie zurückbrachte. Antonias Mutter war sehr böse und schwor, sie würde Antonia enterben, wenn sie nicht wieder zu mir käme.

Ich betrank mich fast jeden Abend und wurde zweimal von irgendwelchen Banden zusammengeschlagen, die sich meinen Zustand zunutze machten. Ich hörte, daß Antonia mit Cándido zusammenlebte, und in meinem Kummer und meiner Wut spürte ich ihm nach, mit dem Messer im Gürtel. Ich wollte diesen Bastard endlich zu einem Zweikampf herausfordern. Aber er ging mir wohl aus dem Weg, denn ich traf ihn nie.

Eines Tages sah ich die beiden vom Bus aus, wie sie nebeneinander hergingen. Ich sah, wie sie ihn anlächelte, und ich weiß nicht, was da in mir vorging, aber in diesem Augenblick gab ich sie auf. »Von nun an ist Antonia für mich tot«, sagte ich mir. Ich besoff mich so, daß ich schon betrunken werde, wenn ich nur daran denke. Ich beschaffte mir Hunderte von Pesos und gab sie alle aus.

Ich sah ein, daß Antonia nicht einen Centavo wert war. Sie hatte kein Gefühl, kein Herz, nicht einen Funken Anstand. Sie war in allem gleichgültig, auch gegen sich selbst. Ich wußte von Anfang an, was sie für eine war, aber ich hatte es nicht beachtet, weil ich sie liebte. Ich brauchte sechs Monate und ein paar andere Mädchen, bis ich über diesen Schlag wegkam!

Wenn es um die Liebe geht, dann verstehe ich selbst nicht mehr, was ich tue. Niemand kann in diesen Dingen seine Gefühle beherrschen. Man kann in dieser sündigen Welt seinen Willen durchsetzen und dem ganzen Universum befehlen, aber dem eigenen Herzen nicht. Was geschieht, muß geschehen, denn es ist alles vorherbestimmt. Irgendwo dort oben steht es schon geschrieben, und selbst, wenn es Seher und Propheten gibt, glaube ich nicht, daß sie oder andere wissen, was morgen sein wird. Wir können nicht bestimmen, wann wir geboren werden und wann wir sterben. Das steht alles von vornherein fest. Deswegen sage ich, daß ich an das Schicksal glaube. Früher oder später geschieht das, was geschehen soll. So ist das in der Welt.

CONSUELO

In Monterrey gab ich mich wirklich mit Leib und Seele Mario hin, oder nein, ich gab ihm doch nur meinen Körper, denn ich liebte Mario nicht. Ich kann sogar sagen, daß ich ihn haßte. Ich behandelte ihn schlecht, wie einen Feind, obwohl er gut zu mir war. Während wir im Zug saßen, quälte mich die ganze Zeit der Gedanke, daß ich nach der Ankunft, wenn wir in einem Zimmer, viele Kilometer von zu Hause, allein sein würden, in einer Gegend, in der ich keinen Menschen kannte, mit ihm schlafen sollte. Ich hatte es ihm versprechen müssen. Danach war ich kalt zu ihm und konnte nur an eines denken, nämlich, daß mir diesmal kein Ausweg mehr blieb.

Am ersten Tag zogen wir in eine Pension. Ich fürchtete mich vor dem Abend, wenn wir ins Bett gehen mußten. Er hatte schon lange auf diesen Augenblick gewartet. Bei seiner Mutter war es nicht möglich gewesen, weil sie uns sofort getrennt hatte. Bei meiner Tante ging es noch weniger, weil das Zimmer zu klein war.

In den beiden ersten Nächten brachte ich es fertig, ihn abzuweisen. Aber in der dritten konnte er es nicht mehr aushalten. Er fing an, zärtlich zu werden: »Meine Liebe, endlich werden wir nun Mann und Frau.« Mir drehte sich vor Angst der Magen um, und ich sagte: »Ach, laß mich in Ruhe.«

Aber er gab nicht nach. Er streichelte meine Schultern und mein Haar, küßte mein Gesicht und sagte mir süße Worte. Ich schwitzte und dachte nur an den Augenblick, wenn ich mich ihm hingeben müßte. Ich wünschte, irgend jemand würde kommen und mich retten. Ich stieß seine Hände zurück und sagte, er solle mich in Ruhe lassen. Da erinnerte er mich daran, daß ich ihm mein Wort gegeben hatte. Ich bekam ein schlechtes Gewissen, sagte nichts und ließ mich von ihm umarmen und küssen. Aber als er mich endlich genommen hatte, konnte ich es nicht ertragen. Ich beherrschte mich nicht länger, schob ihn weg und trat ihm dabei vor die Brust. Er stöhnte und rang einen Augenblick nach Atem. Dann redete er mir ganz ruhig zu, und allmählich besänftigte er mich. Es tat mir leid, daß ich so mit ihm umgegangen war, und ich bat ihn um Verzeihung. Er küßte mich auf die Stirn und drehte sich nach der anderen Seite um. Eine Weile sah ich noch seinen jungen,

weißen Rücken an und sein schwarzes, gewelltes Haar. Ich
dachte, für diese Nacht wäre es überstanden, und schlief ein.
Aber gegen Morgen begann er wieder, mich zu streicheln. Ich
wachte auf und wehrte mich verzweifelt, doch er brach meinen Widerstand mit zärtlichen Worten. Mario erreichte sein
Ziel. Er versuchte, mir dabei so wenig wie möglich weh zu tun,
aber ich konnte es nicht aushalten. Ich wünschte nur, daß es
gleich vorbei wäre, daß geschah, was geschehen sollte, und ich
meinen Frieden wieder hätte. Am Ende war Mario halb von
Sinnen und schwitzte, der Ärmste. Ich drehte mich auf die Seite und heulte los.
»Aber meine Liebe, wie hast du dir denn die Ehe vorgestellt?
Sei nicht albern. Ich liebe dich, Consuelo, glaub mir. Ich werde dich nie verlassen. Wein doch nicht, bitte wein nicht.«
Ich hörte nicht auf ihn. Ich dachte, jetzt ist es aus: Ich bin
für immer erledigt. Nun bin ich nicht mehr unschuldig, und
alles wegen dieser Sch . . . ziege Delila. Aber an sich ist mein
Vater daran schuld. Er hat mich ihretwegen aus dem Haus gejagt . . . Wenn du nur wüßtest, was du mir angetan hast, Vater! Du bist verantwortlich für das, was von nun an aus mir
wird! Ich weinte bitterlich und stellte mir vor, mein Vater
könnte mich sehen und würde mit mir leiden. Er bat mich,
ihm zu verzeihen. Aber da war nun nichts mehr zu machen.
Mario tröstete mich: Ich hätte ihn am liebsten weggestoßen.
Schließlich flüchtete ich mich doch in seine Arme, und so
schlief ich ein.
Am nächsten Tag mochte ich ihm nicht in die Augen sehen.
Als er von der Arbeit kam, umarmte er mich und sagte kein
Wort über das, was in der Nacht passiert war. Ich wußte
genau, was er vorhatte, und wies ihn ab. In dieser Nacht
erreichte er nichts. Wir kamen überhaupt nur selten zusammen. Ich weigerte mich immer. Wenn er sich mir näherte
und mich bat, ihm über den Kopf zu streichen, ein liebes
Wort zu sagen und nicht so kalt zu sein, machte mich das
wahnsinnig. Meine Nerven gingen mit mir durch. Ich stieß
ihn zurück und hänselte ihn. Zurerst gab er nach, aber später
zankten wir uns.
Eines Nachts trieb ihn die Verzweiflung so weit, daß er tobte.
Er machte alles kaputt, was ihm in die Hände kam. Er zerriß
seine Kleider und die Bettdecken und goß mir ein Glas Wasser
ins Gesicht, weil ich ihm gesagt hatte, daß ich ihn nicht liebte.
Ich erschrak, als ich hörte, wie er seine Liebe zu mir und die
Stunde unserer ersten Begegnung verfluchte. Wir hatten kein
Licht. Die Öllampe, die Mario umgeworfen hatte, rollte irgendwo am Boden herum. Ich nutzte die Dunkelheit aus, zog mir
das Kleid über, drückte mich in die Zimmerecke und schlich
an der Wand entlang. Mario fluchte noch immer, und ich hat-

te furchtbare Angst, bis ich die Tür fand und wegrannte, barfuß wie ich war.

Ich stolperte ein paarmal, und als ich unter einem Stacheldrahtzaun durchkriechen wollte, verletzte ich mich am Rücken und zerriß mein Kleid. Ich zitterte vor Angst, daß Mario mir nachlaufen und mich schlagen würde. Ich war außer Atem und fürchtete mich in der Dunkelheit; sie war anders als in Mexico-City. Ich setzte mich in einen Hauseingang und fühlte mich ganz verloren. Wo konnte ich bloß so spät nachts noch hingehen? Ich kannte doch niemand und hatte nichts zum Überziehen.

Ich ging an ein Fenster und flüsterte: »Señora, Señorita, bitte seien Sie so nett und lassen Sie mich rein. Mein Mann ist betrunken, und ich habe Angst, daß er mich schlägt.« Gottseidank antwortete mir eine Frau. Es war dieselbe, die uns am ersten Tag angeboten hatte, für uns zu kochen und zu waschen. Sie ließ mich in ihrem Haus schlafen. Am nächsten Morgen fragte sie, ob ich zu Mario zurückgehen wollte, und ich sagte nein, ich würde arbeiten. Da nahm Brígida mich richtig bei sich auf. Nachdem Mario zur Arbeit gegangen war, holte ich meine Sachen.

Ich hatte nicht einen einzigen Centavo, nur ein paar Ohrringe, die verkaufte ich, um mir Geld für den Bus und für eine Zeitung zu beschaffen. Ich schrieb auf ein Stellenangebot für eine Stenotypistin und wurde von Señor Pachecos Frau ausgefragt. Sie prüfte mich und gab mir die Stelle. Ich fing noch am gleichen Morgen an zu arbeiten. Es war eine Büromaterialhandlung, und ich mußte die Korrespondenz erledigen und die Rechnungen ordnen. Dafür bekam ich nur hundertfünfundzwanzig Pesos im Monat, aber ich nahm die Arbeit an, bis ich was Besseres finden würde.

Mittags hatten Clemente, der Schreibmaschinenmechaniker, und ich Essenspause. Ich hatte seit dem Abend vorher nichts gegessen, und es kam mir vor, als ob mein Magen am Rückgrat festgeklebt war. Ich hatte kein Geld, deswegen sah ich mir ein paar Schaufenster an und ging dann wieder ins Geschäft zurück. Die Türen waren noch geschlossen, so blieb ich am Eingang stehen und hielt mit den Händen meinen knurrenden Magen. Clemente kam als erster. Er dachte sich wohl, daß ich noch nichts gegessen hatte, denn er wollte unbedingt, daß ich mit ihm etwas trinken ging.

Er nahm mich mit zu seinen Freunden, die ganz in der Nähe ein Restaurant hatten. Er sagte irgend etwas zur Kellnerin, und sie brachte mir Fischsuppe und einen Krabben-Cocktail. Es war mir furchtbar peinlich, aber mein Hunger war wirklich zu groß, und ich hatte nicht die Kraft, so ein köstliches Essen abzulehnen. Während ich aß, hatte ich die ganze Zeit Angst, denn wenn Mario oder einer seiner Freunde vom Postamt vorbeigekommen wäre, dann hätte ich etwas erleben können.

Ich nahm an, daß Clemente irgendwelche Anspielungen machen würde, aber das tat er zum Glück nicht. Von da an waren wir gute Freunde. Ich glaube nicht, daß ich noch einmal einen jungen Mann wie ihn treffen werde. Er half mir, ohne dabei Hintergedanken zu haben oder etwas dafür zu erwarten.

Kurze Zeit später kam ein Chinese ins Büro und sah mir bei der Arbeit zu. Am nächsten Tag bot er mir eine Stelle als Kassiererin in seinem Café an. Er zahlte mir zwölf Pesos am Tag und drei Mahlzeiten.

Ich arbeitete von acht Uhr morgens bis abends um acht, ohne Pause — nicht wie in Señor Pachecos Büro. Die Arbeit war sehr einfach: Ich mußte die Kasse kontrollieren und aufschreiben, was verkauft und wieviel Geld ausgegeben wurde.

Eine von den Kellnerinnen dort sagte mir, als Señora könnte ich nun nicht mehr ohne einen Mann leben. Sie meinte, ich würde mich eines Tages, wenn ich überhaupt nicht damit rechnete, einem anderen hingeben, und zwar nicht, weil ich ihn liebte, sondern weil der Körper danach verlangte. Darüber war ich sehr erschrocken. Wenn ich vor der Wahl stand, mich einem Mann zu geben, den ich nicht einmal kannte, oder mit Mario weiterzuleben, war es doch besser, ich ging zu ihm zurück, denn da wäre ich wenigstens sicher.

Es war für Mario natürlich nicht schwer, mich zu finden, weil er an der Post angestellt war. Er hatte mich mit dem Inspektor und anderen Leuten bekannt gemacht, und sie waren alle nett zu mir gewesen. Deswegen konnte ich mich nicht verstecken, selbst wenn ich es gewollt hätte, denn alle Briefträger kannten mich. Als ich für Señor Pacheco arbeitete, hatte Mario mich dreimal besucht. »Überleg es dir genau, Consuelo. Du mußt zu mir zurückkommen. Wir sind hier beide ganz allein. Du brauchst mich und ich dich. Übrigens, hast du irgend etwas nötig?«

Da tat ich richtig hochmütig und sagte: »Ich brauche dich bestimmt nicht. Ich kann selbst für mich sorgen. Und denk ja nicht, ich würde wieder zu dir kommen.« Aber als er fort war, dachte ich mit Rührung an ihn. Immer, wenn ich ihn nicht sah, bedeutete er mir auf einmal mehr.

Er holte mich jeden Abend im Café Frontera ab. Ich hatte eine kleine Holzhütte für fünfzig Pesos im Monat gemietet. Zwar besaß ich kein einziges Möbelstück, schlief auf dem Fußboden und hatte kein anderes Licht als das von Brígidas Haus gegenüber, aber seit ich im Café war, brauchte ich nicht mehr zu hungern. Und in Brígida hatte ich eine gute Freundin. Sie war wie eine nahe Verwandte.

Alle rieten mir, ich sollte zu Mario zurückgehen. Aber ich weigerte mich bis zu dem einen Abend, an dem ich länger als sonst gearbeitet hatte und erschöpft auf mein »Bett« am Boden fiel. Ich erwachte von einem furchtbaren Schmerz in den Rippen an der linken Seite und fing an zu weinen. Als ich mich aufrichten wollte, wurden die Schmerzen noch stärker. Ich krümmte mich und konnte kaum noch atmen; mein linkes Bein war wie gelähmt. Ich versuchte zu schreien, aber ich konnte nicht. Ich hatte nicht einmal eine Kerze. Draußen schien der Mond so schön; ich sah durchs Fenster zu ihm auf und dachte an Zuhause, wo mein Vater, meine Geschwister und die anderen satt, ruhig und sorglos schliefen.

Ich weinte lange und litt unter den Schmerzen. Als ich endlich wieder mein Bein bewegen konnte, fiel mir Mario ein. Wäre er dagewesen, dann hätte er mich zum Arzt gebracht oder mir Tee gekocht. Bei ihm würde ich wenigstens keine Angst haben. Als ich ihn am nächsten Tag traf, sagte ich, ich wollte doch zu ihm kommen. Ich gab meine Stelle auf, und Brígida lieh uns ein Bettgestell und eine Decke und erlaubte mir, auf ihrem Herd zu kochen.

Es war merkwürdig, aber mit der Zeit wurde mir besser. Ich hatte etwas, das mich beschäftigte, nein, Liebe war es nicht — denn Mario liebte ich nicht, ich wollte ihn eigentlich gar nicht haben —, aber ein Pflichtgefühl. Es fiel mir schwer, ihm eine große Liebe vorzutäuschen, die ich überhaupt nicht empfand, und ich blieb weiter gleichgültig und kalt. Mario sagte, ich hätte eine raffinierte Art, grausam zu sein, denn wenn er seine Wutanfälle — man kann schon sagen, Tobsuchtsanfälle — bekam, tat ich nichts, um ihn zu beruhigen. Dann schloß er die Tür ab, ließ mich nicht hinaus und schmiß in seiner Verzweiflung alles an die Wand, riß seine Sachen kaputt, schrie, heulte und wurde halb verrückt. Währenddessen stand ich da wie ein Stein und rührte mich nicht, ließ mir weder Angst noch Ärger anmerken und starrte auf irgendeinen Punkt im Zimmer.

Er glaubte, ich weidete mich an seiner Wut und Verzweiflung, aber innerlich war ich tief erschrocken und hatte Angst, daß er auf mich losgehen würde. Am liebsten wäre ich weggelaufen, aber ich saß wie eine Maus in der Falle, weil ich feige war und mich fürchtete. Ich wollte weinen und ein versöhnliches Wort wie »verzeih mir« sagen, doch ich war wie gelähmt.

Mario hatte mich oft gebeten, ihn zu beruhigen, wenn er diese Anfälle bekam. »Du brauchst nur ein bißchen zärtlich zu mir zu sein, dann bin ich still. Bitte, Consuelo, wenn du siehst, daß ich wütend bin, sag irgend etwas, beschimpf meine Mutter, hau mir eine runter, aber steh nicht so da. Hast du denn gar kein Herz?«

Zu meiner Schande muß ich sagen, daß ich nur zusah, wenn er tobte, bis er sich an den Kopf griff und schluchzend auf das Bett fiel. Kein Tag verging ohne einen Streit, und die paar Sachen, die ich gekauft hatte, lagen bald zertrümmert auf dem Fußboden. Die Nachbarn waren jedesmal erschrocken, klopften an die Tür und fragten: »Hat er Sie geschlagen?« Dann kam ich heraus und sagte ruhig: »Nein, er schlägt mich nie. Es sind nur seine Nerven.«

In Wirklichkeit aber war ich die Nervöse. Ich fand keinen Ausweg. Nichts war mir recht. Wenn er sagte: »Laß uns zum Zócalo gehen, damit du dich ein bißchen zerstreust«, antwortete ich: »Zum Zócalo? Na, was ist das schon für ein Vergnügen?« Wollte er mit mir ins Kino gehen, sagte ich: »Ins Kino? Ohne mich. Du weißt, daß mich das nicht interessiert. Geh mit deinen Freunden!« Er nahm das alles hin. Er langweilte mich, und ich bereute, daß ich zu ihm zurückgekehrt war. Aber wenn er sagte, er würde mich verlassen, da ich nicht mit ihm zufrieden war, versprach ich, nie wieder häßlich zu ihm zu sein.

Während der ganzen Zeit fing ich nur deswegen kein eigenes Leben an, weil ich mich nicht gegen Ihn versündigen wollte. Aber wie sehnsüchtig bat ich Ihn, mich zu sich zu nehmen! Nachmittags oder abends, bevor Mario nach Hause kam, legte ich mich in mein armseliges Bett. Es bestand aus einem Gestell mit einer kleinen Sprungfedermatratze und aus einer Unterlage aus Pappe und alten Kleidern, über die eine Decke gebreitet war. Ein Kissen, das ich selbst gemacht hatte, vervollständigte das Ganze. Das Zimmer war von einer Kerze beleuchtet. Ich sah zur Decke auf, weinte bittersüße Tränen, die mir aus dem Herzen kamen, und flehte zu Ihm.

Mein Körper gehörte Mario, aber wie schrecklich war das für mich! Ich habe mir nie in meinem Leben gewünscht, einem Mann anzugehören, nicht ein einziges Mal. Daran habe ich nie gedacht! Und jetzt starb ich jedesmal, wenn Mario nach seiner Arbeit glücklich nach Hause kam und mich in seine Arme nehmen wollte. Ich fürchtete mich davor. »Warum sind die Menschen so schmutzig? Nimm mir lieber das Leben, Herr. Ich kann das nicht ertragen. Ich bin dafür nicht gemacht.« Das waren keine bloßen Worte. Ich bat Ihn inbrünstig und von ganzer Seele, mir dieses Wunder zu gewähren. Und ich wartete und wartete, daß es geschehen würde. Man kann sagen, ich war schon tot.

Mario tat alles, um mich glücklich zu machen. Es ist furchtbar, wenn man sich nicht verstellen kann! Ich war wie betäubt, wenn er ankam. »Meine Liebe, wo bist du? Ich bin wieder da. Was ist mit dir? Warum weinst du? Komm, wir gehen essen oder zum Zócalo. Sei nicht traurig.« Er liebte mich so sehr und ahnte nicht, daß ich Gott noch ein paar Minuten vorher gebeten hatte, zu sterben und dieses Leben verlassen zu können.

Aber mit der Zeit gewann ich ihn wirklich lieb, bis eines Tages der Brief von seiner Mutter ankam, in dem sie ihm riet, mich zu verlassen. »Diese Frau ist nicht gut für Dich. Sie ist älter als Du und sehr hinterlistig. Such Dir da ein anderes Mädchen und bring sie zu uns. Ich schicke Dir dann das Geld.« Mich traf jedes Wort wie ein Stein, und ich war tief verletzt. Am Schluß des Briefes las ich: »Dein Sohn hat keine Schuhe mehr. Schick mir Geld dafür und verschwende es nicht für dieses Weib.« Ich sah ihn an. Er hat also einen Sohn. Ich wandte mich ab und weinte.

Ich wußte eigentlich überhaupt nichts von Mario. Das Gefühl, das ich für ihn empfand, erlosch nun wieder. Er erklärte mir das mit dem Jungen. »Sieh mal, meine Liebe, ich habe dir nicht alles gesagt, wegen meiner Mannesehre, aber Camilia...« Dann erzählte er mir, wie er mit dieser Frau gelebt hatte. Marios Mutter hatte die beiden gezwungen zu heiraten, als sie herausbekam, daß Camilia von Mario ein Kind erwartete. Aber daran war das Mädchen schuld gewesen, denn sie war ihm nachgelaufen. Er hatte sie nicht einmal gern gehabt, weil sie sich zu sehr aufdrängte. Seine Mutter hatte die Polizei geholt, und er wurde in Unterhosen vor Gericht geschleppt. Von da führten die Polizisten, Camilias Eltern und Marios Mutter das junge Paar gleich zur Kirche, wo es getraut wurde. Kurz darauf, an seinem sechzehnten Geburtstag, erlebte er die erste Enttäuschung, als er seine Frau mit einem seiner Freunde in einem Tanzlokal überraschte. Das zweite Mal erwischte er sie zu Hause mit einem Soldaten, und das dritte Mal sah er sie mit einem anderen Mann aus einem Hotel kommen. Danach verließ er sie.

Ich glaubte Mario, aber mein einziger Gedanke war von da an, daß wir nie heiraten konnten. Es war aussichtslos. Und da ich wußte, daß er ein Kind hatte, konnte ich ihm auch nicht nahekommen. Ich kam mir vor wie ein Dieb. Das Leben hatte alle Farben verloren und machte mir keine Freude mehr. Es war schrecklich, so weiterzumachen, ohne eigentlich zu leben. Ich war nutzlos, ging wie betäubt umher und fühlte nichts mehr.

Und wie furchtbar war es abends, wenn Mario mich nahm und ich mich ihm gegen meinen Willen hingeben mußte. Es gibt nichts Schlimmeres als sich einem anderen unterwerfen zu müssen und nur ein Werkzeug zu sein. Mario sagte: »Nein, meine Liebe, ich tu es nicht nur aus Begierde. Das darfst du nicht denken. Viele Frauen könnten mich besser befriedigen als du. Ich tu es, weil ich ein Kind von dir haben möchte.

Kannst du dir das vorstellen? Ein kleines Mädchen wie du? Wie glücklich wäre ich, wenn ich von dir ein Kind hätte!«
Aber ein Kind war das letzte, was ich mir wünschte. Ich sagte ihm: »Mein Kind soll den Namen seines Vaters tragen, und den hast du ja schon deinem Sohn gegeben. Wenn ich von dir ein Kind bekomme, steht es immer an zweiter Stelle, und das will ich nicht.«

Er versuchte ständig, mich davon zu überzeugen, wie wunderbar es wäre, wenn ich ihm ein Kind schenkte. Eines Nachmittags war ich so gereizt, daß ich den Tag verfluchte, an dem das geschehen sollte. Er hatte mich noch nie geschlagen, aber diesmal tat er es. Und ich wehrte mich nicht, denn ich wußte, er hatte recht.

Das Glück war gegen uns. Eines Morgens fiel das Votivlämpchen um und steckte das Haus in Brand, nicht das ganze, aber immerhin einen Teil. Es blieben nur noch zwei Hemden und zwei Hosen von Mario übrig und drei Kleider von mir. Ich sah die verbrannten Sachen gleichgültig an. Mario zündete sich eine Zigarette an und sagte: »Du weinst nichtmal?«

»Warum sollte ich weinen? Es ist aus und vorbei.« Und so stumpf lebte ich weiter.

Es gibt Erinnerungen, die einem weh tun, auch wenn man nicht von ihnen spricht. Ja, ich war schwanger, aber ich wußte es damals noch nicht, weil ich keines von den Anzeichen bemerkte. Bis zum Januar ging es mir gut. Mir war weder übel, noch hörte die Regel auf. Deswegen glaubte mir Mario auch nicht, als ich ihm sagte, der Rücken täte mir weh.

»Ob ich vielleicht ein Kind bekomme?« fragte ich. Aber Mario hatte kein Vertrauen mehr zu mir. Er sah mich kalt an und sagte: »Eher bricht das ganze Postamt zusammen, als daß du Mutter wirst. Ich glaube, du stirbst, wenn du merkst, daß du schwanger bist.«

In derselben Nacht ließ ich ihn — wie schon so oft vorher — nicht mit mir schlafen. Ich sagte, er solle sich auf den Fußboden legen wie früher. Wir zankten uns, und er war sehr aufgebracht. Er heulte vor Wut, beschimpfte mich und verglich mich mit seiner Frau.

»Ja, Camilia war mehr wert als du. Sie konnte mir einen Sohn schenken, du bist noch nicht mal dazu imstande. Zu nichts taugst du!« Ich war furchtbar beschämt und gedemütigt. Da lag ich nun halb nackt neben ihm, und er beleidigte mich auch noch. Ich hielt mir die Ohren zu, um ihn nicht schreien zu hören: »Camilia! Komm, ich brauche dich. Nur du kannst mir helfen!«

Er weinte und schlug mir mit einer Zeitung ins Gesicht. Er war vor Wut wie betrunken. Ich sah, wie er nach einer Rasierklinge griff, und dachte, er wollte damit auf mich losgehen, aber er streckte seinen Arm aus, um sich die Ader aufzuschneiden. Ich nahm ihm die Klinge weg und brachte ihn ins Bett. Die ganze Nacht hatte ich starke Schmerzen im Unterleib. Mario ging am nächsten Morgen früh zur Arbeit, ohne meine Klagen ernst zu nehmen.

Ich erwachte, als jemand rief: »Consuelo, der Wind weht deine Wäsche fort!« Ich war noch ganz verschlafen, stand auf und lief hinaus, um die Sachen abzunehmen. Der Zementboden war glatt, ich fiel hin und wurde ohnmächtig. Als ich zwei Tage später im Entbindungsheim aufwachte, saß Mario neben mir und weinte. Wie ich ihn da so sah, hatte ich ihn sehr lieb. Er bat mich, ihm zu verzeihen, und sagte, er verachte sich selbst, weil er mir nicht geglaubt hatte. Ich lächelte. Er hatte mich also nicht verlassen, und ich war froh, daß er bei mir war. Ich blieb fünf Tage dort, und er kam mich jeden Tag besuchen. Er wollte nicht, daß mein Vater etwas davon erfuhr. Aber ich fühlte mich schlecht, ich war wirklich krank und gebrochen. Dank Brígidas Hilfe konnte ich ein Telegramm aufgeben: »Papa, brauche Geld. Bin im Krankenhaus.«

Eines Nachmittags weckte mich das Geschrei eines neugeborenen Babys. Etwas später wurde eine Tragbahre mit einer Frau hereingetragen, die gerade entbunden worden war. In diesem Augenblick erst wurde ich traurig. Wie schön wäre es, wenn ich mein Baby neben mir haben könnte! Als ich aus dem Krankenhaus kam, machte es mich jedesmal betrübt, wenn ich draußen Kinder spielen sah. Das ging mir lange so; ich dachte immer, wie alt mein Baby jetzt wäre. Aber mit der Zeit fand ich mich damit ab und versuchte zu vergessen, was geschehen war.

Zu Hause wartete ich auf Antwort von meinem Vater. Ich war besorgt, weil nichts kam. Es konnte doch wohl nicht sein, daß er mich so haßte. Eines Tages lag ich auf meinem Lumpenbett in dem kleinen Zimmer mit den dünnen Wänden und der auf sechs Balken ruhenden Decke aus schwarzer Preßpappe. Drei horizontale Balken stützten die Wände, auf dem einen standen meine Heiligenbilder. An den Nägeln in den Wänden hingen meine Kleider, und meine Schuhe standen in einer Holzkiste.

Mario war bei der Arbeit, und ich lag ganz allein da. Mir tat alles weh, meine Hüfte und die Beine waren wie zerschlagen. Ich hatte kein Gefühl mehr in den Händen, mein Gesicht war geschwollen, und es kam mir vor, als würden mir die Zähne herausfallen. Außerdem war ich taub. Ich hörte nichts als ein Summen in meinen Ohren.

Auf einmal verschwanden die Schmerzen. Mein Körper wurde ganz leicht, es war, als ob ich mich plötzlich teilte. Die eine Hälfte schwebte, und die andere blieb im Bett liegen. »Endlich«, murmelte ich und merkte, daß ich lächelte. Ich fühlte mich so frei wie noch nie, und dort oben an der Decke sah ich Ihn. Da erschien ein seltsam grünlich leuchtendes Kreuz mit einer kleinen Flamme in der Mitte. Es kam mir vor, als ob es mich in sich aufnahm. Ich fühlte meinen schmerzenden Körper nicht mehr. Ich war wie ein Schleier, der langsam aufstieg.

Das Gefühl war so schön, daß ich nicht die richtigen Worte finde, um es auszudrücken. Ich kann nur sagen, ich löste mich plötzlich in nichts auf. Danach hatte ich mich mein ganzes Leben gesehnt. Ich empfand ein grenzenloses Glück, eine große, unbeschreibliche Freude. Das dauerte ein paar Minuten. Von fern her hörte ich ein Nachbarskind rufen: »Consuelo, da ist jemand, der dich sucht. Ich glaube, es ist dein Papa!« Erst dann verschwand das alles. Ich wünschte, es wäre immer so geblieben. Als ich zu mir kam, spürte ich heftige Schmerzen im Unterleib, und ich umarmte meinen Vater.

Wir weinten beide. Nachdem wir uns beruhigt hatten, sagte er: »Und dafür bist du in die Schule gegangen? Dafür hast du Stenographie gelernt? In was für einem schäbigen Zimmer du wohnst!«

Ich wurde ärgerlich. Bis dahin hatte noch nie jemand so etwas über meine Wohnung gesagt. Hier hatte ich allein zu bestimmen, konnte meine Sachen hinstellen, wo ich wollte, ohne vor jemand Angst zu haben, hier konnten Brígida oder andere Mädchen ungestört mit mir reden, und niemand konnte mir sagen, daß ich wie ein Schwein lebte. Ich hing an unserem kleinen Haus. »Ich bin zufrieden hier, Papa. Mario ist sehr gut zu mir. Er kann mir nicht mehr geben. Aber er ist gut.«

Mein Vater wollte mich nach Mexico-City mitnehmen und holte einen Arzt. Er sagte, daß ich reisen könnte. Ich überlegte mir die Sache. Mario war mit einer anderen verheiratet, kirchlich und standesamtlich, er konnte sich also nicht scheiden lassen. Und er mußte seinen Sohn unterhalten. Außerdem hatte er mich schon wieder beleidigt und erklärt, seine Frau sei besser als ich. »Du kannst dich nicht mit ihr vergleichen! Sie hat weiße Haut, und deine ist dunkel. Von ihr habe ich ein Kind. Das ist eine Frau!« Das hatte er gesagt, als ich mich ihm nicht hingeben wollte.

Deswegen war es mir recht, mit meinem Vater abzufahren. Mario blieb in Monterrey. Ich versprach, auf ihn zu warten, bis er versetzt würde. »Ich lasse dich nicht im Stich, das weißt du.« Ich fuhr mit dem Bus nach Mexico-City zurück. Mein Vater wollte mich bei sich in der Casa Grande aufnehmen. Das bedeutete, daß ich mich wieder mit Delila auseinandersetzen mußte. Aber mit der mochte ich nichts mehr zu tun haben. Deshalb brachte mein Vater mich zu meiner Tante. Mario schrieb mir sofort. Seine Briefe habe ich mir zum Trost aufgehoben — diese zärtlichen, liebevollen Worte.

Zwei oder drei Wochen später kam Mario an. Ich hatte mich inzwischen erholt. Mein Vater hatte die ganze Behandlung bezahlt, vier Blutübertragungen, das Serum und die Spritzen. Mario sagte, er wolle das alles zurückzahlen, aber ich dachte damals schon, daß wir uns trennen müßten. Ich konnte mich ihm nicht mehr hingeben. Da ich nicht mit ihm nach Monterrey fahren wollte, zog er wieder zu seiner Mutter.

Heute weiß ich, was ich verlor, als ich Mario abwies: die Gelegenheit, ein Zuhause und eine eigene Familie zu haben. Er war von Anfang an gut zu mir, er trat immer für mich ein und nahm mich in Schutz, er gab mir alles, was er verdiente, und besprach alles mit mir. Aber in meinem verdammten Stolz und meiner Gefühllosigkeit wußte ich das nicht zu schätzen.

Bei meiner Tante fing der Streit wieder von vorne an, nur war es noch schlimmer als früher, weil mein Onkel mit bösen Worten jetzt nicht mehr zurückhielt. Die Nachbarn bedauerten mich, aber sie klatschten auch noch mehr als vorher. Ich hatte eben versagt.

Ich machte mich auf die Suche nach Arbeit. Von meinen Freundinnen hatte ich gehört, daß Jaime es zu etwas gebracht hatte und noch unverheiratet war. Er verdiente sehr gut, aber das ließ mich gleichgültig. Ich fand eine Stelle bei Señor Ruiz in einer Gebrauchtwagenhandlung. Er war sehr nett, aber ich konnte das Gekicher und die vulgären Ausdrücke der Mechaniker und des Geschäftsführers nicht ausstehen, wenn sie im Büro zusammensaßen und Karten spielten. Ich mußte den ganzen Tag darum kämpfen, daß die Männer mich respektierten. Ich blieb nur da, weil ich nichts anderes finden konnte. Das einzige Gute, was sich bei dieser Arbeit ergab, war, daß ich die Tante von Señor Ruiz kennenlernte, die mich später immer unterstützte, wenn ich Hilfe brauchte.

Inzwischen hatte sich in meiner Familie manches geändert. Mein Vater hatte weit draußen in der Siedlung El Dorado ein Stück Land gekauft und ein kleines Haus gebaut. Er hatte in der Staatslotterie zweitausend Pesos gewonnen; so war er zu dem Geld für das Grundstück gekommen. Dann verkaufte er ein paar von seinen Schweinen, und von dem Geld baute er das Haus. Es war der erste Besitz, den mein Vater je gehabt hatte, und von unseren Bekannten und Verwandten war er der einzige, der das erreichte. Aber das Haus war nicht für uns. Lupita und meine Stiefschwestern Antonia und Marielena wohnten darin und versorgten die Tiere meines Vaters.

Nachdem mein Vater mit Delila in die Straße des Verlorenen Kindes gezogen war, führte Marta in der Casa Grande den Haushalt. Sie war sehr niedergeschlagen, und ich versuchte, sie aufzumuntern. Ich sagte, sie hätte recht gehabt, als sie Crispín verließ, da er sich nicht um sie kümmerte.

»Du bist doch jung, du hast Zeit, aber wenn du noch mehr Kinder kriegst, ist es aus mit dir. Lern etwas, zum Beispiel nähen ... es dauert nur ein paar Monate, dann kannst du zu Hause arbeiten. Hier in der Nähe gibt es eine Nähschule, geh und frag, wieviel es kostet. Ich zahle es dir. Tante Guadalupe wird sich um die Kinder kümmern, solange du in der Schule bist.«

Während ich sie zu überreden versuchte, rührte sie sich nicht. Sie saß auf einer Bank neben der Tür, hatte die Augen gesenkt und sah sehr hübsch aus. Aber sie war wie eine Bildsäule. Ich wartete auf einen Blick, eine Bewegung, auf irgendein Zeichen, daß meine Worte auf sie gewirkt hatten. Ich wollte sie lächeln sehen, so lebenslustig wie früher, als sie klein war und mit ihrer Bande herumzog. Ich erinnere mich noch an ihre geraden weißen Zähne, an die Grübchen, wenn sie lachte, und wie sie untergehakt mit ihren Freundinnen ging. Aber sie reagierte nicht auf meine Anteilnahme. Sie war wie eine orientalische Statue, nur daß sie atmete.

Ich bemühte mich, ihr eine Stelle zu besorgen, um sie aus dieser Umgebung herauszuholen. Ich wollte ihr zeigen, daß sie noch irgendwo leben konnte, wo sie anständig behandelt wurde und vielleicht sogar einen ordentlichen jungen Mann finden würde, der ihr aus ihren Schwierigkeiten half. Ich wollte lange Zeit nicht einsehen, daß meine Schwester ebenso wenig Kultur hatte wie ihre Umwelt.

Sie begriff überhaupt nicht, wie vernünftig meine Vorschläge waren. Immer verdrehte sie alles, und — ich schäme mich es zu sagen — sie hielt mich für eine Dirne oder ein verrücktes Mädchen, das sich alles mit seinem Körper erkauft. Wenn ich arbeitete, tat ich mein Bestes, um gepflegt auszusehen, schminkte mich, lackierte mir die Nägel und ließ mir ab und zu das Haar legen. Ich machte mich anständig zurecht, um mir meine Stellung zu sichern und damit die Leute nicht auf mich herabsehen oder mich an die Wand drücken konnten. Aber ich putzte mich nicht heraus, um den Männern zu gefallen! Meine Schwester konnte das nicht verstehen. Sie meinte ... darüber lache ich heute ... wenn ich auf mein Äußeres hielt, so bedeutete das nur, daß ich ein leichtes Mädchen sei.

Ich ahnte damals noch nicht, daß ihr ernste Vorhaltungen lieber waren als meine freundlichen Worte, daß sie ihre Schlampigkeit als Schutz für ihre »Moral« ausgab, strenge Kleider als Zeichen der Frömmigkeit und ihre Wortkargheit als Mittel, um sich bei den Kindern Respekt zu verschaffen. Und das alles tat sie, um weiter der Liebling meines Vaters zu bleiben. Ich dachte oft über sie nach und versuchte, sie zu durchschauen, aber es gelang mir nicht. Am Ende sagte ich mir immer: »Ach, die Ärmste, sie hat ihre Mutter eben nicht gekannt.«

Marta ging auf meine Vorschläge nicht ein, erklärte sich aber bereit, für Manuels Kinder zu sorgen, obwohl ich wußte, daß sie die gar nicht mochte. Ich zog zu ihr, um ihr zu helfen. Mein Vater kam jeden Tag gegen sieben, um nach uns zu sehen und Marta Geld zu geben. Sie brauchte keine Unterstützung von mir, obwohl sie sich ärgerte, wenn ich ihr nichts gab. Denn ich sah — und das tat mir weh —, daß mein Vater ihr jeden Tag außer den zehn Pesos noch Seife, Zucker, Reis, Tomaten, Öl, Schokolade und sowas alles brachte. Sie bekam auch drei- oder viermal die Woche Geld fürs Kino und was sie sonst noch brauchte, wie Schuhe oder Sachen für die Kinder. Sie wurde immer bevorzugt und konnte tun, was sie wollte. Sie ging täglich mit den Kindern zum Markt oder in die Stadt, um Schaufenster anzusehen, und wenn sie außerdem noch etwas haben wollte, bat sie Roberto um Geld; der arbeitete damals in einer Fabrik. Von Zeit zu Zeit erschien Crispín in der Casa Grande. Deswegen sah ich nicht ein, warum ich ihr helfen sollte. Sie hatte meinen Vater und meinen Bruder hinter sich, konnte mit ihrem Mann Beziehungen unterhalten und brauchte sich um nichts zu sorgen. Und sie hatte ihre Kinder. Ich hatte nur meine Arbeit . . . und zu Hause wenig Ruhe.

Mit der Zeit vertrug ich mich mit Marta immer schlechter. Sie hatte die unangenehme Gewohnheit, Trini, ihre jüngste Tochter, ohne Schlüpfer herumlaufen zu lassen. Darum machte die Kleine ihr Geschäft natürlich auf den Fußboden oder wo sie wollte. Ich sagte Marta immer wieder, sie sollte Trini Hosen anziehen und ihr beibringen, wo sie hingehen müßte. Aber darüber ärgerte sie sich nur und sagte, ich wäre eingebildet und machte andere Leute nach. Wenn ich so empfindlich wäre, sollte ich doch ausziehen.

Das war ihre Antwort, ganz gleich, was ich ihr sagte. Ich versuchte, ihr klar zu machen, daß man den Abfalleimer und das Essen zudecken muß, damit die Ratten nicht drangehen, daß man die schmutzige Wäsche besser in einem Karton unter dem Bett aufbewahrt anstatt in einem Haufen unter dem Ausguß und die Lebensmittel nicht in die Sonne oder in die Nähe des Herdes legt, damit sie nicht verderben, aber sie wollte nicht hören. Wenn ich von Señor Santiagos Haus erzählte oder beschrieb, wie irgendeine meiner Freundinnen wohnte, war sie beleidigt und sagte, ich verachte die Armen. Mit ihren

Freundinnen spottete sie über mich und beschwerte sich jeden Tag bei meinem Vater, der sie immer gegen mich in Schutz nahm.

Auf die Dauer paßte es Marta nicht mehr, sich um die vielen Kinder zu kümmern, und ich weigerte mich ebenfalls. Daher holte mein Vater eine Frau, die den Haushalt führen sollte. Sie zog mit ihren zwei kleinen Kindern zu uns. Noch nie war unser Haus so laut und vollgestopft gewesen. Ich mußte jeden Abend etwas einnehmen, um meine Nerven zu beruhigen. Dann saß ich auf dem Bettrand und sah mich in dem düsteren Zimmer um. Der Strom war wieder abgestellt worden, und von der Kerze fiel nur ein schwaches Licht auf den Tisch und die blassen kleinen Gesichter der Kinder über ihren Kaffeebechern oder auf Marta, die stolpernd und mit ungekämmtem Haar und schmutziger Schürze Concepción anschrie, sie sollte hinter Trini sauber machen. »Nun los, beeil dich, du verdammter Balg, wisch deine Schwester ab, du weißt doch, was du zu tun hast!« Es machte mich wahnsinnig, wenn ich sah, wie meine kleine Nichte mit den traurigen Augen ihr Brot und ihren Kaffee stehen ließ und die Schweinerei von dem Durchfall auf dem Fußboden wegwischte.

Gleich nach dem Abendessen gingen wir alle schlafen. Marta lag mit ihren Kindern in dem großen Bett und ich mit Mariquita und Conchita in meinem kleinen; Alanes, Domingo und Roberto krümmten sich vor Kälte auf dem Fußboden, und auch die Frau schlief mit ihren Kindern auf dem Boden. Jeden Abend hatte ich dasselbe traurige Bild vor Augen. Ich versuchte, alles ein bißchen erträglicher zu machen, aber bald wagte ich kaum noch etwas zu sagen. Denn nicht nur Marta und mein Vater, sondern auch Roberto behauptete, daß ich Streit ins Haus gebracht hätte. Sie wollten, daß ich auszog, aber ich bemühte mich weiter, ihnen zu zeigen, wie sie ihr Leben besser einrichten konnten. Außerdem fürchtete ich mich davor, allein zu leben. Dann hätten die Leute sich nämlich gewundert und nur Schlechtes von mir gedacht, und die Männer hätten meine Lage ausgenützt.

Das Schlimmste war, daß Mario und später auch Jaime — der war natürlich betrunken, wie immer — mich noch besuchen kamen. Jaime lungerte jeden Abend bei uns in der Nähe herum, bis ich mit ihm sprach und bereit war, mit ihm auszugehen. Er sagte, er liebe mich noch immer, und wollte mich heiraten. Ich glaubte ihm nicht, aber ich nahm alles geduldig hin, damit es keinen Streit gab, besonders, wenn er betrunken war. Ehrlich gesagt, ich konnte es zu Hause nicht mehr aushalten, und ich aß auch oft nicht richtig. Er lud mich in Restaurants ein und ins Kino und machte mir Geschenke, dadurch konnte ich ein wenig Geld sparen.

Roberto riet mir, mein Geld in einem Plattenspieler anzulegen; er sagte, das rentierte sich mehr, als wenn man sich einen für Tanzereien und Fiestas auslieh. Und wenn ich Geld brauchte, könnte ich ihn ja verkaufen oder versetzen. Ich hörte gern Musik und dachte, wie schön es wäre, wenn ich eigene Platten hätte. Eines Tages kam er und sagte: »Stell dir vor, ich habe einen Burschen getroffen, der einen sehr guten Plattenspieler für vierhundert Pesos verkaufen will.«

Ich gestehe, ich traute Roberto nicht ganz, aber er war mein Bruder, und ich liebte ihn. Ich dachte immer, er hätte am meisten darunter gelitten, daß wir unsere Mutter so früh verloren hatten. Ich wollte ihm beweisen, daß ich Vertrauen zu ihm hatte und wenigstens einer an ihn glaubte. Kurz, ich gab ihm das Geld. Er sagte, den Plattenspieler würde er gleich bringen.

Während ich auf ihn wartete, kam meine Tante und wollte sich Geld holen, weil sie mir die Wäsche gewaschen hatte. Ich erzählte ihr, was ich getan hatte, und sie ärgerte sich und sagte, ich hätte ihm nicht einen Centavo geben sollen, denn damit verleitete ich ihn nur dazu, so weiterzumachen.

»Aber er ist doch mein Bruder, das kann nicht sein . . .« Als ich später weinend zu ihr ging, weil Roberto nicht gekommen war, schimpften meine Tante und mein Onkel noch mehr. Ich heulte nicht wegen dem Geld, sondern weil er mein Vertrauen mißbraucht hatte. Ich entdeckte ihn in einem Café in der Nähe der Casa Grande, wo er mit seinen Freunden Bier trank, doch wagte ich nicht, ihn nach dem Geld zu fragen, um ihn nicht in Verlegenheit zu bringen oder ihn zu verletzen.

Ich dachte, es wäre besser, mit meiner Tante und meinem Onkel zusammen zu ihm zu gehen, aber als wir ankamen, war Roberto verschwunden. Drei Tage kam er nicht nach Haus. Als ich ihn wiedersah, ließ ich mich gar nicht erst auf seine Erklärungen ein, sondern sagte nur: »Du mußt es mir zurückzahlen.« Ja, und dann gab er mir jede Woche zehn bis zwanzig Pesos, bis er etwa die Hälfte abbezahlt hatte.

Er entschuldigte sich nicht einmal für das, was er getan hatte. Er erklärte, der Plattenspieler wäre nicht gut gewesen und er wollte mir das Geld wiedergeben . . . er hatte es auch noch in der Tasche, als er im Café saß . . . aber dann kamen seine Freunde vorbei, und er spendierte allen etwas zu trinken.

Ich hatte so sehr gehofft, daß mein Bruder sich bessern würde! Ich dachte, wenn man ihm gut zuredete und ihn ein bißchen unterstützte, und wenn er lernte . . . wenigstens die Grundschule sollte er zu Ende machen! Wenn er es nur versuchen würde! Ich erschrak, wenn ich sah, wie es in Wirklichkeit um ihn stand. Und ich wollte nicht glauben, daß er sich nie mehr ändern würde.

Der nächste Schlag traf uns zwei Tage danach. Marta und ich schliefen schon, als eine Nachbarsfrau an die Tür klopfte und sagte, die Polizei wäre dabei, Roberto zusammenzuschlagen. Wir sprangen aus dem Bett. Ich hatte furchtbare Angst, denn ich wußte, wozu die Polizei fähig war. Und dann sah ich mit Entsetzen, wie mein Bruder auf dem Boden lag und zwei Polizisten brutal auf ihn einschlugen. Sie hatten ihn so getreten, daß er sich übergeben mußte. Er blutete aus der Nase und beschimpfte sie, worauf sie ihm noch schlimmer zusetzten. Ich schrie: »Roberto, sei still, du reizt sie ja nur noch mehr!«

»Lassen Sie ihn in Ruhe«, sagte Marta zu den Polizisten, »seien Sie nicht so gemein, Sie sehen doch, daß er betrunken ist.«

»Na, dann sagen Sie dem Dreckskerl, er soll seinen Mund halten, sonst...« und sie droschen weiter mit ihren Knüppeln auf ihn los. Mein Gott, ich war so hilflos! Ich drehte mich verzweifelt um und schrie: »Sie bringen ihn um! So helfen Sie doch!«

Drei Freunde von Roberto versuchten einzugreifen; auch die Leute, die sich inzwischen versammelt hatten, drohten, sich einzumischen, aber die Polizisten zogen ihre Pistolen und jagten sie fort. Als sie sahen, daß mein Bruder sich nicht mehr rührte, liefen sie weg. Die Leute rieten uns, mit Roberto zum Polizeirevier zu fahren, um die beiden Polizisten anzuzeigen. Zwei Freunde gingen als Zeugen mit und brachten Roberto in einem Unfallwagen zum Revier.

Als Marta und ich dort ankamen, lag er in der Unfallstation, weinte und klagte über schreckliche Schmerzen im Kopf, im Magen und in den Beinen. Er schrie noch immer und fluchte auf die Polizei, womit er alles noch schlimmer machte. Ich hielt ihm den Mund zu... Der Arzt überwies ihn ins Krankenhaus, und gerade als der Unfallwagen abfuhr, kam Manuel an, tief empört über das, was vorgefallen war. Er begleitete Roberto, und Marta und ich blieben da, um Gerechtigkeit zu fordern. Gerechtigkeit! Wir blieben bis fünf Uhr morgens, vergeudeten unsere Zeit und erreichten nichts.

Ich war verzweifelt. Mit Marta hatte ich es zu nichts gebracht, mein bißchen Geld hatte ich für Roberto ausgegeben, mein Vater nahm die Kinder wieder zu Delila... ich fühlte, daß ich krank werden würde, wenn ich nicht endlich vor seinen bösen Blicken und seinen harten Worten floh und vor seinen täglichen Drohungen, Roberto und mich auf die Straße zu setzen. Das konnte ich nicht länger aushalten. Ich beschloß umzuziehen.

Die Tante meines Chefs, Señora Andrea, hatte ein leeres Schlafzimmer, das vermietete sie mir, nachdem ich ihr meine Lage — mit gewissen Einschränkungen natürlich — erklärt hatte. Sie wohnte fast am entgegengesetzten Ende der Stadt, und ich dachte, da wäre ich sicher vor all denen, die mich bedrängten.

Aber Jaime fand mich doch. Zuerst benahm er sich anständig, und ich schloß mich ihm wieder an. Dann bekam ich noch mal eins drauf! »Ich möchte nicht, daß zu Hause irgend jemand davon erfährt, daß ich mich mit dir treffe. Meine Mutter hat es mir verboten. Wenn mein Vater das herausbekommt, gibt es einen Krach. Aber wenn du willst, richte ich dir eine Wohnung ein.« Statt der Heirat bot mir Jaime jetzt nur noch ein Verhältnis an.

Solche Angebote machten mir auch andere Männer. Ein Freund meiner Familie, der für mich immer so etwas wie ein Onkel gewesen war, sagte mir: »Du kannst ja arbeiten, wenn du willst, aber du brauchst es nicht unbedingt. Ich besorge dir ein Zimmer.« Danach war es mein Schwager: »Wenn du möchtest, richte ich dir irgendwo anders, in Veracruz oder in Guadalajara, ein Zimmer ein.« Auch mit dem redete ich nicht mehr. Dann bot mir Elidas Mann, den ich immer für einen Freund gehalten hatte, an, »für mich zu sorgen«.

Ich wurde ganz verwirrt. »Mein Gott«, dachte ich, »bin ich denn nur ein Werkzeug zum Vergnügen der anderen?« Ich wollte allem Bösen entkommen, aber es verfolgte mich wie ein Fluch. Ich begann mich vor allen Männern zu fürchten. Eines Nachts kam Jaime an, er war betrunken, brüllte und beschimpfte mich und trat gegen Señora Andreas Tür. Als ich aufwachte und den furchtbaren Lärm vor diesem anständigen Haus hörte, erschrak ich so, daß mir ganz schwach wurde.

Damals aß ich nicht ordentlich, weil ich manchmal kein Geld oder keinen Hunger hatte oder mich beeilen mußte, um den Autobus zu erreichen. Auch der tägliche Ärger bei der Arbeit schwächte meine Gesundheit. Ich war so dünn wie früher, als man mich für »tuberkulös« gehalten hatte. Meine Nerven gingen mit mir durch. Ich bekam Weinkrämpfe, wurde ganz abgestumpft und sprach wie eine Verrückte oder eine Betrunkene. Daß ich bei der Arbeit unzählige Fehler machte, brauche ich wohl nicht erst zu sagen.

Ich fing an, oft und sehr lebhaft zu träumen. In einem dieser Träume — oder vielmehr Alpträume — sah ich mich zuerst an einem Strand. Ich schwamm, bis ich an eine Insel kam, auf der ich eine kleine Höhle entdeckte. Ich ging hin, um zu sehen, was darin war, als sich plötzlich die Erde unter meinen Füßen bewegte. Ich stürzte in einen Strudel. Ich mühte mich mit allen Kräften, an die Oberfläche zu kommen, aber das Wasser zog mich hinunter. Ich dachte, ich müßte sterben. Ich fiel und fiel. Dann war ich auf einmal in einem Segelboot, ich weiß auch nicht, wie ich da hineinkam. Darin saßen Männer, die mich gerettet hatten; ich sagte ihnen immerzu, sie sollten mich gehen lassen, aber sie wollten nicht.

Das kleine Boot kenterte. Ich fiel wieder in den Strudel und wurde vom Wasser und vom Sand verschluckt. Wieder bot ich alle Kräfte auf und entkam aus der Höhle. Nur mein Kopf, auf dem ich eine Badekappe trug, ragte aus dem tiefgrünen Wasser. Ich sah ein Brett, das in meine Richtung trieb und schwamm darauf zu. Als ich es erreicht hatte, streckte mir jemand die Hand entgegen und zog mich auf die Planke. Das Gesicht der Person konnte ich nicht sehen, nur den Arm, den sie mir reichte, um mir hinaufzuhelfen. Dann lag ich erschöpft auf dem Brett, immer noch über dem Wirbel. Ich hatte nicht mehr die Kraft zu schwimmen, sondern lag mit dem Gesicht nach unten auf der Planke, die sich ständig im Kreise drehte.

Es ging mir immer schlechter. Eines Abends wurde ich auf dem Heimweg ohnmächtig und fiel auf der Straße hin. Ich weiß nicht, wie lange ich da liegen blieb, bis ich aufstand und nach Hause ging. Señora Andrea dachte, ich wäre betrunken und sprach lange auf mich ein. Schließlich sank ich ins Bett. Ich hatte Angst vor der Dunkelheit, vor den Leuten und vor dem Lärm der Autos . . . Arbeiten konnte ich nicht mehr.

Mein Vater brachte mich zu Lupita. An die ersten zwei Tage kann ich mich gar nicht erinnern. Ich weiß nur, daß ich alle Leute anstarrte und über irgend etwas redete. Dann erkannte ich plötzlich niemanden mehr. Alle Dinge sahen riesig aus, und es schien, als würden sie gleich auf mich niederfallen. Die Stimmen klangen fremd und kamen von ganz weit her. Ich hatte starke Schmerzen im Kopf, die mir keine Ruhe ließen. Nachts wurde mir ein Tuch mit Alkohol auf den Kopf gelegt. Ich sah alles wie aus der Ferne, die Möbel wirkten klein. Wenn ich in lachende Gesichter blickte, wurde ich beinahe ohnmächtig — ich wußte nie genau, was ich war. Ich bemerkte, daß Lupita da war, ich ahnte es und fühlte undeutlich, daß sie mir half. Als mir besser wurde, konnte ich nicht richtig sprechen und stotterte immerzu.

Das erstemal, als ich allein das Haus verließ, um zum Arzt zu gehen, blieb ich auf der Straße stehen. Ich hatte vergessen, wo ich war. Auf einmal sah alles ganz anders aus. Ich fing an zu zittern und weinte. Eine Frau kam und fragte, ob sie mich hinbringen sollte.

»Hinbringen? Wohin?« fragte ich.

»Zu Ihnen nach Hause natürlich.«

»Nach Hause?« Ich konnte mich nicht daran erinnern. Nach einer Weile faßte ich mich, ging zu Dr. Ramón und erzählte ihm das. Er sagte, ich dürfte nicht allein fortgehen. Mein Vater holte mich ab. Als wir zu Haus ankamen, fand ich mein

Bett so klein, daß ich mir nicht vorstellen konnte, wie ich da hineinpassen sollte. Ich sah von hoch oben darauf herunter. Da ließ ich mich hineinfallen und schlief ein. Wie lange ich schlief, weiß ich nicht.

Ich versuchte, trotz der Leere in mir meine Probleme zu lösen. Wenn ich mich aufrichten wollte, hörte ich den Spott der anderen und fühlte mich einsam. Mir war, als ginge ich unter und wirbelte in einer Spirale von Ereignissen, vorbeitanzenden Szenen und Dingen herum, die ich nicht verstehen konnte. Ich dachte, die Leute haßten und verachteten mich und wollten mich verletzen, und niemand half mir. Ich kam zu irgendwelchen Schlüssen, ohne meine Lage zu erkennen, und ich konnte meine Irrtümer nicht berichtigen. Ich hatte Angst und wußte nicht, wovor. Aber vor dem Tod fürchtete ich mich nicht, denn der hatte mich schon immer gelockt. Wenn ich auf die Straße hinausging, zitterte ich, und meine Hände schwitzten. Sobald ich eine Menschenmenge sah, wäre ich am liebsten weggelaufen. Überquerte ich eine Straße, dann hatte ich das Gefühl, als müßte ich mich vor ein Auto werfen. Ich war sehr krank; nur mein Glaube an Gott hielt mich aufrecht. Irgendwie wurde mir besser.

Eines Nachts hatte ich einen wunderbaren farbigen Traum. Der gab mir wieder Mut. Ich war in einem sehr schönen Haus an einem Boulevard, wo ich Leute zum Baden gehen sah. Plötzlich tauchten von irgendwoher mehrere Liebespaare auf, die Arm in Arm den Weg zum Schwimmbecken hinuntergingen. Die Jungen wandten sich mit zärtlichen Blicken ihren Mädchen zu. Ich beobachtete sie von oben und lächelte. Irgend jemand kam zu mir herauf. Da ging ich sofort vom Geländer weg.

Als ich nach unten an das Becken kam, verschwand es auf einmal, und ich saß auf einem roten Ladentisch neben einem Bücherschrank. Dahinter war das Fenster, und ein bißchen tiefer stand mein Bett, ein ganz kleines. Wieder erschienen mehrere junge Männer und Mädchen — ich wußte nicht, woher. Sie lachten und unterhielten sich laut.

Ihre Kleider fielen mir auf — rote Hosen und gelbe Hemden. Die Jungen sahen sich nach ihren Mädchen um, hatten sie bei den Händen gefaßt und zogen sie hinter sich her. Sie sprangen über mein Bett und verschwanden durchs Fenster. Einer der Jungen, der letzte, bat mich, mit ihm hinauszuspringen. »Komm, laß uns gehen«, sagte er und lachte. Sie waren alle sehr vergnügt. Selbst ich wurde froh, obwohl ich erschöpft war. Als sie alle verschwunden waren, herrschte Stille in meinem Zimmer. Ich drehte mich nach der Wand um, und was sah ich da für herrliche Farben! Ein Pistaziengrün, Rubinrot und ein leuchtendes Gelb. Ich entdeckte, daß ich langes, lockiges Haar hatte und weite rote Hosen trug.

Ich ging ans Fenster und sah die jungen Leute wieder und eine dunkelgrüne Hecke ein bißchen weiter entfernt vom Haus. Das Gras war gelblichgrün. Die jungen Leute waren blond und sehr elegant. Sie liefen umher und sprangen über die Hecke. Der letzte wollte unbedingt, daß ich auch darübersprang. »Komm her, beeil dich!« Aber ich blieb am Fenster sitzen und schüttelte den Kopf.

Als sie fort waren, packte mich eine unwiderstehliche Lust, ihnen nachzulaufen, und ich sprang aus dem Fenster. Ich war schon halb über den Boulevard hinüber, da sah ich mich nach dem Haus um. Es war weiß, ein so schönes Weiß, daß es mir leid tat, das Haus verlassen zu haben. Aber irgend etwas sagte mir, ich könnte nicht dahin zurückkehren und so lief ich weiter, um die anderen einzuholen. Ich sah sie nicht mehr, ich hörte nur noch ihr Lachen. Ich versuchte, über die Hecke zu klettern und kam auch bis oben rauf, aber da blieb ich hängen. Als ich zu mir kam, lag ich quer über der Hecke, mit dem Gesicht nach unten und sah auf das grüne Gras und das leuchtend weiße Haus mit seinem roten Dach.

Nach und nach verlor ich meine Unsicherheit und kam wieder zu Kräften. Die tiefen Kreise meiner Spirale wurden schwächer und heller, bis ich allmählich daraus auftauchte. Ich fühlte mich wieder lebendig, wie eine neue Consuelo. Mein Körper schien mir jetzt fest und nicht mehr so unvollkommen wie vorher. Ich war ebenso stark wie damals, als ich in die Schule ging und wußte wieder, daß ich etwas schaffen konnte und auch jemand war, nicht nur eine »taube Nuß«, wie mein Vater immer sagte. Ich fing an, das Leben zu sehen, wie es wirklich ist.

Tief im Innern spürte ich noch Wut und einen starken Schmerz, aber es war besser, diese Gefühle nicht aufzustacheln, denn ich war imstande, mich an den Menschen, die mir das alles angetan hatten, schrecklich zu rächen. Ich wollte niemandem Böses tun, am wenigsten meinem Vater, und meinen Schmerz lieber stumm ertragen. Es genügte ja, daß ich mich wieder gegen alle, die mich beleidigten und erniedrigten, verteidigen konnte. Ich fühlte, daß ich die Kraft hatte, mich durchzusetzen. Ich konnte es ohne Furcht mit dem Leben aufnehmen, das war die Hauptsache.

Ich habe immer danach gestrebt, »etwas« zu erreichen, etwas anderes, als ich bisher gekannt hatte, etwas, das außerhalb meiner Umwelt lag und vielleicht sogar jenseits meiner Möglichkeiten. Ich konnte mich nicht damit abfinden, auf dem gleichen Fleck zu leben und zu arbeiten. Es reizte mich nicht, mich auf eine Arbeit oder auf ein Lernfach zu beschränken, und ich wollte nicht einem Weg folgen, den Generationen vor mir schon für mich festgelegt hatten. Gegen das Wort »Schicksal«, das ich von allen Seiten hörte, lehnte ich mich auf. »Schuster, bleib bei deinem Leisten!« Wie oft hatte ich das von meinem Vater, meiner Tante, meinen Freundinnen und Nachbarn gehört! Bei Totenwachen, oder wenn jemand einen Unfall gehabt hatte, sagten die Leute immer: »Das war eben sein Schicksal!« und dann waren sie zufrieden. Aber ich nicht. Allerdings wagte ich das nicht laut zu sagen, denn die anderen wären über mich hergefallen. Sie hätten mir vorgeworfen, daß ich mich der Lebensordnung widersetzte, und wer war ich, um mir sowas zu erlauben? Vor allem meine Angehörigen hätten gesagt, daß ausgerechnet ich, die Schwächste und Unvernünftigste von allen, am widerspenstigsten war. Sie würden mich nicht verstehen, deswegen sagte ich nichts davon. Aber im stillen dachte ich über alles Geschehene nach und versuchte, eine Erklärung dafür zu finden. An das »Schicksal« habe ich nie geglaubt.

Unter unseren Nachbarn gab es einige, die vorwärtskamen und aufstiegen. Raúl wurde Buchhalter, der eine arbeitete bei einer Filmgesellschaft, der nächste machte ein Geschäft auf. Keiner von diesen jungen Männern hatte es den anderen nachgemacht und in schmutzigen Kleidern auf der Straße herumgelungert; sie konnten sich richtig ausdrücken und gebrauchten keine gemeinen Worte. Sie waren ernst, lernten sich geschmackvoll anziehen und hörten nicht auf die Vorhaltungen der anderen. Sie widersetzten sich, lehnten das ab, was die Mehrheit machte, und gaben nicht nach – das war ihr Geheimnis.

Darüber dachte ich nach, während ich auf einer Bank vor der Tür saß. Die Leute meinten, ich grübelte zu viel, ich schwebte in den Wolken und träumte mit offenen Augen. Aber ich beobachtete alles genau. Ich sah, daß man einen starken Charakter brauchte, um sich gegen die andern zu behaupten. Gegen ein hübsches Gesicht, ein Paar schicke Hosen oder die begehrtesten Jungen mußte man gleichgültig sein. Ließ einer von denen sich dazu herab, ein Mädchen aufzufordern, das jünger war als er, aber nicht so gut angezogen, dann fühlte sie sich geschmeichelt und triumphierte. Wenn bei einer Tanzerei einer von diesen »überlegenen« Jungen mich aufforderte, nahm ich an und ließ ihn dann mitten auf der Tanzfläche stehen, während die Musik noch weiterspielte. Das war eine harte Strafe. Ich tat es, um mich für sein eingebildetes Benehmen zu rächen.

Ich sah ein, daß man die anderen nicht beleidigen darf, und zwang mich oft, über die Scherze der Freundinnen meiner Schwester mitzulachen, auch wenn ich sie gar nicht verstand. Ich fand es schwierig, mich so zu verhalten, daß ich mich in meiner Umwelt durchsetzen konnte. War ich zu streng, dann fand ich keinen Anschluß, war ich aber zu entgegenkommend, dann unterlag ich den anderen.

Ich hatte andere Pläne als die Leute meiner Umgebung. Noch bevor ich Stenographie lernte, träumte ich davon, Sprachen zu lernen. Als ich Stenotypistin war, wollte ich gern Stewardeß werden. Beides erreichte ich nicht, aber ich ließ mich nicht entmutigen. Den Wunsch, einmal zu Geld zu kommen, gab ich nicht auf. Denn Geld brauchte ich, um auf einem anderen Niveau leben zu können, in andere Kreise aufgenommen und höher eingeschätzt zu werden.

Und wozu wollte ich das alles? Nicht, weil ich materielle Interessen hatte, sondern weil ich dachte, wenn ich einmal die Mauer durchbrochen hätte, die mich einschloß, dann könnte ich auch meine Neffen und Nichten allmählich herausholen. Dann würde ich zu einem Rechtsanwalt gehen und mich zu ihrem Vormund erklären lassen. Ich könnte ihnen Schutz bieten, sie zur Schule schicken und eine Familie gründen, wie ich es mit meinen Brüdern und meiner Schwester vergeblich versucht hatte. Ich wollte nicht, daß sich mit ihnen das gleiche wiederholte: Sie durften nicht so werden wie wir! Die Kinder sollten alles haben, was sie brauchten, anständig erzogen werden und einen Beruf erlernen, damit sie dem Leben ohne Furcht und ohne sich zu schämen entgegensehen und mit festem Schritt vorwärtsgehen konnten. Und ich wollte, daß sie mich lieb hatten.

Deswegen raffte ich mich aus der Erstarrung auf, in die ich durch meine Krankheit und die ganzen Umstände gefallen war. Damals sah ich das noch nicht so deutlich. Ich schlug einfach den Weg ein, der mir am besten gefiel, und hatte dabei immer die Hoffnung, daß er mich zu dem »etwas« führen würde. Ich sah nicht vor mich hin, ob da vielleicht ein Ast von einem Baum fallen und mich erschlagen könnte.

Nachdem ich mich erholt hatte, suchte ich Arbeit und fand eine Stelle in einem Büro; ich verdiente wenig, und die Arbeitszeit war lang. Solange ich bei Lupita oder in der Casa Grande wohnte, brauchte ich keine Miete zu zahlen; ich hatte keine Kinder, keinen Mann, nicht mal einen *novio*, konnte also tun, was ich wollte. Gern hätte ich abends einen Oberschulkursus besucht, aber ich war zu müde, und bis zur Prüfung hätte es Jahre gedauert. Monatelang ging ich zur Arbeit und wieder nach Hause, weiter nichts. Ich merkte, daß ich mit der Zeit wieder in den Familienschwierigkeiten steckenblieb. »Roberto ist betrunken und schlägt sich mit anderen«, »Mariquitas Augen sind entzündet, und Manuel kümmert sich nicht darum«, »Marta hat sich schon wieder mit Crispín getroffen«, »Tante Guadalupe braucht dreißig Pesos für die letzte Monatsmiete«.

Ich mußte mich von meiner Familie lösen und mir ein möbliertes Zimmer suchen. Es dauerte zwei Wochen, bis ich eins gefunden hatte, das ich mir leisten konnte. Kein Mensch wollte ein alleinstehendes Mädchen aufnehmen; ich mußte schließlich sagen, ich sei Studentin aus einem anderen Teil des Landes, damit ich ein kleines Zimmer für hundertneunzig Pesos in der Dr. Manzanares-Straße bekam.

Die Señora hatte noch andere Mieterinnen, und eine von ihnen, Beatriz, wurde meine Freundin. Sie war nett, und ich mochte sie gern, obwohl die Wirtin mich vor ihr warnte. Beatriz weckte mich morgens, und wir frühstückten beide in der Küche. »Wir sind beide allein«, sagte sie einmal, »deswegen müssen wir zusammenhalten.« Manchmal saßen wir auf der Bank vor dem Haus in der Sonne. Felipe, der Milchmann, blieb oft bei uns stehen, schwatzte und scherzte mit uns, oder Alejandro, Beatrizes *novio*, gesellte sich zu uns. Das paßte der Wirtin nicht, und sie schimpfte uns aus. »Nur Straßenmädchen setzen sich so vor die Tür und warten auf Kunden. Bleibt von jetzt an gefälligst in euren Zimmern.« Aber unsere Zimmer waren kalt und dunkel, und wir hörten nicht auf die alte Hexe.

Aber es kam eins zum anderen, und sie machte uns immer wieder Schwierigkeiten, warf unser Essen weg oder was wir sonst liegen ließen, und erlaubte uns nicht, Milch, Fleisch oder Bohnen zu kochen, weil man dafür zuviel Gas verbrauchte. Sie untersuchte unsere Töpfe auf dem Herd, ob wir ihr auch gehorchten.

Ich hatte allmählich genug von ihr, aber ich wollte nicht ausziehen, wegen Beatriz, obwohl mir ihre Lebensweise auf die Dauer nicht mehr gefiel. Alejandro war ihr *novio*, er bezahlte ihr die Miete und alles, aber sie betrog ihn mit anderen Männern. Die Streitigkeiten der beiden waren mir über.

Fünf Monate nachdem ich eingezogen war, hörte ich Jaimes wohlbekannten Pfiff. Ich weiß nicht, woher er meine Adresse hatte, wahrscheinlich von meiner Tante. Eines Nachts um drei klingelte er bei allen Leuten in dem großen Mietshaus, dann ging er auf den Hof, schrie meinen Namen und beschimpfte und verfluchte mich, so daß alle es hören konnten. Er fing an, mir nachzuspionieren, und verfolgte mich, wenn ich von der Arbeit nach Hause kam. Dann ging er hinter mir her und machte mich damit halb wahnsinnig. Ich gewöhnte es mir an, mich jedesmal umzusehen, wenn ich hinausging, und wurde so nervös, daß ich schließlich doch umziehen mußte.

Zuerst wohnte ich bei einer kubanischen Familie, die nach Mexiko geflohen war, um sich vor Batista in Sicherheit zu bringen. In ihrem Haus gefiel es mir sehr. Es war sauber,

Wasser gab es reichlich, sie hatten ein schönes Badezimmer, einen Salon und ein Telefon. Bei ihnen fand ich wahre Gastfreundschaft, gute Manieren, Fröhlichkeit und Geselligkeit. Sie luden mich zum Kartenspielen ein, neckten sich gegenseitig und machten unentwegt Spaß. Die Männer flirteten ungeniert und machten Annäherungsversuche, aber ein scharfes Wort genügte, um sie zurechtzuweisen.

Aber nach einer Weile kam kein Geld mehr aus Kuba, der Familie ging es schlecht, und sie vermieteten das Haus.

Ich fand ein Zimmer in einem schönen Haus in der Sonora-Straße. Die Miete war hoch, zweihundertfünfzig Pesos, dafür hatte ich noch nie in einer so angenehmen Umgebung gelebt. Meine neue Wirtin, Juanita, lebte allein mit einem Dienstmädchen; ich war ihre einzige Mieterin. Sie erlaubte mir, ihren Plattenspieler und ihren Fernsehapparat zu benutzen — ein Radio hatte ich mir inzwischen selbst gekauft —, und sonntags durfte ich Mariquita oder eins von ihren Geschwistern zu mir holen. An dem Tag wusch ich mir das Haar, badete und ruhte mich aus.

Juanita war bis zu einem gewissen Grade eine nette Wirtin, obwohl sie mich manchmal erschreckte. Sie fuhr das Dienstmädchen grob an, lachte übertrieben laut und erzählte mir über sich selbst eine Menge Lügen. Sie sagte, daß sie aus einer aristokratischen Familie stamme, dabei gebrauchte sie die schlimmsten Ausdrücke, die ich je gehört hatte. Ihr Privatleben ging mich ja nichts an, aber es ärgerte mich, wenn sie mir sagte, ihr Mann sei Arzt und käme nur zweimal die Woche. Zwischendurch hatte sie manchmal lange Besuche von einem »Onkel« oder einem anderen männlichen »Verwandten«.

Ich kümmerte mich nicht darum, was sie trieb, aber sie versuchte mich auf denselben Pfad zu locken. Sie wollte mich ihren Besuchern vorstellen und sagte: »Aber Consuelo, sei nicht so dumm. Du bist noch so jung. Dir hat doch niemand etwas zu sagen. Ich war dreimal verheiratet, und ich weiß, die Männer sind alle dieselben Betrüger. Du mußt lernen, sie auszunutzen. Das Leben gehört denen, die zu leben wissen.«

»Nein, Juanita, das kann ich nicht, selbst wenn ich es wollte. Mein Gewissen würde mir keine Ruhe lassen.«

»Gewissen! Hör mir bloß auf damit! In der Kirche reden sie davon, weil ihnen das so paßt, aber was ist es denn in Wirklichkeit? Laß deine Skrupel. Die führen doch zu nichts, man läßt sich höchstens davon zum Narren halten. Es gibt viele Männer, die zu Hause nicht glücklich sind, und wenn sie eine Frau finden, die sie befriedigen kann, dann knausern sie auch nicht. Es ist ja nur ein Bedürfnis, etwas ganz Mechanisches, das der Körper braucht, warum sollten wir die Gelegenheit also nicht nutzen?«

»Ja, aber ...«

»Da gibt's kein Aber! Sei doch vernünftig. Man kann im Leben nicht auf alles Rücksicht nehmen. Tu, was ich dir sage, und am Ende wirst du auch noch jemanden finden, der dich heiratet und dir eine schöne Wohnung einrichtet. Warum nicht?«

Juanita zeigte mir ihre Uhr, ihre Armbänder und Ringe. »Sieh dir diesen Diamantring an. Den hat mir einer meiner *novios* geschenkt. Wenn ich Geld brauche, versetze ich ihn immer. Ist er nicht schön?«

Juanita imponierte mir irgendwie, und ich bewunderte sie. Ich fand sie so reif und selbstsicher. Sie hatte alles, eine schöne Wohnung, ein Dienstmädchen und Geld, soviel sie wollte. Neben ihr kam ich mir unbedeutend vor. Wahrscheinlich hat sie recht, dachte ich mir, ich reibe mich hier für ein paar jämmerliche Pesos auf. Trotzdem verachtete ich sie und konnte mir ein solches Leben für mich nicht vorstellen. Dazu war ich einfach nicht geschaffen. Lieber wollte ich auf meine Weise weitermachen und den Kopf hochhalten.

Carmelita, ein Mädchen, das im selben Büro arbeitete wie ich, lebte in der gleichen Welt wie Juanita. Sie war sehr hübsch, und ich mochte sie eine Zeitlang gern. Sie sprach auch ganz offen mit mir: »Sei doch nicht so albern! Du mußt die Männer ausnützen, soviel du nur kannst. Dazu brauchst du nur eine traurige Miene aufsetzen, und schon geben sie dir was. Nimm zum Beispiel Honorato, meinst du etwa, ich geh mit diesem Esel, weil er mir gefällt? Behüte, ich hab schon bessere gehabt als den!«

»Ja, und warum gibst du dich dann mit ihm ab?«

»Mensch, da fragst du noch! Natürlich, weil ich Geld von ihm haben will. Er kommt an und sagt: ›*Ay, mamacita!*‹ Glaubst du, das kostet den nichts? Ich bin schließlich auch was wert. Dann sage ich: ›*Ay, papacito,* komm her, tu, was du willst.‹ Und nachher kassiere ich.«

»Aber er ist doch verheiratet.«

»Gut, aber nicht kastriert. Warum kümmert seine Alte sich nicht besser um ihn? Hör zu, ich mach dich mit León bekannt. Der alte Knacker hat Geld wie Heu.«

Ich lachte über das, was sie sagte, und ließ mir von ihr zeigen, wie man Make-up auflegt. Sie hatte hübsche Kleider, aber nicht so teure wie Juanita. Ich ging oft mit Carmelita aus, obwohl mein Chef und andere mich warnten. Es gefiel mir, wie sie lachte und sich mit den Leuten, ganz besonders mit den Männern, amüsierte. Ich beneidete sie, wenn sie in den schönen Wagen ihrer Liebhaber davonfuhr. Sie wollte, daß ich mitkam, aber ich nahm nie an. Um die Wahrheit zu sagen: Ich fühlte mich ihr und allen anderen unterlegen. Wenn ich ihre eleganten Autos und ihre schönen Kleider sah, wußte ich, daß ich mich mit solchen Menschen nicht messen konnte. Ich habe mich noch nie darauf verstanden, jemanden auszunutzen, zu heucheln oder schlau und gemein zu sein. Ich wollte lernen und mich aus dem Nebel, in dem ich lebte, befreien.

Inzwischen sah ich mich nach einer besseren Stelle um. Endlich, nach vielen Bemühungen und mit vielen Empfehlungsschreiben fand ich eine Arbeit in einem Verwaltungsbüro. Dort hatte ich von halb neun bis halb drei zu tun. Allerdings mußte ich oft Überstunden machen, damit ich einen »Beurteilungsbogen« bekam, wie mein Chef mir erklärte. Ich schrieb mich für einen englischen Abendkurs ein und lernte nun also eine Fremdsprache. Außerdem bewarb ich mich beim Wohnungsamt für staatliche Angestellte um eine Wohnung. Da der *novio* meiner Freundin dort arbeitete und mir versprach, ein gutes Wort für mich einzulegen, hatte ich die besten Aussichten. Damit näherte ich mich meinem Ziel, für mich und meine »Kinder«, meine lieben kleinen Neffen und Nichten, mit Gottes Hilfe ein neues Leben anzufangen.

Meine Familie machte mir immer noch die größten Sorgen, aber es ging mir alles nicht mehr so nahe wie früher. Es war mir klar, daß meine Angehörigen in einem festen Kreis zusammenlebten, in einem Netz, in das sie alle verstrickt waren. Nur ich stand abseits. War ich bei ihnen, dann fühlte ich mich noch einsamer. So war es eigentlich immer gewesen, nur hatte ich nie den Mut gehabt, es einzusehen. Ich wußte, daß ich mich in ihr Leben nicht einmischen durfte und mich allein durchschlagen mußte.

Hätte ich keine Angehörigen gehabt, dann wäre ich fortgegangen. Aber die Liebe zur Familie, die bei uns Mexikanern so stark ist, zog mich wie eine scharf gespannte Feder immer wieder zurück und immer wieder hinunter. Ich wollte vorwärtskommen, aber ich schaffte es nicht. Sie verstanden nicht, daß ich ihnen auf einen neuen Weg helfen wollte. Das Schlimme daran war, daß ich mich verpflichtet fühlte, ihnen beizustehen; nicht weil sie mein Mitleid brauchten, nein, das nicht! Sie waren mutiger als ich und nahmen Tag für Tag ihr schweres Leben, den Hunger, Erniedrigungen und Mißhandlungen auf sich. Sie hatten die Kraft dazu, ich nicht. Ich war zu feige.

Wie gern hätte ich meine Sachen gepackt und wäre fortgegangen, am liebsten über die Grenze nach Kalifornien. Vielleicht könnte ich da einen Amerikaner heiraten, der mehr Verständnis hatte als die mexikanischen Männer. Ich war zu spröde . . . ich konnte nicht so sanft und unterwürfig sein, um den Männern hier zu gefallen. Der richtig »männliche« Mexikaner ist hochmütig und eingebildet, in der Frau sieht er ein untergeordnetes Wesen, und es macht ihm Spaß, sie zu demütigen.

Nur er allein hat recht, und nur auf seine Gefühle wird Rücksicht genommen. Wenn er mit anderen diskutiert, kommt es ihm nicht darauf an, die Wahrheit zu erfahren, sondern seine Meinung durchzusetzen. Keine Frau kann hier allein leben, ohne daß irgendein Mannsbild ihr seine »Rechte« aufzwingt. Alle Männer, die ich kannte, mein Vater, meine Brüder, meine *novios* und meine Arbeitskollegen, glaubten, daß sie zu befehlen hätten und man ihnen gehorchen mußte.

Mit anmaßenden und herrschsüchtigen Männern konnte ich nie auskommen. Die Überheblichkeit, mit der sie andere beiseite drängten, mochte ich nicht, und ich wollte mich ihnen nicht beugen. Deswegen habe ich mich sogar gegen meinen Vater aufgelehnt. Als ob alles richtig wäre, nur weil er es sagte! Die Männer sind körperlich — aber nicht moralisch — stärker, und ihre ganze »Überlegenheit« beruht auf dem Gefühl der Macht! Daher hatte ich kein Vertrauen zu den Lateinamerikanern und verstand mich nicht mit ihnen. Ich wollte unabhängig sein, meinen eigenen Weg gehen und mir eine Umwelt suchen, die zu mir paßte.

Ich hatte die kühnsten Träume, aber wenn ich in die Casa Grande kam und sah, wie es dort zuging, wurde ich schwach. Es wäre feige gewesen, diese vier mutterlosen Kinder zu verlassen. Delila hatte sich mit meinem Vater gestritten und sie zu Marta zurückgeschickt. Wieder ging ich jeden Abend, anstatt Englisch zu lernen, in die Casa Grande, um ihnen Abendbrot zu machen und sie ins Bett zu bringen.

Ich werde es meinem Vater und diesem Weib nie verzeihen, daß sie die hilflosen Kinder zu ihren Zwecken ausnutzten, zuerst als Vorwand, um zu heiraten und dann, um sich gegenseitig zu erpressen. Sicher war Manuel ein schlechter Vater, aber warum hatte mein Vater ihn nicht von Anfang an gezwungen, für seine Kinder zu sorgen? Mein Vater beschwerte sich nur und schimpfte.

Es tat mir in der Seele weh, wenn ich dachte, was für eine Zukunft diese Kinder vor sich hatten. Sollten sie dazu verurteilt sein, von allen Seiten geschlagen zu werden und kein Zuhause, keine Spielsachen und nichts anzuziehen, ja noch nicht einmal ein Bett zu haben? Es empörte mich jedesmal, wenn ich sah, daß Manuel es regelmäßig »vergaß«, ihnen Geld fürs Essen dazulassen. Er und María lebten in Gilbertos Café und brachten es noch nicht mal fertig, die Kinder zu besuchen. Aber alle meine Vorwürfe waren wie Schreie in der Wüste.

Ich kam zu dem Schluß, daß Manuel seine Verpflichtungen erst dann ernst nehmen würde, wenn man ihn dazu zwingen könnte. Eines Abends sagte ich meinem Vater, ich wollte mit Señor Marroquín sprechen, dem Rechtsanwalt, der mir geholfen hatte, Roberto aus dem Gefängnis zu holen. Mein Vater zögerte anfangs, aber dann war er einverstanden. Bevor ich es selbst wußte, war ich im Sozialamt und zeigte meinen Bruder wegen Vernachlässigung seiner Kinder an. Die beiden ersten Vorladungen beachtete er nicht, aber die dritte ließ ich ihm von einem Polizisten ins Café bringen. Manuel wurde blaß, als er diese Vorladung bekam, und am nächsten Tag meldete er sich auf dem Amt.

Ich hatte die vier Kinder morgens ins Sozialamt gebracht, obwohl ich gar nicht sicher war, daß Manuel kommen würde. Ich ging immerfort zum Ausgang, um nach ihm auszuschauen. Ungefähr um zehn Uhr sah ich ihn unten an der Treppe stehen. Ich gestehe, ich hatte Angst vor ihm, aber damit er sich nicht wieder davonmachte, ging ich zu ihm und sagte: »Papa wartet drinnen auf dich.«

Manuel sah mich wütend an. »Was habt ihr vor? Warum lassen diese Schnüffler von der Polizei mich nicht in Ruhe?« Widerstrebend und vor sich hinmurmelnd ging er in das Amtszimmer. Ich folgte ihm, während mir das Herz bis zum Halse schlug.

Er war verwundert, als er die Kinder sah.

»Was wollen die denn hier?«

Alanes versteckte sich hinter mir. Mariquita sagte: »Hab keine Angst, Papa, sie tun dir nichts. Tante Consuelo will uns nur Schuhe und Kleider und Geld fürs Essen geben.« Ich stand auf der anderen Seite vom Schreibtisch, möglichst weit weg von meinem Bruder. Die Fürsorgerin, Señorita Olga, fragte: »Sind Sie der Vater von diesen Kindern?«

»Ja, Señorita, zu dienen.«

»Junger Mann, Ihr Vater hat sie angezeigt, weil Sie Ihre Kinder vernachlässigen. Sie sind Fleisch von Ihrem Fleisch und Blut von Ihrem Blut, und trotzdem tun Sie nichts für sie.« Sie redete ihm noch eine ganze Weile ins Gewissen. Währenddessen hörte Manuel mit kalter Miene zu, er hatte die Arme verschränkt und antwortete von Zeit zu Zeit: »Ja, ich liebe meine Kinder. Nein, natürlich möchte ich nicht, daß ihnen etwas zustößt . . .«

Als Señorita Olga fertig war, sagte er: »Hören Sie, Fräulein, die Kinder waren ja gar nicht verlassen. Sie waren beim Großvater gut aufgehoben. Es ist nicht wahr, daß man sie schlägt oder mißhandelt. Meine Schwester hat immer alles übertrieben. Wenn man einem Kind einen Klaps gibt, sagt sie gleich, man hätte es geschlagen. Das alles stimmt überhaupt nicht! Delila ist eine Heilige. Ich wünschte, alle Frauen wären so wie sie. Meinen Kindern fehlt es an nichts. Meine Schwester will, daß sie wie die Amerikaner leben. Dafür verdiene ich nicht genug. Es liegt ja nicht daran, daß ich nicht für die Kinder sorgen will, nur habe ich eben kein regelmäßiges Einkommen.«

Ich war sehr aufgebracht über diese Ausflüchte. So ein Barbar! Lebt man wie ein Amerikaner, wenn man dreimal am Tag ißt, in einem Bett schläft und einen Mantel zum Zudecken hat? Fürs Karten- und Dominospielen, für Wetten bei Pferderennen und Boxkämpfen verdienst du genug! Wenn du das Geld für Zuhause ausgeben würdest, hätten deine Kinder alles, was sie brauchen.

Da beging Manuel einen Fehler. Er streckte die Hand aus und verlangte Geld von mir. Er sagte: »Na los, gib mir was. Ratschläge will ich nicht, ich brauche Geld, um den Kindern was zu kaufen. Wenn es dir leid tut, daß sie nichts haben, dann kannst du mir ja Geld geben.«

In diesem Augenblick, während er noch dastand und die Hand hinhielt, beschuldigte ihn die Fürsorgerin, daß er sich weigere, für seine Kinder zu sorgen, und sagte, man würde sie in ein Waisenhaus und ihn ins Gefängnis stecken, wenn er nicht jeden Tag fünfzehn Pesos im Büro ablieferte. Mein Bruder mußte es schlucken und die Papiere unterschreiben. Ich unterschrieb auch und erklärte mich einverstanden, das Geld einmal in der Woche vom Büro abzuholen und es demjenigen auszuhändigen, der die Kinder gerade versorgte.

Ich weiß nicht, wie Manuel zumute war, als er wegging. Sicher ärgerte und schämte er sich zugleich und hätte mich am liebsten geschlagen. Ich und die Kinder hatten Angst hinauszugehen, obwohl sie schon ganz aufgeregt darüber sprachen, was sie sich kaufen wollten. Es ging dann so aus, daß mein Bruder das Geld nie im Büro abgab, aber er sorgte von da an wenigstens für Haushaltsgeld, und er oder María gingen jeden Tag in die Casa Grande, um nach den Kindern zu sehen.

Eines Tages fiel Marta über mich her, wir zankten uns, und sie verschwand noch am gleichen Abend mit ihren Kindern. Danach wohnten Manuel und María in der Casa Grande. Eine Weile ging alles gut. Dann zog diese Hexe Delila in das neue Haus, das mein Vater für sie gebaut hatte. Sie räumte die Wohnung in der Casa Grande aus und ließ Manuel noch nicht mal einen Stuhl, eine Schüssel oder einen Herd da. Auch Martas Sachen holte sie zu sich und hätte wohl, wenn es möglich gewesen wäre, auch noch den Fußboden mitgenommen. Sie zerriß einfach meine Papiere aus der Schule und mein Stenographiezeugnis. Ich dachte immer an die Kinder, und als ich sah, daß Manuel nichts mehr hatte, sagte ich, er solle mein kleines Bett bei Lupita abholen.

Ich war außer mir, daß er die Kinder dann auf schmutzigen Hanfsäcken schlafen ließ. Er und seine Frau lagen im Bett mit einer richtigen Decke, während die armen Kleinen nur eine zerfetzte Steppdecke hatten und die ganze Nacht froren. Aber mein Bruder sah nicht, wie rücksichtslos er war, denn er hatte kein Herz.

Mariquita bekam Bronchitis und war drei Wochen lang heiser, bis ich sie ins Kinderkrankenhaus brachte. Ihr Vater wollte noch nicht einmal für die Arznei zahlen! Eines Abends fand ich die kleine Concha auf einem Haufen Lumpen am Boden; sie glühte vor Fieber. María und Manuel hatten nicht gemerkt, daß sie krank war!

Danach nahm ich die Kinder ab und zu für vier oder fünf Tage in meinem Zimmer bei Juanita auf. Wie gern hätte ich sie immer um mich gehabt! Ich fühlte, daß sie wirklich zu mir gehörten und wünschte mir, eine Wohnung für mich zu haben, wo sie frei herumlaufen und spielen konnten und ein Leben hätten, wie es Kinder brauchen, und nur liebe Worte zu hören bekamen. Allmählich wurde aus meinem Wunsch eine feste Absicht.

Inzwischen war Roberto mit seiner Frau in die Casa Grande gezogen. Als er Delila eines Tages geschlagen hatte, wurde mein Vater wütend und jagte ihn hinaus. Ich schlug Roberto vor, daß wir zusammen eine Wohnung mieteten. Ich mußte ihn zuerst dazu überreden, aber schließlich war es ihm recht. Wir fanden eine kleine Zweizimmerwohnung mit Küche und Bad in einem bescheidenen Haus in der Nähe der Casa Grande.

Ich war begeistert, und für Roberto und Antonia war es ein Palast! Die Wohnung hatte Fenster, durch die den ganzen Tag die Sonne schien, einen Holzboiler im Badezimmer, fließendes Wasser und Fliesenböden.

Die Zimmer waren sehr klein, selbst ohne Möbel, aber das machte ja nichts, da wir keine hatten. Die Miete betrug zweihundertvierzig Pesos im Monat. Wir zahlten fünfundachtzig Pesos an und brauchten nur noch einen Bürgen für den Vertrag. Ich bat den Vorsteher in meinem Büro, das für mich zu tun und schickte Antonia ein paarmal mit Geld zur Wirtin, damit sie uns die Wohnung reservierte. Roberto ärgerte sich über diese ganzen Umstände. »So viel Getue um diese verdammte Wohnung«, sagte er. Er wußte eben nicht, was es bedeutet, ein Zuhause zu haben und Miete zu zahlen, und ich glaube, es war ihm irgendwie über, oder er bekam es mit der Angst. Jedenfalls sagte er, er wollte die Wohnung nicht mehr, und ich könnte sie für mich behalten. Ich versuchte, meine Anzahlung wieder herauszubekommen, aber vergeblich. Da saß ich nun fest.

Als ich mit meinen Sachen im Taxi umzog, hatte ich nur meine Kleider, ein Radio und ein Plättbrett. Bei Juanita war es mir gut gegangen, und ich mußte manche Bequemlichkeit aufgeben, als ich von ihr wegging. Ich hatte nicht genug Geld, um mir eine elektrische Leitung legen zu lassen, so war ich im ersten Monat auf Kerzen angewiesen. Ich besaß weder einen Schrank für meine Kleider noch einen Herd, und plätten konnte ich auch nicht. Ich brauchte eine Stunde, um zur Arbeit zu kommen, und für das Frühstück blieb mir keine Zeit. Das Geld fürs Essen mußte ich für andere Sachen ausgeben, daher aß ich tagelang nur Brot und trank Kaffee dazu. Ein Glück, daß die Mädchen im Büro jeden Morgen zusammenlegten, um Süßigkeiten, Kuchen und Erfrischungsgetränke zu kaufen.

Ich machte Überstunden, um mir die Wohnung einzurichten, aber Weihnachten kam, und ich hatte noch keine Möbel. Eines Abends ging ich zu Juanita, um Geld zurückzuzahlen, das ich ihr schuldete, und erzählte ihr von meinen Sorgen. Ich sagte, daß ich Geld brauchte, weil ich meine Neffen und Nichten endgültig zu mir holen wollte, aber es würde wohl ewig dauern, bis ich von meinem Lohn genug gespart hätte. »Ich werde auf Zinsen borgen müssen.«

»Aber Consuelo, das ist ja eine Schande! Warum willst du es nicht einmal beim Fernsehen, in der ›Stunde für Amateure‹, probieren? Du kannst doch singen und tanzen! Wenn du gewinnst, kriegst du einen Haufen Geld und Aufträge dazu!«

Ich dachte die ganze Zeit nur: Ich muß zu Geld kommen. Ich sah schlecht aus, hatte abgenommen und war blaß. Alle paar Wochen hatte ich eine Erkältung, eine Bronchitis oder Magenbeschwerden. Aber der Gedanke daran, Geld zu verdienen, hielt mich aufrecht, und eines Tages ging ich zum Fernsehstudio. Ich bestand die Proben für Sänger und Tänzer und wurde für die endgültige Auswahl vorgeschlagen. Einer der Schiedsrichter meinte, ich taugte mehr zum Tanzen als zum Singen, und sie gaben mir, statt mich in der »Stunde für Amateure« unterzubringen, ein Stipendium für eine Ausbildung im Tanzen an der Akademie der Schönen Künste! Sie wollten die Kosten übernehmen und mich nach sechs Wochen, wenn ich gut abgeschnitten hatte, als Tänzerin in einem Theater, beim Film oder in einem Nachtklub unterbringen, so daß ich ihnen das Geld dann zurückzahlen konnte. Ich sagte zu allem ja, ohne nachzudenken, sie telefonierten, besprachen noch Verschiedenes und fragten mich aus. Im April trat ich in die Schule für modernen Tanz ein.

Ich arbeitete weiter bis halb drei beim Staat und hatte jeden Abend von vier bis acht oder neun Uhr Tanzunterricht. Ich hatte zwar mein Stipendium, aber ich mußte doch noch eine Anleihe für die Tanzschuhe, ein Ballettröckchen und das Fahrgeld aufnehmen. Um nicht hinter den anderen zurückzubleiben, trainierte ich bei den Bewegungs- und Schrittübungen wie eine Wilde. Das kostete mich eine enorme Anstrengung, und ich war jedesmal in Schweiß gebadet. Da ich in den vorhergehenden Monaten nicht richtig gegessen hatte, war mein Körper geschwächt. Und jetzt aß ich wieder in aller Eile ... manchmal bis abends um zehn Uhr nichts als Süßigkeiten und Coca-Cola. Inzwischen wohnten Roberto und Antonia bei mir. Um ein paar Pesos zu sparen, wartete ich, bis ich nach Hause kam, und aß dann, was meine Schwägerin gekocht hatte. Noch nie in meinem Leben hatte ich so schwer gearbeitet! Ich mußte mein Geld und meine Zeit einteilen und mit jeder Minute, mit jedem Centavo rechnen.

Nachdem ich zwei Monate so gelebt hatte, bekam ich starke Kopfschmerzen. Ich konnte morgens nicht aufstehen und war den ganzen Tag zu müde zum Arbeiten. Ich nahm ab und merkte, daß meine Kraft und meine Gesundheit erschöpft waren. Ich fragte mich, ob ich überhaupt weiter zum Tanzkursus gehen konnte. Es schien, als müßte ich mit der nächsten Niederlage, mit einer neuen Enttäuschung rechnen. Was sollte ich nun mit all den Hoffnungen anfangen, die in mir geweckt worden waren, der Hoffnung, es zu etwas zu bringen und nicht sterben zu müssen, ohne eine Spur zu hinterlassen?

Daher nahm ich an, als ein junger Mann aus meiner Tanzschule mich fragte, ob ich während der Ferien als Statistin bei einem Film mitmachen wollte. Er vermittelte mir eine Stelle in den Churubusco-Studios. Ich war sehr glücklich und auch ein bißchen aufgeregt, wie ich so zwischen den Stars und den berühmten Filmleuten stand. Ich hätte es mir nie träumen lassen, daß ich einmal vor einer Kamera spielen würde, und nun war ich hier. Ich trat so natürlich wie möglich auf, und sie waren anscheinend mit mir zufrieden, denn sie behielten mich eine ganze Woche. Für diese sieben aufregenden Tage bekam ich hundertneunzig Pesos und das Essen dazu.

Als ich bei der Stellenvermittlung herumstand und auf einen neuen Auftrag wartete, kam derselbe Kerl, ein Nebendarsteller, zu mir herüber und sagte, ich solle in seinen Wagen steigen, er wolle Außenaufnahmen machen. Ich glaubte ihm und stieg ein.

»Was für eine Arbeit suchen Sie denn?«

»Ich? Oh, ich möchte gern singen, aber ich bin nicht ausgebildet.«

Während wir uns unterhielten, fuhr er mich in seinem großen Wagen auf eine Landstraße. Er sah gut aus, war schick angezogen und ... na ja, er war eben Schauspieler! Er zeigte mir seine letzten Fotos und versprach, mir eins davon mit seinem Autogramm zu geben. Er erzählte mir von seinen Rollen, von den berühmten Stars, die er kannte, und sagte, er wolle eine Agentur aufmachen und suche Leute mit Talent. Er brauche eine junge Frau, die in einem Trio mitsingen konnte, und bat mich, ihm etwas vorzusingen. Als ich fertig war, schien er beeindruckt zu sein.

»Donnerwetter, ich habe nicht gedacht, daß Sie es so gut machen! Ich glaube, Sie schaffen es. Sie brauchen nur noch ein bißchen Unterricht, damit mehr Ausdruck hineinkommt. Das kann Sarita, die Sängerin, übernehmen. Ich fahre Sie gleich zu ihr.«

»Señor Ángel, entschuldigen Sie, aber wollten Sie nicht Außenaufnahmen machen?«

»Sie sind aber eine! Trauen Sie mir nicht? Ich weiß nicht, wie andere Männer Sie behandelt haben, aber ich bin ein Gentleman.«

»Nein, nein, das meinte ich nicht ... ich freue mich, Señora Sarita kennenzulernen. Ich wollte nur wissen ... ich frage nur mal so ... sonst nichts.«

»Dann ist's ja gut. Sehen Sie, die Sache ist so, ich mag Sie gern. Wenn Sie nur wüßten, wie viele Gelegenheiten ... wie viele Frauen ich habe! Ich gebe mir gar keine Mühe, sie laufen mir einfach nach. Kennen Sie zum Beispiel die Schauspielerin Martita? Also ...«

Während er weitersprach, dachte ich, natürlich, wenn er alle diese Künstler kennt, wird er von mir wohl nichts wollen. Wir fuhren schon eine ganze Weile. Es hatte angefangen zu regnen. Er redete immer noch über seine Freundinnen und über sich selbst. Ich wurde auf einmal unruhig.

»Wo ist Saritas Haus? Ich wußte gar nicht, daß es so weit weg ist.«

»Nun, hören Sie mal! Ich sagte Ihnen doch, daß wir gleich da sind. Was denken Sie von mir? Ich komme mir schon wie ein Unmensch vor.«

»Das tut mir leid. Ich wollte sie nur gern bald sehen.«

Er sah ärgerlich aus, und ich schämte mich. Plötzlich bog er in eine Einfahrt und ich sah durch den dichten Regen die Aufschrift »Motel«.

»Señor Ángel, da geh ich nicht rein! Sie sagten, Sie würden Aufnahmen machen, deswegen bin ich mitgefahren.«

»Schsch! Machen Sie nicht so ein Theater. Ich mag das nicht, wenn man sich so anstellt. Ich werde die Aufnahmen mit Ihnen machen, aber im Augenblick bin ich müde.«

Er parkte seinen Wagen vor einem der Bungalows und stieg aus, um mir die Tür aufzumachen. Ich war nervös und unglücklich. Ich hatte einen Kloß in der Kehle und hätte am liebsten geweint, aber vor lauter Angst oder Scham konnte ich nicht. Ich wollte nicht aussteigen. Es regnete in Strömen, und er wurde ganz naß. Er zog mich aus dem Wagen und hielt mich so fest am Arm, daß er mir weh tat.

»Ich will nicht. Lassen Sie mich!« Wie demütigend war das alles!

»Ich frage Sie nicht erst um Erlaubnis. Seien Sie nicht so komisch. Sowas Dummes! Es dauert doch nur einen Augenblick. Wie viele Mädchen wären jetzt gern an Ihrer Stelle. Und die würden sich geehrt fühlen. Warum sollten Sie dann nicht? Denken Sie etwa, Sie wären eine Königin? Sie müssen mir noch dankbar sein!«

Ich saß auf dem Bett. Er lachte spöttisch, schloß die Tür ab und knöpfte sich das Hemd auf.

»Küssen Sie mich!«

»Nein, ich will nicht. Sie können es höchstens mit Gewalt machen. Lassen Sie mich los, Sie tun mir weh.«

»Ach, halten Sie den Mund! Wozu das ganze Trara? Ich glaube beinahe, Sie sind noch Jungfrau? Komm her, Mädchen, nun sei schon ruhig. Das ist doch die natürlichste Sache von der Welt. Wovor hast du bloß Angst? Du bist eine reizende kleine Hexe, aber ich bin es nicht gewohnt zu betteln. Wenn ich es mit Sarita und Martita machen kann, warum dann nicht mit dir?«

Nach vier Monaten stellte ich fest, daß ich schwanger war. Ich hatte es nicht gemerkt, denn meine Menstruation hatte nicht ausgesetzt. Señor Ángel sah ich nie wieder, und wenn ich beim Studio oder im Fernsehsender anrief, wo er zuerst aufgetaucht war, wurde mir immer gesagt, er sei wegen Außenaufnahmen nicht im Haus. Schließlich fand ich einen Arzt, der bereit war, die schwierige Operation zu machen. Ich verkaufte meinen neuen Kleiderschrank, um ihn bezahlen zu können. Danach ging es mir sehr schlecht, und ich konnte zwei Wochen lang nicht arbeiten.

So begegnete ich also zu meinem Unglück diesem gräßlichen, diesem verfluchten mexikanischen *machismo*. Ich geriet, wie unzählige andere mexikanische Frauen, in das grausame Spiel, in dem der herrische männliche Partner immer gewinnt. »Soll ich dich niederschlagen oder dich gehen lassen?« In diesem Spiel gibt es keine Großmut, nur Rücksichtslosigkeit und Niedertracht, denn bevor man freigelassen wird, muß man einen Preis zahlen. Es ist ein roher Akt des Egoismus und der Ausbeutung, der mit schönen Worten vertuscht wird.

Nach meiner Krankheit war ich zu nervös, um wieder in einem Büro arbeiten zu können. Ich steckte in Schulden und war mit der Miete drei Monate im Rückstand. Mein Vater weigerte sich, mir zu helfen, und jemand anders konnte ich nicht bitten. Ich brauchte dringend Geld. Ich ging noch einmal ins Studio, um zu versuchen, ob ich nicht einen Dauerauftrag als Statistin bekommen könnte. Da traf ich ein Mädchen, das in einem einzigen Film dreitausend Pesos verdient hatte. Sie sagte, ich müsse in die Gewerkschaft eintreten, und schickte mich zu Señor Pissarro, der mir vielleicht helfen würde.

Er fragte mich: »Da haben Sie also einmal vor der Kamera gestanden, und jetzt möchten Sie, daß das so weitergeht?«

»Ja, Señor Pissarro. Ich brauche einfach Geld.«

»Aha. Und Sie haben keinen Mitgliedsausweis? Können Sie auch mit hinausfahren, wenn Außenaufnahmen gemacht werden?«

»Ja.«

»Gut. Sind Sie verheiratet?«

»Hmm . . . also . . .« Ich sah ihn an.

»Na, hören Sie mal! Ich frage doch nur, um zu wissen, ob sie wirklich frei sind, so daß man Sie rausschicken kann. Machen Sie sich keine Sorgen. Ich mache Ihnen die Papiere und alles fertig. Kommen Sie Montag wieder.«

Diesmal wußte ich, was ich tat. Señor Pissarro sah nicht schlecht aus. Es mußte auch etwas an ihm dran sein, da er Beamter geworden war. Er in seiner Position konnte mir helfen. Wollte er dafür etwas von mir haben, dann meinetwegen, vor allem, wenn wir außerhalb der Stadt Aufnahmen machten oder ich ihn wenigstens ein bißchen näher kennengelernt hatte. Ich brachte meine Fingernägel und mein Haar in Ordnung und holte mein bestes Kleid aus dem Leihhaus, wo Roberto es abgegeben hatte, weil er wieder mal Geld brauchte. Es konnte ja nicht schaden, wenn ich gut aussah!

Aber ich hatte nicht erwartet, daß Señor Pissarro noch am gleichen Tag mit mir in ein Motel gehen und mich mit Gewalt nehmen würde, genauso wie Señor Ángel. Sah ich denn wirklich so aus wie ein leichtes Mädchen? Ich versuchte, mich zu wehren! Aber als ich nicht mehr konnte, erstarrte ich zu Stein. Ich brachte es mit unvorstellbarer Anstrengung fertig, mich zu beherrschen, und reagierte nicht. Er war verzweifelt und drückte mich mit dem Knie nieder.

»Bitte, Señor Pissarro, gehn Sie nicht so mit mir um!«

»Was denkst du dir eigentlich? Ich soll dich gehen lassen, damit du dich nachher über mich lustig machen kannst? Ich bin ein Mann, und du willst mich in meiner Männlichkeit verletzen! Warum tust du nicht deine Pflicht als Frau? Sei doch nicht albern! Du hilfst mir, und dafür helfe ich dir.«

Er bekam, was er wollte. Aber als ich ihn fragte, was nun aus meiner Rolle bei den Außenaufnahmen werden sollte, sagte er: »Wenn ich rausfahre, kommst du mit. Ich weiß noch nicht, ob sie mich hinschicken. Ruf mich morgen unter dieser Nummer an.«

Ich rief an; er war nicht da; ich ging zum Gewerkschaftsbüro und fand ihn dort nie. Am Ende mußte ich mir eingestehen, daß ich reingefallen war. Ich bemühte mich, nicht darüber nachzudenken, und unterdrückte jede Gefühlsregung. Kurz danach zog ich zu einem amerikanischen Studenten, der in Mexiko seine Ferien verbrachte.

Caray! Was habe ich inzwischen alles erlebt! Ich weiß gar nicht, woher ich die Kraft dazu nehme. Was kann ich tun, um mich nicht weiter zu quälen? War es Pech, oder habe ich mich mit Absicht ruiniert? Es vergeht kein Tag, ohne daß man mir schmutzige Anträge macht und ohne daß ich einen zwingenden Grund finde, sie anzunehmen. Aber jetzt berührt mich nichts mehr, weder die Moral noch irgendwelche anderen Grundsätze, nicht einmal die Liebe zu meiner Familie. Ich versuche, den Schmerz und die Angst in meinem Herzen zu ersticken und gegen die vier Kinder, die ich so geliebt habe, gleichgültig zu bleiben. Es war falsch, daß ich meine ganze moralische und physische Kraft daransetzte, um ihnen ein besseres Leben zu bieten, denn dabei habe ich mich verausgabt.
Jetzt habe ich keine Arbeit mehr, das ist die beste Ausrede. Wenn meine Tante krank oder in Not ist, kann ich sagen: »Ich arbeite nicht, ich kann dir nicht helfen.« Wenn Roberto einen Rechtsanwalt braucht oder Strafe zahlen muß, sage ich nur: »Ich habe kein Geld, zu mir brauchst du nicht zu kommen.« Und genauso mache ich's bei den Kindern, für die ich früher so viel erhofft hatte. Ich muß die Kette zerbrechen, die mich hinunterzieht und mich verwundet, und wenn es mich fünf Jahre meines Lebens kostet und alle edlen Gefühle. Ich werde halb blind dahinleben, wie die anderen Leute, und so habe ich mich dann mit der Wirklichkeit abgefunden.
Aber obwohl ich mich zu befreien versuche, kann ich doch vor dem Schicksal meiner Angehörigen die Augen nicht verschließen. O Gott! Sie richten sich allmählich zugrunde. Sie reiben sich auf und gehen langsam ein, wie meine Onkel, meine Mutter, meine Großmutter, Elena, Paula . . . alle sind sie fort. Sie haben mich zu früh verlassen. Meine Tante Guadalupe ist jetzt wie ein erlöschendes Licht, eine Wachskerze am Fuß des Altars; Marta ist erst vierundzwanzig und sieht aus wie über dreißig; bei Roberto denke ich jedesmal, daß er dieses Jahr nicht übersteht, denn sein Leben ist voll Unruhe, und er fürchtet sich vor nichts. Und Manuel? Ja, der wird weiterleben, aber auf wessen Kosten? Wie oft wird er die Liebe seiner Kinder noch auf die Probe stellen, indem er ihnen nichts zu essen gibt? Es ist furchtbar, sich vorzustellen, daß er seine eigenen Kinder überleben wird! Paula! Wie konntest du so einfach sterben? Wie konntest du deine Kinder im Stich lassen, wo du doch wußtest, was ihnen bevorstand?

Warum ich zu Crispín zurückging ... wie kam das eigentlich? Na ja, seine Mutter hatte die ganze Zeit die Kinder sehen wollen, Concepción und Violeta. Trini war gerade anderthalb Jahre alt, und Crispín hatte nie nach ihr gefragt und sich weder an ihrem Geburtstag noch an ihrem Namenstag um sie gekümmert. Im Dezember ging ich mit den beiden Älteren die Großmutter besuchen. Crispín und ich sprachen noch einmal über alles, obwohl da an sich nichts mehr zu bereden war, denn er wußte ganz genau, daß die Sache mit Trini seine Schuld war.

Wir hatte uns lange nicht gesprochen und sahen uns immerzu an. Er sagte:»Tja, und was nun?«

»Und was nun?« sagte ich. »Concepción braucht Schuhe und Kleider, weil sie keine mehr hat und Violeta auch.« Ich hatte ihm wirklich nichts anderes zu sagen.

»Die kaufen wir am Samstag«, sagte er.

»Gut, in Ordnung.«

Der Samstag kam, und wir kauften den beiden Kindern Schuhe. Trini erwähnte ich gar nicht. Er sagte mir nur, ich sei zu stolz. Ich erklärte ihm, das sei nicht Stolz, sondern Scham, weil er nach allem, was er mir angetan hatte, nichts mehr von mir wissen wollte.

»Was habe ich denn getan?« fragte er, als ob ich über alles hinwegsehen und zu ihm zurückkehren würde, ohne ein Wort von Trini zu sagen. Anscheinend wollte er sie jetzt als seine Tochter anerkennen, als ob sie gerade erst geboren wäre. Stellen Sie sich vor, er hatte mich verlassen, als ich im siebenten Monat war; da versuchte er auf einmal, so zu tun, als wäre sie nicht sein Kind. Wenn ein Mann weiß, daß seine Frau ein Baby erwartet, und es ist nicht von ihm, dann sagt er sofort: »Ich bin sicher, daß es nicht von mir ist, von wem hast du's also?«

Aber bei Crispín war das anders. Er hatte sich nicht geschämt, noch die ganze Zeit mit mir zu gehen. Ich weiß auch nicht, was mit ihm los war. Seine Mutter und seine Schwester hatten großen Einfluß auf ihn und redeten ihm ein, daß ich's mit anderen Männern triebe. Dabei ging ich damals mit niemandem. Wo man mich auch sah, war ich immer allein mit meinen Kindern. Nein, ich habe mir nichts vorzuwerfen.

Als wir mit den Einkäufen fertig waren, verabschiedete ich mich und wollte weggehen.

»Du gehst? Einfach so?« fragte er.

»Was denkst du dir denn? Was erwartest du noch?« sagte ich. Dann wurde ich wütend. »Du verlangst doch wohl nicht, daß ich dich dafür bezahle? Womit sollte ich das? Etwa mit meinem Körper?« Seitdem wir uns einmal auf der Straße gezankt und geschlagen hatten, redete ich so mit ihm. Ich glaube, an dem Tag machte ich mich richtig von ihm frei, und von da an sagte ich ihm unverblümt meine Meinung. Ich sagte ihm sogar oft, er sollte sich schämen, daß er seine Kinder nicht unterstützte und sowas alles; vorher hätte ich das nicht gewagt, weil ich Angst hatte, zu weit zu gehen.

»Sei doch nicht so zu mir, Marta«, sagte er.

»Warum nicht? So hast du es doch immer gewollt! Ich habe mir gleich gedacht, daß du für das, was du deinen Töchtern gekauft hast, etwas von mir haben willst.«

»Nein«, sagte er, »das ist es nicht ... ich weiß auch nicht, wie ich es erklären soll.«

»Wenn du mich satt hast, warum willst du dann wieder von vorn anfangen?«

»Ich habe nie gesagt, daß ich dich satt habe.«

»Der Beweis dafür ist, daß du mich sitzen ließest und nicht ein Wort darüber verlorst.«

Er schwieg, und wir gingen weiter, bis wir an eine Hoteltür kamen.

»Komm rein«, sagte er.

»Nein.«

»Stell dich nicht so an.«

»Ich stell mich an, wenn mir danach zumute ist, auch wenn du mich schlägst.« Dann sagte ich plötzlich: »Also gut, du mußt ja irgendwie bezahlt werden, nicht?« Ich ging rauf und ins Zimmer.

Nachdem ich so lange ohne Mann gelebt hatte, ging ich nun auf einmal mit ihm ins Hotel. Und warum tat ich das? Weil ich Lust dazu hatte? Weil ich es brauchte? Eigentlich nicht. Mir waren viele Männer nachgelaufen, und die wollten nicht nur mit mir ins Hotel, sondern hatten mir angeboten, mir eine Wohnung einzurichten. Aber ich hatte es trotzdem nicht getan, denn ich wußte ganz genau, sobald ich mit einem Mann zusammen war, würde ich wieder schwanger werden. Ich war jedesmal ein Jahr nach der Geburt meiner Kinder schwanger geworden, deswegen nahm ich mich zusammen.

Aber ich kann wirklich nicht behaupten, daß Crispín mich mit Gewalt ins Hotel zog, das stimmt eigentlich nicht. Man könnte sagen, daß ich mein nächstes Baby für zwei Paar Schuhe bekam. Als wir sie kauften, wußte er, daß ich ihm nichts anderes dafür geben konnte. Und ich fiel darauf herein, weil ich mir sagte: »Dieser Mann wird sich nie ändern.«

So waren wir also im Hotel. Wenn ich mich fragte, ob ich Vergnügen daran hatte ... nein, das nicht, denn ich ärgerte mich dabei. Das nächste Mal wollten wir Concepción etwas zum Anziehen kaufen, aber wir kamen nicht dazu, denn wir gingen gleich ins Hotel. Diesmal brachte ich ihn in Wut, weil ich weglief. Mir wurde nämlich klar, daß ich eine Dummheit machte. Auf einmal merkte ich, daß wir schon wieder dasselbe taten, und ärgerte mich. Wir lagen im Bett, und er wollte gerade zu mir kommen, da wurde ich wütend und sprang aus dem Bett.

»Wo gehst du hin?«

»Ich geh weg.«

»Warum?«

»Weil ich will.«

»Wehe, du gehst raus! Dann kannst du was erleben.«

»Du kannst mir nichts tun. Auch zwanzig solche wie du können mich nicht aufhalten. Ich bin nicht mehr so blöd wie früher.«

Dasselbe war schon ein paarmal in anderen Hotels passiert, aber weiter als bis zur Tür war ich nie gekommen, weil er mich immer einholte und mich ohrfeigte. Sicher dachte er, ich hätte auch diesmal Angst zu gehen. Er lag noch da, als ich hinausging. Auf der Straße war ich nervös und fürchtete, er würde mir nachlaufen und Streit anfangen.

Das war im Dezember. Im Januar wartete ich auf meine Tage und bekam sie nicht. Ich hatte nicht mal Zeit, Crispín zu sagen, daß ich schwanger war, denn als er am sechsten Januar, am Dreikönigstag, kam und Concepción und Violeta Spielsachen brachte, war er mir böse und wollte nicht hereinkommen. Dann sah ich ihn öfter mit anderen Mädchen.

Einmal stand ich in einem Laden und beobachtete ihn mit Amelia. Gerade als er vorbeikam, schickte ich Concepción raus, damit sie ihn begrüßte.

»Papa, gib mir einen *quinto*!«

Crispín drehte sich um und war sehr erstaunt. Da erschien ich mit Trini auf dem Arm. Er sagte zu Concepción: »Ich komme am Samstag.« Er war richtig verlegen und sah sich nach Amelia um, die uns beobachtete. Da sagte ich: »Komm, mein Kind. Du siehst doch, daß man hier nichts von dir wissen will. Du störst deinen Papa nur.«

Anstatt zu fragen: »Warum sagst du sowas?« — denn immerhin hatten wir ja angefangen, uns zu versöhnen — brachte er nur heraus: »Wir haben uns nichts mehr zu sagen.«

Ich kochte, als ich sah, wie er sich mit wütendem Gesicht diesem Weib zuwandte. Wahrscheinlich dachte er: Jetzt habe ich mich verraten.

Ich sagte: »Du hast recht. Wir haben nichts mehr miteinander zu tun. Deswegen denk ja nicht, daß ich mich mit dir zanken will. Da irrst du dich. Komm, mein Kind, wir wollen gehen.«

Ich war immer noch ruhig. Da fuhr er los: »Wenn du willst, daß ich dich unterstütze, warum treibst du es dann wie eine Hure?«

»Das tu ich ja gar nicht. Ich habe meine Kinder nicht von der Straße. Du weißt, von wem ich sie habe.«

Wir standen vor einem Geschäft, und eine Menge Leute hörten uns zu. Ich redete weiter.

»Daß du gerade diese Schürze da erwischt hast! Vielleicht hattest du recht, mich gegen eine andere auszuwechseln, aber nicht gegen so ein Weib. Dir gefallen eben solche, die schon einen Trottel an der Angel haben, damit du keine Verantwortung hast. Du machst alles nur zu deinem Vorteil. Ein richtiger Mann tut sowas nicht.«

»Du kannst überhaupt nichts sagen, denn du hast deinen Zuhälter.«

»Ich habe keinen, aber ich suche mir einen, nur damit ich dich loswerde . . .« Ich nannte ihn einen Bastard und gab ihm noch andere Schimpfnamen. Ich war richtig ordinär. »Und komm ja nicht wieder an. Das ist alles, was ich von dir verlange. Laß mich bloß in Ruhe.«

So schlimm hatten wir uns selten gezankt. Ich hatte ihn einmal gewarnt und ihm erklärt, ich würde so lange zu ihm halten, bis ich selbst sehen würde, daß er mit einer anderen ging. Von anderen Leuten hatte ich schon gehört, daß er sich mit Mädchen herumtrieb, aber ich versuchte zu vergessen, was sie mir erzählt hatten. Nur was ich mit eigenen Augen sah, konnte ich nicht vergessen. »Also paß auf, daß ich dich nicht ertappe«, hatte ich ihm gesagt. »Denn dann kannst du nicht mehr mit mir rechnen.«

Ich hätte mir eine dicke Haut zulegen sollen, so wie andere Frauen, die sich nicht darum kümmern, was ihre Männer außerhalb des Hauses tun, besonders, da meiner mich wiederhaben wollte. Aber als ich sah, daß er mich an der Nase herumführte und mit diesem alten Weib anbandelte, konnte ich mich nicht beherrschen. Lieber verzichtete ich wieder auf alles. Ich konnte mich nie damit abfinden, daß er neben mir noch andere Frauen hatte. Nein! Es war besser, er verließ mich oder ich ihn, und zwar endgültig. Also ging ich weg und stieg in den Bus, und seitdem haben wir uns nie wieder gesprochen.

Im Februar hatte ich einen furchtbaren Streit mit Consuelo. Delila hatte es satt, für Manuels Kinder zu sorgen, deshalb mußte ich mich außer um meine drei auch noch um seine vier kümmern. Roberto arbeitete in einer Fabrik und hatte mir eine Zeitlang Geld gegeben, aber dann hörte er damit auf. Er wollte einfach nicht mehr, und niemand konnte ihn dazu zwingen. Nur mein Vater half mir noch. Als die Kinder zu mir in die Casa Grande kamen, war Manuel bereit, mir jeden Tag zehn Pesos für sie zu geben. María, seine neue Frau, kam ab und zu und half mir mit den Kindern.

Zweimal gab Manuel mir kein Geld, und ich mußte die Kinder in Gilbertos Café schicken, um ihn da zu suchen. Sie bekamen morgens ihr Frühstück, und dann sagte ich zu Mariquita: »So, nun geh zu deinem Vater und sag ihm, ihr hättet noch nichts gegessen, weil er mir das Geld nicht gebracht hat.«

Ich mußte mich beeilen, um all die Kinder zu füttern und sie zur Schule fertig zu machen. Roberto brachte ich um zwölf das Mittagessen in die Fabrik, und um halb eins mußten die Kinder essen, um wieder rechtzeitig zur Schule zu kommen. Vorher badete ich sie immer oder wusch sie wenigstens.

Consuelo und ich hatten uns schon seit längerer Zeit ein bißchen in der Wolle gehabt, denn sie mischte sich dauernd in meine Angelegenheiten. Ich mußte mich den ganzen Tag mit den Kindern plagen, und sie kam nur abends, gab ihnen zu essen und kommandierte alle herum.

Manuels Kinder bekamen abends Milchkaffee, Brot und das, was vom Mittagessen übrig geblieben war. Ich kannte niemanden, der etwas anderes zum Abendbrot aß. Aber Consuelo, diese eingebildete Person, kaufte ihnen Eier, als ob wir so viel Geld hätten. Seitdem sie zur Schule gegangen war und im Büro arbeitete, wurde sie so vornehm, daß sie an allem, was wir machten, etwas auszusetzen hatte. Sie behauptete, wir äßen nicht richtig . . . sie kaufte sogar ein Messer und eine Gabel . . . und wenn sie einkaufen ging, kam sie mit Cornflakes, Suppen in Büchsen und Tomatensaft wieder. Sie gab das Haushaltsgeld für lauter Sachen aus, die wir nicht brauchten. Warum sollte ich eine Büchse Erbsen kaufen, wenn ich für dasselbe Geld für alle meine Kinder ein Stück Fleisch kriegen konnte? Ich wußte, wie man das Geld einteilen konnte, so daß wir alle gut zu essen hatten, aber sie verstand das nicht.

Manchmal ließ sie mir nur zwei Pesos übrig. Stellen Sie sich das vor, zwei Pesos für den ganzen Tag! Das tat sie viermal, aber ich sagte nichts, ich nahm das Geld von meinem Vater, ohne mich über sie zu beschweren, und richtete es so ein, daß jeder etwas zu essen bekam. Ich zankte mich nicht mit ihr, aber wir vertrugen uns auch nicht gut.

Sie ging wieder mit Jaime, nachdem sie mit Mario Schluß gemacht hatte. Ja, sie war so dumm, noch mal mit Jaime anzufangen, obwohl sie bei ihm alle Chancen verloren hatte, und das klappte natürlich nicht, denn Jaime rächte sich nur für die Beleidigungen, die sie ihm angetan hatte. Ich weiß nicht, wie es kam, daß sie nie schwanger wurde . . . sie sagte, sie hätte es nie mit ihm gemacht, aber ich kann mir nicht vorstellen, wie das möglich ist, wo sie beide im selben Bett schliefen. Schließlich wurde sie krank vor Wut und verließ Jaime. Aber später malte sie sich wieder an, hatte schöne Kleider und lackierte Fingernägel — wer weiß, woher sie das alles hatte. Sie arbeitete und gab ihr ganzes Geld für die Miete, für das Essen und Kleider aus. Natürlich reichte das, was sie verdiente, längst nicht für diese ganzen Ausgaben.

Das alles sagte ich ihr, als wir uns zankten. »Daß du keine Kinder hast, beweist überhaupt nichts! Wer weiß, wie du die losgeworden bist.«

Ich zog eine Jacke aus dem Schrank, die sie mir geschenkt hatte, und zerriß sie. Und dann fielen wir übereinander her, kratzten uns und zerrten uns an den Kleidern. Da kam María herein, die gerade ein Kind erwartete, und brachte uns auseinander. Die Kinder sahen das alles mit an und gingen an diesem Tag nicht zur Schule.

Als mein Vater zurückkam, machte er mir Vorwürfe. »Du hast Kinder und weißt immer noch nicht, was du tust. Ihr wollt eben alle nicht vernünftig werden. Von euch vieren benimmt sich keiner wie ein wirklicher Bruder oder eine Schwester.« Ich war sehr empört, daß mir die Schuld an allem zugeschoben wurde.

Dabei hatte Consuelo angefangen, als sie sagte, ich ließe mir von allen Männern Kinder machen. Das war immer der wunde Punkt zwischen uns beiden, und darum drehten sich die ganzen Streitereien. Ich weiß auch nicht, ob es Eifersucht war oder was . . . sie war immer neidisch und mißgünstig gewesen, und am meisten ärgerte sie sich, weil mein Vater mir half. Ich glaube, das konnte sie nicht vertragen, und deshalb ging sie so oft in die Luft.

Die anderen waren genauso, und das ärgerte mich. Auch Manuel mäkelte an mir herum. Eines Tages sprachen wir über María, und er sagte: »Die geht eben gern raus auf die Straße. Ich habe ihr gesagt, wenn sie nicht mehr im Haus sitzen mag, soll sie ein bißchen rausgehen. Ich bin nicht der Mann, der seine Frau in den Keller sperrt wie ein Kaninchen, damit sie nichts anderes tut als Kinder kriegen. Ich will nicht, daß sie so wird wie du, daß sie sich in ihren vier Wänden begräbt und sich nie nett anzieht und ausgeht.«

»Ich gehe nicht aus, weil ich soviel im Haus zu tun hab. Was soll ich denn auf der Straße? Ich wüßte nicht, was ich davon hätte.«

Anscheinend war ich für ihn ein Kaninchen, zumindest sagte er es indirekt, und das machte mich wütend. Gerade er konnte sich sowas gar nicht erlauben! Ich kümmerte mich wenigstens um meine Kinder! Er liebte seine Kinder nicht genug, um wirklich zu ihnen zu stehen. Es ist nämlich nicht damit getan, daß man sie in die Welt setzt, man muß sie auch ernähren, sie zur Schule schicken und für sie da sein, wenn sie einen'brauchen. Man kann sie doch nicht wie Tiere aufwachsen lassen, nicht wahr?

Und seine Frau war noch schlimmer. María hatte der Tochter meiner Freundin erklärt, wir wären verrückt, wenn wir dächten, daß sie für Manuels Kinder sorgen würde. Sie konnte sie nicht ausstehen und hatte nicht die Absicht, sich für sie abzuschuften. Es waren ja seine Kinder und nicht ihre, also konnte er sich selbst um sie kümmern. Und wenn er schon nichts für die Kinder übrig hatte, wie konnte man das dann von ihr verlangen? Man hängt eben nur an den eigenen Kindern. Manuel war nie ein richtiger Vater gewesen, weil er es nicht nötig gehabt hatte. Er wußte auch, wenn er nicht arbeitete und kein Geld für den Haushalt abgab, konnte er immer damit rechnen, bei meinem Vater eine Unterkunft und etwas zu essen zu kriegen. Hätte mein Vater uns von klein auf gezwungen zu arbeiten, dann wären wir alle anders geworden.

Jedenfalls war ich es leid, immerzu kritisiert zu werden und Vorwürfe zu hören, besonders, da ich nicht allein Schuld hatte. Ich suchte mir einen Mehlsack, steckte eine Decke, ein Laken und für mich und die Kinder je drei Kleider hinein und ein Bündel Lumpen als Windeln für Trini. Ich gab allen Kindern ihr Abendbrot und schickte Mariquita zu María hinüber.

Als María ankam, sagte ich ihr, daß ich fortgehen würde.

»Wohin denn?« fragte sie.

»Das weiß ich noch nicht, aber ich geh weg. Hier haben ja alle an mir was auszusetzen.«

Roberto kam herein, aber er war wütend auf mich und fragte noch nicht mal, wohin ich wollte. Ich rief meine Töchter, nahm den Sack und fuhr mit dem Bus zum Zentrum. Da nahm nur noch der Nachtbus nach Acapulco Fahrgäste mit. Also kaufte ich Fahrkarten für mich und die Kinder, und wir stiegen ein.

Als ich in den Bus kam, sah ich sicher so verängstigt aus, als ob ich was gestohlen hätte. Meine Platzkarte war für Sitz Nummer dreizehn, aber ich setzte mich auf den dahinter. Kurz bevor wir abfuhren, kam der Mann, der Nummer zwölf hatte. Vor mir auf der anderen Seite vom Gang saß ein Junge, der wohl nicht älter als sechzehn war. Er fragte mich gleich, wohin ich fuhr und ob ich in Acapulco jemand kannte.

»Nein, niemand.«

»Ich auch nicht«, sagte er. »Ich laufe von meinem Vater weg und will meine Patentante besuchen. Mein Vater ist Beamter.«

327

Dann bot er mir Schokolade an und sprach weiter. Mir war gar nicht zum Reden zumute. Ich wollte allein sein.

Da stieg Baltasar ein, und ich mußte mich auf den vorderen Platz setzen. Er saß hinter mir, so daß ich sein Gesicht nicht sah und nicht mit ihm sprechen konnte. Der Junge auf der anderen Seite redete immer noch mit mir. Er sagte, er hätte viel Geld, aber ich hörte ihm kaum zu. Als der Bus anhielt, lud er mich zu einer Tasse Kaffee ein, aber ich nahm nicht an und blieb mit den Kindern sitzen. Später hatte ich wegen diesem Jungen einen furchtbaren Streit mit Baltasar. Er behauptete, wir wären *novios* und ich wäre mit ihm zusammen eingestiegen. Er dachte sogar, das Kind sei von dem!

Während der Fahrt sprachen Baltasar und ich überhaupt nicht miteinander, nur einmal, als er sagte: »Geben Sie mir eins von den Kindern. Wenn der Kontrolleur durchkommt, müssen Sie noch eine Fahrkarte kaufen.«

»Noch eine!« sagte ich. »Dann bin ich pleite!« Also gab ich ihm Violeta für den Rest der Fahrt.

Da saß ich nun mit den beiden anderen und weinte beinahe während der ganzen Reise. Ich glaube, das war der traurigste Tag meines Lebens. Wenn nicht die Kinder gewesen wären, hätte ich Schluß gemacht. Es war nicht das erste Mal, daß ich auf diesen Gedanken kam; ich hatte mir früher schon einmal Rattengift gekauft und mischte es gerade mit Wasser, als mein Vater mich auf dem Dach fand und mich davon abhielt, es auszutrinken. Damals war ich noch klein und ging noch in die Schule, und er hatte mich ausgeschimpft, warum, weiß ich nicht mehr, aber auf einmal war mir das Leben über. Mein Vater war wirklich erschrocken. Wenn er nicht gemerkt hätte, daß ich aus dem Bett gekrochen und aufs Dach gestiegen war, was wäre dann aus mir geworden?

Später, mit Crispín, sah ich manchmal, was ich aus meinem Leben gemacht hatte, und war verzweifelt. Jetzt, auf dem Weg nach Acapulco ging es mir ebenso. Ich hatte das Gefühl, als wäre nun alles aus. Das Leben war eine Lüge, und alle Türen waren geschlossen. Es ist sehr bitter, wenn einem die Geschwister an den Kopf werfen, was für eine man ist, und einen zu Unrecht beschuldigen. Ich konnte sie nie leiden, wenn sie sich in meine Sachen einmischten, besonders, was die Kinder anging. Ich platzte los wie eine Rakete, wenn ich sah, wie Roberto und Consuelo Manuels Kinder hierhin und dahin schleppten und nur dann etwas für sie taten, wenn es ihnen paßte. Damit rissen sie die Kinder auseinander und verwirrten sie nur. Ich erlaubte nie, daß sie dasselbe mit meinen Kindern machten, und deswegen meinten sie, ich sei zu empfindlich und mit mir könnte man nicht reden.

Es stimmt allerdings, daß ich von uns allen die schwierigste bin. Ich bin sehr nachtragend, vergesse nie etwas und spreche nicht mehr mit den Leuten, die mir was angetan haben. Wenn sie im Unrecht sind, hasse ich sie dafür um so mehr. Delila sagt immer, Manuel und ich wären die besten, weil wir mit anderen ins reine kommen, indem wir einfach den Mund halten. Sie vergessen ihren Ärger bald, aber ich nicht.

Ich wünschte, ich wäre wie andere Frauen, wie meine Tante und meine Stiefmutter, die sich mit ihrem Kummer abfanden. Sie beklagten sich nie über ihr Los und dachten nicht daran, sich ins Verderben zu stürzen, wie ich es tat. Aber manche sind nun einmal nicht dafür gemacht, mit einem großen Kummer fertig zu werden, und die verlieren dann einfach den Kopf. So ging es mir. Ich nahm meine Kinder und fuhr los, ohne zu wissen, was aus uns werden sollte. Erst als wir im Autobus saßen, fragte ich mich: »Und was nun? Wo will ich überhaupt hin? Was soll ich tun? Ich habe doch nicht genug Geld . . .«

Gegen Ende der Fahrt lehnte Baltasar sich vor und fragte, ob ich in Acapulco Verwandte hätte.

»Nein, ich will mir eine Arbeit suchen.«

Da sagte er: »Falls es Sie interessiert: Ich habe eine Tante, die ein Restaurant führt. Ich kann Ihnen sofort eine Stelle besorgen. Dann brauchen Sie sich um das Essen für die Kinder keine Sorgen mehr zu machen.«

Ich überlegte. Sicher konnte ich dort etwas tun, und wenn ich nur Teller wusch. Also sagte ich: »Mal sehen. Ich brauche Arbeit.«

»Ich werde gleich, wenn wir ankommen, mit meinem Vetter sprechen.«

Endlich hielt der Bus in Acapulco, und wir stiegen aus. Da sagte dieser Junge zu mir: »Sehen Sie, da ist ein Hotel, wo Sie unterkommen können, wenn Sie wollen.«

Baltasar blieb neben uns stehen. Er fragte: »Kommen Sie mit oder nicht?«

Da stand ich nun also zwischen den beiden und fragte mich, mit wem ich gehen sollte. Ich konnte mir denken, daß der Bengel Geld bei sich hatte, aber wenn ich mit ihm ginge, würden die Leute überall sagen, ich wäre sein Schatz. Und vielleicht hatte er das Geld ja auch gestohlen, und dann würde man mich auch noch anzeigen. Baltasar sah allerdings auch nicht gerade sehr anziehend aus. Sein Hemd und seine Baumwollhosen waren dreckig und zerknautscht — er sagte mir später, daß er zwei Tage durchgesoffen hatte —, und er trug die billigsten Sandalen. Das Hemd war bis unten aufgeknöpft, und man sah seinen dicken Bauch. Auch mochte ich den goldenen Ring nicht, den er im rechten Ohr hatte. Mit alldem und seinem lockigen Haar, den Goldzähnen und den hervorstehenden

Froschaugen sah er, wie Manuel sagt, ein bißchen exotisch aus. Aber er war älter als der andere, und ich hatte mehr Vertrauen zu ihm.

»Gut«, sagte ich zu ihm, »gehen wir zu Ihrem Vetter.« Um den Kleinen nicht zu verletzen und ihm nicht zu zeigen, daß mir Baltasar lieber war, schlug ich vor, daß wir alle zusammen einen Kaffee trinken sollten.

Darauf sagte er: »In Ordnung. Ich hole Sie ein. Ich will mir nur noch Zigaretten kaufen.« Er ging weg, und ich sah ihn nie wieder.

Baltasar nahm mich mit in die Imbißstube seines Vetters und bestellte Kaffee. Er hatte auch seine Probleme, da er sich zur Zeit gerade in der Gegend herumtrieb. Er war Lastkraftwagenfahrer im Umkreis von Acapulco, aber er hatte kein Zuhause. Er schlief im Wagen und aß unterwegs. Er überlegte, wo er mich unterbringen könnte. Zwar hatte er seine Familie da, Mutter und Stiefvater, Vater und Stiefmutter und ich weiß nicht, wie viele Stiefbrüder und Schwestern und Tanten, Onkel und Vettern. Aber er vertrug sich nicht mit ihnen und wollte sie um nichts bitten.

Sein Onkel Pancho kam vorbei, und sie flüsterten miteinander. Dann sagte Baltasar: »Komm, wir gehen zu meinem Onkel. Er ist ein guter Mensch, bei ihm wird es dir gefallen.« Ich ging also mit, wie eine Kuh zum Schlachthaus.

»Na ja«, dachte ich, »wenn ich seh, daß es schiefgeht, kann ich immer noch um Hilfe schreien.«

In Panchos Haus ruhten wir uns aus. Dann nahm Baltasar uns mit an den Strand und zeigte uns La Quebrada, den Malecón und die Werften. Ich erfuhr erst nachher, daß er seinem Vetter für achtzig Pesos sein Radio verkauft hatte, um Geld für uns zu haben. Ich übersah das alles noch nicht genau und wußte nicht, wie Baltasar eigentlich war. Ich war unruhig und verwirrt, aber ich lächelte, lachte und sagte mir nur: »Gott sei Dank, wir sind wenigstens heil angekommen.« Weiter konnte ich nicht denken.

Am Abend schöpfte ich Verdacht, denn Baltasar erklärte, sein Chef schicke ihn für ein paar Tage nach Acopana. Er sagte, ich sollte mir keine Sorgen machen, sein Onkel würde mir nichts tun. Bevor er wegfuhr, brachte er mir Fleisch, Speck und Maisteig für *tortillas* und gab mir zwanzig Pesos.

»Nimm dies, bis ich zurückkomme. Wenn du was brauchst, wende dich an meinen Onkel.«

Pancho lieh mir ein Bettgestell. Ich richtete den Kindern auf der einen Seite auf dem Fußboden einen Schlafplatz ein, und Pancho schlief auf der anderen Seite. Es stellte sich heraus, daß er ein sehr netter Mann war, der mich nie belästigte. Erst später wußte ich, daß er Baltasar gefragt hatte, ob er mich haben könnte, aber der sagte nein, weil er mich für sich haben wollte. Als Baltasar wiederkam, schlief er bei den Kindern auf dem Boden und redete immer noch kein Wort davon, daß ich mit ihm schlafen sollte.

Ich sagte mir immerzu, für das, was er tat, erwartete er bestimmt etwas von mir. »Wenn der Vater meiner Kinder das sogar verlangt hat, dann hat ein anderer Mann noch mehr Recht dazu.« Die ganze Nacht fühlte ich mich zwischen den beiden Männern nicht sicher. Ich dachte, wenn der eine es nicht tut, dann wird eben der andere über dich herfallen. Ich konnte nicht schlafen. Trotz der Hitze zog ich mich nicht aus. Ich lag da, schwitzte, fuhr bei dem leisesten Geräusch auf und rechnete damit, daß einer von beiden zu mir ins Bett kriechen würde.

Aber Baltasar war wie kein anderer. Er gab mir achtzehn Tage lang Geld und rührte mich nicht an. Ich sagte ihm, ich wolle arbeiten und ihm nicht zur Last fallen und es sei mir unangenehm, daß er mich unterstützte.

»Wenn du magst«, meinte er, »richte ich dir einen Obst- oder Tomatenstand ein. Wenn du dann noch fortgehen willst, ist es auch recht.«

Nach seinen Fahrten ging er immer mit uns schwimmen oder ins Kino; nachts schlief er auf dem Boden neben dem Bettgestell und kam mir nie zu nahe. Wir unterhielten uns im Dunkeln, und dabei erzählte er mir von seiner Familie und seinem Leben.

Er war in Acapulco geboren, aber mit seinen Eltern, die um ihren Lebensunterhalt schwer zu kämpfen hatten, durch viele größere und kleine Städte gezogen. Überall, wo sie hinkamen, machte seine Mutter in einem Park einen Stand mit Lebensmitteln auf, und er und sein Vater verkauften Zeitungen. Baltasar hatte gearbeitet, solange er zurückdenken konnte. Zuerst mußte er für seine jüngeren Brüder und Schwestern sorgen und dann, als er sieben war, Zeitungen verkaufen, Wasser holen, fischen, Sandalen machen und alles, was seine Eltern von ihm verlangten. Sie schickten ihn viermal zur Schule, aber er blieb nie länger als eine oder zwei Wochen da; jedesmal wurde er wegen Prügeleien oder weil er Schimpfworte gebraucht hatte, hinausgeworfen.

Mit dreizehn erfuhr er, daß sein Vater in Wirklichkeit sein Stiefvater war. Er sagte, er hätte es schon immer geahnt, denn dieser Vater war sehr gemein und behandelte ihn schlechter als die anderen Kinder. Er schlug Baltasar für jede Kleinigkeit, wenn er mal spielte, statt zu arbeiten, oder nicht alles Geld abgab, was er eingenommen hatte, oder wenn er zu essen haben wollte... er bekam zum Frühstück, zu Mittag und zum Abendbrot eine Tracht Prügel.

In Puerto México verkauften sie Zeitungen an die Fahrgäste in den Nachtzügen, und während sie auf einen Zug warteten, spielte der Stiefvater oft Billard oder ging in eine Kneipe und ließ Baltasar draußen, wo er wie ein Hund auf dem Bürgersteig schlief. Manchmal mußte er auch Zeitungen in den Häusern hinter dem Wald oder dem Friedhof austragen, und dann fürchtete sich der kleine Junge vor den Tieren, vor Gespenstern und der Dunkelheit. Einmal mußte er fünf Kilometer weit laufen, um eine Zeitung abzugeben, und als er eine Brücke überquerte, sah er einen Mann ohne Kopf auf der anderen Seite stehen. Baltasar hatte Angst, aber er kehrte nicht um, denn vor seinem Vater fürchtete er sich noch mehr, also lief er an dem Mann vorbei, gab die Zeitung ab und rannte den ganzen Weg nach Hause.

Er wurde so oft geschlagen, daß die Nachbarn Mitleid mit ihm hatten. Einmal kauften ihm ein paar Leute eine Fahrkarte nach Acapulco, damit er zu seinen Verwandten zurückkehren konnte, aber sein Stiefvater sah ihn im Bus und zerrte ihn wieder heraus. Danach bestrafte er Baltasar, indem er ihm nichts zu essen gab. Seine Mutter mußte für ihn *tortillas* stehlen, als ob er zu Hause ein Fremder wäre.

Mit neun Jahren arbeitete er morgens als Lehrling bei einem Fleischer und nachmittags bei einem Bäcker. So lernte er beide Gewerbe gleichzeitig. Als Bezahlung bekam er ein Stück Fleisch und Brot, so daß er nicht mehr zu hungern brauchte. Dann wurde er krank, und als seine Eltern nach Cuernavaca fuhren, ließen sie ihn bei seiner Tante, bis er wieder reisen konnte. Von da an mochte er seine Mutter nicht mehr, weil sie ihn der Tante überließ. Das war so eine, die nur Geld einstecken und nie etwas ausgeben wollte. Sie behielt Baltasar aus lauter Selbstsucht bei sich, damit er für ihren Sohn im Schlachthof arbeitete. Da schuftete er den ganzen Tag, wusch und trocknete Eingeweide und Mägen von Kühen und trug die Abfälle fort. Dafür bekam er nichts als einen *taco*. Wenn er sagte, daß er Hunger hatte oder zu seiner Mutter wollte und weinte, schlugen sie ihn. Seine Mutter schickte ihm die Fahrkarte, aber die Tante steckte sie ein.

Später stritt er sich mit seinem Stiefvater, als der versuchte, seine Mutter mit dem Hammer zu schlagen, während sie betrunken war und sich nicht wehren konnte. Da schmissen die Eltern Baltasar raus, und von da an ging er seinen eigenen Weg. Mit zwölf Jahren fand er eine Arbeit im Schlachthof, für fünfzig Centavos am Tag. Sie gaben ihm auch Kutteln; die säuberte und trocknete er und aß sie, wenn er kein Geld hatte. Er schlief zusammen mit anderen Jungen am Strand oder auf Hoteltreppen. Sie fingen Fische, kochten sie am Strand, und abends streckten sie sich aus und deckten sich mit Zeitungen zu. Sein Hemd und seine Hosen wusch er selbst, breitete sie auf einem heißen Stein aus und badete so lange im Meer, bis sie trocken waren. Es war ein trauriges Leben. Er kam sich vor wie ein Waisenkind, weil ihm niemand zu essen machte und sich um ihn kümmerte.

Seinen richtigen Vater sah er erst, als er sechzehn war. Er war Fischer und lebte in einem anderen Dorf. Er war ein guter Mensch und nahm seinen Sohn freundlich auf, aber Baltasar besuchte ihn und seine Stiefmutter und seine Stiefbrüder jahrelang nicht wieder. Er hatte viele Frauen gehabt, aber keine hatte es fertig gebracht, ihm ein Heim zu schaffen. Er sagte, sie hätten ihn alle nicht verstanden . . . er wollte von einer Frau nur, daß sie für ihn allein da war, ihm die Sachen wusch und regelmäßig das Essen machte und ihm, wenn er betrunken nach Hause kam, die Schuhe auszog, ihn ins Bett brachte und nicht weiter davon redete.

Als ich das erstemal mit Baltasar schlief, schien alles von vornherein so geplant zu sein. Sein Onkel war in dieser Nacht nicht da, warum, weiß ich nicht. Ich glaube, Baltasar konnte es nicht länger aushalten. Allmählich machte ich mich auch darauf gefaßt. Jedenfalls lag ich da auf dem Bett und er auf dem Fußboden. Es war stockdunkel.

»Marta, ich möchte mit dir sprechen«, sagte er.

»Was ist?«

»Komm lieber zu mir rüber.«

Als ich das hörte, dachte ich, aha, darauf will er also hinaus. Ich sagte: »Nein, ich versteh dich auch von hier sehr gut«, und tat, als wüßte ich nicht, was er wollte.

»Hör mal«, sagte er, »ich habe es satt, hin und her zu ziehen. Wenn du mit mir leben willst, kann ich dir zwar nicht viel bieten, aber du hast wenigstens etwas zu essen.«

Ich sagte nein, ich müßte fort, ich wollte erst noch abwarten . ich könnte nicht. Ich wußte, daß ich schwanger war. Aber wie konnte ich zugeben, daß ich zu meinen drei Töchtern noch ein Kind bekam? Nein!

»Dann sag mir den Grund. Kommt dein Mann hierher?« Er dachte, Crispín und ich hätten uns nur für kurze Zeit getrennt. Ich weigerte mich immer noch.

»Bleib hier«, sagte er, »und wenn du merkst, daß ich nicht zu dir passe, sagst du es mir, und wenn du nicht zu mir paßt, sage ich es dir auch. Wir machen es so, daß du mich auf die Probe stellst, denn ich weiß nicht, wie ich mit einer Frau leben kann. Ich war schon lange nicht mehr mit einer zusammen.«

Da hab ich's also, dachte ich. Wenn er lange keine gehabt hat, will er es um so mehr. Ich wollte ihm gerade sagen, daß ich schwanger war, als er fragte: »Warum willst du nicht? Wegen dem Baby, das du erwartest?«

»Ja, deswegen.« Mit ihm war ich immer sehr, sehr ehrlich, so wie ich es mit Crispín nie gewesen war.

»Na, dann mußt du eben so lange hierbleiben, bis das Kind zur Welt gekommen ist. Es kann ja nichts dafür ... die Kinder sind an alldem nicht schuld. Mir ist es doch genauso gegangen. Mein richtiger Vater machte meine Mutter schwanger. Er wußte nichts von mir ... ein anderer Mann nahm die Verpflichtung auf sich, mich großzuziehen. Und das will ich wieder gutmachen und wenn ich es an einem anderen Menschen tu. Ich bin nicht eifersüchtig auf deine Vergangenheit. Was hinter uns liegt, interessiert mich nicht, nur das, was vor uns steht.«

Inzwischen war ich aufgestanden und rückte näher an ihn heran. »Sei still, oder du weckst die Kleine auf«, sagte ich, und kroch unter seine Decke. »Du bist wie alle anderen, du willst für alles bezahlt werden.«

»Nein, das kannst du mir nicht vorwerfen. Ich will mit dir leben. So darfst du es nicht nehmen.«

»Anders kann ich es nicht verstehen.« Als er mich in die Arme nahm, wurde ich wütend und versuchte, ihn abzuweisen, aber er sagte: »Laß geschehen, was nun einmal geschehen soll.« Kurz und gut, es geschah.

Hinterher weinte ich und sagte: »Ich habe nicht gedacht, daß du so einer bist. Ich wollte dir ja eines Tages alles zurückzahlen, ich wollte nichts umsonst. Ich will nicht, daß du glaubst, ich wär deswegen hergekommen ... um mit meinem Körper Geld zu verdienen. Jetzt trage ich das Kind in mir, und ich habe Angst, daß sich anderes Blut in ihm mischt. Wenn ich gewußt hätte, daß sowas passieren würde, wäre ich gleich am ersten Tag weggegangen.«

Aber von da an wollte Baltasar mich nicht wieder fortlassen. Er erlaubte mir auch nicht zu arbeiten. Er gab mir Geld und brachte mir Fleisch. Dann sahen wir uns nach einem anderen Zimmer um.

Das Leben in Acapulco war sehr friedlich. Ich hatte wirklich großes Glück gehabt, daß ich Baltasar kennenlernte, besonders, weil er damals beinahe den Bus verpaßt hätte. Mit der Zeit mochte ich ihn gern. Es war so, wie man bei uns sagt: »Ehemänner und Kinder liebt man für das, was sie tun.« Baltasar war gut und großzügig, und wenn er die Mädchen anschrie, tat er das, damit sie keine schlechten Gewohnheiten annahmen. Er heizte den Herd und half mir beim Kochen. Wenn ich nicht ausgehen konnte, machte er sich nichts daraus, den Korb zu nehmen und selbst zum Markt zu gehen und dabei ein Kind auf dem Arm zu tragen. Er gab mir von Anfang an, was er verdiente, und schrieb auf, was er ausgab. Sowas hatte Crispín nie getan. Die Männer, die ich in Mexico-City kenne, behandeln ihre Frauen nicht so.

Seit ich mit Baltasar zusammenlebte, war ich nicht mehr traurig. Ich faßte wieder Mut, weil die Leute mich achteten. Vorher hatte ich als unverheiratete Mutter ein schreckliches Leben gehabt, sogar meine Geschwister nannten mich eine Hure und wollten mich mit dem ersten besten Mann verheiraten. Und Baltasar belästigte mich nicht allzu oft. Er war nicht wie Crispín, der es jeden Tag und in verschiedenen Stellungen machen wollte. Nein, Baltasar trieb keine solchen Sachen. Er war normal. Aber wenn ich nicht wollte, sagte er: »Wenn du mich nicht ranläßt, dann kann ich überall einen Hintern finden.« Manchmal weigerte ich mich, aber meist gab ich nach, ob ich wollte oder nicht.

Vielleicht liebte ich Baltasar nicht so wie Crispín, aber wir kamen in jeder Hinsicht besser miteinander aus, wahrscheinlich, weil ich keine Angst hatte . . . weil ich mich wehren konnte. Ich hatte mehr Freiheit und konnte tun und lassen, was ich wollte. Ich durfte das ganze Haus umkehren, und niemand hatte mir etwas zu sagen. Und ich scheute mich nicht, mit Baltasar offen zu reden. Ich hatte soviel Selbstvertrauen, daß ich ihm manchmal schlimme Sachen an den Kopf warf. So sagte ich zum Beispiel: »Du bist schon alt, was kannst du also noch erwarten? Wenn du mir eines Tages nicht mehr gefällst, lasse ich dich sitzen«, oder: »Ich sterbe bestimmt nicht vor Kummer, wenn du mit einer anderen wegläufst.« Er sagte, er hätte mich vom ersten Augenblick an geliebt; ich antwortete ihm grob, mir wäre es nicht so gegangen, außer damals, als ich mich in Crispín verliebte. Warum sollte ich Baltasar sagen, daß ich ihn liebte, wenn das gar nicht stimmte? Nur weil ich nicht wie die Katze um den heißen Brei herumging, fand er, ich wäre grausam, hätte eine Seele aus Eisen und ein Herz aus Stein.

Crispín hatte mir wirklich gleich beim erstenmal, als er mich ansprach, gefallen. Am meisten beeindruckten mich sein Aussehen und seine guten Manieren. Er war klein und mager und hatte ein hübsches Gesicht, kleine, feine Ohren, wie eine Maus, und hellbraune Augen. Ich sah gleich, daß er nicht so ein Grobian war wie die Jungen in der Nachbarschaft. An der Art, wie er sprach, merkte ich, daß er nicht so gewöhnlich war wie die anderen. Er konnte sich besser ausdrücken und gebrauchte Mädchen gegenüber nie schmutzige Worte. Seine Arbeitsanzüge waren immer sauber und sein Sonntagshemd und seine Gabardinehosen ordentlich geplättet. Er zog sich nicht wie ein *pachuco* an und trug die Haare lang wie Tarzan, und damals trank und rauchte er nicht und trieb sich auch nicht mit seiner Bande herum. Er war ein zuverlässiger Arbeiter und im ganzen ein feinerer Mann. Ich war glücklich, daß er mich mochte.

Baltasar war genau das Gegenteil. Er war, ehrlich gesagt, derb. Er kannte nur vulgäre Ausdrücke und sprach selbst auf der Straße oder im Bus mit lauter Stimme über intime Sachen, ohne sich darum zu kümmern, ob jemand zuhörte. Mir war das peinlich, und darum ging ich nicht gern mit ihm aus. Und wie er aß! Er schmatzte so, daß ich nicht mit ihm am Tisch sitzen konnte, besonders, wenn noch andere dabei waren. Ich wies ihn immer zurecht: »Mensch, mach doch den Mund zu.« — »Schrei nicht so.« — »Knöpf dein Hemd zu, schämst du dich denn nicht?« Aber er sagte darauf nur: »Was geht dich das an? So ist mir eben wohler«, oder: »Nein, Martita, ich bin zu alt, um noch zu lernen.« Damit entschuldigte er sich, wenn er den Kindern sagte, sie äßen zu laut. »Ich kann mich nicht mehr ändern, denn mit mir geht's bergab. Aber den Kindern kann ich gute Manieren beibringen, die sind jung, und sie haben das Leben noch vor sich.«

Und dieser berüchtigte Ohrring! Wenn wir in einen Bus stiegen, starrten die Leute ihn an und tuschelten über ihn. Das störte mich, und ich sagte, er könnte sich ebensogut noch einen an das andere Ohr hängen, da er sowieso schon wie ein Weibsbild aussähe. Ob er ein Gelübde abgelegt hatte, ist mir doch egal! Was ist das schon für ein Versprechen, wenn er deswegen wie ein Clown herumläuft?

Baltasar sagte immer wieder: »Schreib nach Hause. Dein Vater und dein Bruder machen sich sonst Sorgen.« Zweieinhalb Monate lang brachte ich es nicht fertig, weil mein Vater mich so verletzt hatte. Aber Baltasar ließ mir keine Ruhe, und schließlich schrieb ich doch. Mein Vater antwortete sofort. Und das nächste Mal schickte er mir keinen Brief mehr, sondern er kam selbst.

Baltasar schlief noch, weil er von vier bis sechs Uhr morgens auf dem Markt und abends im Schlachthaus arbeitete. Ich hörte gleich am Klopfen, daß es mein Vater war. Er kam mit meiner Stiefschwester Marielena. Baltasar zeigte ihnen den Markt und den Strand, und sie fuhren mit dem Abendbus wieder zurück.

Mein Vater ließ nie einen Arbeitstag aus, außer wenn er so krank war, daß er nicht mehr gehen konnte. Wenn er nicht da war, wurde das Café nie rechtzeitig aufgemacht. Daher schätzte sein Chef ihn auch und behielt ihn so viele Jahre. Er traute ihm in allem, auch mit dem Geld, und ich hatte immer gedacht, mein Vater wäre der Geschäftsführer. Erst vor kurzem fand ich seinen Mitgliedsausweis von der Gewerkschaft und stellte fest, daß er nur als Hilfsarbeiter eingetragen war.

Dabei hatte ich die ganze Zeit vor meinen Freunden damit angegeben, daß mein Papa einen wichtigen Posten hatte!

Dann kam Roberto und brachte mir ein paar Sachen. Er war zuerst sehr streng mit Baltasar, fragte nach seinen Absichten und sowas alles. Baltasar sagte ihm, daß er mich und auch die Kinder lieb hatte. »Wenn ich den Baum liebe, dann muß ich die Wurzeln doch mitlieben, stimmt's?«

Roberto war zufrieden, und so ging das in Ordnung. Aber Baltasar konnte es nicht leiden, wenn Roberto den Arm um meine Schulter legte oder beim Spazierengehen meine Hand hielt. Mein Bruder und ich hatten eine Geheimsprache, in der wir uns unterhielten, und das ärgerte Baltasar. Er bat mich, damit aufzuhören, aber ich sagte ihm, wir machten es in Mexico-City immer so. »Hör mal«, sagte er, »jetzt bist du in Acapulco. Wenn wir hier einen Bruder so mit seiner Schwester gehen sehen, finden wir das verdächtig. Ich mag das nicht.«

Er erzählte mir, daß er einmal auf so ein Bruder-Schwester-Verhältnis hereingefallen sei. Eine seiner Frauen hatte ihn mit ihrem »Bruder« bekannt gemacht, der sich dann als ihr Liebhaber entpuppte. Baltasar wußte ganz genau, daß Roberto mein Bruder war, nämlich von meinem Vater, aber er hatte nun einmal einen Schock bekommen, und darüber kam er nicht hinweg.

Stellen Sie sich vor, als das Baby geboren wurde, mußte Baltasar der Hebamme helfen. Ich hatte es sehr schwer. Der Kopf des Kindes kam gut heraus, aber dann blieb es stecken, denn ich hatte nicht die Kraft weiterzumachen. Baltasar wußte nicht, was er tun sollte, aber er drückte mir tüchtig auf die Sehnen an den Schultern. Später erklärte er mir, warum er das tat: Er wußte, daß sich auf diese Weise die Muskeln unten am Körper entspannten und das Baby herausließen. Er tat mir weh und ich schrie, und dann kam das Kind zur Welt. Am Anfang war Baltasar wütend, weil er fand, es sähe meinem Bruder ähnlich.

Er band die Nabelschnur ab, wusch das Baby und vergrub die Nachgeburt. Er kümmerte sich auch um die anderen Kinder. Am nächsten Tag erschienen Roberto und Marielena — mein Vater hatte sie hergeschickt, damit sie mir halfen —, aber sie gingen statt dessen an den Strand und badeten den ganzen Tag. Baltasar ärgerte sich darüber und wollte, daß sie wieder nach Hause fuhren. Bevor sie fortgingen, sagte er, er hätte die Absicht, sich mit mir in der Kirche trauen zu lassen. Da wurde Roberto ernst und bat ihn, sich das gut zu überlegen, und Marielena fand das auch, denn heiraten sei schwierig und man müßte dazu erst all die Gesetze der Kirche kennen. Aber wie sollte Baltasar das anfangen, wo er kaum lesen konnte? »Ich weiß, daß ich ein Katholik bin«, sagte er zu Marielena, »denn ich gehe zur Kirche. Ich vertraue mich einem Heiligen an, aber mehr nicht. Ich weiß noch nicht mal richtig, wie man sich bekreuzigt.«

Marielena war die frömmste in unserer Familie, und sie wußte über das alles Bescheid. Sie wollte ihm den Mut nehmen, aber er sagte: »Gott wird uns schon zeigen, was wir tun müssen, um zu heiraten. Vorerst lassen wir uns standesamtlich trauen, damit ich die Kinder adoptieren kann und sie mir gesetzmäßig angehören. Ich will eine ›Kaufurkunde‹, so daß Crispín, dieser Hurensohn, sie mir nicht wegnehmen kann. Señor Jesús hat uns erzählt, daß Crispín Concepción haben will, und als die arme Kleine das hörte, kriegte sie Angst und fing an zu weinen.«

Baltasar war nicht eifersüchtig auf meine Vergangenheit, aber er fürchtete, Crispín könnte sich wieder an mich heranmachen, unter dem Vorwand, Concepción sehen zu wollen. Er meinte: »Ich wette, du magst ihn jetzt noch lieber als mich und hättest ihn gern noch neben mir, hab ich recht? Ich versteh dich nicht. Du sagst, du hast nicht mit ihm gelebt, und dabei hast du vier Kinder von ihm! Ist er dein Kuppler oder was? Wenn er hierher kommt, empfange ich ihn mit dem Messer und schneide den Kerl mittendurch. Und warum hat Roberto etwas dagegen, daß wir heiraten? Will er dich etwa für sich selbst? Was geht den das überhaupt an?«

Da wurde ich gereizt und sagte ihm, er wäre verrückt. Wir zankten uns immerzu, denn ich wollte nicht, daß er mich dauernd beschuldigte, aber sonst war er nett zu mir. Selbst wenn er betrunken war, kam er in guter Laune nach Hause. Solange wir in Acapulco wohnten, schlug er mich nur zweimal.

Das erstemal passierte es, als seine verdammten Brüder ihn besuchen kamen. Ich machte das Essen warm und stellte es ihnen auf den Tisch draußen vor dem Haus. Sie redeten und redeten, über alte Zeiten oder die Frauen, die Baltasar gehabt hatte, und andere Sachen, die mich nicht interessierten. Mich riefen sie nicht hinaus und forderten mich auch nicht auf, mich zu ihnen zu setzen. Deswegen lag ich schon im Bett, als sie weggingen, und tat, als ob ich schliefe.

Am nächsten Tag kam Baltasar betrunken nach Hause und schrie: »Du alte Ziege! Wenn meine Brüder kommen, dann behandle sie, wie sich das gehört. Du bist einfach fortgegangen und hast uns sitzen lassen, als wären wir Hunde. Bin ich so mit deinem Vater und deinem Bruder umgegangen?« Dann schlug er mich mit einem Riemen.

An das zweitemal erinnere ich mich noch ganz genau. Es war nach Jesusitos Geburt, und ich hatte schon für die Taufe Kakao gekocht. Ich wartete stundenlang, aber Baltasar kam nicht. Da ging ich mit Violeta ihn suchen und sah, wie er aus einer Kneipe kam, mit einem Mädchen am Arm.

Ich war wütend, ging nach Haus und packte meine Sachen. Als er ankam, sagte er: »Ach, meine Gute, jetzt hab ich richtig einen sitzen. Sei so nett und zieh mir die Schuhe aus.«

»Du Dreckskerl, was geht mich das an, daß du betrunken bist?«

Da stand er auf und haute mir eine runter. Wir waren uns nur einen oder zwei Tage lang böse. Danach wußte er nicht, was er mit mir anfangen sollte. Er ging mit mir ins Kino und schenkte mir allerlei. Er dachte, meine Wut würde allmählich abkühlen, aber er irrte sich, wenn er glaubte, daß er mich so kaufen konnte. Seit diesem Streit hatte ich viel weniger Respekt vor ihm und ging grob mit ihm um. Wenn man nicht alles gerade heraus sagt, wird man links liegengelassen. So war es Paula mit Manuel gegangen. Sie schwieg, als Manuel mit dieser anderen Frau ging, denn sie wollte keinen großen Krach machen. Manuel merkte noch nicht mal, wie sie darunter litt. Aber wie konnte er glauben, daß sie nicht wußte, was los war? Nein, wenn ein Mann seine Frau quält, soll sie sich beschweren, damit Gott sie hört. Wenn ich Baltasar rücksichtslos behandle, dann ist das seine eigene Schuld.

In Acapulco ging es uns gut, aber mein Vater wünschte, daß ich mit den Kindern zurückkam. Deswegen erklärte ich Baltasar, ich müßte nach Hause. Er wollte Acapulco nicht verlassen. Er sagte: »Ich bin das Leben da nicht gewohnt. Hier haben wir jeden Tag Brot und Fleisch, nicht nur *tortillas*. Wenn mir das Geld ausgeht, kann ich mit meinen Freunden fischen gehen oder beim Dominospiel dreißig oder vierzig Pesos verdienen. Hier haben wir immer genug Geld, um ins Kino zu gehen. Wie kann ich so ohne alles in die Hauptstadt gehen, damit ich da wie ein Hund lebe?«

Ich gab nicht nach und nörgelte immerzu. Schließlich zogen wir doch um.

Wir wohnten mit Manuel, María und ihrem kleinen Mädchen Lolita in der Casa Grande. Baltasar fand nirgends eine Stelle, weil er kein Empfehlungsschreiben hatte, und er fing an, die Leute in Mexico-City zu hassen. Er sagte, in Acapulco bekäme jeder Arbeit, der eine suchte; die aus Mexico-City wären alle Diebe. Wenn in Acapulco etwas gestohlen worden sei, dann wäre es immer einer aus der Hauptstadt gewesen.

Dann führte Manuel ihn als Trödler auf dem Tepito-Markt ein. Seit sie beide da arbeiteten, war unser Zimmer mit Spiegeln, zerbrochenen Spielsachen, gebrauchten Kleidern, Schuhen, Werkzeug und anderen Sachen vollgestopft. Wenn sie nichts zu verkaufen hatten, mußten María und ich unsere Kleider verstecken, denn die beiden rafften alles an sich, um wenigstens für den täglichen Unterhalt genug Geld zu verdienen.

Baltasar brauchte Kapital. Also schickte er Roberto nach Acapulco, damit er bei seinen Freunden im Schlachthaus Geld einsammelte. Ich traute meinem Bruder nicht, denn er hatte meinen Ring versetzt, für den ich mir mit Mühe das Geld zusammengespart hatte, und er gab ihn mir nicht zurück. Wenn er stehlen wollte, warum tat er das dann nicht bei den Reichen? Er sagte nur: »Liebe Schwester, reg dich nicht auf. Ich kaufe dir eines Tages einen viel schöneren.«

Aber Baltasar hörte nicht auf mich. Vier Tage später kam Roberto zurück und gab Baltasar nur fünfzig Pesos. Er sagte, das übrige hätte er fürs Essen, für Hotels und die Busfahrkarte ausgegeben. Wir erfuhren nie, wieviel die Fleischer in Acapulco zusammengelegt hatten, aber Baltasar glaubte, mein Bruder hätte ihm die Hälfte gestohlen. Von da an konnte er Roberto nicht mehr ausstehen.

Eines Tages mixten sie beide eine Bowle für ein Fest bei meiner Tante und tranken sich dabei einen an. Je betrunkener sie wurden, desto ungenierter redeten sie, und es stellte sich heraus, daß sie eifersüchtig aufeinander waren. Ein Wort gab das andere, und schließlich beschimpften sie ihre Mütter und griffen zu den Messern. Als meine Tante versuchte, sie auseinander zu bringen, schnitten sie ihr in die Finger. Baltasar sagte, er würde in seine Heimat zurückfahren, ob ich nun mitkäme oder nicht, denn er wollte nicht mehr von meiner Familie abhängig sein. Es kostete mich einige Zeit, bis ich ihn beruhigt hatte. Er meinte: »Gut, ich bleibe, aber wenn dein Bruder mich umbringt, trägst du die Verantwortung.«

Danach sprach ich nicht mehr mit Roberto, und zum erstenmal erlaubte ich ihm nicht mehr, ins Haus zu kommen, da er nur Unruhe stiftete. Ich wollte ihn nicht in meiner Nähe haben. Er weinte und betrank sich, aber dann gab er nach und blieb fort, der Kinder wegen.

Endlich verließen Lupita und Marielena das Haus meines Vaters in der Siedlung El Dorado, und wir zogen ein. Es war ein bescheidenes Haus, aber von einer hohen Mauer umgeben, und der Hof gehörte uns allein. Es war sauber und ruhig, und wir hatten zwei Schlafzimmer, eine richtige Küche und in jedem Zimmer ein Fenster. Das Wasser wurde jeden Morgen mit einem Tankwagen gebracht; dafür hatten wir Strom. Kurz, es war das schönste Haus, in dem wir beide je gewohnt hatten. Ich sagte aus Spaß, wir brauchten nur noch eine Antenne aufs Dach zu setzen, damit die Nachbarn denken konnten, wir hätten ein Fernsehgerät und wären wirklich ganz feine Leute.

Ich wollte, daß Baltasar endlich die Wärme und Geborgenheit in einem eigenen Zuhause kennenlernte. Das hatte ihm keine von seinen früheren Frauen gegeben. Es waren alles Schlampen gewesen, die tranken und ihn und die Kinder für einen anderen Mann sitzen ließen. Es machte mich traurig, wenn ich an sein Leben dachte, deswegen hielt ich zu ihm. Und ich hatte ja selbst kein richtiges Heim gehabt, obwohl ich immer einen Platz zum Schlafen, genug zu essen und zum Anziehen hatte. Mit meinen Geschwistern traf ich mich wohl, aber wir gehörten nicht mehr zueinander. Wir hätten zusammen arbeiten und leben können wie andere, statt dessen ging jeder seiner Wege.

Ich wollte Baltasar zeigen, daß ich nicht so war wie die anderen Weiber, die er gekannt hatte. Natürlich zankten wir uns manchmal ein bißchen und schrien uns an, aber es war eigentlich nichts Schlimmes. Zuerst stritten wir uns meist über Chucho, das Baby. Ich sagte Baltasar, er verhätschle das Kind zu sehr.

Ich verwöhnte meine Kinder nie. Baltasar sagt, ich sei hart gegen sie. Ich glaube, das kommt daher, daß ich soviel durchgemacht und soviel Ärger gehabt habe. Dadurch sind meine Nerven geschwächt. Ich habe nicht mehr die Geduld, auf die Fragen der Kinder zu antworten: »Mama, was ist das? Wohin gehst du?« Dann bringe ich sie sofort zum Schweigen. Ich werde immer mehr wie mein Vater. Wenn ich die Zeitung oder den Roman der Woche lese, dürfen sie mich nicht unterbrechen. Meine armen Kleinen sind schon ganz eingeschüchtert — wie Consuelo früher —, weil ich sie nicht mehr auf den Schoß oder in den Arm nehme.

Als ich wieder schwanger wurde, fand ich mich damit ab. Ich dachte, Baltasar verdiente, daß er wenigstens ein Kind von mir bekam, vor allem, weil er mich standesamtlich geheiratet hatte, noch bevor er wußte, daß schon das nächste Baby unterwegs war. Meine Angehörigen glaubten, Chucho wäre sein eigener Sohn, und ich habe sie nie darüber aufgeklärt, denn es wäre mir unangenehm gewesen, zugeben zu müssen, daß Crispín mir noch ein Kind gemacht hatte. So hatte ich also Baltasar geheiratet, obwohl mein Papa dagegen war, weil er nämlich nichts von Stiefvätern hielt. Ich habe auch gehört, was manche Stiefväter mit ihren Stieftöchtern tun, aber das könnte nie bei uns passieren, solange ich lebe.

Ich glaubte, Baltasar würde sich freuen, ein eigenes Kind zu haben, aber da hatte ich mich geirrt. Er sagte, dann bekäme der kleine Chucho weniger Liebe und würde eifersüchtig.

Dann wurde er krank. Meine Tante wollte ihn in den Tempel des Lichts bringen, damit die Spiritisten ihn heilen, aber Baltasar zog es vor, sich mit seinen Freunden herumzutreiben und zu trinken. Von da an wurde er immer schlimmer und gab mir kein Haushaltsgeld mehr.

Er kam betrunken nach Hause, und wir zankten uns. Er beschwerte sich, daß ich mich verändert hätte und ihn nie mehr umarmte und küßte, und ich sagte: »Ja, das stimmt, ich hab dich nicht mehr so gern, aber daran bist du schuld.«

»Na gut«, sagte er dann, »wenn das so ist, dann bleibe ich um keinen Preis länger hier von dem Tag an, wenn ich einen andern Hintern finde.«

»Bis du eine andere findest und noch überlegst, ob du Äpfel oder Birnen willst, laß mich in Ruhe. Schlaf mit einer andern, denn ich will deinetwegen nicht vor die Hunde gehen. Als wir uns kennenlernten, da sah ich nicht so aus wie jetzt, schlecht ernährt, schlecht angezogen und schlecht behandelt. Was würde es schon kosten, einen andern Mann zu kriegen, der mir Sachen gibt? Es ist das einfachste von der Welt, ein leichtes Leben zu führen, mit einem anzufangen, dann mit zweien und dann mit jedem Mann, der gerade ankommt. Ich bin aber nicht wie deine anderen Frauen, die sich selbst weggeworfen haben. Solange mein Vater lebt, werde ich das leichte Leben nicht suchen. Nein Baltasar, bete lieber zu Gott, daß mein Vater nicht stirbt.«

Ich erklärte ihm, ich würde nicht weinen, wenn er mich sitzen ließe, auch wenn ich ein Dutzend Kinder hätte, denn kein Mann sei es wert, daß man seinetwegen heulte, besonders ein Trunkenbold nicht. Solche Männer sollten lieber gar nicht leben, dann hätte man wenigstens seinen Frieden.

Wir hatten keinen Centavo mehr, und Baltasar brauchte Geld zum Arbeiten. Deswegen mußten wir das Schwein, das mein Vater uns gegeben hatte, verkaufen, noch bevor es richtig groß geworden war. Wenn mein Vater das wüßte, wäre er wütend und würde sagen, wir vergeudeten alles und gehörten zu den Leuten, die nie vorankommen.

Baltasar nahm das Geld und ging arbeiten. Ich wartete und wartete auf ihn, denn ich brauchte Geld für eine Medizin. Mein Vater fand, ich sähe schlecht aus, und ließ mir von Dr. Ramón etwas verschreiben.

Er blieb zwei Tage fort. Als er dann kam, gab ich ihm das Rezept und sagte: »Kauf mir das, der Arzt meint, es sei dringend.« Er war erstaunt, daß ich ihn nicht anschrie, und wollte mich umarmen. Ich sagte nur: »Laß mich in Ruhe. Ich bin hier bei meinen Kindern so zufrieden, und du bringst mir nichts als Ärger. Wer hat dir überhaupt gesagt, daß du hierher kommen darfst? Auf die Straße gehörst du!«

»Was, du willst nicht, daß ich nach Hause komme? Ich hatte Waren abzuliefern, darum komme ich so spät.«

Er hatte also die ganze Zeit Waren abgeliefert! Aber ich sah Spuren von Lippenstift auf seinem Hemd. Später erzählte er meinem Vetter David, daß er mit einer Frau aus der Färber-Straße tanzen gegangen war, weil ich nicht mit ihm schlafen wolle und immerzu gereizt sei. Ich bin nicht eifersüchtig. Ich sehe nur, daß ein Mann eben nicht mit einer Frau allein auskommt, und ich kann es nicht leiden, daß er mich belügt.

Ich schickte ihn also die Arznei holen, und er kam erst am nächsten Morgen zurück. Die Medizin brachte er nicht, das Rezept hatte er verloren. Er war ein bißchen betrunken und besaß die Frechheit, mir zu sagen, daß sein Freund ihn wieder in die Färber-Straße eingeladen habe.

»Hör mal«, sagte ich, »du warst nicht mein erster Mann und bist auch nicht der letzte. Was mich ärgert, ist, daß du mich für blöd hältst. Sag mir doch gleich, daß du nicht nach Hause kommst, damit ich nicht auf dich warte.« Er wußte, daß ich ihm nicht nachlaufen würde wie damals in Acapulco. Wenn ich ihn nämlich mit einer Frau erwische, ist es noch schlimmer. Nein, das würde mich furchtbar verletzen. Ich will nicht sehen, wie er mich betrügt!

Ich gehe jeden Tag zum Markt La Merced, um meinen Vater zu sehen. Wenn bei ihm etwas nicht klappt und er traurig ist, dann bin ich auch traurig. Im Augenblick ist er gerade ruhig und zufrieden, daher ist mir auch wohler. Aber er ist abgearbeitet und kann nicht mehr so viel aushalten wie ein junger Mensch. Solange er lebt, brauche ich noch nicht zu verzweifeln, aber wenn er stirbt, dann ist es aus mit mir.

Zuerst verheimlichte ich ihm das mit Baltasar, aber jetzt erzähle ich ihm alles. »Wer hätte geglaubt, daß Baltasar so ein undankbarer Schuft werden würde? Er bezahlte die Miete nicht mehr, und was verlangt er sonst noch alles von dir? Er übernimmt überhaupt keine Verantwortung mehr. Er weiß, daß du mich nicht verhungern läßt, deswegen gibt er mir kein Geld.«

Keiner von uns gibt meinem Vater etwas, im Gegenteil, wir nehmen ihm noch das bißchen, was er hat. Wenn ich ihn auf dem Markt treffe, läßt er mich nie gehen, ohne mir fünf oder zehn Pesos und einen für jedes Kind zuzustecken. Er achtet darauf, daß sie Schuhe und Kleider haben, und wenn sie etwas brauchen, kauft er es ihnen. Wenn sie Halsschmerzen haben oder erkältet sind, schimpft er mich aus und gibt mir Geld für die Arznei, als ob er die Verantwortung für sie trüge. Und wenn ich das nicht annehmen will, sagt er, es fiele ihm nicht schwer, noch drei oder vier Leute mehr zu unterstützen, besonders seine Enkelkinder. So einen Menschen wie ihn gibt es unter Millionen nur einmal. Aber es ist nicht richtig, daß ich von ihm Geld bekomme. Wozu habe ich denn Baltasar?

Jetzt kommt meine Zeit, und ich habe Angst. Ich sage Baltasar immer: »Was nützt uns das Haus, in dem wir wohnen? Wir haben nicht einen Centavo in der Tasche, und ich kann für das Baby nichts vorbereiten . . . keine Decke, nichts zum Anziehen, gar nichts.«

»Das wird bald anders«, sagt er dann, »wenn der und der kommt und mir das und das gibt . . . warte nur.«

Es macht mich ganz unglücklich, wenn ich sehe, daß er kein Selbstvertrauen hat und es zu nichts bringt. Diese Warterei reibt mich auf. Worauf soll ich denn warten? Auf nichts!

Ich habe noch nie vor einer Geburt solche Angst gehabt wie vor dieser. Mir ist, als ob ich daran sterben würde, so wie meine Mutter. Um mich tut es mir nicht leid, aber um meine Kinder. Wenn die nicht wären, hätte ich längst ein Ende gemacht. Aber sie brauchen mich. Ohne mich sind sie verloren, denn niemand liebt sie so wie ich. Dann werden sie auseinandergerissen. Crispín würde Concepción zu sich nehmen, irgend jemand anders Violeta oder Trini. Wenn die Mutter nicht mehr da ist, fällt alles auseinander.

Baltasar sagt: »Sieh mal, ich bin vierunddreißig und älter als du und will noch lange nicht sterben.«

»Ja, du bist eben ein Mann. Du gehst aus, trinkst, zerstreust dich und vergißt deine Sorgen. Aber ich sitze zu Hause, und mich bedrückt mein Kummer viel mehr.«

Nachts, wenn ich nicht schlafen kann, fange ich an zu grübeln. Am meisten betrübt es mich, daß Crispín und ich uns getrennt haben. Vor kurzem träumte ich, daß seine Mutter und seine Schwester mich freundlich aufnahmen. Vielleicht wären wir doch noch zusammengekommen, wenn ich ein bißchen gewartet hätte. Ich tu mir selbst und den Kindern weh, weil ich mit Baltasar lebe. Ich hatte mich daran gewöhnt, allein zu sein, und ich hätte es weiter bleiben sollen. Ich sage Baltasar, daß ich nicht vor Kummer sterbe, wenn er mich im Stich läßt. Aber wer weiß? Wenn ich wieder allein bin . . . Wer kann das wissen?

Vielleicht sollte ich nach Acapulco zurückkehren. Dann könnte Baltasar wieder im Schlachthaus arbeiten und mich mit Geld und Fleisch versorgen. Da würde er sich nicht mehr auf meinen Vater verlassen können. Er wüßte, wenn er uns kein Geld bringt, haben wir nichts zu essen. In Acapulco war sein einziges Laster der Alkohol. Er versteht sich mit den Leuten dort, seine Heimat ist ihm vertraut. Da würde er wieder zuversichtlicher sein. Und ich brauchte das ganze Elend und die Zänkereien mit meiner Familie nicht mit anzusehen. Das macht mich nämlich krank. Vielleicht träume ich auch dann nicht mehr so entsetzlich wie jetzt, daß man mich und die Kinder zerstückelt und Baltasar erschossen wird.

Wenn ich hier abends ins Bett gehe, ist mir jedesmal, als könnte ich am nächsten Morgen nicht mehr aufstehen. Sollte ich die nächste Geburt überleben, dann müßten wir wohl doch nach Acapulco zurückfahren. Dort war ich ruhiger.

JESÚS SÁNCHEZ

Ich trage einen tiefen Groll mit mir herum. Drei von meinen Kindern habe ich viel vorzuwerfen. Ich ärgere mich krank über diese Kinder und schäme mich, über das alles zu sprechen. Für einen Vater ist es schwer, solche Söhne zu haben. Aus ihnen ist deswegen nichts geworden, weil sie in einer ungünstigen Umgebung aufwuchsen und mit üblen Burschen verkehrten. Diese Freunde bringen meinen Jungen nur Unheil. Es ist schrecklich, daß ich nichts dagegen machen kann. Obwohl ich ihnen zurede, gehen sie nicht geradeaus, sondern krumme Wege.

Es gibt auf dieser Welt nichts Besseres als ehrliche Arbeit. Ich bin ein armer, einfacher Mann, aber ich versuche, alles so gut wie möglich zu machen. Meine Kinder können nicht sagen, daß ihr Vater je betrunken nach Hause gekommen ist oder sie im Stich gelassen hat. Einer ihrer Onkel starb am Alkohol. Es scheint, daß sie mehr nach dem geraten sind als nach mir. Das verstehe ich nicht.

Meine Söhne haben es zu nichts gebracht, denn sie wollten sich von niemandem etwas sagen lassen. Sie möchten erst Millionäre werden und dann arbeiten. Wie kann man nur mit dem Ende anfangen wollen? Wir alle müssen uns von unten heraufarbeiten, nicht wahr? Aber meine Jungen wollen es anders herum. Deswegen mißlingt auch alles, was sie tun.

In der Arbeit haben sie überhaupt keine Ausdauer. Ihnen fehlt gesunder Menschenverstand und Willenskraft, um sich eine Arbeit zu suchen und dabei zu bleiben, eine ordentliche Stelle, so daß sie als anständige Menschen auftreten und stolz auf sich sein können. Wie glücklich und zufrieden würde ich sein, wenn sie so wären!

Neulich sagte ich noch zu Consuelo: »Ich will nicht, daß du aus dir etwas machst, was zu dir nicht paßt, und daß du vergißt, welcher Gesellschaftsschicht du angehörst. Wenn jemand, der ein bißchen Erziehung gehabt hat, plötzlich hochnäsig wird, dann stoßen die anderen ihn herunter. Nimm zum Beispiel mich«, sagte ich, »ich bin immer ein einfacher Arbeiter gewesen, weiter nichts, und mir kann niemand etwas anhaben. Du bist ein paar Jahre zur Schule gegangen, aber das heißt noch nicht, daß du dir so vorkommen darfst, als wärst du eine von den oberen Zehntausend. Sieh einmal in den Spiegel, und dann sag mir, in welche Klasse du gehörst und wo du deinen Platz in der Gesellschaft hast.« Es ist ja gut, daß sie sich ein bißchen verbessern will, aber deswegen sollte sie doch nicht eingebildet werden und auf ihresgleichen herabsehen. »Ich bin dein Vater«, sagte ich, »ob dir das nun gefällt oder nicht. Ganz gleich, wie arm ich bin oder du dich anziehst: Ich bin dein Vater. Daran kannst du nichts ändern.«

Ich gebe zu, daß ich Fehler begangen habe. Ich bin kein Unschuldsengel, aber ich habe mich immer um sie gekümmert. Viele Männer schieben ihre Kinder ab, wenn sie eine andere Frau nehmen. Wissen Sie, wie das ist, wenn man mutterlose Kinder auf dem Hals hat? Ein Waisenkind hat die ganze Welt gegen sich, niemand will etwas von ihm wissen. Was konnte ich also tun? Ich habe sie mit allem versorgt, und ich tat es gern. Ich arbeite wie ein Sklave und rühre mich so gut ich kann, und alle sehen, daß ich vorwärtskomme. Oft schadet man den Kindern nur, wenn man ihnen zu essen gibt und der Tisch immer für sich gedeckt ist . . . dann denken sie nicht mehr daran, selbst etwas für sich zu tun.

Ich wollte, daß sie zur Schule gingen und einen Beruf lernten. Daß sie arbeiteten, um mir Geld nach Hause zu bringen oder sich ihre Kleider und das Essen selbst verdienen, habe ich nie von ihnen verlangt. Zwanzig Jahre lang habe ich für sie gesorgt, und sie bekamen immer ihren Teller Suppe und ihre Tasse Kaffee. Warum ist dann nichts aus ihnen geworden? Ich begreife das nicht.

Ein paar Jahre nach Lenores Tod lernte ich hier in der *vecindad* Elena kennen. Wie gesagt, habe ich in diesen Sachen einfach Glück, denn die Frauen fliegen auf mich. So ist es immer gewesen, warum, weiß ich nicht. Hören Sie! Da lebte diese Frau, dieses Mädchen — sie ruhe in Frieden —, gleich nebenan mit ihrem Mann, einem Burschen, der Priester werden wollte. Aber er gab ihr gar nichts zu essen, und darum kam sie zu uns ins Haus. Die Großmutter meiner Kinder verkaufte hier Kuchenreste, jeden Tag einen Korb voll. Elena kaufte also bei uns Kuchen; sie sah unser Haus, und es gefiel ihr. Es kam alles sehr schnell. Sie hatte Streit mit ihrem Mann. Die beiden waren nicht richtig verheiratet.

Sie war wirklich eine hübsche Frau und heißblütig. Sie hatte eine gute Figur, war schön gebaut, und wenn eine Frau den Mann reizt, dann will er sie haben, klar? Na ja, das wurde in einem Augenblick abgemacht, und sie zog zu mir, denn ich war damals allein mit den Kindern.

Als ihr Mann mich rufen ließ, dachte ich, meine letzte Stunde hätte geschlagen. Ich trage sonst nie eine Waffe bei mir. Ich sagte zu ihm: »Hör mal ... Deine Frau kam als Hilfe in meinen Haushalt. Wenn du willst, kannst du rübergehen und sie holen. Sollte sie wieder zu dir gehen, dann ist es mir auch recht, aber ich weiß, das tut sie nicht.« Das sagte ich ihm einfach ins Gesicht. Und er tobte nicht oder beschimpfte mich, wie viele andere es machen; die greifen nach der Pistole und bringen einen auf der Stelle um. Trotzdem riskierte ich eine Menge.

Zweimal hielt er mich nachts auf der Straße an. Ich dachte, da hast du's, jetzt mach dich auf alles gefaßt. Denn die Leute aus Jalisco sind als Totschläger bekannt.

Jedenfalls brachte Elena ihre Sachen zu uns herüber, das heißt, sie hatte in Wirklichkeit nichts, denn er war sehr geizig. Es ist schon richtig, sparsam zu sein, aber man soll es damit auch nicht übertreiben. Alles, was zuviel ist, ist schädlich. Sie kam also und lebte mit mir. Und glauben Sie ja nicht, die hätte Angst gehabt; sie hatte nämlich Charakter. Sie war zwar noch sehr jung, erst fünfzehn, aber wenn sie sich etwas vorgenommen hatte, dann machte sie das auch. Und sie fürchtete sich kein bißchen vor ihm.

Für meine Kinder sorgte sie wie eine Mutter; sie liebte sie und nahm die Mädchen gegen die Jungen in Schutz. Consuelo und Roberto litten unter dem Tod ihrer Mutter mehr als die beiden anderen. Manuel spielte auf dem Hof und hatte das alles bald vergessen. Er ging zur Schule, aber er taugte nicht so recht dazu, genauso wenig wie jetzt sein Sohn Alanes. Er wollte nicht lernen und kam nur langsam voran. Roberto und Marta waren noch schlimmer. Consuelo war die einzige, die lernte. Sie war still und gehorsam und hatte keine Freundinnen. Damals machte sie mir noch keinen Kummer, erst später. Aber die Jungen konnten Elena nicht leiden und machten ihr das Leben schwer.

Heute haben wir wieder dieselbe Lage. Jetzt sorgt María für Manuels vier Kinder. Ich passe natürlich auf, daß sie sich ordentlich benehmen und Respekt vor María haben. Viel tut sie nicht für die Kinder, aber sie kümmert sich wenigstens ein bißchen um sie. So war Elena auch, und dafür muß man dankbar sein, denn man kann es nie vergelten.

Elena lebte fünf Jahre mit mir. Ich habe von ihr keine Kinder. Es gibt Dinge, die ich einfach nicht verstehe. Wenn man einen Menschen hat, der gut und nützlich ist, warum muß der dann krank werden und sterben?

Sie war sehr fromm und wollte, daß ich einen Priester holte, der uns traute. Ich tat es, weil sie es wünschte, nicht, weil ich dachte, daß ihre Seele sonst im Fegefeuer verbrennen würde.

Nein, daran glaube ich nicht. Und dazu muß ich noch etwas sagen. Solange man gesund ist, denkt man nicht einmal daran, zur Messe zu gehen, aber wenn wir sterben müssen, haben wir Angst vor Gott und vor der Kirche. Dann lassen wir den Priester holen und beichten. Es ist die Furcht vor dem Unbekannten und die Reue über all das Böse, das wir in unserem Leben getan haben.

Während Elena krank war, verdiente ich nicht genug Geld im Restaurant, um meine Familie zu unterhalten, darum fing ich an, Vögel zu verkaufen und Schweine zu züchten. Ich lernte auf dem Markt eine Frau kennen, die einen großen Pferch am Stadtrand, in Ixmiquilpan, hatte. Ich bat sie, mir ein Stück davon zu vermieten. Ich besorgte mir rohes Holz und baute einen kleinen Schweinestall. Dann kaufte ich ein paar Ferkel für fünfundzwanzig Pesos und verkaufte sie später für hundert. In Ixmiquilpan sind die Schweine nicht teuer, aber ich nahm nur welche von guter Rasse und verdiente nicht schlecht an ihnen. Für jedes Schwein, das ich schlachtete, nahm ich sechs- bis achthundert Pesos. Ein Schwein verkaufte ich sogar für fünfzehnhundert Pesos. Die anderen verlangten für das Decken zehn Pesos, aber ich nahm fünfzig, denn mein Eber war ein Chester White mit Jersey gekreuzt, ein hübsches weißes Tier. Es brachte mir eine Menge Geld ein und gab gute Würfe in Ixmiquilpan. Fünfzig Pesos war viel verlangt, aber ich tat es, weil das Schwein mich vierhundert gekostet hatte. Als ich es kaufte, war es vier Monate alt, und es wurde schön groß. Ich wusch und fütterte es jeden Tag. Neben dem Stall war ein Teich mit kristallklarem Wasser; ich brauchte nur den Eimer hineinzutauchen und die Schweine zu begießen. So wusch ich sie. Jahrelang ging ich täglich zum Stall und badete und fütterte meine Schweine.

Eines Tages kaufte ich ein paar Lose von der Nationallotterie und gewann zweitausendfünfhundert Pesos. Ich saß gerade hier, als Lupitas Tochter kam und sagte: »Papa, in der Siedlung El Dorado ist ein Mann, der sein Grundstück, ein Häuschen mit zwei Räumen, verkaufen will. Er verlangt zweitausendfünfhundert Pesos.«

»Das ist viel Geld«, meinte ich, »bring mich zu ihm. Wenn ich dies Geschäft überhaupt mache, dann am besten gleich.« Ich sprach mit dem Mann und sagte: »Lassen Sie mir das Ganze für zweitausend Pesos. Ich habe kein Geld.« Ich fragte ihn, ob er statt Geld auch ein Schwein annehmen würde. Er sagte: »Gut, zeigen Sie mir das Schwein.«

Dann wollte er wissen, wieviel ich dafür verlangte. Es war ein Zuchtschwein. Ich forderte zwölfhundert Pesos.

»Nein, das ist zu teuer. Ich gebe Ihnen achthundert.«

»In Ordnung«, sagte ich. Mit den eintausendsiebenhundert Pesos, die mir von meinem Lotteriegewinn übrigblieben, schlossen wir den Handel ab. Am nächsten Tag ging ich zu der Gesellschaft, die die Grundstücke verkaufte. Ich unterschrieb den Vertrag, und so war das abgemacht, alles ehrlich, sauber und vorschriftsmäßig.

Ein paar Tage danach verkaufte ich noch ein Schwein, schaffte Baumaterial heran und begann, das Haus zu bauen. Inzwischen fuhr ich weiter jeden Tag ans andere Ende der Stadt zu meinem Schweinestall. Bei Sonne und bei Regen stieg ich, müde wie ich war, in den Bus, halb tot vor Erschöpfung, und wenn ich keinen Sitzplatz fand, schlief ich im Stehen. Aber Sie sollten das Haus sehen! Ich brauche Ihnen wohl nicht zu sagen, daß es ein Palast ist. Na ja, für einen Mann wie mich, der nie etwas gehabt hat . . .

Bei all dieser schweren Arbeit haben meine Söhne mir nie geholfen.

Später kaufte ich dann in Ixmiquilpan das Grundstück und baute auch dort ein Häuschen, damit ich meine Schweinezucht von dort aus betreiben konnte. Wenn Gott mir doch noch einmal zu einem Lotteriegewinn verhülfe! Das Haus soll für meine Kinder sein. Ich würde das Land gern in vier Teile aufteilen.

Ich habe die Jungen viel geschlagen, besonders Roberto, weil er anfing, uns zu bestehlen. Wenn ich schwer arbeite, um diesen Tisch zu kaufen, und ich komme nach Hause, und er ist weg . . . wer würde so einen Kerl nicht bestrafen? Zweimal wurde ich der Jungen wegen rausgeschmissen, einmal, weil sie beim Rollschuhlaufen auf dem Hof zu viel Krach machten, und in der Cuba-Straße, weil sie ein Wasserrohr abbrachen. Roberto war ein Draufgänger und heftig, genau wie seine Mutter.

Ich hielt die Mädchen streng und paßte auf die Jungen auf, damit sie sich nicht ansteckten und mit einer Krankheit nach Hause kamen. Wenn ihre Großmutter oder irgend jemand anders die Wäsche wusch, sah ich mir die Unterhosen der Jungen genau an. Aber sie haben nie eine Geschlechtskrankheit bekommen. Das war sehr wichtig. Als Vater konnte ich nie offen mit ihnen reden, aber ich paßte auf sie auf.

Ich verstehe meine Söhne nicht. Sie haben hier ihr Zuhause, und sie können etwas aus sich machen, ein Handwerk oder etwas anderes lernen. Warum tun sie das nicht? Ich habe es zu etwas gebracht. Ich lebe jetzt besser als vor dreißig Jahren. Warum sollten sie das nicht auch fertigbringen? Weil sie nicht den Willen haben, daran liegt es! Sie faulenzen eben lieber. Sagen Sie mir nur, was konnten sie denn noch verlangen? Andere Jungen wären froh gewesen, die Unterstützung zu haben, die ich den beiden gab. Ich habe mein Leben lang für sie gearbeitet. Meine Pflichten als Vater habe ich nie vernachlässigt, und vor meiner Verantwortung habe ich mich nie gedrückt. Sie konnten immer mit mir rechnen, ganz gleich, was passierte, und ob sie mitten in der Nacht oder morgens früh einen Arzt, Geld für eine Medizin oder etwas anderes brauchten.

Um die Wahrheit zu sagen: Ich weiß selbst nicht, woher ich dieses Gefühl habe, daß ich meine Verpflichtungen auf mich nehme und keiner Verantwortung ausweichen möchte. Ich war ein armer, ungebildeter Bauer und hatte gar keine Ausbildung — ich hätte die Kinder im Stich lassen können, als ihre Mutter starb, stimmt's? Aber ich tat es nicht.

Damals kannte ich Lupita schon, die eine oder zwei Töchter hatte. Sie wohnte dahinten in der Rosario-Straße. Ich wollte niemanden ins Haus bringen, damit es keine Scherereien mit den Kindern gab. Darüber machte ich mir nämlich Gedanken. Sie wissen ja, man braucht jemanden im Hause, der einem die Sachen in Ordnung hält und einem die Tasse heißen Kaffee hinstellt, und dafür hatte ich niemanden. Die Großmutter half mir viel, und sie kümmerte sich um die Kinder, aber sie war empört, als Elena kam. Dazu hatte sie keinen Grund, denn das Mädchen arbeitete für uns alle, nicht nur für mich. Aber eines Tages sagten mir meine Schwäger, die Großmutter sei ausgezogen, es täte ihr leid und so weiter. Ich sagte zu ihnen: »Was wollt ihr eigentlich von mir? Ihr seht doch, wie es ist, ihr wißt Bescheid. Ihr sagt zwar, daß ihr die Onkel seid und sehr an den Kindern hängt, aber ihr seid nicht ein einziges Mal gekommen und habt euren Neffen einen Becher Kaffee gebracht. Ich gehe jeden Tag zur Arbeit, nicht einen einzigen Tag lasse ich aus. Ich kann doch nicht gleichzeitig arbeiten und mich um die Kinder kümmern? Ich mußte mir jemanden suchen, und wenn ihr euch noch so sehr darüber ärgert.« Zu Lupita konnte ich die Kinder nicht bringen. Stiefgeschwister und Stiefeltern kommen meist nicht gut miteinander aus.

Ich liebe Consuelo und meine Söhne, aber ich kann nicht mehr zärtlich zu ihnen sein. Ich habe für sie eine Menge Geld umsonst ausgegeben. Als Roberto ins Gefängnis kam, kostete mich das eintausendzweihundert Pesos. Als er beim Militär war, bat er mich, ihn nach Mexico-City versetzen zu lassen. Ich sprach mit dem Hauptmann; da das wieder Geld gekostet hätte, unternahm ich nichts weiter. Schließlich hatte Roberto sich ja freiwillig gemeldet. Er wollte nicht arbeiten, darum ging er zum Militär! Ich weiß nicht, wieviel sie ihm da bezahlten. Die beiden erzählten mir nie etwas. Nie sagten sie: »Papa, ich verdiene soundsoviel, und hier ist etwas für dich.«

nichts, gar nichts gaben sie mir. Ich habe Söhne, und doch ist es, als hätte ich keine. Obwohl sie jetzt Männer sind, kümmere ich mich noch um sie. Ich schimpfe sie aus und sage ihnen, wenn sie etwas falsch machen. Ich denke immer an sie, und wenn ich sie nicht sehe, frage ich nach ihnen.

Manuel ist jetzt Vater von fünf Kindern, und er will immer noch nicht zur Vernunft kommen. Es kostet mich viel Mühe und viele Predigten, bis ich ihn dazu bringe, das Geringste für seine Kinder zu tun. Mit der Unterstützung, die ich ihm all diese Jahre gegeben habe, hätte er längst ein eigenes Haus haben oder für seine Kinder ein zweites Zimmer mieten können. Er arbeitete mit einem Burschen auf dem Markt zusammen, und er behauptet, sein Partner brannte mit dem Geld durch und hinterließ fünftausend Pesos Schulden. Aber ich glaube ihm kein Wort davon. Es ist schlimm, wenn jemand dauernd lügt. Dann glaubt man ihm nicht mehr, selbst wenn er mal die Wahrheit sagt. Da heißt es immer, am nächsten Tag wollen sie ein neues Leben anfangen. Aber mir können sie nichts mehr vormachen. Ich bin ihr Vater, und ich kenne sie.

Consuelo hat mir mit ihrem widerspenstigen Wesen viel Kummer gemacht. Sie ist ein eigensinniges Mädchen, wie ihre Mutter. Auf Antonia war sie eifersüchtig. Sie wissen ja, daß Stiefgeschwister sich gewöhnlich nicht vertragen und sich streiten. Bei uns gab es keinen Zank, weil ich dazwischen stand. Ich mußte Antonia in die Casa Grande bringen, denn ihre Mutter arbeitete nachts, und das gab gewisse Schwierigkeiten. Antonia wuchs allein auf und kam ganz herunter. Ich mußte sie einschließen, damit sie nicht zum Tanzen oder in Nachtlokale ging. Ich hatte ihr nie etwas gegeben, überhaupt nichts, aber sie kam zu mir, und da mußte ich mich natürlich um das Mädchen kümmern. Ich kaufte ihr ein paar Kleider und andere Sachen, und darüber ärgerten sich Consuelo und die anderen.

Ich kann Consuelo zureden und ihr raten, soviel ich will, sie hört nicht auf mich. Sie gibt mir nicht einen Centavo. Ich möchte ja gar nichts für mich haben. Ich will nichts von meinen Kindern. Gottseidank kann ich noch für sie alle arbeiten. Was ich aufbaue, ist für sie. Wenn Consuelo mir etwas gäbe, würde ich es für ein Grundstück zur Seite legen, auf dem ich ihnen ein Haus bauen will.

Sie können sich denken, wie bekümmert ich war, als Consuelo mir vor ein paar Jahren aus Monterrey telegrafierte. Ich besaß keinen Centavo und mußte mir siebenhundert Pesos borgen, hundert hier und hundert da. Ich fuhr hin und gab die siebenhundert Pesos für sie aus, was gar nicht nötig war. Siebenhundert Pesos sind ein Vermögen. Sogar meine Arbeit ließ ich liegen, was ich sonst nie tue, nicht mal in der Freizeit.

Ich habe einen großen Fehler gemacht, als ich nicht weit fortzog, nachdem ich Delila kennengelernt hatte. Sie wissen, wie das ist: Wenn die Kinder erwachsen sind, werden sie wütend, wenn der Vater wieder heiratet. Neulich las ich, daß eine Mutter von ihren beiden Söhnen verprügelt wurde, weil sie sich zum zweitenmal verheiratete. Und in Mexicali brachten die Söhne ihren Vater um, als er heiraten wollte, aber das war wegen der Erbschaft. Es müssen Wilde gewesen sein, die so etwas taten, oder sie waren betrunken! Da kann ich noch dankbar sein, denn obwohl ich nicht immer so unfehlbar war, wie ein Vater es sein sollte, haben mir meine Söhne nie widersprochen oder mich schlecht behandelt.

Als Claudia bei uns arbeitete, sagte Consuelo: »Heirate doch, Papa.« Nun, ich heiratete, und von da an änderte sich alles. Sie reagierte mit einemmal ganz anders. Das tat mir sehr weh. Es kommt daher, weil meine Kinder nicht einsehen, daß wir alle, ob arm oder reich, uns gegenseitig helfen müssen. Jetzt erst erfahren sie, wie das Leben ist, und daß man allein nicht auskommt. Sie denken, weil sie heute noch stark sind, brauchen sie morgen keine Hilfe. Aber zu zweit macht sich alles leichter als allein!

Diese Claudia hatte helle Haut und war hübsch und kräftig. Sie war fünfzehn oder achtzehn Jahre alt, und ich wollte sie heiraten. Aber damals lebte Delila bei uns, und die war klüger. Wenn jemand ein bißchen gewitzt ist und etwas haben will, dann erreicht er das auch. Mir kam es in Wirklichkeit auf zwei Sachen an: Ich dachte nicht nur an das Geschlechtsleben, sondern ich brauchte jemanden für meine Kinder. Claudia wollte bei mir bleiben, aber als sie sah, daß Delila schon schwanger war, kehrte sie zu ihrer Familie zurück.

Es war schlecht von mir, daß ich Consuelo hinauswarf. Vor lauter Wut lief sie mit diesem Kerl weg, aber damit strafte sie nicht mich; sie tat sich selbst damit weh. Ich sagte zu ihr: »Meine liebe Tochter, du hast dein Leben für immer befleckt.«

Ich ging in das Haus des Jungen und sprach mit seiner Mutter. Er sagte, er wolle sich scheiden lassen und Consuelo heiraten. Er versprach mir alles mögliche, aber es war alles gelogen. Er gehörte zu den faulen Kerlen, die nicht arbeiten und Geld verdienen wollen. Das war's und dazu Consuelos Charakter ... es kam nichts dabei heraus. Jetzt muß meine Tochter sehen, wie sie zurechtkommt.

Und denken Sie nur an Martas drei kleine Töchter! Was hat sie für ein Pech gehabt! Sie hatte keine Erfahrung und hörte nicht auf mich. Ich sagte ihr, sie sollte vernünftig sein und mit Crispín zusammen leben, denn sie hatte schon zwei Kinder von ihm. Sie weinte und wollte aus irgendwelchen Gründen nicht. Aber da ich ihr Vater war, konnte ich ihr doch nicht sagen, daß sie mit ihren Kindern verschwinden und allein mit sich fertigwerden sollte. Das ist eben Glückssache, wie bei einer Lotterie, manchmal gewinnt man und manchmal nicht. Sowas gibt es überall in der Welt. Tausenden geht es so wie mir.

Was mich, mit Gottes Hilfe, aufrechthält, ist die Willenskraft und die große Liebe zu meinen Enkelkindern. Nur einmal im Jahr, am 1. Mai, ruhe ich mich aus. Es gibt immerzu Geldschwierigkeiten. An einem Ende zahlt man, und am anderen hat man Schulden. Ich würde gern, wenn ich sterbe, jedem von meinen Kindern ein Haus vermachen. Für den Bau, an dem ich jetzt arbeite, brauche ich viel Geld. Na ja, wenn ich mal fünfzig oder hundert Pesos nebenher bekomme, kann ich eine Fuhre Sand und Steine kaufen und endlich das Haus fertigbauen, damit meine Kinder ein Dach überm Kopf haben. Welcher Vater würde sich noch so abschuften wie ich, um seinen Söhnen, obwohl sie Faulpelze sind, ein Haus oder ein Zimmer zu hinterlassen?

Ich kenne meine Fehler, und es schmerzt mich, daß meine Kinder in einer Atmosphäre aufgewachsen sind, die nicht gut für sie war. Wem sollte ich die Schuld daran zuschreiben? Meinem eigenen Pech? Meinem Mangel an Lebenserfahrung? Oder kam es daher, daß mir die Orientierung fehlte? Ich weiß es nicht, aber ich gebe nicht auf. Ich gehe weiter, wie ein Esel mit seinem Packen auf dem Rücken. Ich habe mir mein Haus mit viel Mühe und viel Arbeit eingerichtet. Was würde ich dafür geben, wenn meine Söhne es genauso machten! Ich wäre glücklicher als ein Millionär, wenn ich wüßte, daß sie anständig arbeiten und für sich selbst sorgen.

Was die Religion angeht, sehen Sie, das ist so: die ist mir von meinen Eltern überkommen. Natürlich hat ein Mann, der etwas gelernt hat und gebildet ist, ganz andere Ansichten darüber. So wie ich die Dinge sehe, finde ich an meinen Landsleuten, an den mexikanischen Katholiken, eine Menge auszusetzen, denn sie machen viel dummes Zeug. Ich halte es so: Ich gehe selten zur Kirche und bin trotzdem ein Christ. Ich mag nicht auf die Straße gehen und für die Heiligen ein Feuerwerk abbrennen oder ihnen Blumen bringen, nur damit jeder sehen kann, daß ich ein guter Katholik bin. Ich bin ein Christ auf meine eigene Weise, so wie es mir paßt. Die anderen Religionen sind, glaube ich, auch in Ordnung, denn die Leute betrinken sich nicht, bringen sich nicht gegenseitig um und machen all diesen Unsinn nicht, den meine Landsleute tun, nur um zu zeigen, daß sie katholisch sind. Das ist nichts für mich. Ich mag sowas nicht.

Es ist so, wie vor einiger Zeit ein Priester in der Kirche sagte: Gott braucht die Kerzen und das alles nicht. Was er haben will, sind gute Taten. Alles andere ist unnötig. So denke ich auch. Ich sage den Leuten nur, sie sollen mich in Ruhe lassen.

Daß unsere Seelen im Fegefeuer leiden müssen, glaube ich nicht. Wer ist denn schon mal da gewesen und wiedergekommen, so daß er uns davon erzählen könnte? Wir brauchen Beweise! Ich kann sagen, diese Tasse ist rund und weiß, weil ich sie vor mir sehe. Aber wer kann uns von seinen Erlebnissen im Fegefeuer berichten? Nein, Gott hat niemandem erlaubt, von da zurückzukommen. Wenn es einen Gott gibt, werde ich es früh genug wissen, wenn ich sterbe, und sterben tu ich sicher.

Die Leute sagen, es gibt Zauberei, aber ich habe davon nie etwas gesehen, vielleicht, weil noch keine Frau mich verhext hat. Da habe ich wohl Glück gehabt, denn man sagt, eine eifersüchtige Frau macht vor nichts halt; sie kann einen sogar umbringen, so was passiert immer wieder.

Ich habe mal gehört, daß es Leute mit bösem Blick gibt. Die Mutter des Arztes, der mich operiert hat, erzählte mir von einem merkwürdigen Fall. In Toluca wohnten Leute, die einen Singvogel hatten, eine niedliche Drossel. Da kam eine Frau vorbei und sagte: »Señora, verkaufen Sie mir Ihre Drossel, es ist ein schöner Vogel.« Darauf sagte die andere: »Nein, Señora, die will ich nicht verkaufen, sie gehört mir, ich habe sie geschenkt bekommen.« Da meinte die Frau: »Es ist besser, Sie geben mir den Vogel, sonst wird er sterben, wenn ich weggehe.« Sie ging, und kaum war sie fort, da starb der Vogel. Es kann also doch sein, daß manche Leute einen besonderen Blick haben.

Einmal ging ich nach Pachuca, denn man hatte mir gesagt, irgend jemand hätte mich verhext. Eine von den Frauen, die hier Vögel verkaufen, kennt dort eine Heilkundige. Aber diese Leute nehmen einem nur Geld ab, verstehen Sie? So etwas wie Zauberei gibt es nicht, es ist unsere eigene Torheit, nicht Hexerei, und wer dafür sein Geld ausgibt, ist dumm.

Mein Problem war, daß es mit der Erektion manchmal nicht klappte. Alles, was man übertreibt, ist eben vom Übel. Man braucht nur eine Menge Alkohol zu trinken, dann ist man erledigt und in ein paar Tagen tot. Und ich hatte ja die beiden Leistenbruchoperationen. Der Doktor sagte mir, dabei wären empfindliche Teile durchgeschnitten worden, und das schwächt einen sehr. Mein Arzt, Dr. Santoyo, erzählte mir von einem Burschen, der es immerzu trieb. Er lebte hier ganz in der Nähe und war noch sehr jung, aber er konnte es nicht lassen. Dr. Santoyo sagte, er hätte ihm und anderen Jungen von fünfzehn oder sechzehn Jahren Spritzen gegeben, weil sie ganz ausgelaugt waren. Die müssen ein furchtbares Leben geführt haben, die armen Bengel. Und was sollen sie jetzt machen? Dagegen bin ich noch gut in Form.

Ein homöopathischer Arzt sagte mir einmal, Frauen seien leidenschaftlicher als Männer. Und deswegen ist das mit den mexikanischen Frauen so — von den anderen weiß ich nichts —: Je länger man mit einer zusammen ist, und je mehr man ihr gibt, desto mehr verlangt sie. Man kann sie nicht befriedigen, sie sind sehr heißblütig. Es gibt Frauen, die jeden Tag einen Mann brauchen.

Ich ging also nach Pachuca, und die Heilkundige dort sagte mir, ich sollte ein Putenei und sowas alles mitbringen, und dann »reinigte« sie mich und stellte noch so allerlei an. Sie verlangte zehn oder fünfzehn Pesos für jeden Besuch. Ich ging fünf- oder sechsmal hin. Aber es wurde nicht besser. Meine Schwierigkeiten hatten nichts mit Hexerei zu tun.

Ich weiß auch nicht, wie ich auf den Gedanken kam, daß es Zauberei war. Sie wissen ja, es ist eine scheußliche Sache, wenn man eine Frau enttäuscht, mit der man schon im Bett liegt; man schämt sich eben. Viele Frauen fallen dann über einen her und setzen einem zu, oder sie schlagen einen sogar. Mich hat natürlich noch keine geschlagen. Wenn mir das passiert wäre, hätte ich Mexico-City sofort verlassen!

Ich ging nicht wieder nach Pachuca, weil ich sah, daß es mir nicht half. Das Schlimme ist nämlich, daß ich eine Frau brauche, der ich ganz vertrauen kann, eine, die mich küßt und mich streichelt. Ich bin natürlich verbraucht. Ich bin müde, weil ich mit mehreren Frauen zusammengelebt habe. Ich bin kein zwanzigjähriger Junge mehr, deswegen brauche ich Zärtlichkeit. Die Frau muß mich nur streicheln, dann geht es auch. Ich brauche ein Gefühl der Sicherheit, wie ich es in diesem Zimmer habe. Wenn jemand dazwischen kommt, wenn ich Lärm oder Stimmen höre, ist es aus, und ich kann nichts mehr machen.

Delila und ich legen immer eine Matratze auf den Fußboden, aber ich passe auf, daß alle Kinder schlafen, sonst wäre das ein schlechtes Beispiel für sie, sehr schlecht sogar. Schon wegen allem, was die Kinder mitansehen, ist es schlimm, in diesen Häusern in Mexico-City wohnen zu müssen. Viele Frauen werfen das, was sie für ihre Blutungen brauchen, einfach in die Ecke. Das kriegen die kleinen Jungen und Mädchen dann zu sehen. So erfahren sie von diesen Dingen, und bald wissen sie über alles Bescheid, weil sie es zu Hause gesehen haben.

Es ist für einen Mann sehr schwer, eine mexikanische Frau zu befriedigen. Man hat mir erzählt, daß manche Frauen, die glücklich verheiratet sind und sich zu Hause immer ordentlich benehmen, ab und zu ausgehen und sich mit aller Vorsicht nach einem Liebhaber umsehen, weil ihre Männer sie nicht befriedigen. Von solchen habe ich mehrere getroffen. Denen genügt ein Mann einfach nicht.

Ich nehme mich in acht. Zweimal die Woche gibt man's ihnen, wie wir hier grob sagen. Mehr tu ich nicht, denn ich bin sexuell nie besonders potent gewesen. Auch als ich noch jung war, habe ich es nie zu viel gemacht. Sie sehen ja, ich bin klein oder sagen wir, nicht sehr stark, und ich glaube, es macht sich jetzt in meinem Geschlechtsleben bemerkbar, daß ich als Kind nicht genug zu essen hatte. Mit Lupita mache ich es schon seit einigen Jahren nicht mehr. Aber mit Delila ist das anders. Sie hat mich wirklich gern, obwohl ich alt bin. Sie ist ein tüchtiges Mädchen und Gold wert, das können Sie mir glauben, eine anständige Frau und sehr fleißig. Aber auch Lupita war ordentlich und ehrlich. Von ihr hörte man nie ein böses Wort, nie. Einmal war sie aufgebracht, als sie das mit Delila erfuhr. Da sprach ich ganz ernst mit ihr: »Warum stellst du dich eigentlich so an?« sagte ich. »Du hast eine Wohnung und zu essen, so gut geht es nicht allen. Ich habe zwei Töchter von dir, das stimmt, aber die arbeiten jetzt und können für sich selbst sorgen. Wenn du mir also keine Ruhe läßt, mußt du hier raus und bekommst kein Geld mehr von mir. Ich gebe die Wohnung einem meiner Jungen, wenn du hier nicht bleiben willst.« Sie wurde sehr wütend. Sie hatte nämlich zwei oder drei Monate mit Rheumatismus im Bett gelegen. Natürlich fühlt man sich auch ein bißchen schuldig, aber was wäre sonst aus meinen vier Enkelkindern geworden? Die waren ohne Delila ganz verlassen. Sie sorgte wie eine Mutter für sie, wirklich, wie eine zweite Mutter.

Jetzt müssen sie alle neue Schuhe haben. Meine anderen beiden Kleinen brauchen etwas zum Anziehen, Geld für den Arzt und für Medizin. Delila ist schon wieder schwanger. Wenn ich das Geld hätte, würde ich sie operieren lassen ... damit sie keine Kinder mehr bekommen kann. Ich habe schon mit ihr darüber gesprochen, obwohl ich jetzt kein Geld dafür habe. Ich bin in der Sozialversicherung, aber wir nehmen ihre Krankenhäuser und ihre Leistungen nicht in Anspruch, ich verliere da viel zu viel Zeit. Das Kind kann dort nicht geboren werden, weil ich nicht mit Delila verheiratet bin. Ich müßte eine Bescheinigung vom Standesamt vorzeigen, damit man sie aufnimmt. Vielleicht heirate ich Delila deswegen eines Tages ... wegen der Kinder. Denn das Entbindungsheim sorgt gut für die Leute.

Ich muß meiner Gewerkschaft denjenigen benennen, dem — wenn ich tot bin — die viertausend Pesos Sterbegeld gehören sollen. Ich werde wohl Marta angeben. Delila bekommt nämlich das Haus und das Grundstück in Ixmiquilpan für die Kinder. Ich brauche die ganzen Papiere nur fertigzumachen.

Was würde ich nur ohne Delila anfangen? Sie hat es schwer gehabt, schwerer als ich, denn die Ärmste wurde von dem Vater ihres Sohnes Geofredo geschlagen. Er war ein Trunkenbold und wollte nicht arbeiten. Das arme Mädchen! Bei mir hat sie ein ruhiges Leben, es geht ihr gut, und ich hoffe, es bleibt so. Sie ist eine Frau, die tüchtig arbeitet und die es verdient hat, daß man ihr hilft. Als Manuels Kinder klein waren, kam sie zu uns und sorgte für sie. Dann ging sie für einen oder zwei Monate weg, weil sie sich über die Kinder geärgert hatte, das heißt, es war wegen Consuelo, und Delila war sehr böse. Aber sie kam wieder.

Über all das mache ich mir Gedanken, und ich weiß, was dabei auf dem Spiel steht, aber, wie ich schon sagte, man tut manches nicht zum eigenen Vergnügen oder aus sexueller Begierde, sondern einfach, um irgendwie weiterzukommen. Ich bin nicht mehr der jüngste. Natürlich kann ich es noch ein bißchen mit einer Frau machen, aber glauben Sie mir, daß es so kam, geschah auch der Kinder wegen. Wenn ich Delila nicht zu mir geholt hätte, wären meine Enkelkinder verhungert und verkommen.

Der größte Fehler, den wir Mexikaner machen, ist, daß wir so früh heiraten, ohne Geld, ohne Ersparnisse oder eine feste Arbeit zu haben. Wir heiraten, und ehe wir's uns versehen, haben wir das ganze Haus voll Kinder. Dann sitzen wir fest und kommen nicht mehr vorwärts. Um die Wahrheit zu sagen: Uns Mexikanern fehlt jede Vorbereitung auf das Leben.

In Mexiko werden viele Kinder einfach im Stich gelassen. Das hört man immer wieder. Da sollte doch die Regierung etwas tun, um das zu verhindern. Ich wünschte, es gäbe in meinem Land auch solche Gesetze wie in den Vereinigten Staaten. Dann würde es nicht so viele Herumtreiber geben. Dieses ganze Lotterleben ist schlecht für die Kinder, für alle Menschen hier und für das ganze Land. Die viele Freiheit bekommt den Leuten nicht. Man sollte achtzig Prozent der Wirtshäuser schließen — diese Löcher, in denen nur Laster ausgebrütet werden — und mehr Schulen bauen. Die Jungen, die Jugend überhaupt, ganz gleich, ob reich oder arm, müßte strenger überwacht werden. »Sagen Sie, wieviel Kinder haben Sie?« — »Vier.« — »Wie alt sind sie? Über fünfzehn, ja? Was tun Ihre Kinder, wer unterstützt sie, wie verbringen sie ihre Zeit, wo arbeiten sie?« — »Tja, die arbeiten nicht.« — »Warum nicht? Schicken Sie die zur Arbeit, oder Sie kriegen eine Woche Gefängnis.« Bestechungen gibt es nicht: eine Woche Gefängnis, und wenn es noch einmal vorkommt, ein Jahr. Dann könnten Sie sehen, wieviel ordentlicher es bei uns zuginge. Die Mexikaner würden anständiger werden, wenn wir strengere Gesetze hätten, denn die Gesetze sind sehr lax in unserem Land. Das mexikanische Volk wird zugrunde gehen, weil es keine richtige Führung und keinen Glauben mehr gibt und so furchtbar viel Korruption, wie Sie selbst sehen.

Wenn wir hier einmal eine starke Regierung bekämen, die jeden, der mal Präsident gewesen ist, aufriefe: »Sie gehen jetzt zum Zócalo und legen da die ganzen Millionen hin, die Sie dem Volk gestohlen haben«, dann wäre genug da, um eine neue Hauptstadt zu bauen!

Man muß mit unseren Familien zusammenleben, um zu sehen, was wir durchmachen und was man dagegen tun kann. Mit diesem Problem hat sich noch keiner wirklich befaßt. Die Herren, die uns regieren, haben teure Autos und viele Millionen auf der Bank, aber sie sehen nicht, wie es unten zugeht, wo die Armen leben. Die von oben würden noch nicht mal herkommen, um sich das vom Wagen aus anzusehen. Sie bleiben da hinten im Stadtzentrum, wo die Luxusgeschäfte sind, aber was die Armenviertel angeht ... nein, sie wissen nicht, was für ein elendes Leben wir führen. Sie kümmern sich nicht um dieses große und schwierige Problem, das wir heutzutage in Mexiko haben. Es interessiert sie nicht, daß es hier, in derselben Stadt, Massen von Menschen gibt, die am Tage nur ein- oder zweimal essen.

Wir haben nicht genug Geld, die Arbeitsplätze reichen nicht aus, und alles ist so teuer; die Preise sind schon wieder gestiegen. Die Lebenshaltungskosten haben sich in wenigen Tagen sehr erhöht. Nehmen Sie zum Beispiel eine Familie, in der sechs oder acht Menschen ernährt werden müssen. Wie kann man die mit einem Lohn von elf Pesos am Tag unterhalten? Sicher, der Mindestlohn ist um einen Peso pro Tag erhöht worden. Aber was nützt Ihnen dieser eine Peso, wenn alles, was Sie kaufen, drei- oder viermal teurer geworden ist? So ist das nämlich. Wir müssen eine andere Regierung haben, die die Zustände in diesem Land besser kennt und etwas für das Volk tut, für die Arbeiter und die Bauern, denn die brauchen die Hilfe am nötigsten. Nehmen Sie zum Beispiel einen Arbeiter hier in der Stadt: Wenn der am Zahltag zweihundert Pesos bekommt, dann bringt er hundertfünfzig oder hundertachtzig Pesos im Wirtshaus durch und nur zwanzig nach Hause. Die Leute wissen mit ihrem Geld nicht umzugehen. Die armen Mütter und die halbnackten Kinder! Da sehen Sie fünf- oder zehnjährige Kinder mit Tuberkulose. Wissen Sie, wie das kommt? Es fehlt an der Fürsorge der Eltern, am Verantwortungsgefühl und am Geld. Die Eltern geben auf der Straße für irgendwelchen Unsinn mehr Geld aus als für das, was sie zu Hause dringend brauchen. Es gibt nur wenige Väter, die sich bemühen, ihre Pflichten zu erfüllen. Ein Mann, der auch nur halbwegs anständig ist und der versucht zu tun, was seine Pflicht ist, wird es auch auf irgendeine Weise schaffen, seiner Familie das tägliche Brot zu besorgen.

Ich bin sogar so weit gegangen, daß ich zu manchen Leuten sagte, ich wünschte, wir hätten hier in Mexiko einen amerikanischen Präsidenten. Dann könnten wir sehen, wie Mexiko sich ändern und Fortschritte machen würde. Der würde erst mal all die Gauner und Tagediebe einlochen. »Sie wollen nicht arbeiten? Also weg mit Ihnen. Den Rest Ihres Lebens können Sie auf den Islas Marías absitzen.« Und mit Bestechungen, damit man wieder herauskommt, wäre da nichts zu machen. Nein, die würden dort bleiben. Diese Kerle sind nämlich Parasiten.

Es sind wohl Fortschritte gemacht worden, und manche haben auch was davon gehabt, dank der Leute von der Regierung, die sich für die Arbeiter eingesetzt haben. Aber mir haben sie nie geholfen! Ich habe meine wirtschaftliche Lage durch die Schweine und die Lotterie verbessert. In der Lotterie hatte ich großes Glück. Den ersten Gewinn bekam ich auf die Nummer 9878. Meine Gewinn-Nummern werde ich nie vergessen. Von dem Geld kaufte ich das Radio. Mit derselben Nummer gewann ich noch einmal und kaufte das Bett. Mein größter Gewinn waren fünftausend Pesos. Einen Teil davon brauchte ich für das Haus, das ich in der Siedlung El Dorado baute, und von dem Rest kaufte ich die Wanduhr. Das bißchen, was ich hatte, legte ich gut an, und es half mir, vorwärts zu kommen.

Ich bin seit dreißig Jahren in Mexico-City, aber in der Zeit hat sich im Leben der Armen kaum etwas geändert. Viele finden, es sei heute schon ganz anders, weil sie während der Regierung von Calles einen oder anderthalb Pesos verdienten. Das war natürlich sehr wenig. Aber damals kosteten Zucker und Bohnen fünfzehn Centavos. Jetzt verdienen sie elf Pesos, und die Bohnen kosten drei bis vier. So ist das! Wo sehen Sie da den Fortschritt? Da gibt es zum Beispiel Sachen, die gestern noch zwanzig Pesos gekostet haben und die jetzt auf fünfunddreißig gestiegen sind. Na schön, aus irgendeinem Grund gehen die Leute um zwei Pesos herunter. Wenn Sie dann noch was sagen, heißt es: »Aber, hören Sie mal, gestern waren's fünfunddreißig, und heute nehmen wir nur dreiunddreißig, also haben wir den Preis doch schon gesenkt.« Das nennen sie Preise senken … wo sie dreizehn Pesos draufgeschlagen haben! Soviel ich sehe, werden wir nur jeden Tag mehr ausgequetscht.

Wir brauchen Beamte, die mal hingehen und genau untersuchen, wie es bei den armen Leuten zugeht, und die sehen, in welchem Elend diese Menschen leben und wie sie vor Hunger sterben. Warum kümmert sich keiner darum? Warum gehen Tausende von Landarbeitern aus Mexiko fort? Da haben Sie den schlagenden Beweis: weil es hier keine Sicherheit gibt, weil die Löhne so erbärmlich niedrig sind, daß man davon keine Familie ernähren kann. Deswegen müssen sich die Männer dort Arbeit suchen, wo sie ein bißchen besser bezahlt werden.

Die Clique, die an der Macht ist, will gute Leute nicht ranlassen. Diese Cliquenwirtschaft gibt es hier wie anderswo auch. Als Alemán kandidierte, hörte ich — man hört ja immer eine ganze Menge, nicht wahr? —, daß den Leuten, die Drogen verkaufen, und den Autobusunternehmern große Summen an Wahlgeldern zugesteckt wurden. Man sagte ihnen: »Wenn wir gewinnen, könnt ihr die Fahrpreise um fünf Centavos erhöhen.« Alemán gewann, und die Fahrkarten wurden teurer.

Auch die Gewerkschaftsfunktionäre helfen uns nicht; sie stekken alles in die eigene Tasche. Einer von diesen Kerlen in meiner Gewerkschaft hat ein oder zwei Häuser und sechzehn Taxis. Nein, von denen ist nichts zu erwarten. Ich zahle jeden Monat fünf Pesos Beitrag. Aber wir sind viele Tausende. Wenn einer stirbt, zahlen wir außer diesen fünf Pesos noch fünf für die Familie des Gestorbenen dazu. Und was kriegen wir dafür? Nichts! Eine Versammlung haben wir schon seit Jahren nicht mehr gehabt. Man gibt uns nichts als Beitragsrechnungen. Am Zahltag ziehen sie die fünf Pesos ab. Und wenn jemand abgekratzt ist, nochmal fünf Pesos. Neulich sagte ich zu dem einen Burschen: »Wer bekommt dieses Geld eigentlich, der Tote oder ein Lebendiger?« »Ein Lebendiger natürlich. Sie wollen sich wohl über uns lustig machen?« Da sagte ich: »Wissen Sie, ich habe keine Ahnung, was Sie mit dem Geld anfangen, das Sie mir abziehen; ich verdiene nur wenig, und alles ist so teuer, da kommt man nicht weit mit dem Geld. Es sieht so aus, als ob hier zu oft welche sterben.«

Ich habe noch nicht gemerkt, daß die Gewerkschaften den Arbeitern wirklich helfen. Die Gewerkschaft ist für mich eine Falle, in der man die Masse der Arbeiter ausbeutet. Die Funktionäre bereichern sich an den Beiträgen, und ich frage mich, warum die Regierung so was zuläßt. Kann man denn nicht ohne diese Leute etwas für die Arbeiter tun? Wenn die Regierung die Gewerkschaften ausschalten und besondere Ämter einrichten würde, die die Angelegenheiten zwischen den Arbeitern und den Unternehmern regelten, dann könnte man die ganzen Beitragsgelder, die jeden Monat eingenommen werden, zum Bau von Schulen, Krankenhäusern und für die Arbeiterkinder verwenden, anstatt davon die Autos und die Häuser der Gewerkschaftsführer zu bezahlen.

Ich bin nicht gebildet, aber ich sehe, daß die Arbeiter früher schon ausgenützt wurden und daß man heute dasselbe mit ihnen macht, wenn auch auf andere Weise. Und so wird es weiter gehen. Gewiß hat Mexiko Fortschritte gemacht, aber der Arbeiter ist immer noch der Arbeiter, und er wird immer arm bleiben, bis er stirbt.

Deshalb kümmere ich mich nur noch um meine Arbeit. Von der Politik will ich nichts wissen. Ich lese einen oder zwei Artikel in den Zeitungen, aber ich nehme das nicht ernst. Was in den Nachrichten steht, spielt für mich keine Rolle. Vor ein paar Tagen las ich etwas über die Linke. Aber ich weiß weder, was rechts noch was links oder was Kommunismus ist. Ich interessiere mich nur für eins: für das Geld, damit ich meine Ausgaben decken kann und damit es meiner Familie einigermaßen gut geht. Die Arbeiter sollten nur darauf achten, daß ihre Familien das haben, was sie brauchen, und daß zu Hause genug zu essen da ist. Die Politik ist eine verwickelte Angelegenheit; damit sollen sich die abgeben, die dafür geboren sind.

Wenn es zu einem dritten Weltkrieg kommt, dann gehen die Herren, die ihn angezettelt haben, zusammen mit Millionen von anderen unter. Darüber mache ich mir weiter keine Gedanken.

Das mit dem Kommunismus verstehe ich nicht. Die kommunistische Revolution fing in Rußland an, stimmt's? Da gab's einen Krieg, und sie brachten den Zaren und solche Leute um. Lenin und Trotzki ließen eine Menge Menschen töten. Der andere starb, oder sie schmissen ihn raus, diesen Kerl, wie hieß er doch noch? Stalin! Man sagt, den wollten sie nicht mehr haben, und ich glaube, sie drehten ihm den Kragen um, weil er eine neue Säuberung, eine neue Schlächterei in der Armee vorhatte. Das war ein richtiger Totschläger. Wie können die bloß so viele Menschen umbringen, frage ich Sie?

Ich würde gern mal nach Rußland fahren, wenn auch nur für einen Monat, und durch das ganze Land reisen, um mit eigenen Augen zu sehen, wie der Arbeiter da lebt und ob ihm der Sozialismus oder der Kommunismus bekommt. Den Zeitungen nach geht es denen noch schlechter als uns in Mexiko, deswegen bezweifle ich, daß der Kommunismus für das Proletariat das Richtige ist. Aber da ich nie nach Rußland oder woandershin komme, wie kann ich das also wirklich wissen?

Nach dem, was ich in den Zeitungen gelesen habe, glaube ich, in Rußland haben sie auch so eine politische Clique, die das Land beherrscht. Hier bestimmt die PRI (Partido Revolucionario Institucional), und wenn noch ein anderer Kandidat da ist, halten sie dem ein Maschinengewehr vor die Nase. Wer wurde also gewählt? Natürlich der PRI-Kandidat. Da ist nichts dran zu ändern. Jetzt ist es López Mateos, und wenn die PRI auch alles mögliche redet, er ist ihr Kandidat, also ist er auch schon Präsident. Das steht fest.

In den Vereinigten Staaten geht das sicher anders. Vielleicht ist es besser, daß wir bei uns nur *eine* Clique haben, die das Land beherrscht. Sie hat in jeder Hand eine Pistole. Kennen Sie die Geschichte von den beiden Burschen, die Karten spielten? Der eine hatte zwei Asse, und der andere fragte ihn: »Was hast du?« — »Zwei Asse. Und du?« — »Zwei Pistolen.« — »Gut, dann gewinnst du.« So ist das hier mit der PRI; sie hat die Pistolen, und wer protestiert, na ja, der wird einfach von einem Auto überfahren.

Und wenn Sie wissen wollen, wie es um die Rechte der Menschen auf dem Lande steht: Der Bauer ißt immer noch braune Bohnen aus einem irdenen Topf und scharfe Pfefferschoten, die er sich auf einer Steinplatte zerstampft; etwas anderes hat er nicht zu essen, und er geht sein ganzes Leben lang halb nackt. Für ihn gibt es keinen Fortschritt, er kommt nicht voran. Wenn zufällig ein anständiger Kerl an der Regierung ist, dann kann er wegen der Cliquen, die ihn kontrollieren, trotzdem nichts machen. Immer wenn ein ordentlicher Mensch etwas für das Volk tun will, hindern die anderen ihn daran.

Es gibt nichts Schmutzigeres als die Politik. Das ist eine faule Sache, da wird Blut vergossen, und wer weiß, was da noch alles passiert. Wie viele Menschen müssen wohl sterben, damit einer an die Macht kommen kann? Eine trübe Geschichte. Natürlich haben die Leute hier keine Bildung, sie wissen nichts und sind wie eine Schafherde, die dem Schäfer überall nachläuft, ganz gleich, wohin er sie führt. Er braucht ihnen nur zu sagen, was sie machen sollen, und dann tun sie's auch. Sie müßten mal sehen, wie sie das bei den Gewerkschaftsversammlungen machen. Da erzählen sie den Leuten so allerhand. Dann heißt es: Sind alle dafür? Und jeder stimmt dafür. Sie wissen nicht einmal, wofür sie gestimmt haben. Im nächsten Monat kriegen wir dann zwei Beitragsrechnungen. Wozu denn das? Na ja, Sie haben doch dafür gestimmt! Verstehen Sie, wie das geht? Das Volk, die Masse, folgt dem ersten besten, der sie zu beschwatzen versteht; daher wird unsere Lage nie besser, sondern immer schlechter. Und wenn man mal mit den Menschen reden und ihnen klarmachen will, daß das, was sie wählen, nicht das Richtige für sie ist, dann hören sie einen noch nicht mal an.

Sie hören nur auf den, der oben hinter dem Rednerpult sitzt, auch wenn er überhaupt nichts für sie tut. Dem klatschen sie Beifall. Wie soll man die Dinge also in Ordnung bringen? Was kann man da tun?

Außerdem ist das mexikanische Volk nicht einig. Der eine will hierhin und der andere dahin. Wenn sie wenigstens zusammenhielten — in der Einheit liegt die Stärke, sagt man —, dann würde sich manches ändern. Ich weiß, wie das in anderen Ländern ist; wenn sie einen Präsidenten nicht mögen, werfen sie eine nette kleine Bombe, und schon haben sie einen anderen Präsidenten. So müßten sie es hier auch machen, aber das tun sie eben nicht. Ein bißchen Zyankali, ein Herzanfall, das ist genau das, was viele von unseren Präsidenten, von den Leuten in der Regierung und die Polizeichefs nötig hätten. Es ist nicht gut, so etwas zu sagen und offen zuzugeben, denn schließlich sind es meine Landsleute, es sind Mexikaner. Aber ich sagte Ihnen ja schon, die Wahrheit kommt immer heraus.

Ich habe Tag und Nacht gearbeitet und geschuftet, um mir mein Haus einzurichten, ein ärmliches Heim, wie Sie sehen; immerhin bin ich mit meinen Enkelkindern manchmal glücklich. Wenn ich mich auf den Beinen halte und unverdrossen weiter schaffe, dann tue ich das für Gott und für meine Enkelkinder. Im Stadtverkehr bin ich immer vorsichtig. In meinem Alter brauche ich mich nicht mehr um mich selbst zu sorgen, sondern nur noch um die Kinder. Viel werde ich ihnen nicht geben können, aber sie leben wenigstens und wachsen heran, und ich hoffe, Gott läßt mich noch so lange bei ihnen, bis sie sich ihren Lebensunterhalt selbst verdienen können.
Ich will ihnen ein Zimmer hinterlassen, das ist mein Ehrgeiz; ich möchte das kleine Haus dort bauen, mit zwei oder drei Räumen, so daß jedes Kind sein Zuhause hat und daß sie dort zusammen leben können. Aber sie wollen mir nicht helfen. Ich bitte Gott, daß er mir die Kraft gibt, weiterzumachen und daß er mich nicht zu bald sterben läßt, damit ich dieses kleine Haus noch fertigbringe. Da kann sie wenigstens niemand hinauswerfen. Ich werde einen Zaun darum machen, damit keiner sie stört. Dann haben sie einen Schutz, wenn ich eines Tages hinfalle und nicht wieder aufstehe.

Erklärung spanisch-mexikanischer Wörter

ahuehuete	Sumpfzypresse (von indianisch *ahuehuetl*, der Wassergreis)
cabrón	Ziegenbock, Hahnrei, Kuppler, Hurenbock etc.
cambujo	Mischling, dessen Eltern Mischlinge schwarzer und indianischer sowie schwarzer und weißer Rasse sind; besonders dunkelhäutiger Typ
caray!	wie *caramba*! Ausruf des Zorns, der Überraschung, der Freude etc.
chile	roter und grüner Chilepfeffer
chirimoya	spanischer Zuckerapfel (tropisch-subtropische Frucht)
cuba libre	Mischgetränk aus Coca-Cola und Rum
danzón	langsamer Tanz nach exotischer Musik
El Pedregal	moderner Stadtteil von Mexico-City, auf einem Lavafeld erbaut
frontón	baskisches Ballspiel
gordito	dicker Maismehlfladen
guayaba	Guayaba-Apfel (tropische Frucht)
huaracha	sehr schneller, kubanischer Tanz
jai-alai	baskisches Ballspiel
La Quebrada	Schlucht an der Felsenküste von Acapulco
malecón	Ufermauer
malinchismo	servile Freundlichkeit gegenüber Ausländern, besonders gegenüber Nordamerikanern (abgeleitet von Malinche, dem Namen der indianischen Geliebten des Eroberers Cortés)
mañanitas	Ständchen
nereidas	sentimentaler, volkstümlicher Tanz
novia	feste Freundin eines jungen Mannes, Verlobte
novio	fester Freund eines jungen Mädchens, Verlobter
pachuco	nach den Vereinigten Staaten ausgewanderter Mexikaner, der dort nicht zu Rande kommt; einer, der auf Kosten anderer lebt
qué bárbaro!	unglaublich!
quinto	fünf Centavos
rodeo	Reiterfest, bei dem auch Stiere geritten werden
taco	wie Knäckebrot geröstete *tortilla* mit Belag (braune Bohnen, Chilepfeffer, Fisch u. a.)
tamale	Maisgericht (Brei aus Maismehl und Hühnerfleisch, in Maiskolbenblätter eingerollt und gekocht)
tequila	Schnaps aus Agavensaft, so genannt nach dem Hauptherstellungsort Tequila im Staat Jalisco
tortilla	dünner Maismehlfladen, ohne Fett auf der Herdplatte gebacken
tórtola	Turteltaube
Villa	Villa de Guadalupe, Bezirk um die Basilika der Jungfrau von Guadalupe (mexikanisches Nationalheiligtum)
zacate	hartfaseriges Gras
zentontle	mexikanische Singdrossel

Dialog Dritte Welt

Ein gemeinsames Programm der Verlage Lamuv, Peter Hammer und Unionsverlag

Wer sich heute mit lateinamerikanischer Literatur beschäftigen möchte, der darf sie nicht bei den großen Verlagen suchen: Überraschendes ist dort kaum zu finden, und selbst das Abgesegnete ist spärlich. Unser Büchermarkt wäre schon längst zu einem Ramschladen für Konzernartikel verkommen, gäbe es nicht kleinere Verleger, die mit Mut und Engagement die von den großen vergessenen, übersehenen oder nicht für rentabel gehaltenen Autoren ins Licht der Öffentlichkeit rücken. Zu den wenigen gehören: der Lamuv Verlag, der Peter Hammer Verlag und der Unionsverlag. Sie haben ein außergewöhnliches Gemeinschaftsunternehmen gestartet, eine Reihe mit dem Titel »Dialog Dritte Welt« begonnen. Hier wollen sie in fünf Jahren 40 Titel herausbringen: Die gelben Bände sollen billig bleiben, aber so ein Taschenbuch kostet ja heute auch schon zwischen 13 und 19 Mark ... Für die Qualität dieser Reihe spricht, daß zum Beispiel Asturias' *Maismenschen*, ein Hauptwerk des magischen Realismus aus dem Jahr 1949, nicht einfach wieder aufgelegt wird, weil es billig zu haben ist, sondern daß die alte stümperhafte und das Original verstümmelnde Übersetzung überarbeitet, ergänzt wurde und damit endlich eine deutsche Fassung vorliegt, die eine Ahnung von der Magie des Asturias'schen Realismus gibt ...

Die Edition der einzelnen Bände ist überhaupt eine ganz besondere Leistung der drei beteiligten Verlage, denn die Leser werden nicht, wie sonst allgemein üblich, mit sich und dem Werk allein gelassen, sondern erfahren in Nachworten den literarischen, biographischen und politischen Kontext. Dabei fallen besonders die hervorragenden Ausführungen des bolivianischen Literaturwissenschaftlers Oscar Zambrano auf, der weniger die Werke als den Werkzusammenhang interpretiert und so ein Stück Literaturgeschichte vermittelt.

Doch damit nicht genug: in einem Materialheft wird zusätzlicher Stoff zur Buchreihe angeboten, werden die soziopolitischen Hintergründe der literarischen Handlungen erläutert und zahlreiche Anregungen gegeben, die den Gebrauch der Bücher erleichtern sollen. Eine so sorgfältige Edition neuerer Literatur hat es bei uns selten gegeben. Hier wird alles getan, um den Dialog mit der sogenannten Dritten Welt zu erleichtern. Der Reihentitel »Dialog Dritte Welt« ist also kein Werbegag, sondern Programm.

Peter B. Schumann im: Sender Freies Berlin

Dialog Dritte Welt Unterrichtsvorschläge (für die Titel 9–16), 130 Seiten, ISBN 3-921521-94-7, DM 10,00

Welt der Wunder und der Gewalt, Lesereisen in die Dritte Welt (Begleitbuch für die Titel 17–24), ca. 104 Seiten ISBN 3-88977-019-3, DM 10,00

Bahumir Wongar

Der Schoß

Roman aus Australien

Aus dem Englischen von
Annemarie Böll

Mit einem Nachwort von
Bahumir Wongar

256 Seiten
Dialog Dritte Welt 13

DM 16,80

ISBN 3-921521-78-5

Wongars Zentralthema ist die Zerstörung der natürlichen Umwelt und der Lebensbedingungen der Ureinwohner Australiens durch die Profitsucht der Weißen. Immer auf das menschliche, auf das individuelle Schicksal bezogen, vermag der Autor mit ausdrucksstarker, bildhafter – oft auch ironischer – Sprache die Welt des weißen Mannes zu enthüllen, so wie sie sich den Empfindungen und Vorstellungen eines Menschen darbietet, der in einer fast ungebrochenen über 40 000 Jahre alten Tradition steht.

Dies wird dargestellt am Schicksal einer jungen Frau, die von einem Prospektor verschleppt worden ist und nach ihrer Befreiung aus einem Lager, das als Zuchtanstalt für eine besser angepaßte Eingeborenenrasse dienen soll, über Hunderte von Kilometern durch den Busch zurück in ihr Stammesgebiet flieht. Sie findet die Heimat an der Küste des Arnhem-Landes durch den Uranabbau total zerstört, völlig entvölkert. Sie gebiert ein Mädchen, und es erwacht in ihr die Hoffnung, daß, wenn die Weißen einmal abgezogen sind, weil das Land nichts mehr hergibt, aus diesem Schoß ein neuer Stamm entstehen und damit auch die Natur sich wieder neu beleben könnte.

agib/BUKO/ÖIE (Hg.)

Dritte-Welt-Kalender

Taschenkalender

256 Seiten, 40 Abbildungen,
Broschur
Format 10,5 x 14,8 cm

DM 9,50

**erscheint jährlich
im September**

»Ich weiß nicht, ob die Leute, wenn sie einen Taschenkalender gekauft haben, ihn wirklich in die Tasche stecken oder auf ihren Schreibtisch legen, ob sie die Freiräume der 365 Tage für ihre Terminnotizen benutzen oder für Tagebucheintragungen. Der Taschenkalender, den ich hier vorstellen will, läßt alles dies mit sich geschehen. Man kann gleich vorn seinen Namen eintragen, seine Wohnadresse, die Blutgruppe, den Rhesusfaktor und die Telefonnummer des Hausarztes, man erfährt aus ihm die Ferientermine des Jahres, kann nachlesen, wie hoch die Postgebühren für Inland und Ausland sind, und hat am Ende genug Platz für Telefonnummern von A bis Z.

Was meinen Taschenkalender aber vor allen anderen auszeichnet, ist sein faktenreicher Inhalt...Herausgeber sind...Basis-Initiativen, die durch ihre Arbeit das öffentliche Bewußtsein für die Zusammenhänge wirtschaftlicher, sozialer und kultureller Art zwischen den Industrieländern und denen der Dritten Welt schärfen wollen...«

Werner Georg Backert im Norddeutschen Rundfunk

Lateinamerika im Lamuv Verlag

Günter Neuberger/Michael Opperskalski:
CIA in Mittelamerika
206 Seiten, 60 Abbildungen,
DM 19,80

Elena Poniatowska:
Allem zum Trotz ... Das Leben der Jesusa
336 Seiten, DM 24,80

Ariel Dorfman:
Desaparecer –
Aus den Augen verlieren
Gedichte, spanisch-deutsch, 96 Seiten,
8 Abbildungen, DM 14,80

Jorge Icaza:
Huasipungo – Unser kleines Stückchen Erde
Roman aus Ecuador,
Lamuv Taschenbuch 5, 192 Seiten,
DM 9,80

Fredrik Vahle:
Manuel oder die Reise zum Anfang der Welt
Für Menschen ab 12, 232 Seiten,
32 Abbildungen,
Lamuv Taschenbuch 11, DM 12,80

Oscar Lewis:
Die Kinder von Sánchez
Selbstporträt einer mexikanischen Familie, 336 Seiten,
Lamuv Taschenbuch 18, DM 16,80

Ana Guadalupe Martinez:
Die geheimen Kerker El Salvadors
Das Zeugnis der Comandante Guerrillera
205 Seiten, 22 Abbildungen,
Lamuv Taschenbuch 21, DM 12,80

Moema Viezzer:
Wenn man mir erlaubt zu sprechen
Das Zeugnis der Domitila, einer Frau aus den Minen Boliviens
273 Seiten, 31 Abbildungen,
Lamuv Taschenbuch 27, DM 12,80

Reinhardt Jung (Hg.):
Muchacha – Die unsichtbaren Dienerinnen Lateinamerikas
118 Seiten, 10 Abbildungen,
Lamuv Taschenbuch 28, DM 9,80

Carolina Maria de Jesus:
Tagebuch der Armut – Leben in einer brasilianischen Favela
232 Seiten, 9 Abbildungen,
Lamuv Taschenbuch 30, DM 14,80

Juan Pablo Yáñez:
Antenor Flores
das Leben eines chilenischen Arbeiters im Exil erzählt
204 Seiten, Lamuv Taschenbuch 31,
DM 14,80

Augusto Céspedes:
Teufelsmetall – Roman aus Bolivien
334 Seiten, Dialog Dritte Welt 1,
DM 14,80

Gustavo Alfredo Jácome:
Auf der Suche ich nach mir –
Roman aus Ecuador
323 Seiten, Dialog Dritte Welt 5,
DM 16,80

Miguel Angel Asturias:
Die Maismenschen
Roman aus Guatemala
376 Seiten, Dialog Dritte Welt 9,
DM 19,80

Jorge Icaza:
Caballero im geborgten Frack
Roman aus Ecuador, 240 Seiten,
Dialog Dritte Welt 19, DM 16,80

Elisabeth Burgos:
Rigoberta Menchú
Leben in Guatemala, 244 Seiten,
Lamuv Taschenbuch 33, DM 16,80

Mario Benedetti:
Die Gnadenfrist
Roman, 224 Seiten, gebunden
DM 32,00

Carolina Maria de Jesus:
Das Haus aus Stein
Die Zeit nach dem »Tagebuch der Armut«, 208 Seiten
Lamuv Taschenbuch 34, DM 14,80

Marcel Bühler:
Geschäfte mit der Armut
Pharma-Konzerne in der Dritten Welt
240 Seiten, Abbildungen,
Lamuv Taschenbuch 37, DM 16,80